Joachim Schult

Auf Rettung ist nicht immer Verlaß

Delius Klasing Verlag

Von Joachim Schult sind im Delius Klasing Verlag ferner folgende Titel lieferbar:

Bootspflege selbst gemacht (Yacht-Bücherei Bd. 32)
Bootsreparaturen selbst gemacht – Kunststoffboote (Bd. 33)
So arbeitet das Segel (Bd. 39)
Segeltechnik leicht gemacht (Bd. 40)
Richtig ankern (Bd. 41)
Segler-Lexikon (Bd. 59)
Notfälle an Bord – was tun? (Bd. 72)
Festkommen und Abbringen – Stranden und Bergen (Bd. 96)
Segler-Wörterbuch Deutsch – Englisch – Französisch (Bd. 103)
Yacht-Wörterbuch Englisch – Deutsch / Deutsch – Englisch (Bd. 109)
Yachtpiraten – Kriminalfälle auf See
Mayday – Yachten in Seenot

Die Deutsche Bibliothek – CIP-Einheitsaufnahme

Schult, Joachim:
Auf Rettung ist nicht immer Verlaß / Joachim Schult. –
Bielefeld: Delius Klasing, 1996
ISBN 3-7688-0958-7

ISBN 3-7688-0958-7

Titelfoto: Manfred Fenzl
Fotos: Oliver Franzius (1), Manfred Fenzl (2), Bernd Grandrath (1), Hans-Günter Kiesel (2), Hellmut Schmöe (2), Gesa-Maria Schulz (1), Henk van de Weg (1), Walter Witte (1), Erich Wilts (3), Archiv Joachim Schult (32).
Schutzumschlaggestaltung: Ekkehard Schonart
Gesamtherstellung: Grafischer Großbetrieb Pößneck
Printed in Germany 1996

INHALT

Seht Euch vor und helft Euch selbst

Das Sprichwort sagt, durch Schaden wird man klug – und es scheint dabei den eigenen Schaden zu meinen, den man erlitten hat. Klug werden kann man aber auch durch Schaden, den andere erlitten haben, sagte ich mir – und so entstand dieses Buch. Zuerst war es als Sammlung möglichst vieler Unfälle geplant und begonnen, weil man natürlich um so glaubwürdiger eine Auswertung vornehmen oder Lehren fundierter begründen kann, je mehr Fälle zu einem bestimmten Schadensraster oder zum typischen Ablauf eines oft wiederkehrenden Seenotfalls vorliegen. Bei dieser Konzeption mußten die Einzelereignisse jedoch notgedrungen kurz und knapp erzählt werden, und es wurde für mich unbefriedigend, relevante Daten und Fakten einfach wegzulassen.

So entwickelte sich das Buch während der Manuskriptarbeiten zunehmend mehr zu einem Werk, in dem ich einzelne Unfälle ausführlicher zu erzählen begann, unter Bedenken auch der vielen typischen Aspekte, die jeder Notfall ganz individuell besaß – und weil ich selbst bei Schilderung der interessanten Hintergründe und Zusammenhänge spürte, wie manche Details schon von sich aus eine eigene Spannung und Dynamik besaßen, die erwähnenswert und damit wohl auch für andere lesenwert waren, und ich selbst nach einem wirklich langen und ereignisreichen Seglerleben bei vielen Geschehnissen immer noch dazulernen konnte.

Alle in diesem Buch geschilderten Ereignisse haben sich an den angegebenen Positionen und in den vermittelten Einzelheiten ereignet. In einigen Fällen sind auch die Namen der beteiligten Personen und die Namen ihrer Boote aus Gründen seglergeschichtlicher Wahrheit beibehalten worden.

In vielen Fällen mußten jedoch Firmen-, Personen- und Bootsnamen, beteiligte Bootstypen, Daten der Ereignisse und Hafennamen aus Gründen des Datenschutzes verfremdet werden. Auf die seemännische oder juristische Auswertung haben diese Fremdnamen jedoch keinen Einfluß.

Auch meinen Wunsch, den Damen und Herren aus meinem Bekanntenkreis, die mir zu einigen Einzelfällen umfangreiche Dokumentationen zur Auswertung überließen, an dieser Stelle namentlich zu danken, möchte ich mir hier – aus vielleicht verständlichen Gründen – versagen. Dafür möchte ich diesen für mich so wertvollen, für den Leser leider anonymen Paten an diesem Werk nicht nur in meinem eigenen Namen, sondern auch in des Lesers Namen danken. Ich bin sicher, daß sich dieses vertrauenswürdige Entgegenkommen im richtigen Sinne des Wortes für alle Beteiligten „auszahlt" – denn durch Schadensvermeidung oder Schadensbegrenzung können nicht nur Seglerleben bewahrt, sondern auch Yachtverluste vermieden werden.
Für mich hatten viele Fälle noch einen persönlichen Aspekt: Ich habe die meisten der in diesem Buch genannten Unfallreviere schon selbst besegelt, kenne manchen Ankerplatz vom eigenen Aufenthalt her und konnte bei der Bewertung zahlreicher nautischer Details an den vermittelten Seenotpositionen die eigenen Seekarten aus meinem Kartenschrank ziehen. In dieser Rückerinnerung an meine schönen Stunden an jenen Küsten sind mir daher viele der tragischen Yachtunfälle an den gleichen Stellen besonders nahegegangen.
Das Yachtsegeln ist nicht riskanter als jeder andere Sport oder jeder andere Fahrzeugverkehr, wenn man seemännische Sorgfalt im Umgang mit seinem Boot und elementare Vorsicht – wie überall im täglichen Leben – walten läßt. Aber es können doch gelegentlich unerwartete (nicht nur nautische) Klippen auf unserer Kurslinie liegen. Darum nehmen Sie nach der Lektüre dieses Buches das persönliche Fazit mit an Bord: Sieh dich vor! Und wenn etwas Unerwartetes geschieht: Gib nicht auf! Hilf dir selbst!

Joachim Schult

An Bord CORMORAN
im östlichen Mittelmeer,
Sommer 1996

Verluste von Yachten auf See

Versunken und vertan

Seitdem Menschen die Meere befahren, bedeutet das Sinken ihrer Schiffe fernab einer Küste die größte Gefahr für Leib und Leben ihrer Besatzungen. Retten konnten sie es nur, wenn sie von ihrem Seeschiff, das sie in die Tiefe des Meeres verlassen wollte, in kleine Rettungsboote umstiegen. Sie gehören daher bis heute, wenn auch in vielfältig abgewandelten Formen, zur Pflichtausrüstung jedes Fahrzeugs vom Kreuzfahrer bis zur kleinsten seegehenden Yacht. Zur Lebensrettung wurde jedoch zusätzlich ein weltweites Seenot-Nachrichtensystem errichtet, und jeder Yachtsegler kann sich außerdem mit individuellen oder kollektiven Rettungsgeräten von der Rettungsweste bis zur Rettungsinsel ausrüsten, um im Notfall nicht mit zu versinken. Aber eigentlich sind unsere Yachten selbst ja nichts anderes als unsinkbare Rettungsboote für das Überleben auf See.
Je lebenssicherer die Yachten selbst und ihre vielen Seenotgeräte wurden, desto mehr scheint jedoch auch die Bereitschaft der Besatzungen abzunehmen, eine Yacht bei Wassereinbruch gegen das Sinken zu verteidigen oder auch mit dem Einsatz aller verfügbaren Bordmittel und aller physischen Kräfte um den Erhalt ihrer Schwimmfähigkeit zu kämpfen. Für viele Segler scheint es zunehmend bequemer zu sein, sich in jedem (vermeintlichen) Notfall der Seenot-Kommunikation zu bedienen und sich von einer noch nicht gesunkenen Yacht abbergen zu lassen. Durch den damit verbundenen Verlust des Versicherungsschutzes kann eine solche Entscheidung den Skipper und Eigner teuer zu stehen kommen. Zumindest die folgenden Beispiele lassen einen solchen Schluß wohl zu.

Eine Charteryacht mit dunkler Vergangenheit wird zum Sinken verurteilt und mitten im Atlantik aufgegeben

Es ist für mich erstaunlich, wie viele wichtige Nebeninformationen ein Seeamt bei der Untersuchung eines Yachtunfalls durch Beteiligte, Zeugen oder Sachverständige erfährt – aber letztlich doch befremdend, wie wenig diese bei der Entscheidung verwertet werden (dürfen?). Der Untergang der SCREWDRIVER ist vielleicht ein Beispiel dafür:

Der 1988 in Serie gebaute Seekreuzer vom Typ Bavaria 42 Caribic ist eine slupgetakelte Kunststoffyacht von fast 13 m Länge und 95 m^2 Segelfläche. Ihr Innenraum ist in fünf Kabinen mit 10 Kojen, Pantry, Navigationstisch und zwei Naßzellen aufgeteilt. Über eine Steuersäule in der Plicht wird das vorbalancierte Profilruder mit Seilzug zum Ruderquadranten bewegt. Der Ruderschaft führt bis in Höhe des Achterdecks, wo hinter der Plicht eine Notpinne aufgesetzt werden kann.

Ersteigner ist die Firma Delta (alle hier benutzten Namen sind Falschnamen) aus Wien, die die SCREWDRIVER 1988 von der Bavaria-Werft erwirbt und noch im Herbst als Charteryacht in die Karibik versegelt. Hier wird sie (nach seinen eigenen Angaben) noch im selben Jahr von Herrn Anton gekauft, der Eigentümer der Firma Cäsar in München ist. Er überläßt sie jedoch weiterhin der Chartergesellschaft Delta, die sie bis zum April 1994, also mehr als fünf Jahre lang, zu seinen Gunsten durchschnittlich 40 Wochen pro Jahr für ein- bis zweiwöchige Segeltörns in der Karibik vermietet.

Als Herr Anton im Frühjahr 1994 den Entschluß faßt, die SCREWDRIVER wegen finanzieller Differenzen mit der inzwischen in Konkurs gegangenen Chartergesellschaft Delta nicht mehr durch diese betreuen zu lassen und die Yacht statt dessen für die Vermietung an zahlende Gäste auf nunmehr direkte eigene Rechnung ins Mittelmeer zu überführen, hat der 42-Fuß-Seekreuzer über 100 Charterreisen unter der Führung ebenso vieler Skipper in der Karibik hinter sich.

Das bedeutet, daß gut 1000 Segler die SCREWDRIVER etwa 1200 Tage gesegelt und 30 000 Stunden bewohnt haben und der Seekreuzer in den Händen von über 100 verschiedenen Besatzungen gut 35 000 Seemeilen zurücklegte, wenn man von Tagesetmalen von nur 35 sm ausgeht. Ein Eignerboot in der Hand des immer gleichen Skippers hätte es in fünf Jahren wohl nicht einmal auf eine Distanz von 10 000 sm oder kaum einem Drittel gebracht.

Diese Fakten hätten wohl etwas kritischer bedacht werden müssen, wenn der Eigner der SCREWDRIVER, Herr Anton, in der Seeamtsverhandlung zu Protokoll gibt: Da er von der Firma Delta nie Informationen über Havarien oder andere größere Schäden erhalten habe, nehme er an, daß die Yacht während ihrer (über fünfjährigen) Stationierung in der Karibik unfallfrei gefahren sei.

Eine zumindest fahrlässige, weil nachweislich nicht zutreffende Annahme.

Für das Seeamt mag unerheblich bleiben, mit welchen Papieren und unter welcher Flagge die SCREWDRIVER fünf Jahre lang in der Karibik segelte. Suspekt bleibt für mich, daß sich Anton, behaupteter Eigner seit immerhin 1988, Ende Februar 1994 die Daten seines Bootes einschließlich Bauserien- und Motornummer (die er offenbar selbst nicht kennt) erst von der Firma Delta aus der Karibik nach München übermitteln lassen muß, um mit ihnen (ohne einen wohl erforderlichen Eigentumsnachweis) vom ADAC den Internationalen Bootsschein als von nun an gültiges Schiffspapier zu erhalten. Da diese Daten, wie sich herausstellt, falsch sind, besteht der Verdacht, daß sie gar nicht von der Firma Delta stammen, daß die SCREWDRIVER Herrn Anton im Jahre 1994 gar nicht mehr gehörte und daß sie mit falschen Papieren und einer gutgläubigen Überführungscrew aus der Karibik entführt wurde.

„Nach den in diesem Bootsschein enthaltenen Angaben wurde die mit der YANMAR-Antriebsmaschine, Motornummer 01375/43 ausgerüstete Segelyacht mit der Baunummer BAVDEAB 310088 im Jahre 1988 ausgeliefert", hält das Seeamt fest. In seiner Tatbestandsfeststellung heißt es jedoch nur wenige Sätze weiter bei der Protokollierung einer diesbezüglichen Aussage der Bavaria-Bauwerft: Bei einer Nachprüfung der im Internationalen Bootsschein angegebenen Bau- und Motornummer sei werftseitig festgestellt worden, daß kein Fahrzeug mit der in diesem Papier angegebenen Serien- und Motornummer ausgeliefert worden sei. Der Serientyp wird außerdem mit einem Volvo-Penta-Dieselmotor ausgestattet.

Kann das nicht bedeuten, daß die durch versteckte Mängel zum Sinken im Atlantik verurteilte Yacht gar nicht der gleiche Seekreuzer ist, der 1988 (und von der Bavaria-Werft, aber vielleicht auch später und ganz woanders) gebaut wurde? Oder daß die mit so falschen Papieren segelnde Yacht Herrn Anton rechtmäßig gar nicht gehörte? Und sind die der seeamtlichen Untersuchung vorgelegten Bootspapiere somit überhaupt gültig?

Eine Seeunfalluntersuchung muß bekanntlich vorgenommen werden, wenn (nach § 1 SeeUG) ein Seeschiff, das die Bundesflagge führt, auf hoher See gesunken ist. Diese gesunkene SCREWDRIVER führte zumindest seit Antritt ihrer Fahrt (kaum vier Wochen vor ihrem Sinken) auf Grund ihres ADAC-Papiers die Bundesflagge. Somit hatte das Seeamt den Vorfall zu untersuchen. Aber mehrere Fragen blieben in der Verhandlung unbeantwortet:

War sie wirklich die Yacht, die (erst) seit 1988 in der Karibik verchartert wurde? Sollte vielleicht (mit falschen Papieren) eine ganz andere, ähnliche, auf diesem riskanten Weg über den Atlantik auf Kosten der Versicherung „entsorgt" werden? Wenn die Yacht mit den ADAC-Papieren Ende April 1994 in Grenada ausklarierte – mit welchen Papieren hatte sie dort einklariert? Welche Angaben enthielt ihr (bisheriges) Cruising Permit? Wurden die vorhandenen Bootspapiere beim Auslaufen aus Grenada der Crew gar nicht übergeben? Verschwand die Yacht ohne ordnungsgemäße Übergabe?

Zugegeben, vielleicht abenteuerliche Gedanken. Aber das Seeamt verzichtet leider auf diese m. E. notwendige Klärung, zumindest der Identität, die ja auch von immenser versicherungsrechtlicher Bedeutung ist, und geht auf die Beantwortung solcher Fragen auch in seinem abschließenden „Spruch“ nicht ein. Dafür registriert es genau, welche „erheblichen finanziellen Mittel“ Eigner Anton für die Beschaffung zusätzlicher Navigations- und Sicherheitsmittel vor Antritt der Langfahrt noch aufwenden mußte.

Diese Nachrüstung hatte vielleicht auch noch andere, zivil- oder strafrechtliche Gründe, die in der Verhandlung nicht geklärt, weil sie vom Seeamt wohl nicht erkannt oder zumindest nicht erwähnt und bewertet wurden:

Waren die Segler der Überführungscrew Charterer, die für den Trip über den Atlantik an Anton zahlten? Oder gehörten sie zu einer bezahlten Crew, die die Yacht gegen Entgelt überführte? Oder durften sie „einfach so“ umsonst segeln? Und wer kam dann für Hinflug und Bordverpflegung auf? In welchem (beruflichen Abhängigkeits-)Verhältnis standen sie zum Eigner? Wie und durch wen waren sie versichert?

Auch diese Fragen hätten (letztlich im Hinblick auf die Lebensgefahr, der sich die Männer in den kritischen Stunden mitten im Atlantik bei einer durch Mängel verursachten Havarie aussetzen mußten) wohl durch das Seeamt geklärt werden müssen, ehe es sich mit den rein seemännisch-nautischen Ereignissen bis zum Sinken der Yacht zu befassen begann:

Am 21. April 1994 geht die angereiste Überführungscrew in Grenada an Bord. Skipper Bruno, nach Protokoll „Eigner einer Yacht auf dem Gardasee und Mitsegler bei längeren Segeltörns im Mittelmeer und im atlantischen Bereich“, nimmt eine Sicherheitsüberprüfung der Yacht nach einer persönlichen (Alibi-) Checkliste vor. Dabei „öffnet er auch den schwergängigen Schraubverschluß des Notpinnenaufsatzes und fettet ihn ein“. Die übrigen Teile der Steuereinrichtung, die später versagen werden, werden nicht besichtigt. Da ihm die Reparaturanfälligkeit und auch der teilweise nicht ganz einwandfreie Zustand der Charterfahrzeuge bekannt sei, vermerkt das Seeamt, achte er auf die richtige Zusammensetzung der Crew, um eventuell später auftretende Schäden bordseitig ohne Probleme beseitigen zu können. Bei erkennbaren Sicherheitsmängeln lehne er Überführungen ab. Dies habe er in der Vergangenheit bereits praktiziert.

Ein (bezahlter) Profi also.

„Nach Beseitigung der festgestellten Mängel“ und „Einweisung der Crew in die Handhabung der Rettungs- und Sicherheitsgeräte“ geht die Yacht am 22.4. auf die Reise. Wer sie übergibt, bleibt unklar. Ebensowenig werden später Ausklarierungspapiere vorgelegt. Beim Verlust einer Yacht muß doch zumindest belegt werden, wo sie eigentlich ihre Langfahrt angetreten hat.

Navigator ist Herr Emil, Sportbootführerschein-See-Inhaber, der schon einmal eine Yacht als Skipper über den Atlantik gebracht hat. Als Wachführer segelt Fritz, und als Rudergänger wird Herr Gustav in den Papieren geführt. Das Seeamt stellt fest, daß die SCREWDRIVER für die bevorstehende Reise nach Mallorca

„gut ausgerüstet, hochseetüchtig und entsprechend bemannt" ist. Das klingt gut für die Yacht, auch wenn es durch die späteren Ereignisse bezweifelt werden muß. Das ist auch eine wichtige Feststellung für die Crew – die das Seeamt aber später, auf den Skipper bezogen, zum Teil wieder aufhebt.

Denn schon wenige Zeilen später liest man: „Am 24.4. gegen Mittag wird Fort-de-France auf Martinique angelaufen." Nach Behebung der auf dem 262-Seemeilen-Törn festgestellten Schäden sei am 26.4.1994 kurz vor Mitternacht die Reise in Richtung Mittelmeer via Azoren angetreten worden.

Eine so mängelbehaftete Yacht ist (auch wenn sie es nach ihrer Bauart wäre) für einen Transozeantörn eben nicht „hochseetüchtig" und ihre angetretene Langfahrt somit ein seemännisch nicht gerechtfertigtes Wagnis.

Außerdem fragt man sich, warum sie zu der beabsichtigten mehrwöchigen Reise bei Nacht und Nebel auslaufen mußte. Bekanntlich ist Nachtsegeln in der Karibik verboten – nicht nur wegen der gefährlichen, unbeleuchteten Riffe, sondern auch wegen der Diebstahlsgefahr. War die SCREWDRIVER auch hier ordnungsgemäß ausklariert worden? (Das Logbuch allein und die Angabe eines persönlichen Gesprächs mit einem Hafenmeister darin ist wohl noch kein entsprechender Beweis in einem juristischen Verfahren.)

Bei guten Windverhältnissen sei die Reise beinahe problemlos verlaufen, stellt das Seeamt fest. Immer wieder seien zwar kleinere Reparaturen angefallen, die allerdings mit Bordmitteln hätten erledigt werden können. Nach den Warnungen durch kleine Schäden die erste ernste Havarie am 9. Mai gegen 0800 Uhr: Auf ca. 36° 08' N und 046° 09' W, nach 13 Tagen auf See und 1600 gesegelten Meilen, sei es durch ein defektes Rollreff nur noch möglich gewesen, bis zu 60° am Wind zu segeln. Die Anlage (für das Vorsegel?) fällt also aus. Dazu nimmt der südöstliche Wind auf 7–8 Bft zu, der Seegang erreicht 4 m Höhe, und der Kompaßkurs von 75° in Richtung Azoren wird zur Illusion.

Am 10.5. vormittags „erreicht der Wind Sturmstärke 9, und die Segelstellung wird immer wieder dem Wind angepaßt". Auch wenn man die Windangaben mit Skepsis betrachten muß, wird deutlich: Alle Teile von Segel, Mast und Ruder (und natürlich auch die Crew) werden in diesen Stunden, da man offenbar weiter unter (kleinen) Segeln läuft, extrem belastet, und so verwundert es nicht, daß um 1400 Uhr „der obere Teil der Ruderschafthalterung" bricht. Die Crew versucht, den Schaden mit Bordmitteln zu beheben. Aber es gelingt ihr nicht.

„Am Abend, bei anhaltendem Sturm Bft 9 aus Südost und einer Seegangshöhe von 5 m", wird Navigator Emil in einen Unfall verwickelt: „Auf dem Rückweg vom Reffen des Vorsegels in die Plicht wird er von einer hohen See mit dem Rücken gegen eine Backskistenkante geschleudert und bewegungsunfähig in die Kajüte gebracht. Die stark schmerzende Verletzung ist nicht zu diagnostizieren."

Mit der Sturmfock wird die SCREWDRIVER beigedreht in der See gehalten. Denn es muß der nächste Schaden behoben werden: „Nach dem Bruch des Aufsatzes der Pinne für das Notruder versucht die Crew erfolglos, den Ruderschaft mit Holz

und Leinen zu halten.“ Am 11. Mai wird der Ruderschaft verkeilt, weil das Ruder nicht mehr zu gebrauchen ist. Aber trotzdem macht das Schiff jetzt, beigedreht bei stürmischem Südwind, langsam Wasser. Mit der vorhandenen Pumpenkapazität kann es gut lenz gehalten werden.
Es mag das Seeamt beeindruckt haben, wenn es vermerkt: „Am 11. Mai nachmittags ist die Crew von Skipper Bruno über den Einsatz der Rettungsmittel unterwiesen worden, auch hat B. Seenotsignale ausgegeben, Proviant und Wasser für das eventuelle Verlassen des Fahrzeugs verpackt verteilt und die Handhabung des Rettungsfloßes besprochen.“ Das klingt nicht danach, eine Wetterbesserung abwarten und dann vielleicht ein Notruder riggen zu wollen.
Tatsächlich ist zu dieser Zeit das Aufgeben der Yacht bereits beschlossene Sache, und die Schilderung weiterer Ausfälle ist eigentlich nur die Rechtfertigung für die Crew, nach zweitägigem Durchhalten in schwerer See verständlicherweise die eigene Rettung über die des havarierten Schiffes zu stellen.
Am Abend werden in Abständen von 30 Minuten Pan-Pan-Meldungen über UKW abgesetzt: Es sind Dringlichkeitsmeldungen mit einer Reichweite von maximal etwa 20 sm, die sich an die zwischen den Kontinenten verkehrenden Schiffe wenden. Um 1945 Uhr bricht die Nothalterung des Ruderschaftes erneut. Wassereintritt bleibt auch nach abermaliger Reparatur. Bei zunehmendem Sturm Bft 9–10, jetzt aus Nord, reißt um 2300 Uhr eine hohe See die notdürftig reparierte Ruderschaft-Halterung wieder heraus. Der Wassereintritt verstärkt sich.
„Wegen der bedrohlichen Lage an Bord gibt Bruno Order, laufend MAYDAY-Notmeldungen abzusetzen.“ Auch sie verbreiten sich auf UKW nur in einem Umkreis von ca. 20 sm. Daher wird „aufgrund des Zustandes des Verletzten die Seenotfunkbake EPIRB aktiviert“. Dadurch wird über das internationale Seenot-Satellitensystem COSPAS/SARSAT ein weltweiter Seenotalarm ausgelöst. „Von 0000 Uhr bis 0800 Uhr am 12. Mai wird das eindringende Wasser mit zwei Pützen gelenzt, weil alle Pumpen ausgefallen sind. Das eindringende Seewasser spritzt über den Batteriekasten.“
Der Wind hat abgeflaut und auf Bft 6–7 aus West gedreht. Seegang und Dünung 6–7 Meter. Der Motor läßt sich nicht starten.
Am 12. Mai um 1715 Uhr, 18 Stunden nach Auslösen der Seenotfunkbake, überfliegt ein kanadisches Rettungsflugzeug die Yacht. Es mußte 2000 km über den Atlantik fliegen, um die SCREWDRIVER zu orten und ihr über UKW mitzuteilen, daß das MS PRINCE OF SEAS seinen Kurs nach England ändern, ca. 64 sm nach Westen zur Yacht zurückfahren und in ca. 4 Stunden auf ihrem verifizierten Standort sein würde. Die SAR-Maschine bleibt mit Funkkontakt zur SCREWDRIVER, auf der eine Batterie wieder den notwendigen Saft liefert, in der Nähe.
Ab 2200 Uhr macht die Crew den Frachter durch Seenotsignale auf sich aufmerksam. Um 2300 Uhr Bordzeit erreicht der Frachter die Yacht auf 39° 22,3’ N und 0 43° 53’ W. Er macht Lee, stellt mit dem Leinenschießgerät eine Verbindung her, holt die Yacht längsseits und nimmt in 10 Minuten zuerst den Verletzten (über

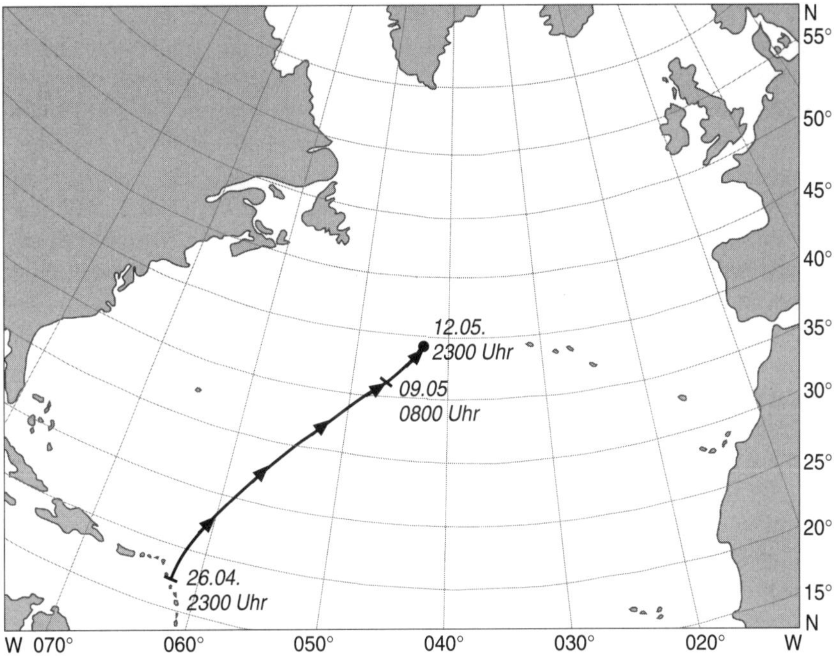

Die Atlantikfahrt des Seekreuzers SCREWDRIVER von Martinique bis zur Havarie der Rollreffanlage am 9.5. und zu seiner Aufgabe am 12.5. auf 39° 22' N 043° 53' W.

eine Tragbahre) und dann die übrige Besatzung sowie ihre bereitgestellten Taschen mit der persönlichen Habe an Bord. „Das eigene Schiff hat bei der Rettungsaktion heftig gerollt und gestampft", berichtet der Kapitän. Anschließend sei die SCREWDRIVER losgeworfen und die Reise fortgesetzt worden. Eine Geisteryacht mehr auf dem Atlantik! Wie lange und wohin sie driftete oder wer sie vielleicht fand und an Bord nahm, ist mir nicht bekannt.

Der Ort der Aufnahme der Crew und der Aufgabe der treibenden Yacht liegt 600 sm westlich der Azoren und 1000 sm östlich der kanadischen Küste. Seit der Havarie der Rollreffanlage am 9. Mai 0800 Uhr hat die Yacht in ca. 88 Stunden 250 sm zurückgelegt und ist fast genau in Nordrichtung gesegelt oder gedriftet – mit fast drei Knoten.

Nach fünf Tagen werden die vier Segler in England abgesetzt. Im Krankenhaus stellt man fest, daß sich Navigator Emil bei seinem Unfall an Bord drei Rippen gebrochen und Prellungen an einem Rückgratwirbel zugezogen hat.

Die weitere Beweisaufnahme führt zutage, daß die SCREWDRIVER in der Tat nicht hochseetüchtig auf ihre Transatlantikfahrt gegangen ist und der Eigner sie mit weiteren schweren Mängeln auf die Reise schickte, die die Überführungscrew beinahe das Leben gekostet hätten:

So legte zum Beispiel der Skipper Bruno das von ihm abgeborgene ausgebrochene Teilstück der oberen Ruderschaft-Halterung vor und zeigte Fotos von der defekten Notruderpinne, um zu beweisen, daß die eingetretenen Havarien nicht von der Überführungscrew verursacht worden waren, sondern daß die Schwierigkeiten auf schweren versteckten (oder verschwiegenen) Mängeln bei Übernahme der Yacht beruhten.
Aus dem Gutachten eines Sachverständigen zu diesen Beweisstücken geht dann hervor, daß „die Notpinne für den Yachttyp Bavaria Caribic eine Vierkantöffnung hat, die auf das Vierkant des Ruderschaftes aufgesteckt werden muß. Die auf der SCREWDRIVER vorhandene und eingesetzte Notpinne ist anders konstruiert gewesen." Aus diesem Grunde paßte sie nicht. Die Bavaria-Werft habe versichert, daß die zum Unfallzeitpunkt benutzte Notpinne keine Original-Notpinne sei.
Weiter heißt es zur Ruderanlage, sie habe den vom Germanischen Lloyd (GL) geforderten Unterlagen und laufenden Baumusterprüfungen entsprochen, sei jedoch nach einer Havarie in wesentlichen Teilen unsachgemäß repariert worden. Es sei nicht auszuschließen, daß eine Chartercrew auf eigene Rechnung eine Reparatur an der Ruderanlage habe vornehmen lassen, ohne dem Eigner davon eine Mitteilung zukommen zu lassen, um die Kaution nicht zu verlieren.
Der Sachverständige schildert ausführlich die unsachgemäße Reparatur mit Metall und Kunststoff sowie schwerwiegende Einbaufehler und folgert dann: „Durch das Schlagen des Ruderblattes in den Wellen bricht irgendwann die gesamte Ruderhalterung aus dem GFK-Laminat heraus. Dadurch entsteht an der Stelle ein erheblicher Rumpfschaden, durch den dann Wasser in das Fahrzeug eindringt."
Das Seeamt bekundet zum Schluß, „es wurden nach dem Logbuch alle wesentlichen, das Schiff und die Reise betreffenden Fakten vermerkt… und auch der Eigner, der das Boot kurz vor der Überführungsfahrt selbst noch gesegelt hatte, konnte wie der Skipper anhand seines Sicherheitschecks ebenfalls keine Mängel im Rudersystem feststellen".
Es bescheinigte dem Skipper Bruno in seinem abschließenden Spruch, daß er „bei der Planung und Durchführung der Reise sowie nach dem Eintritt des Notfalls eine besondere Sorgfalt und Umsicht hat erkennen lassen". Das ist ein ehrliches Wort, bei dem es das Seeamt hätte bewenden lassen sollen. Aber es schließt unmittelbar an: „Allerdings muß ihm fehlerhaftes Verhalten angelastet werden, daß er die Yacht geführt hat, ohne hierfür den Nachweis über seine Befähigung für das betreffende Fahrtgebiet erbracht zu haben, wie es nach den Sicherheitsrichtlinien der Kreuzer-Abteilung des DSV empfohlen wird, deren Einhaltung seemännischer Sorgfaltspflicht entspricht." (Das Seeamt will sich hier auf § 18 SeeUG beziehen, doch werden die o. g. Schriften in der hierfür herangezogenen Handausgabe der betreffenden Gesetze und Verordnungen von Lampe nicht aufgeführt.)
Dies ist ein bedauerlicher juristischer wie menschlicher Fehlschluß. Denn der

freiwillige Führerschein C für Seefahrt des DSV ist kein staatliches „Patent“ im Sinne des SeeUG und demnach nicht rechtsverbindlich für deutsche Yachtsegler. Er ist noch nicht einmal bindend für Mitglieder des DSV. Eine solche Rüge hätte das Seeamt nur aussprechen dürfen, wenn es hier um den amtlichen Sportbootführerschein See gegangen wäre – aber der Vorfall spielte sich außerhalb des entsprechenden Seeschiffahrtsreviers ab und lag daher nicht in der Zuständigkeit dieses Führerscheins. Im übrigen hätte Skipper Bruno in keinem Führerscheinkursus jene Praxis auch nur annähernd so hautnah lernen können, wie er sie hier seemännisch umsichtig und sorgfälig bewältigte.
„Auch der Eigner hat sich fehlerhaft verhalten, da er nicht überprüft hat, ob der Fahrzeugführer einen entsprechenden Befähigungsnachweis besaß.“ Ein weiterer überflüssiger Satz, über den Anton hinwegsehen kann. Denn der von ihm benannte Schaden von 205 000 DM (zu Lasten seiner Versicherung) ist ein hoher Betrag für eine weichgesegelte und verbrauchte Charteryacht, mit der in fünfjähriger Karibikfahrt nahezu eine Million D-Mark umgesetzt wurde. Auf dem Gebrauchtbootmarkt hätte man auch nicht annähernd soviel erzielen können.
Bleibt als seemännisches Fazit: Eine Yacht ist nur so hochseetüchtig, wie ihre (größeren wie kleineren) auf See lebenswichtigen und irreparablen Teile seetüchtig sind. Sie alle müssen vor Antritt einer Hochsee- und insbesondere Transozeanfahrt mit äußerster Sorgfalt (die hier bei der Durchsicht der Ruderanlage fehlte) überprüft werden.
Und als juristischer Hinweis: In den USA gehören Kontrollen zur Routine, bei denen die Coast Guard auf hoher See und im Hafen ermittelt, ob Boot und Motor mit einem Typenschild und der Nummer des Herstellers versehen sind, ob die entsprechenden Daten mit den Bootspapieren übereinstimmen und ob der Skipper nachweisen kann, daß er der rechtmäßige Besitzer ist. Gelingt dieser Nachweis nicht oder differieren die Angaben, werden das Boot und/oder der Motor eingezogen und unverzüglich risikolos verschrottet. Die SCREWDRIVER hätte mit ihren dubiosen Bootspapieren in amerikanischen Gewässern auch rechtlich nicht überlebt.

Sinken durch Ruderbruch im Atlantik – und die Crew schaut tatenlos zu

Die Atlantik Rallye for Cruisers, kurz ARC genannt, wurde in den 80er Jahren von geschäftstüchtigen Seglern ins Leben gerufen, um einen Beitrag für die so vielbeschworene „Sicherheit auf See“ zu leisten, und insoweit war es auch eine verdienstvolle Einführung gewesen, die allerseits viel Beifall fand. Denn die jährlich im Spätherbst und nach dem Ende der Hurrikansaison bisher einzeln von den Kanaren mit Ziel Karibik auslaufenden Yachten starteten nun – nach Zahlung von Teilnehmergebühren – gemeinsam, blieben dadurch auch auf den wenig vonein-

ander abweichenden Kursen nahe zusammen und konnten sich gegebenenfalls Beistand leisten, falls eine unerwartete Havarie eintreten sollte.
Die Kehrseite der Medaille: Besatzungen, die sich für eine Einzelreise mit Kind und Kegel wegen mangelnden Vertrauens zu ihren seemännischen und navigatorischen Fertigkeiten während eines dreiwöchigen Ozeantörns oder zur Seetüchtigkeit ihres Bootes für eine so lange Distanz von 3000 Seemeilen zwischen den Kontinenten vorher nicht entscheiden konnten, bekamen jetzt Mut zum Mitmachen.
Eine weitere Fehlentwicklung: Wo früher, auf Einzelfahrten, ausschließlich nach den Gesichtspunkten sicherer Seemannschaft Segel geführt und Kurse gesteuert wurden, bemühte sich nun jede teilnehmende Crew, schneller zu segeln als die anderen, und die Veranstalter taten das Ihre zu dieser unseligen Entwicklung und setzten Preise aus für die Yachten, die in ihren Gruppen die Überfahrt am schnellsten schafften.
Die Konsequenz: Es wurden seither auch Rennyachten an den Start vor Gran Canaria gebracht, die nicht nur nach Charakter und Ausrüstung den Fahrtenyachten überlegen waren. An Bord waren – im Gegensatz zu Familienbesatzungen – nur regattaerfahrene Männer mit entsprechender Kondition für wochenlange physische Höchstleistungen. Es ist erstaunlich, wie sich dies in einem Havariefall nicht nur positiv auswirkte:
Die OTARA, die im Spätherbst 1991 zusammen mit 120 anderen Yachten aus fünf Nationen an den Start der fünften ARC geht, ist ein Dreivierteltonner aus Kunststoff, der schon auf den vorangegangenen Wettfahrten in dieser Klasse vor Kiel, vor Flensburg, vor Helgoland und in anderen Revieren Preise eingeheimst hat. Er ist 10,60 m lang, 3,50 m breit und hat einen Tiefgang von 2 m. Konstruiert und gebaut wurde er von einer für schnelle Yachten bekannten dänischen Werft, und besetzt ist er mit seinem Skipper und Eigner Redmann (53) sowie drei mit dem Boot vertrauten und erfahrenen Mitseglern zwischen 40 und 50 Jahren. Die 1986 gebaute OTARA ist regattamäßig gut ausgerüstet.
Die Seetage vom Start am 20. 11. 1991 bis zum 14. 12. verlaufen mit der üblichen, allmählich zur Langeweile verkommenen Routine: Die OTARA segelt auf der Passatroute meistens mit Schmetterlingssegeln bei Nacht wie bei Tage weitgehend vor dem Wind, und die Crew zieht sich bei den damit verbundenen rhythmischen Krängungen zu beiden Seiten zum Faulenzen auf das Deck oder in die Kajüte zurück. Es herrscht eine lose Einmann-Wachroutine. Seit dem 10.12. ist man zur Segelführung mit Großsegel und Genua übergegangen, ohne daß sich die eingefahrene Bordroutine änderte.
Sie wird jedoch am Abend des 14. Dezember, auf der Position 16° 14' N und 034° 38' W, bei einem Kurs von 275°, der bei Nordostwind Bft 5–6 von Hand gesteuert wird, und nach ca. 1300 gesegelten Meilen, noch ungefähr die gleiche Distanz vom Ziel vor der Karibikinsel St. Lucia entfernt, um 2000 Uhr Ortszeit, zwei Stunden nach Sonnenuntergang und bereits dunkler Nacht sowie einer Wellen-

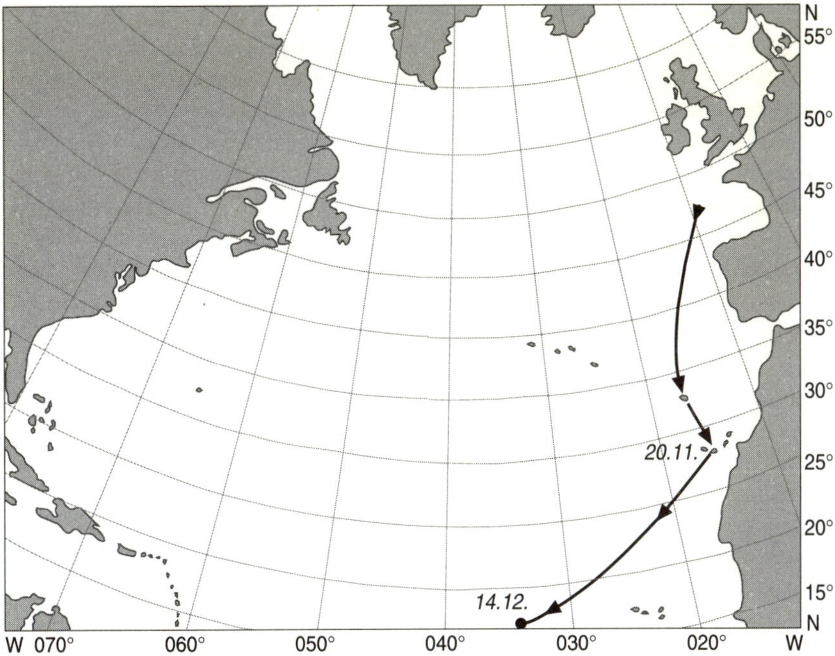

Die Atlantikfahrt des Seekreuzers OTARA auf der Atlantic Rallye for Cruisers (ARC) von den Kanaren bis zu seiner Untergangsstelle auf 16° 14' N 034° 38' W.

höhe von 2,50 bis 3 m in einer langen Atlantikdünung, jäh unterbrochen: Es gibt einen lauten Knall, und der Rudergänger Max verspürt keinen Ruderdruck mehr an der Pinne.

Natürlich luvt das Boot sofort an, und da es manövrierunfähig geworden ist, werden von der Crew erst einmal die Segel geborgen. Dann besieht man sich den Schaden: Der Ruderschaft kann mit der angehängten Pinne einfach aus dem Koker gezogen werden. Das 60 mm dicke Edelstahlrohr ist etwa in der Mitte, wo es den Bootsboden verläßt, gebrochen, und der untere Teil mit dem Ruderblatt ist abgeschoren und versunken.

Was tun? Die vier Segler beratschlagen, und da die Crew annimmt, daß der Ruderbruch keinen weiteren Schaden verursacht hat, wird erst einmal auf UKW die achteraus liegende, etwa zehn Seemeilen entfernte und auf dem gleichen Kurs laufende Yacht HEXE angerufen und um Hilfe gebeten. Der Skipper der HEXE antwortet, daß er zwar nicht mit einem Ersatzruder dienen könne, aber er verspricht, unverzüglich die Unfallstelle anzusteuern. Zur Markierung ihrer Position schießt die OTARA einen weißen Stern.

Zu diesem Zeitpunkt hat Skipper Redmann schon seinen ersten und für den weiteren Verlauf der Ereignisse vielleicht bedeutsamsten Fehler gemacht: Er hat

nicht sofort nach dem Ruderbruch und dem Bergen der Segel den Bootsrumpf auf mögliche Folgeschäden, insbesondere auf entstandene Lecks abgesucht. Diese Tatsache wird ihm später als ein grober Verstoß gegen seemännische Regeln angekreidet werden können – und nachteilige Folgen haben.
Denn so entdeckt Mitsegler Günter erst eine gute Viertelstunde später Wasser unter einer Sofakoje in der Kajüte. Es kann nur aus dem Achterschiff kommen! Skipper Redmann kriecht sofort in den schwer zugänglichen Heckbereich und findet hier im Schein seiner Taschenlampe die Leckstelle, einen vom Ruderkoker in Richtung Kajüte verlaufenden, etwa 30 Zentimeter langen Riß im Bootsboden, durch den – im Rhythmus der Schiffsbewegungen – Seewasser in den Rumpf eindringt. Außerdem schießt im Bereich des Ruderkokers Wasser in breitem Strahl ein.
Um sich den Schaden genauer zu besehen, kriecht nun auch Günter in das Heck, während Manfred ans UKW-Gerät geschickt wird und um 2030 Uhr einen Notruf abgibt, auf den neben der HEXE noch drei andere Yachten reagieren. Derweil feuert Lothar an Deck rote Leuchtraketen ab. An eine Lecksicherung oder Leckabdichtung denkt jedoch niemand. Aber da das Wasser inzwischen so hoch steht, daß die Bodenbretter in der Kajüte aufschwimmen, denkt man 30 Minuten nach dem Ruderbruch wenigstens an das Pumpen. Es wird aber nur eine der beiden Lenzpumpen eingesetzt.
Wasser über den Bodenbrettern bedeutet bei einem Kunststoffboot dieses Typs nur, daß die letztlich nur eine Handbreit tiefe Bilge bereits vollgelaufen ist. Und dieses eingedrungene Wasser füllt sich zwar durch den Riß im Achterschiff immer weiter auf – aber es dringt auch nur zeitweilig ein, wenn eine Welle unter den Boden schlägt. Die Leckstelle am Fuß des Ruderkokers macht hingegen ständig Wasser.
So beginnt die Crew abwechselnd, aber mit nur einer der beiden Pumpen, die bei einer Förderleistung von 60 Schlägen pro Minute 34 Liter Wasser lenzen kann, das Wasser aus dem Boot zu pumpen. Aber als sie nach 20 Minuten feststellt, daß der Wasserstand weiter steigt, sie also mit nur einer Pumpe über die offenen Lecks nicht gewinnen kann, stellt die OTARA-Crew das Lenzen ein, legt die Hände in den Schoß, setzt sich, mit einem Bier in der Hand, in die Kajüte und wartet auf die HEXE, um sich abbergen zu lassen.
Etwa gegen 2130 Uhr, eineinhalb Stunden nach der Havarie, hat das Wasser die Höhe der Salonkojen erreicht und mehr als die Hälfte der Yacht mit ca. 7000 Litern Wasser gefüllt. Gleichzeitig hat sich nicht nur der Auftrieb um die Hälfte vermindert, so daß jetzt schon fast das Deck überspült wird, auch die Menge des in jeder Minute eindringenden Wassers hat mit zunehmender Lecktiefe fortwährend zugenommen. Glücklicherweise liegt gegen 2200 Uhr die HEXE in Rufweite, zuletzt von Lothar, am Mast stehend, mit einer Taschenlampe herangewinkt.
Max rudert mit dem Schlauchboot zur HEXE hinüber, um den ersten Teil der inzwischen zusammengepackten Habe der Crew in Sicherheit zu bringen, und dann

wird über eine permanente Leinenverbindung im Pendelverkehr die Crew mit aller greifbaren Ausrüstung übergesetzt. Der Skipper der HEXE ist nicht glücklich über die vier zusätzlichen Mitsegler. Schließlich will auch er so schnell wie möglich den Atlantik hinter sich bringen. Aber da inzwischen auch die MARGA eingetroffen ist, können zwei Segler der OTARA auf sie übersteigen und bis St. Lucia mitgenommen werden.
Die HEXE hat keine Zeit, bei der havarierten und aufgegebenen OTARA zu bleiben und sie bis zum endgültigen Versinken zumindest als Schiffahrtshindernis zu sichern. Sie setzt unverzüglich ihre Reise fort. Bis weit nach Mitternacht sichten noch andere Yachten, die von der Aufgabe auf dem Funkwege gehört haben, die Lichter der immer tiefer schwimmenden OTARA. Erst nach 0200 Uhr soll sie ihr nasses Grab im Atlantik gefunden haben.
Der schiffbrüchige Skipper Redmann hätte sich nach seiner Rückkehr aus der Karibik mit dem (abgewandelten) Dichterwort „versunken und vertan" zufriedengeben können. Doch als er für den Verlust der OTARA die hohe Summe der gerade vorher abgeschlossenen Kaskoversicherung kassieren wollte, mußten die Ereignisse in dieser Nacht von Gerichten in allen Einzelheiten unter die Lupe genommen werden: War die Aufgabe gerechtfertigt? War die Yacht tatsächlich nicht zu retten gewesen?

- Nach Ansicht des Skippers und Eigners war das Sinken nicht zu verhindern gewesen. Denn beide Leckstellen waren schwer zu erreichen. Ihre dauerhafte und für die Weiterreise zuverlässige Kalfaterung war nicht möglich. Die Ausführung der Dichtungsarbeiten in der Enge des Achterschiffs ohne Fluchtweg nach vorn sei darüber hinaus in dunkler Nacht auf dem Atlantik unzumutbar gewesen.
- Die zweite Lenzpumpe am Niedergang konnte nicht mehr eingesetzt werden, da sie schon unter Wasser stand. Dadurch war das Sinken nicht mehr zu verhindern.
- Der Motor hätte mit seiner Kühlwasserpumpe als zusätzlicher Notlenzpumpe ohnehin nur für 30 Stunden, für die Kraftstoff an Bord war, eingesetzt werden können.
- Hätte die HEXE die OTARA-Crew in der Unglücksnacht nicht unverzüglich an Bord genommen, wären die anderen an der Regatta beteiligten Yachten schon so weit entfernt gewesen, daß man sie nach einer vielleicht einige Tage später notwendigen Aufgabe nicht mehr zur Hilfeleistung hätte heranziehen können.
- Letztlich und schließlich sei es ihm, dem Skipper Redmann, bei der Aufgabe der OTARA vorrangig um die Rettung seiner Crew gegangen.

Dagegen wurde ihm von den Gerichten und ihren Sachverständigen vorgehalten:

- Die Leckstelle am Fuß des Ruderkokers hätte mit einem (an Bord befindlichen) Leckstopfen oder durch Hineinpressen eines Stücks wasserabstoßender Kleidung und Anlegen einer sichernden Manschette um den Kokerfuß abgedichtet werden können.

- Der Riß hätte durch Aufbringen einer dicken Lage wasserabstoßender Kleidung, durch mit Stevenrohrfett getränkte Handtücher oder dergleichen abgedeckt und diese Packungen hätten durch Anpressen mit Bodenbrettern an den Rumpf befestigt werden können.
- Die Arbeiten in dem regattagerecht einrichtungsfreien Achterschiff hätten trotz der Enge von der Crew, die aus körperlich voll einsatzfähigen und erfahrenen Hochseeseglern bestand, ausgeführt werden können. Solche Maßnahmen gehörten zu den elementaren Regeln guter Seemannschaft. – Die Unterlassung solcher Arbeiten und die erst zu spät begonnene Suche nach möglichen Leckstellen sei grob fahrlässig gewesen.
- Auch wenn nicht feststehe, daß die Yacht durch diese Arbeiten endgültig gerettet worden wäre, schließe das grob fahrlässige Unterlassen zielgerichteter Rettungsmaßnahmen dennoch eine Schadensregulierung durch die Versicherung aus.

Und dabei machte man dem Skipper und Eigner Redmann einige spezielle Vorwürfe, zum Beispeil diese:

- Die Unterlassung, das Schiff nach dem Ruderbruch sofort zu untersuchen, stelle einen groben Verstoß gegen alle seemännischen Regeln dar. Denn wenn ein Ereignis auf hoher See zum glatten Bruch des 60 mm dicken Ruderschaftes führe, mußte sich der Gedanke geradezu aufdrängen, daß beim Lösen des Ruderblattes und einer dabei vielleicht auftretenden Hebelwirkung auch die Außenhaut des Bootsrumpfes in Mitleidenschaft gezogen worden wäre.
- Durch frühzeitig begonnenes Lenzen mit allen verfügbaren Pumpen hätte man den Wasserzufluß so gering und den Wasserstand im Boot von Beginn an so niedrig halten können, daß man im Heckbereich trocken hätte arbeiten können.
- Bei allem Respekt vor der menschlich notwendigen Kraft, die innere Scheu oder gar Angst vor solchen Leckdichtarbeiten im Bereich des engen, nur kriechend erreichbaren Arbeitsplatzes zu überwinden, müßte eine Crew, die über den Atlantik segelt, doch die hierzu notwendige Kaltblütigkeit besessen haben.
- Die Tatsache, daß die Yacht nach der unterlassenen Abdichtung in absehbarer Zeit sinken würde, hat die Crew nicht in Angst und Schrecken versetzt. Wer in dieser Situation das Lenzen schon nach kurzer Zeit einstellt, statt dessen ein Bier trinkt und die Hände tatenlos in den Schoß legt, zeigt eine unbekümmerte Kaltblütigkeit, die ihn auch befähigt hätte, mit Leckdichtarbeiten zu beginnen, als es noch Zeit war.
- Das Verhalten einer seglerisch so hochqualifizierten Crew, auch nicht den geringsten Versuch zur Leckabdichtung und außer dem zwanzigminütigen Lenzen nichts zur Rettung der OTARA unternommen zu haben, grenzt schon fast an Vorsatz. Nämlich nichts zur Rettung der Yacht zu tun, weil die Weiterfahrt mit der havarierten Yacht und einem Notruder allzu beschwerlich gewesen wäre und die bequeme Rettung so nahe war.

- Die Gefahr, daß die weitergesegelte havarierte Yacht nach dem möglichen Aufbrechen der Leckdichtung auf hoher See hilflos allein gewesen wäre, könne ausgeschlossen werden. Denn die HEXE oder eine andere der zur Unfallstelle gelaufenen Yachten hätte ohnehin die Pflicht gehabt, die OTARA auf ihrem weiteren Weg mit Notruder in die Karibik zu begleiten. Und es hätte sich später vielleicht die Möglichkeit ergeben, auf ein größeres Schiff zu stoßen, das die OTARA übernommen hätte.

„Wir hatten einen Mordsdusel, daß Yachten in der Nähe waren, als wir das Ruder verloren", sagte einer der OTARA-Crew nach ihrem Eintreffen in St. Lucia beim Planter's Punch. „Dadurch erhielten wir einen tollen Rückhalt." Und ein anderer ergänzte schmunzelnd: „Es wurde doch ein richtiges Abenteuer." Eigner Redmann mußte es nach einem langen Rechtsweg anders sehen: Er verlor bei diesem Atlantik-Abenteuer sein Boot, das ihm niemand ersetzte.

Der Beweis für die Ursache des Sinkens liegt in 100 m Tiefe

Unter „Chartern" wird allgemein „das Mieten eines Schiffes oder Flugzeuges zur Beförderung von Personen oder Gütern" verstanden: Fast jeder von uns ist wohl schon mit einem „Charterflugzeug" in den Urlaub geflogen oder hat von der „Zeitcharter" eines Öltankers gehört. Dementsprechend hat sich auch der Begriff „Yachtcharter" eingebürgert, als „Chartern einer Yacht für einen Segelurlaub" verstanden. Kaum einer bedenkt dabei jedoch die gravierenden Unterschiede im Wortverständnis: Bei der Vercharterung eines Schiffes stellt der Eigner sein Schiff einschließlich der Besatzung, die mit ihm umgehen kann, zur Verfügung, und diese führt es mit voller nautischer Verantwortung nach den Wünschen des Charterers über die Meere. Auch bei einem Charterflug geht man ganz selbstverständlich davon aus, daß eine professionelle Crew an Bord der Maschine ist, die man gebucht hat.

Bei der Vercharterung einer Yacht hingegen überläßt deren Eigner einer (meist wildfremden) Besatzung sein Boot, das sie vorher weder gekannt noch gesegelt hat. Er erlaubt ihr das Segeln in einem Revier, das für sie meistens unbekannt ist, unter Wetterbedingungen, die sie nur vom Hörensagen kennt, und läßt sie in Häfen und an Ankerplätzen manövrieren, die sie vorher nie angelaufen hat. Kein Profi hilft der Charterbesatzung dabei – oder kontrolliert sie.

In der Frühzeit der Yachtcharter, etwa zwischen 1950 und 1960, waren es dann auch hauptsächlich große Yachten, die man in der Ägäis und in der Karibik im Sinne einer Schiffscharter (mit Freunden in einer Gruppe) für einige Tage mit ihrer Besatzung „mieten" konnte. Daraus entwickelte sich die „Bareboat Charter" in der Karibik, bei der man auch das (kleinere und handigere) „nackte Boot" ohne bezahlte Crew auf Zeit mieten konnte. Und heutzutage ist die ursprüngliche, deutlich unterschiedene „Bareboat Charter" gemeinhin zur „Yachtcharter" ge-

worden, obwohl sie eigentlich nichts anderes als das „Mieten eines Bootes“ ist – ohne jemanden an Bord, der etwas von den technischen Einrichtungen des Bootes und seinem speziellen Umgang in dem örtlichen Charterrevier versteht.
Im Zeitalter der „Mietwagen“ auf den Straßen kann man aber mit einem „Mietboot“ auf dem Wasser nicht in gleicher Weise wie mit einem Auto umgehen. Denken wir nur daran, daß man beispielsweise auf einer Yacht nicht nur mit Kupplung, Gaspedal, Bremse und Steuerrad hantieren muß, sondern eine Vielzahl von Handgriffen an zahlreichen Geräten zur rechten Zeit und in angemessener Weise auszuführen hat, damit das Boot sich sicher bewegen kann. Selbst wenn man den Umgang mit Yachten gelernt hat, braucht man lange, bis man mit jedem individuellen Typ in allen Einzelheiten vertraut ist. Aber wenn ein „Charterurlaub“ nur (wie üblich) sieben Tage dauert, von denen noch höchstens ein (Anreise-)Tag für Übergabe und Einweisung „geopfert“ werden kann, geht manche Yacht mit einer Crew auf die Reise, die ihr Schiff (noch) nicht ausreichend kennt. Und die auch die Risiken nicht ermißt, auf die sie sich einläßt, wenn unterwegs etwas schiefgeht.
Der Vercharterer beugt der möglichen eigenen Haftung im Falle, daß seiner überlassenen Yacht (und der Crew, die sie segelt) etwas passiert, durch detaillierte „Anleitungen“ vor: Er übergibt der „Charterparty“ umfangreiches Material für ihre Bedienung – oft viel Papier, das hauptsächlich unter dem Gesichtspunkt beschrieben wurde, bei Havarie oder Fehlern im Umgang mit dem Boot den Schwarzen Peter den Charterern (juristisch) zuschieben zu können. Als Verantwortlicher für deren Befolgung wird ganz selbstverständlich (wie auch sonst) „der Skipper“ angesehen.
Folgen wir dem amtlichen Fragenkatalog zum Erwerb des Sportbootführerscheins See, dann heißt es unter Nr. 5 (von 342 Fragen): „Was ist zu tun, wenn vor Antritt der Fahrt nicht feststeht, wer Fahrzeugführer ist?“
Musterantwort: „Wenn nicht feststeht, wer Fahrzeugführer ist, und wenn mehrere Personen zum Führen eines Fahrzeuges berechtigt sind, dann haben sie vor Antritt der Fahrt zu bestimmen, wer verantwortlicher Fahrzeugführer ist.“
Eine solche „Bestimmung (durch Wahl)“ ist schon auf Eignerbooten nicht praktikabel, weil der Yachteigner allein das Recht hat, den Skipper zu ernennen, dem er sein (teures) Eigentum anvertraut, wenn er sein Boot nicht selbst führen will oder kann. Unter einer Gruppe von Charterseglern mag ein solches (gemeinsames) Bestimmen erforderlich sein. Ob der so gekürte Skipper dann jedoch nicht nur für seemännische (Fehl-)Entscheidungen unterwegs verantwortlich ist, sondern (zivilrechtlich) auch die gesamte finanzielle und juristische Verantwortung aus möglichen Fehlern gegenüber dem (oft hinter dem Vercharterer anonymen) Eigner der Yacht trägt, sollte dabei ebenfalls bedacht und vor Antritt der Reise getrennt entschieden werden.
Denn wenn die Crew einen Skipper wählt, der nicht gleichzeitig „der Charterer“ ist, wird es in einem Schadensfall zu Differenzen zwischen der Crew der

gecharterten Yacht kommen, bei denen es um strittige Anteile an einer sechsstelligen Summe oder um diese Summe für einen einzelnen selbst gehen kann. Für den Vercharterer ist in jedem Falle „der Mann, der den Chartervertrag unterschrieben hat", sowohl der verantwortliche Skipper als auch der Haftpflichtige für alle (negativen) Ereignisse. Und diese Person allein muß dann auch später verantworten, wenn die internen Anweisungen des Vercharterers nicht ausgeführt wurden und dadurch Schaden entstand. Eine lange, aber notwendige Vorrede zu einem tragischen Ereignis:
Für die Chartergesellschaft „Bella Italia GmbH" ist Michael Dapper, 50, aus Augsburg, Inhaber des Sportbootführerscheins See seit 1985, der „Mieter" des Seekreuzers MINTAKA für die Zeit von Sonnabend, den 29.4. bis Sonnabend, den 6.5.1995. Er bestätigt in dem entsprechenden Chartervertrag auch, „die in der Yacht ausliegenden ‚11 Punkte zur Bedienung der Yacht' zu beachten und danach zu handeln". In der Tat ist es eine sehr umfangreiche Anleitung, in der wirklich anerkennenswert und detailliert von „Anker" über „Segel", „Motor" und „Elektrische Anlagen" bis hin zu „WC", „Pantry" und „Duschen" jeder mögliche Handgriff an Bord exakt empfohlen – und jeder Mißgriff verboten ist.
Dazu kommt eine detaillierte Beschreibung der Yacht – mit weit über einhundert Punkten, in der Michael Dapper – wie er meint, überflüssigerweise – schriftlich bestätigt, daß „in der Achterkabine ein Bordwandluk" ist, er „das Seeventil Spüle" kennt, die „Bordwandluken im Vorschiff" angefaßt hat, die „Bedienung der WC-Pumpen mit ihren Seeventilen" sowie „des Hauptpaneels für die elektrischen Lenzpumpen" gelernt hat und weiß, wo „der Lenzbrunnen liegt" und wie das Lenzen mit Handpumpen erfolgt. Und so gibt es weitere „Maulfaßbestimmungen", die vielleicht mancher Skipper achtlos zur Seite legt und deren Befolgung er sich erst recht nicht von seinen Mitseglern bestätigen läßt, wenn man nur für einen Kurzurlaub an Bord gehen will.
So hatte die Chartergesellschaft Bella Italia GmbH der Crew ihrer für eine Woche überlassenen MINTAKA, einer neuen 12 m langen und 4 m breiten Segelyacht mit 2 m Tiefgang aus einer französischen Serie, auch das Blatt „KURZ-CHECK" in die Bootspapiere gepackt, mit dem Untertitel: „Täglich vor dem Auslaufen und regelmäßig unterwegs vom Skipper persönlich zu kontrollieren!" Einige Punkte aus dem Inhalt, vom Vercharterer in großen Lettern und unübersehbar fett gedruckt, sollten später unerwartete juristische Bedeutung erhalten, zum Beispiel diese:

- ❍ Seeventile alle geschlossen? Vor allem WC?
- ❍ Luken (vor allem Bordwand!) dicht?
- ❍ WC-Ventile nach Gebrauch wieder verschlossen?
- ❍ Bei Seegang, Spritzwasser und Krängung Bordwandluken auf Dichtigkeit kontrolliert?

Als die Chartercrew, die die MINTAKA gemietet hatte, am Abend des 28.4. nach langer Autofahrt aus Augsburg in Marina di Campo auf der Insel Elba ankam, war

sie müde und hungrig, aber natürlich auch glücklich. So ließen die vier Mitsegler den von ihnen ausgeguckten Skipper Michael Dapper allein in das Charterbüro gehen und die oben angedeuteten zahlreichen Formalitäten erledigen, während sie ihre Beine unter einen Tisch der nächsten Taverne streckten und die durstigen Kehlen erst einmal mit Wein erfrischten.
Detlef Spohr, 62, war der Älteste. Er segelte seit mehreren Jahren, während Markus Drechsler, 53, und Frank Haselhuhn, 54, nur ein paar Segelstunden auf dem Ammersee hinter sich hatten, aber noch nie mit einem Seekreuzer unterwegs waren.
Einige Chartertörns Seesegelerfahrungen hatte wenigstens Andreas Wolf, 42 Jahre alt und Inhaber des BR-Segelscheins, hinter dem Skipper unbestritten der Maat. Als Dapper endlich („Leute, war das ein Papierkram!") nach Übernahme der MINTAKA ihre Runde ergänzte, aßen alle Abendbrot und gingen dann – beschwingt, aber nicht betrunken – in die Koje ihres auf Zeit gemieteten schwimmenden Heims.
Die MINTAKA war eine neue und schnittige Yacht, mit nur sechs Schlafplätzen, recht wenig für ihre Größe, aber zwei komfortablen Dusch-, Wasch- und Toilettenräumen. Obwohl durch fünf aufklappbare Decksluken und je vier Seitenfenster auf beiden Seiten des niedrigen Kajütaufbaus wohl genügend Licht und Luft in die Innenräume gelangen konnte, hatte sie noch je vier rechteckige und abgerundete Bordwandluken in ihrer Außenhaut, die wie die üblichen Bullaugen mit Knebeln wasserdicht zu verschließen waren, aber für zusätzliche Lüftung (im Hafen oder am Ankerplatz!) geöffnet werden konnten. Bei einem Freibord von etwa 1,30 m lagen ihre Unterkanten etwa 80 cm über dem Wasserspiegel.
Wenn man gemeinhin sagt, ein Boot segelt am besten, wenn das Wasser eine Handbreit unter dem Schandeck steht, dann würden die Bordwandluken bei dieser optimalen Krängung, zum Beispiel in einer Vollzeugbrise, allesamt unter Wasser liegen. Und da die MINTAKA ein etwas übertakeltes und rankes Leichtgewicht war (wie der erfahrenste Mitsegler, Andreas Wolf, und später auch Skipper Michael Dapper schon beim Anbordkommen merkten), dürften die Bordwandluken schon bei weniger Segelwind in die See eintauchen. Rumpffenstern aus einlaminierten transparenten Kunststoffen hätte man beim Lageschieben keine Beachtung schenken müssen. Aber bei diesen Lukenöffnungen mußte man auf der Hut sein. Und so kam die deutliche Anweisung zum Verschließen und zum Kontrollieren der Verschlüsse durch den Vercharterer nicht von ungefähr.
Während des Frühstücks am 29.4.1995, Sonnabendmorgen, gab Dapper seiner Crew, die sich inzwischen etwas besser mit der MINTAKA vertraut gemacht hatte, die ihm mitgegebenen zahlreichen Bedienungsanleitungen in die Hände und ermahnte sie, alle Punkte sorgfältig zu lesen und zu beachten. Aber wer vermag bei so vielen Druckseiten zu bewerten, was hier und heute relevant ist, wenn er selbst keine Erfahrung im Umgang mit einem Seekreuzer hat?
„Das Unterwasserschiff habe ich nicht kontrolliert", sagte Dapper seinen Män-

nern. „Wir haben ja auf einem trockenen Schiff geschlafen. Und auch die Bilge ist glücklicherweise nicht naß geworden, weil ja alle an Land geduscht haben."
Gegen 0915 Uhr kann die MINTAKA endlich auslaufen. Das erste Tagesziel soll Korsika sein. Das ist beileibe kein Nahziel, das sich Skipper Dapper für den ersten Tag gesetzt hat, westwärts etwa 50 Seemeilen über See – aber die Zeit ist kurz, und je nach Wetterlage kann man ja unterwegs auch Inseln des Toskanischen Archipels als Ersatzziele anlaufen.
Zuerst steuert die MINTAKA mit leichtem achterlichem Landwind etwa drei Seemeilen Süd, ehe sie auf Westkurs gehen muß. Und dabei bleibt ihr der achterliche Wind treu: Unter Großsegel und ausgebaumter Genua kann sie wechselseitig auf Backbord- und Steuerbordbug segeln, um den gewünschten Generalkurs von 270° zu steuern, immer ohne Krängung und auf ebenem Kiel.
Die Crew wechselt sich am Ruder ab, bis der Wind gegen 1300 Uhr einschläft. Eine kurze Zeit dümpelt die MINTAKA in der leichten Dünung, dann sagt Dapper zu seinen Mitseglern: „Korsika ist gestorben. Laßt uns dafür rund um Elba segeln und heute nach Marciana Marina oder Portoferraio auf der Nordseite gehen." Er stellt den Motor an, richtet den Kompaß-Grid auf 0° und läßt Frank Haselhuhn Nordkurs steuern. Auch „motorsegelnd", unter Motor und Großsegel, ist es eine Fahrt, die begeistern kann: im Abstand von etwa zwei Seemeilen an der schluchtenreichen Felsenküste des zuckerhutartigen Westteils der Insel entlang, deren Spitze der über 1000 m hohe Mt. Capanone bildet.
Gegen 1400 Uhr kommt in etwa rw 45°der Leuchtturm von Polveraia von der benachbarten Huk frei, und wenig später setzt sich der Seewind des Tages durch. Als er etwa Bft 4 erreicht hat, läßt Skipper Dapper gegen 1415 Uhr die Genua setzen, stellt den Motor ab und sagt zu Andreas Wolf, seinem Maat: „Übernimm du bitte das Ruder." Unter Großsegel und Genua springt die leichte Yacht sofort an, legt sich auf Steuerbordbug bis zum Schandeck über und rauscht halbwinds mit schäumender Fahrt weiter auf Nordkurs. Es ist – bei leicht zunehmendem Wind – herrliches Segeln, und da Skipper Dapper jetzt nicht unter Deck gehen will, bittet er Markus Drechsler kurze Zeit später, gegen 1420 Uhr, seine Geldbörse, die bei der andauernden Krängung nach Steuerbord auf der mit Wind von Backbord segelnden Yacht vom Kartentisch zu rutschen beginnt, in eine Schublade zu legen. Markus Drechsler geht in die Kajüte und verstaut die Börse. Die Bodenbretter, auf denen er steht, sind bei diesen Handgriffen (noch) trocken.
Doch fünf Minuten später ein Aufschrei des Rudergängers: „Wasser im Schiff!" Von seinem Platz hinter dem üblichen übergroßen Steuerrad und recht weit von dem Kajütaufbau entfernt bemerkt es Andreas Wolf mehr zufällig – bei einem flüchtigen Blick durch den Niedergang in den Salon, bei dem ihm silberglänzende Wellenbewegungen auf einem Wasserspiegel hoch über den Bodenbrettern auffallen. Es ist 1425 Uhr.
Wie kommt so viel Wasser so schnell, in weniger als fünf Minuten, ins Schiff? Ganz instinktiv legt Andreas Wolf das Ruder nach Luv, geht in den Wind und läßt

die MINTAKA aufstoppen. Dabei richtet sich das Boot aus seiner gekrängten Lage auf und schwimmt waagerecht, wenn auch wohl mit vermindertem Freibord.
„Die erste Reaktion war, beizudrehen“, erklärt Skipper Dapper in seiner späteren Verklarung. „ Detlef Spohr versuchte sofort, den Motor zu starten. Er sprang aber nicht mehr an. Markus Drechsler rollte die Genua ein, und die MINTAKA machte nur noch wenig Fahrt. Spohr schaltete dann die beiden elektrischen Lenzpumpen am Elektropaneel ein. Beide Kontrolleuchten zeigten Grün und damit an, daß sie aktiviert waren. Ich nahm auch Sauggeräusche wahr.
Als ich dann unter Deck ging, hatte der Wasserstand schon den Salontisch erreicht. Dennoch kontrollierte ich mit Detlef Spohr die unter Wasser liegenden verschiedenen Seeventile. Die insgesamt sechs zu den Toiletten gehörigen Seeventile waren mit Sicherheit geschlossen. Bei dem Seeventil des Spülabflusses der Pantry war ich mir nicht sicher, ob es zum Zeitpunkt des Wassereintritts geschlossen war. Denn es könnte einer der Crew den Seehahn nach dem Mittagessen geöffnet haben, um die Spüle zu benutzen. Dies konnte ich nicht mehr klären. Ich wußte, daß die beiderseitigen Bordwandfenster im Vorschiff sowie zwei Decksluken schon früher von Spohr geschlossen worden waren. Weitere über-

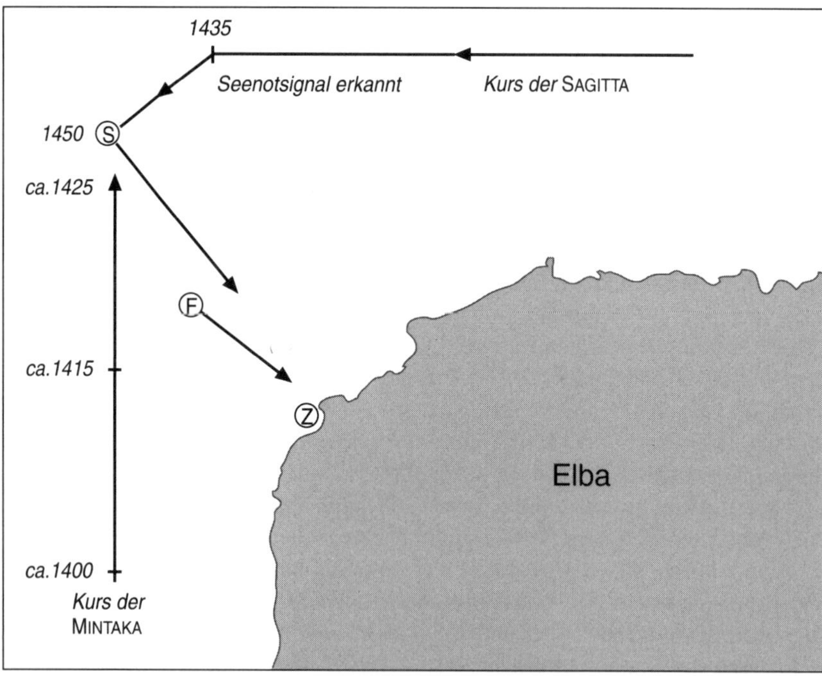

Kurs der MINTAKA entlang der Nordwestküste der Insel Elba. S = von der SAGITTA als gegißter Ort angegebene Sinkstelle; F = tatsächliche Fundstelle in 96 m Tiefe; Z = Zerschellen der noch auf etwa 14 m Tiefe hängenden Yacht.

Mit dem Bug voran sinkt die vollkommen unbeschädigte MINTAKA *unter den Augen ihrer Crew, die daneben auf dem Rettungsfloß sitzt, in eine Wassertiefe von 100 Metern.*

flutete Ventile konnte Spohr nur durch Fühlen kontrollieren. Ihre Hebel zeigten jedoch alle waagerecht, mußten also geschlossen sein.
Obwohl wir noch nicht daran dachten, daß die MINTAKA sinken könnte, wurden gegen 1435 Uhr das Schlauchboot zu Wasser gelassen und die Rettungsinsel aktiviert. Gleichzeitig zündete ich ein Seenot-Rauchsignal, um eine in der Nähe segelnde Yacht auf uns aufmerksam zu machen. Sie barg sofort die Segel, lief unter Motor mit Höchstfahrt auf uns zu und erreichte uns gegen 1445 Uhr.
Während ich auf dem Vorschiff eine Leinenverbindung zu ihr – sie hieß SAGITTA – herzustellen versuchte, hatte Frank Haselhuhn bereits die Rettungsinsel bestiegen. Drechsler, Spohr und Wolf versuchten noch vergeblich, mit Pützen Wasser aus der Kajüte zu schöpfen. Zu diesem Zeitpunkt schwamm der Deckel des Navigationstisches aber bereits auf, und Wolf mußte unter Wasser in die Schubladen greifen, um die Bordkasse und zwei Ausweise zu bergen.
Die erste Schleppleine, die ich der SAGITTA übergeben wollte, war zu kurz. Während die SAGITTA die MINTAKA zur Vorbereitung einer zweiten Leinenverbindung umrundete, rollte ich das Großsegel ein. Als ich die verlängerte Leine übergeben wollte, stand ich auf dem Vorschiff schon unter Wasser. So unterblieb ein Schleppversuch. Drechsler bestieg das Beiboot, Spohr kappte die vertörnten Festmacher und sprang dann ins Wasser, um den abtreibenden Fahrzeugen nachzuschwimmen. Als letzte sprangen Wolf und ich hinterher und schwammen etwa fünf Meter zur Rettungsinsel. Beim Einstieg um 1450 Uhr sah ich, wie die MINTAKA versank."

Ein unbegreiflich schnelles Ende einer neuen Yacht. Ein unerwarteter Minutentod. Und ein nasses Grab in unerreichbarer Tiefe. Doch der Schock dauert für die Chartercrew nicht lange. Schon um 1500 Uhr werden die schiffbrüchigen Segler von der SAGITTA einschließlich deren Seenotgeräten aufgenommen. Von der gesunkenen Yacht selbst können nur drei Bodenbretter aufgefischt werden.
Martin Kramp, der Skipper der SAGITTA, hat während der ganzen Zeit seine Video-Kamera in der Hand und filmt die Ereignisse dieses dramatischen und unerwartet plötzlichen Untergangs der MINTAKA. Wertvoller als die Aufnahmen werden jedoch später seine navigatorischen Feststellungen sein: Die MINTAKA ist in rechtweisender Peilung von 140° zum Leuchtturm Polveraia gesunken, bei einer mit dem Echolot ermittelten Wassertiefe von 334 Fuß. Der Abstand zur Küste wurde mit etwa zwei Seemeilen geschätzt. Ein GPS-Gerät ist auf der rettenden Yacht nicht an Bord.
Auch MINTAKA-Skipper Dapper hat nur terrestrisch navigiert und sein GPS-Gerät nicht eingesetzt. Die gesegelten Kurse wurden später aus dem Gedächtnis auf einem Seekarten-Duplikat nachgetragen.
„Herr Kramp bestätigte mir später, daß alle Rumpffenster der MINTAKA bei der Umrundung geschlossen waren", schließt Skipper Michael Dapper seine Verklarung bei der italienischen Polizei und stellt dann noch einmal fest: „Windverhältnisse am 29.4.1995: Bft 4, zwischenzeitlich weniger. Wellenhöhe im Seegang ca. 0,5 bis 1 m. Sicht sehr gut. Himmel klar. Vor dem Sinken keine Grundberührung und keine Kollision mit einem im Wasser treibenden Gegenstand."
Der Untergang rätselhaft, die Yacht über hundert Meter tief auf dem Grund des Mittelmeers, die Position des Sinkens und damit ihre derzeitige Lage nur grob geschätzt. Was ist zu tun?
Der Vercharterer meldet natürlich unverzüglich das Sinken der Yacht an den Versicherer. So oder so wird die Bella Italia für den Totalverlust durch die Auszahlung der vollen und recht hohen sechsstelligen Summe entschädigt werden – außer, man kann ihr nachweisen, daß frühere Schäden am Schiffsrumpf, vorher eingetretene Kollisionen oder verschwiegene Fabrikationsfehler das schnelle Sinken verursacht haben und die Dapper-Crew nur die Leidtragenden solcher Vorgänge sind.
Aber auch Michael Dapper ist mit seiner Verklarung noch nicht aus dem Schneider. Seine Mitsegler müssen ebenfalls ihre Aussagen machen, um zu prüfen, ob oder wo und warum sie nicht übereinstimmen. Und auch mit dem SAGITTA-Skipper sollte man reden.
So entsendet die Versicherung unverzüglich einen erfahrenen Sachverständigen nach Marina di Campo, der mit protokollierten Aussagen Licht in das Dunkel des MINTAKA-Sinkens bringen soll.
Er stellt fest, daß die Yacht sich in ausgezeichnetem Zustand befunden hatte, und kann auch in den Aussagen von Drechsler, Haselhuhn, Spohr und Wolf weder bemerkenswerte Abweichungen von Dappers Verklarung feststellen noch neue Er-

kenntnisse finden. Er sagt sich jedoch (und faxt es auch unverzüglich an den Versicherer):
„Da die Yacht um 1415 Uhr bei Bft 4 wieder mit Großsegel und Genua zu segeln begann und halbwinds mit rauschender Fahrt bei leicht zunehmendem Wind ihren Nordkurs fortsetzte, ist es gut vorstellbar, daß durch vielleicht geöffnete Fenster erhebliche Wassermengen in kürzester Zeit (zwischen 1420 und 1425 Uhr) in das Innere der Yacht eindringen konnten. Selbst wenn die MINTAKA nach Bemerken des Wassereintritts (als ‚der Wasserstand schon den Salontisch erreicht' hatte) wieder in eine waagerechte Lage zurückkehrte und ihre Schwimmwasserlinie dabei unterhalb der Bordwandluken lag, so daß der Zulauf durch diese gestoppt war, hätte durch eventuell offenstehende Seeventile der Waschbecken oder der Spüle ausreichend Wasser nachlaufen können, um letztendlich das Versinken zu verursachen."
Es ist ein logischer und kühner Schluß, dem der SAGITTA-Eigner bei einer Befragung fast Gewißheit gibt, als er zum Sachverständigen fast beiläufig erwähnt: „Als ich die Männer der gesunkenen MINTAKA vor Elba an Bord nahm, sagten sie mir: ‚Wir haben ja noch versucht, die Fenster zuzuhalten. Dies gelang aber nicht, weil der Wasserdruck zu stark war. Wir haben dann auch aufgehört zu drücken, weil von oben einer rief: Kommt hoch, wir sinken.' "
Also war wohl doch ein Fenster offen gewesen und somit die Schadensursache klar; denn was Martin Kramp vorbeifahrend als „geschlossenes Fenster" bestätigt hatte, konnte ja auch nur ein „heruntergeklapptes und vom inneren Wasserdruck zugehaltenes Fenster" gewesen sein.
Die betroffenen Bordwandluken oder „Fenster" haben eine offene Fläche von etwa 340 cm^2, wie man an einem Schwesterschiff der MINTAKA schnell feststellt. Die Öffnung ist genauso groß wie die Durchgangsfläche von einem Dutzend Feuerwehrschläuchen von je 60 mm Durchmesser, und durch ein offenstehendes, dicht unter der Wasseroberfläche liegendes Luk könnten somit etwa 1200 Liter Wasser pro Minute in den Innenraum der Yacht geströmt sein, gut 6 Tonnen in der Zeit zwischen 1420 und 1425 Uhr und genauso viel, wie man zu dieser Zeit bemerkte.
Beweiskräftig ist jedoch weder die eine Aussage noch die andere Berechnung – und in dieser Situation entschließt sich die Versicherung zu einem ungewöhnlichen und vom finanziellen Aufwand wie dem möglichen Ergebnis gleichermaßen riskanten Schritt: Sie ordnet an, die MINTAKA auf dem Meeresgrund zu suchen und zur Schadensfeststellung zu heben.
Einen solchen Hebeversuch hatte schon zehn Jahre früher ein anderer Versicherer unternommen, um die Stahlyacht ALEGRIA, eine Trewes 53, die am 13.10.1983 etwa zehn Seemeilen westlich der Insel Patmos aus unerklärlichen Ursachen in wenigen Minuten gesunken war, im Sommer 1984 aus einer Wassertiefe von 90 Metern wieder an die Oberfläche zu holen. Verschiedene Indizien sprachen für mutwilliges Versenken und somit für einen Versicherungsbetrug.

Doch als der Versicherer schließlich nach monatelangen Verhandlungen mit den griechischen Behörden alle notwendigen Genehmigungen zum Bergen der ALEGRIA in Händen hatte und die erforderlichen Spezialfahrzeuge und Geräte auf der Position zu suchen beginnen konnten, die der Skipper als Unfallort angegeben hatte, war die immerhin 16 m lange und 20 t schwere Yacht, deren Rigg 20 m über dem Grund hätte aufragen müssen, nicht mehr zu finden. Entweder war die Position (eigenartigerweise im tiefsten Bereich des Reviers) vom Skipper bewußt falsch angegeben worden, oder griechische Berger hatten die teure und beim Versinken unversehrte Yacht bereits Wochen oder Monate vorher an die Oberfläche geholt; denn die entsprechenden Vorbereitungen des deutschen Versicherers waren ja nicht zu verheimlichen gewesen.
Nun also ein begrüßenswerter neuer Versuch des MINTAKA-Versicherers. Und dieses Abenteuer ist lehrreich und interessant zugleich und in seiner Auswertung auch für uns wertvoll. Verfolgen wir es nach dem Logbuch der Bergungstaucher:
3. Mai 1995: Nach dem Videofilm, den Martin Kramp von der SAGITTA aus gedreht hat, werden die bestmöglichen Einstellungen des Küstenverlaufes aus Sicht der Unfallstelle kopiert und in charakteristischen Einzelbildern vergrößert.
5. Mai 1995: Auftrag an eine Bergungsfirma zum Orten der Yacht, Heben an die Wasseroberfläche, Lenzen und anschließendem Verbringen in den Hafen von Portoferraio unter den dortigen Travellift.
7. Mai 1995: Mitarbeiter einer Bergungsfirma laufen von Portoferraio mit zwei Booten, einem Sidescan-Gerät, Kameras, Hebesäcken, Pumpen, GPS- und Laser-Geräten sowie anderem Geschirr, Wert über 600 000 DM, in das Seegebiet vor Polveraia aus und beginnen mit der Unterwasser-Suche gemäß der von der SAGITTA angegebenen Peilung zum dortigen Leuchtturm und in den von ihr geschätzten Distanzen vor der Küste.
8. Mai 1995: Suche mit kleiner Sidescan-Anlage. Auslegen von Signalbojen zum Abstecken der Suchzonen. Bojen nach Absuchen verlegt. Zusätzlich Unterwasser-Kamera zur Suche eingesetzt. Bojen verschleppt zu neuen Positionen. Kurse mit Computern gesteuert und vermerkt.
9. Mai 1995. Gesucht und nichts gefunden. Einige Signale vom Grund erhalten, die jedoch nicht nach einer Yacht aussahen. Positionen vermerkt, aber nicht mit Kamera angesehen.
10. Mai 1995: Wie am 9.5.1995.
11. Mai 1995: Wie am 9.5.1995.
12. Mai 1995: Wie am 9.5.1995.
13. Mai 1995: Wie am 9.5.1995. Zeitweise Pause wegen hohen Wellengangs. Bojen zurückgelassen. Rückreise nach Portoferraio. Suchauftrag zurückgegeben.
Soll der Versicherer aufgeben? Nein, er beauftragt einen neuen, jetzt italienischen und mit den Örtlichkeiten vielleicht besser vertrauten Berger, der auf der Basis „No Cure – No Pay“ erst einmal von sich aus orten darf. Und er findet die gesunkene MINTAKA am 25. Mai tatsächlich! Sie liegt in einer Peilung von 127° zum

Leuchtturm genau 1655 m von ihm entfernt auf 96 m Tiefe – recht abweichend vom gegißten Ort der SAGITTA, der mit 140°, ca. 2 sm und 102 m Tiefe angegeben war.
26.5.1995: Die Sachverständigen der Versicherung treffen am Ort ein und beauftragen einen Heliumtaucher mit den Arbeiten in der großen Tiefe.
27.5.1995: An der Ortungsstelle soll die Kamera herabgelassen werden, aber noch vor Erreichen der Markierungsboje wird die Fahrt der Berger abgebrochen: Zu viel Seegang.
28.5.1995: Gerät geladen und losgefahren. Am Vormittag versucht, die Kamera herunterzulassen. War durch Strömung nicht möglich. Kamera defekt. Beschlossen, durch Taucher am Rigg der Yacht Seile zum Heben zu befestigen. Gerätetaucher wird eingewiesen.
29.5.1995: Erster Tauchgang. Der Taucher geht in etwa zwei bis drei Minuten auf 100 m Tiefe, wo ihm wegen des Wasserdrucks nur höchstens acht Minuten Zeit zum Arbeiten auf dem Meeresgrund bleiben. Nimmt Orientierungsleine mit und hakt deren Anker im Rigg fest. Hat 18-mm-Trosse in der anderen Hand und belegt sie unter den Winden am Mast.
Die Arbeiten des Tauchers ohne Druckanzug in dieser Tiefe sind bewundernswert. Durch drei zur Kälteisolierung übereinander angezogene, aus dickem Material bestehende Taucheranzüge und drei zu einem Paket zusammengeschnürte Tauchflaschen auf dem Rücken ist seine Bewegungsfreiheit erheblich eingeschränkt. Im Bereich des noch stehenden Riggs muß er darüber hinaus mit äußerster Vorsicht arbeiten, um sich nicht an Wanten, Stagen, Schoten und Beschlägen zu verhaken.
Da das Gehirn des Menschen in dieser extremen Tiefe langsamer und schwerfälliger arbeitet, hat der Taucher vorher die zum Belegen nötigen Knoten an Deck geübt. Dennoch schafft er es nicht, auch noch die zweite Hebetrosse zu befestigen. Er geht nach der kurzen Arbeitszeit langsam auf 50 Meter Tiefe hoch, um hier die erforderlichen zweieinhalb Stunden zum Druckausgleich abzuhängen. Lassen ihm einen Anker hinab, damit er dabei wenigstens sitzen kann. Fieren zum Ergänzen des Luftvorrats zwei neue Flaschen zum Auswechseln in die Tiefe. Bemerken, wie die Sorgleine zum Wrack durch die Strömung unten anders ausschwimmt als oben.
30.5.1995: Zweiter Tauchgang und Anschlagen einer 35 mm dicken Perlontrosse. Wegen der stark eingeschränkten Leistungsfähigkeit des Gehirns bei der Tiefseearbeit hat sich der Taucher vorher durch Studium von Zeichnungen die Stellung des Mastes eingeprägt, das Auf- und Zuschrauben des großen Bergeschäkels immer wieder geübt und sich die vorgesehenen Positionen eingeprägt, an denen er – noch dazu im Dämmerdunkel – arbeiten muß. – Kurzzeitiger Abbruch der Arbeiten wegen Seegangs. Dann Hebeballons angeschlagen und gefüllt. Yacht kommt etwas hoch, doch dann reißen die Seile, und sie fällt zurück. Neue Strategie: mit Drahtseilen heben. Es werden Seilklemmen besorgt.

31.5.1995: Der Heliumtaucher kann zwei Stahlseile unten am Mast befestigen. Hebearbeiten beginnen. Der Hebeballon reißt ab (Defekt am Sack wegen zu großen Hebewegs), und die Yacht fällt wieder zu Boden. Beim zweiten Versuch gelingt es, die Yacht ca. 20 m zu heben und weiter unter Land zu schleppen. Hebesäcke werden erneut angeschlagen, doch nach kurzem Hub schlägt die Yacht wieder auf den Grund. Mastbruch!
1.6.1995: Neue Strategie: Nichts am Rigg und an den Klampen befestigen, sondern Gurte vorn und achtern unter dem Rumpf durchnehmen. Boot liegt jetzt auf 74 m Wassertiefe.
2.6. und 3.6.: Keine Arbeitsmöglichkeit durch Sturm.
4.6. 1995: Wetter ruhiger, Chance zum Weiterarbeiten. Befund an der Yacht festgestellt und mit Kamera festgehalten: An Backbordseite ist das dritte Bordwandluk von vorn offen. An Steuerbordseite ist das hintere Bordwandluk offen. Durch den Aufprall auf dem Grund nach dem Sinken der Yacht ist der hintere Bereich des Ballastkieles etwa 30 cm tief in den Rumpf gedrückt und der vordere Bereich dementsprechend nach unten gesackt. Das Ruder ist dabei abgebrochen, aber der Ruderschaft ist in Ordnung. Der Mast ist in Höhe der Unterwanten gebrochen.
Glücklicherweise kommt der Mann an der Unterwasserkamera auf die Idee, den Taucher das Offenstehen der Fenster dadurch beweisen zu lassen, daß er nicht nur seinen Arm in die Öffnung hält, sondern auch einen Tampen von außen nach innen steckt und ihn dann langsam aus dem Boot wieder nach außen zieht. Sicherheitshalber wird die Einstellung mehrere Male wiederholt und aufgezeichnet – und dann hält auch ein Foto diese Szene fest.
Am Abend hängen an der jetzt auf 14 m Tiefe angehobenen und in 100° Peilung zum Leuchttum etwa 150 m vom Felsenufer entfernt liegenden Yacht zwei geschlossene Hebesäcke am Kiel und vier offene Hebesäcke mit Stahlseilen an den Püttings von Wanten, Achterstag und Ankerwinsch, alle klar zum Anblasen mit Luftschläuchen verbunden. Auch alle anderen Leinen sind klar zum Hochholen der MINTAKA über den Wasserspiegel und zum anschließenden Auspumpen und Einschleppen…
…aber da entreißt ein offenbar zürnender Neptun durch einen unerwarteten und nicht angesagten Sturm in der Nacht den Bergern ihre verdiente Beute: In den frühen Morgenstunden des 5. Juni drückt der vom stürmischen Wind aufgebaute Seegang mit Wellenhöhen von 6 – 7 Metern und seinen tiefreichenden Grundseen die fast schon gerettet auf dem Grund verankerte Yacht auf die unterseeischen Felsen und zerschellt sie in unzählige Stücke. Als die alarmierte Tauchercrew am Ort des Geschehens eintrifft, kann sie nur noch Einzelteile bergen – auch die geöffneten Fenster sind auf den Steinstrand geworfen. Aber hier haben sie keine Beweiskraft mehr.
Doch die Aussagen der Taucher und die Fotos und Filmaufnahmen, die sie an den offenen Bordwandluken zeigen, sind auch so Beweis genug: Die MINTAKA ist gesunken, weil ein Fenster auf jeder Seite nicht geschlossen war. Richtiger: Als sie

auf Steuerbordbug zu segeln begann und sich dabei bis zum Schandeck überlegte, ist durch ein offenstehendes Fenster in fünf Minuten so viel Wasser ins Boot gelangt, wie der Rudergänger es bei der ersten Beobachtung vorfand. Ein offenstehendes, einen Meter unter dem Wasserspiegel gelegenes Seeventil hat dann zusätzlich pro Minute 250 Liter Wasser in den Innenraum gelassen und das endgültige Versinken bewirkt. So gesehen ist die MINTAKA also, richtiger gesagt, von ihrer Crew fahrlässig versenkt worden. Und hierfür muß der Skipper nicht nur seinen Kopf hinhalten – sondern auch finanziell geradestehen. So kehren wir zum Anfang zurück:

Das Seeamt mußte sich nach § 1 Ziffer 2 Nr. 2 mit dem Sinken der MINTAKA beschäftigen und benannte nach § 4 Ziffer 1 den Schiffsführer Michael Dapper sowie den Rudergänger zur Unfallzeit, Andreas Wolf, als „Beteiligte“. Aber auch die Mitsegler Drechsler, Haselhuhn und Spohr werden als „Beteiligte“ vorgeladen, während der Skipper der SAGITTA und der Heliumtaucher als „Zeugen“ vernommen werden.

Die während der Verhandlung rekonstruierten Tatbestände weichen nur unwesentlich von der Verklarung Dappers ab, die wir schon oben gelesen haben: Es herrschte Westwind, die Yacht segelte über Steuerbordbug mit 85 m^2 Segelfläche einen Nordkurs, das Sumlog zeigte 5–5,5 Knoten Fahrt an, und bei unterschiedlich starker Krängung lag die Steuerbordseite unter Wasser.

Andreas Wolf hatte während der Fahrt eine Suppe gewärmt, aber angeblich weder zur Lüftung die Bordwandluke geöffnet noch das Seeventil der Spüle bedient. Auch die anderen Mitsegler hatten angeblich kein Luk zur Lüftung geöffnet und auch die Toilette nicht benutzt. Niemand hatte sich die Hände gewaschen und ein Seeventil am Waschtisch geöffnet. Keiner von Dappers Mitseglern gestand ein Verschulden ein. Alle fahrlässigen Unterlassungen blieben am Skipper hängen. An seiner persönlichen Verantwortung für das Geschehen bestand kein Zweifel.

Martin Kramp sagt aus, der Wind sei für seine SAGITTA schon so stark gewesen, daß er das Vorsegel weggenommen hatte, und zu den Fenstern befragt sagte er: „Die Bordwandluken habe ich wegen des starken Seegangs nur zeitweilig sehen können, weil sie sich immer wieder unterhalb der Wasserlinie befanden.“

Und dann werden die auf Wassertiefen von 5–25 m aufgenommenen Fotos bewertet, „bei denen das Offenstehen dadurch besonders gut veranschaulicht wird, weil auf dem einen Bild der Taucher mit der Hand hineingreift und auf dem anderen ein Tampen herausgezogen wird. Bei einem Fenster handelt es sich um das Fenster der Toilette, bei dem anderen um das der Pantry“, stellt das Seeamt fest. Ergänzend erläutert die Taucherfirma die Schadensfeststellungen an Rumpf und Kiel.

„Die bei einem Fenster von 300 mm Länge, 150 mm Höhe und abgerundeten Ecken eindringende Wassermenge beträgt zwei Tonnen pro Minute oder 33 Liter pro Sekunde, wenn der Wasserspiegel über Oberkante Fenster liegt“, hat der Sachverständige genau ermittelt. „Das von Andreas Wolf entdeckte und da schon

hoch über den Bodenbrettern stehende Wasser kann in der Zeit zwischen 1420 und 1425 also nur durch ein offenes Fenster eingedrungen sein“, ist die Meinung des Gutachters.
„Die Sinkgeschwindigkeit der MINTAKA mit einer Schiffsmasse von 8 t und einer Restluftmenge von etwa einem Kubikmeter hat nach etwa 25 m den größten Wert von 4 m/s erreicht. Beim Auftreffen auf den Grund hatte die MINTAKA somit eine Sinkgeschwindigkeit wie ein in der Luft aus etwa 0,75 m Höhe frei fallender Körper.“ Die Schäden am Kiel mußten also so groß sein, wie sie aufgetreten wären, wenn die MINTAKA beim Kranen einen knappen Meter über dem Boden aus den Gurten gerutscht und auf eine Betonplatte geknallt wäre.
„Mindestens das zweite Rumpffenster von Stb achtern war spätestens um 1425 Uhr, als innerhalb von zwei bis drei Minuten sechs Tonnen Wasser ins Schiff drangen, offen – durch das Tätigwerden eines Mitseglers“, stellt das Seeamt vor seinem Spruch fest, „und sein Öffnen erscheint auch naheliegend, weil drei Stunden nach Beginn eines Seetörns wenigstens ein Mitglied der fünfköpfigen Crew sicher das Bedürfnis gehabt hat, die Toilette zu benutzen und danach zu lüften.“ Aber der verantwortliche Führer der Yacht hätte damit rechnen und diesem Umstand durch die regelmäßige Überprüfung des Verschlußzustandes auch während des Segelns mit Krängung Rechnung tragen müssen.
Auch hätte er eine deutliche Änderung des Segelverhaltens durch die Zunahme des Yachtgewichtes feststellen müssen, selbst wenn nur die Hälfte der vom Sach-

Um das Offenstehen des Bordwandfensters unter Wasser anschaulich zu beweisen, greift der Taucher nicht nur mit der Hand hinein, sondern zieht eine Leine von innen nach außen.

Mit Hilfe von großen Ballons, die in einhundert Meter Tiefe vom Taucher am Rumpf befestigt und mit Preßluft angeblasen werden, hebt man die MINTAKA *in die Höhe.*

verständigen ermittelten Wassermenge in der besagten Zeit eingedrungen wäre. So muß Michael Dapper am Schluß zur Kenntnis nehmen: „Der Schiffsführer der Yacht hat sich fehlerhaft verhalten, indem er den Verschlußzustand der Segelyacht nicht in angemessenen Abständen, insbesondere vor dem zu erwartenden Amwindkurs mit vorhersehbarer Schräglage, überprüfte oder überprüfen ließ." „Fehlerhaft" bedeutet „schuldig" am Sinken der MINTAKA, und „schuldig" bedeutet zivilrechtlich „haftbar für den Schaden", in diesem Falle: den Wert eines Seekreuzers von 12 m Länge, zu bezahlen an die Versicherung (die ja inzwischen der Firma Bella Italia schon eine gleichwertige neue Yacht kaufen mußte, damit die Segler, die nach Michael Dapper die MINTAKA gebucht hatten, trotzdem ihren Charterurlaub machen konnten).

- Fazit für den verantwortlichen Skipper einer Chartercrew: Das Amt hat zwei Seiten: Kapitän sein zu dürfen und alle Fehler der Mitsegler verantworten zu müssen. Der Skipper seines eigenen Bootes kann in einem ähnlichen Fall nur sein Boot verlieren und einen eigenen (vorhandenen) Vermögenswert einbüßen. Ein „Mieter" im Sinne eines Chartervertrages kann bei fehlerhaftem Verlust des gemieteten Bootes seine Existenz verlieren, wenn er mit seinem (vielleicht nicht vorhandenen) Vermögen zum finanziellen Ersatz herangezogen wird.
- Fazit für jeden Segler: Steigen Sie nicht auf Yachten ein, die mit Bordwandluken gebaut sind. Fenster in der Außenhaut, die aus transparenten Kunststof-

fen gefertigt und seewasserdicht einlaminiert sind, spenden ebenfalls Licht, und Lüfter an Deck sowie Decksluken sorgen auch für genügend Frischluft unter Deck.

- Und Fazit für Yachtwerften: Bauen Sie so gefährliche Bordwandluken nicht mehr in Ihre Yachten ein: Ende 1993 ereignete sich an nahezu gleicher Stelle vor Elba der Untergang der fast identischen Yacht SILVIA vom gleichen Serientyp wie die MINTAKA, ebenfalls 12 m lang, 4 m breit und mit 85 m^2 besegelt. Die Yacht war damals gleichfalls ohne eine ersichtliche Schadensursache gesunken. Bei einer späteren Bergung wurde festgestellt, daß ebenfalls nicht verschlossene Bordwandluken das unerwartete Sinken verursacht haben mußten.

Die Bergung der SILVIA aus einer ähnlich großen Wassertiefe wurde durch die Behörden veranlaßt und mit großem Aufwand vorgenommen, weil der ebenfalls vermeidbare Unfall für die mehrköpfige Besatzung tragische Folgen hatte: Sie ging in die Rettungsinsel, als die Yacht versank, und erreichte zwar die Küste. Aber beim Aufprall des Gummifloßes auf die Uferfelsen kamen mehrere Besatzungsmitglieder ums Leben.

So hatte die MINTAKA-Chartercrew noch Glück im Unglück, als sie von der in Sichtweite segelnden SAGITTA gerettet wurde.

Nicht jedes Sinken muß versichert sein

Wenn Eigner heutzutage ihre Yachten gegen Kasko-Schäden versichern lassen, dann denken sie bei den möglichen Gefahren, die ihrem Seekreuzer drohen, erstrangig auch an das Sinken. Da man an einer gesunkenen Yacht – noch dazu, wenn sie auf Tiefen über 100 Metern liegt – jedoch niemals mehr feststellen kann, aus welchen Ursachen sie ein Leck erhielt, wo und wieviel Wasser in einem bestimmten Zeitraum eintrat und ob man bei Einsatz der verfügbaren Bordmittel nicht das Sinken verhindert oder die havarierte Yacht bis zum Eintreffen herbeigerufener Rettungsfahrzeuge noch hätte schwimmfähig halten können, wird das Verhalten der Crew vom Bemerken des Wassereinbruchs bis zum Versinken oder Aufgeben der Yacht von Sachverständigen besonders sorgfältig unter die Lupe genommen. Dies ist auch gut so; denn mit dem Versenken ihrer Yacht sind unredlichen Eignern auch Tür und Tor für einen Versicherungsbetrug geöffnet. Auch ein redlicher Eigner kann beim Sinken seiner Yacht seinen Versicherungsschutz verlieren, wenn er nicht alle Maßnahmen zur rechten Zeit einleitet, die bei Wassereinbruch seemännisch wie rechtlich zwingend geboten sind. Aber nicht nur aus diesem Grund sind die folgenden drei Fälle besonders nachdenkenswert.

Eine zum Wrack gewordene Yacht ist auch für einen Einhandsegler besser als eine heile Rettungsinsel

Otto Jäger hatte die Seemannschaft von der Pike auf gelernt: Er war zuerst als Matrose, dann als Nautiker zur See gefahren und hatte schließlich einen Job an Land angenommen, um sich mehr seiner Familie und seinen beiden kleinen Kindern widmen zu können. Die Verbindung zur See behielt er durch den Kauf eines gebrauchten, 1977 gebauten dänischen 37-Fuß-Seekreuzers, mit dem er seit 1983 unterwegs war: Zuerst segelte er im Mittelmeer, wo er die Yacht erwarb, lief dann mit ihr (und seinem besten Freund an Bord) über den Atlantik, um einige Jahre während der Urlaubszeit in der Karibik zu kreuzen, und brachte den Seekreuzer anschließend über die Azoren zurück an die deutsche Küste, wo er seinen neuen Heimathafen und an der dänischen und westschwedischen Küste sein neues Segelrevier fand. Mehr als Otto Jäger konnte wohl kaum ein Fahrtensegler an seemännischer Praxis und seglerischer Erfahrung auf die Waagschale legen.

Im Sommer 1989 sollten mit der 11,05 m langen, 3,95 m breiten und gut acht Tonnen schweren Slup mit 62 m^2 Segelfläche, für die er den Namen MARIAN (nach den Anfangsbuchstaben von Maria und Rita, seinen Töchtern, und Anna, seiner Frau) gewählt hatte, neue Ziele an der norwegischen Küste besucht werden. Der 43jährige Skipper hatte die Yacht im Juli 1989 mit Freunden von Damp nach Kristiansand gesegelt, wohin die Familie mit der Fähre nachgekommen war, und war dann mit ihr in Tagestörns durch die Schärenwelt geschippert. Die Rückfahrt traten Frau und Kinder wieder mit der Fähre an, und Otto Jäger machte sich am 20. August von hier aus allein auf die Rückreise über das Skagerrak, weil Heiner Rost, der ihn schon oft begleitet hatte, kurzfristig als Mitsegler absagen mußte.

Die MARIAN, die er schon oft allein gesegelt hatte, war hierzu gut ausgerüstet. Sie konnte entweder von einer Windfahnen-Selbststeueranlage oder von zwei Autopiloten gesteuert werden, die mit unterschiedlicher Leistung für leichtes oder schweres Wetter einsetzbar waren, und führte anstelle der üblichen, bis zum Noteinsatz eingepackten Rettungsinsel ein Schlauchboot mit sich, das immer einsatzklar auf dem Vorschiff lag. So diente es in der Schärenfahrt zum täglichen Transport der Crew am Ankerplatz, und außerdem besaß es ein aufstellbares Gummidach, falls man es tatsächlich einmal beim Sinken der Yacht besetzen müßte. Aber wer denkt schon an einen solchen Seenotfall? Heiner Rost hatte für die Herfahrt nach Norwegen auch so ein neumodisches UKW-Handfunkgerät „für alle Fälle“, wie er sagte, mitgebracht und an Bord gelassen. Der Skipper hatte es aber noch nie in die Hand genommen, es aber ordnungsgemäß bei den Rettungsmitteln verstaut.

Otto Jäger wollte am 20. August direkt von Kristiansand aus nach Skagen laufen. Er hatte aber Probleme mit dem Motor, der Luft zog, und so verholte er unter Segeln erst einmal in einen Außenfjord, aus dem er ungehindert in das Skagerrak hinauslaufen konnte, und startete am Abend des 20. August 1989 von seinem Ankerplatz.

„Wetter Südwestwind Bft 5, Wellenhöhe etwa 2,50 m", berichtet er. „Wie immer, wenn ich allein segele, wird zur Nacht das Großsegel gerefft und die erforderliche Segelfläche mit der Rollgenua reguliert." Das ist gute Seemannschaft. „Die MARIAN lief mit Ostsüdostkurs auf Backbordbug. Als ich merkte, daß der Wind kurzzeitig auf Süd gedreht hatte, ging ich auf Steuerbordbug, um für eine weitere Winddrehung nach Südost genügend Raum zu gewinnen." Diese Kursänderung, nach der die Yacht nahezu Südwestkurs und vom Skagen-Ziel hinweg steuerte, sollte später bei der Bewertung der Ereignisse Irritationen auslösen und Jäger in Mißkredit bringen.

„Inzwischen war es dunkel geworden, und ich richtete mich, wie schon oft in den letzten Jahren, auf eine Nachtfahrt ein", erzählt er weiter. „Der Wind frischte etwas auf, und das Boot setzte hart ein. Ich dachte daran, die Genua weiter einzurollen, zögerte aber. Denn ich wollte, wenn der Wind auf Süd blieb, ja wieder auf Backbordbug gehen und hätte dann einen leichteren raumen Kurs gehabt.

Dann gab es jedoch beim Einsetzen in eine höhere See einen unheimlichen Knall. Es war ein Geräusch, das ich mir in den schlimmsten Nächten auf See nie vorstellen wollte. Aber es war tatsächlich passiert: Der Mast war einen guten Meter über Deck abgebrochen und lag an Steuerbord halb an Deck und halb im Wasser. Ich konnte es nicht begreifen und war total irritiert. Denn ich hatte noch vor dem Auslaufen alle Wanten nachgezogen und das Rigg kontrolliert."

Otto Jäger stürzt in die Kajüte, holt den Wantenschneider und anderes Werkzeug herauf und beginnt, das Rigg vom Rumpf zu trennen. Denn er weiß um die Gefahren, die der Außenhaut von den zerrissenen Metallteilen des Mastes drohen. „Ich habe dann nach und nach alles losgeschnitten und abgesägt, was Zug verursachte und Gewicht hatte", berichtet er. „Es war schwierig, die Teile auseinanderzuschrauben und die Splinte der Bolzen mit klammen Fingern zu lösen. Dabei rutschte der Mast mit der nach oben gerichteten Bruchstelle immer tiefer ins Wasser – glücklicherweise. Denn ich hatte Angst, mich in der Dunkelheit zu verletzen oder selbst in den Drähten hängenzubleiben und eingeklemmt oder mit unter Wasser gezogen zu werden. Besonders gefährlich war das Lösen der Rollfockprofile, die unter einer gefährlichen Zugspannung standen, und der Rollfocktrommel."

Als der Einhandsegler nach gut einer Stunde Arbeit Deck und Rumpf von den Trümmern seines Riggs befreit hat, geht er wieder unter Deck, um das Werkzeug wegzupacken, einige Minuten zu verschnaufen und darüber nachzudenken, was jetzt geschehen müßte – und da steht er auf den Bodenbrettern der Kajüte knietief im Wasser. Wir können ihm nachfühlen, wenn er sagt: „ Jetzt war ich total erschöpft und völlig fertig. Ich suchte nach dem Leck und fand es im Vorschiff an Steuerbord unter der Koje, nachdem ich hier die Segelsäcke weggeräumt hatte.

Es waren nach innen gestoßene Polyesterfetzen zu sehen, und das Wasser spritzte mir in alle Richtungen entgegen.
Um das Leck abzudichten, riß ich im Schein meiner Taschenlampe erst einmal die harten gesplitterten Kunststoffteile ab und stopfte hektisch ein Kissen so stramm wie möglich in den notdürftig gesäuberten Riß hinein. Es stoppte den Wassereintritt. Aber da ich mich im Vorschiff jetzt so mulmig fühlte und auch keine Vorstellung hatte, wie lange der reduzierte Auftrieb des Rumpfes das Gewicht des drei Tonnen schweren Bleikiels noch ausgleichen würde, ehe die MARIAN sinken könnte, wollte ich erst einmal das Schlauchboot ins Wasser bringen, das auf dem Vorschiff lag und das ich auf mögliche Verletzungen durch den Mastbruch noch gar nicht überprüft hatte."
Es ist glücklicherweise unversehrt. Aber das Zuwasserlassen bei den Bewegungen der Yacht im Seegang ist schwierig, und die Arbeit in der Dunkelheit und bei einer Verletzungsgefahr durch an Deck zurückgebliebene Metallteile vom Rigg dauert seine Zeit. Der Skipper macht das Rettungsboot am Heck fest, packt einen Notbeutel mit Kompaß, UKW-Handfunkgerät, Bootspapieren, Paß und Lebensmitteln hinein, sichert es zusätzlich durch zwei weitere Festmacher und kehrt dann in die Kajüte zurück.
„Hier hatte sich das Licht aus der Bordbatterie schon verdunkelt, und das Wasser war weiter gestiegen", erklärt Jäger. „Als ich nach vorn zum Leck ging, war das Kissen weg. Nun bekam ich Angst um mein Leben, stürzte in mein Schlauchboot und kappte die Leinen zur MARIAN. Ich verließ die Yacht auf einer Position von ca. 57° 50' N und 007° 13' E."
Man wird Jäger später den Vorwurf machen, daß er den Notfall nicht sofort und weder über sein UKW-Handfunkgerät (dessen Tastatur ja mit Hilfe seiner Taschenlampe oder der noch intakten Bordbeleuchtung gut zu erkennen war) noch mit Seenotraketen angezeigt hatte. Denn dann wäre Hilfe sowohl durch die nur gut fünf Seemeilen entfernte Seenot-Rettungsstation als auch durch vielleicht in der Nähe befindliche Fahrzeuge unverzüglich möglich gewesen. Man hätte dann nicht nur Unterstützung nach dem Mastbruch, sondern vor allem wirkungsvolle Lenzhilfe beim Wassereinbruch geben und das Leben der Yacht retten können. So aber ging die MARIAN irgendwann hilflos auf Tiefe, und Jäger konnte noch nicht einmal angeben, wie lange sie noch geschwommen und wo sie tatsächlich im Skagerrak gesunken war.
Diese Unterlassungen stehen auch in krassem und unverständlichem Gegensatz zu dem weiteren, besonnenen Verhalten des schiffbrüchigen Einhandseglers: „Ich habe dann die ganze Nacht bis zur Helligkeit gepaddelt", sagt er, „um das Schlauchboot immer in Wellenrichtung und Fahrtrichtung zu halten. Einige Brecher gingen hinein, und ich hatte Angst vorm Querschlagen und Kentern. Das Handfunkgerät konnte ich nicht bedienen, da ich in der Dunkelheit die Kanalfrequenzen nicht lesen konnte. Ich wollte die vielleicht schwachen Batterien auch nicht bei einem Test verbrauchen und das Gerät nur effektiv einsetzen. Darum

wartete ich bis zum Hellwerden und gab dann meine UKW-Notmeldung über Kanal 16 ab. Schon eine Stunde später wurde ich von einem norwegischen Seenotkreuzer etwa 5 sm vor Ryvingen Leuchtfeuer aufgefischt."

Man mag dem erfahrenen Seemann und Segler vorwerfen, daß er es unterlassen hat, Seenotsignale zu geben. Dazu konnte er glaubhaft versichern, er habe zunächst auf seine Selbsthilfe vertraut (wie er es auch fern von einer Küste gemacht hätte) und damit ja auch Erfolg gehabt. Aber die Vorwürfe, er hätte seine MARIAN selbst versenkt, er wäre hierzu eine zwar notwendige, aber nicht lebensgefährliche Distanz vor die Küste gelaufen und er hätte sich anschließend für eine zwar kalte Nacht, aber unter nicht riskanten See- und Wetterbedingungen in sein Schlauchboot gesetzt, ehe er in diesem vielbefahrenen Seegebiet, wie er ja wußte, nach wenigen Driftstunden aufgenommen werden konnte, vermochte er mir nichts, dir nichts nicht zu entkräften.

Gegen solche Verdächtigungen hätten sich weniger erfahrene und vor allem mehrköpfige Besatzungen leichter verteidigen können: Sie hätten wohl in jedem Falle sofort Rot geschossen und MAYDAY gefunkt, und sie hätten den Seenotfall detailliert bezeugen können – auch wenn sie dabei das Sinken durch mangelhafte Lecksicherung hätten zugeben müssen.

Aber die Verdächtigungen waren gewichtig, wie ein Auszug aus dem Funktagebuch der Küstenfunkstelle zeigt – auch wenn Otto Jäger wohl ein reines Gewissen hatte. Denn nur durch seine schriftliche Einverständniserklärung konnte die Funkstelle von ihrer Schweigepflicht entbunden und der Gesprächstext für ein Gericht, das die Vorwürfe gegen ihn untersuchte, offengelegt werden. Wer etwas zu verbergen hat, stimmt einer Weitergabe wohl nicht zu. Und so lesen wir hier im Tagebuch der Küstenfunkstelle für den 21. August 1989:

„21.08.1989 0526 Uhr von MARIAN Kanal 16: MAYDAY-Ruf von Yacht MARIAN, Position 16 sm südlich von Kristiansand. Schwaches Signal in Kristiansand, gut hörbar in Lindesnes. Segler kann die Lichter einer Stadt im Norden sehen. Er ist nicht in unmittelbarer Gefahr. Sein Mast ist gebrochen und versunken, und er hat dadurch seine Positionslichter verloren und die Segelmöglichkeit eingebüßt. Erbittet Hilfe, um an die Küste zu kommen.

0531 Uhr. Wir informieren telefonisch den Rettungskreuzer HEYERDAHL. Er läuft von seiner Station aus, um die Position des Notfalls festzustellen und entsprechende Hilfe zu leisten.

0543 Uhr. MARIAN sagt jetzt, daß er sich mit einem UKW-Handfunkgerät in sein Schlauchboot gesetzt hat und den Ort Mandal in etwa 280° sieht.

0555 Uhr HEYERDAHL funkt: Schätzen, daß MARIAN etwa 5 sm seewärts vom Leuchtfeuer Ryvingen liegt.

0609 Uhr HEYERDAHL funkt: MARIAN gesichtet.

0617 Uhr HEYERDAHL funkt: Haben den Mann an Bord genommen. Nehmen das Schlauchboot in Schlepp und kehren zur Station zurück. Ein Mann an Bord. Die Segelyacht gesunken. Rettungsleitstelle informiert. Wir benachrichtigen die Polizei."

Bei der Polizei in Kristiansand gab Jäger am 22. August eine Verklarung ab, in der er seine Unfallschilderung noch um einige Daten ergänzte: „Der Mastbruch ereignete sich gegen 2230 Uhr. Der Mast war 17 m lang und sehr kräftig. Gegen 2330 stand das Wasser in der Kajüte. Das Leck war etwa zwei Meter vom Bug entfernt und 30 cm lang. An Bord sendete ich nicht mit dem UKW-Gerät, weil die am Masttopp gehalterte Antenne ja im Wasser lag. Im Schlauchboot hatte ich keine Taschenlampe, um das UKW-Handfunkgerät richtig bedienen zu können. Der Rettungskutter nahm mich um 0615 Uhr auf."
Als Leser werden Sie festgestellt haben, daß Jäger in seinen beiden Unfallschilderungen nicht angibt, wann er nun die MARIAN verlassen hat und wann er ihr Sinken beobachtete. Und was zuerst als große seemännische (auch Berufs-)Erfahrung positiv bewertet wurde, schlug nun in eine negative Einschätzung um: Er könnte ja auch kaltblütiger als andere (Amateur-)Segler das Absaufen seiner Yacht inszeniert haben.

Das Schärengebiet an der norwegischen Südküste beim Leuchtfeuer Ryvingen, in dessen Nähe die MARIAN nach Mastbruch sank und der Einhandskipper gerettet wurde.

In ähnlichen Situationen hatten nämlich andere Besatzungen ihre Rettungsinsel meistens erst einmal mit einer langen Leine an der sinkenden Yacht befestigt und diese erst losgeworfen, als die Yacht wirklich untertauchte. Und ein solcher Sinkvorgang dauert erfahrungsgemäß sehr viel länger, als man an Ort und Stelle meistens annimmt. Auch eine sinkende Yacht ist für viele immer noch eine sicherere Position als eine Drift in unbestimmte Richtung und mutterseelenallein in einer Gummiwanne. Auch die entmastete MARIAN hatte nach ihrer Aufgabe bestimmt noch eine ganze Zeit geschwommen.
Belastend wurde für den Einhandskipper auch, was die Rettungsleute der HEYERDAHL nach der Rettung von Jäger in ihr Tagebuch geschrieben hatten:
„Nachdem wir den Eigner der MARIAN aus seinem Schlauchboot an Bord genommen hatten, zeigte er überhaupt kein Interesse, die Untergangsstelle noch einmal nach schwimmenden Überbleibseln oder Wrackteilen seiner gesunkenen Yacht abzusuchen. Auch später wurden weder auf See noch an Land Ausrüstungsteile oder Wrackstücke der MARIAN gefunden. Herr Jäger hatte außer seinem UKW-Handfunkgerät, etwas Kleidung und Proviant keine weiteren Gegenstände, die irgendwelchen Wert hatten, an Bord seines Schlauchbootes."
Zwischen den Zeilen gelesen konnte dies wohl sogar den Verdacht bedeuten, die Yacht wäre nur als nackte Hulk versenkt worden, nachdem man alle wertvollen Teile vorher abmontiert und an Land deponiert hatte. Der nächste Absatz nährte noch eine solche Verdächtigung:
„Nach Meinung der Besatzung an Bord des Rettungskreuzers ist es ein sehr kurioser Verlust einer Yacht. Die Rettungsleute bezweifeln auch, daß ein gebrochener Mast ein so schnelles Sinken verursachen kann. Die Wetterbedingungen waren nicht so schlecht, und Herr Jäger erzählte uns darüber hinaus, daß er ein erfahrener Seemann und Segler sei. Er hätte mehrere Male den Atlantik überquert."
Und eine weitere Überlegung nach der Unterhaltung, die Jäger mit den Rettungsmännern an der Bord der HEYERDAHL führte:
„An Bord der MARIAN hatte sich ja auch eine fest installierte UKW-Anlage befunden. So wäre es leicht und einfach gewesen, mit ihr um schnelle Hilfe zu bitten. Die Entfernung zum nächsten einsatzbereiten Seenotkreuzer war nur kurz, und das Rettungsfahrzeug selbst war mit einer leistungsstarken Pumpenanlage ausgerüstet, Kapazität 300 t/h oder 5000 Liter pro Minute. Auch befanden sich um Mitternacht zahlreiche Fischerboote im gleichen Revier in unmittelbarer Nähe."
Und zur Bestätigung seiner Zweifel gibt der norwegische Kapitän der HEYERDAHL noch einmal die tatsächlichen Wetterbedingungen, wie sie von Fischern gemeldet bzw. bestätigt wurden: „Um Mitternacht vom 20. zum 21. August Südwestwind Stärke 5–6 Bft, 20 Knoten, auf Bft 3 gegen Morgen abnehmend."
Entsprechend ungehalten reagierte dann auch die Versicherung: Sie lehnte eine Schadensregulierung erst einmal ab. Jäger mußte klagen, und in dem anschließenden Prozeß wurden die Vorfälle in jener Nacht, die zum Sinken der MARIAN führten, nun noch ausführlicher untersucht.

Eine gewichtige Rolle spielt in solchen Verfahren ein vom Gericht bestellter Sachverständiger, dessen Gutachten bei einer Urteilsfindung helfen soll. Er hat die getroffenen Maßnahmen und möglichen Unterlassungen neutral zu untersuchen und ihre Folgen in bezug auf den strittigen Vorfall zu bewerten. Ein seglerisch wie nautisch gleichermaßen anerkannter und erfahrener Experte kann dabei Feststellungen treffen, die über einen Einzelfall hinausgehen und für den seemännischen Erfahrungsaustausch insgesamt wertvoll sind. Wir wollen uns deshalb einmal etwas ausführlicher eine solche „eigene Urteilsfindung" eines vereidigten Sachverständigen ansehen, in dessen Gutachten nicht die Schuldfrage geklärt, aber ein mögliches nautisch-seemännische Fehlverhalten des Skippers festgestellt werden könnte.

Zuerst sollte er prüfen, ob in der gegebenen Havarie-Situation „die seemännisch gebotenen Maßnahmen zur pflichtgemäßen Schadensabwendung oder Schadensminderung, ohne Rücksicht auf ihren Erfolg, getroffen worden sind". Diese Untersuchung ist so interessant, weil sie zeigt, daß man in einem Havariefall vielleicht in einer ganz anderen Reihenfolge vorgehen muß, falls die Versicherung später eingeschaltet wird, als man vorgegangen wäre, wenn man den Schaden allein zu tragen gehabt hätte. (Siehe den Mastbruch der SUEVIA im Atlantik auf Seite 254.)

Zum Klarieren des etwa 1,5 m über Deck gebrochenen 17 m hohen Mastes sagte der Sachverständige: „Offenbar war der Mast nicht vollständig abgebrochen. (Bei Alu-Masten ist dies – fast – immer so.) Jäger sagte ja auch, die Teile hingen noch etwas zusammen, und er hätte zuerst die Mastbruchstelle gesägt.

In dieser konkreten Situation hat der Skipper objektiv falsch gehandelt, wenn er damit anfing, den Mast sofort abzusägen. Seemännisch richtig wäre es gewesen, den Mast durch eine zusätzliche Lasching als erstes gegen unkontrollierte Bewegungen zu sichern. Liegt der Mast beim Außenbordsgehen auch nur für kurze Zeit horizontal und noch durch Stagen, Wanten oder Fallen mit dem Schiff verbunden im Wasser, dann ist die Gefahr im Seegang außerordentlich groß, daß Schiff und Masten gegeneinandergeworfen werden, da sich ein Rumpf in den Seegangsschwingungen ganz anders verhält als ein ca. 15 m langes Rigg.

Holzmasten sind dabei wegen ihrer Schwimmfähigkeit noch weitaus gefährlicher als Alu-Masten. Aber auch ein Alu-Mast kann durch ein im Wasser liegendes Großsegel, insbesondere wenn darunter noch eine Luftblase eingeschlossen ist, waagerecht gehalten und gestützt werden. Halten dann noch innen im Mast geführte Fallen oder Kabel das abgebrochene Mastende vom Sinken ab, bleibt die Gefahr des Leckschlagens etwa so lange bestehen, wie die Entfernung zwischen Mastende und Bordwand kleiner als etwa eine halbe Wellenlänge ist.

Gute Seemannschaft ist also, den abgeknickten Mast zuerst so zu sichern, daß er keine weiteren Schäden mehr anrichten kann.

Ist der Mast gesichert, sind die Stagen, dann die Wanten und schließlich die Fallen durchzutrennen. Das Großsegel kann man entweder abschneiden oder bergen,

wenn Mastrutscher sich nicht verklemmt haben oder eine Hohlkehle das Herausziehen des Mastlieks erlaubt. Bei der einhand gesegelten MARIAN hätte der Mast wohl kaum geborgen werden können, weil hierfür ein großes seemännisches Können und sehr durchdachtes Handeln notwendig gewesen wären, was man von Amateurseglern im allgemeinen nicht erwarten kann. Hier mußte der Mast also seemännisch richtig vom Schiff getrennt werden. Diese Arbeiten hätten nach dem Sichern des Mastes in aller Ruhe gemacht werden können. Denn wenn das Mastende, vor dem Abrutschen gesichert, an Deck liegt, können keine weiteren Schäden auftreten.
Ein besonnener Segler hätte das Lösen oder Durchtrennen der Stagen usw. auch erst mit Tagesanbruch gemacht. Das Arbeiten in dunkler Nacht auf dem Deck einer Segelyacht bei Windstärke 5 und entsprechendem Seegang ist schon unter normalen Umständen schwierig. Außerordentlich riskant ist es, wenn das Deck dann noch unbeleuchtet und völlig unklar ist. Auch kann man in der Dunkelheit Teile übersehen, die erheblichen Schaden verursachen, während man sie bei Tageslicht sofort erkennt und entsprechend behandeln kann."
Der Sachverständige verneint dann die Gefahr, die MARIAN hätte ohne Segel und Motor auf die etwa 10 sm entfernten Klippen vor der Küste geworfen werden können. „Selbst wenn ein Abtreiben mit einer Geschwindigkeit von 1,5 Knoten angenommen wird, was sehr hoch ist bei der Treibankerwirkung des außenbords hängenden Riggs, hätte immerhin noch ein Zeitraum von 6–7 Stunden zur Verfügung gestanden", bis weit nach Hellwerden also.
„Seemännisch ist es nicht zu verstehen", schreibt er dann weiter, „daß die Backbordwanten schon gelöst wurden, als der Mast noch über die innenlaufenden Fallen mit dem Deckstumpf verbunden gewesen sei und über Bord hing. Als das ungesicherte Mastende außenbords rutschte, hätten sofort die Fallen durchtrennt werden müssen, damit der gebrochene Mast wegsacken konnte. So dürften die Fallen den Mast in der Nähe der Außenhaut gehalten haben, wo die Bruchstelle entstand, weil die Yacht im Seegang daraufgeworfen wurde."
Der Sachverständige meint, daß jeder Segler die Gefahr hätte erkennen müssen, die der Außenhaut durch die Bruchstelle des Mastes drohte. Deshalb war es in dieser konkreten Situation wichtig, das Mastende so zu sichern, daß es nicht unkontrolliert außenbords gehen konnte. Es sei unverständlich, daß Jäger als erfahrener Segler ausgerechnet in dieser Situation die akute Gefahr für seine Yacht nicht rechtzeitg erkannt und nicht seemännisch richtig gehandelt habe.

- Seine gutachterliche Folgerung: Einem Freizeitsegler kann man dieses seemännische Fehlverhalten jedoch nicht als grobes Außerachtlassen einer wichtigen Regel im Havariefall vorhalten, weil Mastbruch auf einer Segelyacht immer eine Ausnahmesituation ist, die vorher nicht geübt werden kann.

Zur Leckabwehr sagt der Sachverständige: „Das Abdichten des Lecks in der Wasserlinie mit einem Kissen ist seemännisch nicht zu beanstanden, wenn es so in das Loch der Bordwand gepreßt und gesichert wird, daß es dem Wasserdruck von außen standhält. Warum der Skipper jedoch – selbst wenn er verständlicherweise in dieser Situation sein Rettungsboot klarmacht – keine Lenzpumpe angestellt hat, ist schwer zu begreifen." Tatsächlich verfügte die MARIAN über eine elektrische und natürlich eine handbetriebene Lenzpumpe, die gerade erneuert waren. „Die elektrische Lenzpumpe hätte Jäger sofort starten müssen, als er Wasser im Schiff entdeckte. Mit der Handlenzpumpe hätte er spätestens arbeiten können, als er das Schlauchboot zu Wasser gebracht hatte und der Mast versunken war." Nach der alten Seemannsweisheit: „Ein wrackes Schiff ist besser als ein heiles Rettungsboot", wäre von einem erfahrenen Segler wohl sicher versucht worden, seine Yacht auch mit einer Handlenzpumpe zu halten. Und da in der havarierten Yacht immer noch Licht brannte, als das Rettungsboot klar war, mußte sich Jäger auch folgende weitere Fragen gefallen lassen:

- Warum wurde nicht versucht, das Leck im Vorschiff neuerlich abzudichten, als es doch wohl – nach Absinken des schweren Riggs – schon über der Wasserlinie lag?
- Warum hat Jäger nicht jetzt, da er die Tastatur seines UKW-Handfunkgerätes zur Einstellung der Seenotfrequenz ja noch unter (wenn auch schwachem) Bordnetzlicht erkennen konnte, wenigstens einen Seenotruf (und wenn nur als Funktionstest) abgesetzt? Diese Unterlassung wurde als Verletzung der Rettungspflicht (unter den Bedingungen seiner Versicherung) angesehen.
- Und warum ist er – selbst unter Würdigung von Müdigkeit, Erschöpfung, Angst und Panik – nicht schon vor dem Verlassen der Yacht und trotz der Dunkelheit auf den Gedanken gekommen, einige der Seenotraketen abzufeuern, die er später beim Übersteigen in sein Schlauchboot samt und sonders verloren haben will? Hier hatte er seine Rettungspflicht abermals verletzt, weil er vor dem Verlassen der MARIAN und vor dem Übersteigen ins Schlauchboot keine optischen Seenotsignale gab.

Bleiben uns für den seemännischen Erfahrungsaustausch einige gutachterliche Erkenntnisse, zum Beispiel diese:

- Ein Mastbruch auf einer Slup rechtfertigt seemännisch das Auslösen eines Seenotfalles, weil die daraus möglichen Folgen nur schwer abschätzbar sind und Fremdhilfe nur erfolgreich sein kann, wenn sie rechtzeitig herbeigerufen wird.
- Bei der Abgabe von Seenotfunkrufen oder Seenotsignalen spielt dieTageszeit keine Rolle. Die Erfolgsaussichten beim Suchen eines Havaristen in dunkler Nacht sind nur dann schlechter, wenn der Hilfsbedürftige keine Eigenbeleuchtung mehr einsetzen kann und nur optische Mittel verwendet werden können.
- Den Seenotfall hätte der Skipper spätestens auslösen müssen, als er von Bord der MARIAN ging. Denn es ist weder im eigenen Interesse noch im Sinne einer allgemeinen Verkehrssicherungspflicht seemännisch vertretbar, ein unbeleuchtetes und treibendes Wrack in einem vielbefahrenen Küstenmeer zu verlassen, ohne vorher Seenotsignale gesendet zu haben.

Zu den Zweifeln am Unfallhergang, die von einem Versicherer geäußert wurden, und den entsprechenden Verdächtigungen, die ich oben nannte, erklärte ein hohes deutsches Gericht:

- „Ein Skipper muß in einem solchen Fall des Sinkens einer Yacht vom Verlassen des Hafens bis zum Aufnehmen durch den Rettungskreuzer alle Ereignisse vollständig nennen, lückenlos beschreiben und gegebenenfalls einzeln aufklären. Auch das Sinken einer Yacht vom Verursachen des Lecks bis zum endgültigen Untergang ist detailliert zu beweisen. Zum Schutz des Skippers und zur Begrenzung seiner Beweislast nach dem Sinken seiner Yacht hat ein hohes deutsches Gericht bereits in einem anderen Fall entschieden: Die Gefahr einer Vortäuschung muß ausgeschlossen sein."
- „Ein Versicherer darf nicht auf der einen Seite Versicherungsschutz zusagen, auf der anderen Seite jedoch bei Vorliegen eines Schadens unerfüllbare Beweisforderungen stellen. Es muß in der Regel genügen, wenn ein äußerer Sachverhalt dargelegt wird, der nach der Lebenserfahrung mit ausreichender Wahrscheinlichkeit schließen läßt, daß die versicherten Güter ganz oder zum Teil abhandengekommen sind."

Gegenüber einem solchen Indizienbeweis des Versicherten muß dann gegebenenfalls der Versicherer Umstände aufzeigen oder beweisen, daß in Wirklichkeit kein Schaden eingetreten ist. Einen entsprechenden Verdacht muß er durch konkrete Tatsachen erhärten.

Wenn somit Einhandsegler betroffen sind, müssen sich diese bei Unfällen auf See immer in Beweisnot befinden, weil sie ja für den eigentlichen Hergang des Sinkens und die Ursachen keine Zeugen benennen, sondern nur den äußeren Sachverhalt schildern können, der darauf schließen läßt, daß der Versicherungsfall eingetreten ist. Insoweit wurden hier die Einzelheiten, die Jäger zur Aufklärung des Sinkens genannt hatte, als ausreichend angesehen. Und darum habe ich alle Einzelheiten dieses Seenot- und Versicherungsfalles auch (notgedrungen) etwas ausführlicher dargestellt.

Wer das Leck nicht sucht, wird den Wassereintritt nicht stoppen und das Sinken nicht verhindern

Die Todesanzeige der BARBARA, eines Serien-Seekreuzers mit 11,30 m Länge, 3,45 m Breite, 1,65 m Tiefgang, 45 m² Segelfläche, 22,5 kW/30 PS Einbaudiesel und 5,8 t Verdrängung, war kurz: Am 15. August 1993 um 0750 Uhr morgens etwa 10 sm vor der Südwestküste Mallorcas gesunken, Crew gerettet.

Und auch die Unfallmeldung, die der 64jährige Skipper Heribert Geserig einen Tag später bei den Marinebehörden in Palma erstattete, sagte wenig über die Ursache des Untergangs aus:

„Ich segelte mit meinem Freund Eric Taverner. Am Abend des 14.8.93 gegen

2130 Uhr bemerkten wir Wassereinbruch im Schiff. Das Wasser stand zu diesem Zeitpunkt etwa 30–40 cm hoch. Alle von uns überprüften Seeventile sowie Bordwände ergaben keinen Hinweis auf die Ursache. Wenig später fiel auch die Stromversorgung aus, und im Schiff war es stockfinster. Mit Taschenlampen versuchten wir den Fehler zu finden, doch ergebnislos.
Die Yacht trieb manövrierunfähig im Wasser. Der Motor war nicht zu starten, es fehlte der Strom. Außerdem herrschte Windstille die ganze Nacht. Das Wasser im Schiff stieg langsam, aber ständig, und es wurde immer schwerer, nach der Ursache zu suchen. Nachdem die Yacht am Morgen des 15.8. um 0750 Uhr gesunken war, sind wir mit dem Schlauchboot und einem 6-PS-Außenborder im Morgendunst auf die Küste zugelaufen und um 1000 Uhr in Arenal an Land gegangen."
Diese spärlichen Tatsachen mögen genügen, wenn man – wie Geserig mit seinem 50jährigen Freund es tat – sich nach Untergang und Rettung erst einmal ein paar Stunden aufs Ohr legt und dann mit der Trauer um den unerwarteten Verlust seiner liebgewordenen Yacht beginnt. Sie bleiben jedoch nichtssagend, wenn man – noch vor der Verklarung bei den örtlichen Behörden – die Versicherung um die termingerechte Werterstattung der gesunkenen Yacht ersucht. Deren Versuch, das Schadensereignis nach Befragen der Crew in einem umfangreicheren Protokoll genauer aufzuklären, brachte dann auch weitere wichtige und interessante Tatsachen ans Licht:
Am 14.8.1993 verließen Geserig und Taverner gegen 1400 Uhr mit der BARBARA unter Motor den Yachthafen von Arenal, das Beiboot mit Außenborder im Schlepp. Vor dem Hafen wurden Segel gesetzt, und bei Bft 2 aus Ost lief der Seekreuzer mit südlichem Kurs und unbestimmtem Ziel auf die See hinaus. Die Crew wollte nach ihren Angaben eine Nachtfahrt machen und am nächsten Tag wieder am angestammten Liegeplatz sein, wo die Yacht schon mehrere Jahre lag. Der Autopilot steuerte.
Gegen 1830 wärmte der Skipper das mitgebrachte Essen auf, und beide Segler aßen ihr Abendbrot in der Plicht. Gegen 1900 wurde die Pantry aufgeklart, und anschließend setzte sich die Crew bei langsamer Fahrt unter Segeln wieder an Deck, hörte Radio, trank eine Flasche Wein und wartete auf den Sonnenuntergang, der gegen 2120 Uhr erfolgte. Die BARBARA war zu dieser Zeit etwa 20 sm ohne Kursänderung auf dem gleichen Bug gesegelt und stand jetzt etwa 10 sm vor der Küste. Es herrschte ein leichter Schwell, und die Yacht machte wenig Fahrt.
In dieser Segleridylle waren gegen 2130 Uhr plötzlich eigenartige Geräusche unter Deck zu hören. Als Skipper Geserig zum Nachsehen unter Deck ging, bemerkte er Wasser im Schiff, gut 30 cm über den Bodenbrettern, die bereits aufgeschwommen waren.
Beide Segler suchten sofort nach einer Leckage, konnten sie jedoch nicht finden. „Außer den Cockpitlenzern wurden sämtliche Rumpfdurchbrechungen und Ven-

tile sowie die Toiletten, der Echolotgeber und die Außenhaut selbst überprüft", bestätigt Geserig. Nachdem die Männer die Ursache des Wassereinbruchs nicht feststellen konnten, wurden Großsegel und Vorsegel niedergeholt und notdürftig festgezurrt, und Geserig versuchte, den Motor zu starten. Dies gelang jedoch nicht, da die Batterien, die unter den Kojen in der Achterkajüte standen, offenbar schon überflutet waren. So war auch der Strom für die Innenbeleuchtung mittlerweile ausgefallen, und es war dunkel an Bord. Aber mit einer Taschenlampe suchte Geserig weiter nach dem Leck. Um 2330 Uhr gab der Skipper bei weiter steigendem Wasser die Lecksuche auf.

Beide Segler setzten sich jetzt in die Plicht und warteten. Die Nacht war sternenklar, aber das Wasser natürlich dunkel. In der Ferne waren das Leuchtfeuer von Cabo Blanco und die Lichter der Küstenorte zu erkennen. Außerdem konnte man die Positionslichter der Fähre Palma – Barcelona sowie die Lichter anderer Seeschiffe in größerer Entfernung ausmachen.

Zwischen 0000 und 0100 Uhr am 15.8. machte Geserig das Beiboot mit zwei Festmachern querschiffs am Heck fest und stieg dann noch einmal in die Kajüte hinein, um den im Vorschiff unter den dortigen Kojen verstauten Benzintank für den Außenborder heraufzuholen. Mit ihm im Beiboot, einigen trockenen Kleidungsstücken in einer Tasche sowie der Seekarte von Mallorca, einem Stechzirkel und den persönlichen Papieren im Gepäck war die Crew bereit, die BARBARA im Falle ihres Sinkens schnell zu verlassen.

Geserig und Taverner verbrachten die ganze Nacht in der Plicht. Die werftseitig eingebaute mechanische Lenzpumpe („Bilgepumpe") benutzten sie nur wenige Minuten lang, da das eingedrungene Wasser nach ihrer Meinung zu viel war. Auch Notsignale wurden nicht abgeschossen. Die Crew wörtlich: „Die verschiedenen schwachen Lichter der Seeschiffe, die während der langen Stunden in der Nacht gesehen wurden, waren in so weiter Ferne, daß uns ein Einsetzen der Notsignale zwecklos erschien. Wir warteten auf die Möglichkeit, die wenigen Notsignale sinnvoll einzusetzen. Doch die von uns ersehnten Schiffe, die uns helfen konnten, blieben aus. Das UKW-Gerät wurde nicht genutzt, da der Strom ausgefallen war."

Gegen 0700 Uhr morgens lag das Vorschiff der Yacht so tief im Wasser, daß das Deck von den Wellen überspült wurde. In der Plicht stand noch kein Wasser. Dann ging plötzlich eine größere Welle über das Vordeck und strömte über die noch offenstehende Decksluke ins Vorschiff. Jetzt sprang zuerst Taverner mit dem Gepäck und dann Geserig in das Beiboot. Der Skipper löste die beiden Festmacher und setzte das Dingi ab – gerade rechtzeitig, ehe das Heck hochstieg und die BARBARA mit dem Bug voran gegen 0750 Uhr in etwa 400 m Wassertiefe versank.

Geserig startete den Außenborder und fuhr im Morgendunst direkt auf die Küste zu. Um 1000 Uhr kamen beide Männer im Yachthafen Arenal an, tranken einen Kaffee, legten sich zwei Stunden schlafen und benachrichtigten anschließend den Hafenmeister, daß die BARBARA nicht an ihren Liegeplatz zurückkehren würde. Ende einer Nachtfahrt.

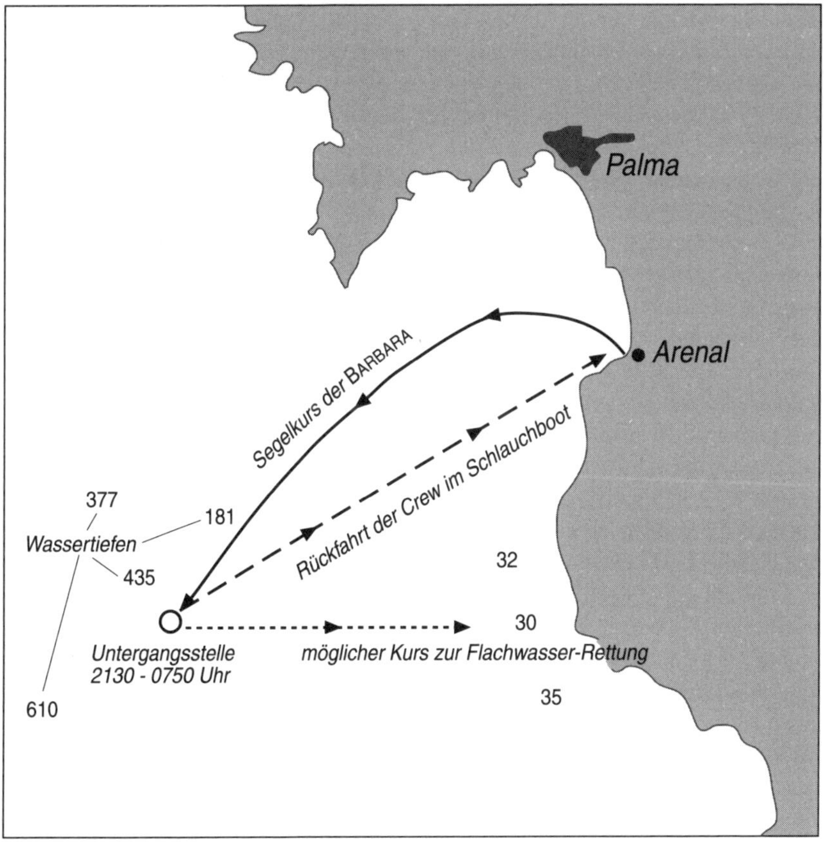

Die Untergangsstelle der BARBARA *auf 400 m Wassertiefe und die Möglichkeit, sie während der zehn Stunden zwischen Wassereintritt und Sinken in flacheres Wasser zu bringen.*

Sind auch Ihnen einige Merkwürdigkeiten in diesem Schadensprotokoll aufgefallen, das die BARBARA-Crew abgab? Da haben doch offenbar beide Männer über zehn Stunden lang nichts getan, um die Yacht zu retten. Sie haben nicht die Lenzpumpe bedient, keine Seenotsignale geschossen, nicht rechtzeitig das UKW-Sprechfunkgerät benutzt und nur gewartet, bis die Yacht endlich versank. Mit ihrem 3,10-m-Schlauchboot, das mit einem festen Kunststoffboden ausgestattet war, hätten sie (bei gleicher Fahrt wie am Morgen) sogar schon um Mitternacht im Heimathafen der BARBARA sein und höchstpersönlich ein Rettungsfahrzeug mit angemessener Pumpenkapazität rechtzeitig vor dem Sinken herbeiholen können. Und wie kann man einen Brennstoffkanister unter den Kojen im Vorschiff hervorholen, wenn diese doch längst hätten überspült sein müssen? Und wie kann das Vorschiff schon überspült sein, wenn die Plicht noch gar nicht unter Wasser stand?

Viele Ungereimtheiten, bei denen sich sogar der Verdacht eines Versicherungsbetruges aufdrängen konnte, wenn man wußte: Die 10 Jahre alte BARBARA war mit dem 1993er Neuwert vergleichbarer Schwesterschiffe versichert. Ihr tatsächlicher Marktwert betrug jedoch (nur) noch ein gutes Drittel davon. Der Eigner hätte bei der Auszahlung der Versicherungssumme problemlos seine alte Yacht gegen eine neue eingetauscht. Also verweigerte die Versicherung die Zahlung mit der Begründung, sie sei leistungsfrei, weil der Skipper und Eigner Geserig „die gebotenen Rettungsmaßnahmen grob fahrlässig nicht vorgenommen“ habe. So mußten Gerichte und Sachverständige über diesen merkwürdigen Yachtuntergang entscheiden.
Zuerst bestätigte das Seewetteramt die Wetterverhältnisse in der Nacht vom 14. zum 15. August: „Es herrschte eine Hochdruckwetterlage mit Schwerpunkt über den Balearen und einer ungestörten Land-Seewind-Zirkulation an beiden Tagen. Der schwache Seewind nahm abends rasch ab. Nachts herrschte nahezu Windstille. Auch der schwach ausgeprägte Landwind schlief am Morgen wieder ein.“ Eine völlig gefahrlose Wetterlage also.
Als nächstes traf die erbetene Auskunft der Bauwerft ein: „In die BARBARA war eine Henderson-Lenzpumpe eingebaut, die mit einem Pumpenschlag etwa 1,7 Liter maximal 4,5 m hoch förderte und eine Leistung von ca. 120 Liter pro Minute brachte.“
Und vor der eigentlichen Anhörung ließ Skipper Geserig noch zu Protokoll geben: „Mein Mitsegler, Herr Eric Taverner, verfügt nicht nur über keine seglerischen Kenntnisse, er ist auch zu 50 % schwerbeschädigt. Nach einem Arbeitsunfall vor ca. 3 Jahren ist er somit weder physisch noch psychisch voll belastbar. Ich konnte ihn daher auch nicht zum Bedienen der Lenzpumpe einsetzen, weil er unmittelbar nach Entdecken des Wassers im Schiff gegen Mitternacht vor Erschöpfung und Angst eingeschlafen ist.“
Bei der Verhandlung hatte erst einmal der Sachverständige das Wort: Er ging davon aus, daß die BARBARA einen seetüchtigen Rumpf besaß, sich in gutem Pflegezustand befand und alle Seeventile gängig waren. Die Stopfbuchse war zu Beginn des Jahres erneuert worden. So war zuerst zu prüfen, ob sich die Yacht auch in bezug auf die Ausrüstung in einem seetüchtigen Zustand befand und insbesondere mit hinreichenden Lenzeinrichtungen ausgestattet war.
Nach Aussagen der Besatzung stand zum Lenzen des eingedrungenen Wassers nur eine zur Serienausstattung gehörende Handpumpe zur Verfügung, „und über weitere Pumpen verfügte die BARBARA nicht“. Nach den „Sicherheitsrichtlinien für die Ausrüstung und Sicherheit von Segelyachten“, herausgegeben von der Kreuzer-Abteilung des Deutschen Segler-Verbandes, müssen jedoch mindestens zwei Handlenzpumpen an Bord sein, die „sicher an der Yacht befestigt“ und durch „zwei Pützen starker Konstruktion, jede mit mindestens 9 Litern (2 Gallonen) Fassungsvermögen“ ergänzt sein sollen. Viele seegängige Yachten sind von sicherheitsbewußten Eignern darüber hinaus mit automatisch durch Schwimmer-

schaltung gesteuerten elektrischen Lenzpumpen oder mechanisch an die Maschine gekoppelten Lenzpumpen nachgerüstet worden.

- Da die BARBARA nur über eine einzige Lenzpumpe verfügte, mußte Eigner und Skipper Geserig der Vorwurf einer ausrüstungsmäßigen Seeuntüchtigkeit gemacht werden.

Als nächstes war zu untersuchen, ob die BARBARA für ihren Seetörn ausreichend bemannt war. Denn die Crew einer hochseetüchtigen Segelyacht muß, wenn sie alle möglichen Gefahren auf See bestehen will, ihre Yacht jederzeit richtig und sicher handhaben können. Das Segeln auf großen Wassertiefen im Mittelmeer muß dabei auch schon in Küstenentfernungen von 10–20 Seemeilen als Hochseesegeln gewertet werden.

Zweifelsfrei besaß Skipper Geserig mit dem freiwilligen C-Schein des DSV die theoretische Eignung zur Führung der BARBARA, und da er bereits neun Jahre lang mit ihr gesegelt war, beherrschte er sie auch in der Praxis. Aber tatsächlich war er auf dieser letzten Fahrt quasi einhand unterwegs gewesen – mit Eric Taverner als Passagier. Denn auf Grund seiner 50%igen Behinderung konnte der Mitsegler wohl nur als Ausguck und nur zeitweilig auch zum Bedienen der Lenzpumpe eingesetzt werden – in kritischen Situationen war er jedoch eine zusätzliche Belastung, „weil er keine Segelerfahrung besaß, zitterte und Angst hatte – aber denn doch um sein Leben gepumpt hätte“, wie Geserig aussagte.

- Unter Berücksichtigung der Tatsache, daß die BARBARA „die Nacht draußen bleiben wollte“, war sie in dieser Besetzung „auch für einen sommerlichen Törn in besagtem Revier im Sinne guter Seemannschaft nicht ausreichend, ja sogar kritisch bemannt“. Denn es ist wohl nicht üblich, mit einer nur flüchtig bekannten und behinderten Person, als die sich Taverner erwies, alleine mit unbestimmtem Ziel nachts zur See zu fahren.

Selbst erfahrene Skipper sind zuerst erregt, wenn auf hoher See und völlig unerwartet Wassereinbruch entdeckt wird. Es gehört dann für sie und ihre Besatzung neben guter Seemannschaft schon eine gewisse Kaltblütigkeit dazu, keine Panik aufkommen zu lassen, aber dennoch zielstrebig und unverzüglich die Lage zu meistern. So wird man (wenn keine Havarie vorangegangen ist) beim Alarmruf „Wasser im Schiff!“ zuerst mögliche Leckstellen an den Außenbordsverschlüssen von WC, Waschbecken, Spüle, Motor-Kühlwasser-System und Lenzpumpen, an den Stopfbuchsen von Schwanzwelle und Ruderkoker sowie an Verbindungen der wasserdichten Plicht zur See oder auch von Speigatten an Deck zum Unterwasserschiff suchen und diese Stellen auf Dichtigkeit prüfen. Erst wenn hier kein Wassereintritt festgestellt wird, müssen nach den Regeln einfacher Seemannschaft bestimmte Maßnahmen eingeleitet werden, ehe man mit der eigentlichen Lecksuche beginnt.

Hierzu gehört: Zuerst die Fahrt aus dem Schiff nehmen und eine Segelyacht sich aufrichten lassen. Hatte sie hoch am Wind gesegelt, vor den Wind gehen und die Segel bergen. Ein durch Fahrtstrom entstandener Druck in der Leckage wird bei gestopptem Schiff verringert. Wenn die Fahrgeräusche aufhören, kann der Wassereintritt vielleicht auch akustisch geortet werden. Unter der Küste sollte gleichzeitig Kurs auf Land und nicht weiter auf die See hinaus genommen werden.

- Skipper Geserig hat keine dieser Maßnahmen ergriffen. Die Segel hätten auch nicht nur „festgezurrt“, sondern geborgen und sicher beschlagen werden müssen, damit das Segeltuch nicht (bei Windstille und Dünung) lose hängend und hörbar hin und her schlagen konnte. Dadurch entsteht auch im Bootsinneren Lärm, in dem Wassergeräusche eines Lecks nicht so gut wahrgenommen werden können.

Das sofortige Lenzen ist die wichtigste seemännische Maßnahme, wenn aus unerklärlichen Gründen Wasser im Schiff festgestellt wird. Selbstverständlich ist auch, mit Crewmitgliedern, die neu an Bord sind, vor dem Auslaufen eine Sicherheitsbelehrung zu machen. Dazu gehört vor allem, das Bedienen der Lenzpumpe zu erklären, damit in einem Notfall jedermann unverzüglich mit ihr umgehen kann. Bei unerfahrenen Seglern wird durch die Pumptätigkeit (auch als ablenkende körperliche Arbeit) in einem solchen Fall nicht nur die Angst vermindert; ihre verständliche Aufregung legt sich schnell, wenn sie erkennen können, daß der Wasserspiegel durch ihre Mithilfe nicht weiter steigt oder sogar zu sinken beginnt.

Einem Yachtskipper muß in einer so außergewöhnlichen Situation wie „Wasser im Schiff“ jedoch auch zugebilligt werden, daß er diese seemännisch richtigen Maßnahmen in einer verständlichen Aufgeregtheit verspätet, verzögert oder nicht energisch genug einleitet. Es bleibt aber für jeden Segler unbegreiflich, daß die beiden Männer an Bord der BARBARA zunächst 15 Minuten lang gemeinsam nach der Leckage suchten und anschließend der Skipper allein noch einmal gut zwei Stunden lang auf Lecksuche war und in dieser Zeit die Lenzpumpe nicht ein einziges Mal bedient oder mit einer Pütz das Wasser im Schiff zu lenzen versucht wurde.

- Der Skipper, der seinen Bordkameraden zuerst mit zur Lecksuche einsetzte, hat seemännisch in erheblichem Maße fehlerhaft gehandelt, wenn er nicht einmal den Versuch machte, Taverner die Lenzpumpe in der Plicht, neben der er ja die gesamte Zeit saß, bedienen zu lassen. „Natürlich hätte ich gelenzt, wenn man es mir aufgetragen hätte“, bekundete Taverner ja auch vor Gericht. Geserig hat sich hier abermals in besonders grober Weise fehlerhaft verhalten, weil er nicht mit Beginn der Lecksuche auch das Lenzen einleitete.

Ob nach dem Ausfall des Bordmotors das Schleppen mit dem Schlauchboot und seinem 6-PS-Motor in der ruhigen See bis in den 10 sm entfernten Hafen noch möglich gewesen wäre, bleibt natürlich fraglich. Ich habe in der Karibik während einer lang anhaltenden Flaute in gefährlicher Riffnähe und nach Ausfall der Maschine für meinen CORMORAN mit fast gleicher Verdrängung wie die BARBARA sogar das nur mit einem 5-PS-Außenborder bestückte Beiboot als Schlepper einsetzen und fast einen Knoten Fahrt erreichen können. Bei einem ähnlichen Versuch hätte man die vom Sinken bedrohte BARBARA, wenn gleichzeitig die Lenzpumpe arbeitete, wenn nicht in den rettenden Hafen, so wenigstens mit gut 0,5 kn Fahrt in Küstentiefen von nur 35 Meter bringen können, wo sie nach dem Absinken hätte wieder gehoben werden können.

Bei einem Wassereinbruch, der nicht beherrschbar ist, über Seefunk eine Dringlichkeitsmeldung (PAN PAN) abzusetzen, entspricht seemannschaftlichen Regeln. Auch wenn die Leistung der durch Seewasser überfluteten Batterie zum Starten des Dieselmotors nicht mehr ausreichte, hätte man in jedem Falle das Funkgerät noch einsetzen sollen. Denn gut aufgeladene Batterien geben noch nach dem Überfluten für etwa 20 Minuten zwar abnehmende, aber für Funkgeräte ausreichende Leistungen ab.

Das Klarmachen des Rettungsbootes ohne großen Zeitverlust noch vor der endgültigen Aufgabe des Schiffes ist seemännisch nicht zu beanstanden. Gefragt werden muß aber, weshalb in der dunklen Nacht keine optischen Seenotsignalmittel spätestens dann eingesetzt wurden, als der Skipper das Schlauchboot zum Übersteigen klarmachte und ausrüstete.

Jeder Skipper muß sich überwinden, Seenotalarm auszulösen und Fremdhilfe herbeizurufen, weil er mit dieser Entscheidung vielleicht ein gewisses eigenes Versagen in der gegebenen Situation zugibt. Den dafür richtigen Zeitpunkt zu treffen, erfordert große seemännische Erfahrung. Ein zu spät ausgelöster Seenotalarm ist sinnlos, weil er letztlich seinen Zweck verfehlt. Darum ist es nicht unseemännisch, einen Seenotfall eher zu früh bekanntzumachen. Es wird auch keine Kostenrechnung erstellt, wenn eine gegebene Notlage in Anwesenheit von Rettungsfahrzeugen noch alleine gemeistert oder bei einer nur scheinbaren Notlage ihre Beendigung unverzüglich angezeigt wird.

- Nationalen wie internationalen Sicherheitsrichtlinien für seegehende Yachten entsprechend sollten mindestens 12 rote Fallschirmsignale, 4 rote Handfackeln, eine Signalpistole mit roter und weißer Signalmunition und andere Notsignalmittel an Bord der BARBARA gewesen sein. Nicht ein einziges dieser Seenotsignale in einer Sommernacht bei guter Sicht etwa 10 sm vor einer bewohnten Küste und in Sicht von Lichtern anderer Fahrzeuge abzufeuern, wenn man sich ohne Fremdhilfe nicht mehr aus seiner Lage befreien kann, muß als erheblicher und grober seemännischer Fehler bezeichnet werden.

Besonders lehrreich können die Überlegungen und Untersuchungen zum Wassereintritt und zur Sinkdauer der BARBARA sein, weil sie gleichzeitig Rückschlüsse auf die tatsächliche Größe des vergeblich gesuchten Lecks erlauben.

Über den Völligkeitsgrad des Unterwasserschiffes, den beobachteten Wasserstand 0,30 m über den Bodenbrettern und die gesamte Länge des Unterdeck-Raumes ließ sich ermitteln, daß zum Zeitpunkt der Entdeckung des Lecks um 2130 Uhr etwa 4500 Liter Seewasser in den Bootsrumpf eingedrungen waren.

- Diese praktische Zuladung von etwa 4,5 t Seewasser bewirkte, daß der Rumpf der BARBARA etwa 23 cm tiefer in das Wasser eingetaucht war, sich ihr Tiefgang also von 1,65 auf 1,88 m erhöht hatte. Auch bei wenig Seegang hatten sich dabei die Schiffsbewegungen und das Steuerverhalten deutlich verändert. Sogar ein unaufmerksamer Yachtskipper hätte gerade bei ruhigem Wetter dieses veränderte Verhalten seines Bootes schon früher bemerken müssen als zu dem Zeitpunkt, als die aufgeschwommenen Bodenbretter in der Kajüte polterten – auch wenn er darauf vertraut hatte, daß sein Schiff dicht war.

Gutem Yachtgebrauch entspricht es ohnehin, bei einem Seetörn auf jeder Wache (oder alle vier Stunden) einmal die Bilge zu peilen. Kontrolliert man die Bilge nur morgens und abends oder noch seltener, muß man mit unerwartet größeren Wassermengen im Schiff rechnen und darauf eingerichtet sein, sie schnell zu lenzen.

Geht man weiter davon aus, daß das Wasser gegen 2130 Uhr etwa 30 cm über den Bodenbrettern stand und die BARBARA um 0750 versank, läßt sich aus dieser Sinkdauer von etwa 10,5 Stunden auch die Leckgröße ermitteln. Hierzu mußten zuerst das flutbare Volumen, also der gesamte Innenraum der BARBARA berechnet sowie die Tiefe des Lecks und seine mögliche Form bestimmt werden. Ausgehend von einem Leck in der Größe einer Rohrleitung von 19 mm Durchmesser (3/4 Zoll), durch das während der ganzen Nacht pro Minute 30 Liter Wasser oder in 10,5 Stunden etwa 18 600 Liter Wasser eingedrungen waren, ergab sich:

- Hätte man sofort nach dem Bemerken des Wassereintritts (um 2130 Uhr, als die Bodenbretter 30 cm überspült waren) mit dem Lenzen begonnen, hätte man das Leck mit einer einzigen einfachen Yacht-Lenzpumpe beherrscht. Mit der nachweislich auf der BARBARA installierten Henderson-Pumpe und ihrem Pumpenhub von 1,7 Litern wären dazu nur etwa 20 Hebelbewegungen pro Minute nötig gewesen. (Das hätte auch Taverner einige Zeit geschafft, während Geserig auf Lecksuche war, oder er hätte ihn im Verlaufe der Nacht gelegentlich einige Minuten ablösen können.)
- Mit einer durchaus üblichen Pumpleistung von 50 Litern pro Minute (auf der BARBARA ein Pumpenhub alle zwei Sekunden) wären 20 Liter mehr gelenzt worden, als nachlaufen konnten, und der Wasserstand im Boot hätte dann nicht nur gehalten, sondern langsam gesenkt werden können.
- Hätte der Skipper zusätzlich noch etwa sechs Pützen Wasser in der Minute nach außenbords geschüttet, so wären in einer halben Stunde rund 1800 Liter mehr gelenzt worden, als Wasser durch das Leck nachströmte, und der Wasserstand über den Bodenbrettern wäre in dieser relativ kurzen Zeit auf 10 cm abgesenkt worden. Nach einer weiteren halben Stunde (mit Taverner an der Pumpe und Geserig an der Pütz) wäre nur noch die Bilge voll Wasser gewesen.
- Daraus ergibt sich, daß sowohl die Lecksuche als auch die Leckabdichtung durch Skipper Geserig erfolgreich verlaufen wäre, wenn der „Passagier“ Taverner sofort nach Bemerken des Wassers im Schiff, seinen Körperkräften entsprechend, für einige Zeit die Lenzpumpe bedient hätte.

Auch wenn die in unerreichbare Tiefe gesunkene BARBARA ihre Leckstelle niemals preisgeben wird, dürfte sicher sein, daß ihr tödliches Leck an einem der Bordwanddurchbrüche für die Speigatten ihrer selbstlenzenden Plicht oder ihres Decks entstand. Diese Anschlußstutzen haben auf mittelgroßen Yachten ohnehin das übliche Rohrmaß von 3/4 Zoll bzw. 19 mm Durchmesser, und dort sind auch meistens Schläuche mit Schellen befestigt. Man weiß, wie leicht sie sich lösen können oder durch eine unachtsame Bewegung abreißen lassen, wenn solche Verbindungsstellen offen liegen. Skipper Geserig gab bei seiner ersten Befragung nach dem Unfall zu, alle Durchbrüche „außer den Cockpitlenzern" auf mögliche Leckagen kontrolliert zu haben. Eine für ihn kostspielige Nachlässigkeit, wie jetzt nachgewiesen wurde. Einige Minuten Lecksuche auch an einer vielleicht unzugänglichen Stelle mehr, und die BARBARA hätte gerettet werden können.
Ein hohes deutsches Gericht bestätigte denn auch, daß Heribert Geserig in grob fahrlässiger Weise den Untergang seiner Yacht BARBARA herbeigeführt hat. Ja, es ging in seiner Urteilsbegründung sogar noch weiter, als es feststellte:
„Aus der seemännischen Sicht dieses Gerichtes steht durchaus die Frage im Raum, ob Heribert Geserig, aus welchen Gründen auch immer, den Untergang seiner Yacht nicht nur fördernd und billigend in Kauf genommen hat, sondern möglicherweise sogar hierfür Ursachen gesetzt hat. Diese Frage kann hier offen bleiben. Es reicht für die Entscheidung die Feststellung, daß der Skipper Geserig gegen die elementaren Seemannsregeln in eklatanter Weise verstoßen hat. Sein Verhalten bleibt für den Betrachter und Beurteiler aus seglerisch-seemännischer Sicht schlicht unverständlich."

Eine rettende Yacht schleppt eine sinkende Yacht – und diese zieht das Rettungsboot mit der Besatzung hinterher

Manche Segler bedienen ihre Yachten wie Kraftfahrzeuge – obwohl diese doch, nach ihrem finanziellen wie räumlichen Wert, besser mit Einfamilienhäusern zu vergleichen und entsprechend zu behandeln sind: Unbekümmert, wie sie zu Stadtfahrten ihre Autos aus der Garage lenken, werfen sie zu ihren Seetörns die Leinen los, und so selbstverständlich, wie sie ihre Kinder auf den Rücksitzen plazieren, nehmen sie segelunkundige Personen als seemännische Helfer mit auf die Reise. Dabei gilt schon eine Fahrt in mehr als drei Seemeilen Abstand von der Küste als „Seefahrt" im Sinne maritimer Vorschriften und juristischer Entscheidungen, und unzählige tödliche Überbordunfälle schon im Hafen beweisen die tragische Gewißheit, daß die See mit ihren möglichen Gefahren wenn nicht schon im Hafenbecken, so doch spätestens an den Molenköpfen beginnt.
Yachten müssen dementsprechend vorbereitet werden, ehe sie auslaufen: Sie müssen seeklar gemacht werden. Das bedeutet: Bestimmte Routinearbeiten zur Kontrolle der Segelfähigkeit, der Fahrtüchtigkeit und der Sicherheit auf See müs-

sen abgeschlossen sein, ehe man auslaufen kann. „Piloten-Check“ nennt man dies wohl in der Luftfahrt. Aber zur Seetüchtigkeit einer Yacht gehört auch, daß sie richtig und ausreichend „bemannt“ ist. Das bedeutet: Es muß, abhängig von Bootsgröße und Fahrtbereich, eine Mindestzahl von Seglerinnen und/oder Seglern mit einer ausreichenden Erfahrung für den beabsichtigten Seetörn an Bord sein. Solange eine Fahrt „ohne besondere Vorkommnisse“ verläuft und ein Fahrtenziel sicher erreicht ist, wird niemand die Innehaltung solcher Bedingungen oder die tatsächlich gegebenen Voraussetzungen der Seetüchtigkeit im einzelnen prüfen wollen. Nimmt die Yacht jedoch unterwegs Schaden, der dann noch von Dritten finanziell ersetzt werden soll, wird diese Prüfung ihrer (personellen wie materiellen) Seetüchtigkeit immer am Anfang einer Untersuchung stehen – und das Ergebnis wird einflußreich sein.
Diese Erfahrung mußte auch Siegfried Nehring, 58, machen, der mit seinem Freund Ludwig Burand am 21. Oktober 1990 um 0830 Uhr auf seinem Seekreuzer REGINA den Hafen von San Feliú de Guixols an der spanischen Mittelmeerküste verließ, um das Boot in den etwa 34 sm entfernten Yachthafen von Ampuriabrava im Golfo de Rosas nahe der französischen Grenze zu überführen. Die REGINA war ein 42-Fuß-Serien-Seekreuzer aus Kunststoff, von einer englischen Werft gebaut und zwei Jahre alt. Länge 12,50 m, Breite 3,93 m, Tiefgang 2,10 m, Segelfläche 55 m^2, Verdrängung 12 t, Motor Bukh-Diesel 36 PS. Und Nehring machte diese Küstenfahrt mit der REGINA in gleicher Weise, wie er schon oft mit ihr in demselben Seegebiet unterwegs war:
Nach dem Auslaufen bleibt die REGINA bei Nordostwind, 1–2 Bft, einer leichten Dünung von 0,5 m und, nach Auflösung leichten Morgennebels, guter Sicht noch unter Motor, während die Crew bis gegen 1000 Uhr in der Kajüte frühstückt. Derweil führt der Kurs der Yacht unter dem Autopiloten allerdings nicht an der Küste entlang mit etwa 50° zum Ziel, sondern mit 100° von ihm weg und auf die freie See hinaus. Der schwache Nordostwind fällt von Backbord querab ein.
Der Skipper will „zuerst unter Motor einen langen Schlag auf die See hinaus machen, um später unter Segeln einen Nordnordwestkurs an der Küste entlang zu steuern“. Aber als er gegen 1010 Uhr den Kurs nach Norden ändert, nimmt er doch vom Segelsetzen Abstand, „weil der Wind zu schwach war“. In der nächsten halben Stunde geht Nehring mehrmals unter Deck, „zur Kontrolle des Motors“, wie er später angibt, aber er stellt nichts Auffälliges fest. Als er jedoch gegen 1050 Uhr am Kartentisch sitzt, bemerkt Skipper Nehring plötzlich, „daß im Salon Wasser aus den Bodenbrettern regelrecht hervorquillt. Und da die Bilge hier etwa 0,50 m tief ist“, folgert er, „muß sich schon eine große Wassermenge im Boot befunden haben.“
Die Ursache für den offenbar schnellen Wassereinbruch sieht Nehring zuerst in dem wenige Tage zuvor wegen Bewuchs entfernten Loggeber, der aus seinem Stutzen im Vorschiff entfernt wurde. Hatte man die innere Verschlußkappe auf diesem jetzt leeren Rumpfdurchlaß nicht wieder richtig verschraubt oder unvoll-

kommen abgedichtet? Nein, die Kappe war festgeschraubt und der Durchlaß dicht.

Als nächstes kontrollierten Nehring und Burand die Seeventile, die von der Backskiste der Plicht aus zu bedienen waren, die Toilettenräume, den Salonbereich und die Kühlschläuche des Motors, ohne die Leckstelle zu entdecken.

„Nach dieser Lecksuche, die etwa 10–12 Minuten dauerte, stand das Wasser bereits 5–10 cm über den Bodenbrettern", sagt Nehring später, „und da der Wasserspiegel so schnell anstieg, befürchteten wir, daß die REGINA in kürzester Zeit sinken würde." Ihr nächster Gedanke also, während die Yacht immer noch unverändert mit Autopilot unter Motor läuft(!): „Wir beschlossen, die Suche abzubrechen und zunächst die Rettungsinsel klarzumachen. Sobald dieses geschehen war, wollten wir einen Notruf über das UKW-Sprechfunkgerät absetzen. Vordringlich war jedoch, beim schnellen Sinken der Yacht zuerst in die Rettungsinsel auszuweichen, damit wir unser Leben retten konnten."

Als erste Rettungsmaßnahme wurde der Festmacher des am Heck mit Außenborder nachgeschleppten Schlauchbootes so auf Slip gelegt, daß man ihn vom Beiboot aus lösen konnte. Dabei bemerkte Skipper Nehring, daß er immer noch unter Motor lief, und kuppelte gegen 1115 Uhr wenigstens die Maschine aus, „damit das Schiff keine weitere Fahrt machte". Als nächstes nahm die Crew die Rettungsinsel aus der Backskiste, befestigte ihre (Reiß-)Leine am Heckkorb und warf sie neben dem Schlauchboot ins Wasser. Sie öffnete sich jedoch (noch) nicht.

„Jetzt wird auch deutlicher, warum der Gang hatte ausgekuppelt werden müssen", gab Skipper Nehring später zu Protokoll. „Denn wenn die REGINA weitere Fahrt machte, stand zu befürchten, daß Schlauchboot und Rettungsinsel, die nachgeschleppt wurden, verlorengingen. Des weiteren wäre auch das Umsteigen der Crew in die Rettungsinsel erschwert worden."

Als die Rettungsmittel gegen 1125 Uhr klar waren, sichtete Nehring in einer guten Seemeile Entfernung eine andere Segelyacht. „Ich versuchte, deren Besatzung durch Winkzeichen auf meine Notsituation aufmerksam zu machen", berichtet er, „aber die Menschen dort an Bord glaubten zunächst, ich wollte sie nur grüßen, und erwiderten meinen vermeintlichen Gruß. Durch heftiges weiteres Gestikulieren gelang es mir jedoch, der fremden Crew klarzumachen, daß ich Notsignale gab und Hilfe erbat."

Es war die TRITONE, ein 10,40 m langer Seekreuzer, mit dem ein französischer Skipper mit seiner Frau und zwei 15 bzw. 17 Jahre alten Töchtern auf dem Weg nach Norden war. Während sie auf die REGINA zusteuerte, raffte Burand in der Kajüte an Papieren, Wertsachen und Kleidungsstücken zusammen, was er greifen konnte, und packte alles in zwei große Taschen, während Nehring Fernglas, Handfunkpeiler und Fotoapparat mitnahm. Dabei stellte er fest, daß die rotierenden Teile des Motors inzwischen das eingedrungene Wasser zur Seite sprühten. Es stand jetzt etwa 20–25 cm über den Bodenbrettern und schien in 10–15 Minuten etwa 10–15 cm angestiegen zu sein. Da Nehring für den Fall, daß die

REGINA sinken würde, Angst um das Leben von Burand hatte, wie er später angibt, stieg der Mitsegler gegen 1135 Uhr in das Schlauchboot. „Ob Burand noch von der Plicht aus den Motor abstellte oder dieser von selbst stehenblieb, weil er Wasser statt Luft ansaugte, daran kann ich mich nicht erinnern", sagte Nehring später aus. Der Skipper geht dann an das Seefunkgerät. „Erst jetzt, nachdem die notwendigsten Maßnahmen zur Lebensrettung vorbereitet waren", berichtet er, „hatte ich Zeit, einen Funkspruch abzusetzen. Dieses konnte aber kein Notruf mit MAYDAY sein, denn unmittelbare Lebensgefahr bestand wegen des Nahens der TRITONE nicht mehr. Abzusetzen war deshalb ein Dringlichkeitsruf mit PAN PAN." Mit einem Fuß auf der Kajüttreppe, den anderen auf den Sitz vor dem Kartentisch gestellt, damit er in der Kajüte keine nassen Füße bekommt, kann er zwar den Hörer des an der Wand montierten Gerätes noch abnehmen – aber das Gerät bleibt stumm. Die Stromversorgung ist ausgefallen. Die Batterien unter den Salonkojen sind überflutet.

Inzwischen ist die TRITONE in Rufweite herangekommen. Nehring geht auf das Vorschiff und bedeutet ihrem Skipper, die REGINA in Schlepp zu nehmen. Mehrmals muß der Franzose seine Leine werfen, ehe es Nehring gelingt, diese aufzufangen und am Bug zu belegen. Dann schleppt die TRITONE gegen 1145 Uhr unverzüglich an. Nehring eilt nach achtern, setzt sich in das an der REGINA festgemachte Schlauchboot und legt den Festmacher wieder auf Slip – aus Angst, er könnte bei einem möglichen Sinken der Yacht mit in die Tiefe gezogen werden. Angst vor dem Untergang ihres Anhangs hatten die Franzosen offenbar nicht. Sie waren ja sehr viel unlösbarer mit der vollaufenden REGINA verbunden.

Es muß ein groteskes Bild in dieser hanebüchenen Situation gewesen sein: Da schleppt eine 10,40 m lange Segelyacht einen unbemannten 12,50 m langen Seekreuzer, der schon etwas tiefer im Wasser liegt, und hinter diesem hängt ein Schlauchboot mit Außenbordmotor, in dem zwei erwachsene Männer sitzen – und dieses Schlauchboot schleppt wiederum eine aufgeblasene, halb voll Wasser geschlagene Rettungsinsel nach. Ein sehenswerter Viererzug bei schönstem Wetter, fast unbewegter See und in Sicht des sechs Seemeilen entfernten Cabo San Sebastián und der angrenzenden Küste.

Da Nehring die Schleppfahrt offenbar nicht schnell genug geht, will er versuchen, die fahrthemmende Rettungsinsel loszuwerfen. Aber beim Hantieren mit der Schleppleine löst sich auch die Schlauchbootverbindung zur REGINA, und plötzlich treibt Nehring mit seinen Rettungsbooten hinter der weiterlaufenden TRITONE mit ihrem Anhang. Neuerlich Panik: Er versucht, den Außenborder zu starten, um die TRITONE zu erreichen, aber der Motor springt trotz wiederholten Ziehens an der Anlasserleine nicht an. Also muß der französische Seekreuzer die REGINA loswerfen, zum Schlauchboot zurückfahren und erst einmal die beiden Männer an Bord nehmen. Das Beiboot wird anschließend achtern festgemacht, die Rettungsinsel läßt man treiben, und dann setzt die TRITONE gegen 1200 Uhr ihre Fahrt zur Küste ohne den Anhang fort.

Nehring sagt später, alle beteiligten Personen seien davon ausgegangen, daß die REGINA in kürzester Zeit sinken würde und ein weiteres Abschleppen weder möglich noch sinnvoll war. Auch hätte er keinen Einfluß auf die weitere Kurswahl der TRITONE gehabt. Zum einen war die sprachliche Verständigung ohnehin schwierig, zum anderen hätte er an Bord einen Schwächeanfall erlitten, in dem die französischen Frauen ihn „zur Kräftigung mit einem alkoholischen Getränk versorgten". Und eine Funkmeldung über den Seeunfall sei von der TRITONE ohnehin nicht möglich gewesen, weil es an Bord kein Seefunkgerät gab. So nimmt die französische Yacht nicht Kurs auf den etwa 6 sm entfernten Hafen von Palamós, sondern steuert mit voller Kraft das etwa 13 sm entfernte Estartit an, wo sie gegen 1330 Uhr festmacht.
Nehring läßt seinen Freund Burand im Schlauchboot zurück, „um auf Boot und Sachen aufzupassen", und sucht den Hafenmeister auf, um ihm – wiederum wegen Sprachschwierigkeiten durch Gesten – die Situation zu erklären. Beide begeben sich daraufhin zur örtlichen Marinedienststelle, die für Seeunfälle zuständig ist. Sie ist jedoch geschlossen. Also zurück zum Hafenamt. Derweil schwimmt die REGINA, für jedermann sichtbar, immer noch in Begleitung ihrer leeren Rettungsinsel am Platz ihrer Aufgabe auf See.
Am Hafenamt steht glücklicherweise ein deutsch sprechender spanischer Motorbooteigner, den Nehring über die bisherigen Ereignisse informieren kann und der sie wiederum dem Hafenmeister vermittelt. Dieser telefoniert zweimal je 10 Minuten irgendwohin, setzt dann einen Funkspruch ab und bedeutet anschließend Nehring, seinen Seenotfall im ca. 10 km entfernten Palamós regeln zu lassen. Der spanische Eigner enthebt den deutschen Skipper der Mühe, mit einer Taxe dorthin zu fahren, und bietet sein schnelles Motorboot (mit zwei 120-PS-Motoren) als Fahrzeug an. Gegen 1430 Uhr laufen beide aus Estartit aus.
Beim Passieren des Kaps bittet Nehring den Spanier, doch zuerst Kurs auf die Unfallstelle zu nehmen, damit er die Rettungsinsel bergen könne. Von weitem erkennen die Männer gegen 1530 Uhr jedoch, daß die REGINA noch schwimmt. Beim Anlaufen sehen sie dann, daß das Heck aus dem Wasser ragt, doch als sie gegen 1550 Uhr an Ort und Stelle eintreffen, ist die Yacht gerade auf Tiefe gegangen – fünf Stunden, nachdem Wasser im Schiff festgestellt worden war. Ihre Überbleibsel werden, ebenso wie die Rettungsinsel, an Bord genommen: vier Fender, ein Steckschott, eine Gasflasche und wenige hölzerne Teile. Anschließend läuft das Motorboot nach Palamós weiter, Eintreffen gegen 1700 Uhr. Die genaue Position der Untergangsstelle wird später strittig bleiben. Skipper Nehring vermerkt sie nur mit einem Kreuz auf einer Straßenkarte des Küstenabschnitts.
Diese detaillierte Schilderung der Ereignisse mit ausgewählten Daten und Fakten war notwendig, um den sich anschließenden juristischen Streit um die hier offenbar doch nicht ausreichend erfüllten Rettungspflichten verstehen und ermessen zu können. Denn Eigner und Skipper Nehring wollte ja, daß die Gesellschaft, bei der die gesunkene REGINA kaskoversichert war, den für diesen Fall verein-

barten Betrag (für einen Neukauf) unverzüglich ausschüttete. Aber ehe es dazu kommen könnte, wollte der Versicherer verständlicherweise erst einmal klären lassen, ob die REGINA überhaupt hätte untergehen müssen bzw. ob Nehring ein Verschulden am Verlust seiner Yacht unter den geschilderten Umständen traf.
Wie die Erörterung nautisch-seemännischer Fragen zur Klärung des Unfallhergangs nur nach Kenntnis der bekannten Daten und Fakten möglich ist, so kann es andererseits in erster Linie unser Interesse sein, bei der Untersuchung des Havarieereignisses objektiv das nautisch-seemännisch richtige oder fehlerhafte Verhalten erkennen zu lernen, damit wir in einem (hoffentlich nicht zu erwartenden) ähnlichen Notfall bessere Entscheidungen treffen können. Gerichtliche Schuldvorwürfe haben wir nur zur Kenntnis zu nehmen.
Es überrascht mich immer, wenn am Beginn einer solchen Havarie-Untersuchung kurz und bündig festgestellt wird: „Das nächstgelegene Land zum Unfallort befindet sich in etwa 6–8 sm Distanz. Mithin wurde mit der REGINA auf dieser Mittelmeerreise ‚Seefahrt' betrieben." Und als erste Folgerung daraus wird ihre „Seetüchtigkeit" geprüft, zuerst in baulicher Hinsicht. Da für diesen Yachttyp Besichtigungszeugnisse von Klassifikationsgesellschaften oder entsprechende Zertifikate nicht erteilt werden, genügt die Versicherung des Eigners über regelmäßige Instandhaltungsarbeiten und gegebenenfalls die Überprüfung eines Schwesterschiffes der Bauserie hinsichtlich Entwurf und Bauweise als „seetüchtiges Schiff".
Die „ausrüstungsmäßige Seetüchtigkeit" konnte sich bei der schon nach ca. zweieinhalbstündiger Dauer durch Sinken abgebrochenen Reise auf die Prüfung der Lenzeinrichtungen beschränken. Serien-Seekreuzer verfügen im allgemeinen über ein Lenzsystem, um zum Beispiel durch abgerissene Schläuche an den Bordwanddurchbrüchen entstandene Leckagen mit einer einzigen Pumpe beherrschen zu können.
Auf vielen Yachten sind elektrische Bilgepumpen, auf größeren auch an den Bootsmotor gekuppelte Lenzpumpen neben den manuellen Pumpen in Betrieb. Die REGINA war mit zwei doppelt wirkenden Membran-Handlenzpumpen ausgerüstet, die mindestens 50 Liter pro Minute bei einer Saug- und Druckhöhe von 2 m förderten. Eine von ihnen war jedoch (wie Nehring angab) „sehr schwergängig" und damit nur bedingt einsatzklar.

- Seemännische Sorgfalt gebietet es, daß bei Reiseantritt die volle Funktions- und Leistungsfähigkeit der Lenzeinrichtungen gewährleistet ist. Dies war auf der REGINA am 21. Oktober 1990 nicht der Fall. Sie war damit nur eingeschränkt seetüchtig.

Der Begriff der Seetüchtigkeit umfaßt auch die Ausrüstung und Einrichtung mit Rettungsmitteln. Hier ist die Frage zu prüfen, warum zum Klarmachen der Rettungsinsel 8–10 Minuten nötig waren. Auch die Eigentumssicherung gegen Diebstahl rechtfertigt nicht das Verstauen in verschließbaren Backskisten, wie es auf der REGINA der Fall war, weil ein Rettungsfloß ohnehin (zum Beispiel im Falle einer Kollision) in Sekundenschnelle einsatzklar sein muß. Bei gelegentlichen Si-

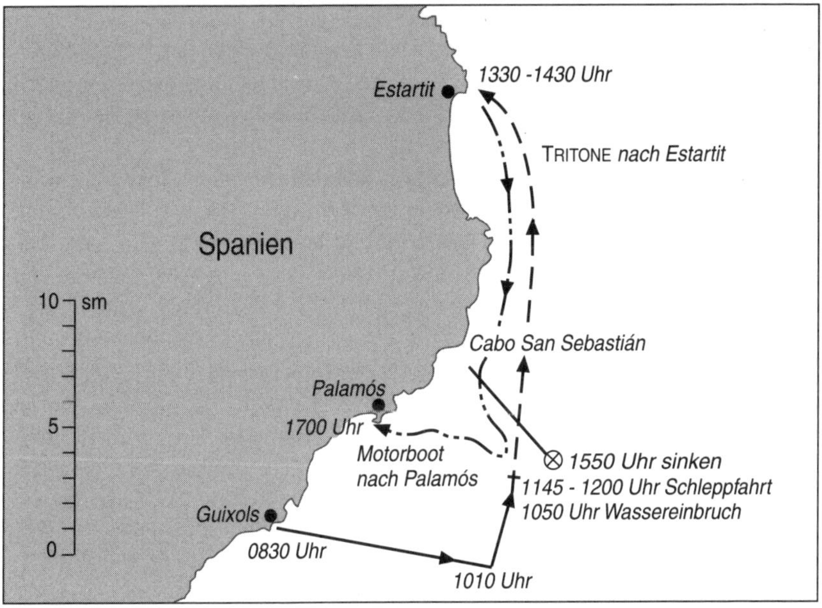

Die Position des Schleppbeginns um 1145 Uhr durch die TRITONE, 6 sm vom Hafen Palamós entfernt, ihr Kurs ohne Anhang nach Estartit und die Sinkstelle der REGINA um 1550 Uhr.

cherheitsübungen an Bord kann man solche langen Zeiten feststellen und rechtzeitig für notwendige Änderungen (auch des Platzes der Insel) sorgen.

- Nach seemännischen Gesichtspunkten ist ein Zeitbedarf von 8–10 Minuten im Ernstfall unvertretbar. Der Skipper muß sich hier außerdem den Vorwurf gefallen lassen, daß diese lange Zeit dazu beitrug, daß er – wegen zwischenzeitlicher Überflutung der Batterie – keinen Seenotruf mehr absetzen konnte und auch eine entsprechende Zeit für die Lecksuche verlorenging.

Unter dem Seetüchtigkeits-Gesichtspunkt der Bemannung ist die Besetzung der Yacht mit Skipper und Mitsegler für eine geplante Tagesfahrt in diesem Seegebiet vor der Küste seemännisch durchaus vertretbar. Ob die Crew (zwei um die 60jährige Segler) körperlich tauglich war, läßt sich vom grünen Tisch aus nicht feststellen. Man muß jedoch bedenken, daß weder ein Sportbootführerschein Binnen noch ein Sportbootführerschein See als Leistungsnachweis für seemännische und seglerische Fähigkeit gelten können.

- Der Skipper Nehring muß sich jedoch insgesamt entgegenhalten lassen, daß er sich nicht mit der erforderlichen seemännischen Sorgfalt bemüht hat, in allen Punkten die vor einem Auslaufen notwendige Seetüchtigkeit der REGINA herzustellen.

Zur Navigation und zur Kurswahl wurden im nachhinein folgende Überlegungen angestellt: Nehring hat angegeben, daß die REGINA am 21.10.1990 etwa 6 See-

meilen vor der spanischen Küste in Höhe des Cabo San Sebastián gesunken ist. Und es steht ebenso fest, daß die REGINA am 21.10.1990 um 0830 Uhr aus Guixols ausgelaufen ist und bis 1000 Uhr einen Kurs von etwa 100° gesteuert hat, weil Nehring „einen langen Schlag auf See hinaus machen" wollte. Zu diesen beiden vorliegenden Tatsachen bemerkt der Sachverständige:
„Selbstverständlich bleibt es jedem Skipper überlassen, auch auf Umwegen zum Ziel zu fahren. Koppelt man mit der für die REGINA günstigsten Fahrt von 6,5 Knoten, so hatte sich die Yacht in diesen eineinhalb Stunden mit dem 100°-Kurs jedoch zusätzlich um weitere 9 sm von dem 34-sm-Kurs zum Fahrtziel abgesetzt. Einen so großen navigatorischen Umweg in flauer Wetterlage seglerisch als ‚großen Schlag' erklären zu wollen, ist schwer einsehbar. Navigatorisch vernünftig wäre ein Kurs mit etwa 50° in einem Abstand von vielleicht 3 sm zur Küste gewesen, in dem man auch bei einsetzender Thermik eher einen Segelwind erhalten hätte als im Abstand von 6–8 sm. Dieser navigatorisch sinnvolle Kurs hätte auch kaum über Wassertiefen von mehr als 200 m geführt, und im Abstand von zwei Seemeilen von der Küste hätte man wahrscheinlich auch schnelle und sinnvolle Hilfe erhalten.

- Trägt man hingegen die vorliegenden Informationen des Skippers in die Seekarte ein, dann fällt auf, daß der von Nehring gewählte Kurs der REGINA über ein Gebiet mit Wassertiefen von über 400 m führen mußte. Und der nur ungenau angegebene Untergangsort liegt selbst bei ‚6 sm vor Cabo San Sebastián' noch auf so großen Tiefen. Eine genauere Positionsangabe, die eventuell zum Wiederfinden der Yacht führen könnte, ist hier nicht möglich." Verschlüsselt zwischen den Zeilen, aber nicht zu übersehen der vorsichtige Verdacht: Die REGINA hätte auch versenkt sein können.

Wenn die Bilge beim Auslaufen um 0830 Uhr trocken und um 1050 Uhr gefüllt war, dann können durch einen offenen Bordwand-Durchbruch von 1 ½ Zoll oder ca. 40 mm, der 1,5 m unter der Wasserlinie (und zum Beispiel im WC) liegt, in jeder Minute etwa 40 Liter Seewasser ins Boot strömen. Nach zwei Stunden wäre somit das (nur ungefähr zu ermittelnde) Volumen der Bilge vollgelaufen; sie würde „überquellen", hatte Nehring gesagt. Kurz und gut: Um 1050 Uhr befanden sich etwa 4800 Liter Wasser im Boot.
Viele – und nicht nur unerfahrene – Segler stellen mit diesem Mengenwert eine unbewußte Gedankenverbindung zum Gewicht ihres Ballastkieles her und glauben dann folgern zu müssen, nunmehr wäre der Auftrieb ihrer Yacht bereits aufgezehrt, und sie müsse augenblicklich versinken. (Auch auf der MARIAN im Skagerrak traten ja diese Überlegungen auf – s. S. 45.) Tatsächlich hat sich jedoch nur die Zuladung des Bootes und damit seine Verdrängung um dieses Maß erhöht, wie man es an der Abnahme der Freibordhöhe um einige Zentimeter erkennen könnte, wenn man nach außen guckt. Den verbleibenden großen Auftrieb und die damit noch bestehende Sicherheit gegen das Sinken der Yacht kann man an der verbleibenden Freibordhöhe erkennen, die bei modernen Yachten schon von der

Konstruktion her beachtlich hoch ist. Wirklich zum Versinken verurteilt ist eine Yacht erst, wenn ihr Deck überflutet wird.

Mit ziemlicher Sicherheit läßt sich vermuten, daß der Ort des Wassereintritts im Bilgenbereich unterhalb der Bodenbretter (wo alle üblichen Bordwanddurchbrüche einer Yacht liegen) und nicht in der Nähe der Wasserlinie gelegen haben muß, von wo das Wasser über die Bodenbretter verlaufen und das Einströmen der Crew nicht nur ins Auge gefallen, sondern auch hörbar gewesen wäre. Auch das Auflaufen auf Treibgut scheidet damit aus. Eine solche Kollision mit dem Bootskörper hätte man gehört, und die Fahrt der Yacht wäre auch abrupt und merkbar abgebremst worden.

- Nach seemännischer Erfahrung ist es deshalb kaum vorstellbar, daß die REGINA durch das Einwirken von Treibgut leckgeschlagen sein soll. Auch Mängel in der Bauweise der (noch neuen) Yacht scheiden als Leckursache aus.

Geht man von der obengenannten Wassermenge von 2400 Litern aus, die beim Bruch einer Rohrleitung von 40 mm Durchmesser in einer Stunde eingeströmt sind, dann wäre das Auftriebsvolumen des Bootsrumpfes (das sich aus seinen Abmessungen und bei einem Völligkeitsgrad von 0,5 ganz grob mit 30 m^3 ermitteln läßt, von dem nach Abzug von Cockpit, Kettenlast und anderen selbstlenzenden Räumen etwa 25 m^3 verbleiben) in den fünf Stunden seit Entdeckung des Lecks aufgezehrt. (Bootsgewicht 12 t; Wassermenge bis 1050 Uhr 2,4 t, Wassermenge 1050 bis 1550 Uhr 12 t.)

Geht man vom Wasseranstieg von 1 cm/Minute aus, den die Crew durch zwei getrennte Angaben festgehalten hat, dann wäre der Innenraum mit einer Stehhöhe von 1,90 m bei diesem angenommenen offenen 40-mm-Seeventil schon nach drei Stunden vollgelaufen.

- Diese groben Überschlagsrechnungen zeigen, daß ein gerissener Schlauch auf einem Stutzen von maximal 40 mm Durchmesser oder ein dementsprechend offener Bordwanddurchbruch genügte, die REGINA in rund fünf Stunden sinken zu lassen.

Ein Gericht rügte Skipper Nehring in diesem Zusammenhang auch für den „rapiden Wassereinbruch“, den er behauptet hatte, und stellte fest: Hiervon könne man nicht sprechen, wenn der Wasserspiegel im Schiff nur mit einem Zentimeter in der Minute steige. Und weiter: Auf hoher See übe eine aus unbekannten Gründen vollgelaufene Bilge auf Amateurseefahrer sicher einen gewissen Schrecken aus. Von einem durchschnittlichen Yachtskipper müsse jedoch erwartet werden, daß er nach Zubilligung einiger Schreckminuten die Größe der Leckage ungefähr abschätzen und die zur Bekämpfung seemännisch notwendigen Maßnahmen anordnen oder selbst ergreifen könne.

Zum unterlassenen Lenzen stellte das Gericht fest, es sei einfach nicht vorzustellen, daß die Crew der REGINA keinerlei Lenztätigkeit vorgenommen habe. Das sei seemännisch in hohem Maße zu mißbilligen und grob fahrlässig. Ebenfalls seemännisch nicht vertretbar sei, daß Nehring keinen Seenotfunkruf vor Beendigung der Stromversorgung absetzte und statt dessen das Klarmachen der Rettungsinsel vorzog. Die Seenotmeldung hätte er vorher absetzen müssen, und da keine Lebensgefahr bestand, weil ja das Schlauchboot als Rettungsboot am Heck lag, habe überhaupt keine Notwendigkeit zum Klarmachen der Rettungsinsel bestanden.

Auf völliges Unverständnis beim Gericht stößt auch Nehrings Verhalten nach dem Eintreffen der TRITONE, als er „nach Einleiten des Schleppvorganges nichts unternommen hat, um die angehängte REGINA zu lenzen“. Das Gericht fragt, warum ihm nicht die Idee gekommen sei, auf seine Yacht zurückzukehren, um dort die Lenzpumpe von der Plicht aus zu bedienen, und urteilt: „Nehring hat in völlig verantwortungsloser Weise keinerlei Maßnahmen unternommen, die bei pflichtgemäßem Ermessen jedem normalen Seemann in dieser Situation eingeleuchtet hätten. Es ist daher seemännisch der Vorwurf zu machen, gegen elementare Regeln des Seemannsbrauches verstoßen zu haben.“

Und zum Schluß hagelt es folgende geballte Vorwürfe des Gerichtes, die für Eigner und Skipper Nehring bedeuten, daß die Kaskoversicherung für das Sinken seiner REGINA nicht eintreten muß:

- „Nehring hat schlichtweg das Sinken seiner Yacht billigend in Kauf genommen, ohne auch nur ansatzweise erfolgversprechende richtige Maßnahmen einzuleiten.“

Dazu sagt das Gericht ergänzend: „Man kann davon ausgehen, daß die havarierte Yacht bei Beachtung der seemännisch gebotenen Rettungsmaßnahmen noch hätte gerettet werden können: Denn die REGINA hätte entweder mit eigener Kraft bei entsprechender sofortiger Kursänderung Richtung Küste oder im Schleppverband mit der TRITONE oder durch das Absetzen eines rechtzeitigen Seenotrufes durch das Hinzukommen anderer Schiffe auf Land gesetzt werden können.“ Die unvermeidliche Schlußfolgerung daraus:

- „Nehring hat seine Yacht grob fahrlässig unter Mißachtung einfachster Rettungsmaßnahmen schlichtweg abandonniert.“ (Also quasi als Totalverlust aufgegeben.)

Nach den Versicherungsbedingungen ist jeder Skipper ohnehin zur Schadensminderung und Schadensabwendung verpflichtet. „Auch diese pflichtmäßig gebotenen Maßnahmen hat Nehring gröblichst außer acht gelassen“, sagt das Gericht und stellt dann mit persönlichem Bezug auf den Skipper fest:

- „Es sind auch keine subjektiven Besonderheiten festzustellen, die Nehring von dem Vorwurf der groben Fahrlässigkeit entlasten können: Die Havarie erfolgte nicht in großer Entfernung von der Küste. Sie ereignete sich nicht bei Nacht. Die Wetterverhältnisse waren ideal.“

So unterließ es das Gericht auch nicht, Nehring am Schluß seines für ihn so deprimierenden Urteils ebenfalls noch einen subjektiven Vorwurf im Sinne der groben Fahrlässigkeit zu machen.

Was trifft nun schwerer, seemännisch als Skipper oder ganz einfach menschlich versagt zu haben? Heribert Nehring mußte mit beiden Vorwürfen fertig werden.

Verloren und vergessen

Immer mehr Yachten gehen heutzutage auf See verloren, weil ihre Besatzungen sie im Falle einer Havarie oder bei Wassereinbruch einfach verlassen, um auf Seenotkreuzer, Rettungshubschrauber oder Seeschiffe umzusteigen. Fast immer ist es Angst, Seekrankheit oder einfach mangelnde Seefähigkeit der Crew, die zu solchen Entschlüssen führt, und in vielen Fällen wird dem Skipper dabei ein Fehlverhalten angelastet, das den versicherten Eigner oft teuer zu stehen kommt.
Viele der in dieser Weise aufgegebenen Yachten sinken nicht, wie befürchtet, sondern geistern anschließend auch ohne helfende Hände über die Meere. Gravierende Schäden erleiden sie nur beim Verlassen durch die Crew oder beim Abschleppen durch den Berger. Hier nur einige Beispiele der Aufgabe. Weitere Berichte habe ich im Abschnitt „Seekreuzer werden zu Geisteryachten" zusammengestellt.

Die unterschiedlichen Schicksale von zwei Seekreuzern, die den gleichen Kurs durchs Mittelmeer segelten

Man möchte bei dem gemeinsamen Törn der Schwesterschiffe DROSSEL und AMSEL das Sprichwort zitieren: Wenn zwei dasselbe tun, ist es noch lange nicht das gleiche. Denn wenn die Crew einer Yacht auf einer Einzelreise wind- und wetterbedingte Entscheidungen trifft, die zu tragischen Ereignissen führen, mag ihre nachträgliche kritische Auswertung und die Feststellung möglicher, dem Skipper unterlaufener Fehler häufig als typische Besserwisserei ausgelegt werden können. Anders ist es, wenn beide Yachten zu gleicher Zeit das gleiche Revier besegeln. Dann ist zwar die glückliche Ankunft der einen Yacht nicht unbedingt der seemännische Beweis, daß die Crew alle anstehenden Entscheidungen auf See gut und richtig getroffen hat. Aber im Gegenschluß darf man mit einem freieren Gewissen festhalten, was die Crew, die nicht angekommen ist und ihre Yacht unter identischen Bedingungen auf hoher See aufgab, unter den gleichen äußeren Bedingungen falsch gemacht hat.
Beide Boote gehören zum Typ Gib Sea 96. Sie sind werftneu und 9,60 m lang, verdrängen 3,5 t und sollen mit je einer fünfköpfigen Crew im März 1987 von Port Camargue, westlich der Rhonemündung an der französischen Mittelmeerküste gelegen, nach Kuşadasi an der türkischen Ägäisküste, nordwestlich der Insel Samos, gesegelt werden, wo man sie anschließend als Charterboote einsetzen will. Das ist eine sehr lange Distanz von über 1500 Seemeilen, und es ist erfahrungsgemäß eine zu frühe und somit gefährliche Jahreszeit. Denn in der Schiff-

fahrt gilt auch im Mittelmeer (wie in allen anderen europäischen Seegewässern) die juristisch verbriefte Winterzeit bis zum 15. April.
Die wahrscheinlich erst zum Wochenende am 28.2.1987 in Port Camargue eingetroffenen vier deutschen Segler laufen mit ihrem Skipper Wolfgang Krah und noch einem österreichischen Freund an Bord recht schnell bereits am Sonntag, dem 1.3. kurz vor Mitternacht mit dem neuen, unbekannten Boot aus. Mit der DROSSEL passiert die AMSEL unter dem deutschen Skipper Michael Elitz die Molenköpfe. Erstes gemeinsames Etappenziel ist der Hafen von Carloforte an der Südwestküste von Sardinien, und bis dorthin muß der Löwengolf überquert und eine Distanz auf blauem Wasser von etwa 400 Seemeilen gesegelt werden.
Beide Besatzungen unterschätzen bei ihrer Törnplanung, daß sie ihren Kurs über eines der gefährlichsten Entstehungsgebiete von Stürmen in der Welt überhaupt steuern wollen, mit einer Sturmhäufigkeit von etwa 15 % während des Winters, und daß dieser Kurs während der ersten Segelwoche genau in der Bahn des gefährlichen Mistrals liegt. Er fegt mit zerstörender Kraft und oft unerwartet aus dem Rhonetal ins Mittelmeer und baut dort eine für Yachten oft tödliche hohe See über den blauen Tiefen auf. Für die meisten deutschen Segler, auch wenn sie in ihren heimischen Flachwassergebieten von Ost- und Nordsee selbst schweren Seegang erlebt haben, ist die Gewalt der hier aufgetürmten Winterwellen kaum vorstellbar. Dazu können die kalten Winde über der ohnehin abgekühlten See jede Crew in wenigen Stunden zermürben.
Eine Rückkehr zur französischen Küste ist unter solchen Wetterbedingungen nicht mehr möglich, und auch die auflandigen Küsten von Korsika und Sardinien können nicht angelaufen werden, wenn man einen Nothafen sucht. Nur eine Yachtbesatzung, die über große seemännische Erfahrung verfügt und gleichzeitig ein überdurchschnittliches Durchstehvermögen für mehrere Tage und Nächte besitzt, wird solches Mistral-Winterwetter auf ihrem kleinen Seekreuzer überstehen.
Die Crew der AMSEL packte es, die Männer auf der DROSSEL gerieten in tödliche Gefahren: Bereits am Morgen des 2. März, als die Küste ihre schützende Abdeckung verloren hatte, frischte der Wind auf, und bei Windstärke fünf reffte der vorsichtige Skipper Michael Elitz auf der AMSEL, wie es angemessen war. Auf der DROSSEL wartete man mit der Verkleinerung der Segelfläche bis zum Nachmittag, als der achterliche Wind Bft 7–8 erreicht hatte. Dazu rollte man die Genua auf etwa 50 % ein und legte gleichzeitig zwei Reffs ins Großsegel. Da sich beide Besatzungen erst bei Anbruch der Dunkelheit verloren, kann man davon ausgehen, daß die AMSEL mit ihrer kleineren Segelfläche von Beginn an nicht langsamer war als die DROSSEL, die lange Zeit noch mit Vollzeug lief und unter diesen Bedingungen natürlich auch die Ruderanlage extrem belastete.
In den ersten Nachtstunden rollte die DROSSEL-Crew die Genua ganz ein und lief nur unter gerefftem Großsegel weiter. Diese Entscheidung zur Segelführung hät-

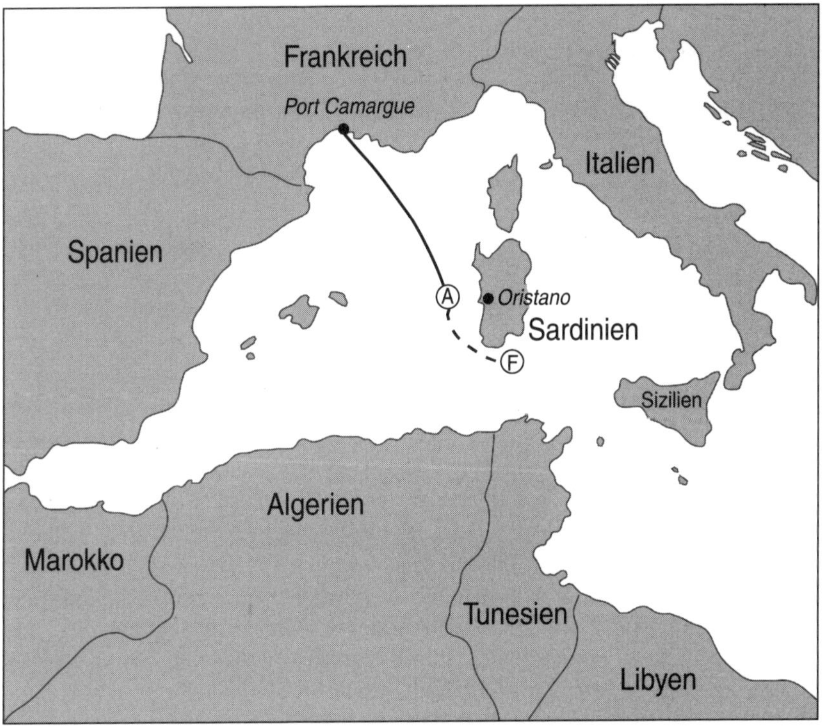

Die Fahrt der D*ROSSEL* *von Port Camargue bis zu ihrer Aufgabe (A) in Höhe von Oristano und ihr Fundort (F) drei Wochen später südlich von Sardinien.*

te ich nicht getroffen. Denn bei zunehmendem achterlichem Wind und einer sich aufbauenden rauheren See läßt man sich besser vom Vorsegel ziehen als vom Großsegel schieben. Das Boot läuft dabei kursstabiler, und sowohl die Arbeit des Rudergängers wie die Belastung der Ruderanlage werden dabei entlastet.

Kurz vor Mitternacht barg die Crew in dem jetzt auf Sturmstärke angewachsenen Wind auch das Großsegel und lief – mit zweistündlichem Wachwechsel – vor der hohen See nur unter Motor mit unverändertem Südostkurs weiter. Auch diese Entscheidung ist mir unbegreiflich: Zwar wird der Skipper geglaubt haben, durch das entstehende Kiel- oder Schraubenwasser den heranrollenden Brechern ihre zerstörende Kraft nehmen zu können. Aber er nahm mit dieser Entscheidung seiner Segelyacht gleichzeitig ihre natürlichen, wenn auch extrem reduzierten Antriebsmittel und sogar die lebensnotwendige Stützwirkung ihrer Segel. Und er nutzte statt dessen die Schubwirkung seines Unterwasser-Aggregates aus, dessen Angriffspunkt noch extrem weiter achtern lag, als der Segeldruckpunkt für die Windkraft vorher gelegen hatte. Die Belastung der Ruderanlage nahm also weiter zu, und die weiteren Ereignisse waren vorprogrammiert:

Natürlich ließ sich die DROSSEL in der zunehmend hohen See von achtern jetzt nicht mehr auf Kurs halten, und auch das Steuern selbst wurde im Nachtdunkel immer schwieriger. Um wieder ausreichende Kursstabilität zu erhalten, brachte die Crew – bei Fahrt unter Motor! – Leinen über das Achterschiff aus. Doch auch die nachgeschleppten Festmacher nebst Ankertrosse besserten die Lage nicht, und als sie in unmittelbarer Nähe des Propellers (!) durchzuhängen begannen, holte man sie wieder ein.

Das beginnende Licht machte der Crew am Morgen des 3. März (nach 11 Stunden Nachtfahrt) zwar das Rudergehen leichter, aber bald darauf schlug – offenbar durch einen Steuerfehler – die Yacht quer, der Skipper stürzte bei diesem unerwarteten Querschlagen in der Kajüte auf den Kocher und brach sich drei Rippen.

Kaum hatte sich die Crew, deren Kondition schon nachließ, von diesem Schock erholt, als die DROSSEL wieder aus dem Ruder lief und sich dabei so weit nach Steuerbord überlegte, daß zwei Mann außenbords geschleudert wurden. Als sie sich an ihren Sicherheitsleinen wieder in die Plicht zurückgeholt hatten, versagte die Ruderanlage ihren Dienst. Auch dieser Ausfall verwundert nicht. Sie war ja in den bisherigen etwa 40 Stunden auf See und unter den Motor- wie Segelverhältnissen bei hoher achterlicher See hochbelastet bis schließlich überlastet worden. Es ließ sich in der Plicht nicht feststellen, ob das Ruderblatt verbogen oder die Verbindung von der Pinne zum Ruderschaft beschädigt war. Jedenfalls waren zwei kräftige Männer erforderlich, um das Ruderblatt wenigstens wieder in die Mittschiffsposition zu ziehen. Aber an den Bau einer Notruderanlage für die jetzt zwar manövrierbehinderte, aber auf Drift immer noch sichere Yacht (die natürlich auch noch hätte beidrehen können) dachte niemand mehr an Bord.

In solchen Situationen macht eine Yacht angeblich immer Wasser, und da der Skipper befürchtete, bei der vermuteten Gefahr einer Kenterung der DROSSEL in den hohen Kreuzseen die Sendefähigkeit seiner UKW-Seefunkanlage zu verlieren, gab er am 3.3. um 1330 Uhr auf Kanal 16 einen MAYDAY-Ruf ab.

Ein griechischer Frachter fing den Notruf zuerst auf und gab ihn an die französische Seenotzentrale CROSS-MED in Marseille weiter. Auch zur italienischen Küstenfunkstelle Porto Torres nahm der griechische Funker Verbindung auf. Vier Stunden später, gegen 1715 Uhr, fand ein französisches Suchflugzeug die DROSSEL und gab ihre genaue Position an alle Beteiligten dieses Seenotalarms weiter. Gleichzeitig warf sie eine Rettungsinsel ab, die die Seglercrew jedoch nicht bergen konnte, und blieb auf etwa 40° N und 007° 30' E über der Yacht.

Die DROSSEL trieb bei Einbruch der Dunkelheit etwa 50 Seemeilen westlich von Sardinien in Höhe von Oristano, und da die Crew wahrscheinlich ausschließlich an die Rettung durch das über ihr kreisende Flugzeug dachte, warf die See die führerlose Leichtdeplacementyacht noch einmal um, bis sie wohl ganz durchkenterte. Die an Deck angeleinten Besatzungsmitglieder konnten sich wieder an Bord holen, und ein Nasenbeinbruch war zu beklagen. Das Rigg blieb aber

offenbar intakt; denn wie hätte sonst das UKW-Seefunkgerät noch senden und empfangen und die Crew die ganze Nacht lang mit dem Rettungsflugzeug über dem Boot in Sprechkontakt bleiben können.
Nach Eintritt der Dunkelheit hatte die DROSSEL verstärkten Wassereinbruch gemeldet, so daß noch gegen 2200 Uhr in Rom ein Rettungshubschrauber aufstieg, um die fünf in Panik geratenen Yachtsegler zu bergen. Der Versuch, sie noch in der Nacht von Bord zu holen, scheiterte jedoch, und der Hubschrauber mußte den weiten Weg zur Küste wieder zurückfliegen. Auch zwei liberianische Frachter, die durch den Seenotalarm herbeigeeilt waren und trotz der hohen See selbst in der Dunkelheit ihre Rettungsboote zu Wasser ließen, konnten die Yachtsegler nicht aufnehmen. Ein Aufwand und eine internationale Hilfsbereitschaft, die man nicht genug loben kann – auch wenn sie hier einer Seenot-Situation gilt, die die DROSSEL-Crew hätte vermeiden können.
Erst in der Morgendämmerung des 4. März kehrte der italienische Rettungshubschrauber zur treibenden DROSSEL zurück und nahm gegen 0600 Uhr, fast 17 Stunden nach Auslösen des Seenotalarms wegen angeblichen Sinkens der Yacht, einen Segler nach dem anderen von Bord. „Die Seenotretter konnten die erschöpfte Besatzung gerade noch rechtzeitig vor dem Sinken der DROSSEL bergen", heißt es in den Presseberichten, die sich auf die Berichte der Geretteten stützen.
Tatsächlich ist die DROSSEL weder an diesem Tag noch an einem anderen gesunken. Es gab auch keinen Wassereinbruch, wie die entnervte Crew behauptete, um von Seenotdiensten abgeborgen zu werden, und die DROSSEL hatte auch keinen anderen ernstlichen Schaden genommen, durch den sie hätte auf Tiefe gehen können. Sie blieb ohne Wassereinbruch schwimmfähig und driftete ohne Crew und so gut wie unversehrt in Richtung auf ihr Fahrtenziel weiter, bis sie am 25. März 1987, drei Wochen nach ihrer Aufgabe, zufällig von einem Frachter südlich von Sardinien gefunden, an Bord genommen und im Hafen von Augusta auf Sizilien (als fette Beute) abgesetzt wurde.
Die AMSEL überstand den für die DROSSEL-Crew fast tödlichen Mistral auf gleichem Kurs und nur wenige Seemeilen entfernt ohne Schaden und erreichte wohlbehalten aus eigener Kraft das gemeinsam vereinbarte Etappenziel Carloforte, von wo die Yacht nach kurzer, durch die DROSSEL-Ereignisse bedingten Unterbrechung zu ihrem türkischen Bestimmungshafen weitersegelte.
Da die DROSSEL von ihrer Crew aufgegeben worden war und auch während ihrer Reise eine erhebliche Gefährdung der an Bord befindlichen Personen bestanden hatte – zwei Segler verletzten sich schwer, und die Crew mußte von einem Hubschrauber geborgen werden –, waren die Vorfälle nach dem Seeunfall-Untersuchungsgesetz noch einmal seeamtlich zu überprüfen. Der DROSSEL-Skipper Wolfgang Krah hatte sich dabei als „Beteiligter" einige Monate später vor dem Seeamt Emden zu verantworten. Den dort gemachten Vorwurf der Fahrlässigkeit mochte er jedoch nicht auf sich sitzen lassen, und so legte er dagegen Wider-

spruch ein. Über ihn verhandelte man später vor dem Oberseeamt in Hamburg. Doch auch hier hielt man den Vorwurf aufrecht, daß sich Krah als verantwortlicher Skipper vor dem Auslaufen nicht ausreichend über die neueste Großwetterlage informiert, er die werftneue Yacht nur nachts erprobt und die Fahrt angetreten hatte, obwohl die Sicherheitsausrüstung nicht den Empfehlungen des Bundesministeriums für Verkehr entsprach.

Gesunken, weil die Backskisten nicht verschlossen waren

Auf der Fahrt von Marseille nach Barcelona geriet der 13,84 m lange Seekreuzer ODYSSEUS mit einer Crew der Akademischen Seglervereinigung Stuttgart am 6.10.1991 in einen im Wetterbericht nicht gemeldeten, aber im gefährlichen Golf du Lion zu dieser Jahreszeit auch nicht ungewöhnlichen plötzlichen Sturm, den die Yacht zuerst nur unter der Baumfock gut abwettern konnte.

Die Positionen, an denen im westlichen Mittelmeer die ODYSSEUS (1), die JUNO (2) und die LADY TRAM (3) auf Fahrten von Marseille nach Barcelona bzw. von Barcelona nach Palma de Mallorca aufgegeben wurden.

Als der Seegang stärker wurde, gelangte zunehmend mehr Wasser in die Plicht, das durch die nicht verschließbaren Backskisten weiter ins Boot drang. Zuerst gelang es der Crew, die Bilgen wieder zu lenzen. Als jedoch nach dem ersten Wassereinbruch die Yacht querschlug und dabei Klüverbaum, Fock und Beiboot weggerissen wurden, stieg der Wasserstand im Boot schnell auf einen Meter. Die Crew unternahm keine weiteren Anstrengungen mehr, das Sinken durch Pumpen und Pützen zu verhindern, und ließ sich 15 sm südöstlich der Insel Meda Grande an der Costa Brava mit einem Rettungshubschrauber abbergen. Die ODYSSEUS wurde ihrem Schicksal überlassen und war am nächsten Tag nicht mehr aufzufinden.

Das Seeamt Emden erkannte ein Fehlverhalten des Skippers Ludwig R. als Ursache für den Totalverlust. Denn wären die Backskisten in der Plicht nach dem ersten Wassereintritt zumindest provisorisch sicherer verschlossen worden, hätte die Yacht überlebt. Bekanntlich sind Schiffe immer stärker als eine – ängstliche oder vielleicht zermürbte – Crew.

Für die Bergekosten hätte man eine ganze Segelgarderobe kaufen können

Daß auch kürzere Überführungstörns mit einer größeren Yacht im Mittelmeer nicht in die Winterzeit gehören und schweres Wetter von einer Segelyacht nicht unter Motor abgewettert werden sollte, zeigt der Fall JUNO aus dem gleichen Wintermonat Februar 1987: Der englische Eintonner, Bewerber um einen Platz im britischen Admiral's-Cup-Team, war von Barcelona zu den Balearen ausgelaufen, wo er seine neuen Segel einfahren wollte und die Regatta-Crew getrimmt werden sollte. Für die Überführungsfahrt waren nur geliehene Segel an Bord, die jedoch nicht in das Rigg paßten und daher gar nicht gesetzt werden konnten.

Eine verantwortungsbewußte Crew wäre unter solchen Bedingungen wohl nicht ausgelaufen. Denn eine Segelyacht völlig ohne ihren primären Antrieb zu überführen und ihre Manövrierfähigkeit und Sicherheit nur dem (Hilfs-)Motor zu überlassen, hätte ein undenkbarer Gedanke sein müssen.

Die vierköpfige Crew lief aber dennoch aus, weil sie die Distanz von etwa 130 Seemeilen vom Festland zur Insel auch allein zu schaffen trachtete. 40 Seemeilen vor Palma geriet sie jedoch in schlechtes Wetter. Die JUNO wurde manövrierunfähig und kenterte in der hohen See. Der Mast zerbrach dabei in mehrere Teile, und als sich auch im Deck der Hochsee-Rennyacht lange Risse zeigten, schoß die Crew rote Notraketen.

Ein Frachter, der die Seenotsignale gesichtet hatte, nahm die Besatzung auf und den Eintonner auf den Haken. Da das Schleppen für ihn zu schwierig wurde, übergab er die JUNO einige Meilen weiter einem Fischkutter, der weniger Fahrt laufen konnte und den gemeinsamen fetten Fang in den Hafen von Palma schleppte. Für die so entstandenen Bergekosten hätte man sich zwar die (für die Überführung fehlende) gesamte Segelgarderobe kaufen können – aber jetzt mußte ja die Versicherung zur Kasse treten. Dafür verlor der Yachteigner seinen Schadensfreiheitsrabatt. Sparsamkeit am falschen Platz also.

Mit dem verletzten Skipper ging sicherheitshalber auch die zehnköpfige Crew von Bord

Anfang November 1987 hatte die 13 Meter lange Stahlketsch LADY TRAM auf dem etwa 130 Seemeilen langen Weg von Barcelona bis zur Küste Mallorcas bei stürmischem Wind Ruderhavarie. Da sich der Skipper der manövrierbehinderten Yacht bei deren unkontrollierten Bewegungen im Seegang verletzte, gab die Crew Seenotalarm. Ein Rettungshubschrauber holte ihn nach kurzer Zeit von Bord. Als die übrigen zehn (!) Segler der Besatzung erleben konnten, wie leicht und schnell man so den Risiken des Schlechtwettersegelns auf einer havarierten Yacht entrinnen konnte, sahen sie sich nach einer ähnlichen Rettung um und riefen den in Sicht befindlichen spanischen Container-Frachter NAVIPOR herbei. Als die LADY TRAM zum Übersteigen der Crew (und zur Übernahme von zwei Bordhunden) längsseits des Frachters lag, brachen beide Masten an dessen Bordwand. Da das große Schiff die Ketsch weder ebenfalls an Deck nehmen noch abschleppen konnte, ließ man sie treiben. Wenige Tage später fand ein Schnellboot der spanischen Marine die aufgegebene Yacht, nahm sie auf den Haken und schleppte sie nach Mallorca ein.
Ein fetter Happen für den Berger und eine unnötige Aufgabe. Denn zehn Mann an Bord hätten auf einer im Sturm driftenden oder beigedrehten Yacht doch wohl in der Lage sein müssen, auch ohne ihren Skipper ein Notruder gleich welcher Art zu bauen und die vielleicht dann auch nur bedingt manövrierfähige Yacht nach Wetterbesserung in irgendeinen der Häfen an einer der etwa 50 sm entfernten Küsten zu bringen.

Der Einhandsegler auf einem havarierten Katamaran nimmt das Angebot einer Schiffspassage an

Mitten im Atlantik wurde der einhand gesegelte deutsche Katamaran TOHUWABOHU am 7.5.1995 aufgegeben. Sein Eigner und Skipper Detlev Dau hatte den 9 m langen und 5,40 m breiten Sperrholz-Katamaran vom Typ Windsong von 1991 bis 1994 in etwa 2500 Arbeitsstunden in Epoxid-Bauweise in einer Scheune bei Bremen selbst gebaut. Das Boot hatte Schlafplätze für drei Personen, Rümpfe mit V-Spant und ein Kielschwert. Anstelle von zwei Außenborder-Schachtmotoren in jedem Rumpf war der Kat mit einem 10-PS-Vier-

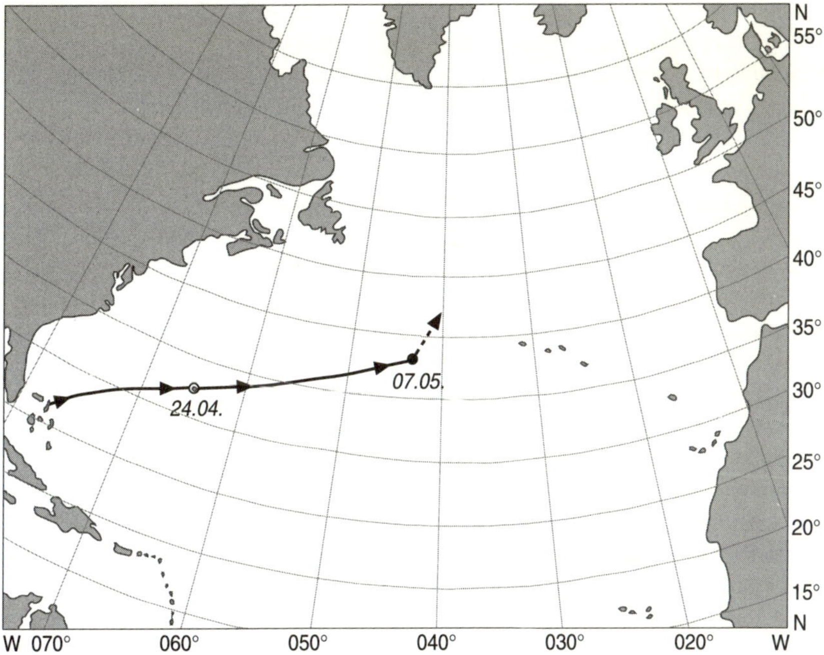

Die Atlantikfahrt der TOHUWABOHU von den Bahamas über die Bermudas bis zu ihrer Aufgabe auf 37° N 044° W. ---------- Drift des Katamarans als Geisterschiff.

takt-Benzinmotor ausgerüstet worden, und natürlich mit Autopilot, GPS, Solarzellen und den notwendigen Navigationsgeräten einschließlich eines Sextanten.

Im Juni 1994 geht der Kat zu Wasser, und nach Probefahrten auf Nord- und Ostsee, die zufriedenstellend verlaufen, verläßt Dau mit einem Freund an Bord am 24.8.1994 die Wesermündung zu seiner sorgsam gepanten Langfahrt: Zuerst soll es zu den Kanarischen Inseln gehen. Dann steht die Atlantiküberquerung auf der Passatroute auf dem Programm, und nach einigen Wochen Urlaubssegeln in der Karibik soll der Katamaran im Frühjahr 1995 über die Bermudas in die Nordsee zurückgesegelt werden. Vom Kurs- und Zeitplan her ist es fast ein Törn, den jährlich zahlreiche deutsche und europäische Yachten segeln und so gesehen kein zu hoch gestecktes, wiewohl immer ein abenteuerliches Ziel.

Aber schon der Englische Kanal begrüßt Detlev Dau und den Kat unfreundlich, so daß er erst am 5. Oktober von Brest aus über die Biskaya gehen kann. „Obwohl die See hier 5000 Meter tief ist, wurde der Seegang sehr unangenehm", berichtet er. „Unser Boot erzitterte, wenn es in die kurzen und brechenden Wellen krachte. Die Luft war von Gischt erfüllt. Kalt und ungemütlich war es an Deck. Auch in der Koje fanden wir keine Erholung. Wie im Fahrstuhl schossen wir auf und ab, und der Lärm unter Deck ließ uns keinen Schlaf finden."

Wie auch jeder andere angehende Hochseesegler muß Detlev Dau hier die Erfahrung machen, daß man vor dem eigenen Erlebnis solcher härteren See- und Wetterbedingungen sowohl die Belastungen einer Yacht als auch die Anforderungen an die Kondition der Crew oft unterschätzt – insbesondere wenn man an die schönen Hochglanzprospekte der Bootswirtschaft denkt, mit denen Segler und solche, die es werden möchten, an Bord und auf See gelockt werden. Trotz aller neuen technischen Geräte, die der Bootsmarkt jährlich anbietet, um uns das Yachtsegeln zu erleichtern, ist ein mehrtägiger Seetörn fernab einer Küste immer noch etwas anderes als ein tagelanger Trip am Steuer eines Kraftwagens auf der Autobahn – und wird es auch bleiben.

Nach Erreichen der portugiesischen Küste segelt Dau mit Crew am 23.10. von Lissabon weiter nach Teneriffa und startet am 20.11.1994 von Los Cristianos zur Atlantiküberquerung nach Martinique. „Die Atlantiküberquerung zu zweit empfanden wir als sehr anstrengend", ist seine Meinung. „Wir hatten jedenfalls keine Lust zum Rudergehen. Das erledigte der Autopilot für uns, mit allen sich ergebenden Nachteilen. Denn bei genau achterlichem Wind, der vorherrschte, hatte der Autopilot Probleme, unser Schiff auf Kurs zu halten. Es gierte bis 40° zu jeder Seite, und die Segel standen oft back."

So wird auch diese Etappe anstrengender als vorher angenommen und der lange Vorwindtörn ohne eine entsprechende Passatbesegelung zu einer psychischen Belastung, von der sich die Crew erst in den langen sonnigen Karibikwochen und anschließend beim Inselspringen in den Bahamas wieder erholt. Der anschließende Transozeantörn zu den Bermudas, den Detlev Dau jetzt einhand segelt, zerrt mit Wind aus allen Richtungen, wechselnd mit Starkwind und Flaute, an seinen Nerven. Aber seine Segelzeit von acht Tagen für die 766-sm-Distanz entlang des Bermudadreiecks ist respektabel.

Am 24. April 1995 startet die TOHUWABOHU, mit einem auf 160 Liter aufgefüllten Treibstoff-Vorrat, der für 500 sm Motorfahrt reicht, zu ihrem letzten Atlantiktörn in Richtung Azoren. „Es begann gut, und ich kam unter wechselnden Winden gut voran", berichtet der Einhandsegler. „Aber am neunten Tag folgte der Horror. Gegen Nachmittag hatte der leichte Wind auf Süd gedreht und wurde stärker. Nachts hatte ich Sturm aus West. Ich lief mit der Sturmfock vor dem Wind ab, bis die Geschwindigkeit zu hoch wurde. Danach barg ich die Fock und überließ das Boot sich selbst. TOHUWABOHU legte sich quer zur See und trieb langsam ab."

Als der Sturm mitten in der Nacht seinen Höhepunkt erreicht, sitzt Detlev Dau immer noch wie angewachsen in der Plicht seines zerbrechlichen Bootes und erlebt voller Angst – wie jeder andere sicher auch – das heulende, nasse Inferno um sich herum. Was könnte er noch tun? Was taten andere vor ihm in ähnlicher Lage?

„Ich hatte Angst, daß der Kat umkippte", gesteht er. „Zweimal krängte er so stark,

daß ich dachte, nun sei das Ende gekommen. Die ganze Nacht saß ich frierend und naß im Cockpit, die Seenotrakete in der Hand, und wartete auf die Kenterung. Doch Gott sei Dank war TOHUWABOHU stärker als ich."
Der nächste Sturm folgt fast übergangslos nach dem ersten: Dabei platzt eine Naht am Schwertkasten auf, aber Detlev kann sie abdichten. Während des dritten Sturmes sitzt der Einhandsegler wieder die ganze dunkle Nacht voller (berechtigter) Angst, der kleine Kat könnte kentern, frierend in der Plicht. „Aber TOHUWABOHU steckte alles ordentlich weg", stellt er fest. Aber dann ist er doch, zumindest mit Kondition und Nerven, am Ende:
„Das Unglück verließ mich nicht", berichtet er. „Eine Halterung des achteren Beams (der Querstrebe zwischen den beiden Rümpfen) war gebrochen. Voller Angst legte ich das Boot in den Wind und befestigte den Beam mit Holzschrauben. Da ich mir nicht vorstellen konnte, daß TOHUWABOHU so den nächsten Sturm überstehen würde, beschloß ich, mich vom nächsten Schiff abbergen zu lassen."
Am nächsten Tag nehmen Wind und Seegang jedoch soweit ab, daß Detlev Dau den Kat treiben lassen und sich in die Koje legen kann. Mehrere Stunden schläft er tief und fest, bis er im Morgengrauen des 7. Mai 1995 von einer Schiffssirene geweckt wird. Seenotmeldungen hat er offenbar nicht abgegeben. Der Tanker CHALLENGER, der neben ihm stoppt, scheint sich offenbar nur vorsorglich nach seinem Befinden erkundigen zu wollen. Aber für den zermürbten Einhandsegler ist es die erhoffte Gelegenheit. Er stürzt zum Niedergang, schießt Rot und wird wenig später mit einem Korb an Deck des Tankers gehievt. „Auf 37° 13' Nord und 044° West verließ ich TOHUWABOHU mit Tränen in den Augen", beendet er seinen Bericht. Der kleine Katamaran geht auf Drift, schwimmend, segelfertig und mit all seiner Habe an Bord. Ein Geisterschiff mehr auf dem Atlantik.
Drei Wochen später wird der treibende Kat von einer Chartercrew gesichtet, die sich ebenfalls auf einer Atlantiküberquerung befindet. Ein Segler setzt zu dem aufgegebenen Boot über und findet es im großen und ganzen unversehrt. Aber was hilft es? Abbergen kann man den unbemannten Katamaran mit einer Yacht wohl nicht, dafür ist die Distanz zur nächsten Küste zu groß. So muß man ihn weiter seinem ungewissen Schicksal überlassen.
Anhand des zurückgelassenen Logbuchs, das die Chartercrew später der amerikanischen Coast Guard aushändigt, ermittelt man den Eigner der Geisteryacht und nimmt Verbindung zu Detlev Dau auf. Welche Gefühle wird er gehabt haben, als er von seinem aufgegebenen, aber immer noch segelklar schwimmenden Katamaran hörte, für dessen Bau er nicht nur viel Arbeit, sondern auch viel Geld aufgewendet hatte – und den er vielleicht auch sicher über den Atlantik gebracht hätte, wenn er in diesen gefährlichen wie trostlosen Stunden nicht mutterseelenallein auf sich selbst gestellt gewesen wäre, sondern einen Macker als Wachgänger, Helfer und Gesprächspartner an Bord gehabt hätte.
Da tröstet es auch nicht, wenn er im nachhinein selbstkritisch feststellt: „Einhandsegeln über längere Strecken ist ganz klar ein Risiko, das ist jedem Ein-

handsegler bewußt. Ich vernachlässigte meine Wachen zwangsläufig, vor allem nach Starkwind und Sturm. Es war aber immer so viel Flaute zwischen den Stürmen, daß ich schlafen konnte. Als ich abgeborgen wurde, war ich fit.“ Aufgabe also nur in Panik?

Die Gefahren der Küste

Strandung durch Navigationsfehler

Von den Hochseeseglern, die weit außerhalb der Landsicht ihre Kurse ziehen, wird die große Masse der Fahrtensegler, die auf ihren Reisen nur selten den optischen Kontakt zur Küste verlieren, gelegentlich über die Schulter angesehen. Auch in den erteilten Qualifikationen rangiert die „Hochseefahrt" oder „Seefahrt" vor der „Küstenfahrt" – zu Unrecht, wie ich meine. Denn auch jeder Hochseesegler muß nach seinem Landfall Küstennavigation betreiben, und die Ortsbestimmung in der terrestrischen Navigation und besonders „nach Seezeichen und Sicht" wird auch ihn dann zwangsläufig vor die gleichen Probleme stellen, wie sie die Küstensegler sehr viel öfter und vielfältiger lösen müssen. Letztlich erkennt man erst durch Strandungen, welche Gefahren bei der Küstenfahrt bestehen – zum Beispiel durch Navigationsfehler, die man hätte vermeiden können.

Wäre die SEEWIND mit einem C-Schein-Skipper nicht gestrandet?

Ein Seekreuzer wie die SEEWIND von 10,60 m Länge, 3,14 m Breite und 1,80 m Tiefgang sowie einem Motor von 19 kW (25 PS) gehört heutzutage zu den kleineren Hochseeyachten. Wenn er dazu noch nur vom Eigner als Skipper und seiner Ehefrau allein schon einige Jahre lang auf Langfahrten in der Ostsee und auf Nordseetörns bis nach Schottland seemännisch sicher gesegelt wird, muß sich diese zahlenmäßig kleine Crew sowohl bei Fahrten außer Landsicht als auch bei der Ansteuerung fremder Küsten wohl ausreichende Erfahrungen erworben haben – auch wenn der Skipper neben dem amtlichen Sportbootführerschein See nur den freiwilligen BK-Schein des Deutschen Segler-Verbandes besitzt, mit denen er nahezu 15 Jahre unterwegs ist.
Im Spätsommer 1987 waren der Skipper, 59, und seine Ehefrau mit der SEEWIND von der Weser zuerst nach England und dann nach Irland gesegelt. Vom Hafen Cork an der Südküste der grünen Insel starteten sie am 14. September 1987 zu ei-

nem Törn über Atlantik und Biskaya nach Süden mit dem Ziel eines Landfalls bei Kap Finisterre und einer Weiterfahrt entlang der spanischen und portugiesischen Westküste.

Es war ein sportlich kühner, aber nautisch eigentlich risikoloser Entschluß, obwohl die Zeit der Herbststürme in diesem Atlantikrevier nicht mehr weit war. Aber mit der Wahl des Ausgangspunktes für die Reise (so weit im Westen wie möglich) hatte das Ehepaar die nautischen Empfehlungen für eine solche Routenplanung optimal erfüllt: Auch bei anhaltenden schweren Weststürmen lag die europäische Küste bei einem genauen Südkurs immer weit und sicher in Lee.

Die SEEWIND war mit zwei (noch in Bremerhaven vor der Ausreise kompensierten) Magnetkompassen, Echolot, Impeller-Log, Funkpeiler, Sextant und (einem seinerzeit noch sehr teuren und an Bord von Yachten seltenen) GPS-Gerät sowie UKW- und Grenzwellenfunkanlage ausgestattet, und der erfahrene Skipper hatte den Seekreuzer für seine und seiner Frau Sicherheit natürlich auch mit allen hierzu notwendig erachteten Einrichtungen und Ausrüstungen versehen. Eine Selbststeueranlage bzw. ein Autopilot befand sich offenbar nicht an Bord. Die Yacht mußte also wohl mit einfachen Bordmitteln oder nur von Hand gesteuert werden.

Als die SEEWIND am 21. September 1987 gegen 0700 Uhr etwa fünf Seemeilen westsüdwestlich von Cabo Villano an der Nordwestspitze der Iberischen Halbinsel stand, hatte sie im Zweierwachtörn im Verlauf von 8 Segeltagen eine Distanz von über 550 Seemeilen zurückgelegt. Das bedeutet, daß der Skipper und die Bordfrau die SEEWIND nicht nur in der rauhen See des Reviers allein in der üblichen Bordroutine von je 22 Seewachen bei Tag und Nacht mit wechselnden Kursen auf dem Atlantik geführt, sondern in diesen 175 Stunden auf See auch zahllose Segelmanöver ausgeführt hatten. Dazu mußten sie die etwa zehn befahrensten Schiffahrtsrouten vom Kanalausgang nach Afrika und Amerika kreuzen und vor ihrem Landfall das gefährliche Verkehrstrennungsgebiet vor Kap Finisterre durchsegeln.

Ich schildere dies so ausführlich, weil ich diese windige Ecke „am Ende der Welt" selbst mehrere Male von England und Irland aus mit unserem kleinen 9-m-CORMORAN II und seinem größeren 12-m-Bruder CORMORAN III sowohl mit einer Zweimann- als auch mit einer Viermann-Crew angesteuert habe und dabei nicht nur mit Wind und Seegang an diesem gefürchteten Kap, sondern auch mit Schiffsverkehr in beiden Richtungen davor, mit Küstenfahrern, Fischerflotten und vor allem dem unerwarteten Nebel über dem hier aus dem Atlantik auftauchenden Labradorstrom, der zum Kanarenstrom mutiert, fertig werden mußte. Dazu liegt man zwangsläufig auf Legerwall vor einer unwirtlichen, hohen Felsenküste, deren markante Kaps bei dem sehnlichst erwarteten Sichten schwer zu identifizieren sind.

Die Kondition einer Zweimann-Crew wird ohnehin auf einem langen Biskaya-Törn auf eine harte Probe gestellt. Die letzten Reserven zehren die Stunden nach

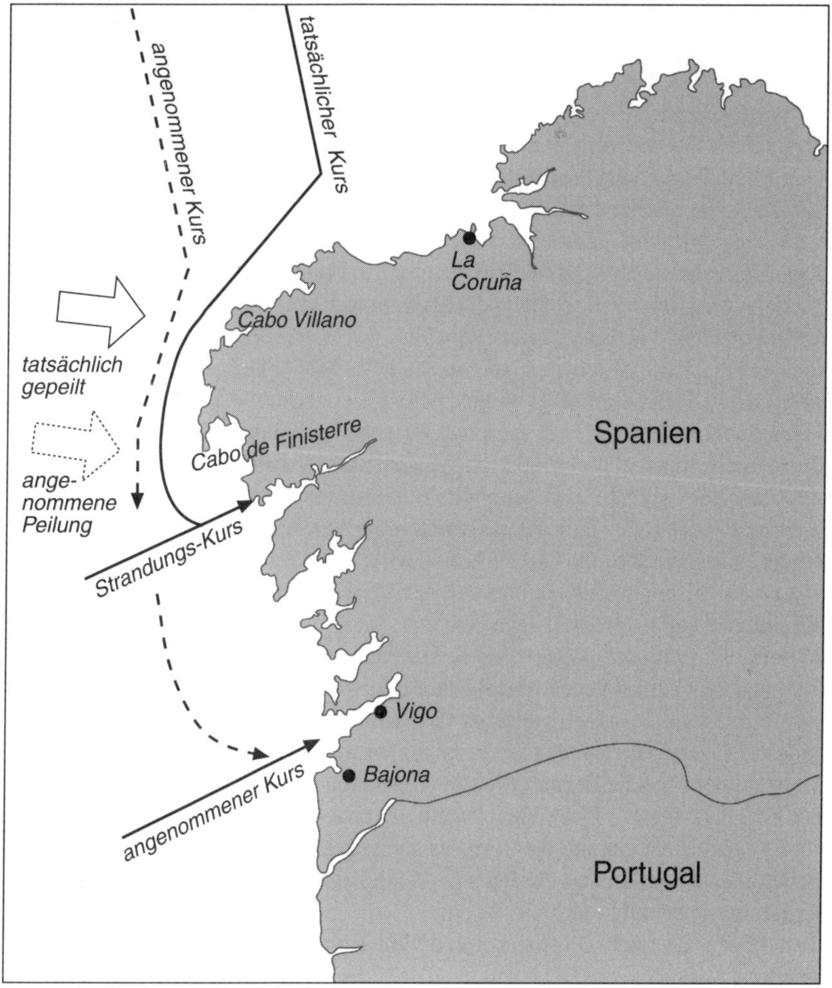

Die unglücklichen nautischen Entscheidungen des SEEWIND-Skippers werden verständlich, wenn man von einer Fehlinterpretation der Kaps nach dem Landfall ausgeht.

dem Landfall auf – noch dazu, wenn (wie hier auf der SEEWIND) der GPS-Navigator schon tagelang ausgefallen ist und bei anhaltend schlechter Sicht letztlich nur nach (verwechselbaren) Landmarken terrestrisch navigiert werden kann. Sextant und Funkpeiler sind dann nutzlos. Kennungen der weit voneinander entfernten Leuchtfeuer lassen sich bei der niedrigen Augenhöhe in der schwankenden Plicht ohnehin nicht mit der gleichen zuverlässigen Genauigkeit wie auf der hohen Brücke eines Frachters oder Tankers auszählen.
Der Tatbestand der Seeamtsverhandlung im März 1988 in Bremerhaven beginnt

erst mit der Feststellung, daß die SEEWIND am 21.9.1987 um 0700 Uhr bei einem böigen SE-Wind von Bft 5 mit gerefftem Großsegel und Arbeitsfock Cabo Villano mit Kurs 195° und sieben Knoten Fahrt passierte. Die Seglerin steuerte, der Skipper schlief.

Um 0930 nimmt der Skipper eine Vierstrichpeilung vom Kap Finisterre und peilt das dortige Funkfeuer. Standort: Bei 195° Kurs Kap Finisterre 6 sm Backbord querab. Es ist offenbar die einzige Möglichkeit einer Ortsbestimmung und der letzte Standort bis zur späteren Strandung.

Gegen 1000 dreht der Wind mit Bft 5 auf Süd, er kommt also noch mehr von vorn. Die Fock wird geborgen und der Motor gestartet, „um mehr Höhe laufen zu können". Um nicht vierkant gegen Wind und See anbolzen zu müssen, „werden wechselnde Kurse gesteuert, Generalkurs etwa 165°". Der abgesetze Kurs verläuft seewärts der 100-m-Tiefenlinie.

Gegen Mittag: Sichtverschlechterung, schwere Regenböen, zunehmend rauhere See vierkant von vorn, sehr niedrige Wolkendecke. Positionslaternen werden gesetzt und Nebelsignale gegeben. Windrichtung mehr auf Südwest, Windstärke bis 6. Kurs jetzt 160°. „Für das Boot und seine Besatzung hat aufgrund der Wetterlage zu keiner Zeit eine Gefahr bestanden", stellt das Seeamt fest. (So zynisch können nur die besseren Kapitäne an Land diese Situation auf einer kleinen Yacht definieren.)

Das Echolot läuft den ganzen Tag. („Die Batterie für das Echolot war im Mai 1987 neu beschafft worden; die Betriebsdauer soll in der Regel ein Jahr betragen.") Es arbeitet im Meßbereich bis 120 m. Die Küste ist nicht in Sicht. Erst nach weiteren 12 Stunden Motorsegeln, gegen Mitternacht (und unverändert WSW Bft 6), werden wieder Teile der Küste sichtbar.

Am 22.9. gegen 0015 Uhr sichtet man unter den schwierigen Sichtverhältnissen ein einzelnes Leuchtfeuer. Der Skipper zählt (mit Augenhöhe 2 m in der stampfenden Plicht und kennzeichnender Wellenhöhe für rauhe See von 2,0 – 3,5 m) die Kennung aus und ermittelt: Blz (2) r. – 8 s. Nach dem Leuchtfeuerverzeichnis sieht er es als Islote Boxeiro an, an der Einfahrt zur Bucht von Vigo. Das nächste Feuer, Cabo Sileiro, Höhe 85 m, auf 42° 06' N, ist nach seiner Meinung von tiefhängenden Wolken verhüllt und nicht sichtbar. Mit dem Funkpeiler läßt sich kein Standort ermitteln. Der Versuch, mit der Küstenfunkstelle Vigo UKW-Kontakt aufzunehmen, bleibt erfolglos (weil diese ihn in der Landabdeckung der hohen Berge wohl gar nicht hören konnte). Dafür tauchen Lichter einer Ortschaft an Land auf.

(Wer heutzutage mit – mehreren – billigen GPS-Geräten an Bord arbeiten kann, vermag sich die zu seemännischen wie navigatorischen Entscheidungen zwingende und ja nicht risikolose Situation auf der SEEWIND dort draußen in stockdunkler, regenschwerer Nacht wohl kaum vorzustellen.)

Da das Lot immer noch über 120 m Wassertiefe anzeigt, ändert der Skipper seinen Kurs auf rw 40° und steuert das vermeintliche, in der Einfahrt zur Vigo-Bucht

liegende Feuer an, das aber zwischendurch bei Regenböen immer wieder außer Sicht kommt. Weitere Feuer sind nicht auszumachen. Die Crew ist jetzt 15 bzw. 20 Stunden nach der letzten Ruhepause ununterbrochen im Einsatz und gut 220 Stunden auf See. Es ist kalt und naß. Welche Alternativen bieten sich an? Soll man sich gegen West 6 mit Westkurs von der Küste freikreuzen? Kann man einen möglichen Südkurs auf Legerwall gefahrlos weitersteuern?
Da, plötzlich, gegen 0100 Uhr, brechende Seen voraus! Ehe die Ehepaar-Crew reagieren kann, setzt die SEEWIND schon auf, kommt aber vom Felsgrund wieder frei. Der Skipper dreht geistesgegenwärtig auf Gegenkurs. Aber dann neue Grundberührungen, Wassereinbruch. Wieder Kursänderung, zur Gegenseite. Aber dann wirft die See die Yacht schon auf die Felsenküste, wo sie sich sofort rettungslos verkeilt.
Auf die geschossenen Notsignale eilen Personen einer nahen Radarstation herbei. Vom Vorschiff gibt die SEEWIND-Crew eine Leine zu den Felsen, an der entlang sie ihr Boot verlassen. Mit der einsetzenden Flut geht die Brandung über das unglückliche Boot hinweg. Schon am nächsten Morgen ist es ein samt Inventar zerschlagenes Wrack. Sachschaden: ca. 95 000 DM.
Nach der Beweisaufnahme des Seeamtes Emden ist die SEEWIND bei dem Leuchtfeuer Punta Insuna gestrandet, das die Crew irrtümlich für das Feuer Islote Boxeiro hielt. Es liegt 37 sm nördlicher und hat die Kennung: F.w/r. und Ubr. (2 + 1) w/r. – 20 s.
Die Kennung von Boxeiro mit demgegenüber Blz (2) r. – 8 s unterscheidet sich nach Ansicht der Seerichter so gravierend davon, daß man ein „fehlerhaftes Verhalten“ des Skippers bei der Navigation (nach § 18 SeeUG) feststellen mußte. Eine solche Verwechslung hätte nicht stattfinden dürfen. „Daß das Leuchtfeuer falsch identifiziert wurde, ist ein weiterer Verstoß gegen die seemännische Sorgfaltspflicht“ des Skippers.
Auch die Tatsache, daß der letzte Koppelort der SEEWIND 37 sm nördlicher als der Strandungsort lag, „ist auf eine nicht ausreichend sorgfältig vorgenommene Navigation zurückzuführen“. Es hätte „mit den zur Verfügung stehenden Navigationshilfen eine sorgfältige Positionsbestimmung stattfinden müssen und keine im Ergebnis sehr unsichere Vierstrichpeilung vorgenommen werden dürfen“. Das Seeamt wertete dies zusätzlich als einen „Verstoß gegen die seemännische Sorgfaltspflicht“ des Skippers gemäß § 3 Abs. 1 der VO zu den KVR. Man bemühte zu dieser Feststellung das Seehandbuch Nr. 2025, nach dem zu dieser Zeit an der Küste nur ein Südstrom von 0,5 Knoten, aber nie ein Nordstrom herrschen könne, der zu einer so großen möglichen Stromversetzung führte.
Weiter bemängelte das Seeamt, daß der SEEWIND-Skipper auch die Lotanzeige falsch interpretierte, weil er das Lot offenbar nur auf den 120-m-Bereich geschaltet hatte. „Dieses Fehlverhalten am Echolot hat das Seeamt ebenfalls als einen Verstoß gegen Vorsichtsmaßregeln gewertet, die der Seemannsbrauch nach § 3 Abs. 1 der VO zu den KVR erfordert.“

Man beachte, daß das Seeamt für eine Schuldzuweisung an den Yachtskipper weder die KVR anwenden noch auf die SeeSchStrO zurückgreifen konnte, die nicht auf dem Atlantik und auch nicht an der spanischen Küste gilt, sondern seine Tadel-Entscheidung nur mit der (gleichlautenden) Norm des § 3 Abs. 1 der VO zu den KVR begründen mußte, um auf diesem Wege wiederum ein fehlerhaftes Verhalten nach § 18 See UG feststellen zu können. Bei einer verständnisvolleren Bewertung der Leistung des 59jährigen Seglers, der in der Ehepaar-Crew ja nicht nur Skipper und Navigator war, sondern Segel trimmen und Schoten bedienen, am Ruder stehen und Ausguck halten mußte und dem für alle diese Arbeiten nur die offene Plicht eines gekrängt segelnden Bootes zur Verfügung stand, war m. E. trotz der (für die Crew schadlosen) Strandung der vierfache Vorwurf mangelnder seemännischer Sorgfaltspflicht und fehlerhafter Positionsbestimmung nicht gegeben. Es hätte auch wohl bei einer einfachen Feststellung der Ursachen bleiben können und nicht beim Urteil, daß der seit 40 Jahren auf See segelnde SEEWIND-Skipper „nicht den Nachweis über die Befähigung zur Führung von Yachten für das von ihm befahrene Gebiet erbracht hat, wie es nach Nr. 2 Buchst. a der Sicherheitsrichtlinien der Kreuzer-Abteilung des DSV empfohlen wird".

Zum Schluß heißt es in dem Spruch des Seeamtes: „Obwohl der Beteiligte (der verantwortliche Skipper) durch seine Verstöße gegen die seemännische Sorgfaltspflicht die Sicherheit der an Bord befindlichen Personen in erheblicher Weise gefährdet hat und ein hoher Sachschaden eingetreten ist, hat das Seeamt von der Einziehung der Fahrerlaubnis für Sportboote (des Sportbootführerscheins See für das Befahren der – deutschen – Seeschiffahrtsstraßen) nach § 19 Abs. 3 SeeUG abgesehen", weil „der Beteiligte in seiner seit 1949 andauernden Eigenschaft als Eigner und Skipper bisher nach Kenntnis des Seeamtes nicht in ähnlicher Weise in Erscheinung getreten ist."

Ich erlaube mir einige Bemerkungen:

Ursächlich für das Desaster ist m. E. die falsche Interpretation der Kaps, die die SEEWIND am Morgen des 21.9. bei der Ansteuerung der Küste vom Atlantik aus gesichtet hatte und die sie zur Ortsbestimmung nach Landmarken oder einfach zum Segeln nach Sicht benutzte. Alle Kaps sind sich sehr ähnlich, und der Abstand zur hohen Felsenküste ist schwer zu schätzen. Wenn das Landfall-Kap nicht das 102 m hohe Feuer Cabo Villano, sondern das nördlicher (auf 43° 22' N) gelegene und 108 m hohe Feuer Islas Sisargas war, lag die SEEWIND von Beginn ihrer terrestrischen (oder nur Sicht-)Navigation gut fünfzehn gekoppelte Seemeilen nördlicher als von ihr angenommen. Mit der Vierstrichpeilung zu Villano (auf 43° 10' N) anstelle von Finisterre (auf 42° 46' N) halbiert sich die Distanz der unerwarteten Versetzung nach Norden noch einmal. Beide Sichtungsfehler zusammen ergeben die Distanz der „unerklärlichen Versetzung in nördlicher Richtung", für die man den Strom nicht haftbar machen wollte.

Der Vorfall zeigt das hohe Risiko, mit dem man ohne die heute so simple Standortbestimmung mit GPS noch bis vor wenigen Jahren auf hoher See segeln und

insbesondere fremde Küsten bei schlechten Sichtverhältnissen ansteuern mußte. Am besten vermeidbar wäre m. E. die Gesamtentwicklung gewesen, wenn die SEEWIND ihren Hochseetörn ab Cork nicht nur mit der bewährten Ehepaar-Crew, sondern mit zwei weiteren Wachgängern gesegelt hätte. Der kleine Seekreuzer war nicht „unterbesetzt". Aber bei einem Zweiwachen-System mit je 2 Personen auf einer Wache ist die Ruhezeit für die Freiwache erholsamer, weil (fast) alle anfallenden Manöver von der Wache allein gefahren werden können.
Die Empfehlung – hier auch des Seeamtes –, bei den unsichtigen Verhältnissen an der Küste während der Nacht lieber acht Stunden länger „draußen" zu bleiben und das Tageslicht abzuwarten, wäre mit einer vierköpfigen Crew leichter zu verwirklichen gewesen als mit der Ehepaar-Crew, die ohnehin schon lange genug in einer Streßsituation lebte.
Zum Schluß: Es befremdet mich immer der Rückgriff einer staatlichen Behörde auf die „Richtlinien" eines Vereins (hier: des DSV). Man sollte diese freiwilligen und somit unverbindlichen Empfehlungen bei der Bewertung eines Vorfalls, der mit der Entziehung des (staatlichen) Führerscheins enden könnte, tunlichst in unserer freien Gesellschaft nicht als Belastungsmaterial heranziehen. Denn glaubt ein Seeamt wirklich, der Skipper hätte mit dem (ja nur auf theoretische Prüfung beruhenden) DSV-Führerschein C für Seefahrt in der Hand die Situation vor seiner Strandung und die schweren Stunden in der seglerischen Praxis einer schwierigen Küstenfahrt vorher besser (das heißt: anders und somit richtiger) überstanden?
Der Sachschaden des Totalverlustes wurde mit ca. 95 000 DM angegeben. Für diesen Betrag war die SEEWIND wohl nicht zu ersetzen.

Strandung durch Navigation nach erleuchteten Fenstern

Der 60jährige Bankkaufmann Rainer Kleeberg wird nautisch wie juristisch als „Skipper mit erheblicher Erfahrung im Segelsport" eingestuft, weil er seinen Sportbootführerschein See schon fast 20 Jahre vor diesem schwerwiegenden Yachtunfall erworben hat und die PEGGY, die er seit fünf Jahren fast ausnahmslos mit seiner Frau allein segelt, bereits seine zweite Yacht ist. Der 13 Meter lange und vier Meter breite Seekreuzer vom Typ Sun Odyssey mit 2,10 m Tiefgang, 90 m^2 Segelfläche und gut 10 t Verdrängung hat seinen ständigen Liegeplatz in Antibes an der französischen Riviera und ist somit vom Wohnort seines Eigners am Oberrhein sogar für Wochenendfahrten schnell erreichbar. Anfang Juni 1993 sind Rainer und Irene Kleeberg jedoch für einen längeren Törn an Bord gegangen: Über Korsika soll es nach Sardinien und vielleicht sogar weiter bis nach Tunesien gehen.
Die PEGGY ist für Reisen auch nur mit einer Ehepaar-Crew gut ausgerüstet: Rollreffanlagen für Vorsegel und Großsegel erleichtern die sichere Segelführung bei

jedem Wetter. Eine leistungsstarke elektrische Autohelm-6000-Selbststeueranlage kann die Ruderwache entlasten. Und ein neues Satelliten-Navigationsgerät, das die bisherige Loran-Anlage ersetzt bzw. ergänzt, wird für genauere und zuverlässigere Standorte auf See und an der Küste sorgen können. Aber was nützen diese wertvollen wie simplen Standortbestimmer auf einer Yacht, wenn sie in unklaren Situationen vom Skipper nicht benutzt werden und dieser sich statt dessen beim Ansteuern eines Hafens und das unvermeidliche „Navigieren nach Sicht" nur auf seinen vermeintlichen „siebten Sinn" verläßt, um in der Dunkelheit den sicheren Weg in den vorgesehenen Hafen nach nicht identifizierten Lichtern an der Küste zu finden.

Aber gehen wir der Reihe nach: Den 100-sm-Trip von Antibes nach Calvi an der korsischen Nordwestküste hat Kleeberg am 3. Juni 1993 in der üblichen Tag-und-Nacht-Fahrt bei nördlichen Winden um 20 Knoten mit der schnellen PEGGY leicht geschafft. Gut ausgeruht läuft er am 5. Juni 1993 um 1000 Uhr bei einem schwächer gewordenen Nordwind um 15 Knoten zur zweiten Etappe nach dem etwa 50 Seemeilen entfernten Ajaccio aus. Das war wohl sein erster Fehler: Denn von einem Yachtskipper, dem man so große seglerische Erfahrungen wie Kleeberg attestiert, hätte man wohl besser erwarten können, daß er schon mit dem ersten Büchsenlicht oder wenigstens zwei Stunden früher ausgelaufen wäre. Denn mit dieser Vormittags-Auslaufzeit war – selbst mit anhaltender Vollzeugbrise – das Erreichen des Tageszieles noch bei Tageshelligkeit in Frage gestellt. Und die gefährliche felsige Westküste Korsikas, die Kleeberg ja nicht zum ersten Mal besegelte, ist kein angenehmer Nachbar, wenn man dort einen – auch gut beleuchteten – Hafen bei Dunkelheit ansteuern will.

Auch die herrschende Windrichtung, die ihm raumen Wind bescherte, hätte er schon vom frühen Morgen an ausnutzen sollen. Denn nirgends – und erst recht nicht in diesem Mittelmeergebiet – ist das Wetter eine Bank, auf die man sich verlassen kann. So verwunderte es vielleicht nur Kleeberg, daß der Wind gegen 1430 Uhr, nach etwa 25 gesegelten Meilen, auf der Höhe von Cargese plötzlich einschlief, nach einer einstündigen „Änderungsflaute" auf Südwest drehte und auf 35 Knoten auffrischte. Im Golf von Sagona, den er jetzt durchlaufen mußte, baute sich dazu schnell eine auflandige Dünung auf, die er auf etwa vier Meter Höhe schätzte. „Ein etwa gleich großes Boot, das unsere Richtung lief, war in den Wellentälern nicht mehr zu sehen", sagt Kleeberg dazu. Er setzt daher auch nicht wieder die in der Flaute geborgenen Segel, sondern läuft unter Motor weiter und erreicht bei beginnender Dunkelheit unter Selbststeueranlage die Passage zwischen Pointe della Parata und den Isles Sanguinaires am äußeren Nordrand des Golfes von Ajaccio. Um die Wetterabdeckung von Capo di Muro zu erhalten, steuert er einen Ostsüdostkurs in Richtung auf Kap Tour de Isoleta und ändert nach dem Passieren des befeuerten Kaps den Kurs auf Nordost.

Inzwischen ist es dunkle Nacht geworden. Die Straßenbeleuchtungen rund um Ajaccio blenden den Skipper und seine Frau. Beide stehen auf den Plichtbänken,

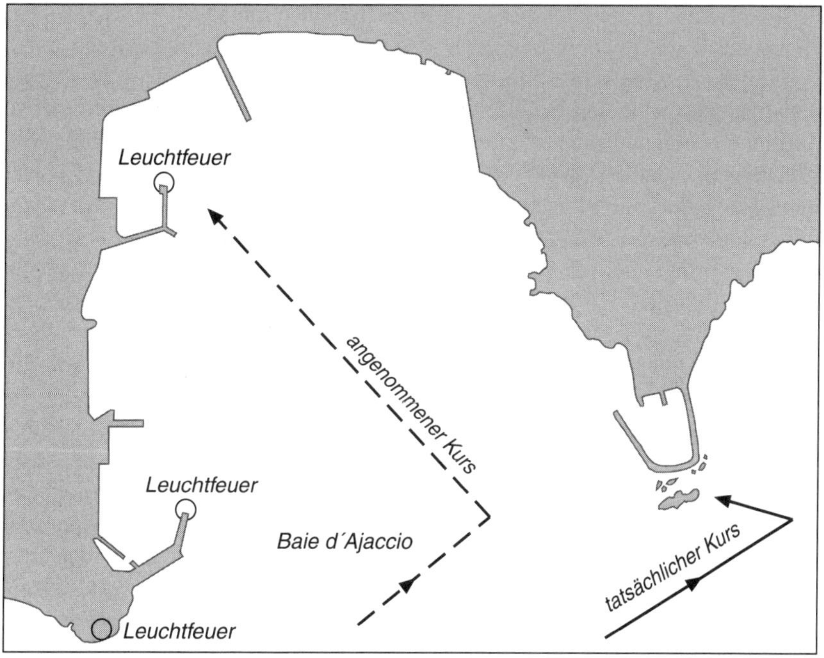

Der falsche Kurs, den die PEGGY durch die nächtliche Navigation nach erleuchteten Fenstern in der Baie d'Ajaccio lief, und ihre Strandungsstelle vor den Molen der Marinebasis.

um besser über die Spritzkappe blicken zu können, halten sich in den leichten Seegangsbewegungen an seiner Kante fest und suchen im Lichtermeer der hell erleuchteten weitflächigen Hafenanlagen nach dem Nouvelle Port, in dem sie festmachen wollen. Die PEGGY läuft weiter mit sechs Knoten Fahrt unter Motor. Der Autopilot hält den eingestellten Nordostkurs. Die beiden Augenpaare suchen „die hellste Stelle" im Lichterkranz der Stadt, wo sie die beiden großen roten Ansteuerungstonnen vermuten, die ihnen von ihrem letzten Einlaufen in Ajaccio bekannt sind. Das starke Leuchtfeuer auf der Mole der Zitadelle, das genau dahinter liegt und ihnen durch seine Unterbrechungen und die Tragweite von sieben Seemeilen auffallen müßte, nehmen sie nicht zur Kenntnis. Sie ignorieren auch, wie der Lichterberg der Stadt, auf den sie schon hätten zuhalten müssen, als er auf diesem Kurs etwas achterlicher als querab peilte, immer weiter achteraus wandert. Unverändert gebannt starren sie auf erleuchtete Fenster und Straßenlaternen, die zu breiten Bändern verschwimmen, während die PEGGY unaufhaltsam unter Autopilot zügig mit Ostnordostkurs weitermarschiert.

Und bei diesem Ausguck nach Lichtern fallen ihnen endlich die Flugzeuge auf, die dicht über ihren Köpfen zur Landung auf dem vor dem Bug der PEGGY liegenden Flughafen ansetzen. Auch er ist hell erleuchtet, und seine zu nahen Lich-

ter sagen ihnen so plötzlich wie dringend: Die PEGGY steht zu weit nach Osten. Sie hat die Ansteuerung nach Ajaccio schon fast zwei Meilen überlaufen!
Der Skipper reagiert schnell. Er ändert seinen Kurs sofort um 150°, ohne sich jedoch in Gefahr zu fühlen, stellt den Autopiloten auf Nordwest- und damit fast auf Gegenkurs ein und nimmt erleuchtete Häuser voraus, die er zu einem entfernten Industriegebiet rechnet. Aber der große Seekreuzer läuft nur noch wenige Minuten mit unveränderter Marschfahrt auf dem neuen Kurs weiter – dann liegt plötzlich, nur wenige Bootslängen voraus, weiße Brandung vor dem Bug.
Kleeberg springt zwar sofort von seinem Ausguckplatz auf den Plichtbänken zum Ruder hinab, um den Autopiloten per Knopfdruck auszuschalten und das Ruder herumzureißen. Aber im gleichen Augenblick kracht es schon: Die PEGGY läuft vierkant und mit sechs Knoten Fahrt auf ein Felsenriff. Rainer Kleeberg stürzt kopfüber auf den Plichtboden, Frau Irene fällt bei dem plötzlichen Aufprall gar durch den Niedergang in die Kajüte. Derweil läuft der Motor weiter und dreht das stark gekrängte Boot um seinen in den Felsen verklemmten Kiel im Kreise. Das Ruder versagt sich dem Skipper, und auch das Umschalten auf „voll zurück" hat keinen Erfolg mehr. Als der Motor schließlich stehenbleibt, hat der Rumpf den lästigen Anhang, seinen Ballastkiel, bei seiner kurzen Kreisfahrt längst abgedreht und rutscht nun mit dem befreiten Unterwasserschiff krachend und berstend weiter über die Klippen, von den Brandungswellen kräftig nachgeschoben.
Glücklicherweise hat Irene ihren Sturz ohne Verletzung überstanden. Mühsam klettert sie, mit Schwimmweste um den Leib, in die Plicht zurück, während Rainer an den Kartentisch eilt, die Notsignale aus ihrer Halterung reißt und schnell nacheinander sieben rote Leuchtkugel in den dunklen Himmel schießt. Als sich die Augen wieder an die Dunkelheit gewöhnt haben, erkennt der Skipper, daß die vermeintlichen Lichter des fernen Industriegebietes die erleuchteten Häuser der Marinebasis sind, die auf der anderen Seite der Bucht liegt, über eine Meile weit von den Häfen der Stadt Ajaccio entfernt. Unmittelbar vor ihr, auf den Klippen ihrer unbeleuchteten, etwa 400 Meter langen Mole, ist die PEGGY gestrandet.
Kleeberg erkennt in Rufweite mehrere Leute auf dem nahen Wellenbrecher, die die Strandung beobachtet haben. Aber vorerst wagt es offenbar niemand, auf den glatten, überspülten Felsen zu dem gestrandeten Boot zu kommen, das schon wenige Minuten später nur noch ein Rumpf ohne Boden ist. So versucht Kleeberg allein, das Beiboot vom Vorschiff aus klarzumachen – aber es kommt nur kieloben im Wasser an. Dann soll ihn und seine Frau die Rettungsinsel aufnehmen – doch die Reißleine ist zu dünn und schneidet sich schmerzhaft in seine Hände ein. Aber endlich ist doch ein Mann – offenbar ein Kampfschwimmer der Marine – zur Hilfe an Bord gekommen. Der Skipper und sein Helfer schaffen es, die Rettungsinsel zu aktivieren. Aber auch sie fällt über Kopf ins Wasser, und zudem bläst sich nur eine der beiden Kammern auf.
„Da meine Frau nur etwa 30 Meter weit schwimmen kann", berichtet Kleeberg,

Die Felsenriffe, die der Mole der Marinebasis vorgelagert sind und auf denen die PEGGY strandete. Seegang und Brandung schoben den kiellosen Rumpf über die Steine.

„legten wir sie auf das Viereck und brachten sie so die wenigen Meter bis zur Mole, wo uns viele Hände auf die Mauer hoben. Wir waren gerettet."

War es ein vermeidbarer Unfall, der mit dem Totalverlust der PEGGY und einer hohen Schadenssumme endete? Ja, er wäre zu vermeiden gewesen, wenn sich Kleeberg wirklich so verhalten hätte, wie man es von einem „Skipper mit erheblicher Erfahrung im Segelsport" hätte erwarten müssen. Er hatte ein Vielzahl von Fehlern gemacht. Zuerst wie bereits eingangs gesagt:

- Skipper Kleeberg hätte seine Fahrt von Calvi nach Ajaccio zeitlich so planen sollen (und können), daß er bei Tageslicht ein- und auslief.
- Eine von beiden Personen an Bord hätte das Ruder mit der Hand führen und einen Kurs entweder nach Kompaß oder nach Landmarken steuern sollen. Dann wäre der Navigationsfehler bzw. der gefährliche Standort unmittelbarer und früher erkannt worden. Wenn ich mit meiner erfahrenen Segler-Ehefrau Ruth einen Hafen bei Nacht ansteuere, hat immer einer von uns das Ruder in der Hand, und der andere konzentriert sich auf die „Navigation nach Sicht". Auch so können beide im nächtlichen Umfeld Ausguck halten, aber alle notwendigen Kursänderungen oder Rudermanöver (es muß ja nicht immer ein „Manöver des letzten Augenblicks" sein) werden sofort und von Hand ausgeführt. Hier zählen dann wirklich Sekunden(bruchteile).
- Als Kleeberg seinen Navigationsirrtum entdeckte, hätte er auf *Gegenkurs* gehen müssen und die PEGGY nach einigen Minuten Fahrt aufstoppen sollen, um „die Lage zu peilen". Wenn man dahin geht, woher man gekommen ist, läuft

man auf dem sichersten Weg, und wenn man sich verbiestert hat, heißt es erst einmal: auf einem gestoppten Boot (auch wenn der Seegang die Crew unsympathisch schütteln könnte) in freiem Wasser überlegen, was man falsch gemacht hat, und nachdenken, wie es weitergehen soll.

- Der Skipper hätte mit seinem GPS-Navigator in einer einzigen Minute einen genauen Standort erhalten und in die Seekarte eintragen können, und es wäre dann ein leichtes gewesen, den Kompaßkurs zu seinen „großen roten Ansteuerungstonnen" aus der Seekarte zu entnehmen und dorthin die Fahrt fortzusetzen.
- Es ist ohnehin unbegreiflich, daß Kleeberg sich nicht mit diesem idiotensicheren Zaubergerät einen Wegpunkt in das Zentrum des Golfe d'Ajaccio legte, von dem aus er dann (mit einem programmierten Wegpunkt vor der Hafeneinfahrt) die Ansteuerung begann.
- Auch ohne diese elektronische Navigationshilfe zu benutzen war es unverständlich, daß Kleeberg das Leuchtfeuer „La Citadelle", das er in einer knappen Meile Abstand passierte, weder für die Orientierung noch für die Ansteuerung zur Kenntnis nahm.
- Genauso unbegreiflich ist es, daß er auch nicht das Lot anschaltete. Denn die von über 100 m auf unter 50 m und bei der Kursänderung vor der Strandung sogar auf unter 20 m angestiegene Wassertiefe hätte ihn besonders eindrucksvoll warnen und auf seinen schweren Navigationsfehler aufmerksam machen können, der nur durch Ablaufen auf Gegenkurs zu berichtigen war.

Bei der Untersuchung dieses Strandungsfalles ließ man dieses offensichtliche Fehlverhalten Kleebergs erst einmal außer acht und konzentrierte sich (bei der Frage der Schadensregulierung) auf einen einzigen anderen Fehler:

- Ansteuerungen unter Autopilot bei Nacht und im nahen Umfeld eines (fremden) Hafens sind mit einer sicheren Nautik nicht vereinbar.

Nur hieraus wollte die Versicherung den Tatbestand der groben Fahrlässigkeit herleiten und aus diesem Grunde einen Schadenersatz für die unter solchen Bedingungen gestrandete und zum Totalverlust gewordene PEGGY ablehnen.
Aber Skipper und Eigner Rainer Kleeberg hatte Glück, daß ihm ein solches Verhalten nicht angelastet und ihm sein Versicherungsschutz trotz seiner seemännischen Mängel nicht entzogen wurde: Denn er lief zwar unter Autopilot, aber seine Frau und er, also beide Besatzungsmitglieder, *standen dabei in der Plicht* (leisteten also Arbeit als Ausguck und hatten einen sofortigen Zugriff auf das Ruder, falls es darauf ankam).
Als grob fahrlässig wird es nach einem entsprechenden Urteil des Bundesgerichtshofes nur dann angesehen, wenn sie sich bei der Strandung mit Autopilot *unter Deck* befunden hätten. Dann hätte der Skipper ein Verschulden durch grob fahrlässiges Verhalten nicht abwehren können.
Und noch in anderer Hinsicht wurde Kleeberg höchstrichterlich entlastet: Man muß einem Skipper in einem solchen Falle „das Augenblicksversagen als Entla-

Noch ist das über Kopf liegende Wrack des großen Seekreuzers vor dem Wellenbrecher zu erkennen. Wenige Stunden später hatten die Brecher der See es selbst entsorgt.

stungsmoment zulassen", wie es in einem BGH-Urteil heißt. Das bedeutet dann wohl nicht, daß „auch der Gescheiteste einmal eine Dummheit machen kann". Aber es billigt jedem Skipper, auf dessen Augenblicksentscheidungen es ankommt, in einer kritischen Situation auch einen Fehler zu, der zu verzeihen ist. Kleeberg hatte aber nachweislich nicht nur *einen* Fehler gemacht, den letzten in einer Reihe von mehreren, die zur Strandung seiner Yacht durch die wohl doch grob fahrlässige Navigation ausschließlich nach erleuchteten Fenstern und landenden Flugzeugen führte. Ein (Mit-)Verschulden war es wohl immerhin, auch wenn sich in diesem Falle die Versicherung das Verzeihen den vollständigen Wert seiner 13 Meter langen Segelyacht kosten ließ.
Mit der Wrackbeseitigung hatte sie übrigens keine Mühe mehr: Schon am anderen Morgen waren Mast und Baum des gekenterten Schiffes in tausend Stücke zerbrochen, davongetrieben und versunken. Nur große Löcher waren in der gekenterten Yacht noch dort zu sehen, wo einmal Kiel und Ruder hingen. Taucher hatten im Rumpf weitere quadratmetergroße Löcher entdeckt, und der um die Erlaubnis zur Sprengung befragte Marine-Kommandeur Pascale sagte mit wegwerfender Handbewegung nur: „Warten Sie bis heute abend, dann finden Sie von der Yacht kein Fitzelchen mehr. Die Zerstörungsarbeit leistet die See – unverzüglich." Und so war es.
Vergleichen wir die Strandung der PEGGY, nach der Kleeberg unverzüglich –

und ohne Seeamtsverhandlung! – Ersatz für seine Yacht erhielt, mit der Strandung der SEEWIND (S. 83), nach der es zuerst eine lange, für den Skipper nicht gerade angenehme Seeunfall-Untersuchung gab, so drängen sich einige Fragen nach dem seerechtlichen Unterschied auf. Ich habe sie mir nicht beantworten können.

Navigation nach Sicht lernt man für Führerscheine nicht

Der Totalverlust der GAUDEAMUS, der schneller erfolgte, als man ihn erzählen kann, ist wohl ein unverzichtbares Beispiel dafür, daß in unserer gesamten, von der Theorie bestimmten Führerscheinausbildung (die sich bei einem kurzen Blick auf die insgesamt fast 1500 Prüfungsfragen am deutlichsten dokumentiert) wichtige Fachgebiete der seglerischen Praxis einfach ausgelassen werden. Hierzu rechne ich insbesondere die „Navigation nach Sicht“ oder auch „Lotsung“ genannt, bei der es – zu simpel? – meistens nur auf „das Zurechtfinden auf See nach Ansichten der Küste“ ankommt.

Im Prinzip ist diese Art des Segelns nichts anderes als das Autofahren von der Parkstraße in Hamburg zur Schulstraße in Frankfurt – nur mit dem einen Unterschied, daß es auf der Wasserstraße keine eingeengten Fahrbahnen, keine Ortsschilder zur Orientierung, keine Richtungspfeile für die Abfahrten und keine Warnschilder wie „Abbiegeverbot“, „Einbahnstraße“ oder „Steinschlag“ gibt.

Gravierender ist ein anderer Unterschied zwischen Landfahrt und Seefahrt: Die benannten Orte oder „markanten Landpunkte“, nach denen man sich an einer (fremden) Küste orientiert, sind nicht durch weithin lesbare Schilder gekennzeichnet. Man muß die Orientierungspunkte aus der Seekarte entnehmen und dann mit dem gesichteten Küstenbild in Einklang bringen, wenn man sie zur Orts- oder Kursbestimmung benutzt. Man muß sie „identifizieren“, wie man in der Navigation sagt.

Dies ist eigentlich eine Arbeit nur mit dem gesunden Menschenverstand oder mit den „fünf Sinnen“ – zumindest bei gutem Wetter und klarer Sicht. Aber daß dieses „Navigieren nach Sicht“ auch schon in der Vergangenheit der Schiffahrt nicht einfach war, zeigen die unzähligen „Ansichten“ von Küstenformationen in den (noch heute gültigen) Seehandbüchern, mit denen Nautikern anschaulich vor Augen geführt wird, wie ein angesteuerter Küstenpunkt von See aus aussehen muß, wenn man ihn auf der Seekarte von einer bestimmten Richtung aus erreicht.

Die Crew der GAUDEAMUS, vollgepfropft mit elektronischem Wissen und durch die geballte Intelligenz, die in dem jungen, ausgelassenen Urlaubsvölkchen vertreten war, wohl auch übermütig geworden, hatte den für eine „Navigation nach Sicht“ leider unverzichtbaren gesunden Menschenverstand wohl zu Hause gelassen. Denn anders ist es nicht zu erklären, daß „Diplom-Physiker Volker Böschling, BK-Schein, Diplom-Handelslehrer Günter Gebert, BK-Schein, Assessor

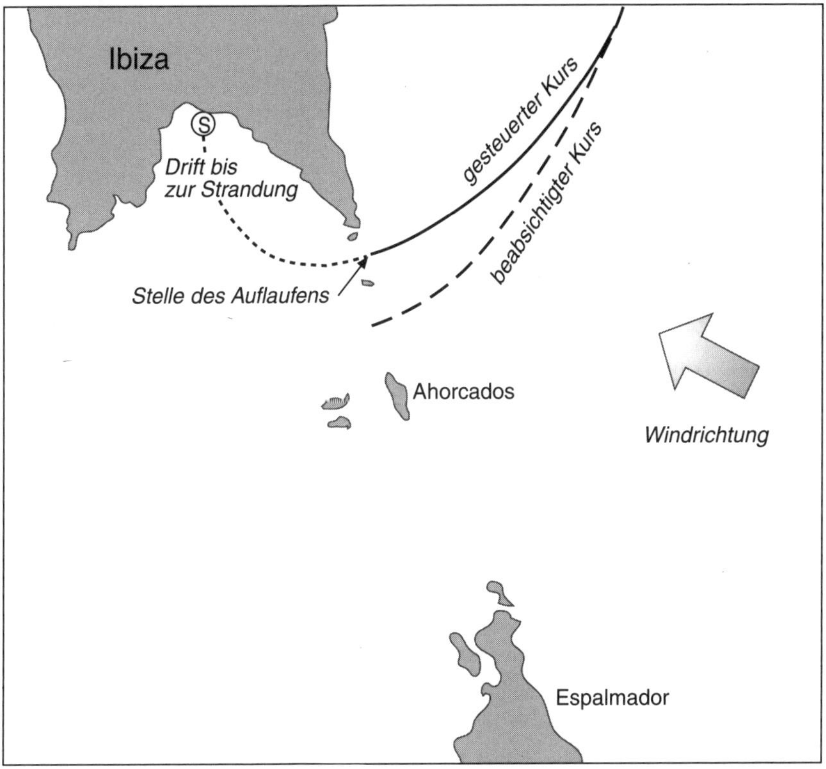

Die Durchfahrten zwischen den Inseln südlich von Ibiza, die eigentlich nicht zu verwechseln sind, und die Positionen des Auflaufens der GAUDEAMUS *und ihrer endgültigen Strandung.*

Rainer Guthahn, BK-Schein, Diplom-Psychologin Lieselotte Kirchner, BR-Schein", und die ähnlich qualifizierten anderen vier Crewmitglieder schon eine Stunde nach dem Auslaufen einen so gravierenden und unverzeihlichen Navigationsfehler machten:

Die befreundete Gruppe hatte die GAUDEAMUS, einen GFK-Seekreuzer von 17,00 m Länge, 4,10 m Breite und 2,20 m Tiefgang, am Abend des 6. Oktober 1993 im Puerto Ibiza Nueva erreicht und – dem Namen ihres Schiffes entsprechend – ein langes nächtliches Freudenfest gefeiert.

Am späten Vormittag des 7.10. hatte man die fast 200 m^2 Segel gelüftet, Skipper Günter Gebert hatte die Formalitäten bei den Behörden erledigt, zwei Seglerinnen hatten Proviant gekauft, und die restliche Crew hatte das 33-Tonnen-Schiff vom Hafenstaub befreit. Um 1300 sollte seeklar sein, aber das Verstauen des Proviants war da noch nicht abgeschlossen. So konnte der Seekreuzer erst um 1400 Uhr Ibiza mit dem Ziel San Antonio auf der Westseite der Insel verlassen.

Navigatorisch wird es ein Spaziergang werden, meint die Crew. Denn der Kurs führt unmittelbar an der Küste entlang, und man kann für den kurzen Trip überall von ihr genügend Abstand halten, ohne am Abend die Helligkeit für das Einlaufen verpassen zu müssen. Von den beiden Durchfahrten zwischen Ibiza und Formentera wählt die Crew Freu Mediano, bei der die Mittelinsel Ahorcados mit ihrem Leuchtturm auf der Südspitze an Backbord und der gut 500 Meter seewärts von Ibizas Huk sichtbar ins Meer reichende Untiefenrand mit Riffen und Inselchen an Steuerbord bleiben müssen. Nur fünf Seemeilen von Ibiza-Stadt entfernt würde man die etwa 500 Meter breite Passage gegen 1500 Uhr durchlaufen können.
Es herrscht gutes Wetter mit blauem Himmel, Sicht vier Meilen, Kimm etwas diesig, Wind Südost 1–2 Bft. Die GAUDEAMUS steuert unter Motor eine knappe Stunde lang Kurs 190° bei einem Küstenabstand von etwa zwei Seemeilen und dreht gegen 1445 in einer Hundekurve auf Westkurs, auf dem das südlichste Inselchen Caragolet des Riffrandes von Ibiza, durch eine Steinbake gekennzeichnet, an Steuerbord und die sehr viel größere Mittelinsel Ahorcados an Backbord bleiben soll. Die Durchfahrtbreite mit gut 500 Metern müßte man zur Kontrolle gut schätzen können.
„Als wir uns gegen 1530 Uhr den kleinen Inselchen südlich des Turmes näherten, verminderten wir die Fahrt auf fünf Knoten“, schildert Skipper Gebert die Ereignisse. „Vor dem Erreichen der Passage prüften wir die Küstenkonturen anhand der Landmarken. Als wir jedoch auch die geloteten Wassertiefen mit der Seekarte überprüften, kamen uns Zweifel, ob wir die richtige Durchfahrt gewählt hatten. Es war viel zu flach! Sofort legte ich das Ruder hart Backbord – aber da knirschte es auch schon unter dem Kiel, und Sekunden später warf uns eine hohe Brandungswelle auf ein Riff zwischen dem ersten und zweiten sichtbaren Felsbrocken südlich der Huk.“
Die Crew ist kopflos und verzweifelt. Was ist passiert? Der Motor wird auf „voll zurück“ geschaltet, aber auch unter dem Einsatz der 80 PS, die er leistet, ist es nicht möglich, das Riff Richtung freies Wasser nach Osten zu verlassen. Die Brandung, die den Seekreuzer in zunehmend flacherem Wasser ständig weiter krängt, schiebt ihn unablässig weiter nach Westen – und als hier das Wasser wieder tiefer wird, beginnt die Crew zu hoffen. Man steuert den Motor auf „voll voraus“ um und erreicht auch wieder tieferes Wasser westlich der Klippen, wo die GAUDEAMUS aufzuschwimmen scheint. Aber als der Motor stehenbleibt, merkt die Crew, daß diese Schwimmfähigkeit trügerisch ist: Die Maschine hat im Wasser, das jetzt bereits hüfthoch im Rumpf steht, ihren Geist aufgegeben, und die Außenhaut wurde schon in wenigen Minuten durch viele Leckstellen zerstört, die jetzt unaufhaltsam Seewasser in breiten Fontänen in das Vorschiff, in die Achterkajüte und in den Salon strömen lassen.
„Wir setzten die Genua, um die GAUDEAMUS mit dem leichten achterlichen Wind wenigstens näher an den Strand der nahebei gelegenen Bucht zu bringen“,

In wenigen Stunden hatte die auflandige See nach der nächtlichen Winddrehung auf West aus dem von der Crew verlassenen 17-m-GFK-Seekreuzer Kleinholz gemacht.

berichtet Skipper Gebert weiter, „aber da wir kaum Fahrt machten, bereiteten wir uns zur Aufgabe der Yacht vor. Während einige von uns das Beiboot mit Außenborder längsseits holten, nahmen andere die kostbarsten Ausrüstungsteile in der Kajüte aus ihren Halterungen: Radargerät, Kassettenrecorder, Rettungsinsel, Sextant, Nachtgläser. Gleichzeitig rafften sie ihre persönlichen Sachen zusammen. Mit einem PAN-PAN-Ruf gaben wir Ibiza Radio über UKW-Kanal 16 unsere Situation bekannt. Auf unseren Dringlichkeitsruf meldete sich um 1540 Uhr auch die DIXIELAND, die nur eine gute Meile entfernt unterwegs war. Sie kam näher und übernahm erst einmal die drei Seglerinnen aus unserer Crew, die wir mit dem Dingi übersetzten, und die wertvollsten Ausrüstungsteile."

Derweil treibt die GAUDEAMUS in der hier 15 Meter tiefen Ensenada de La Canal zwar sinkend, aber immer noch schwimmend in Richtung der noch eine halbe Meile entfernten Küste. Die fünf an Bord verbliebenen Segler laden das Dingi abermals voll, bringen die Last zu jenem Teil, der Sandstrand ist, und kehren wieder zur Yacht zurück, um Segel, das Surfbrett und Teile des Riggs abzuholen. Einige Zeit später sehen sie zu, wie die GAUDEAMUS in flachem Wasser festkommt. Sie bringen Leinen zum Land aus, verzurren die Luken mit Tauwerk und gehen dann an Bord der DIXIELAND, die sie nach Ibiza-Hafen zurückbringt. Nach der

Unfallmeldung beim Hafenkapitän suchen sie nach einer Bergefirma für die GAUDEAMUS, die – nur bis zur Kojenhöhe voll Wasser – mit Ausnahme nicht identifizierbarer Lecks immer noch unversehrt ist. Aber am Ort kann ihnen niemand Hilfe leisten. Dann nimmt die Crew Quartier in der Stadt.

In der Nacht dreht jedoch der Südostwind, bei dem der gestrandete Seekreuzer noch recht sicher lag, auf West und frischt von 2 Bft auf 6 Bft auf. Ein hoher Seegang mit einer zerstörenden Brandung bildet sich in der offenen Ensenada de La Canal, und als die Crew am Morgen wieder zur Strandungsstelle kommt, ist die Yacht vollends zerschellt. Die aufgeschobene Bergung weiterer Bootsteile ist aussichtslos.

Forschen wir nach den Ursachen der Strandung:

- Skipper Gebert und seine Crew haben die Landmarken verwechselt. Sie hielten die Punta Portas (südlich eines Flachlandstreifens) für Caragolet (südlich eines Riffstreifens) und Caragolet für die Mittelinsel Ahorcados, ohne die drei unterscheidbaren Türme bzw. Baken zu identifizieren. Sie setzten auch nicht das Schätzen der ja deutlich unterschiedlichen Abstände zwischen diesen (vermeintlichen) Durchfahrten in ihre Ortsbestimmung ein.
- Hätten sie mit dem Lot navigiert (und gegebenenfalls einen Tiefenalarm eingeschaltet), wäre ihnen nach der gegebenen Anzeige „5 m" klargeworden, daß sie sich nicht in Zufahrt auf die Durchfahrt Freu Mediano befanden, und sie hätten sofort vor der Gefahrenstelle auf Gegenkurs gehen können.
- Auch auf GPS und Loran haben sich die (zahlreichen) Navigatoren an Bord (zusätzlich) nicht verlassen. Mit einem östlich vor die gewünschte Durchfahrt gelegten Wegpunkt hätte man Freu Mediano nicht verpaßt.

Aber auch nach diesem navigatorischen Dilemma hätte die GAUDEAMUS nicht zum Totalverlust werden müssen:

- Mit einer sogenannten „weichen Strandung", die möglich war, hätte sie nicht nur überlebt. Auch der finanzielle Schaden hätte sich in Grenzen gehalten. Für diese unvermeidliche, aber seemännisch vorbereitete und „gewollte" Strandung hätte die Crew den (oder die) Anker fallen lassen und den Seekreuzer dann in sicherem Abstand von den flachen Felsen aufhalten können. Durch Ausbringen von weiteren Landleinen (wie beim üblichen „Ankern mit Landfesten") wäre er auch bei dem nächtlich auf Starkwind aufgefrischten West vor weiteren Schäden durch die Felsen bewahrt geblieben.
- In der durchweg nur 15 Meter tiefen Bucht hätte man die GAUDEAMUS auch in kurzer Entfernung vom Strand „zum Sinken vor Anker legen" können. Unter Wasser hätte der 33 Tonnen schwere Rumpf auch im Seegang stillgelegen, und das Heben einer Yacht aus dieser Tiefe ist oft leichter als das Abbergen einer teilgefluteten Yacht von ihrer Strandungsstelle.

Auch wer nie in eine solche Situation kommen will, sollte solche Möglichkeiten einmal durchdacht haben.

Bergung von einem Korallenriff verboten

Die Meldung ist kurz, der Schaden immens: „Die Motoryacht SPHINX, Heimathafen Larnaka auf Zypern, ist am 19. Mai 1995 an der Südspitze der Sinai-Halbinsel auf einem Korallenriff nahe der Bucht Sharm el Sheik gestrandet." Die Ursache der Strandung ist simpel: „Wir liefen bei starkem Westwind und sehr hoher See, es kam ständig Wasser über, so daß wir nicht mehr nach Landsicht navigieren konnten", faxt der bezahlte Skipper an seinen Eigner. „Und als dazu die Dämmerung hereinbrach, brummten wir gegen 1930 Uhr auf. Position etwa 27° 45' N und 34° 10' Ost. Die gesamte Steueranlage mit den Propellern ist schwer beschädigt. Zwei große Lecks im Achterschiff. Im Motorraum steht das Wasser einen Meter hoch. Der vordere Salon ist trocken."

So mir nichts, dir nichts eine große Motoryacht durch fehlerhafte Navigation auf der vermeintlich freien See auf ein relativ kleines Korallenriff zu setzen, mag schon den Tatbestand einer groben Fahrlässigkeit erfüllen, durch die der Versicherer der Yacht leistungsfrei bleibt, also den entstandenen Schaden nicht ersetzen muß. Auch wird man in dieser Hinsicht zu prüfen haben, warum die Yacht bei den starken Westwinden ihren sicheren Liegeplatz verließ und ohne zwingende zeitliche Gründe zu einem anderen Hafen fahren wollte. Aber solche Untersuchungen über rechtliche Folgen der Strandung dauern erfahrungsgemäß

Hoch und trocken sitzt die große Motoryacht mit den lebenswichtigen Teilen ihres Antriebs weit vor der Küste auf einem knapp einen Meter tiefen Korallenriff unentrinnbar fest.

lange und enden auch oft mit finanziellen Kompromissen, weil entsprechende zivilrechtliche Prozesse ja nicht den Sinn haben, Recht zu sprechen, sondern einen Streit zwischen zwei Parteien zu schlichten. Um den Schaden zu begrenzen, müssen sie also erst einmal zusammenarbeiten; denn ob die SPHINX zum Totalschaden wurde (und als Wrack beseitigt werden muß) oder noch geborgen und repariert werden kann, läßt sich so kurz nach dem Schadensfall nicht feststellen.

Die Strandung erfolgte fast am Ende der Welt – aber wo ist heutzutage eine Bergung unmöglich, wenn man hierfür nicht Kosten und Mühe scheuen muß? Schlaue Ratgeber sind denn auch schnell zur Stelle, sehen sich den etwa zwei Meilen vor der Küste liegenden Unfallort an und schlagen dann die üblichen Wege der Bergung vor: den Rumpf entweder mit einem Schwimmkran, der in Suez liegt, anheben oder ihn mit starken Schleppern, die man auch in der Nähe anheuern kann, herunterziehen. Die Zeit arbeitet – wie bei allen Strandungen und erst recht bei dieser auf einem kaum auffallenden flachen Riff recht weit vor der Küste – gegen die Berger: Denn das Wasser, das mit der Tide einströmt, nimmt bei Ebbstrom wertvolle Ausrüstungsteile aus dem Rumpf mit hinaus. Dazu wird der noch schwimmende Teil des Rumpfes im Wechsel der Gezeiten angehoben und abgesetzt, so daß sich der Schaden täglich vergrößert. Und im Taucherparadies des Roten Meeres ist die SPHINX bald ein beliebtes Ziel für Wrackräuber geworden, die hier draußen niemand an ihrer „Arbeit“ hindert.

Der Eigner und seine Versicherung entscheiden sich für das Abbergen mit Schlepphilfe, und von Suez aus machen sich die Fahrzeuge mit zehn Fachleuten eines Bergungsunternehmens auf den 150 Seemeilen langen Weg zur Strandungsstelle. Sie führen zwei Dutzend leere 200-Liter-Fässer mit, um erst einmal die Treibstofftanks leerzupumpen und eine Ölverschmutzung des Korallenriffs zu verhindern – aber dann werden die Arbeiten gestoppt, noch ehe sie begonnen haben: Das Korallenriff ist Teil eines ägyptischen Nationalparks, und für die örtlichen Bergungsarbeiten ist eine spezielle Erlaubnis nötig. Aber mit dem Antrag bei den Hafenbehörden werden schlafende Hunde geweckt, und auf dem nun unvermeidlichen und langen Weg durch die orientalischen Behörden müssen immer mehr Dollarscheine in immer mehr Taschen gestopft werden, um Genehmigungen zu erhalten oder Bedenken zu zerstreuen.

Nun müssen nicht nur Inspektionen der gestrandeten Yacht, sondern auch des beschädigten Riffs durchgeführt werden: Eine breite Schneise hat die SPHINX in die Korallen gefahren, und wenn man sie abschleppen will, darf dies nur in der gleichen Rinne erfolgen. Auch muß sie mit dem Heck voran abgeborgen werden, damit durch die aufsitzenden Propeller und Ruder nicht noch weitere Korallenstöcke zerstört werden. Dazu muß in jedem Falle das Achterschiff durch Schwimmkörper angehoben werden – aber zu deren Befestigung müßten Leute auf den Korallen arbeiten, was ihnen nicht gestattet wird, weil sie dabei die Korallen zertrampeln würden.

Glücklicherweise bedeutet der gebunkerte Dieselkraftstoff keine Gefährdung

Propeller und Ruder der Sphinx haben eine Schneise in das Korallenriff gegraben, ehe sie von den Steinen festgehalten, blockiert und irreparabel beschädigt wurden.

mehr, weil die Tanks separat im Rumpf verbaut sind und nicht gemeinsame Wandungen mit der Außenhaut haben. Man kann sie auch später entleeren. Aber sollte man nicht vielleicht besser doch die Bergung mit einem Hubschrauber versuchen, um die Komplikationen des Freischleppens zu vermeiden? Damit würde man aber wohl vom Regen in die Traufe kommen: Denn dann würden die Behörden erst recht und frühzeitig die Beschädigungen der Korallen entdecken und eine extrem hohe Strafe verfügen.

Fingerhakeln und Tauziehen im dunkeln – und orientalische Feilscherei zwischen allen Beteiligten dazu; denn die Versicherung, die zahlen soll, ist weit, und der Eigner ist nicht nur in der Nähe, er will aus der schweren Beschädigung seiner Yacht auch mehr erlösen, als eine Reparatur kosten könnte. Verständlich, daß er niemandem erzählt, daß er sich bereits eine behördliche Bescheinigung gekauft hat, wonach beim Auflaufen seiner Yacht auf das Korallenriff kein Schaden an den naturgeschützten Korallen entstanden ist. Und er hat auch schon ein (natürlich teureres) amtliches Papier in der Hand, mit dem ihm bescheinigt wird, daß auch durch das Abbergen (auf welchem Wege auch immer) keine Beschädigung der Korallen entstanden ist – obwohl die Bergung noch gar nicht begonnen wurde. So mag er sich mit dem Freiholen allein befassen.

Die Regelung der rechtlichen und seemännischen Probleme verliert sich in der Weite der See. Denn als einige nebenberufliche Späher die Sphinx einige Tage

nach dem Abbruch der Bergungsarbeiten und dem Entlassen der Berger noch einmal ins Visier nahmen, lag sie noch unverändert hoch und trocken – allerdings mit einem Wächter an Bord, der das weitere unbefugte Ausschlachten verhinderte. Wenige Wochen später war sie verschwunden, und ihr Platz, auf dem sie als wertvolle Bake gedient hatte, war leer.
Wer sie nahm, wie sie schließlich geborgen und wohin sie gebracht wurde, ist für uns auch nicht von Interesse. Ich habe diesen Schadensfall hauptsächlich beschrieben, weil er die Komplikationen verdeutlicht, die beim Stranden in einem unterseeischen Naturschutzgebiet entstehen können – und die man bei sorgfältiger Navigation vermeiden kann.

Augapfel-Navigation contra GPS und Videoplotter

Man sollte meinen, ein Segelurlaub in der Karibik wäre so recht dazu angetan, einmal die häuslichen Bildschirme von Computer und Fernseher zu vergessen und nicht nur den vom Starren in die Nähe ermüdeten Augen eine notwendige Entspannung zu bescheren, sondern sich auch an den vielfältigen Schattierungen des tiefen oder flachen Wassers und den Palmen auf hohen Felsenküsten zu erfreuen. Doch Dr. Rüdiger Wassermeier zog der Navigation nach Seekarte und Sicht und insbesondere der in der Karibik in der bildhaften Sprache der Anglo-Amerikaner so treffend genannten „Augapfel-Navigation“ die Kurswahl und Schiffsortbestimmung mit dem GPS-Gerät und dem Seekarten-Videoplotter vor. Wenn man die bevorzugte Verwendung des mit Hilfe von Satelliten arbeitenden elektronischen Navigationssystems in Verbindung mit einem Videoplotter bei Kursen auf See noch hätte hinnehmen können, weil die dem System noch anhaftenden Ungenauigkeiten und Unzulänglichkeiten sich bei einem küstenfernen Gebrauch auf Yachten nur geringfügig auswirken müssen, ist die Benutzung eines Seekartenplotters und das ausschließliche Navigieren mit ihm bei der Ansteuerung einer riffumrandeten Karibikbucht bei Sonnenschein und am hellichten Tage nicht nur unverständlich, sondern auch mehr als fahrlässig. Denn mit simpler Navigation nach Sicht hätte Dr. Wassermeier die 15,56 m lange Charteryacht CHARISMA OF GRENADA am 12. Februar 1994 nicht auf das Riff vor der Prickly Bay unweit seines Charterstützpunktes gesetzt. Aber lesen und urteilen Sie selbst:
Mit der schnellen und schnittigen neuen Yacht, einem französischen Serientyp von 4,40 m Breite, dem bemerkenswert großen Tiefgang von 2,70 m, ca. 12 t Verdrängung und 120 m² Segelfläche, war Wassermeier am 30. Januar in Grenada zu einem vierzehntägigen Törn gestartet, der ihn mit sechs Freunden bis zum Inselstaat Dominica im Norden geführt hatte. Auf dem Rückweg hatte man am 11.2. die Ankerbucht Halifax Harbor an der Westküste Grenadas erreicht und war hier am Nachmittag des 12.2. unter Motor zum letzten kurzen Trip in die Prickly Bay

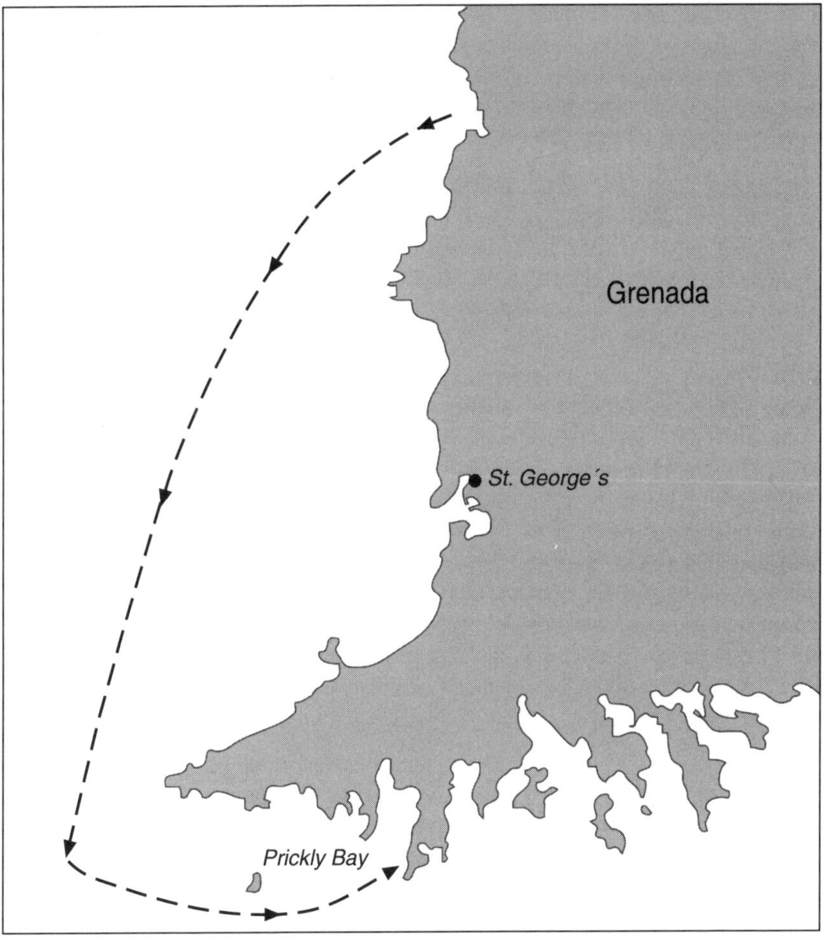

Kurs der Charisma of Grenada von Halifax Harbor an der Westküste Grenadas zur Prickly Bay an der Südküste der Karibik-Insel und Position der Strandung an den unterseeischen Korallenriffen, die vor der Ostküste der Bucht liegen, aber durch Augapfel-Navigation gut zu erkennen sind.

an der Südküste der Insel ausgelaufen. Gegen 1800 Uhr stand die CHARISMA am seewärtigen Eingang der Bucht.

„Man steuert mit Nordkurs in die ca. eine Seemeile lange und 4 Kabellängen (etwa 750 m) breite Bucht mit hohem Ufer, dem unreiner Grund vorgelagert ist", heißt es im Segelhandbuch, „und ankert im NW-Teil vor herrlichem Sandstrand mit Palmen zwischen dem Calabas-Hotel und dem kleinen Anleger." Dies ist das Ziel der CHARISMA OF GRENADA. Und zum Einsteuern kann man die hervorragenden Detailkarten benutzen, die zum Beispiel „einen Ansteuerungskurs von 046° Mag (= mißweisend) auf ein großes Gebäude zu, mit einem markanten roten Spitzdach“ empfehlen, auf dem man „auf dem Weg zum Ankerplatz von allen Gefahrenstellen freibleibt“. Eine simple Lotsung nach Sicht also – aber nicht für den CHARISMA-Skipper Wassermeier, der dabei noch an metrische Wassertiefen denkt, obwohl sie in der von ihm benutzten Seekarte in Fathoms oder Faden = 1,85 m angegeben sind.

„Aufgrund des sehr flachen Fahrwassers in der Bucht und der Beschreibung im Handbuch hatte ich mich entschlossen, am Kartenplotter unter Deck zu bleiben“, schreibt demgegenüber Wassermeier in seiner späteren Verklarung, „und meinem Wachführer Dr. Udo Wege von hier aus den Kurs aufgrund der 5-m-Tiefenlinie vorzugeben. Bis zu dieser Zeit hatte der Kartenplotter den Schiffsort auch ohne nennenswerte Abweichungen angezeigt.“

Beim Einsteuern sitzt also Wassermeier unter Deck, navigiert (rechtweisend!) nach dem Kartenplotter, der mit dem Satellitennavigator gekoppelt ist, und gibt von hier aus Kursanweisungen anhand von Kompaßkurszahlen, die zu steuern sind, an den Wachführer Wege in der Plicht. Aber auch Wege bedient anschließend nicht das Ruder, um auf den angegebenen Kurs zu gehen oder ihn zu korrigieren, sondern gibt die zu steuernden Kompaßkurse in den Autopiloten ein und kontrolliert nur das Verhalten der Selbststeueranlage.

Eine völlig unverständliche Komplikation also, ein unbegreifliches Arbeiten nur mit Geräten kaum 500 Meter von den unterseeischen Riffrändern des Ufers entfernt, die 200 m seewärts beginnen und die man durch ihre hellen Farben weithin erkennen kann – und eine wirklich unerklärliche Passivität der Crew von fünf weiteren Seglern in der Plicht, die dem auf diese Art gesteuerten selbstmörderischen Blindkurs der CHARISMA auf diese gefährliche Küste einfach tatenlos zusehen.

Unmittelbar vor Erreichen der Bucht hat der Seekreuzer seine Fahrt auf fünf Knoten reduziert. Wassermeier glaubt in der Kajüte, er stehe jetzt etwa in der Mitte der beiden Landzungen, und gibt eine Kursänderung auf Nordost in die Plicht. Wege stellt sie gegen 1830 Uhr auftragsgemäß am Autopiloten ein.

„Ich komme jetzt gleich selbst in die Plicht, um das Ruder zu übernehmen“, hören die Mitsegler an Deck noch, als die CHARISMA plötzlich aufläuft und zum Stillstand kommt: Es ist ein sanftes Aufbrummen, denkt Wassermeier, als er aus dem Niedergang stürzt. Doch Aufbrummen mit fünf Knoten Fahrt auf ein hier noch zwei Meter tiefes Korallenriff kann nicht folgenlos bleiben. Und dann erschrickt er, als er sieht, wo der große Seekreuzer mit seinem 2,70-m-Tiefgang festsitzt: auf den vorgelagerten Riffen dicht unter der Südostküste. Nicht in der Mitte der Bucht, wie er nach seinem Plotter-Standort annahm, hat sich die CHARISMA auf ihrem geplanten Einlaufkurs befunden, sondern sie stand schon längere Zeit falsch – und nun liegt sie 300 Meter zu weit östlich des geplanten Einlaufkurses.

Ein sofort eingeleitetes Rückwärtsmanöver mit dem Motor bleibt ohne Erfolg. Denn der zweiflügelige Propeller hat beim Rückwärtsarbeiten keinen ausreichenden Wirkungsgrad. Die Yacht sitzt fest und wird durch die anhaltende Passat-Dünung unaufhaltsam weiter auf das Riff getragen. Gegen 2000 Uhr liegt sie bereits mit gut 45° nach Steuerbord über, und Wassermeier bootet die Crew zum nahen Ufer aus. Nur noch Wege bleibt mit ihm an Bord.
Gegen 2030 Uhr – es ist inzwischen tropische Nacht geworden – kommen zwei Schlauchboote und ein anderes Motorboot zur Strandungsstelle. Doch auch ihre gemeinsamen Versuche, die CHARISMA freizuschleppen, bleiben erfolglos. Zumindest können die Boote beim Ausfahren von zwei Ankern helfen. Aber auch diese stoppen das weitere landseitige Versetzen der Yacht auf dem jetzt nur noch einen guten Meter tiefen Riff nicht.
Eine halbe Stunde später naht ein Arbeitsboot der Coast Guard mit einem immerhin 150 PS starken Außenborder. Die Antriebsanlage ist jedoch nicht zum Schleppen, sondern für hohe Geschwindigkeiten eingerichtet. So kann die volle Motorleistung nicht ausgenutzt werden, weil das Heck des Arbeitsbootes schon vorher so tief in das Wasser gezogen wird, daß es von außenbords über den Spiegel in das Innere zu strömen beginnt. Alle Bergungsversuche bleiben also erfolglos.
Inzwischen liegt der Wasserspiegel der gekrängten Yacht an Steuerbord schon über den Rumpffenstern, und in der Kajüte steht das Wasser gut 20 Zentimeter über den Bodenbrettern.
Es ist offenbar über die offenen Seeventile der Pantry und der vorderen Toilette eingedrungen, die – fahrlässigerweise und entgegen einem geforderten Verschlußzustand – bei der vorausgegangenen Seefahrt unter Motor („wie auf der CHARISMA üblich") nicht verschlossen worden waren.
Während der Aufregung bei der Strandung und der nachfolgenden Bergeversuche hat Wassermeier nicht mehr an die geöffneten Ventile gedacht. Jetzt, gegen 2130 Uhr, liegen sie aufgrund der starken Krängung schon bis zu drei Stunden unterhalb der Wasserlinie, und die eingedrungene Wassermenge belastet nicht nur die Yacht mit ihrem zusätzlichen Gewicht. Sie ist auch hinter die Steuerbord-Verschalung gelaufen und hat durch die Überflutung bereits schwere Schäden an der elektrischen Anlage angerichtet und die elektronischen Geräte, die in der Navigationsecke über dem Kartentisch montiert sind, zerstört.
Endlich kommt gegen 2200 Uhr ein schweres Arbeitsboot, das die Chartergesellschaft bei einer nahen Werft gemietet hat, der aufgebrummten CHARISMA OF GRENADA zur Hilfe. Aber auch bei ihm bleiben die Versuche des Abbringens zunächst ohne Erfolg. Erst als man das Spinnakerfall am fast 20 Meter hohen Mast losmacht, um die Yacht zum Bergen weiter zu krängen und so gleichzeitig den Tiefgang zu reduzieren, stellt sich der Erfolg ein. Man führt das Fall jedoch zunächst um den Mast und lenkt es unterhalb der oberen Saling um, so daß der Mast bei weiterem Krängen und Holen an einem Punkt belastet wird, wo er durch

die Saling gestärkt ist. Hier greift dann die lange Schlepptrosse an, und das Bergungsboot holt den Seekreuzer krängend und ziehend von den Klippen frei.
Um 2330 Uhr schwimmt die CHARISMA wieder, tiefliegend voller Wasser, mit einer beidseitig von Korallen zerkratzten Außenhaut, abgerissenem Ruder und einer beschädigten Kielflosse, die den Bootsboden im Bereich ihrer Bolzenverankerung eingedrückt und meterlang aufgeklafft hat. So schnell wie möglich wird sie gleich weiter in die Bucht geschleppt, dort am Anleger auf den vorbereiteten Slipwagen bugsiert und schleunigst aufgeholt. Weil die Bilgepumpen unbrauchbar geworden sind, entfernt man das eingedrungene Wasser, das nicht von allein durch die Lecks abfließt, über Wasserschläuche, die durch die Öffnungen des demontierten Logs und Lots ins Boot geführt und dann angesaugt werden.
Die CHARISMA ist zwar noch einmal mit dem blauen Auge davongekommen. Aber sie hat doch mehr Schaden genommen, als man zuerst dachte: Rumpf, Kiel, Ruder, Rigg, Püttings mußten repariert, die Inneneinrichtung mußte erneuert werden, teure elektronische Geräte waren zu ersetzen. So blieb sie – wenn auch sehr kostenträchtig – reparabel. Für uns ist jedoch eine andere Auswertung dieses Strandungsfalles wertvoller:

- Der Yachtskipper hätte sich unter keinen Umständen in der Phase der Ansteuerung unter Deck aufhalten dürfen. Bei Zweifeln an seinem Standort oder der Notwendigkeit von Arbeit am Kartentisch hätte er die Yacht nicht mit fünf Knoten (übliche Marschfahrt) weiterlaufen lassen dürfen, sondern stoppen oder die Fahrt wenigstens reduzieren müssen.
- In einer solchen Situation muß die Yacht so lange gestoppt liegenbleiben, bis ein Standort zweifelsfrei terrestrisch anhand der sichtbaren Küstenlinie und unter Benutzung der Tiefenangaben des Echolots ermittelt ist. Die erforderlichen Peilmarken und Peilungen muß sich der Skipper gegebenenfalls an der Karte aufschreiben und für die Navigation nach Sicht an Deck bereithalten, wenn er sie sich nicht merken kann.
- Der Skipper hätte sich nicht allein auf ein elektronisches Navigationssystem verlassen dürfen, das für eine solche Ansteuerung einer ca. 1700 m langen und 800 m breiten Bucht ungenügende Werte liefert und dessen Einsatz aufgrund der Sicht- und Wetterverhältnisse nicht erforderlich war. Durch die Bedienung dieses Gerätes nahm er sich noch dazu die Möglichkeit, seinen tatsächlichen Standort durch optische Wahrnehmung der markanten Steilküste mit dem 79 m hohen Prickly Point an der Strandungsstelle auf der Ostseite, der flacheren Westküste und des auffälligen Spitzdach-Hauses im Norden leicht und zuverlässig zu erkennen.
- Das GPS-System, das die aktuellen Standortdaten für einen Seekartenplotter weltweit und fortlaufend liefert, ist wegen einiger zur Zeit noch bestehender Unzulänglichkeiten noch nicht uneingeschränkt für die Schiffahrt zugelassen: Zum einen ist seine Genauigkeit reduziert, weil für alle nicht militärischen Nutzer eine künstliche Ungenauigkeit von etwa +/– 100 m eingearbeitet ist.

Zum anderen ist das GPS-Bezugssystem nicht identisch mit den weit über 100 verschiedenen Bezugssystemen, auf denen die weltweit gedruckten offiziellen Seekarten beruhen. Zwar könnte man das Bezugssystem der benutzten Seekarte in das Gerät eingeben, um eine Standort-Identität mit GPS zu erhalten – aber dazu müßte man es kennen. In der Praxis der Navigation auf Charterbooten wird es sich schwer ermitteln lassen. Da außerdem für viele (fremde) Seekarten ihr Bezugssystem gar nicht (mehr) bekannt oder auf der Karte (gerade für solche entlegenen Gebiete) nicht vermerkt ist, erweitert sich der mögliche Positionsfehler um zusätzliche +/– 500 Meter.

- Wenn es daher schon bei der Übertragung der Positionen vom GPS-Empfänger auf die Seekarte zu Schwierigkeiten kommt, dann werden diese noch größer, wenn die Schiffsorte auf Kartenplotter übertragen werden, deren Seekarten auf Datenträger (CD, Kassette oder Diskette) gespeichert sind und auf dem Bildschirm dargestellt werden. Auf keinem der mir bekannten Videoplotter ist bislang das benutzte Bezugssystem angegeben. Dazu kommt: Die Software, das heißt die digitalen Daten der Videoplotter-Karten, werden von privaten Firmen hergestellt und unterliegen keiner amtlichen Kontrolle. Da es vorkommen kann, daß Angaben aus den zur Herstellung benutzten „amtlichen" Seekarten falsch interpretriert oder sogar vergessen werden, muß jeder private Anbieter dem Benutzer schriftlich zwingend raten, parallel zur Navigation nach der sogenannten „elektronischen Seekarte" auf den neuesten Stand berichtigte gedruckte Seekarten und andere nautische Veröffentlichungen (ebenfalls berichtigte) für seine Navigation heranzuziehen.
- Aber nicht nur die Zuverlässigkeit der auf dem Bildschirm dargestellten und in verschiedenen Maßstäben abrufbaren Karten muß ein Yachtskipper in Frage stellen. Er muß auch bedenken, daß die Genauigkeit der Anzeige durch die Bildschirmgröße seines Videoplotters eingeschränkt ist. Die vom Rasterschema des Monitors abhängige Bildpunktgröße beträgt linear ca. 0,3–0,5 mm. Multipliziert mit dem Kartenmaßstab, ergibt sich somit z. B. bei Küstenkarten im Maßstab 1:100 000 eine Ungenauigkeit der angezeigten Position von +/– 30–50 m.
- Bei der Kurswahl auf See kann man diese Summierung möglicher Navigationsfehler vernachlässigen. Das Ansteuern von Küsten, Ankerplätzen und Häfen darf jedoch nicht mit Hilfe von elektronischen Seekarten und Seekartenplotter erfolgen, sondern muß terrestrisch, das heißt nach Seekarte und Sicht und bestenfalls mit Radar vorgenommen werden. Wo die Berufsschiffahrt beim Übergang in die Revierfahrt einen Lotsen mit (optischer) Ortskenntnis an Bord nimmt, muß eine Yacht mit Navigator und Rudergänger in der Plicht arbeiten.
- Die CHARISMA OF GRENADA hätte zum Einlaufen auch nicht durch den Autopiloten gesteuert werden dürfen. Eine mögliche schnelle Anweisung des Skippers zu einer sofortigen Kursänderung zur Abwendung einer drohenden Strandung hätte dadurch nicht oder nur verzögert ausgeführt werden können. In die-

sen Situationen ist ein (erfahrener) Segler als Rudergänger unverzichtbar, wenn der Skipper nicht selbst steuern will oder kann.

Die Entscheidung des Schiffsführers, während der Ansteuerung der Prickly Bay für etwa 15 Minuten unter Deck zu gehen, die CHARISMA in dieser Zeit über eine Seemeile weit ohne eigene Sicht auf die Küste zusteuern zu lassen und die Navigation über den Videoplotter unter Deck vorzunehmen, war somit falsch und führte mit der Unterlassung von Anweisungen an die Crew in der Plicht zur Strandung der Yacht 300 m weit vom angenommenen Schiffsort entfernt. Damit widersprach Wassermeiers Verhalten den Pflichten eines Schiffsführers und den Gepflogenheiten nach gutem Seemannsbrauch.

Strandung durch ungenaue Seekarten

Die Seekarte ist – immer noch – die wichtigste Hilfe bei einer sicheren Navigation. Aber sie kann nur so zuverlässig sein, wie es die Vermessungsergebnisse sind, auf denen sie beruht – und wie sorgfältig diese auf dem Papier der Karte eingetragen sind. Die Erdvermessung durch Satelliten hat in jüngster Zeit in vielen Gebieten Differenzen zwischen den Kartenangaben und den tatsächlichen Verhältnissen auf der Erde aufgedeckt, die insbesondere in Küstengebieten und bei Ansteuerungen zu beachten sind. Solche Abweichungen sind, auf die Richtungen bezogen und in Distanzen angegeben, in Neudrucken von Karten eingetragen. Wo sie fehlen oder wenn an Bord noch mit alten Karten gearbeitet wird, kann es zu folgenschweren Navigationsfehlern kommen. Auch durch Versandungen, Verwerfungen des Grundes in Erdbebengebieten und aus anderen Gründen kann es zu Ungenauigkeiten in Seekarten kommen, die ein Navigator in Küstennähe zu bedenken hat, wenn er unerwartete Strandungen vermeiden will.

Machten Versandungen oder Erdbebenfolgen die Seekarte ungenau?

Fast überall auf der Welt grenzen Felsenküsten das feste Land von den Meeren ab, und nur der an deutschen Küsten beheimatete Segler kann sich an flachen Sandstränden erfreuen, wenn er an ihnen entlang seine Kurse zieht. Er weiß aber auch, daß flache Küsten oft mit weit in die See reichenden Flachwassergebieten verbunden sind. Hohe Küsten hingegen erlauben fast überall eine gefahrlose Annäherung, wenn ihnen nicht (meistens gut) erkennbare Felsenriffe vorgelagert sind. Als Erfahrungsregel gilt demnach beim Anlaufen oder Passieren: Flache Sandküste = vorgelagertes Flachwassergebiet. Steile Felsküste = Tiefwasser bis in die Nähe.

Im Seegebiet der Ionischen Inseln bestimmen – wie überall im östlichen Mittelmeer – schroffe und hohe Felsen die Küstenkonturen, und man ist daher verleitet, auch dort einen geringeren Sicherheitsabstand zu wählen, wo man wider Erwarten eine Flachküste ansteuern muß. Aber wenn man sich an die Tiefen hält, die eine deutsche Seekarte angibt, und gut außerhalb der 10-m-Linie bleibt, sollte man auch sicher an einer Sandküste entlanglaufen dürfen – so jedenfalls dachte auch der österreichische Skipper Wilhelm Engeljehringer, als er am 12. August mit seiner LIBURNIA, einer Sunbeam 30, den Hafen von Levkas im Norden der gleichnamigen griechischen Insel verließ, um nach dem Passieren der Drehbrücke mit Nordkurs den benachbarten Hafen Preveza am Eingang zum Ambrakischen Golf zu besuchen.

Der Reiz dieser geschichtsträchtigen Küstenlandschaft besteht in dem weiten flachen Vorland vor den weit ins Binnenland gerückten Bergen und den ungewohnten meilenlangen Sandstränden an der Wasserscheide. Aber man darf sich von ihrem Anblick nicht zu sehr verzaubern lassen! Es herrschte wirklich Bilderbuchwetter: Das Wasser des Ionischen Meeres leuchtete tiefblau, und kein Windhauch störte an diesem frühen Nachmittag die spiegelglatte Oberfläche, als die LIBURNIA mit Nordkurs und nahezu rechtwinklig zur Levkas-Küste unter Motor auf die freie See hinauslief.

Die Crew sitzt in der Plicht, erfreut sich des schönen Tages und unterhält sich, wie es wohl vor zweitausend Jahren hier ausgesehen haben mochte, als sich die Flotten von Augustus und Antonius an gleicher Stelle, der strategisch wichtigen und bei Preveza nur gut 300 Meter breiten Zufahrt zum Ambrakischen Golf, in einer Seeschlacht gegenüberstanden.

Der Skipper hat den Kurs zur Ansteuerungstonne abgesetzt, die ungefähr eine Seemeile vor der Küste liegt, und eine Kurslinie gezeichnet, die auf der deutschen Seekarte 658 über Tiefen von 15, 18 und 11 Metern verläuft. Von hier aus will er in die (spärlich betonnte) Fahrrinne nach Preveza einlaufen.

„Das Meer war völlig ruhig“, berichtet Wilhelm Engeljehringer, „die Sicht war völlig klar, es gab keinen Wind, und wir liefen daher mit gutem Gewissen sechs Knoten Fahrt unter Motor. Aber 4,2 Seemeilen nördlich von Levkas, knapp eine Meile vom Ufer entfernt, krachte es gegen 1600 Uhr plötzlich: Wir waren aufgelaufen.“

Tatsächlich hat das abrupte Abbremsen aus der schnellen Motorfahrt die LIBURNIA bis in die Mastspitzen erschüttert. Wie von einer mächtigen Faust ist die Crew in der Plicht nach vorn geschleudert worden, ohne sich jedoch glücklicherweise ernstlich zu verletzen. Unter Wasser ist ähnliches passiert: Als der Kiel im harten, mit Felsen durchsetzten Sandgrund festkam, blieb die Beschleunigung des aufgesetzten Rumpfes erhalten, und es entstand ein (noch unbemerkter) langer

Riß im Unterwasserschiff, durch den das Wasser in breitem Strahl eindringt. Manöver mit dem Motor helfen nicht mehr, und auch das Ausbringen eines Ankers ist illusorisch. Denn mit eigener Kraft wird die LIBURNIA nicht mehr freikommen können. So macht sich der Skipper mit einem Freund im Beiboot auf den Weg, um Bergehilfe aus dem Hafen zu holen. Aber erst am nächsten Morgen starten ein Hochseeschlepper, Taucher und Fischer, um der LIBURNIA zu helfen. Wie man an ihrer Arbeit erkennen kann, haben sie Erfahrung mit dem Abbergen von Yachten an dieser Stelle. Denn die LIBURNIA ist nicht das erste Schiff, das bei der Einfahrt in den Ambrakischen Golf strandete.
Als endlich eine sichere Leinenverbindung zwischen der aufgelaufenen Yacht und dem Schlepper hergestellt ist, sich die Schleppleine unter der Kraft von mehreren hundert Pferdestärken bis zum Zerreißen spannt und sich der Rumpf endlich krachend von den harten Steinen löst, schwimmt die Yacht nur wenige Sekunden. Dann versinkt sie wie ein Stein in den Fluten und läßt nur noch ihre Mastspitze aus dem Wasser ragen. Dicht über dem Grund schwimmend, wird sie mit Hilfe von Tauchern durch die Einfahrt geschleppt, ehe sie schließlich in Preveza in den Hafenkran gehängt und gehoben werden kann. Und da sieht Skipper Wilhelm:
„Der Kiel samt der Unterseite des Hecks war aufgeplatzt wie eine zu lange gekochte Wurst", sagt er. „Am Heck ist schwerer Schaden durch das Bergemanöver entstanden. Die Schäden sind irreparabel – der Unfall kostete unserer LIBURNIA das Leben!" Und dann blickt er zu dem unerwarteten Anfang der Katastrophe zurück: „Wenn man in zwanzig Seglerjahren jährlich mehrmals und fast ausnahmslos auf eigenem Kiel Urlaub gemacht hat und steht dann eines Tages in der Plicht, schaut entsetzt in die Kajüte, weil der Teppich schwimmt und das Wasser gurgelnd vom Kiel her eindringt, versucht dann eine Bergung und sieht nach allem Rettungsaufwand schließlich ein Wrack vor sich, dann fragt man sich entsetzt: Wie konnte das passieren?"
Ich habe mit meinem sehr viel gößeren CORMORAN die Einfahrt nach Preveza mehrere Male angelaufen und sah die größten Gefahren dabei nicht nur in den weit in die See hinausreichenden Flachwasserbereichen, sondern auch in den sich verlagernden Sänden. Die Fahrrinne ist schon aus diesen Gründen dürftig mit Tonnen (aber auch mit einer Deckpeilung) bezeichnet. Denn wo keine Tonnen ausliegen, kann auch keine Schiffahrtsbehörde haftbar gemacht werden. Wenn also der LIBURNIA-Skipper schreibt: „Aus welchen Gründen die griechischen Behörden diese Gefahrenstelle nicht mit Seezeichen absicherten, konnte mir niemand sagen", dann mag er sich mit meinen Überlegungen trösten.
Durch den Zu- und Abfluß der Wasser vom Ambrakischen Golf, einem relativ großen Seegebiet, befinden sich die den Küsten vorgelagerten Sandmassen außerdem immer in Bewegung, so daß eine sich ständig verändernde Fahrrinne kaum zu fixieren, geschweige zu bezeichnen ist. Man sollte daher die oben in ihren typischen Konturen beschriebenen Flachküsten nur sehr vorsichtig, das

heißt mit sehr langsamer Fahrt, sorgfältigem Ausguck in die Tiefe des (hier glücklicherweise bis zum Grund glasklaren) Wassers und ständiger Beobachtung des Lots anlaufen. Man kann dann noch vor dem Auflaufen reagieren, sich nach einem langsamen Aufbrummen wieder freiholen, und auch wenn man ernstlicher festgekommen ist, wird eine solche Situation niemals zu einer folgenschweren Strandung führen.
Auf meinen englischen Seekarten dieses Gebietes sind übrigens Strompfeile eingezeichnet, die die von den örtlichen Gegebenheiten wie den Windverhältnissen abhängigen Strömungen in Richtung und Stärke anzeigen. Aus ihnen habe ich erkannt, daß die LIBURNIA auf ihrem abgesetzten Kartenkurs von 001° ab Einfahrt Levkas mit starkem auflandigem Strom quer zu ihrer gesteuerten Kurslinie hätte rechnen müssen. Sie stand vor ihrer Strandung also wohl dichter unter Land und weiter landwärts auf den Flachwassergebieten als angenommen. Und die Wassertiefen, die dort nur vereinzelt angegeben sind, liegen nicht nur bei zehn, sondern auch unter fünf Metern – aber durch die obengenannten Versandungen dürften es ohnehin keine aktuellen Vermessungsergebnisse mehr sein.
Zum Schluß noch ein wichtiger Hinweis des LIBURNIA-Skippers. „Ich möchte alle Segelkameraden warnen, sich im beschriebenen Bereich allzusehr auf die Seekarte zu verlassen. Dies soll kein Vorwurf an die Verfasser der Seekarten und Handbücher sein. Man soll sich jedoch stets vor Augen halten – was ich leider erst als Schiffbrüchiger erfuhr –, daß das weite Gebiet um Preveza ein bekanntes Erdbebenzentrum ist und es deshalb am Meeresboden ständig zu Veränderungen kommen kann."
Diese Warnungen gelten auch für andere Segelreviere.

DONELLAS Todesurteil: Differenz zwischen Seekarte und GPS-Standort

Die DONELLA war ein klassischer Yachttyp, von dem legendären britischen Konstrukteur Laurent Giles gezeichnet, und das Eignerpaar Hannelore und Christian Eckhoff, 63, war mit ihm 21 Jahre lang auf vielen Meeren unterwegs gewesen und hatte mit dem 13,65 m langen Seekreuzer mit 1,90 m Tiefgang über 60 000 Seemeilen gesegelt, als sich die Tragödie ereignete: Auf der achten Reise von Neuseeland in die Südsee und auf dem zweiten 1000-Seemeilen-Törn von dort nach Vanuatu (Neue Hebriden) strandete der bewährte deutsche Salzbuckel in der Nacht zum 1. Juli 1995 an der Südostküste der Insel Tana, und die DONELLA wurde zum Totalverlust. „Man lernt nie aus!" ist Christians resigniertes Fazit; denn wie es zum Ende der DONELLA kam, ist wirklich ein außergewöhnliches Lehrstück der Navigation:
Sechs Yachten segelten am 29.6.1995 von Port Vila zu der südlicher gelegenen Insel Tana, doch nahmen fünf von ihnen, darunter der ebenfalls unter dem Stan-

der des Vereins Trans-Ocean laufende Seekreuzer BRIO mit Brigitte und Otmar Jäger, den direkten Kurs gegen den Südostpassat zu dem an der Ostseite der Insel gelegenen Hafen Port Resolution, während sich die Eckhoffs für einen Kurs in Lee der Westküste und nach Passieren des Südkaps für einen anschließenden raumen Nordkurs entschieden – einen längeren, aber, wie sie meinten, bequemeren Weg.

Als die Ostküstenyachten am 30. Juni bereits Port Resolution erreicht hatten, ankerte die DONELLA nachmittags an der Westseite und lief erst am nächsten Tag weiter, um die Insel Tana im Süden zu runden. „Wir bekamen sehr starken Strom von vorne“, berichtet Christian Eckhoff, „und je weiter wir zur Südspitze von Tana kamen, desto mühsamer wurde das Kreuzen gegen 20–25 Knoten Wind. Es dauerte dementsprechend länger, und wir umrundeten die Inselspitze mit dem letzten Licht.“

Mit den Yachten in Port Resolution steht die DONELLA in UKW-Kontakt, und da die Eckhoffs jetzt in eine stockdunkle Nacht mit aufeinanderfolgenden Regenfronten hineinlaufen, ist man auf den Ankerliegern vorbereitet, bei Annäherung der DONELLA zur Ansteuerung alle Lichter an Bord zu setzen.

„Da wir mehrere Male dicht unter Land kreuzten“, erzählt Christian Eckhoff weiter, „konnte ich unsere GPS-Position mit Peilungen nach Landmarken vergleichen. Dabei stellte ich fest, daß unsere Seekarte um plus/minus eine Viertelmeile (also etwa 500 Meter) nicht stimmte. Das ist im Südpazifik ein normaler und akzeptabler Wert. Wir machten noch hart am Wind einen Zwei-Seemeilen-Schlag nach See, und ich setzte einen Wegpunkt etwa 2,5 sm vom äußersten Riff außerhalb von Port Resolution. Dann gingen wir auf den Raumschotskurs mit acht Knoten Fahrt zu der sieben Meilen entfernten Hafenbucht.“

Die Sicht bei Regen und Nachtdunkel ist schlecht, und die Yachten in Resolution haben inzwischen ihre Lichter gesetzt. „Die Einfahrt ist relativ einfach, und wenn man die Hafenlichter sehen kann, ist alles klar zum Einlaufen“, sagt Christian Eckhoff. Aber die Ankerlieger warten vergeblich auf die DONELLA, und als um 2000 Uhr auch noch der UKW-Kontakt abbricht, wird es für die wartenden Segler eine sorgenvolle Nacht. Mit Recht:

„Um 2000 Uhr und drei Meilen vor Port Resolution plötzlich ein gewaltiger Schlag“, berichtet Christian. „Mein erster Gedanke war: ‚Container?‘, da wir draußen in tiefem Wasser waren. Ich startete den Motor und drehte den Bug von DONELLA nach Osten, auf die freie See hinaus. Aber nach einer Minute sagt Hannelore: ‚Das Wasser steht schon 30 Zentimeter im Salon!‘ Da wird mir in Sekunden klar: Wir haben keine Chance. Ich drehe das Schiff zurück nach Westen in Richtung Land und setze DONELLA auf das Riff, um uns selbst und vielleicht später möglichst viel von unserem Eigentum an Bord zu retten.“

Zu diesem Zeitpunkt weiß das Seglerpaar jedoch noch nicht, wie es um sie herum aussieht. Man kann nicht die Hand vor Augen sehen. Der Strom ist ausgefallen. Die Batterien sind drei Minuten nach dem Aufprall überflutet. Der erste Brandungsbrecher in die Plicht löscht auch das transportable UKW-Gerät aus, und die DONELLA kann niemandem ihre Strandung melden. Mit Taschenlampen leuchten die Eckhoffs das Wasser rund um den Rumpf ab: überall Korallen. Unter den Brechern, die jetzt das ganze Schiff eindecken, kann man auch die Insel nicht erkennen. Wie weit kann die Küste noch entfernt sein? Christian kriecht zum Vorschiff und bringt das Schlauchboot mit dem starren Boden ins Wasser, und dann zieht er Hannelore mit einer Rettungsleine hinein. In den 42 Jahren ihrer Segler-Ehe ist es das furchtbarste Erlebnis, dieser Weg ins Ungewisse.

„Nach ungefähr hundert Metern sehe ich Felsen und springe ins Wasser", berichtet Christian weiter: „Es gelingt mir, das Schlauchboot in eine Felsspalte zu ziehen, und Hannelore kommt ohne große Verrenkungen auf allen vieren auf die Felsen geklettert. Wir ziehen das Schlauchboot ungefähr drei Meter hoch auf die Felsen, stellen es hochkant, stützen es mit den Riemen ab und verbringen die ersten Nachtstunden naß, kühl und total geschockt." Die Felsen liegen etwa 300 Meter von der Insel entfernt, und als das Seglerpaar den ersten Schock überwunden hat, pullt Christian mit dem Schlauchboot zur gestrandeten DONELLA und holt zuerst Geld, Pässe, Reiseschecks und Wertsachen von Bord – und in drei weiteren Trips alles, was sich in Säcken verstauen und transportieren läßt. Hannelore bugsiert alles gerettete Material höher hinauf auf den Felsen und sichert es gegen die See.

„Mit dem ersten Licht wird die Situation klarer", schreibt Christian. „Die DONELLA wird für immer auf dem Riff bleiben, und die Entscheidung, das Schiff auf die Felsen zu setzen, war richtig. Der Wassereinbruch nach dem ersten Aufschlag war zu stark und konnte nicht gestoppt werden. Im tiefen Wasser wären wir mit unserem 6,5-Tonnen-Kiel in Minuten gesunken und hätten somit alles verloren. Jetzt hatten wir eine Chance und konnten so viel wie möglich bergen."

Es ist ein schwerer Entschluß, vierkant auf die Küste zuzulaufen, um eine sinkende Yacht zu retten, und er muß ja hier völlig unerwartet und ohne Bedenkzeit in wenigen Sekunden getroffen und verwirklicht werden. Zweifellos hätte das Sinken länger gedauert, als es Christian Eckhoff im Hinblick auf seinen 6,5-Tonnen-Kiel durch den Kopf schoß; denn es wäre ja nicht ein Wassereinbruch von etwa 6500 Litern notwendig gewesen, bis das Deck überflutet worden und die DONELLA auf Tiefe gegangen wäre, sondern ein Mehrfaches dieser Wassermenge, die dem Rauminhalt des Schiffes und seiner Tragfähigkeit entspricht, hätte erst das Versinken bewirkt, und das Sinken selbst hätte dann entsprechend länger gedauert. (Mit entsprechenden rechnerischen Überlegungen habe ich mich schon in vorangegangenen Fallschilderungen beschäftigt.) In jedem Falle zeigt dieser Entschluß einer vorsätzlichen Strandung besonders beispielhaft, wie man dabei praktisch alle Teile einer Yacht außer ihren beschädigten Rumpf retten kann:

So sucht sich Christian Eckhoff am anderen Morgen einen Weg durch den Urwald zum etwa vier Kilometer entfernten und auf der anderen Seite der Insel gelegenen Hafen Resolution, und auf halbem Wege trifft er auf die Segler der dort ankernden Yachten, die zur Suche der vermißten DONELLA ausgeschwärmt sind. Nach dem abrupten Ende der UKW-Verbindung am Vorabend schwante ihnen nichts Gutes. Einerseits erleichtert über die Unversehrtheit des Seglerpaares, andererseits erschüttert über den Verlust der DONELLA, demontieren die Helfer in den nächsten Tagen alle verwertbaren Teile der gestrandeten Yacht vom Mast bis zur kleinsten Klampe, schaffen sie von der Hulk über die Klippen an die Küste und dann durch den Urwald in den Hafen, wo alles verzurrt und verladebereit gemacht wird. Ein Beispiel selbstloser internationaler Hilfsbereitschaft!

„Wir leiden sehr unter dem Verlust unserer geliebten DONELLA", beendet Christian Eckhoff seinen Bericht, nachdem er alle geretteten Sachen in einem Container verstaut und einschließlich des 17 Meter langen Mastes mit dem Gepäck die Insel mit Ziel Neuseeland auf einem Schiff verlassen hat. Und dann äußert er sich noch einmal zum Unfall selbst: „Es war mir bis zu diesem Zeitpunkt nicht klar, wie uns dieses Mißgeschick passieren konnte, und ich hatte ja auch nicht viel Zeit zum Nachdenken. Aber dann gelang es mir, in Vila eine Kopie der amerikanischen Seekarte 1982 zu finden, mit der ich gearbeitet hatte.

Und da fand ich, daß die Karte im Süden der Insel, wie ich es ja schon an Bord festgestellt hatte, gegenüber GPS um eine Viertelmeile nicht stimmte. An der Stelle des Unfalls und im Bereich von Port Resolution jedoch stimmte die Karte, verglichen mit GPS, um 2,75 Seemeilen nicht überein – eine um zweieinhalb Seemeilen zunehmende Ungenauigkeit auf eine Distanz von sechs Meilen also! Unglaublich!" Christian Eckhoffs Folgerung ist klar: „Ja, hinterher sind wir alle klug. Und da ich immer versuche, aus Fehlern zu lernen, wird mein nächstes Schiff mit einem Radargerät ausgerüstet sein." Radargeräte orientieren sich ja bekanntlich terrestrisch, das heißt, ein mit ihnen gemessener Abstand von der Küste entspricht der entsprechenden Distanz, die aus der Seekarte entnommen werden kann. Ob dabei die Küste selbst und die Insel, zu der sie gehört, nach neueren Messungen und Erkenntnissen der Erdvermessung mit Satelliten einige Bogenminuten der Breite oder Länge verändert liegt, bleibt dann für die Navigation ohne Bedeutung. Bei der Neuausgabe einer Seekarte reicht die Umstellung auf WGS 84 allein nicht aus. Ganz wesentlich ist, daß die relative Lage des Gradnetzes zu Landmassen, Riffen usw. korrekt ist. Dann sind die genannten Probleme nicht mehr vorhanden.

Strandung durch falsche seemännische Entscheidungen

Wenn Yachten unter Segeln unterwegs sind, hängen ihre Fähigkeiten, unter den herrschenden Bedingungen von Wind und See bestimmte, von einer sicheren Navigation geforderte Kurse zu steuern, sowohl von der Segelführung als auch den Kräften der Crew ab, die Schotführung und den Kurs zum Wind den Erfordernissen anzupassen. Hat in dieser Beziehung nicht der Skipper die Yacht in der Hand, sondern die Yacht selbst zwingt ihm Entscheidungen auf, denen er sich nicht widersetzen will oder kann, dann ist in Küstennähe ein Unglück programmiert – die Strandung wegen menschlichen Versagens.

Unfähig zum Halsen, aber fähig zum Stranden

Die elementare seemännisch-nautische Forderung „Reffe die Segel und meide die Kaps" habe ich schon einmal als Überschrift zu einem Strandungsfall gewählt, über den ich in meinem Buch „MAYDAY – Yachten in Seenot" berichtet habe – dort aber als angebliches Zitat eines erfahrenen Transozeanseglers präsentiert, um ihr die lehrerhafte Überheblichkeit zu nehmen, die man einem Autor ankreiden könnte. Für die sichere Navigation in der Seeschiffahrt lautet sie abgewandelt: „Vermeidet das Eckenschrammen!" In das Bewußtsein zahlreicher Yachtskipper ist sie aber immer noch nicht eingegangen, wie die Strandung der SNOOPY beweist, die – völlig unnötig – am 14. April 1994 am Kap Teulada an der Südwestspitze Sardiniens von einem Einhandskipper auf die Felsen gesegelt wurde.

Walter Vollmering, Angestellter einer deutschen Chartergesellschaft und bislang ihr Stützpunktleiter in der türkischen Marina Marmaris, hatte den Auftrag erhalten, die dort wenig genutzte 11,20-m-Serienyacht aus norddeutscher Produktion bis zum Saisonbeginn nach Benalmádena an der südspanischen Costa del Sol zu überführen. Dazu lud er sich ein paar Freunde ein, die ihn auf dem Frühjahrstrip durch das Mittelmeer begleiten sollten – kostenlos; denn um diese Jahreszeit ist das Mittelmeerwetter unberechenbar, und jede Hand mehr an Bord kann dann von unschätzbarem seemännischem Wert sein.

Mit seinen drei Mitseglern schaffte Vollmering trotz sportlichen Gegenanbolzens gegen den vorherrschenden Südostwind in den beiden ersten Aprilwochen jedoch nur die Distanz bis zur Südküste Sardiniens, wo seine drei Mitsegler in Cagliari ausstiegen. Da sich jedoch in Sant' Antioco an der Südwestküste Sardiniens für den weiteren Trip nach Spanien zwei neue Mitsegler aufhielten, wollte er die

SNOOPY am 13.4. „schnell und allein", wie er später sagte, über die Distanz von nur etwa 50 Seemeilen zwischen den beiden Häfen versegeln. Er hätte jedoch die Crew lieber auf dem Landwege nach Cagliari kommen lassen sollen. Denn die 3,50 m breite Yacht mit ihrem Tiefgang von 1,80 m und 65 m² Segelfläche, die mit ihrem 27-kW-Diesel für ihre 5,5 t Verdrängung gut motorisiert war, sich mit ihrem zentralen Winschensystem auch allein segeln ließ und dazu noch einen Autopiloten einsetzen konnte, überstand diesen kurzen Einhand-Trip um die Kaps nicht. Bedenkt man die Logbuchdaten dieser Kurzreise, dann ist für mich immer unbegreiflich, warum sie *abends* angetreten werden mußte. Denn den ganzen Tag über herrschte sonniges Wetter mit einer handigen Vollzeugbrise, und das für die spätere Kursänderung von West auf Nord wichtigste Kap Teulada ist unbeleuchtet:
„13. April 1994
1830 Uhr Auslaufen Cagliari. Ostwind, 18 Knoten; Luftdruck 1030 hPa; Wetter sonnig und klar. Großsegel und Genua gesetzt, zusätzlich läuft der Motor; Kurs 180°, Fahrt 5,2 Knoten.
2030 Uhr Position 38° 58' N und 009° 05' E. Ostwind, 25 Knoten, Luftdruck 1033 hPa, Wetter klar und gute Sicht. Großsegel und Genua, dazu Motor mitlaufend. Kurs 200°, Fahrt 5,2 Knoten."
Als nächstes ist hier zu registrieren, daß die SNOOPY bei raum-achterlichem Wind von Stärke 6 immer noch mit Vollzeug in die jetzt beginnende Nacht hineinsegelt. Vollmerings zweiter elementarer Fehler besteht darin, jetzt nicht das (große) Großsegel (seiner 7/8 Takelung) auf etwa 50 % seiner Fläche zu reffen oder – besser noch – ganz zu bergen und nur unter (vollem) Vorsegel weiterzulaufen. Unter der (jetzt nicht mehr abgedeckten) Genua hätte er kaum weniger Fahrt gemacht. Aber die SNOOPY wäre für alle notwendigen Kursänderungen unter Segel leicht und schnell manövrierfähig geblieben. (Warum er dazu noch den Motor mitlaufen ließ, ist ohnehin nicht zu begreifen.) Und so sind seine folgenden Schwierigkeiten vorprogrammiert:
„2230 Uhr Position 38° 49' N und 008° 51' E. Ostwind 25 Knoten. Luftdruck 1033 hPa; Wetter klar, aber dunkel. Großsegel und Genua, dazu Motor mitlaufend. Kurs 270°, Fahrt 4,5 Knoten."
Dazu berichtet Vollmering: „Nach Passieren des Leuchtturms von Kap Spartivento ging ich zweimal kurz unter Deck, um mir etwas zu essen zu machen, die Instrumente zu überprüfen und die Anzeige des Dieseltanks abzulesen. In dieser Zeit hielt der Autopilot Kurs. Bei dem zunehmenden achterlichen Wind mußte ich dann jedoch von Hand steuern, weil die hohe nachlaufende See das Heck immer seitlich wegschob und der Autopilot statt des eingestellten Westkurses von 270°, mit dem ich auch auf Backbordbug von Kap Teulada freibleiben würde, ständig 290° steuerte." Das Logbuch hält fest:
„14. April 1994 0100 Uhr kein Standort. Ostwind 30 Knoten; Luftdruck 1030 hPa; Wetter sehr dunkel, kein Mondschein. Großsegel und Genua. Motor ausgekuppelt im Leerlauf; Kurs 270°, Fahrt 4,2 Knoten."

Durch den Kapeffekt des östlichen Windes, der hier die Windgeschwindigkeit um Mitternacht auf 30 Knoten oder Bft 7 erhöht, führt die SNOOPY mit Großsegel und Genua jetzt spürbar zuviel Segelfläche, die man der Yacht nicht einmal mehr auf einem geradlinigen Vorwindkurs von 270° zumuten könnte. Aber Vollmering muß den Kurs nun unbedingt auf 250° ändern, um das nur schemenhaft im Dunkeln erkennbare Kap in sicherem Abstand zu passieren, und dazu müßte er auf den anderen Bug gehen, also halsen. Und ein solches Manöver erscheint ihm zu gefährlich – für das Manöver, für das Boot und vor allem für die Belastung des Materials von Rigg und Segel. Und da er den geeigneten Zeitpunkt zum Reffen oder Bergen des Großsegels längst verpaßt hat, hat er nun nicht mehr das Boot, sondern die SNOOPY hat ihn in der Hand.
„Gegen 0115 Uhr sah ich etwa eine halbe Meile voraus eine hohe schwarze Wand, das Kap", erzählt Vollmering weiter, „und da ich nicht halsen konnte, aber wußte, daß vor dem Kap eine nach Süden offene, in die Küste einschneidende kleine Bucht liegt, entschied ich mich, dort mit Kurs 350° etwa 500 m weit hineinzulaufen, in dem vermeintlich etwas ruhigeren Wasser gefahrloser zu wenden statt zu halsen und sie auf dem anderen Bug mit Kurs 160° wieder zu verlassen."
Dieser Plan mißlingt jedoch: An der Ostflanke des Kaps, vor der Vollmering die

Hoch und trocken liegt der gestrandete 11,20-m-Seekreuzer SNOOPY auf den flachen Felsen vor der Südküste Sardiniens und wartet, von Wrackräubern geplündert, auf seine Bergung.

SNOOPY weit krängend zu spät anluvt, bekommt sie auf 1,60 m Wassertiefe Grundberührung. Als sie sich mit fliegenden Schoten aufrichtet, steht sie sicher und trocken auf den Felsen, und weder das sofortige Voll-zurück-Arbeiten mit dem Motor noch eine Hartruderlage nach Steuerbord verändern ihre Position. Im Gegenteil: Wind und Seegang schieben die SNOOPY unaufhaltsam weiter auf den Felsenstrand, und auch als Vollmering die Segel geborgen hat, um die Windlast zu mindern, bietet der gekrängte Rumpf den Naturkräften immer noch einen zu großen Angriffspunkt.

Abgedeckt durch die umgebenden hohen Felswände, hört niemand die PAN-PAN-Rufe der SNOOPY , und auch die Küstenfunkstelle beantwortet Vollmerings Anrufe nicht. So bleibt er die Nacht über in der jetzt auf Backbordseite und fast trocken liegenden Yacht und macht sich am nächsten Morgen gegen 0800 Uhr mit seinem Reisepaß und den Schiffspapieren auf den Weg zur nächsten Ansiedlung, um Hilfe zu holen.

Aber er muß sechs Stunden tippeln, bis er in dem öden Hinterland einer so reizvollen Küste die ersten Menschen findet. Es sind Soldaten in einem Militärlager, und das ganze Land gehört zu einem weiträumig abgesperrten und wegelosen militärischen Übungsgebiet. Fast eineinhalb Stunden benötigen die hier stationierten Panzeroffiziere, um anschließend mit Vollmering an die Strandungsstelle zurückzukehren und über eine mögliche Bergung der SNOOPY zu diskutieren. Ihre Meinung ist einhellig: Nur von See aus könnte sie gerettet werden. Von Land aus können weder Kräne operieren noch Tieflader zum Transport in die Nähe gebracht werden. Und Hubschrauber zum Heben der Yacht dürfen hier nicht arbeiten – der Strandungsort liegt im Sperrgebiet. Da die gestrandete Yacht nur etwa 20 Meter vom tiefen Wasser entfernt liegt, könnte sie mit Hilfe eines Schwimmkrans gehoben und abtransportiert werden. Aber ein solches schwimmendes Gerät ist an der Küste nicht stationiert, und die Verlegung hierher wäre zu teuer. Aber die Werft in Cagliari bietet eine andere Möglichkeit an:

Sie will die auf der Seite liegende Yacht mit Hilfe von aufblasbaren Auftriebskörpern aus Gummi erst einmal anheben, dann Stahlplatten zwischen Felsen und Rumpf legen und den Rumpf auf einem solchen Schlitten von zwei Schleppern wieder in tiefes Wasser ziehen lassen, wo man die SNOOPY dann aufrichten, auspumpen und zum nächsten Hafen Sant' Antioco abschleppen könne.

Diese Bergung von See aus wollen wir einmal im einzelnen verfolgen und dabei auch die Risiken und unvermeidlichen negativen Begleiterscheinungen registrieren, die heutzutage mit einer Strandung verbunden sind und die jeden Strandungsfall auch dann in die Nähe eines Totalverlustes bringen, wenn an der Yacht selbst beim Festkommen nur relativ geringe Schäden entstanden sind.

Die Vorbereitungen der Bergung erfolgen zügig; denn jeder Tag, den die SNOOPY länger in der Brandung auf den Felsen liegt, beschädigt den Rumpf mehr und

mehr. Aber als die Bergungskolonne, die aus zwei Fischerbooten und einem Begleitfahrzeug besteht, endlich am 24. April gegen 1600 Uhr am abgeschiedenen Unfallort eintrifft, stellt sie einen zwischenzeitlich eingetretenen Schaden fest:
Die SNOOPY ist – unerwartet – gründlich ausgeraubt worden: Anker mit Ketten, Festmacher, Fallen und Schoten, Segel, Batterien, natürlich alle nautischen Geräte – kurzum: Alles, was transportabel und demontierbar war, ist verschwunden. Dazu gehörten der Einbaumotor, die Ankerwinsch und natürlich alle Schotwinden, die abgeschraubt wurden – ja, selbst aus den Dieseltanks ist der Kraftstoff abgepumpt worden. Die Tatsache, daß die Wrackräuber auch alle Seekarten des Mittelmeers, die dazugehörigen nautischen Handbücher, die Hafenhandbücher von Spanien und Italien und zu jedem gestohlenen Gerät die Bedienungsanleitung mitgehen ließen, legt den Verdacht nahe, daß hier Yachtprofis am Werk waren, die sich nicht nur für den Eigenbedarf bedienten.
Als Vorbereitungen des Abschleppens vom Strand hat die Bergungscrew daher nur noch den Rest der an Bord gefundenen Ausrüstungsteile einzusammeln und auf einem der vor Anker liegenden Boote unterzubringen. Dann befestigt sie um den Kiel und unter dem Rumpf zwei große aufblasbare Auftriebskörper und zwei weitere beidseitig an der Propellerwelle. Anschließend wird eine Eisenplatte unter den Kiel geschoben und eine zweite (mit Ösen) unter den Bug gebracht. In den Zwischenraum zwischen Rumpf und Stahlplatten legt man dann eine große Kunststoffrolle, auf der der Rumpf dann ohne weiteren Schaden zu nehmen in das Wasser rollen kann. Das Ziehen selbst sollen zwei Fischerboote besorgen, die vor dem Strand liegen und deren Schleppleinen mit der Stahlplatte unter der Yacht verbunden sind. Zusätzlich ist noch eine Schlepptrosse beidseitig von vorn bis achtern um den Kiel gelegt. Ihre Tampen laufen in einer Hahnepot etwa 50 m vor dem Bug zusammen. Anschließend füllt man die Yacht mit allen verfügbaren Auftriebskörpern, darunter mehreren großen Lastwagenschläuchen, den Bootsfendern und leeren Kanistern aller Art und Größen. Auch die Rettungsinsel wird in der Kajüte aufgeblasen.
Man hat die Abendstunden für die Bergung gewählt, weil sich die See dann erfahrungsgemäß mehr beruhigt hat, und so beginnt das eigentliche Abschleppen erst um 1800 Uhr. Beide Fischerboote ziehen zur gleichen Zeit an, aber sie müssen mit voller Kraft ziehen, ehe sich die SNOOPY zu bewegen beginnt. Gehorsam dreht sich der Bug in Richtung zur See, rollt auf die Eisenplatte, und dann rutscht der Rumpf über den Felsengrund in tiefes Wasser, wo er sich aufrichtet. Da sich die Leckstellen unter Wasser befinden und eine provisorische Abdichtung nicht möglich ist, läuft die SNOOPY in wenigen Minuten voll Wasser. Da die Auftriebskörper ein Sinken verhindern, ragen schließlich der Bug noch etwa 20 und das Heck etwa 80 Zentimeter aus dem Wasser.
Als gegen 1930 Uhr der Schleppzug seine Fahrt nach Sant' Antioco antritt, ist der

Bug ganz unter Wasser gesackt, weil offenbar die losen Auftriebskörper im Inneren verrutscht sind. Die um den Kiel gelegte Schlepptrosse wird nun dicht hinter dem Heck eines der beiden Fischerboote belegt, und zur Sicherheit bringt man noch weitere Leinen vom Unterwasser-Anhang zum Schlepper aus und belegt sie dort an verschiedenen Pollern und Klampen. Aber schon beim Anschleppen des Fischers sinkt der Bug der SNOOPY durch den Fahrtstrom noch tiefer unter Wasser. Alle Versuche schlagen fehl, ihn höher anzuheben, und der Fischer fürchtet auch, daß seine Schlepp-Poller bei zunehmender Belastung brechen könnten. So muß mit einer Trossenlänge von 20 Metern mit 2 Knoten Fahrt geschleppt werden – mit nicht nur untergetauchtem Bug, sondern auch einem bis zur Plicht überfluteten Deck. Nur ein Stück vom Heck lugt noch aus dem nachtdunklen Wasser.
Gegen 0030 Uhr platzt einer der Schwimmkörper. Zwar stoppt der Fischer sofort seine Fahrt, aber ohne dynamischen Auftrieb rutscht die Yacht sofort bis zur oberen Saling in die Tiefe. Geistesgegenwärtig geht der Fischer sofort auf „voll voraus“, verhindert das völlige Absinken und hebt den Rumpf wieder bis zur unteren Saling an. In diesem Schwimmzustand kann die SNOOPY trotz ihres jetzigen Tiefgangs von wohl acht Metern sicher in den Hafen von Sant' Antioco geschleppt werden, weil die Wassertiefe auf ihrem Kurs zwischen 10 und 20 Metern beträgt.
Beim Anlegen um 0430 Uhr bleibt der Bug zwei Meter unter Wasser, das Heck wenige Zentimeter. Ein Mobilkran wird eingesetzt, um den Bug etwas anzuheben und ihn bis zum Morgen auf einer sicheren Höhe festzuhalten. Gegen 0800 Uhr legen die Werftarbeiter Gurte um den Rumpf der Yacht, so daß der Kran ihn einen halben Meter aus dem Wasser heben kann. Dann werden elektrische Pumpen eingesetzt, um den Innenraum leerzupumpen, und bei langsamem weiterem Anheben des Rumpfes im Kran kann der Rumpf durch die entstandenen Lecks endlich leerlaufen. Die weitere Kranarbeit bis zum Absetzen der Yacht auf einem Transportgestell ist Routine.
Eine solche Bergung erfolgt nicht ohne Risiko. Die Berger selbst bewerten ihre Erfolgschancen auch nur mit 50 %. Aber an solchen entlegenen Strandungsplätzen stellt sie die einzige (und auch kostengünstigste) Möglichkeit dar, die Yacht doch noch zu retten und sie nicht ihrem Schicksal endgültiger Zerstörung durch die See zu überlassen. Die völlige Überflutung der Innenräume verursacht bei einer heutigen Serienyacht, bei der auch fast alle Innenteile und Einbauten aus wasserfesten Kunststoffen gefertigt sind, keine zusätzlichen Schäden als jene, die dort nicht ohnehin durch Abriß oder Stauchung beim eigentlichen Schadensereignis – der Strandung und den Bewegungen des gekrängten Rumpfes in der Brandung – schon entstanden waren.
Die SNOOPY segelt wieder, aber bis zu ihrer Wiedergeburt mußte sie – im wahrsten Sinne des Wortes – einen langen Weg zurücklegen: Sie wurde von Sardinien auf dem Wasser- und Landwege zur Reparatur in ihre norddeutsche Werft verfrachtet.

„Mildernde Umstände“ durch Fehleinschätzung der eigenen Kräfte zugebilligt

Maldwin Drummond in Miami war der Voreigner der SARAH gewesen. Für den pensionierten Polizeioffizier war die 1978 in Taiwan gebaute 21-m-Ketsch zehn Jahre lang sein ganzer Stolz. In letzter Zeit hatte er sie jedoch nur wenig bewegt: Sie war zu groß, und er war zu alt, und da der hochseetüchtige Klipper mit seinen 170 m^2 Segelfläche und seinem 120-PS-Dieselmotor seine Tage nicht weiterhin als Wohnschiff in einer Marina am Intracoastal Waterway verbringen sollte, bot er den Seekreuzer zum Verkauf an – in gute Hände, wie er wünschte.
Käufer der 40 Tonnen schweren Ketsch, für die Maldwin Drummond ja immerhin 140 000 Dollar (etwa 210 000 DM) forderte, wurde im Herbst 1990 das noch junge deutsche Ehepaar Merkel. Helmut Merkel, ein Mittdreißiger, gab an, er hätte seinen Supermarkt in München verkauft (doch stellte sich später heraus, daß es nur ein Trödelladen war), und die zehn Jahre jüngere und erst kürzlich verheiratete Hilde erzählte, sie hätte das geerbte väterliche Speditionsgeschäft veräußert (dabei war sie offenbar nur Taxi gefahren).
Aber wie dem auch sei: Die Merkels bezahlten den Kaufpreis in bar, steckten noch einmal gut 30 000 Dollar (etwa 45 000 DM) in moderne Navigationsmittel wie GPS, Radar, Loran sowie zusätzliche Ausrüstungsteile hinein und warteten vor der Ausreise aus den USA nur noch auf die Übersendung des Internationalen Bootsscheins für Wassersportfahrzeuge vom Deutschen Segler-Verband aus Hamburg sowie auf die Bestätigung ihrer Kasko-Versicherung. Aber mit ihr gab es Schwierigkeiten:
Zwar hatte Helmut Merkel schon ein paar Jahre vorher in einem Rutsch den Sportbootführerschein See, das Allgemeine Sprechfunkzeugnis für den Seefunkdienst und (auf einem Lehrgang in München) auch das Sportseeschifferzeugnis erworben, aber als er die gerade gekaufte SARAH für weltweite Fahrt mit 500 000 D-Mark versichern wollte, paßte doch der Versicherungsmakler. Nach seiner Meinung schien für Merkel und seine Frau, die offenbar gar keine Bordpraxis hatte, das Segelunternehmen für diese Ehepaar-Crew allein eine Nummer zu groß zu sein.
Denn auf dem entsprechenden Fragebogen der Versicherung hatte Merkel zwar als Segelerfahrung „10 000 Seemeilen“ angekreuzt und (wahrheitswidrig) auch den BK-Schein des DSV angegeben, für den immerhin ein Nachweis gesegelter Meilen und somit Segelpraxis gefordert wird, und er hatte sogar (ebenfalls wahrheitswidrig) den Sporthochseeschifferschein angegeben, aber die Frage: „Wie lange besitzen Sie schon eine eigene Kielyacht?“ hatte er (richtig) mit „noch keine“ beantwortet. Ob die SARAH mit Chartergästen segeln sollte, hatte er offengelassen – obwohl bereits Prospekte verteilt waren, in denen sie – „bei Buchung der ganzen Yacht 6000 DM pro Woche“ und „zum Mitsegeln pro Person 1000 DM pro Woche zuzüglich Hafengebühren, Verpflegung und Steuer“ – als Charteryacht angeboten wurde.

Bei einem neuerlichen Versicherungsantrag an anderer Stelle, den jetzt beide Eigner stellten, beließen sie es daher bei der Hälfte der ursprünglichen Summe, die auch dem realen Wert der Yacht entsprach, erhielten nach Zahlung der ersten Jahresprämie ihre Versicherungspolice – und segelten anschließend, bei Jahresbeginn 1991, unverzüglich los. Denn die SARAH sollte von ihnen allein über die Bahamas und die karibischen Inseln nach Trinidad und dann über den Atlantik zu den Kanaren (eine wahrlich ungewöhnliche oder gar unmögliche Route) sowie weiter ins Mittelmeer bis zur türkischen Küste gesegelt werden, wo die angebotenen Charterfahrten bereits im Frühsommer stattfinden sollten.

Auch erfahrene Segler kennen die Grenzen der körperlichen Leistungsfähigkeit und bemessen daher Bootsgröße und Segelfläche auf ein vertretbares Maß, das bei alleinsegelnden Ehepaaren und unter Benutzung von (handbedienten) Rollreffanlagen (für alle Segel), kräftigen selbstholenden Schotwinschen, einem elektrischen Ankerspill für das schwere Buggeschirr und einem leistungsstarken Dieselmotor sowie letztlich auch unter Berücksichtigung seemännisch sicherer Hafen- und Ankermanöver bei maximal 12 bis 15 m Bootslänge, 20 Tonnen Bootsgewicht und 100 m^2 Amwind-Segelfläche liegen sollte.

Die doppelt so schwere SARAH mit der fast doppelt so großen Segelfläche war in dieser Hinsicht zumindest „unterbesetzt", und wenn es dann einem der Partner (oder sogar beiden) noch an Kraft und Erfahrung mangelt, war sie schon für das Durchsegeln der Bahamas nicht seefähig. Diese simple seemännische Einsicht gewannen nur alle Beteiligten leider erst, als es zu spät war – als „Anfangsverschulden":

Denn als Helmut und Hilde Merkel am 18.2.1991 um 2230 Uhr Miami verließen, um über die 40 sm breite Floridastraße die Bahamas zu erreichen, hatten sie die SARAH gerade einmal zwei Nachmittage mit dem Voreigner im Binnenweg und vor der Küste unter Motor bewegt. Das Halsen mit dem 70-m^2-Großsegel hatte Voreigner Drummond schon seit Jahr und Tag nicht mehr gemacht. So unterblieb es auch bei diesen Probefahrten. Und das Wenden zeigte er ihnen nur mit Motorhilfe. Denn dazu mußte die 90-m^2-Rollreffgenua um mindestens die Hälfte der Fläche eingerollt werden, weil sich andernfalls das Schothorn mit den Schoten nicht zwischen den beiden Vorstagen hindurchführen ließ.

Die SARAH mit ihrem 22 Meter hohen Mast war natürlich mit einem unterteilten Vorsegeldreieck geriggt. Am inneren Fockstag ließ sich eine Selbstwendefock von etwa 50 m^2 setzen, die jedoch noch an der Seereling verzurrt und mit ihren Stagreitern nicht angeschlagen war. Am sympathischsten war den neuen Eignern der 20 m^2 große Besan, weil er sich am leichtesten setzen und mit der geringsten Muskelkraft führen ließ.

Die erste Etappenfahrt zu ihrem Fahrtenziel, der etwa 1400 Seemeilen entfernten Insel Trinidad, führte die SARAH, nur unter Motor und im Pulk einiger anderer Yachten, bis zur Insel Great Isaac, wo sie nach einer Nachtfahrt am 19.2. gegen

Mittag hinter einigen Fischerbooten vor Anker ging, um den Durchzug einer Gewitterfront abzuwarten.
Nachdem auch alle Fischerboote ausgelaufen waren, verließen die Merkels am Morgen des 20.2. ebenfalls den Ankerplatz mit dem nächsten Etappenziel, Berry Island. Durch starken und ungünstigen Strom schafften sie, wieder nur unter Motor, bis kurz vor Dunkelwerden aber nur einen Teil der Distanz, nämlich 20 sm, und liefen daher den Ankerplatz vor dem Inselchen Stirrup Key an, wo sie, abermals unter Fischerbooten, auf sechs Meter Wasser die Nacht verbrachten. Am 21.2. bei Hellwerden ging es wieder ankerauf, und es beginnt der zweite Versuch, Berry Island zu erreichen. Da wenig Wind weht, läuft die SARAH bei glatter See weiterhin nur unter Motor und ankert gegen 1630 Uhr vor der Insel.
Zusammengefaßt also: Hilde und Helmut Merkel haben in den ersten vier Tagen ihres Törns die Segel der SARAH nicht ein einziges Mal ausgepackt. Sie haben auch keine Anstalten gemacht, alle Fallen und Schoten einmal in die Hand zu nehmen. Sie haben unter Segeln nicht ein einziges Manöver gefahren. Sie haben die Selbstwendefock, das wohl wichtigste Arbeitssegel, nicht einmal angeschlagen.
Am Morgen des 22.2. lichtet die SARAH vor Berry Island den Anker und läuft mit Ostkurs in Richtung der etwa 50 sm entfernten Nordspitze von Eleuthera Island. Merkel wählt nicht den üblichen Yachtweg über Nassau im Süden und das in Lee der ca. 90 sm langen und spindeldürren Insel gelegene Flachwassergebiet, aus dem man anschließend in das geschützte Segelrevier mit tiefem Wasser zwischen den Inseln bis nach Haiti weiterlaufen könnte, sondern entscheidet sich für den rauhen, vom auflandigen Ostpassat geprägten Außenweg, um in einem Rutsch das etwa 200 sm entfernte San Salvador zu erreichen.
Das bedeutet: Die Crew muß jetzt sofort in den mehrtägigen Tag-und-Nacht-Rhythmus des Ozeansegelns übergehen, ohne daß sie sich vorher wenigstens einige Tage lang überhaupt einmal an einen Bordrhythmus unter Segeln und im Seegang gewöhnt hat. Aber auf dem Innenweg leewärts von Eleuthera nach Süden hätte Skipper Merkel Kurse nach Kompaß steuern, terrestrisch navigieren und beim Überqueren von zwei Barren sogar die günstigste Passierzeit nach den Gezeiten berechnen müssen – und diese Verpflichtungen entfielen bei Kursen „außen herum“ natürlich.
Aber lassen wir die weiteren Ereignisse Skipper Helmut Merkel selbst erzählen: „Bis Mittag mit Motor, dann alle Segel gesetzt und bei 10 Knoten Wind weiter mit Ostkurs. Um 1930 Uhr Eleuthera Nordspitze querab, nach Radar 14 sm entfernt. Laufen weitere 30 sm Ostkurs, dann am 23.2. um 0130 Uhr Kurswechsel auf Südost, Richtung San Salvador. Wind dreht auf Ost und frischt auf 15 kn auf. Um 0500 Uhr weiter auffrischender Wind. Bergen das Groß und laufen unter 50 % Rollreffgenua und Besan. Der Seegang bei NW-Strom von ca. 2,5 Knoten wird ruppiger.“
Die SARAH ist also hoch am Wind die Nacht durchgesegelt und nach Mitternacht weit vor der Küste, aber an ihr entlang, auf einen raumeren Kurs gegangen. Bei

dem weiter rechtdrehenden Wind bringt sie dieser Amwindkurs nun aber zunehmend näher an die Küste der Insel Eleuthera heran, und um die für die Crew unsympathischen Bootsbewegungen etwas zu mildern, wird am Morgen die Segelfläche verkleinert und der Yacht damit etwas von ihrem Vermögen genommen, kräftig gegenanzubolzen. Man bedenke dabei auch, daß das Seglerpaar nach der wohl gemeinsan durchwachten vorangegangenen Nacht unter Segeln müde geworden war.

„Am 23.2. um 0730 Uhr Ostnordostwind, 20 Knoten, böig, See ca. 3,00 m hoch, in Intervallen höher", berichtet Skipper Merkel weiter. „Ändern um 1100 Uhr Kurs nach Süden in Richtung Nordspitze Cat Island, da sich Wetter weiter verschlechtert. Wir beabsichtigen jetzt, zwischen der Südspitze von Eleuthera (Eleuthera Point) und der vorgelagerten Insel Little San Salvador hindurch auf die Leeseite der Insel Eleuthera zu kommen, um eine Wetterbesserung abzuwarten. Distanz zum Land nach Radar 10 Seemeilen."

Die SARAH steht jetzt in Höhe von Palmetto Point, wo die schmale, niedrige Sandinsel mit ihren vorgelagerten Korallenriffen aus einer Südostrichtung in eine Südrichtung übergeht. Das dortige niedrige, nur selten bis 15 m hohe Hügelland mit seinen vorgelagerten Untiefen bietet eigentlich keine Küstenkontur für eine zuverlässige Abstandsbestimmung mit Radar. Die vorgelagerten Sandbänke und Riffe werden ohnehin nicht vom Radar erfaßt. Außerdem wird die große Yacht auf den nächsten 30 Seemeilen an der Küste entlang und bei auflandigem Wind zwangsläufig näher an sie herankommen.

„In den folgenden Stunden merkten wir, daß wir zu nahe an die Küste getrieben wurden", berichtet denn auch Skipper Merkel. „Wir versuchten, uns freizusegeln, und gingen so hoch wie möglich an den Wind. Als wir feststellten, daß wir gegen Wind, Strömung und Wellen nicht ankamen, versuchte ich, den Motor zu starten, was mir nicht gelang. Ich kontrollierte den Motorraum, konnte aber nichts feststellen. Inzwischen waren wir der Küste noch näher gekommen. Ich versuchte immer wieder, den Motor zu starten. Ohne Erfolg! Kontrollierte auch alle Filter, konnte auch da nichts feststellen."

So unvermeidlich, wie sich die SARAH auf diesem Kurs parallel zur Küste immer näher und gefährlicher an sie annäherte, so einfach wäre es gewesen, durch ein einfaches Wendemanöver auf den anderen Bug zu gehen und auf einem sicheren, für Stunden ungehinderten Kurs vierkant von ihr hinweg auf die freie See zu steuern. Noch gut 100 Seemeilen von seinem Ziel San Salvador entfernt, hätte der Skipper dann auch unendlich viel Zeit für alle weiteren nautischen und seemännischen Entscheidungen gehabt – vielleicht sogar für das Beidrehen, damit sich die gestreßte Crew ausschlafen könnte. Aber ohne Motor glaubte Merkel nicht wenden zu können, und da auch das Halsen für die Crew zu gefährlich schien (einmal das Manöver selbst und dann ein damit verbundener minutenlanger Kurs in Richtung Küste), hielt er den lebensgefährlichen Kurs durch.

„Plötzlich hatten wir eine kurze Grundberührung", heißt es dann auch in seiner Verklarung. „Wassertiefe 50–70 Fuß (15–20 m). Entfernung zum Land ca. 4 sm. Danach wurde es wieder tiefer, über 100 Fuß; unser Tiefenmesser zeigt leider nur zweistellige Tiefen in Fuß, d. h. bis ca. 33 m an. Wir dachten, wir schaffen es, uns freizusegeln. Wind und Seegang hatten weiter zugenommen. Doch dann hatten wir starke Grundberührung. Ich setzte sofort den Anker. (Motor sprang immer noch nicht an.) Nachdem wir starken Wassereinbruch hatten, setzten wir MAYDAY über Grenzwelle ab. Nassau Radio hörte uns, konnte aber nichts verstehen, da sehr schlechter Empfang.
Als der Salon unter Wasser stand, verließen wir das Schiff und schwammen an die Küste (unser Beiboot war auch leckgeschlagen). Hier wurden wir am nächsten Morgen gefunden."
Ende eines Segeltörns mit einer großen, teuren Yacht. Dauer: fünf Tage. Distanz: 200 Seemeilen. Davon unter Segel: 25 Stunden. Und wer sollte das bezahlen? Wer sollte für diesen völlig unbegreiflichen Strandungsfall geradestehen? Natürlich die Kasko-Versicherung, die das Ehepaar Merkel nur wenige Tage vorher abgeschlossen hatte. Aber muß die Versicherung für den Totalverlust einer 21-m-Yacht eintreten, bei deren Beherrschung die beiden Eigner sowohl nautisch wie yachttechnisch und erst recht seemännisch und seglerisch von Beginn an nachweislich überfordert waren? Dies zu klären und zu beweisen würde ein langwieriger und teurer Prozeß werden.
Zuerst mußte überhaupt einmal bewiesen werden, daß die beiden nackten Personen, die am Abend des 23.2. in Eleuthera an den Strand krochen und am anderen Morgen von den Bewohnern gefunden wurden, wirklich von einer gestrandeten Yacht kamen. Denn sie trugen zwar in einem Beutel (bezeichnenderweise) die Versicherungspolice, den Kaufvertrag und die Schiffspapiere der SARAH um den Hals, aber die sonstigen Wertsachen nebst Pässen in einem anderen Beutel waren auf der 1000-m-Schwimmstrecke von der gestrandeten Yacht zum Ufer verlorengegangen.
Aber von der an der Strandungsstelle gesunkenen Yacht war wenigstens noch die Spitze des Großmastes zu sehen, die etwa fünf Meter über das Wasser ragte. Wrackteile waren nur wenige an den Strand geschwemmt worden, und insbesondere verwertbare Stücke aus Edelholz hatten schnell den Weg in die einfachen Behausungen der Inselbewohner gefunden. Aber diese Beweise waren dem Ortspolizisten als Strandhauptmann ausreichend, der SARAH einen offiziellen Totenschein auszustellen und die Strandung auf jenem Punkt zu bestätigen, den der Skipper Helmut Merkel mit einem Kreuz markierte: auf einem unterseeischen Korallenriff, 0,5 sm östlich vom Strand und 1,0 sm nördlich des Leuchtfeuers Eleuthera Point. Dies war eine gewichtige und aussagekräftige Position.
Denn als Hilde und Helmut Merkel wenig später die Versicherung zur Zahlung der vereinbarten Summe aufforderten, verweigerte sie die Ausschüttung wegen grober Fahrlässigkeit und begründete diese so:

- Die Strandung geschah auf einem Unterwasser-Riffgürtel, der der Küste unmittelbar vorgelagert und auf allen Seekarten jedweden Maßstabs deutlich verzeichnet ist.
- Die SARAH befand sich um 1100 Uhr etwa 10 sm ostwärts vom Palmetto Point und steuerte einen sicheren Ostsüdostkurs nach San Salvador mit zunehmender Distanz von der Eleutheraküste, als sich der Skipper entschloß, nunmehr weiterhin hoch am Wind auf einen Südkurs in Richtung auf die gut 30 sm entfernte und immerhin 10 sm breite Enge bei der Insel Little San Salvador zu gehen, der ihn zunehmend näher an die Küste heranführte und auf dem die Yacht schließlich strandete.
- Der Wetterbericht des Marine Forecast Centre in Nassau für den 23.2.1991 gibt für den Bereich Eleuthera an: vormittags von Nordost auf Ost drehender Wind bis 15 Knoten (Bft 4); nachmittags von Ost auf Südost drehender Wind 20 Knoten (Bft 5). Windrichtung und Windstärke waren für die SARAH also weder ungünstig noch gefährlich, wenn richtige seglerische und navigatorische Entscheidungen getroffen worden wären.
- Auf einem Amwindkurs mit Ostsüdostwind mußte die SARAH zwangsläufig näher an die Küste und schließlich in eine Legerwall-Situation kommen, wenn man das Ziel zum Durchsegeln der Enge beibehielt. Wenn der Skipper dann noch feststellt, daß er „gegen Strom und Seegang nicht mehr ankommt“, hätte er auf diesem 30-sm-Kurs frühzeitig und ganz selbstverständlich wenden, auf den anderen Bug gehen, einen sicheren Ostkurs auf die freie See hinaus wählen und seine weiteren Entscheidungen über die Kurswahl später in sicherem Abstand von der Küste treffen müssen.
- Durch das unveränderte Beibehalten des Südkurses und das Unterlassen des Wendens (oder Halsens statt Wenden) verstieß der SARAH-Skipper gegen die erforderliche Sorgfalt, und sein nautisches Fehlverhalten, das schließlich zum Stranden und zum Totalverlust führte, ist unentschuldbar.

Ein Zivilprozeß war also unvermeidlich, und wer bei der öffentlichen Sitzung des Gerichtes zur Verhandlung dieses Versicherungsfalles der Vernehmung des SARAH-Skippers beiwohnte, konnte folgenden erstaunlichen Dialog vernehmen, der wohl am besten die seglerischen Kenntnisse Helmut Merkels offenlegt:
„Ich kann Ihnen überhaupt nicht sagen, wie groß die einzelnen Segel waren. Ich kann das nicht einmal grob sagen. Ich weiß nur, daß man mir gesagt hat, das ganze Schiff habe 170 m^2.“
„Die Baumfock war nicht angeschlagen. Sie war vorne festgebändselt. Ich hatte aber die Stagreiter vom Vorstag gelöst. Um die Baumfock setzen zu können, hätte ich die Stagreiter anschlagen müssen. Ich wußte aber nicht, welches die oberen und die unteren Stagreiter waren.“
„Ich habe bei jeder Wende mit der Rollgenua den Motor zu Hilfe genommen, anders wären wir nicht durch den Wind gekommen. Auf dem Kurs nach Süden wollte ich nicht wenden, es gab gar keine Veranlassung dazu.“

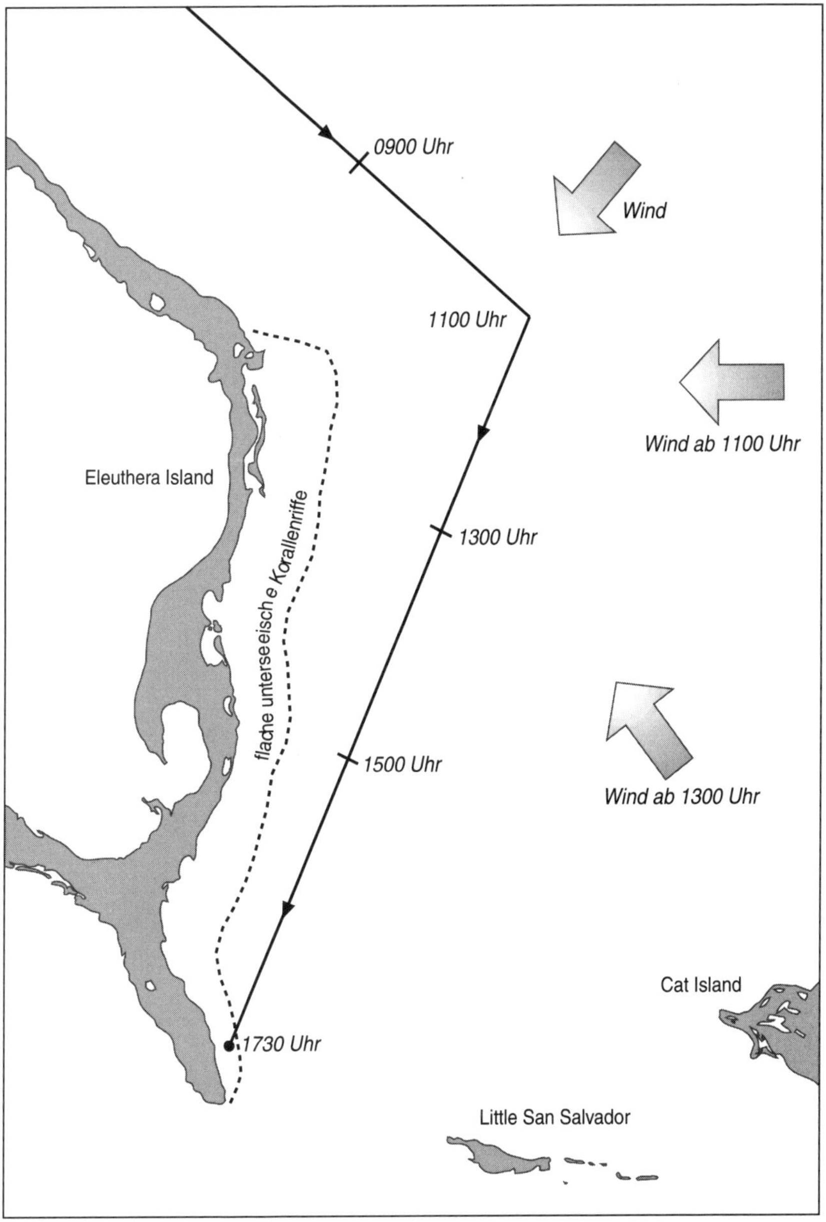

Der völlig unbegreifliche Unglückskurs der SARAH *auf Legerwall entlang der Ostküste der Bahama-Insel Eleuthera, auf dem sich die Crew bei gutem Segelwind weder zu wenden noch zu halsen getraute, und die Position der Strandung auf den Korallenköpfen und des endgültigen Sinkens der Yacht.*

„Meine Frau hatte keinen Segelschein, aber ich war schon mehrfach vorher mit ihr gesegelt. Sie konnte Ruder gehen, eine Schot loßschmeißen und auch die Großfallwinsch bedienen, aber das war immer nur bei schönem Wetter."
„Die Sicht war schlecht, es war diesig. Es konnte auch die Gischt gewesen sein. Jedenfalls sah ich nur grobe Umrisse von der Küste. Aber ich hatte ein Radar-Echo."
„Das Radargerät hatte verschiedene Bereiche, die man einstellen konnte. Ich halte es für ausgeschlossen, daß ich mich bei den Distanzringen vertan habe. Wenn ich nichts auf dem Bildschirm sah, habe ich den Bereich erweitert." (Auch die Radarmessungen erfolgten also nur auf gut Glück!)
„Ich habe auf dem Kurs nach Süden ab 1100 Uhr nie eine Peilung vorgenommen, sondern immer nur den Abstand mit dem Radar festgestellt."
„Das Echolot war ständig eingeschaltet, auch in tiefem Wasser. Aber es zeigte nur Tiefen unter 100 Fuß (33 m) an."
„Das an Bord befindliche Seekartenwerk haben wir am Strandungstag nicht benutzt, weil das betreffende Gebiet darin nicht enthalten war. Auch ein anderer Kartensatz enthielt das Gebiet der Südspitze von Eleuthera nicht."
„Zwischen dem ersten Startversuch des Motors und der ersten Grundberührung vergingen etwa 40 Minuten. Meine Frau steuerte in der Zwischenzeit. Aber sie kriegte es nicht so recht in den Griff mit der Luvgierigkeit. Das Schiff lief in den Böen aus dem Kurs." (40 Minuten vergingen also ungenutzt für den Versuch des Wendens oder Halsens.)

Eines der wenigen größeren Teile, die die See von der zerschellten SARAH preisgab und die die Bewohner der Insel Eleuthera nicht für eigene Zwecke gebrauchen konnten.

„Zwischen der ersten und der zweiten Grundberührung vergingen etwa 90 Minuten. Ich habe nach der ersten Grundberührung noch einmal versucht, den Motor zu starten.“ (Weitere 90 Minuten vergingen also seglerisch ungenutzt.)
„Nach der ersten Grundberührung und der Erkenntnis, daß die bisherige Positionsbestimmung falsch gewesen sein mußte, geriet ich in Panik.“
„Hierzu trug auch bei, daß meine weniger erfahrene Frau und Mitseglerin erkennbare Angst vor einem Schiffsunfall hatte. Sie war mir daher bei der Schiffsführung kaum eine Hilfe.“
„Ich war schon überfordert mit den Versuchen, den Motor in Gang zu setzen und gleichzeitig das Schiff auf Kurs und in Fahrt zu halten. Vor dem Segelwechsel schreckte ich zurück, weil ich auch in meiner panisch reagierenden Ehefrau keine Hilfe mehr fand.“
„Nach der ersten Grundberührung wurde ich von der Aufregung und Angst meiner Frau so angesteckt, daß ich zu nichts anderem mehr in der Lage war, als die SARAH hoch am Wind zu halten – in der Hoffnung, die angesteuerte Durchfahrt doch noch ohne abermalige Grundberührung zu erreichen.“
„Angst habe ich zu Beginn dieses Unglücks-Nachmittags nicht gehabt, aber eine gewisse Streßsituation war da“, sagt Helmut Merkel auf nochmalige Nachfrage vor Gericht. „Ohne Motor fühlte ich mich hilflos. Vor dem Halsen fürchtete ich mich, weil es zu schwierig und gefährlich war und ich dabei direkt auf das Land hätte zuhalten müssen. Eine Wende traute ich mir nicht zu, da ich Angst hatte, die Fahrt völlig zu verlieren und zu stranden. Ich wagte auch nicht abzufallen, um für ein Wendemanöver mehr Fahrt zu gewinnen, weil ich fürchtete, dabei noch weiter an Land und in die Nähe des Riffs zu geraten. Also hielt ich den Kurs hoch am Wind durch in der Hoffnung, an der Südspitze der Insel doch noch vorbeizukommen.“
Aber über zwei Seemeilen ostwärts der sichtbaren Landspitze und gut fünf Seemeilen an der Insel entlang nach Norden erstreckt sich ein unterseeisches Korallenriff, das in der Seekarte deutlich verzeichnet und bei ihrem zweifarbigen Druck auch als gefährlicher Flachwasserbereich unübersehbar ist. Ihr Kurs führt die SARAH unaufhaltsam in dieses Gebiet hinein, und es muß daher nur eine Frage der Zeit bleiben, wo und wann sie auf einen der gefährlichen Korallenköpfe auflaufen wird.
Korallenriffe sind ja nicht tote, unförmige Felsbarrieren, sondern lebende Bauwerke in vielfältigen äußeren Formen. Aus einem festen Fundament auf 5–10 m Wassertiefe sind Korallenköpfe als breite Säulen emporgewachsen, die regellos und mit unterschiedlichen Abständen auf dem Riffgrund stehen und bis dicht unter die Wasseroberfläche reichen. Wenn die Sonne hoch am Himmel steht und ein guter Ausguck im Mast auf der Saling sitzt, kann man sich mit der bekannten „Augapfelnavigation“ von den gefährlichen Korallenköpfen freihalten und über die tieferliegenden Riffe selbst hinübersegeln.
Für Merkel kam dies nicht in Frage. Aber die Existenz der Korallensäulen über

dem eigentlichen Riff war der Grund, warum er zuerst nur mit dem Kiel und nur kurze Zeit auf einem (wohl zwei Meter unter der Wasseroberfläche stehenden) Korallenkopf festkam und anschließend in dessen Umfeld wieder gut 10 m tiefes Wasser loten konnte. Doch er verstand diese glückliche Warnung eine gute Stunde vor dem Ende der SARAH nicht. Und so strandete seine Yacht auf einem der nächsten Korallenköpfe, der sich nun höher in die Außenhaut bohrte.
Die SARAH blieb ja auch hier nicht, in der üblichen Art einer Strandung, auf der Seite und „hoch und trocken“ liegen, wie man sagt, sondern die langsam vollgelaufene Yacht kippte schließlich nur über, um auf eine Wassertiefe von gut fünfzehn Metern abzusacken.
Hier markierte ihr weit über das Wasser herausragender Großmast noch einige Tage lang die Untergangsstelle, die von der Polizei in die Karte eingetragen wurde, und so wurde wenigstens der Beweis erbracht, daß die beiden fast nackten Menschen, die anderntags die ersten Häuser am Strand betraten, wirklich von einer gestrandeten Yacht kamen.
Gerichtlich wurde schließlich ergänzend festgestellt, daß die Strandung der SARAH auch auf die zu kleine Segelfläche, die falsche Ablesung des Radargerätes und die defekte Maschine zurückzuführen war.
Nach seiner ersten Überlegung sah es das Gericht als unbestritten an, daß jede einzelne der nachgewiesenen seemännischen und nautischen Fehlleistungen von Helmut Merkel, die zur Strandung führten, als grob fahrlässig (und damit schuldhaft) zu werten sei – mit dem daraus resultierenden Verlust des Versicherungsschutzes. Nach der letzten Vernehmung kam es jedoch der Überzeugung näher, daß Merkel von Beginn an überhaupt nicht über die navigatorischen und seglerischen Fähigkeiten verfügte, die für das Führen einer so großen Yacht im schwierigen Seegebiet der Bahamas unerläßlich sind, und er bei Bewältigung der entstandenen Schwierigkeiten einfach überfordert war. (Er sei, salopp gesagt, für diese Einzelentscheidungen als nicht zurechnungsfähig anzusehen.)
Als grob fahrlässig könnte man ihm wohl nur zum Vorwurf machen, daß er in Fehleinschätzung seiner seemännischen, seglerischen und navigatorischen Fähigkeiten überhaupt seinen Seetörn durch die Bahamas mit der SARAH begann. Die Frage nach der groben Fahrlässigkeit müsse sich daher wohl nur auf dieses Anfangs-Verschulden und seinen Befähigungsmangel von Beginn an richten. (Und bei deren Erörterung könnte Merkel mit, wieder salopp, „mildernden Umständen“ und wenigstens einer Teilerstattung seiner Versicherungssumme rechnen.)
Nun, Merkel, der von Beginn an unerfahrene Skipper, konnte sich nach einem entsprechenden Vergleich nicht nur bei den wohlmeinenden Richtern bedanken, sondern sich für die verlorene SARAH wenigstens noch eine gebrauchte 10-m-Yacht kaufen. Aber der Traum vom großen Chartergeschäft war erst einmal ausgeträumt.

Und dies noch zum Schluß: Auch wer Segelscheine und Sportseeschifferschein besitzt, verfügt vor einem Gericht nicht ohne weiteres über die „navigatorischen und seglerischen Fähigkeiten zum Führen einer Yacht“ in einer bestimmten Größe und in einem gegebenen Seegebiet, auch wenn sie ihm (zum Beispiel vom DSV) auf einem Papier bestätigt wurden. Gewertet wird – im positiven wie im negativen Sinne – wohl ausschließlich die nachgewiesene Praxis als verantwortlicher Skipper. Daran werden sich die Yachtversicherer wohl künftig noch deutlicher orientieren, wenn sie einen neuen Eigner in ihren Versicherungspool aufnehmen. Denn wenn ein Gericht in einem Versicherungsprozeß auf „Anfangsverschulden“ plädiert und der Skipper bei einem teuren Totalverlust nur mit der „Vorwerfbarkeit der Fehleinschätzung der eigenen Fähigkeiten“ rechnen muß, wird es für den Versicherer teuer.

Bergeversuche erfolglos, weil der Bergelohn nicht reichte

Trotz orkanartiger Stürme, die jährlich die Costa del Sol an der spanischen Südküste überfallen und selbst die einheimischen Fischer schutzsuchend in den Häfen halten, wollte die Bremer Segelyacht SCHULITJE, ein fast neuer Hongkong-Klipper, im Februar 1988 den Hafen von Roquetas de Mar verlassen, um nach Gibraltar zu gelangen.
Mit nur seiner Ehefrau war die Yacht mit ihrem Skipper für einen solchen Wintertörn nicht nur unterbemannt. Auch den beiden Kleinkindern an Bord war die zu erwartende Sturmfahrt nicht zumutbar. So blieben die – jedermann von der Küste aus sichtbaren – Folgen nicht aus:
Bei auflandigem Wind konnte sich die SCHULITJE nach dem Auslaufen nicht weit genug von der Küste freihalten. Sie mußte einen Legerwall-Kurs steuern, mit dem sie auf den vorgelagerten Sänden bald Grundberührung erhielt und strandete. Mit gebrochenem Ruder und manövrierunfähig der starken Brandung ausgesetzt, war ihr Schicksal schnell besiegelt. Die Bootsfamilie konnte sich zwar – unverletzt – zu Fuß an den Strand retten, aber die von hilfreichen Fischern sofort eingeleiteten Versuche des Abbergens nach See wurden bald eingestellt: Der Eigner sagte, er könne den Bergelohn für die unversicherte, gerade drei Monate zuvor gekaufte Yacht nicht bezahlen.
So mußte der SCHULITJE-Skipper in den nächsten Tagen von seinem Notquartier am Hafen aus mit ansehen, wie nach Abflauen des Sturmes seine gestrandete Yacht mit Hilfe eines Sandbaggers ausgegraben und von der Barkasse des einheimischen Clubs Nautico Almerimar geborgen und in den Hafen geschleppt wurde. Wie lange sie hier als mahnendes Beispiel leichtsinniger Seemannschaft an Land lag, ist mir nicht bekannt. Es als aufgegebenes Wrack wieder auszulösen, wird seinen Eigner mehr als einen Bergelohn gekostet haben.

Aber alle – seemännischen wie finanziellen – Unbillen hätten sich ja wohl schon mit gesundem Menschenverstand vermeiden lassen – oder der Beachtung der wichtigsten Segler-Maxime: Bei Windstärken über Bft 5 (mit Kleinkindern über Bft 4) bleibt eine Ehepaar-Crew im Hafen und läuft nicht aus.

Strandung beim Einlaufen

Manche Segler glauben, nach dem Sichten der Molenköpfe oder der Hafenfeuer wären alle Gefahren der See überstanden, und das weitere An- oder Einsteuern bliebe nur noch simple, oft bewältigte Alltagsroutine. Dies ist ein Trugschluß; denn insbesondere der Seegang über einer Barre, die man auf der Karte gar nicht beachtet hatte, der Strom zwischen den Molenköpfen, der nicht nur von den Gezeiten, sondern auch von auslaufendem Flußwasser bestimmt wird, oder die falsche Identifizierung von Lichtern, nach denen man seinen Weg zum Liegeplatz sucht, können noch wenige Minuten vor dem Festmachen zu einer unerwarteten Katastrophe führen. Sie ist besonders tragisch, wenn sie durch höhere Gewalt verursacht ist.

Hätten sie sich falsch verhalten, wären sie noch am Leben

Wenn die Fahrtensegler an Nordamerikas Ostküste von Norden nach Süden gehen wollen, haben sie es einfach: Praktisch von Newport oder gar von Boston aus können sie dann die Bahamas erreichen, ohne mehr als hier und dort ein paar Stunden lang auf dem rauhen und gefährlichen Wasser des Atlantiks segeln zu müssen. Möglich macht diese sichere und oft gemütliche Binnenfahrt der Intracoastal Waterway, der an der mehrere tausend Meilen langen Küste entlangführt, oft nur durch unzählige schmale lange Inseln vom Ozean getrennt. Kein Wunder, daß Zehntausende von (nicht einmal seetüchtigen) Yachten hier jährlich in beiden Richtungen unterwegs sind.
Wer von Deutschland aus an der europäischen Küste entlang ins Mittelmeer oder noch weiter südwärts segeln will, muß statt dessen den rauhen Weg über die offene Nordsee, durch den tidenreichen Ärmelkanal, über die gefährliche Biskaya und an der seemännisch wie nautisch gleichermaßen schwierigen iberischen Küste entlang nehmen. Das ist immer ein rauher Seetörn, den nur erfahrene Besatzungen mit seetüchtigen Kreuzeryachten segeln können. Kein Wunder, daß ihn jährlich nur wenige Boote wagen. Für viele ist es dann auch der Test, ob sie für die Verwirklichung größerer Pläne taugen.

Die SANTANA von Lothar und Loni Graetz mit Heimathafen Berlin war ein seetüchtiges Boot vom Typ Amphitrite der französischen Werft Wauquiez, als gemäßigter Langkieler in Kunststoff neu gebaut mit den Abmessungen Lüa 13 m, Büa 4,20, Tiefgang 1,80 m, Segelfläche 90 m^2, Verdrängung 12 t und ausgestattet mit einem 45-kW-(61-PS-)Dieselmotor. Das Seglerehepaar, beide etwa 50 Jahre alt und seit mehreren Jahren mit Yachten vertraut, war im Frühsommer 1985 von der Elbe aus zu einem geplanten mehrjährigen Törn gestartet, der zuerst ins Mittelmeer und dann vielleicht weiterführen sollte. Schon früh trafen sie das Ehepaar Lausberg auf der LADY ANN, die von ihrem Heimathafen an der ostfriesischen Küste aus ähnliche Ziele ansteuern wollte.

Beide Boote „mackerten" einige Wochen entlang der spanischen und portugiesischen Küste, nachdem die SANTANA nicht quer über die Biskaya gegangen war, sondern in kleinen Etappen zuerst an der französischen und dann an der nordspanischen Küste entlanggesegelt war. Lothar und Loni Graetz waren dabei in eine Vielzahl von kleinen und größeren Tidenhäfen unter allen nur denkbaren Bedingungen von Wind, Strom und Seegang eingelaufen. Dabei hatten sie nicht nur für sich Erfahrungen im Umgang mit ihrem (jetzt schon nicht mehr neuen) Boot gesammelt, sondern sich auch in nahezu allen Bereichen seglerischer Praxis bewährt.

Ich mußte dies vorausschicken, obwohl man ohnehin das tragische Geschehen, das die SANTANA und ihre Crew erwartete, nicht wird begreifen können: „Da ich wohl einer der letzten war, der mit Graetz gesprochen hatte", schreibt Hermann Lausberg, der Skipper der LADY ANN, „und wir uns auch in Figueira da Foz verabredet hatten, glaube ich, darüber etwas sagen zu können." Ich danke ihm sehr dafür.

(Über die Ortskenntnis verfüge ich selbst, weil ich die Küste mit den hier genannten Häfen mit unserem CORMORAN II und CORMORAN III in den Jahren davor selbst mehrere Male besegelt habe.)

Die SANTANA und die LADY ANN liegen am 30. September 1985 an den Yachtstegen von Leixoes, dem künstlich errichteten Vorhafen von Porto, dessen mächtige Molen für die Schiffahrt bis an die 10-m-Tiefenlinie der sonst überall recht flachen Küste vorgezogen sind. „Wir saßen noch am Abend bei Graetz an Bord und sprachen über die nächsten Häfen, die wir anlaufen wollten", erzählt Hermann Lausberg. „Wir konnten aber Lothar nicht bewegen, mit uns nach Aveiro zu segeln." Aveiro ist der nächstfolgende Hafen bei Südkurs, wieder einer der üblichen kleinen Fischerhäfen, die in die naturgegebenen Öffnungen in der Küste oder Flußmündungen hineingebaut und seit Jahrhunderten nahezu unverändert in Betrieb sind.

„Lothars Bemerkung, daß vor Aveiro eine Barre liegt, deretwegen er dort nicht einlaufen wolle, deutete ich mit einer sehr großen Vorsicht seinerseits", sagt Lausberg. „Auch meine Bemerkung, daß wir in Ostfriesland nur Barren in den Seegatten kennen, konnte ihn nicht bewegen, mit uns zu kommen. Wir verabre-

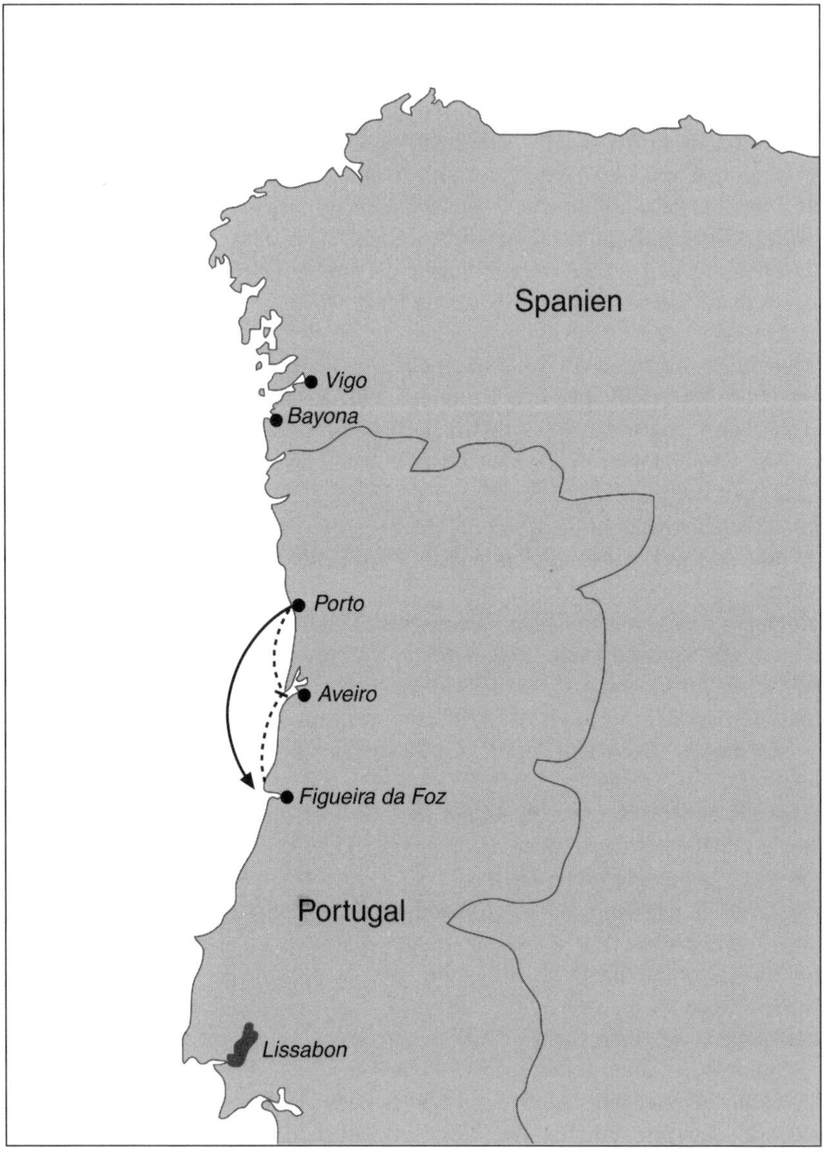

Die portugiesische Atlantikküste, an der entlang die SANTANA direkt von Porto nach Figueira da Foz segelte, und der Kurs der LADY ANN mit einem Zwischenstopp in Aveiro.
——— *Kurs der SANTANA*
---------- *Kurs der LADY ANN*

deten uns daher für den übernächsten Tag, den 2. Oktober in Figueira da Foz, liefen am 1.10. in Leixoes aus und segelten die Strecke mit Zwischenstop in Aveiro in zwei Etappen, während die SANTANA am 2. Oktober auslaufen und direkt nach Figueira gehen wollte."

Und so geschah es. Beide Yachten waren also unter den gleichen Verhältnissen von Wind und See unterwegs: Der Wind wehte mit Bft 2–3 aus Südwest, wie alle Tage vorher und ungewöhnlich in seiner Richtung. Denn es fehlte schon seit langem der hier typische Portugiesische Norder. Lausberg bemerkte nur eine höhere Dünung aus Südwest als an den Vortagen. Die LADY ANN brauchte daher unter Segeln längere Zeit als erwartet, und so verpaßte sie das Hochwasser und Stillwasser zum Einlaufen und stand erst in der ersten Stunde des Ebbstroms vor der Einfahrt in Figueira da Foz an der Bucht von Buarcos.

„Während der Fahrt entlang der Küste hielten wir öfter Ausschau nach der SANTANA", berichtet Hermann Lausberg weiter. „Als wir beim Dunkelwerden in die Bucht von Buarcos einsteuerten, trösteten wir uns damit, daß die SANTANA wohl schon im Hafen liegen würde, weil wir wußten, wie ungern Graetz in der Nacht segelte. Die Dünung verstärkte sich hier noch, und vor der Hafeneinfahrt von Figueira stand durch das ablaufende Wasser eine hohe Grundsee. Da es inzwischen völlig dunkel geworden war, konnten wir ihre gefährlichen Brecher auch kaum erkennen."

Der Atlantik grenzt hier an eine Strandküste, vor der das Wasser eine Meile weit hinaus höchstens 20 m, meistens jedoch nur 10 m tief ist. Das ist zwar die durchschnittliche Tiefe der Ostsee und vieler Gebiete der Nordsee, in der zu segeln für deutsche Fahrtensegler eine simple Selbstverständlichkeit ist. Aber wenn hier die Wasser aus den Atlantiktiefen auflaufen, entsteht über den vorgelagerten Barren eine brechende Grundsee und vor den Stränden eine lebensgefährliche Brandung, die für kleinere Fahrzeuge den Untergang bedeuten kann. Es ist daher oft klüger, lieber in einem sicheren Abstand von Barren und Stränden zu bleiben und selbst bei Nacht gut zwei bis drei Meilen von der Küste entfernt zu segeln, als bei der Einsteuerung in einen der kleinen Küstenhäfen notgedrungen mit den Brechern auf den Barren Kontakt zu finden. Ein Blick in das Seehandbuch ist dann wohl unverzichtbar.

„Da an der Südmole der Einfahrt von Figueira da Foz nach dem Seehandbuch bei ablaufendem Wasser der stärkste Strom fließt", stellte Lausberg fest, „und die Nordmole etwas länger in die See hineingebaut ist, hat man beim Einsteuern unter diesen Wetterbedingungen den größeren Schutz, wenn man entgegen den Fahrregeln auf der Backbord-Fahrwasserseite in die Einfahrt des Rio Mondego läuft. Jedenfalls wir taten es, was auch völlig richtig war.

Trotzdem stiegen uns noch drei Seen von achtern ein, und wir waren erst froh, als wir im Hafenbecken den Anker fallenlassen konnten. Da es im Hafen völlig dunkel war, konnten wir auch nicht erkennen, ob die SANTANA schon hier lag oder noch draußen war."

So gehen die Lausbergs am Abend dieses 2. Oktober eigentlich unbesorgt zur Koje – und in der Erwartung, die SANTANA-Crew am anderen Morgen auch in Figueira da Foz so unversehrt wie in jedem anderen Hafen begrüßen zu können. Daher waren sie zuerst nur überrascht, als die Polizei schon vor dem Aufstehen an die Bordwand der LADY ANN klopfte und das Ehepaar zu einer Vernehmung mit an Land nahm. Aber dann traf sie der Schock: Man eröffnete ihnen, daß die SANTANA noch am Abend zuvor, kaum 500 Meter vom Ankerplatz der LADY ANN entfernt, verlorengegangen war.
„Auf unser Befragen schilderte uns die Polizei folgende Einzelheiten", sagt Hermann Lausberg: „Die SANTANA ist etwa 40 Minuten nach unserem Einlaufen neben der südlichen Mole auf den Steinschüttungen und Klippen gestrandet. Man habe nur die Leiche der Frau, also von Loni Graetz, gefunden, und einen Rettungskragen mit der Aufschrift SANTANA. Von Lothar, dem Skipper, fehlte noch jede Spur."
Und damit noch nicht genug. Weiter teilte die portugiesische Polizei mit: „ Etwa zur gleichen Zeit ist eine dänische Yacht, die mit vier Personen unterwegs war, ebenfalls bei einem vergeblichen Versuch des Einlaufens noch etwas weiter südöstlich der Mole gestrandet. Nur ein 18jähriger Segler aus der Crew hatte sich an Land retten können."
Frau Lausberg hat keine Kraft mehr für einen Weg zur Mole, wo die See Loni Graetz und ihren Mann erst vor wenigen Stunden holte, und als die Polizei den fassungslosen Hermann Lausberg allein zum Unglücksort führt, sieht er nur Brandung und Steine. Noch in der gleichen Nacht hat die See den Rumpf der todwunden SANTANA zerrieben und die Reste mit hinaus in die Weite genommen.
„Übrigens war dieser Molendamm am Abend des 2. Oktober 1985 und auch an den nächsten Abenden *nicht* befeuert", ergänzt Hermann Lausberg mir später noch seine Angaben. „Auf der Backbordmole brannte zwar ein rotes Licht, aber es hatte nicht die in der Seekarte angegebene Kennung. Ich hatte bei verschiedenen Dienstellen der Hafenpolizei und der Marine nachgefragt, warum die Feuer an der Hafeneinfahrt nicht oder nicht richtig brannten. Man tat diese Anfrage mit einer Handbewegung ab: Reparaturarbeiten an den Feuerträgern oder Erneuerungsarbeiten an den Molen, sagte man." Aber mit solchen Unwägbarkeiten bei der Befeuerung muß man rechnen, wenn man in kleine Häfen an der iberischen Küste einlaufen will.
Um ein Haar wäre vielleicht noch eine dritte Yacht in dieser Unglücksnacht, deren Gefahr nicht zu erkennen war, ein Opfer des Einsteuerns in Figueira da Foz geworden: Die CHEOPS, ein Seekreuzer unter österreichischer Flagge, mit dem Andreas und Renate Schwarzenbacher unterwegs waren, wollte ebenfalls etwa 30 Minuten nach der SANTANA einlaufen. Bei der Ansteuerung sichtete die Crew jedoch Scheinwerfer und Blaulicht auf der Mole und erkannte Polizisten und Rettungsmannschaften, die auf den Steinen arbeiteten. Da sie das Ereignis, das zu

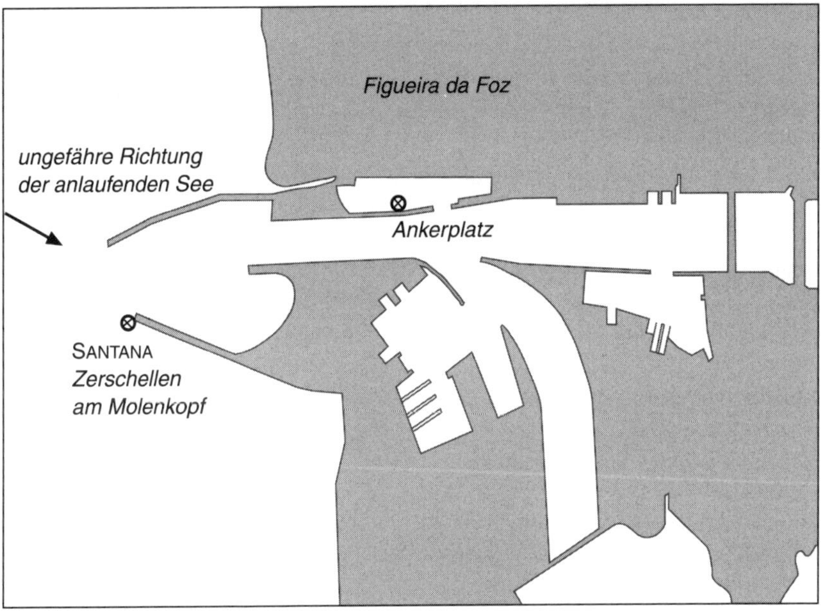

Die Einfahrt in den kleinen Flußhafen Figueira da Foz mit seinen zangenförmigen Molen. Auf der Steuerbord-Fahrwasserseite einlaufend, zerschellte die SANTANA *am Molenkopf, während die Crew der* LADY ANN *am Ankerplatz wartete.*

dieser nächtlichen Aktivität führte, nicht erkennen konnten und sie die Lichter als Sperrung des Hafens deuteten, blieben sie auf See und liefen weiter nach Lissabon. Von Andreas Schwarzenbacher wissen wir auch, daß der Leichnam von Lothar Graetz etwa zwei Wochen später ungefähr 30 sm südlich von Figueira da Foz gefunden wurde,

„Weitere Zeugen dieser dramatischen und sehr traurigen Ereignisse sind der Kapitän und die Besatzung des deutschen Frachters M. S. BORGFELD“, berichtet Hermann Lausberg zum Schluß. „Die BORGFELD lag ca. zwei Seemeilen vor der Hafeneinfahrt auf Reede und hat aus dieser Entfernung zwar nicht die nächtliche Strandung erlebt, aber den Ablauf vermutet. Kapitän und Erster Offizier haben mir bestätigt, daß beide Yachten (deren Identität man ja nicht erkennen konnte) bei dieser Dünung und dem ablaufenden Wasser zu weit südöstlich auf das grüne Molenfeuer zugelaufen sind. Nach den Fahrregeln sind sie richtig gefahren, aber manchmal ist es doch verkehrt.“

Mit anderen Worten: Auch der (schiffahrtsrechtlich) richtige Kurs kann (seemännisch) falsch sein. Das ist eine gewichtige Feststellung, und sie stellt sogar die Meinung von Berufsnautikern dar. In Führerscheinkursen trichtert man uns ein, in Prüfungen erfragt man es, und auf den Seeschiffahrtsstraßen Deutschlands kontrolliert man penibel dieses „Rechtsfahrgebot“ ohne

Beachtung der Wind- und Seegangsverhältnisse und ohne Rücksicht darauf, ob andere Fahrzeuge in Sicht sind oder nicht. Ein solcher Kadavergehorsam kann für Yachtsegler manchmal tödlich sein – aber ein verantwortlicher Skipper muß gegebenenfalls auch einmal gegen diese Regelung entscheiden, wenn es die seemännische Sicherheit erfordert: zum Beispiel für „Luv“, auch wenn es „links“ ist, weil das verlangte „Rechts“ ein gefährliches „Lee“ oder „Legerwall“ mit allen damit verbundenen Risiken ist. Im Zweifelsfalle besser eine (polizeiliche) Strafe als eine Anklage bei Unfall mit Todesfolge für ein Crewmitglied.

Es ist schwer, die Lehren aus dem tragischen Verlust der SANTANA (und damit auch des nachfolgenden dänischen Bootes) zu ziehen. Denn die SANTANA war ein seetüchtiges Schiff, und sie war mit allen nautischen Geräten, darunter Wetter-Dekoder und Satellitennavigator, optimal ausgestattet. Auch die Wetterverhältnisse gaben keinen Anlaß zur Besorgnis. Nur zwei Entscheidungen hätten vielleicht anders getroffen werden können, um die unheilvolle(n) Strandung(en) zu verhindern:

Als die LADY ANN einlief, etwa ein bis zwei Stunden nach Beginn der Ebbe, lief ein mäßiger bis leichter auslaufender Strom gegen die (schon) hohe, brechende See, und „Seen stiegen von achtern ein“. Simpel nach der Zwölftelregel kalkuliert, hatte die SANTANA eine Stunde später und in der dritten Stunde der Tide den stärksten Strom von vorn bei gleichzeitig weiter aufgesteilter See von achtern zu überwinden, und sie wurde vielleicht horizontal wie vertikal einfach umgedreht, als sie die Barre durchlief und sich beim Einsteuern von der Südmole nicht mehr freihalten konnte. Bei diesen Gezeitenverhältnissen war zu dieser Stunde ein Einlaufen wohl nicht mehr ratsam – auch weil der Ebbstrom durch die Strömung des (bei Flut sogar aufgestauten) Flußwassers noch verstärkt wurde.

Und ein Rat nach einer persönlichen Vermutung: Lothar Graetz pflegte sich bei der Ansteuerung eines Hafens, wie Lausberg bestätigt, ganz auf die Navigation zu konzentrieren, während Loni dann das Ruder führte. Wenn sie am Ruder erfahrener war, ist das in Ordnung. Andernfalls sollte der Skipper, wenn es nur noch um das richtige Kurshalten beim Einsteuern nach Sichtnavigation geht, selbst das Ruder übernehmen. Rad oder Pinne vermitteln ihm über das Gefühl an seinen Händen so wichtige Erkenntnisse über die Kräfte (von Strom und See) am Unterwasserschiff, daß er sie besser selbst „erfährt“, damit er sie geistesgegenwärtig sofort ausnutzen oder ihnen kraftvoll entgegenwirken kann. In unserer nun schon über 45 Jahre währenden Bord- und Lebensgemeinschaft halten Ruth und ich es ebenso, und wenn der Skipper in kritischen Situationen ans Ruder geht, ist dies kein Abwerten der Erfahrungen anderer, sondern einfach nur seine (auch schiffahrtsrechtliche) Pflicht.

Aber diese Feststellungen betreffen nicht Lothar und Loni Graetz, unsere Trans-Ocean-Clubkameraden, denen wir uns verbunden fühlen.

Totalverlust in der Grundsee vor dem Hafen

Mit seinem yawlgetakelten stählernen Seekreuzer BLACK BEAUTY wollte der Schweizer Daniel Memper ab 1984 um die Welt segeln. Der gut ausgerüstete Seekreuzer, der 1962 in Deutschland gebaut und von ihm 1983 im Mittelmeer gekauft worden war, sollte hierzu noch im Oktober des gleichen Jahres von Menton an der französischen Riviera zur Überwinterung nach Palma de Mallorca überführt werden. Seine beiden Mitsegler für diesen Törn trafen jedoch erst am 6. November am Mittelmeer ein und brachten dazu noch weniger Zeit als erwartet mit. So entschloß sich Memper, anstatt den direkten Weg zu den Balearen über den in dieser Jahreszeit erfahrungsgemäß stürmischen Löwengolf zu nehmen, die ersten Etappen an der französischen und spanischen Küste entlangzulaufen und dann von hier aus auf dem kürzesten Weg vom Festland zu den Balearen zu segeln.

Nachdem der eine der beiden Mitsegler bereits in Saint-Tropez wieder ausgestiegen war und der andere wegen des kalten Wetters schon in Saint-Mandrier bei Toulon abgemustert hatte, lief Memper bei unterwegs schnell zunehmendem Wind einhand weiter und setzte sich Cap d'Agde als nächstes Etappenziel. Da sein Motor nicht mehr betriebsklar war (der Impeller der Kühlwasserpumpe hatte sich festgefressen), konnte er jedoch bei dem inzwischen auf Bft 8–9 aufgefrischten und auflandig gedrehten Wind nicht in diesen weitflächigen Naturhafen mit seiner engen Einfahrt einsteuern, und er mußte sich notgedrungen auf Legerwall und an einer Flachwasserküste entlang unter kleinen Segeln bis nach Port Gruissan, dem nächsten Hafen weiterkämpfen.

Aber auch hier hätte er nur über eine vorgelagerte Barre und dann durch deren Brecher hindurch die Moleneinfahrt mit riskanter Fahrt in beginnender Dämmerung erreichen können. Memper zögerte sie lange Zeit hinaus, aber als er sie schließlich dennoch versuchen mußte, weil er sich auch nicht mehr von der flachen Sandküste freikreuzen konnte, strandete die BLACK BEAUTY unweit der Südmole in den Flachwasser-Brechern, die ein Gemisch aus Sand, Schaum, Wasser, Luft und Salz darstellten. Daniel Memper wurde außenbords gewaschen und erreichte, mit letzter Kraft schwimmend, den rettenden Strand.

Die BLACK BEAUTY steckte schon am anderen Morgen etwa 10 m vom Strand bis zum Kielansatz im Sand. Viele Ausrüstungsteile lagen weit verstreut und teilweise tausend Meter vom Schiff entfernt. Die Kajüte war bis zum Dach mit Seesand vollgespült. Ein Auspumpen und Abbergen war nicht mehr möglich, so daß die stählerne Yacht im Novembersturm des Mittelmeers zum Totalverlust wurde. Mit ihrem Tod auf der Barre endete der Traum von einer Weltumseglung nicht weit vom Ausgangshafen.

Mit Crew an Bord wäre die „Schwarze Schönheit" wahrscheinlich nicht gestrandet. Denn Memper hätte dann eine andere Kurswahl, weiter ab von der Küste, treffen können, oder man hätte unterwegs sogar den Impeller der Kühlwasser-

Schon nach wenigen Nachtstunden war die gestrandete Stahlyacht BLACK BEAUTY *fast vollständig eingesandet und nicht mehr zu bergen gewesen.*

pumpe auswechseln und den Motor wieder betriebsklar machen können. Aber letztlich war es die tragische Entscheidung, über eine Barre bei achterlicher hoher See in eine Flachwasser-Moleneinfahrt einlaufen zu wollen – und bei diesem Versuch hatte Daniel Memper noch Glück, daß er das nackte, nasse Leben retten konnte. Übrigens ist auch der November keine gute Zeit für sichere Überführungstörns im Mittelmeer.

Tod in der Brandung über der Barre vor den Molen

Den Gefahren der Grundsee beim Einlaufen in eine Mittelmeer-Marina vor der südspanischen Küste fiel Ende Oktober 1985 der Engländer Chris B. zum Opfer: Er war Skipper der KATHLEEN OPIE, eines Seekreuzers vom Typ First 35 (Lüa 10,70 m, Büa 3,70 m, Tiefgang 1,90 m, Segelfläche 70 m², Verdrängung 4,75 t, 11-kW- bzw. 15-PS-Dieselmotor), und zusammen mit einer gleich großen dänischen Yacht auf dem Wege von den Balearen nach Gibraltar.
Die beiden Segler des dänischen Bootes und Chris mit seinem Mitsegler Thomas R. hatten die letzte Nacht in einem kleinen Festlandhafen übergelegen, in dem naßkalten Wetter kräftig gebechert und vor dem Auslaufen am anderen Samstagmorgen noch einen Kater, der nur mit viel Kaffee verscheucht werden konnte. Bei

dem herrschenden Starkwind aus Südost mit einer ziemlich steilen See im flachen Küstenvorfeld, die man vom Hafen aus gut erkennen konnte, gab es eigentlich keine Veranlassung, in das nicht ungefährliche Wetter hinauszulaufen. Aber da war ein Termin, zu dem sich der Skipper der dänischen Yacht mit seinen Eltern verabredet hatte, und es gab einen Hafen für dieses Treffen: Benalmádena, die neue Marina mit künstlichen Molen vor dem langen Sandstrand dieses Ferienortes.

Ein Wetterbericht wird am Morgen offenbar nicht abgehört, und als der Wind gegen Mittag auf Nordwest zu drehen und abzunehmen scheint, machen beide Besatzungen ihre Boote segelklar. Aber „draußen“ herrscht unverändert SE 6, mit dem die beiden Yachten unter kleinen Segeln mit Westkurs ihrem Tagesziel entgegenlaufen. Aus dem Starkwind wird jedoch bald stürmischer Wind, und bei der Crew der KATHLEEN OPIE machen sich Nachwirkungen des feuchtfröhlichen Vorabends bemerkbar: Sie wird müde, und es fällt ihr zunehmend schwerer, den kleinen Seekreuzer in den immer mehr mit Brechern gespickten Seen im flachen Küstenschelf auf Kurs zu halten. Keiner von beiden erkennt auch die Risiken der Brandung, durch die die kleine Yacht hindurch muß, wenn sie hinter die schützenden Molen von Banalmádena gelangen will. Und Chris wie Thomas haben bisher weder Schwimmweste noch Sicherheitsgurt angelegt.

Die Crew der dänischen Yacht läuft als erste ein. Sie erlebt dabei die Instabilität ihrer kleinen Yacht und eine Krängung von fast 80°, als sie die letzte, steil überkippende Brandungswelle kreuzt, diese dabei nahezu synchron zur Welle verläuft, die das Boot bei Rumpffahrt zwischen Bug und Heck erzeugt, und der tragende breite Mittelteil des leichten Rumpfes kurzzeitig jeden seitlichen Halt verliert. Sie geht unter Motor vierkant durch die Brecher, nachdem wenige Sekunden vorher die Fock geborgen und beschlagen ist, und kann – geistesgegenwärtig oder nur mit Glück – steuerfähig gehalten werden.

Unmittelbar nach dem Festmachen warnt die durchgekommene Crew die Besatzung der KATHLEEN OPIE auf dem vereinbarten Seefunkkanal vor den erlebten Gefahren des Einlaufens. „ Aber vielleicht war es nur eine besonders hohe Riesenwelle, die uns zu schaffen machte“, schränkt der Skipper gleichzeitig seine Warnung ein. „Von See aus sieht es gar nicht so schlecht aus“, antwortet Thomas auf der KATHLEEN OPIE über UKW. „Wir werden also einlaufen. Aber wir sind sehr erschöpft“, endet das Gespräch.

Was von See aus jedoch wie ein normaler Seegang aussieht, wird unweit der Mole mit den Brechern der Grundseen zu einem lebensgefährlichen Risiko. Und als schließlich die KATHLEEN OPIE die schäumende Barre passiert, mit Chris am Ruder und Thomas zum Bergen der Fock noch auf dem Vorschiff, schlägt die leichtgewichtige First quer und verschwindet, nahezu flachgelegt, kurzzeitig ganz in Gischt und Schaum. Nach dem Wiederaufrichten ist Skipper Chris aus der Plicht verschwunden, und Vordecksmann Thomas findet sich in der urplötzlich offenbar von selbst aufgeblasenen Rettungsinsel wieder.

Der Rest ist tödliches Chaos: Wenig später wird Thomas in seinem Rettungsfloß auf den Strand gespült, während fast gleichzeitig die KATHLEEN OPIE, nur knapp 100 Meter entfernt, fast unversehrt weich strandet. Unter ihr, zwischen Rumpf und Kiel eingeklemmt und von der Großschot dicht umwickelt, hängt Skipper Chris: tot. In den Fesseln seines Bootes ertrunken. Als Thomas ihn so findet, sind nur wenige Minuten zwischen Leben und Tod verstrichen.
Unfallursachen? Unterschätzen der Gefahren, die beim Einlaufen in einen Molenhafen an einer Flachwasserküste durch Barre, Brandung und die dadurch verursachte gefährliche Grundsee drohen. Vielleicht dazu: das Einlaufen in einen unbekannten Hafen mit einer übermüdeten Crew, der die notwendige Konzentration für das sichere Einsteuern oder einfach nur die Kraft fehlte, gegebenenfalls zu einem Hafen mit einer bei den gegebenen Wetterverhältnissen sicheren Einfahrt weiterzulaufen. Oder einfach nur die Erfahrung: Wintersegeln im Mittelmeer nach unverantwortlichem Zeitplan und ohne Wetterbericht kann lebensgefährlich sein.

Strandung auf dem Wellenbrecher

Das Clubschiff eines Yachtclubs in Neumünster, der 26 m lange ehemalige Fischkutter ANTJE, wurde in der Nacht zum 14. Juli 1993 beim Einlaufen in den Hafen von Memel (Litauen) durch starken Gegenstrom und hohe achterliche Dünung so weit vom Kurs abgedrängt, daß er auf einem der aus Beton-Tetrapoden errichteten Wellenbrecher, die die Einfahrt begrenzen, strandete und leckschlug. Ohne daß der Skipper Heinz Westphal es angeordnet hatte, sprangen sechs der 20 Besatzungsmitglieder ins Wasser, um sich auf die nur wenige Meter entfernte Mole zu retten. Einer von ihnen war der erfahrene Segler Edmund Braunsberger (62). Er erlitt jedoch im Wasser einen Schwächeanfall und ertrank vor den Augen seiner Freunde. Da der Kutter auch nach der Strandung zwar gekrängt, aber noch mit fast trockenem Deck in unmittelbarer Ufernähe lag, gilt in einem solchen Fall dieselbe Maxime wie für einen befürchteten Untergang auf hoher See: Verlasse nie dein Schiff, bevor es dich verläßt. Ohne den Streß tödlicher Angst hätte dann sicher auch Braunsberger die Strandung überlebt.

Zerschellen ist tragischer als Stranden

Der Begriff „Stranden" ist immer mit der Vorstellung vom „Strand" verbunden, und wir Deutschen sehen dabei in erster Linie einen „Sandstrand" vor uns, der sich – wie an unserer Nord- und Ostseeküste – aus flachem Wasser in einer leichten Schräge anhebt. Ein so „gestrandetes" Boot läßt sich, wie viele der vorgenannten Beispiele zeigen, denn auch wieder in tiefes Wasser ziehen, und viele solcher Strandungen gehen für Yachten glimpflich ab. Anders sieht es vor Felseninseln oder Felsenküsten aus. Kann dort – in einem Havariefall – das „Stranden" nicht verhindert werden, muß eine Yacht „zerschellen". Hierunter verstehen wir das Zerbrechen des Rumpfes in zahllose Stücke. Zerschellen muß ein Boot zwangsläufig, wenn es von Wind und See an ein Ufer getrieben wird, wo die Wassertiefe größer als sein Tiefgang ist und es von seinem Kiel somit nicht vor einem zerstörenden Kontakt mit der Küste bewahrt wird. Zerschellen muß es unweigerlich dort, wo auch in zu großer Wassertiefe vor den gefährlichen Felsen ein Ankern nicht mehr möglich ist.

Am felsigen Legerwall entlang ist das Segeln gefährlich

Es waren unruhige Zeiten im zerbrochenen Jugoslawien, und der österreichische Yachteigner Florian Schöberle sah in seiner Heimatstadt Graz tagtäglich den Fernsehnachrichten aus Kroatien mit gemischten Gefühlen entgegen. Denn er hatte seinen Seekreuzer CALYPSO immer noch in der Marina Hramina auf der Insel Murter liegen, und im dortigen Umland schlugen fast täglich die serbischen Granaten ein, die nahebei von den Küstenhöhen abgefeuert wurden. Schließlich entschloß er sich doch, den in Frankreich gebauten 30-Fuß-Serienseekreuzer von Murter abzuholen und in die etwa 25 Seemeilen entfernte, weiter südlich gelegene Marina Kremik bei Primošten zu versegeln. Leider sagte Walter Mattes, der mit von der Partie sein sollte, kurzfristig ab, so daß sich Florian allein auf die Landreise nach Murter und von dort auf den beabsichtigten Segeltörn machen mußte – ohne einen Mitsegler.

Am 14. September 1992 startete er mit dem 9,15 m langen und 3,30 m breiten Boot, das 48 m^2 Segelfläche führte, einen Tiefgang von 1,80 m hatte und 3,5 t verdrängte, bei Hellwerden auf Murter und lief bei leichtem Jugo, dem örtlichen Südwind, und Windstärke 3–4 zuerst an der Insel selbst entlang und dann in Lee von Kaprije in das Gewirr der kleinen Felseneilande vor dem Hafen Šibenik hinein.

Gegen 1100 Uhr hatte er den Landschutz von Kaprije verlassen, und zwischen den vor ihm liegenden Inseln nahm der Wind zu. Skipper Schöberle holte die Schoten dichter, ging so hoch an den Wind, wie es die CALYPSO vertrug, und freute sich, die Passage zwischen den kleinen Felseninseln Misnjak zu schaffen. Veli Misnjak blieb dabei in Luv, Mali Misnjak in Lee, und eine Viertelmeile lang mußte die CALYPSO dabei in dichtem Abstand zur Leeinsel laufen. Aber da die Wassertiefe hier zuerst 27 und dann 65 Meter betrug, sah Schöberle eine Legerwall-Gefahr nicht als gegeben an; denn das Felsenufer der 36 m hohen Insel war an der Wasserscheide noch so tief, daß man dort sogar bequem hätte anlegen können. Aber als das Unglück geschah, wurde die Legerwall-Küste von Mali Misnjak bei diesem Südwind doch nicht zu einem möglichen Liegeplatz, wie sie es bei einer Bora aus Nordost hätte sein können. Denn ausgerechnet an dieser Stelle und in einer Entfernung von 300 Metern vom Ufer schnellte gegen 1230 Uhr bei dem Wind von Steuerbord plötzlich und unerwartet das Steuerbord-Oberwant nach oben, und der Mast brach und fiel nach Backbord.

Florian Schöberle reagierte – eingedenk der Legerwall-Situation – zwar geistesgegenwärtig, aber dennoch unglücklich: Er startete sofort den Motor und schaltete ihn unverzüglich auf „voll voraus", um den Sicherheitsabstand zur Küste mit Hilfe seines Zweitantriebs aufrechtzuerhalten und ihn gegebenenfalls zu vergrößern. Aber mit dem im Wasser hängenden Rigg waren inzwischen auch die Schoten außenbords gerutscht, und eine dieser Leinen törnte sich sofort um den Propeller, blockierte ihn und ließ den Motor stoppen. Die CALYPSO war manövrierunfähig!

Auch seine zweite seemännische Entscheidung war zwar prinzipiell richtig, aber hier dennoch von zweifelhaftem Wert: Florian Schöberle stürzte jetzt an den quer über Deck hängenden Wanten und Stagen vorbei zum Vorschiff und ließ den Anker fallen, der – wie bei allen im Revier segelnden Yachten – auch auf der CALYPSO immer klar am Bug hing. Aber als seine Kettenlänge von immerhin 60 Metern ausgerauscht ist, hat der Anker immer noch nicht den Grund berührt, und durch die Wucht der in die Tiefe rasselnden Kette mit dem daran angesteckten Anker reißt nicht nur die Befestigung im Kettenkasten, sondern der mit dem Kettenende verbundene Endbeschlag, der in der Kettennuß blockiert, hebelt noch die Winsch mitsamt ihres Fundamentes aus dem Deck und verschwindet auch damit in der blauen Tiefe.

Das ist dann die Situation, in der ein Prüfling vor einem Lehrerausschuß nach der Frage. „Und was machen Sie dann?" in den einschlägigen Seemannsdönjes zu antworten pflegt: „Dann schiet ik mi ganz gemächlich in de Büx!" Denn was gäbe es sonst noch zu tun?

Aber auch hierzu hat der CALYPSO-Skipper keine Zeit mehr: Er kann gerade noch, die wasserdicht verpackte Seenotmunition in der Hand, über Bord springen und die mannshoch senkrecht aus dem Wasser ragenden Felsen erklimmen, ehe die entmastete CALYPSO dagegengeworfen wird. Und als er selbst in sicherer Höhe sitzt, ist seine Yacht schon in zwei Teile zerschlagen und sinkt in die Tiefe.

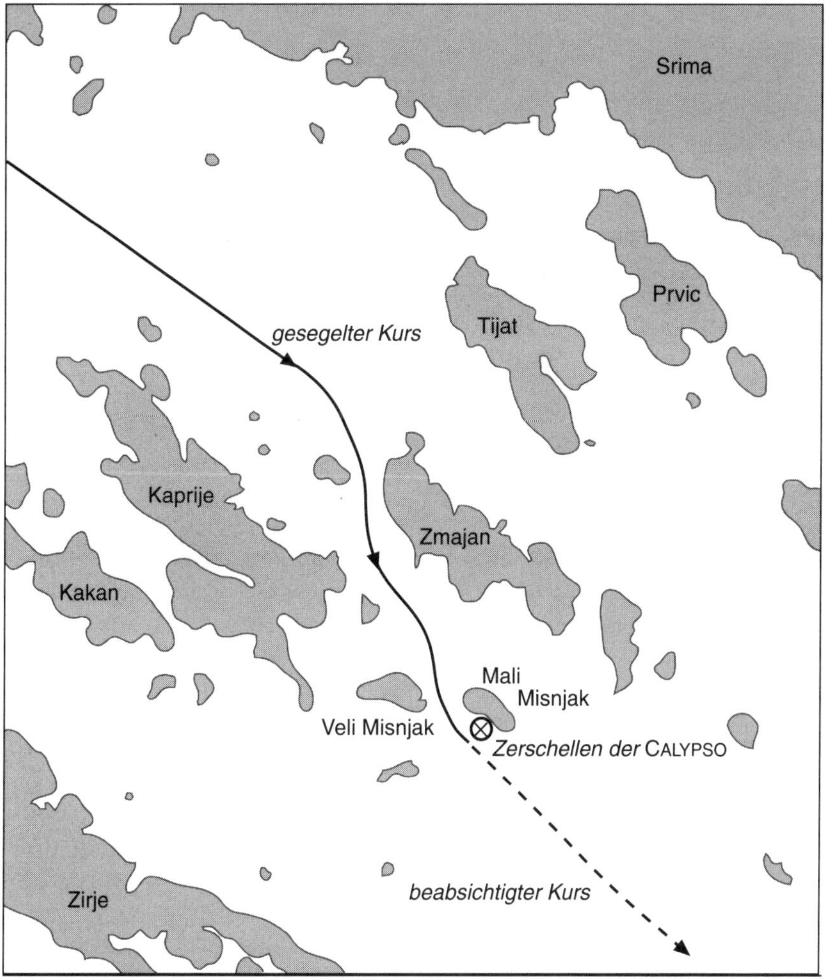

Der Am-Wind-Kurs der einhand gesegelten CALYPSO *durch die dalmatinischen Inseln vor Šibenik und die Position des Zerschellens nach unerwartetem Mastbruch vor Mali Misnjak.*

Die zuvor abgerissene Kielflosse liegt zu dieser Zeit schon auf dem Grund. Der schiffbrüchig gewordene Skipper muß den Rest des Tages und die folgende Nacht auf den Felsen verbringen, in einer scheinbar menschenleeren Welt. Denn kein Fischer ist hier unterwegs, und selbst die Leuchtfeuer sind wegen der kriegerischen Ereignisse in der Nähe gelöscht. Erst am Morgen kann er sich der Fähre bemerkbar machen, die die Insel Kaprije versorgt, und auf Umwegen das Festland erreichen.

Die Bergung der zerbrochenen Reste könnte eigentlich unterbleiben. Denn der

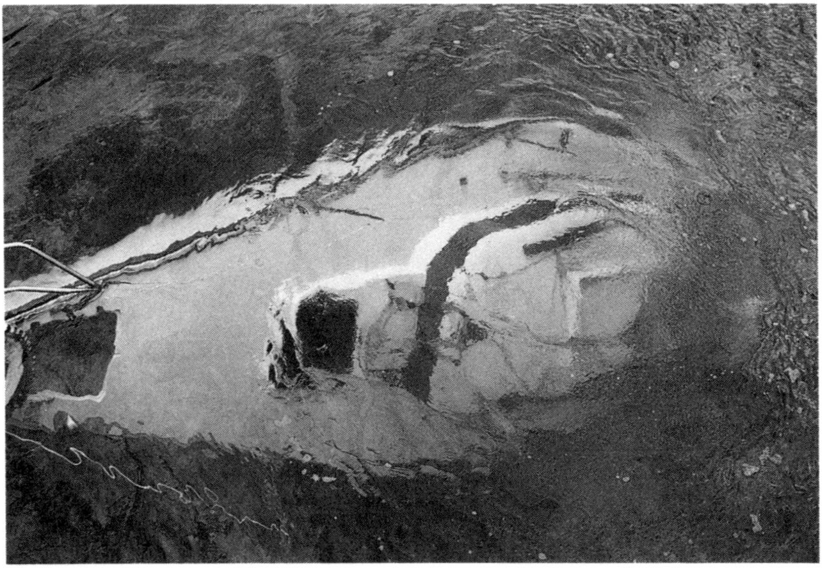

Der ohne seinen Kiel im tiefen Wasser vor den senkrechten Inselwänden schwimmende Rumpf des 9,15-m-Seekreuzers, der gehoben, an Land gebracht und dort entsorgt werden mußte.

Erlös aus dem Verkauf der CALYPSO-Teile, die noch gehoben und verwertet werden könnten, wird nicht die Bergungskosten decken. Aber auch im jungen Staat Kroatien gibt es bereits Umweltbehörden, bei denen man dazu einen „Antrag zur Befreiung von der Pflicht zur Bergung oder Wrackbeseitigung“ stellen müßte, dem aber nur stattzugeben sei, wenn das gesunkene Schiff niemanden behindere, es nicht in Ufernähe oder seichten Gewässern liege und keine Gefahr für die Umwelt darstelle. Und da niemand im nahen Šibenik verbindlich sagen konnte, wie lange die Bearbeitung eines solchen Antrags dauern und wie er schließlich entschieden würde, ließ Florian Schöberle mit Hilfe örtlicher Fischer die Reste bergen.
Dabei wurde durch Taucher festgestellt: Der Mast war auf Höhe der Saling gebrochen. Das Vorstag war noch am Stevenbeschlag befestigt, aber angerissen. Das Achterstag war samt Spiegelplatte aus dem Rumpf gebrochen. Alle Wanten waren unversehrt und – mit Ausnahme des Steuerbord-Oberwants – noch durch 9-mm-Edelstahlbolzen mit den Püttings verbunden sowie mit Splinten gesichert. Lediglich das Steuerbord-Oberwant war lose. Es fehlte unten im Wantenspanner der Bolzen. Want, Wantenspanner und Pütting waren unversehrt.
Die gesetzten Segel waren zerrissen. – Um den Propeller war die Backbord-Genuaschot eng vertörnt. Sie war offenbar in den drehenden Propeller geraten und hatte diesen blockiert. – Der 1300 kg schwere Kiel war aus dem Rumpf herausgebrochen und lag fünf Meter vom Schiff entfernt. Er hatte mehrere handteller-

Das Vorschiff des zerborstenen Kunststoff-Rumpfes wird an Land gehoben. Eine solche Wrackbeseitigung, für die die Versicherung aufkommen muß, wird oft ein teurer Spaß.

große Löcher. – Der ausgerauschte Anker mit dem gesamten Geschirr wurde am Ort des Zerschellens nicht mehr gefunden. Er war ja auch bereits vorher auf größerer Tiefe verlorengegangen.

Nachdem die Taucher in 10 Meter Wassertiefe unmittelbar an den steil abfallenden Unterwasserfelsen die Verstagung gekappt und Wrackteile geborgen hatten, brachte man Auftriebskörper in jedem der beiden vom Bug bis zum Heck abgerissenen und völlig zerstörten Rumpfteile an, pumpte diese auf und hob das Wrack bis zum Wasserspiegel. Ein Fischerboot schleppte es, größtenteils untergetaucht, mit Hilfe von sechs Schleppleinen nach Šibenik, wo die Reste unterfangen und zur Entsorgung vorbereitet wurden.

Ursächlich für den Schaden war ein herausgefallener oder abgebrochener Splint, der den Bolzen des Wantenspanners am Püttingeisen gesichert hatte. Diese Verbindung der Mastabstagung mit dem Rumpf lag unter einem Wantenschoner und konnte daher nicht ständig eingesehen werden. Da sich der Wantenschoner durch die an ihm entlanggeführten Fockschoten bei deren immer wiederholtem Dichtholen und Losgeben offenbar stets nach oben schob und wieder nach unten sackte, war dabei der eingesetzte Ringsplint wohl aufgebogen worden und schließlich herausgefallen, und so hatte sich der Bolzen als Verbindungselement gerade in dem Augenblick gelöst, als die CALYPSO hoch am Wind mit einer Felsenküste dicht in Lee segelte.

- Fazit: Die Verbindungen des stehenden Gutes zum Rumpf müssen möglichst oft kontrolliert werden. Wantenschoner sollten dazu vor jedem Auslaufen angehoben werden, wenn Schoten an ihnen vorbeilaufen.

In zweiter Hinsicht war der Ausfall des Hilfsantriebs Ursache für das Zerschellen. Richtig war das sofortige Starten des Motors, um sich zu vergewissern, daß man mit seiner Hilfe rechnen konnte. Das Anlassen bedeutet aber nicht, das Boot über den drehenden Propeller sofort in Fahrt zu setzen. Bei dem gegebenen Abstand von 200–300 m zum Tiefwasserufer hätte Florian Schöberle genügend Zeit gehabt, nach dem Mastbruch die in das klare Wasser gerutschten Leinen wieder an Deck zu holen und das außenbords hängende Rigg mit wenigen Leinentörns um gefährlich durchhängende Stagen sorgfältig zu sichern, ehe er mit dem Propeller zu arbeiten begann. Das entsprechende Einkuppeln wäre auch noch in 50 Meter Entfernung zum Felsenufer möglich gewesen.

- Fazit hier: Im Notfall Motor starten, aber erst einkuppeln, wenn man auch an die Propellerdrehung gedacht hat.

Hätte der CALYPSO-Skipper einen Seitenschneider in kurzer Zeit aus dem Notfallschapp nehmen und mit ihm das im Wasser hängende Rigg kappen können, wäre es ebenfalls nicht zum Blockieren des Motors gekommen. Wenn fernab einer Küste die Rettung wichtiger Riggteile für das spätere Aufstellen eines Notriggs absoluten Vorrang hat, kommt es in Situationen wie hier mehr darauf an, sich schnellstmöglich von allen im Wasser und gefährlich in Bordwandnähe hängenden Teilen der Takelage zu trennen und dem Boot seine unbehinderte Manövrierfähigkeit wiederzugeben. Ein aufgegebenes Rigg läßt sich gegebenenfalls auch wieder bergen.

- Fazit: Selbst bei Mastbruch in einer gefährlichen Legerwall-Situation lassen sich die verbliebenen sechs bis acht Stagen und Wanten während einer Drift von zwei bis drei Minuten kappen, wenn ein Bolzenschneider griffbereit liegt.

Und zum Schluß: Florian Schöberle segelte einhand. Mit einem zweiten Mann an Bord hätte er nicht nur für alle diese Arbeiten eine wichtige zusätzliche Hand gehabt, er hätte auch jede Entscheidung mit einem anderen Segler beraten können.

Schiffbruch à la carte? Nein, danke!

Der Begriff „Schiffbruch“ wird in allen Wörterbüchern, die ich befragte, nur im übertragenen Sinne erklärt – als Schiffs*unfall*, Schiffs*unglück* oder einfach nur als *Unglücksfall.* Dementsprechend bedeutet „Schiffbruch erleiden“ soviel wie: scheitern oder verunglücken, auch im übertragenen Sinne; „schiffbrüchig sein“: sich in irgendeinem furchtbaren Desaster auf See befinden; und ein „Schiffbrüchiger“ ist jener bedauernswerte Mensch, der einen „Schiffbruch“ überlebt hat. Niemals verbinden wir das Zerbrechen oder Zerbersten eines Schiffes selbst mit diesem Wort, wenn wir es gebrauchen. Und kaum denken wir dabei an einen

Vorgang, bei dem ein Schiff (gleich welcher Größe) in zügiger Fahrt beispielsweise auf ein Steinriff weit vor der Küste aufläuft und so viel „Bruch macht", daß es nicht nur in kürzester Zeit von der See zerschlagen wird, sondern auch nur seine „Bruchstücke" an den Strand treiben. Einen solchen „richtigen" Schiff-(oder kann man sagen Yacht-)Bruch leistete sich die Crew der QUO VADIS, selbstverschuldet und unerwartet:
Josef Gollhofer und Franz Mather, Studienräte aus dem Binnenland, waren sich einig, daß es ein Seekreuzer vom Typ Nordship 34 sein sollte, den sie im Herbst 1994 gemeinsam kaufen wollten. Ein dänisches Boot, das sich besonders dort bewähren sollte, wo es gebaut war: im Seegebiet zwischen der dänischen und der schwedischen Küste, im Kattegat und Skagerrak, das beide schon viele Jahre – allerdings immer nur auf Charteryachten – besegelt hatten. Aber als es um den Namen des ersten eigenen Bootes ging, lagen ihre Vorschläge doch weit auseinander. So einigten sie sich schließlich auf QUO VADIS – ohne Vorstellung, daß der 10,25 m lange und 3,55 m breite Seekreuzer mit 1,65 m Tiefgang, 48 m^2 Segelfläche und etwa 6 t Verdrängung die seinen Namen bedeutende Frage „Wohin gehst du?" schon wenig später völlig unerwartet so beantworten würde: „Auf das Riff vor Sejerø." Aber erfahren wir von Anfang an:
Mit zwei Freunden, alle mit Führerscheinen bis zum Sportseeschiffer und dem Allgemeinen Sprechfunkzeugnis gut versorgt, legten die beiden Eigner am 6.7. 1995 frühmorgens mit ihrem neu erworbenen Seekreuzer QUO VADIS in ihrem Heimathafen Strande ab und segelten bei herrlichem Sommerwetter zügig durch die westliche Ostsee in den Großen Belt, wo sie bei Sonnenuntergang noch ein Plätzchen in Omø ergatterten. Sie hatten vereinbart, daß Gollhofer auf der ersten Hälfte des Urlaubstörns Skipper sein sollte und Mather auf der zweiten Hälfte.
Auch am 7. Juli ging es früh weiter; denn die Viermann-Crew hatte sich die norwegische Südküste als Ziel eines Zweiwochentörns gesetzt, und da hieß es sich sputen, wenn sie das gesetzte Tagessoll erfüllen wollten. Bei einer Vollzeugbrise aus West kam die QUO VADIS jedoch tagsüber so gut voran, daß nicht der große beabsichtigte Zielhafen Ballen auf Samsø, sondern sogar noch der entferntere kleine Fischerhafen Sejerby auf der Insel Sejerø unmittelbar am Kattegat erreicht werden konnte.
Die Crew war in Hochstimmung, weil nicht nur der neuerworbene Seekreuzer so schnell gelaufen war, sondern auch die Navigation mit dem Decca-Navigator und nach Sicht so gut geklappt hatte. Mit den noch warmen Rundstücken an Bord wurde auch am 8.7. um 0710 Uhr aus Sejerby ausgelaufen. Wiederum herrschte Bilderbuchwetter, vom Skipper der QUO VADIS mit „Westsüdwest 5" in das Logbuch eingetragen, vom Kapitän der Fähre nach Sejerø später als „Westsüdwest 3" angegeben. In jedem Falle waren es für den Segelbetrieb an Bord des Seekreuzers „normale" und keine „gefährlichen" Bedingungen. Auch die Kurse, die die QUO VADIS mit Franz Mather an der Pinne steuerte und die der amtierende Skipper Josef Gollhofer im Logbuch vermerkte, schienen in Ordnung zu sein:

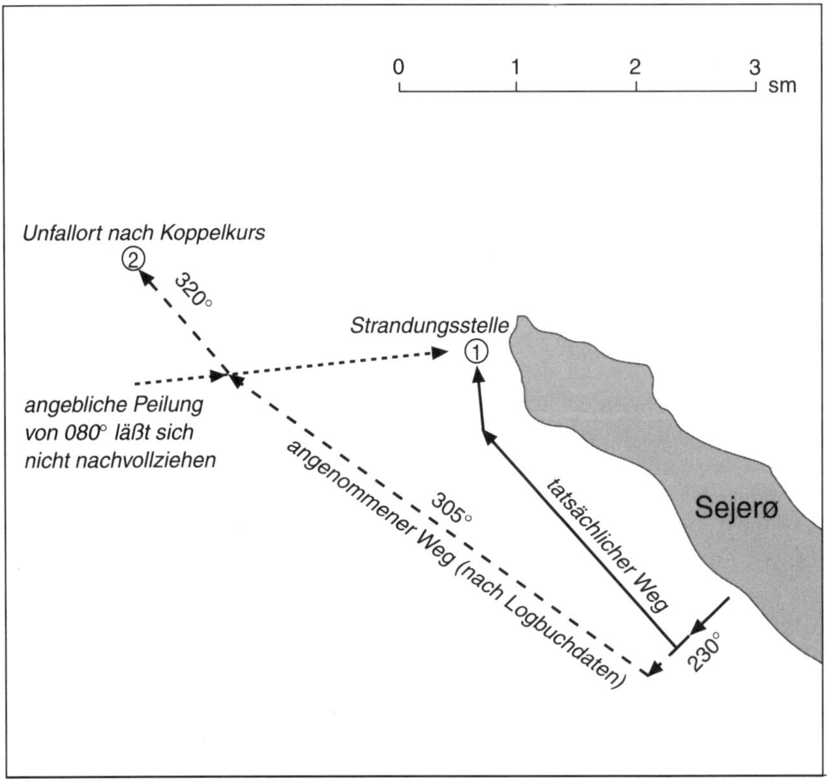

Als die Quo Vadis nach ihren gesteuerten Kursen und Peilungen aufbrummte, schien sie im Schiffahrtsweg zu stehen (2). Tatsächlich traf sie ein Riff vor der Küste (1).

Zuerst eine Seemeile unter Motor mit rechtweisend 230° auf die See hinaus. Dann Setzen der Segel und Kursänderung auf 305°, bis der Leuchtturm von Sejerø rechtweisend 080° peilte. Und nach dessen Peilung abfallen nach Steuerbord und Kurs weiter 320° in Richtung auf den Schiffahrtsweg T in das Kattegat hinein. Nach Koppelkurs, der nur wenig vom Lot und erst recht nicht vom Decca-Navigator kontrolliert wurde, hatte die Yacht jetzt sieben Seemeilen zurückgelegt, und um 0800 Uhr schien die Quo Vadis (nach 15 Minuten mit Kurs 320°) gute drei Seemeilen westlich vom Leuchtfeuer auf der Nordwestspitze zu stehen, als es plötzlich rumste:

Ganz unerwartet und wie aus heiterem Himmel hatte der Seekreuzer plötzlich Grundberührung. Ein Blick auf das Lot: nur 4 m Wasser, wo man vorher noch zwischen 6 und 12 m gemessen hatte. Ein Blick auf die Uhr: 0805.

Reaktion der Crew: Sofort wenden! – Aber kein Erfolg.

Zweite Reaktion: Starten des Motors und Versuch, mit seiner Hilfe freizukommen. – Aber die Yacht bleibt manövrierunfähig zwischen den Steinen hängen. Und dann weiter nach Logbuch: „Die Rollfock wird eingerollt, als Wassereinbruch festgestellt wird. Das Großsegel wird mit leicht gefierten Schoten stehen gelassen, damit die Yacht ruhiger liegt. Sie driftet kaum noch. 0815 Uhr: Wassereinbruch im Salon. Yacht legt sich mit ca. 30° auf die Seite. Schwimmwesten werden angelegt. Die Rettungsinsel geht zu Wasser. Es wird zweimal Rot geschossen. Der Versuch, über UKW-Kanal 16 Hilfe zu erbitten, scheitert. Das Seefunkgerät ist schon überflutet. Persönliche Sachen werden zusammengerafft. Die Crew paddelt in der Rettungsinsel an Land. 20 Minuten nach dem Festkommen stehen alle auf dem Strand der Insel."

Ein Bericht, der teilnahmsloser nicht hätte sein können – im Angesicht der QUO VADIS, die ihre Crew genau 20 Minuten zuvor noch unter Vollzeug gen Norwegen trug und die nicht nur unerwarteten Schiffbruch erlitten hat, sondern auch – mit noch stehendem Großsegel und atemberaubend schnell – auf dem sichtbaren Steinriff zerstört und in viele Teile zerlegt wird.

Skipper und Eigner verständigen den Hafenmeister in Sejerby, der dann die Polizei informiert, und am Nachmittag fährt die Crew mit einem Motorboot noch einmal zum Wrack der QUO VADIS, um vielleicht noch Wertsachen zu retten. Aber zu dieser Zeit haben Felsbrocken die Rumpfseiten bereits zerschlagen. Schiffbruch wie im Lehrbuch.

Wie konnte es zu diesem Zerschellen kommen?

Totalverlust durch Zerschellen! Die Rumpfteile, die wenige Stunden nach dem Auseinanderbrechen der QUO VADIS noch von dem 10,25 m langen Seekreuzer übriggeblieben waren.

Der Ort des Schiffbruchs liegt am seewärtigen Rand des auf der Seekarte verzeichneten NW-Revs, das sich vor der Nordwestspitze der Insel Sejerø in Ost-West-Richtung etwa 700 m weit in die See erstreckt und nicht betonnt ist. Durch die dort entstehende Brandung ist es jedoch gut sichtbar. Die in der angegebenen Wassertiefe von 1,80 m liegenden, zum Teil bis über den Wasserspiegel reichenden Felsen, um die die Brandung spült, sind in der Seekarte als solche gekennzeichnet.
Die Lage des Riffs ist durch das in unmittelbarer Nähe liegende und deutlich sichtbare Leuchtfeuer „Sejerø“ gut zu peilen. Darüber hinaus liegt etwa eine Seemeile nordnordwestlich des Feuers eine Gefahrentonne mit West-Toppzeichen, die die QUO VADIS, von Süd kommend, mit einem Kurs von 360° hätte ansteuern können, um vom Riff freizubleiben. Die Sicht war übereinstimmend gut, so daß Riff, Tonne und Turm deutlich zu erkennen waren. Der Westwind (zwischen Bft 3 und 5) ließ alle Kurse zum Freihalten von der hier weniger als 2 km breiten Insel zu.
Ursache des Schiffbruchs kann daher nur fehlerhafte, leichtfertige oder nachlässige Navigation sein.
Koppelt man die vom Skipper angegebenen und im Logbuch dokumentierten Kurse mit seiner Fahrt von 5 Knoten nach, dann liegt sein „Strandungsort“ auf 55° 54,5' N und 010° 58,8' E. Dort beträgt die Wassertiefe jedoch zwischen 20 m und 50 m, der Ort liegt unmittelbar am Rande des Verkehrstrennungsgebietes der Schiffahrt, und in unmittelbarer Sichtweite müßten sich mehrere Fahrwassertonnen befinden.
Tatsächlich strandete die QUO VADIS jedoch auf 55° 54,9' N und 011° 04,1' E, drei Seemeilen ostsüdöstlich von diesem angenommenen Ort entfernt. Da eine so große Besteckversetzung für nur eine Segelstunde und mit 5 Knoten Fahrt auf äußere Einflüsse nicht zurückzuführen ist, muß die Crew selbst entscheidende Fehler gemacht haben, durch die schließlich der Schiffbruch verursacht wurde. Aber welche?

- Der von Skipper Josef Gollhofer angegebene Kurs in etwa 450 m Abstand entlang der Insel Sejerø war ein Amwindkurs auf Legerwall, der von Miteigner Franz Mather offenbar nicht sorgfältig genug gesteuert wurde. Durch Abdrift kam er wohl näher an das Ufer als erwartet, und er lief auf seinem Amwindkurs auch langsamer als die erwarteten fünf Knoten. Natürlich saß er auf der Luvseite (oder zumindest mittschiffs) und hatte durch die auf der Steuerbordseite geschoteten Segel auch keine Sicht zum Ufer.
- Ein Ausguck, der den Steuerbord-vorderen Sektor zur Landseite beobachtete, war offenbar nicht eingeteilt. Oder der als Ausguck eingeteilte Mitsegler unterließ es, sich in kurzen Abständen zur Leeseite hinauszubeugen und unter den Segeln hindurch den Abstand zum näherkommenden Ufer festzustellen und an den Rudergänger oder Navigator weiterzugeben. Dadurch näherte sich der ursprüngliche Parallelkurs zur Küste dieser immer weiter und gefährlicher an.

- Bei der etwa 10–15 Minuten vor der Strandung genommenen Peilung von 080° zum Leuchtturm von Sejerø muß es sich um einen folgenschweren Peilfehler (oder einen Umrechnungsfehler der Kompaßpeilung auf die rechtweisende Peilung) gehandelt haben. Denn mit diesem Peilstrahl, der *nördlich* an der Strandungsstelle vorbeiläuft, hatte die QUO VADIS auf dem behaupteten Kurs von 305° bzw. 320° die Gefahrenstelle bereits etwa zwei Strich achterlicher als querab.
- Auf einem Parallelkurs zur Küste ist die laufende Kontrolle der Wassertiefe unerläßlich. Da die 10-m-Tiefenlinie durchweg etwa eine halbe Seemeile = ca. 1000 m vom Ufer entfernt verläuft, wäre sie eine ideale Gefahrenlinie gewesen, auf die man sogar den Tiefenalarm des Echolots hätte einstellen können. In jedem Falle hätten Ausguck und Lotbeobachtung miteinander koordiniert werden können.
- Auch wenn auf der QUO VADIS offenbar nicht mit dem an Bord vorhandenen AP-Decca-Navigator gearbeitet wurde, der die Koppelkurse und Koppelorte hätte kontrollieren und die Position nach Breite und Länge zumindest auf 200 m genau hätte anzeigen können, bleibt es unverständlich, warum während der Fahrt ab Sejerø nach anfänglich richtigen navigatorischen Entscheidungen in zunehmendem Maße die zur sicheren Führung einer Segelyacht üblichen und erforderlichen Navigationsmaßnahmen zur Kontrolle von Kurs und Standort nicht vorgenommen wurden.

Was für die Eigner und Skipper der QUO VADIS als „folgenschwerer Verstoß gegen gute Seemannschaft“ gewertet werden mußte, soll uns als warnendes Beispiel dienen: Schiffbruch à la carte? Nein, danke!

Das Risiko der Kollisionen

Zusammenstöße zwischen Schiffen und Yachten

Seitdem Fahrzeuge aller Art und Größe die See befahren, gibt es Regeln, die einen Zusamenstoß verhindern sollen. In dem international vereinbarten Werk mit dem im Deutschen aussagekräftigen Titel „Kollisionsverhütungsregeln" ist eigentlich für jede nur denkbare Situation in einfachster Form festgehalten, welches Fahrzeug sich bei einer Annäherung freizuhalten hat und welches das Recht zum Durchhalten seines eingeschlagenen Kurses besitzt. Auch sind dort die Bestimmungen über den notwendigen Ausguck, über das Führen von Lichtern, über Manöver- und Warnsignale, über das Verhalten am Ankerplatz und andere Gelegenheiten detailliert enthalten. Unaufmerksamkeit, schlechte Sicht und unerwartete Havarien führen trotz aller perfekten Regeln zu oft folgenschweren Kollisionen, insbesondere zwischen (großen) Seeschiffen und (kleinen) Yachten. Ein Yachtskipper muß deren Risiken kennen, wenn er sie vermeiden will.

Wirklich unschuldig zum Tode verurteilt?

Vor der neuseeländischen Küste wurde im November 1995 die amerikanische Seglerfamilie Sleavin, die 1993 zu einer mehrjährigen Weltumseglung gestartet war, das Opfer einer Kollision mit einem Frachter. Ihr 14-m-Seekreuzer MELINDA LEE segelte bei Nacht unter Selbststeueranlage mit sechs Knoten Fahrt bei Windstärke 8 unter kleinsten Segeln, als er von einem Großschiff unbemerkt überlaufen wurde und in Sekundenschnelle sank. Während sich Vater und Skipper Michael, 42, mit Mutter Judith, 43, und der siebenjährigen Tochter Anna Rose noch in das Schlauchboot retten konnten, wurde der im Vorschiff schlafende neunjährige Sohn Benjamin mit der sinkenden Yacht in die Tiefe gezogen.
Kurze Zeit später kenterte das Schlauchboot in der hohen See. Es ließ sich nicht wiederaufrichten, und die drei Überlebenden mußten sich im Wasser an seiner Außenhaut festklammern. Gegen Morgen verließen jedoch Tochter Anna Rose die Kräfte. Sie konnte sich nicht mehr halten und trieb vor den Augen ihrer Eltern ab. Da ließ auch Vater Michael die Schlauchkammer los und schwamm seiner Tochter nach, um sie zurückzuholen. Ob er sie noch erreichte und was dann ge-

schah, konnte Mutter Judith nicht mehr feststellen. Denn auch Vater und Tochter behielt die See.

Mutter Judith, die als einzige der Crew wettergeschützt angezogen war, weil sie während der Kollision Wache hatte, besaß noch die Kraft, sich dreißig Stunden lang am Schlauchboot festzuklammern. Dann hatte sie der Nordwind in der Bay of Islands an der Nordküste von Neuseeland an den Strand getrieben, wo sie besinnungslos aufgefunden wurde.

Die tragischen Ereignisse veranlaßten mehrere Behörden, nach jenem Fahrzeug zu fahnden, das in der fraglichen Novembernacht im Seegebiet der Kollision vor der neuseeländischen Küste unterwegs war und die MELINDA LEE überlaufen haben mußte. Unter 60 überprüften Fahrzeugen fand man schließlich den südkoreanischen Holzfrachter PAN GRACE als mutmaßlichen Verursacher der tödlichen Kollision. Ihr Wachoffizier in dieser Nacht sagte dann auch aus, er hätte zu der angegebenen Zeit zwar ein schwaches rotes Licht gesichtet, dem er auch durch eine Kursänderung ausgewichen sei, aber dazu kein Ziel auf dem Radargerät orten können. Auch hätte er keinen Zusammenstoß mit dem Schiffsrumpf des Frachters wahrnehmen können. (Tatsächlich sind selbst große Schiffe von anderen unbemerkt überlaufen worden. So schnitt zum Beispiel die QUEEN MARY am 2. Oktober 1942 den fast 150 m langen britischen Kreuzer CURACAO mit einer Masse von 4290 Tonnen vor der britischen Küste mittendurch und versenkte ihn, ohne es zu bemerken.)

Um die PAN GRACE zur Rechenschaft ziehen zu können, müßte ein Gericht wohl klären: Judith Sleavin hatte Wache. Saß sie dabei in der Plicht? Hatte sie richtig Ausguck gehalten (Regel 5 KVR)? Hatte sie den Frachter gesichtet? Hatte sie eine Kollisionsgefahr erkannt (Regel 7)? Und wenn ja: Warum konnte sie nicht ein Manöver des letzten Augenblicks einleiten (Regel 17)? Oder wenigstens einen weißen Stern schießen, um auf sich aufmerksam zu machen? Und warum war angeblich die MELINDA LEE nicht im Radargerät des Frachters zu erkennen? Hatte die Yacht einen Radarreflektor gesetzt, mit optimalem Radarquerschnitt, in der vorgeschriebenen Yachtstellung? Oder segelte sie ohne diesen vorbeugenden Schutz?

Nur Judith Sleavin allein weiß, ob ihre Familie unschuldig den Tod auf der nachtdunklen See fand oder sie selbst, als überlebende Wachgängerin, mit einer tragischen Mitschuld weiterleben muß, wenn sie sich diese Fragen vor ihrem Gewissen beantwortet.

Fünf Sekunden zwischen Trauma und Tragödie

Peter Sommer war am 2. Juli 1992 mit seiner CARPE DIEM, einem kleinen Seekreuzer vom Typ Maxi 77, kurz nach 0700 Uhr morgens aus Hesnæs vor dem Eingang zum Smålandsfahrwasser mit Südkurs ausgelaufen, um nach Warnemünde zu segeln. Es herrschte leichter Ostwind, die See war mäßig bewegt, und bei strahlendem Sonnenschein genoß er mit den beiden Freunden Konstantin und

Felix einen schönen Segeltag. Es waren nicht nur ideale Segelverhältnisse für den leichtgewichtigen, nur zwei Tonnen verdrängenden Seekreuzer mit 7,70 m Länge, 2,50 m Breite und 25 m^2 Segelfläche. Die CARPE DIEM steuerte ihren Halbwindkurs mit drei Knoten Geschwindigkeit auch allein, wenn man nur die Pinne mit einem Gummistropp richtig festlegte.
Im Laufe des Vormittags frischte der Wind auf Bft 3–4 auf und schickte kältere Luft über das sommerwarme Wasser. Die See wurde bewegter, und die Sicht wurde schlechter. In leichtem Seenebel verminderte sie sich auf 500–1000 Meter, und während Konstantin sich im Vorschiff in die Koje gelegt hatte, hielt Felix mit dem Skipper Ausguck in der Plicht. Denn die CARPE DIEM näherte sich jetzt nach dem gekoppelten Kurs und der seit Passieren der Untiefentonne Ost vor Hesnæs abgelaufenen Distanz von 17,3 Seemeilen dem Gedser Rev und mußte kurz vor der Tonne W 72 stehen, die den dortigen Schiffahrtsweg bezeichnet, aber im Dunst nicht in Sicht war. So begaben sich beide Segler – nach einem Rundumblick, bei dem in der Stille der Segelei auch keine anderen Schiffahrtsgeräusche zu hören waren – gleichzeitig in die Kajüte, um am Kartentisch noch einmal den Koppelort zu überprüfen, während die Pinne des Bootes unverändert mit dem Gummistropp belegt blieb und die Yacht allein weitersegelte.
So waren sie kaum zwei Minuten später zu Tode erschrocken, als sie es draußen krachen hörten und innen am Kartentisch übereinanderfielen. In die Plicht stürzend, sahen sie die hohe Bordwand eines Schiffes über sich, an der der kleine Rumpf der CARPE DIEM samt Rigg und aufgefierten Segeln entlangschrammte. Die Yacht hatte ein großes Frachtschiff gerammt! Aber der Mast stand noch, nur das Vorstag schlackerte – und offenbar war durch diesen vierkantigen Volltreffer nur der Bug über der Wasserlinie ernsthafter beschädigt worden.
Nicht weniger erschrocken war Kapitän Ulrich Hansen, als er einen lauten Paukenschlag an der Bordwand hörte und plötzlich ein hohes weißes Segel die Seitenfenster seiner Brücke abdecken sah. Er hatte es sich gerade am Kartentisch seines 2000-BRZ-Küstenfrachters WANGONI bequem gemacht, um bei einer Tasse Kaffee einen Blick in die neuen „Nachrichten für Seefahrer“ zu werfen.
Nach dem Passieren des Küstenweges über das nur 6,5 m tiefe Gedser Rev lief er hart an der nördlichen Außenseite des Verkehrstrennungsgebietes dem Schiffsverkehr nach Westen entgegen. So hatte seine Aufmerksamkeit vorwiegend der Steuerbordseite gegolten, die er zum möglichen Ausweichen vor anderen Maschinenfahrzeugen ohnehin zu beachten hatte, und sein ganzes Augenmerk konzentrierte sich dabei ohnehin weitgehend auf das Radargerät, das jedoch auf seinem Bildschirm kein Objekt angezeigt hatte. Auch die WANGONI lief unter Autopilot auf ihrem Kurs in Richtung auf ihren Bestimmungshafen Malmö.
Aber während dem Amateur-Seefahrer Peter Sommer der Schreck noch in den Gliedern saß, ein Schiff gerammt zu haben und für mögliche Folgen verantwortlich sein zu können, und er die CARPE DIEM von der Bordwand absetzte, hatte der Profi-Kapitän die Situation sekundenschnell erkannt und sich schnell gefangen.

Er stoppte die WANGONI, drehte bei und gab den Seglern zu verstehen, längsseits zu gehen. Dann ließ er den Yachtskipper an Bord kommen, und auf der Brücke der WANGONI hatten beide Zeit, sich über den Unfall zu streiten.
Da die CARPE DIEM nur gut drei Knoten Fahrt lief, hatte sie mit ihrer Verdrängung von zwei Tonnen dem tausendmal massigeren Frachter natürlich keinen sichtbaren Schaden zufügen können – aber ihr Bugbereich war doch deutlich beschädigt worden. Wer sollte die Kosten der Reparatur bezahlen? Und wer hatte Schuld an dieser Kollision? Natürlich derjenige, der den anderen rammt, argumentierte Ulrich Hansen von der WANGONI – erst recht, wenn die Pinne der Segelyacht unbesetzt und keine Person an Deck gewesen war, wie er gesehen habe. Und außerdem hätte die CARPE DIEM auch keinen Radarreflektor gefahren, so daß man sie nicht hatte orten können. Aber nach den ersten bösen Worten zeigte er sich schließlich doch scheinbar konziliant, und beide Schiffsführer unterschrieben ein Protokoll:
„Auf See, 2. Juli 1992. Um 1110 Uhr lief ich mit meinem Seekreuzer CARPE DIEM unter Segeln bei der Tonne W 72 dem Motorschiff WANGONI in die Backbordseite. Da ich mich falsch verhalten habe, wird der Schaden an meiner Segelyacht CARPE DIEM von mir selbst getragen.
gezeichnet Skipper Peter Sommer.
Auf See, 2. Juli 1992. Um 1110 Uhr lief mir auf dem M. S. WANGONI die Segelyacht CARPE DIEM in die Backbordseite. Die Reederei der WANGONI stellt keine Schadenersatzansprüche an den Eigner der Segelyacht CARPE DIEM.
gezeichnet Kapitän Ulrich Hansen.“
Damit hatte der Yachtskipper in seiner Unerfahrenheit in rechtlichen Dingen die Alleinschuld übernommen und das Seeschiff überdies von jeglicher Haftung freigesprochen. Es war ein schwerwiegendes Papier, das Peter Sommer unterschrieben und dem Kapitän der WANGONI überlassen hatte. Dazu lichtete dieser Sommers Führerscheine sowie die Bootspapiere der Yacht ab, entließ dann die Segler mit einer Kopie dessen, was ihr Skipper unterschrieben hatte, und setzte seine Reise scheinbar unbekümmert fort. Der Kapitän hatte nicht zeigen dürfen, wie er vor dieser unfreundlichen Unterhaltung weiche Knie bekommen hatte:
Denn natürlich hatte die Segelyacht nicht (alleinige) Schuld an dieser Kollision, und wenn die WANGONI nur fünf Sekunden später am gleichen Ort gestanden hätte, würde nicht die Segelyacht den Frachter gerammt, sondern die WANGONI unter sonst gleichen Bedingungen die CARPE DIEM überlaufen und versenkt haben – mit ähnlichen tragischen Folgen wie im obengeschilderten Fall der dänischen Familienyacht. (Fünf Sekunden bedeutet ca. 30 Meter Abstand zwischen Bug und Brücke bei 12 Knoten = ca. 6 m/s Fahrt.)
Weniger erleichtert gingen die Segler zurück an Bord, und nach einer notdürftigen Reparatur des Riggs entschlossen sie sich, entgegen ihrer bisherigen Absicht direkt vor dem Wind zu ihrem Heimathafen nach Travemünde weiterzulaufen, um auf diesem Kurs das Vorstag nicht zu belasten und den Vorfall unverzüglich der Versicherung zu melden.

Hier schreibt Peter Sommer auch seine Schadensmeldung, in der er sich immer noch alleinschuldig fühlt: „Abschließend möchte ich noch ausdrücklich bemerken, daß wir vor der Kollision weder ein Schiff gesehen noch Motorengeräusche oder Schallsignale wahrgenommen haben, obwohl bei uns an Bord absolute Ruhe herrschte. Und bei meiner Person möchte ich noch erwähnen, daß ich aus beruflichen Gründen jährlich vom Amtsarzt untersucht werde. Bei den Untersuchungen ist bis jetzt kein Gehör- und Sehfehler festgestellt worden. Eine grobe Fahrlässigkeit möchte ich aber entschieden von mir weisen, weil ich der Meinung war und bin, daß ich kurzzeitig unter Deck gehen darf, um meine Navigation zu überprüfen, wenn keine fremden Geräusche wahrzunehmen sind."

Diese Ansicht von Skipper Sommer ist unrichtig. Denn nach den Kollisionsverhütungsregeln (Regel 5, Ausguck) mußte er *jederzeit* einen Überblick über die Möglichkeit eines Zusammenstoßes besitzen, was unerläßlich (nach Regel 4) bei *allen Sichtverhältnissen* und insbesondere bei *verminderter Sicht* (Regel 3[l]) ist. Wenn man bei normalen Sichtweiten in dem betreffenden Seegebiet von 8–12 Seemeilen ausgehen kann, herrschte demnach zur Zeit der Kollision am Ort mit Sichtweiten von 500 bis 1000 Metern „mäßig dichter Nebel" bis „leichter Nebel", in dem ständiger Ausguck unerläßlich war.

Wenn man davon ausgeht, daß die WANGONI unter den bestehenden Sichtverhältnissen mit einer auf 10–12 Knoten reduzierten Geschwindigkeit gelaufen ist und die CARPE DIEM mit 4 Knoten segelte, dann näherten sich die Fahrzeuge einander mit etwa 15 Knoten oder 7,5 Metern in der Sekunde. Bei der angegebenen Sichtweite von 500 Metern hätten sich beide Fahrzeuge optisch zwar erst eine gute Minute (66,7 s), bei 1000 m Sicht erst gute zwei Minuten (133 s) vor dem Zusammenstoß gesichtet. Diese Zeit hätte aber auf beiden Schiffen für ein sofortiges und wirkungsvolles Ausweichmanöver noch ausreichen können.

- Der Yachtskipper durfte also nicht „für kurze Zeit" unter Deck gehen. Denn bereits dieser Zwei-Minuten-Zeitraum war unter den herrschenden Sichtverhältnissen notwendig, um mit ordnungsgemäßem Ausguck ein Schiff auf Kollisionskurs zu sichten, danach die notwendigen Schallsignale zu geben und gegebenenfalls entsprechend zu manövrieren.
- Mit ihren drei Mann Besatzung gab es ja auf der CARPE DIEM dazu gar keinen Grund, Ruder und Ausguck unbesetzt zu lassen.

Auch die *Möglichkeit der Gefahr eines Zusammenstoßes* hätte Skipper Sommer nach Regel 7 KVR feststellen müssen. Im Zweifelsfalle hätte er sie annehmen und ein *Manöver zum Ausweichen* nach KVR Regel 17(a)(ii) einleiten müssen, obwohl für ihn *Kurshalterpflicht* bestand. Denn nach der Regel 18 (a)(iv) muß ein Maschinenfahrzeug einem Segelfahrzeug ausweichen, außer ein enges Fahrwasser (Regel 9), ein Verkehrstrennungsgebiet (Regel 10) und Überholen (Regel 13) könnten Anwendung finden. Aber diese Lage war hier nicht gegeben. Es galt ganz einfach die Ausweichpflicht der WANGONI nach Regel 18 (a)(iv), gegen die der Frachter verstoßen hat.

Die sichtbaren Schäden am Bug der CARPE DIEM, *als sie vierkant mit vier Knoten Fahrt einen Frachter gerammt hatte: Rumpf beschädigt, Deck angehoben, Vorstag ausgebrochen.*

- Obwohl die CARPE DIEM somit Wegerecht hatte, verletzte sie die *Verantwortlichkeit* nach Regel 2 (b), weil sie wegen des obengenannten fehlenden Ausgucks diese Kollisionsgefahr nicht erkannte und dementsprechend auch kein *Manöver des letzten Augenblicks* zur Verhinderung des Zusammenstoßes einleitete.
- Die Yachtbesatzung hätte nahe dem Fahrwasser für tiefgehende Seeschiffe auch mit größerem Schiffsverkehr rechnen und dementsprechend (auch nur mit einem Koppelort und ohne technische Navigationshilfen wie z. B. einem Decca-Navigator) in seiner Nähe vorsichtige Kurse steuern müssen. Es wäre auch klug gewesen, dazu das Vorsegel zu bergen, damit die notwendige Kontrolle des sonst verdeckten vorderen Seeraumes erleichtert worden wäre.
- Die CARPE DIEM hat auch Regel 19 KVR (Verhalten bei verminderter Sicht) nicht befolgt, nach der jedes Fahrzeug in solchen Situationen mit *sofortiger Manövrierbereitschaft* fahren muß. (Ihre Fahrt mit vier Knoten darf dabei als die geforderte *sichere Geschwindigkeit* gelten.)

Ob die WANGONI sorgfältig mit dem Radargerät arbeitete, läßt sich nicht mehr feststellen. Yachtsegler sollten jedoch wissen, daß eine deutliche Ortung einer Kunststoff-Segelyacht von der Größe der CARPE DIEM und ihre Darstellung auf dem Radarschirm eines Seeschiffes nur in einem Abstandsbereich von 3,5 sm bis 0,5 sm, das heißt bei einer Zielentfernung von etwa 6500 m bis 1000 m möglich ist. Liegt der Abstand weiter als 3,5 sm, wird ein ohne Radarreflektor ausgerüstetes Fahrzeug oder Objekt vom Radargerät noch nicht erfaßt. Liegt er unter 0,5 sm, wird das mögliche Echo durch die direkten Einflüsse im Nahbereich (wie z. B. Seegangsechos) „verschluckt“.

- Die CARPE DIEM hätte gut daran getan, mit einem Radarreflektor zu segeln; denn mit ihm hätte sie größere Chancen gehabt, rechtzeitig von der WANGONI geortet zu werden. (Im weitflächigen Schiffahrtsrevier der westlichen Ostsee ist das Segeln mit einer (kleinen) Kunststoffyacht ohne Radarreflektor ohnehin sträflicher Leichtsinnn.) Gerade im Nahbereich sollte man als Yachtsegler nicht darauf vertrauen, von einem Seeschiff noch mit Radar erfaßt zu werden.

Natürlich galt bei dieser Kollision in erster Linie die Regel 18 (a)(iv), nach der jedes Maschinenfahrzeug einem Segelfahrzeug ausweichen muß. Die WANGONI hatte sie nicht beachtet und damit erstrangig den Zusammenstoß verursacht. Sie hatte auch keine Warnsignale gegeben und auch nicht Ausguck gehalten. Und was ich hier dem Skipper der CARPE DIEM ankreidete, hätte sich bei einer Seeamtsverhandlung (und in einem möglichen Zivilrechtsverfahren um die Bezahlung der CARPE DIEM-Reparaturkosten) auch der Kapitän der WANGONI vorhalten lassen müssen, weil es für ihn gleichermaßen gilt. Aber er war ein schlauer Fuchs und ließ sich nicht mehr haftbar machen, weil er Peter Sommer noch an Ort und Stelle eine Erklärung unterschreiben ließ, in der jede Partei auf Ansprüche gegen den Kollisionsgegner verzichtete. Dadurch hielt er sich auch von Forderungen der Yachtversicherer frei. Er und seine Reederei konnten daher später nicht mehr haftbar gemacht werden.

- Auch wenn Sie hoffentlich nicht in ähnliche Situationen kommen: Lassen Sie sich niemals zu Unterschriften unter Protokollen verleiten, die Ihre alleinige Schuld zugeben und jede Mitschuld eines anderen oder dessen spätere Haftung ausschließen.

Die Kollision der CARPE DIEM, die noch (anerkennenswerterweise) mit simplen Navigationshilfen segelte, mit der WANGONI, die alle auf einem Seeschiff verfügbaren High-Tech-Geräte ausnutzen konnte, zeigt deutlich, daß es letztendlich auf die Persönlichkeit des Skippers ankommt, wenn Kollisionen zu verhüten sind. Oder umgekehrt: Auch hier führte menschliches Versagen zu einem glücklicherweise noch glimpflichen Unfall. Aber zwischen dem Trauma der Kollision und der Tragödie des Überlaufens lagen nur fünf Sekunden – nicht länger als ein Wimpernschlag.

Mastbrüche durch Kollisionen mit Seeschiffen

Obwohl beide Schiffe ein Manöver des letzten Augenblicks einleiteten, kam es im Sommer 1989 auf der Flensburger Außenförde zu einer Kollision zwischen dem Frachter DAN VIKING und dem in Schausende beheimateten Seekreuzer SANTA MARIA. Dabei traf das Heck des unter Panama-Flagge fahrenden Schiffes den Großbaum der Yacht, brach dessen Mast und verursachte einen Schaden von 38 000 DM. Nach den Untersuchungen des Seeamtes Kiel verletzte der Kapitän als wachhabender Offizier seine Aufsichtspflicht. Ihm wurde fehlerhaftes Verhalten vorgeworfen: Er war Ruder gegangen und hatte gleichzeitig navigiert. Dadurch bemerkte er die Segelyacht zu spät. Die Dreimann-Crew der SANTA MARIA kam mit dem Schrecken davon.

*

Am 21.11.1984 gegen 0300 Uhr rammte etwa 14 sm nördlich von Havanna (Kuba) ein von achtern auflaufender unbekannter Frachter die deutsche Segelyacht KALYMNOS, ein Stahlboot vom Moitessier-Typ JOSHUA, die in der nördlichen Karibik von Mexiko nach Florida unter Windfahnen-Selbststeueranlage unterwegs war. Die Ketsch lief bei Wind NE Stärke 4–5 und einem Kompaßkurs von 120° eine Fahrt von 4 Knoten.

Offenbar übersah der Frachter die Yacht, wie ihr Skipper Karl Hauschke berichtete: „Er drückte mit seiner Bugwelle zuerst die KALYMNOS auf die Seite, doch wurde das Boot durch den Seegang zurückgeworfen und krachte mittschiffs an die Bordwand des Frachters. Zuerst verfing sich ein Want des Großmastes an der Reling des Frachters, kam aber wieder frei. Beim Entlangscheuern an der Bordwand blieb dann jedoch ein Want des Besanmastes an seiner Reling hängen, und dann ging alles sehr schnell:

Mit einem Ruck kam der Besanmast mit seinem stehenden Gut von oben, schlug auf der Reling auf, riß alles um und ging außenbords. Wir mußten alle Bolzen lösen und ihn aufgeben. Der Frachter setzte seine Fahrt fort, ohne sich um uns zu kümmern. Sein Name konnte in der Dunkelheit nicht ausgemacht werden. Ob er die Kollision überhaupt bemerkte, ist nicht bekannt.“

Die Yacht lief Key West in Florida an und nahm dort bei der Coast Guard eine Verklarung vor: mit Beschädigung auch des Großmastes, zerrissener Genua, ausgebrochenen Relingsstützen sowie einer zerschundenen Außenhaut und Beschädigungen an Deck und Aufbauten ein Gesamtschaden von 100 000 DM, den die Versicherung zu regulieren hatte.

Offenbar war das Boot unter seiner Selbststeueranlage sich selbst überlassen, als der Zusammenstoß erfolgte, und keiner der beiden Segler an Bord war auf Wache in der Plicht. Vielleicht schliefen auch beide während der Nacht tief und fest. Denn andernfalls hätte das Auflaufen des großen Schiffes von achtern nicht nur optisch durch seine Lichterführung, sondern auch akustisch durch die Schraubengeräusche von einem Wachgänger oder Ausguck bemerkt werden müssen.

In diesem Falle wäre auch sicher ein Ausweichmanöver der Yacht durch eine rechtzeitige Kursänderung oder zumindest ein Manöver des letzten Augenblicks möglich gewesen, als es offenbar geworden war, daß der fremde Frachter vielleicht selbst ohne Wache und Ausguck auf der Brücke unterwegs war und (ebenfalls) mit Autopilot sowie ohne sorgfältige Radarwache seinen Kurs hielt. Die Ramming von achtern hätte für die KALYMNOS ja auch schlimmer ausgehen können!

Trawlerkollision ist (hauptsächlich) des Seglers Schuld

Auf der Einhandfahrt von Miami nach Kopenhagen wurde der Katamaran SILVER HEELS von Hal Andersen im Sommer 1993 nach 20 Tagen auf See und etwa 225 Seemeilen südsüdwestlich der Scilly-Inseln in einer unsichtigen Nacht von einem Trawler gerammt. Das Boot führte Seitenlichter und Hecklicht wie alle Nächte davor, weil Windgenerator und Solarzellen reichlich Batteriestrom lieferten. Der Skipper hatte es sich zur Gewohnheit gemacht (wie er sagte), alle halbe Stunde einen Rundumblick zu nehmen, insbesondere auch während der Mittelwache nach Mitternacht, wo der Körper erfahrungsgemäß nur sehr schwer wachzuhalten ist. Etwa zwanzig Minuten nach einem solchen Ausblick in die neblige Dunkelheit wurde der Katamaran von einem mit voller Kraft laufenden Trawler im Vorschiff des Backbordbugs getroffen.
Das Fischereifahrzeug hatte offenbar den Aufprall bemerkt; denn es kreiste noch eine Zeitlang unsichtbar an der Unfallstelle, ohne jedoch auf UKW-Kanal 16 zu rufen oder mit Scheinwerfern zu suchen. Seine engen Suchkurse ängstigten den Einhandskipper jedoch mehr, als sie ihn beruhigten. Denn er fürchtete, daß er dabei noch einmal und dann vielleicht tödlich gerammt oder gar überlaufen werden könnte. Hätte der Trawler den leichten Zwei-Tonnen-Kat bei der Ramming mittschiffs getroffen, wäre er mit seinem Skipper an Bord ohnehin auf Tiefe gegangen. So gelang es Andersen, dem gesplitterten Bug ein Lecksegel aus Segelsäcken, mit der Fock ausgepolstert, überzuziehen und wohlbehalten die englische Kanalküste zu erreichen.
Hier, so schließt er seinen Bericht mit der treffenden Überschrift „Nur ein paar Zentimeter von der Ewigkeit entfernt“, hörte er über die BBC-Nachrichten von einem Yachtuntergang mit neun Toten in der Irischen See zu gleicher Zeit und vom Sinken einer anderen Yacht, die von Norwegen nach Schottland unterwegs war und mit fast der gesamten Crew in der Nordsee unterging. Nur ein Segler wurde von der Coast Guard gerettet. Ein Zeichen, daß es jährlich an allen Küsten zu sehr viel mehr Yachtunfällen mit tragischem Ausgang kommt, als die Yachtzeitschriften melden (können oder wollen).

Kollision im Nebel: Schiff und Yacht sind beide schuldig

In der Nacht zum 8.8.1988 versenkte das britische Kreuzfahrtschiff OCEAN PRINCESS am Südausgang des Kalmarsundes die 10,54 Meter lange Kieler Segelyacht

ORPLID, die innerhalb von zwei Minuten auf Tiefe ging. Die Kollision erfolgte bei Nebel in den frühen Morgenstunden. Die dreiköpfige Crew blieb unverletzt, ging in die Rettungsinsel und wurde von einer finnischen Yacht aufgenommen, die sie nach Kalmar brachte. Dort wurden der Yachtskipper und der Kapitän des Schiffes von der Polizei vernommen.
Wer Schuld an dem Zusammenstoß und dem Verlust der ca. 200 000 DM teuren Yacht hatte, mußte eine Verhandlung vor dem Seeamt Kiel klären, zu der Kapitän und Wachhabender der OCEAN PRINCESS und ebenso Skipper und Wachführer der ORPLID als Beteiligte geladen wurden. Das Untersuchungsverfahren wurde durch den Spruch abgeschlossen: Der Erste Offizier der OCEAN PRINCESS hat sich fehlerhaft verhalten, weil er während der Nebelfahrt mit überhöhter Geschwindigkeit fuhr, den Ausguck nicht besetzte und sich ausschließlich auf das Radargerät verließ. Doch darauf war die Segelyacht ORPLID, die ohne Radarreflektor lief, nicht zu erkennen.
Aber auch dem Wachführer der ORPLID wurde fehlerhaftes Verhalten vorgeworfen, weil er trotz der geringen Sichtweite keine Nebelsignale gegeben hatte.
Wie schon in früheren Fällen solcher Kollisionen mit Yachten im Nebel empfahl das Seeamt dem Gesetzgeber noch einmal dringlichst, auf Yachten das Setzen von Radarreflektoren bei Nebel zur Pflicht zu machen.

Durch Ramming auf dem Schiffahrtsweg gesunken

Auf dem Kiel-Ostsee-Schiffahrtsweg zwei Seemeilen östlich der Tonne 9 (etwa fünf Seemeilen nordöstlich von Fehmarn) kam es am 4. Juli 1987 bei optimaler Sicht zu einer tragischen Kollision zwischen dem (damals sowjetischen) 5000-BRZ-Frachter ZENIT und einem dänischen Seekreuzer vom Typ Moen 27. Die 8,24-m-Yacht wurde dabei von dem Frachter überlaufen und sank in wenigen Sekunden. Ihre Besatzung – vier Erwachsene und drei Kleinkinder – wurde dabei ins Wasser katapultiert, aber vom Frachter schon nach kurzer Zeit geborgen. Ein neun Monate alter Säugling war jedoch schon so unterkühlt, daß er wenig später starb. Ein zweites Kind, ein neunjähriger Junge, der bei der Rettung vermißt wurde, konnte trotz umfangreicher Suche nicht gefunden werden.
Wie der Frachter, so war auch die Yacht zur Zeit des Unglücks unter Autopilot gelaufen. Die Entscheidung des aus Nykøbing stammenden Skippers, bei einer zahlenmäßig so großen Crew unter einer elektronischen Selbststeueranlage zu segeln, anstatt die Yacht von Hand zu steuern, war fahrlässig. Ihn trifft daher auch ein Mitverschulden an der Kollision und dem tragischen Tod der beiden Kinder, weil er nicht ordnungsgemäß Ausguck gehalten hat und auf einem Schiffahrtsweg in der vielbefahrenen westlichen Ostsee nicht jederzeit zu einem Manöver des letzten Augenblicks bereit war, falls ein Schiff seiner erwarteten Ausweichpflicht nicht nachkommen sollte.

Wenn Yachten miteinander kollidieren

Die Kollisionsverhütungsregeln sagen auch einem Yachtskipper sehr eindeutig, wie er sich in der Nähe einer anderen Yacht zu verhalten hat – nicht nur, wenn sich beide auf Kollisionskurs befinden. Dazu legen die Internationalen Wettsegelbestimmungen fest, wie vorsichtig man den optimalen, durch Segeltechnik oder Regattataktik bestimmten Kurs durchhalten kann, wenn man mit anderen Yachten in Tuchfühlung segelt oder sogar Bord an Bord wendet, halst, startet oder Bojen rundet. Im allgemeinen kommt es bei Berührungen nicht zu schwerwiegenden Schäden. Sind diese dennoch eingetreten, muß seeamtlich und zivilrechtlich geklärt werden, wer diese zu bezahlen hat.

...und plötzlich bist du an der Kollision mitschuldig

Der Schiffsverkehr auf der Kieler Außenförde ist durch die zum Nord-Ostsee-Kanal laufenden oder von dort kommenden Fahrzeuge aller Art und Größe immer äußerst rege, und wenn in den Sommermonaten die Yachten nicht nur die angrenzenden Häfen Strande, Schilksee und Laboe anlaufen oder verlassen, sondern sich zum Kaffeesegeln und Regattatraining auch noch vor deren Molen tummeln, gleicht das Geschehen unter bunten Segeln schon einem Volksfest auf dem Wasser: Man muß sich vorsehen, dabei nicht angerempelt zu werden. In den zehn Tagen während der jährlichen Kieler Woche, wenn dann noch einmal über tausend Boote zusätzlich die Außenförde bevölkern, herrscht wirklich ein Verkehrschaos auf dem Wasser, bei dem man gar nicht genug aufpassen kann, wenn man mit seinem Boot Kollisionen vermeiden muß.
Der 18. Juni 1995 war ein solcher Kieler-Woche-Tag und auch so richtig nach dem Geschmack der Segler nicht nur auf den Regattabahnen: Es wehte ein Südwestwind Stärke 6 entsprechend der Starkwindwarnung, die das Seewetteramt Hamburg um 1030 Uhr für die deutsche Ostseeküste herausgegeben hatte, und der Rundfunkwetterbericht hatte am Morgen sogar „Gefahr von Böen 7 aus West“ gemeldet.
Für den 30jährigen Skipper Helge Benzon auf dem 26,40 Meter langen dänischen Dreimast-Toppsegelschuner GINA DARGSTED ist es das richtige Wetter, seine 350 m² Segelfläche nach dem Ablegen am Bahnhofskai um 1030 Uhr nach und nach auszuschütteln und sie seinen etwa 40 zahlenden Gästen zu zeigen, mit denen der Oldtimer auf einem Raumschotskurs zu den Regattabahnen unterwegs ist. Für den 10,60 Meter langen Seekreuzer SWANTEWIT, der auf einem Amwindkurs von der Marina Wendtorf zur Kieler Innenförde läuft, ist es keine Vollzeug-

brise mehr. Und da Skipper Georg Endrussat mit seinen 65 Jahren ruhiges Tourensegeln liebt und er dazu noch allein segelt, hat er das Großsegel beschlagen und nur die 36 m^2 große Genua gesetzt, unter der allein die SWANTEWIT auch vier Knoten läuft.

Endrussat ist nicht nur ein erfahrener und vorsichtiger Segler, er kennt als Einheimischer auch die Risiken, die an diesem Tage mit dem Gewimmel auf dem Wasser verbunden sind. Und so hat er sich schon weit draußen auf die Steuerbord-Fahrwasserseite verholt und läuft querab von Laboe nahe bei dem Tonnenstrich auf Backbordbug (also mit dem Wind von Steuerbord) in Richtung auf die Friedrichsorter Enge, die er so dicht wie möglich an den dortigen Seezeichen passieren will. „Mir kann also gar nichts passieren, wenn ich so weiterlaufe", sagt sich Endrussat in diesen Minuten. „Ich muß weder die Segel- noch die Schotführung ändern, denn ich habe Wegerecht beim Begegnen mit allen Seglern und als Segler auch gegenüber allen anderen Fahrzeugen, und ich stehe auf der richtigen Fahrwasserseite, wo mich die Berufsschiffahrt überholen kann, ohne daß ich sie behindere." So genießt er die Fahrt, hält seine Pinne und steuert seinen Kurs, ohne den Fahrzeugen drumherum besondere Aufmerksamkeit zu schenken.

Der Oldtimerkapitän Helge Benzon mit dem Patent für Küstenfahrt hat in diesen Minuten mehr zu tun: Bis zum Erreichen der Engstelle am Bienenleib der Förde haben seine vier bezahlten Hände an Bord den äußeren und den inneren Klüver, das Vorstagsegel, das Großsegel und den Besan gesetzt, und am Fockmast ist gerade das Marssegel gefallen, als GINA DARGSTED um 1120 Uhr die Leuchttonne 9 an der Friedrichsorter Seite passiert. Denn der 70 Jahre alte Dreimaster segelt nicht nur auf der falschen Seite des Fahrwassers, er läuft auch raumschots über Steuerbordbug und ist somit allen anderen Yachten unter Segeln ausweichpflichtig. Da heißt es gut aufpassen und gegebenenfalls schnell manövrieren. Der Bootsmann hat daher das Ruder übernommen, und sicherheitshalber läuft der 99-kW-Dieselmotor im Leerlauf. Kapitän Benzon selbst steht an Backbord und beobachtet auf der segelfreien Seite, wie sich seine Kursänderung von bisher 030° auf 355° auszuwirken beginnt. Er freut sich, wie der schwerfällige Segler nach Verlassen der Abdeckung mit jetzt 200 m^2 Segelfläche gut fünf Knoten Fahrt macht. Der neue Kurs soll ihn möglichst schnell in den schmalen luvwärtigen Raum vor der Steuerbord-Fahrwasserseite bringen, der zur Landseite durch die flache Küste eingeengt ist. Einen Ausguck auf dem Vorschiff seines ja beträchtlich langen Seglers hat er nicht abgestellt, und so muß der Bootsmann nicht nur das Ruder führen, sondern sich auch gelegentlich bücken, um unter den Segeln hindurch nach anderen Seglern an Steuerbord voraus zu sehen, die vor der GINA DARGSTED Wegerecht haben.

Unmittelbar nach dem Kurswechsel beobachtet er denn auch Steuerbord voraus die auf Backbordbug und mit Wegerecht segelnde SWANTEWIT, deren Kurs er – nach einem Blick auf seinen Kompaß – mit 210° ermittelt, in einer Entfernung von zwei bis drei Kabellängen, das heißt ca. 370 bis 550 Metern. Ihre Geschwindigkeit schätzt er auf ebenfalls fünf Knoten, und augenscheinlich steuert der kleine Seekreuzer mit dem üblichen Vorhalt auf seinem Kurs durchs Wasser hoch am Wind die Luvseite der Enge an und wird ihn daher noch einige Zeit durchhalten.

Einem Segelschiffs-Bootsmann als verantwortlichem Rudergänger hätten hier die Alarmglocken läuten müssen: Denn sein ermittelter Kollisionswinkel beträgt nur 35°, und die Fahrzeuge nähern sich mit einer Annäherungsgeschwindigkeit von 5 + 5 Knoten, das heißt 5 m/s (fünf Meter pro Sekunde), und zum Reagieren hat der schwerfällige Schuner gerade noch höchstens 74 Sekunden, längstens 114 Sekunden, insgesamt also nur eine gute Minute Zeit – oder weniger, wenn man die Aussage des dänischen Kapitäns beachtet: „Während dieser Beobachtung nahm der Wind zu." Die Annäherungsgeschwindigkeit vergrößerte sich also. Aber die GINA DARGSTED hält nicht nur ihren gefährlichen Kurs durch, ohne zu reagieren, sie verliert die Wegerecht-Yacht an ihrer ausweichpflichtigen Seite ganz einfach aus den Augen.

„Aufgrund der hohen Anzahl der Fahrzeuge in diesem Bereich wurde der Seekreuzer SWANTEWIT anschließend nicht weiter beobachtet", erklärt Skipper Benzon zwei Stunden später der Wasserschutzpolizei, „und ich nahm an, daß die Yacht uns an der Steuerbordseite passieren würde." Aber diese Annahme trügt, und als der Rudergänger plötzlich aufschreit, weil die SWANTEWIT unter den ausgebaumten Segeln dicht vor dem Steuerbordbug auftaucht, ist es für jede Reaktion zu spät: Die GINA DARGSTED überläuft die SWANTEWIT, legt den Seekreuzer auf die Seite, kentert ihn, drückt ihn unter Wasser und läßt das Kielboot nach dem Zusammenstoß in wenigen Sekunden wie einen Stein auf die hier etwa 15 Meter tiefe Förde sinken.

„Direkt *nach* der Kollision wurde die Machine auf ‚Voll Zurück' gesetzt", gibt Benzon später zu Protokoll. „Wegen des starken achterlichen Windes benötigte das Schiff jedoch einige Zeit, um zu stoppen. Während dieser weiteren Vorwärtsbewegung des Schuners wurde die SWANTEWIT unter unseren Bug gedrückt und kenterte letztlich." Glück für Yachtskipper Georg Endrussat: Er wurde bei dem Aufprall nach achtern aus der Plicht katapultiert, geriet nicht unter seine über Kopf gehende Yacht und konnte sich auch von Schoten und Leinen freihalten, die ihn mit in die Tiefe hätten ziehen können. Glück aber auch für den verantwortlichen dänischen Kapitän: Ein toter Segler hätte ihn teuer zu stehen kommen können.

Nach Aussagc eines Zeugen, der die Kollision von einem anderen Boot aus beobachtet hatte, war die SWANTEWIT unmittelbar vor dem Zusammenstoß noch angeluvt. Diese Kursänderung hätte für die spätere seeamtliche Bewertung relevant sein können: Denn man hätte die Kursänderung nach Steuerbord als den Versuch des Yachtskippers werten können, ein Manöver des letzten Augenblicks zu fahren, mit dem er sich hätte entlasten können. Das plötzliche Anluven wenige Meter vor dem Zusammenstoß hätte aber auch durch das Backschlagen des Vorsegels im unmittelbaren Windschatten der sehr hoch reichenden und immerhin

Der Augenblick, in dem der große Dreimast-Bramsegelschuner GINA DARGSTED die SWANTEWIT überläuft, zum Kentern bringt und auf den Grund der Kieler Förde schickt.

200 m² umfassenden Segelfläche des Oldtimers verursacht und ein Beweis sein können, daß die SWANTEWIT ihre Fähigkeit zum Einleiten eines Manövers des letzten Augenblicks unter Segeln in Lee dieses Segelbergs eingebüßt hatte und aus segeltechnischen Gründen daran gehindert war.
Leider schwieg sich Skipper Endrussat – auf Anraten seiner Anwältin – während der späteren Seeamtsverhandlung bei Beantwortung solcher Fragen aus, und er

war schließlich überrascht, daß ihm, dem Wegerecht-Skipper, der „Kurs und Fahrt durchgehalten hatte" und sich völlig schuldlos an dieser Kollision wähnte, plötzlich einige „begangene Ordnungswidrigkeiten nach der Seeschiffahrtsstraßen-Ordnung und den Kollisionsverhütungsregeln" in Erinnerung gerufen wurden, die ihm die Wasserschutzpolizei schon in ihrem Vernehmungsprotokoll unmittelbar nach der Kollision zur Last gelegt hatte, zum Beispiel diese:

- Verstoß gegen Regel 7 (a) KVR (in Verbindung mit § 9 (1) Nummer 8 Verordnung zu den Kollisionsverhütungsregeln):
  „Jedes Fahrzeug muß mit allen verfügbaren Mitteln feststellen, ob die Möglichkeit der Gefahr eines Zusammenstoßes besteht. Im Zweifelsfalle ist diese Möglichkeit anzunehmen."* („Ordnungswidrig handelt, wer gegen die Vorschrift der Regel 7 über die Feststellung der Möglichkeit der Gefahr eines Zusammenstoßes verstößt.")*
- Verstoß gegen Regel 8 (d) KVR (i. V. m. § 9 (1) Nr. 9 VO-KVR):
  „Ein Manöver zur Vermeidung eines Zusammenstoßes mit einem anderen Fahrzeug muß zu einem sicheren Passierabstand führen."* („Ordnungswidrig handelt, wer der Regel 8 über Manöver zur Vermeidung von Zusammenstößen zuwiderhandelt.")*
- Verstoß gegen Regel 5 KVR (i. V. m. § 9 (1) Nr. 6 VO-KVR):
  „Jedes Fahrzeug muß jederzeit gehörigen Ausguck halten, der einen vollständigen Überblick über die Möglichkeit der Gefahr eines Zusammenstoßes gibt." * („Ordnungswidrig handelt, wer entgegen Regel 5 nicht für gehörigen Ausguck sorgt.")*
- Verstoß gegen Regel 17 KVR (i. V. m. § 9 (1) Nr. 17 VO-KVR):
  „Der Kurshalter muß Kurs und Geschwindigkeit beibehalten. Er darf jedoch zur Abwendung eines Zusammenstoßes selbst manövrieren, sobald klar wird, daß der Ausweichpflichtige nicht nach diesen Regeln handelt. Wenn ein Zusammenstoß durch ein Manöver des letzten Augenblicks nicht vermieden werden kann, so muß der Kurshalter so manövrieren, wie es am dienlichsten ist." * („Ordnungswidrig handelt, wer gegen eine Vorschrift der Regel 17 über das Verhalten des Kurshalters verstößt.")*
- Verstoß gegen § 3 (1) SeeSchStrO i. V. m. § 61 (1) Nr. 10 SeeSchStrO):
  „Jeder Verkehrsteilnehmer hat die Vorsichtsmaßregeln zu beachten, die Seemannsbrauch sind."* („Ordnungswidrig handelt, wer einer Vorschrift über die Vorfahrt zuwiderhandelt")*

In der Tat hätte Endrussat durch simples Schricken der einzigen Schot, die er führte, frühzeitig um 30° abfallen und damit die SWANTEWIT kurzzeitig auf einen Kurs bringen können, mit der er die GINA DARGSTED auf ihrer Leeseite passiert hätte. Insoweit ist es eine unterlassene Handbewegung, die ihn fast das Leben gekostet hätte, aber seiner Versicherung die Regulierung des Totalverlustes seiner

* Die Verordnungstexte sind gekürzt wiedergegeben.

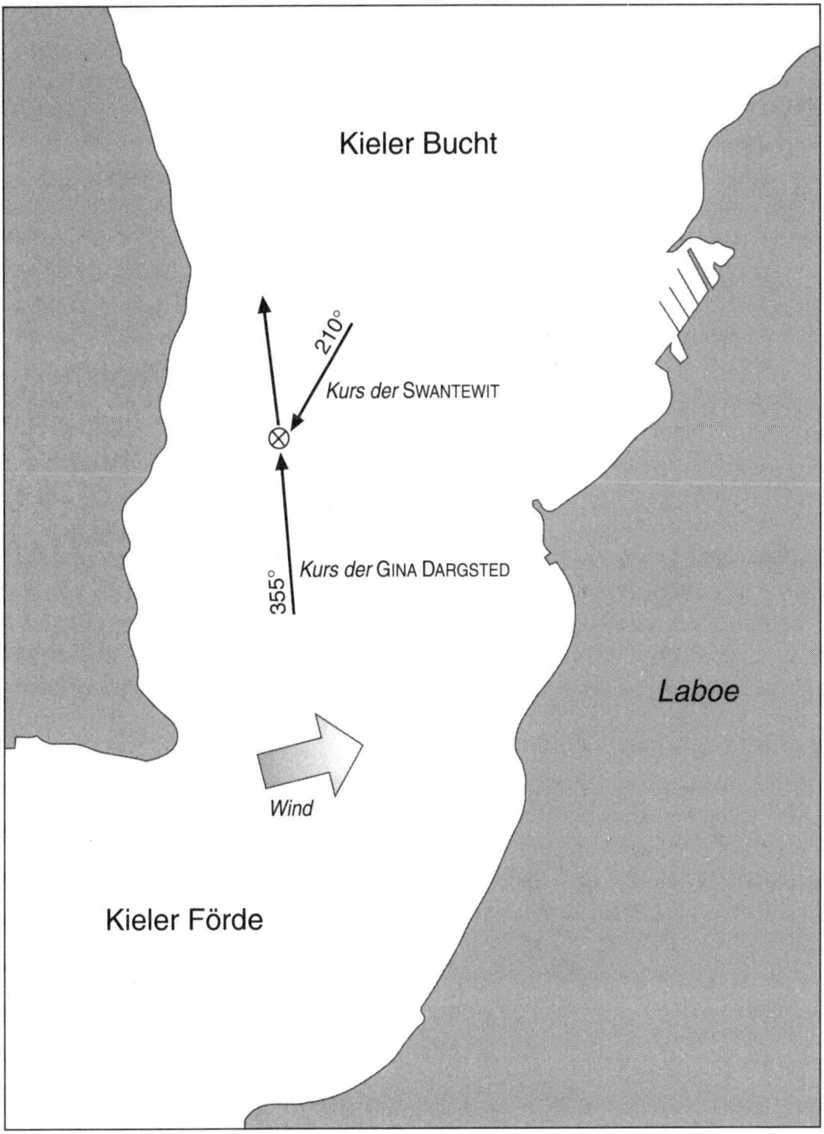

Die Kurse der Kollisionsgegner: SWANTEWIT auf Bb-Bug hoch am Wind auf der richtigen Fahrwasserseite. GINA DARGSTED raumschots auf Stb-Bug auf der falschen Seite.

Yacht nicht ersparte. Und so stand mit der Entscheidung des Seeamtes auch auf dem Spiel, ob denn nun die GINA DARGSTED allein schuldig war (und somit haftpflichtig für das, was sie beim Überlaufen des deutschen Seekreuzers anrichtete)

oder ob Endrussat durch seine ordnungswidrigen Unterlassungen eine (haftpflichtentlastende) Mitschuld traf.
Denn die Liste der Regelverletzungen der GINA DARGSTED und der damit begangenen Ordnungswidrigkeiten ihres Kapitäns Helge Benzon ist noch erheblich länger, und die Inhalte sind schwerwiegender:
Sie segelte „ohne einen Ausguck am Bug, der bei der hohen Verkehrsdichte, in dem extrem engen Fahrwasser, bei den an Bord befindlichen 40 Fahrgästen und beim Fahren unter Besegelung unbedingt erforderlich gewesen wäre“, wie es die Wasserschutzpolizei protokollierte.
Sie kreuzte das Fahrwasser, lief auf der falschen Fahrwasserseite, und der Kapitän stand (nach seinen eigenen schriftlichen und mündlichen Aussagen) ebenfalls auf der falschen Seite (der Backbordseite) der Brücke. Somit war die ausweichpflichtige Seite des Dreimasters vom Bug bis zur Brücke ohne Ausguck und unbesetzt – eine folgenschwere Fahrlässigkeit des Kapitäns. Und weiter:
Die GINA DARGSTED war „mit Wind von Backbord“ und „als luvwärtiges Fahrzeug“ bedingungslos ausweichpflichtig. Sie gab keine Warnsignale. Sie leitete keine Kursänderung ein, als sie die SWANTEWIT in kurzer Entfernung auf Kollisionskurs sichtete. Hierzu hätte sie gegebenenfalls auch den im Leerlauf mitlaufenden Motor einsetzen können. Sie bemühte sich nicht, die drohende Kollision durch ein Manöver des letzten Augenblicks zu verhindern. Schlimmer noch:
Erst „direkt nach der Kollision wurde die Maschine auf ‚voll zurück‘ gesetzt“, erklärt der Kapitän. „Wegen des starken rückwärtigen Windes benötigte das Schiff einige Zeit, um zu stoppen. Während dieser weiteren Vorwärtsbewegung wurde die SWANTEWIT unter unseren Bug gedrückt und kenterte letztlich.“
Bei der im Oktober 1995 in Kiel durchgeführten Seeamtsverhandlung, die endgültige Klärung über die Vorkommnisse bringen sollte, wurde Kapitän Benzon von einem sehr segelkundigen Rechtsanwalt vertreten, und der Schuner-Kapitän schilderte auf einmal ganz andere Tatsachen, als er sie vorher bei den polizeilichen Ermittlungen und in seiner eigenen Verklarung zu Protokoll gegeben hatte: Danach hätte er „an der Steuerbordseite des Ruderhauses“ gestanden, die Sicht nach vorn sei nicht versperrt gewesen, und seine ganze Aufmerksamkeit hätte an dieser Seite einem Überholer gegolten, den aber nachweislich kein Zeuge gesehen hatte. Durch ihn hätte er Kurs und Fahrt durchhalten müssen – eine unbewiesene Schutzbehauptung.
Hätte Endrussats Anwältin sie aufgenommen und verwertet, wäre ein möglicher Beweis erbracht gewesen, warum die SWANTEWIT nicht, wie oben erwähnt, einfach um etwa 30° abfallen und die GINA DARGSTED an der Leeseite passieren konnte – denn dann wäre er ja der Geisteryacht in eben dieser Position genau vor den Bug gelaufen.
Aber Georg Endrussat wurde von seiner Anwältin schlecht vertreten. Er blieb – trotz der ihm zur Last gelegten obengenannten Ordnungswidrigkeiten – bei seiner stereotypen Aussage, er hätte die Situation kommen sehen, aber er hätte We-

gerecht gehabt, und der Oldtimer hätte ihm ausweichen müssen. Er hätte auch gar keine Veranlassung gehabt, irgendein Manöver einzuleiten, das die Kollision hätte verhindern können, meinte er nach wie vor.

Die Vorführung des Videofilms eines Zeugen, auf dem das Überlaufen und Kentern der SWANTEWIT in allen Einzelheiten erkennbar ist, regte ihn auch nicht an, dieses unerklärliche Anluven mit einer scheinbaren Kursänderung nach Steuerbord auf 265° kurz vor der Kollision entweder als sein Manöver des letzten Augenblicks zu interpretieren (wie es nach Regel 17 KVR auch richtig zur entsprechenden Seite gewesen wäre) oder als dessen unvermeidbare Verhinderung durch die weite Segelabdeckung des Traditionsseglers nach voraus und nach Lee darzustellen. Endrussat wertete auch die Tatsache nicht zu einem möglichen Vorteil aus, daß er – nur unter Vorsegel – bei dem erforderlichen Notmanöver nach Steuerbord in seiner schnellen Manövrierfähigkeit behindert war. Auch die ihm von den Beisitzern gebauten goldenen Brücken hinsichtlich vielleicht doch abgegebener, aber nicht angekommener optischer oder akustischer Signale betrat er nicht.

Ungünstig auch für Endrussat, daß in die Seekarten, die auf dem Verhandlungstisch lagen, wohl alle Kurse korrekt, aber die Positionen der Boote nur mit (gleich großen) Symbolen eingetragen waren. Die tatsächliche, der Praxis angenäherte Situation hätte auf dem Papier wohl besser so aussehen müssen: als Kollision eines unter Segeln hilflosen Passagier-Riesen (26,40 x 7,15 x 3,00 m), der die Enge besser unter Motor passiert hätte, mit einem segelnden Zwerg (10,60 x 3,40 x 1,70 m). Vielleicht hätte das Seeamt dann doch anders entschieden, wenn es maßstabgerechte Modelle vor sich gehabt hätte.

So ist sein Spruch kurz und knapp: „Der Unfall ist darauf zurückzuführen, daß der Toppsegelschuner GINA DARGSTED seiner Ausweichpflicht gegenüber der Segelyacht SWANTEWIT nicht nachkam und die Segelyacht SWANTEWIT nicht so manövrierte, wie es zur Vermeidung eines Zusammenstoßes am dienlichsten war. Insoweit haben sich beide Fahrzeugführer fehlerhaft verhalten."

Schuldfrage geteilt – eine Entscheidung, die das Seeamt nach dem Seeunfalluntersuchungsgesetz vertreten kann. Tatenlos mitschuldig – eine Entscheidung, von der ein Skipper unerwartet betroffen sein kann, wenn er nicht aufpaßt.

Übrigens kam es in den Tagen nach dem Unfall zu einer interessanten Wracksuche nach der – offiziell auf der Position 54° 23,95' N und 010° 11,81' E – versunkenen SWANTEWIT: Zuerst fand man (nach einer Echolot-Ortung) in diesem auf die kleine Fläche von etwa 200 m² eingegrenzten Gebiet ein anderes unbekanntes Wrack. Darauf setzte man die DENEB vom Bundesamt für Seeschiffahrt und Hydrographie ein, das modernste Wracksuchschiff der Welt. Doch stellte man beim Abtauchen zu den von ihr ermittelten Kontakten fest, daß es sich ebenfalls um ein weiteres unbekanntes Wrack handelte, einen 12 Meter langen Holzrumpf, den sie geortet hatte. Erst mit einem nochmaligen dritten Suchanlauf gelang es, die SWANTEWIT auf der genauen Position 54° 23,883' N und 010° 11,950' E zu finden und anschließend zu heben.

Nachdem man die gesunkene Yacht geortet hat, wird die SWANTEWIT *mit Hilfe eines Schwimmkrans aus dem hier 15 m tiefen Wasser der Kieler Außenförde gehoben.*

Ich finde es nachdenkenswert, daß die übliche, auf Hundertstelseemeilen (in der Breite) angegebene Position des Sinkens einer Yacht nicht einmal bei 15 Meter Wassertiefe ausreichte, um ein Wrack zu orten. Wie schwierig oder unmöglich müssen sich dann Wracksuche und Bergung gestalten, wenn die havarierte Yacht in Wassertiefen von beispielsweise 50 Metern gesunken ist und auf dem Grund in einem Umkreis von mehr als 100 Metern gesucht werden muß. Aber vielleicht findet man ein Wrack in klaren Tiefen leichter als im undurchsichtigen Brackwasser der Kieler Förde.

Kollisionen unter Segeln mit tragischen Folgen

Am 16.5.1992 kollidierten auf der Kieler Förde zwei Yachten auf einem Vorwindkurs unter Großsegel und Spinnaker. Dabei schlug der Spinnakerbaum der einen Yacht mit einer solchen Wucht in die Plicht der anderen Yacht, daß dort ein Besatzungsmitglied lebensgefährlich am Kopf verletzt wurde. Auch sofortige ärztliche Hilfe konnte ihn nicht mehr retten. Er erlag noch an Bord seiner schweren Verletzung.

*

Zu einer folgenschweren Kollision kam es am 21. Mai 1989 bei einer Regatta auf dem Wannsee in Berlin, an der fast 100 Boote in vier Klassen teilnahmen. Eine nicht an der Wettfahrt beteiligte LADY HELMSMAN lief mit Backbordbug und etwa 9 Knoten Fahrt auf die im Regattafeld mit Steuerbordbug aufkreuzende H-Jolle G 561 auf und erfaßte bei der Kollision den Rudergänger so unglücklich, daß der Reitbalken der Jolle in seinen Oberschenkel eindrang und er einen Oberschenkelhalsbruch mit hohem Blutverlust erlitt. Nur mit Mühe konnte der Vorschotmann seinen teils im Wasser, teils im Bugkorb der LADY HELMSMAN hängenden bewußtlosen Steuermann bergen. Er wurde vom Rettungsdienst in ein Krankenhaus gebracht. Beide Boote blieben segelfähig. Warum von keinem ein Manöver des letzten Augenblicks gefahren wurde, um den drohenden Zusammenstoß zu verhindern, sowie die Schuldfrage blieben ungeklärt.

Wenn Yachten größere und kleinere Schiffe rammen

Wie seemännisch unsinnig und gleichzeitig für andere Segler gefährlich das Einhandsegeln mit übergroßen Yachten ist, wurde beim Start zum Einhandrennen Route du Rhum über 4000 Seemeilen nach der Karibikinsel Guadeloupe im Sommer 1989 deutlich: Der französische Favorit Marc Pajot wollte beim Start vor Saint-Malo auf seinem 22,90-m-Katamaran PAUL RICARD gerade den riesigen Spinnaker setzen (und hielt dementsprechend auch nicht den erforderlichen Ausguck), als er einen kleinen Seekreuzer, der als Zuschauerboot am Rande der Startbahn ankerte, mit einem Schwimmer rammte und dessen Vorschiff unter Wasser drückte. Der Mast der kleinen Yacht wurde abgerissen. Für Pajot war das Rennen zu Ende, ehe es richtig begonnen hatte.
Große Hochseerennyachten können Schiffen zwar schon durch ihre unterlegene Größe nicht gefährlich werden, und wenn sie unter Segeln laufen, können sie bei Tage wie in der Nacht allein durch die Kollisionsverhütungsregeln Wegerecht beanspruchen. Sorgfältigen Ausguck müssen ihre Besatzungen – und insbesondere Einhandsegler – aber nicht nur zum Ausweichen gegenüber anderen Segelyachten, sondern auch Fahrzeugen der Schiffahrt halten, die Wegerecht – oder hier besser: Platzrecht – auch gegenüber Segelyachten haben: Ankerlieger beispielsweise, wo auch immer sie nahe oder weit vor der Küste ihren Ankerplatz gewählt und die vorschriftsmäßigen Ankerlichter gesetzt haben.
So kann man sich eine Vielzahl von Gedanken über die Kollision des riesigen Trimarans PEN DUICK IV beim Beginn des Einhand-Atlantikrennens 1968 mit einem Frachter machen, bei der der Einhandskipper Eric Tabarly sein 20,45 m langes

und 10,70 m breites Mehrrumpfboot mit 128 m^2 Segelfläche und 4,9 t Verdrängung mit Braßfahrt vierkant gegen einen kleinen Frachter steuerte und das Rennen schon an seinem Anfang aufgeben mußte:

Schon kurz nach dem Start in Plymouth wäre Tabarly um Mitternacht und im Verkehrstrennungsgebiet fast mit einem Frachter kollidiert. Nur mit Mühe konnte er mit seinem Segelriesen ausweichen. Als er am 2. Juni um 0030 Uhr, noch etwa 50 sm von den Scilly-Inseln entfernt, endlich einmal nach unten gehen wollte, um sich eine Tasse Kaffee zu kochen, vergewisserte er sich noch einmal, daß keine anderen Fahrzeuge in Sicht waren. Nach 15 Minuten Aufenthalt unter Deck wurde der Trimaran jedoch von dem Stoß einer schweren Kollision erschüttert:

„Es war ein kleiner, vor Anker liegender Frachter, gegen den ich mit 15 Knoten angesegelt bin", gesteht Tabarly. „Ich weiß nicht einmal, welche Flagge das fremde Fahrzeug führte. In jedem Falle war es ein furchtbarer und folgenschwerer Stoß, bei dem ein Leck von mehr als einem Meter Länge im Steuerbordschwimmer des Aluminiumbootes entstand, die Wanten des Besans beschädigt wurden und eine Saling umgeknickt wurde."

Für Tabarly bedeutete diese Kollision nur das spätere Aus in der Regatta. Der Schaden des großen Trimarans hielt sich in Grenzen. Die Beschädigung des Frachters mag unbedeutend gewesen sein.

Aber was wäre aus einer kleinen Yacht geworden, die die PEN DUICK IV auf See oder am Ankerplatz in ähnlicher Weise gerammt hätte? (Siehe hierzu auch den obenerwähnten Fall des Katamarans PAUL RICARD.)

Wie konnte es überhaupt zu dieser nächtlichen Kollision trotz des Rundblicks 15 Minuten vorher kommen? Nun, ganz einfach: Bei dunkler Nacht und klarer Sicht hat die Ankerlaterne eines Schiffes je nach seiner Länge eine Tragweite von zwei bzw. drei Seemeilen. Bei einer Fahrt des Trimarans von 15 Knoten bedeutet dies: Das Ankerlicht kam erst acht bzw. 12 Minuten vor der Kollision in Sicht. Tabarly aber blieb 15 Minuten in seiner Kajüte – bei der Geschwindigkeit seiner Yacht einige Minuten zu lange. (Sicher wäre er noch länger unten geblieben, wenn es nicht gekracht hätte!)

Sein Verhalten war fahrlässig. Er hätte nicht nur mit jenen begegnenden „Fahrzeugen in Fahrt" rechnen müssen, die einer Segelyacht ausweichen müssen. Er mußte in Küstennähe selbstverständlich auch mit Ankerliegern rechnen, von denen er sich freizuhalten hatte. Und auch mit Fischern und anderen Wegerechtsfahrzeugen, die gegenüber Seglern Wegerecht haben und deren Lichter bei Nacht für einen 15-Knoten-Renner ähnlich spät und plötzlich in Sicht kommen wie die eines Ankerliegers.

Kollisionen von Yachten mit Schleppgeschirren

Bei Begegnungen mit Schleppzügen auf hoher See hat eine Yacht unter Segeln Wegerecht, aber sie muß sich bei solchen Annäherungen auf ein Manöver des letzten Augenblicks vorbereiten, wenn der Skipper nicht ohnehin schon vorher – aus eigener Sicherheitsvorsorge – einem erfahrungsgemäß sehr langen Verband mit kurslabilem Anhang aus dem Wege gegangen ist. Von einem Fischereifahrzeug muß sich eine segelnde Yacht immer freihalten – und insbesondere auch von den gefährlichen, weit hinter dem Heck in die Tiefe der See reichenden Schleppnetzen und ihren dicken Stahltrossen. Die beiden folgenden Fälle enthalten viele seemännische und schifffahrtsrechtliche Erfahrungen.

Gespeicherte Radarbilder klären die Kollision mit einem Schwarzfischer

Die ANABELLA ist nicht nur eine rassige und teure Yacht. Sie wird auch von einem jungen und sportlichen Segler-Ehepaar gesegelt, das auf den schwankenden Decks schnittiger Seekreuzer von Kindesbeinen an zu Hause ist. So ist es auch ganz selbstverständlich, daß beide mit der ANABELLA nicht nur Langfahrten in vieltägiger Bordroutine segeln, sondern auch ihr dreijähriges Töchterchen Jennifer dabei natürlich mitnehmen. Denn wenn aus Seglerkindern Seglereltern geworden sind, muß für deren Kinder das Segeln ebenfalls wohl schon früh zum selbstverständlichen Lebensinhalt werden.
Auch für die notwendige finanzielle Basis war bei den ANABELLA-Eignern gesorgt: Lothar Kleffel war der Juniorchef in der väterlichen Apotheke, in der auch Ehefrau Katrin arbeitete, und teilte sich deren Leitung mit dem Vater, so daß beide die gemeinsame Yacht vom Typ Baltic 48 abwechselnd viele Wochen des Jahres segeln und mit ihr die europäischen Küsten „abklappern" konnten, wie sie es nannten. Denn eigentlich hatten sie von Norwegen bis nach Griechenland alle Reviere schon einmal besegelt – aber auch das Wiederkommen nach Jahr und Tag und das Wiedersehen mit ortsansässigen Freunden ist schließlich reizvoller Segler-Alltag.
Im Herbst 1991 befand sich die 14,64 m lange und 4,36 m breite ANABELLA, mit ihrem Tiefgang von 2,65 m überaus hochseetüchtig, mit 106 m^2 Segelfläche und 14 Tonnen Verdrängung dazu noch schnell sowie mit ihrem 75-PS-Motor und Bugstrahlruder auch mit nur zwei Personen an Bord im Hafen gut zu manövrieren, auf dem Rückweg von einem mehrwöchigen Urlaubstörn ins Mittelmeer. Es war schon spät im Jahr, als die seetüchtige Yacht am 5. Oktober die Marina

Vilamoura an der portugiesischen Algarve-Küste verließ, und die Kleffels wollten daher schnell und unverzüglich zu ihrem Heimathafen an der Elbe zurücksegeln. Den über 1500 Seemeilen langen Weg wollten sie in einem Rutsch schaffen – nicht zum ersten Mal und daher auch für sie kein ungewöhnliches Unterfangen. Denn die ANABELLA war mit Rollreffanlagen, Windfahnen-Selbsteueranlage und Autopilot optimal ausgerüstet, so daß sie auch im Zweier-Wachtörn gesegelt werden konnte.
Das Seglerpaar hatte die Baltic 48 auch sicher an der portugiesischen Küste entlang und über die Biskaya geführt, wo die ANABELLA in schwerem Wetter eine Nacht lang beigelegen hatte, und auch den Kanaleingang mit seinem Schiffsverkehr hatten sie sicher passiert. Entlang der englischen Küste und außerhalb des Verkehrstrennungsgebietes näherte sie sich jetzt der Straße von Dover, in deren Enge es noch einmal aufzupassen galt. Am Abend des 12. Oktober hatte es ein Festessen gegeben; denn die ANABELLA hatte bei Beachy Head die tausendste Meile seit Vilamoura erreicht. Und während Lothar nach dem Aufklaren der Pantry Jennifer in die Koje gebracht und selbst noch zwei Stunden geschlafen hatte, saß Katrin ihre Nachtwache in der Plicht ab. Um Mitternacht war Wachwechsel – wie alle Tage vorher.
Lothar registriert unveränderte Wetterverhältnisse, als er den gewohnten ersten Rundblick an die Kimm nimmt: Wind Südsüdwest 15 Knoten, also Bft 4; gute Sicht. Ein Blick auf den Kompaß: Auch der anliegende Kurs ist unverändert 060°, mit einem rechtweisenden Kurs von 055° in die Seekarte eingetragen. Die ANABELLA segelt raumschots auf Backbordbug, also mit Wind von Steuerbord. Die Rollgenua ist auf 50 % eingerefft, das Großsegel um 30 % in den Mast gerollt. Beide Segel stehen zur Landseite, so daß sich der Schiffsverkehr zur freien Luvseite gut beobachten läßt. Die ANABELLA führt ihre typische „Nachtbesegelung“, das heißt: sicherheitshalber etwas weniger Fläche, damit sie auch bei auffrischendem Wind nicht sofort weiterreffen muß und der Freiwächter in seinem Schlaf nicht durch Segelmanöver aufgeschreckt wird. Die Lichter der auf ihren Routen längs und quer durch den Kanal laufenden Schiffe sind gut erkennbar, aber alle weitab. Der Flutstrom hat eingesetzt. ANABELLA läuft sieben Knoten Fahrt. Backbord voraus blitzt das Leuchtfeuer von Dungeness. Der Skipper geht in die Kajüte und trägt die Daten seines Rundblicks in das Logbuch ein. Dann kocht er sich einen Tee.
Mit der Mug in der Hand kehrt er an den Kartentisch zurück, liest die Koordinaten des Satellitennavigators ab und trägt sie in die Seekarte ein. Der Schiffsort liegt etwas näher unter Land als erwartet, und so steigt Lothar Kleffel nach einer guten halben Stunde Kajütaufenthalt wieder in die Plicht, um den Kurs des Autopiloten um fünf Grad zu korrigieren. Die Nacht ist feuchtkalt, er ist nicht für eine Wache in der Plicht angezogen, und so beläßt er es bei einem „sorgfältigen Rundlick“, wie er später sagt, und klettert in die warme Kajüte zurück, um sich einen neuen Tee aufzubrühen.

Aber das Wasser im Kessel ist zu kalt geworden. Er muß den Kocher neuerlich anlassen und warten, bis es kocht. Und dann muß er den Tee aufgießen. Und dann muß er wieder warten, bis sich der Tee zum Trinken abgekühlt hat. So vergeht die Zeit unter Deck, in der die ANABELLA ihren Kurs ohne einen Ausguck an Deck in Richtung auf die engste Stelle des Ärmelkanals segelt – mit gefesseltem Kurs und sieben Knoten Fahrt. Und als Lothar schließlich, „nach einer Viertelstunde Kajütaufenthalt und etwa gegen 0130 Uhr“, wie er später angibt, den Teebecher an den Mund setzen will, kracht es über ihm an Deck so laut und fürchterlich, daß er unwillkürlich den Kopf zwischen die Schultern zieht und ihm der Teebecher aus der Hand fällt. Gleichzeitig legt sich die ANABELLA weit nach Backbord, richtet sich aber wieder auf und dreht sich anschließend nach Steuerbord um ihre Längsachse – ohne Mast, der dicht über Deck wie mit einer Säge durchtrennt und über Bord gekippt ist.

Nach einer Schrecksekunde steht der Skipper an Deck und stößt beim Hochkommen fast mit dem Kopf gegen die über ihm gespannte dicke stählerne Kurrleine eines Trawlers, der scheinbar unbeirrt mit seinem Netzgeschirr und der darin gefangenen Yacht etwa zweihundert Meter entfernt nach Süden driftet. Aufgelöst steht die hochgeschreckte Katrin im Niedergang, die schlafende Tochter im Arm, die glücklicherweise die Kollision der ANABELLA noch nicht mitbekommen hat. Widerstrebend bettet sie das Kind auf eine Salonkoje; denn Lothar braucht ihre schnelle Hilfe, um sich aus der Umklammerung der Schlepptrosse zu befreien, ehe sie die Yacht unterpflügt.

Aber es bleibt für das Seglerpaar keine Sekunde Zeit, sich solche Horrorbilder zu vergegenwärtigen. „Bolzenschneider!“ schreit Lothar in die Nacht hinaus, und während Katrin mit zitternden Händen die schwere Beißzange aus der Backskiste zieht, klariert Lothar das Vorschiff: Durch die Wucht des Aufpralls sind das Vorstag, die Ober- und Unterwanten an Steuerbord und das Mastprofil selbst durchschnitten worden. Das Rigg hängt frei an der Backbordseite – aber die Schlepptrosse ist noch immer hinter den Relingsstützen der Steuerbordseite verhakt, die den Zug erstaunlicherweise aushalten. „Qualitätsarbeit des Bootsbaues“, schießt es Lothar durch den Kopf, als er sie nach außen umzubiegen versucht. Erst nach Einsatz des Bolzenschneiders, der die Relingsdrähte durchtrennt, kommt die ANABELLA frei, und als sie wieder ungehindert davonschwimmt, kann Katrin die Bilgen kontrollieren, während Lothar zum UKW-Sprechfunkgerät greift und den Fischermann anruft.

Der Kollisionsgegner ist die CORA, ein französischer Fischer aus Boulogne von der direkt gegenüberliegenden Kanalseite, und er bleibt während des kurzen Gespräches im Dunkeln liegen – ohne Positionslichter, die natürlich auch zur entgegengesetzten Seite leuchten könnten, aber auch ohne Fischerlichter, die rundum über den ganzen Horizont leuchten müßten. Immerhin hat der ANABELLA-Skipper, als er aus dem Niedergang schoß, wenigstens Namen und Heimathafen an seinem Heck ausmachen können. Doch als er den Franzosen jetzt um Hilfe bit-

tet, lehnt der Trawler-Kapitän ab. „Wir haben selbst genug mit uns zu tun", ist seine überraschende Antwort – und dann verschwindet der Fischer in der Nacht, als ob es keinen Zusammenstoß mit einer Yacht gegeben hätte.
Als sich auch nach mehrmaligem Rufen auf dem Seenot- und Sicherheitskanal 16 weder ein Schiff noch eine Küstenfunkstelle meldet, greift Lothar zur Signalpistole und schickt sieben rote Kugeln in den Nachthimmel, die an ihren Fallschirmen langsam in die Tiefe gleiten. Sie werden auf der nahen Seenotstation Dungeness erkannt, und von dort nähert sich denn auch bald ein Rettungskreuzer, der von sich aus noch ein Marinefahrzeug aus Dover zur Verstärkung angefordert hat. Auch mit einem Seenotretter an Bord gelingt es Lothar jedoch nicht, die Bruchreste des 17 Meter hohen Mastes zu bergen und wenigstens Teile des Riggs an Deck zu holen. So müssen schließlich auch die Backbordwanten und das Ach-

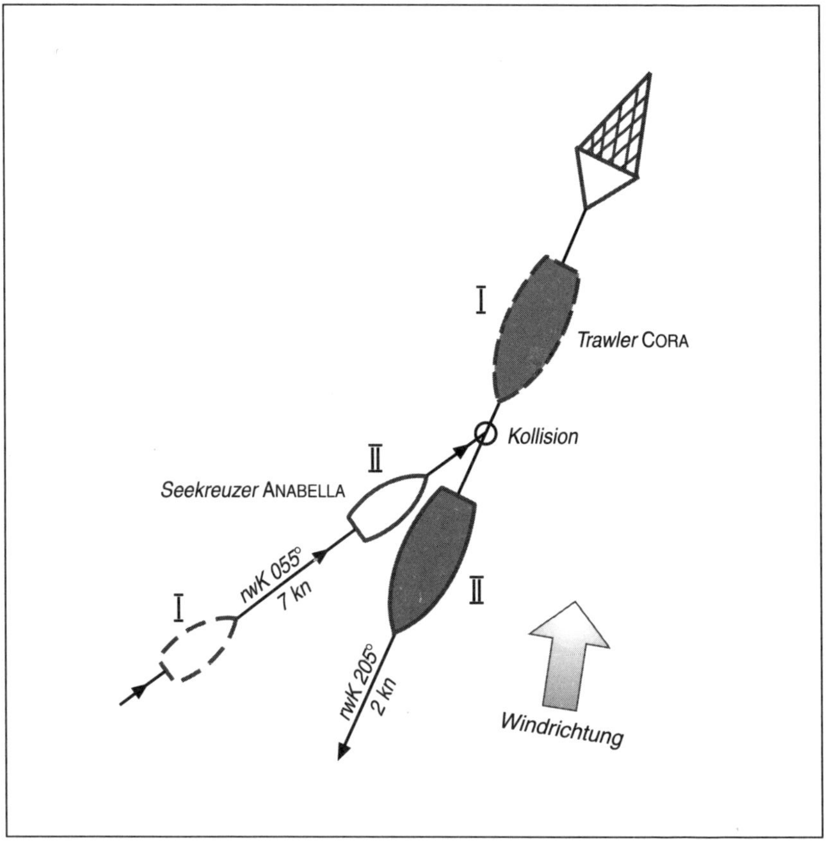

Die Positionen von Yacht und Fischer vor (I) und bei der Kollision (II) mit der Schleppnetz-Trosse. Nachdenkenswert, wie sich sekundenlange Fahrtänderungen auswirken könnten.

Durch einen einzigen Ruck hat die Schlepptrosse des Fischers den kräftigen Alu-Mast wie mit einem scharfen Messer direkt über Deck durchschnitten und das 17 m hohe Rigg über Bord gekippt.

terstag gekappt, und es muß das ganze Rigg der Tiefe überlassen werden. Mit der ANABELLA am Haken zieht der Seenotkreuzer nordwärts. In Höhe seiner Basis bei Dungeness soll der Seekreuzer zum Weiterschleppen in den Hafen von Dover an das Marinefahrzeug abgegeben werden. Aber der ANABELLA-Skipper, der sich inzwischen mit der unerwarteten Situation vertraut gemacht hat, lehnt höflich ab und bringt seinen Seekreuzer mit eigener Kraft nach Dover.

Kollision einer Yacht mit einem Schleppnetzfischer – bei dieser schiffahrtsrechtlichen Bewertung muß sich Justitias Waage zugunsten des Fischers neigen; denn er genießt nach Regel 18 (b) KVR uneingeschränktes Vorrecht bei seiner Kurswahl, und auch eine Yacht unter Segeln muß sich von ihm freihalten. Die ANABELLA war ihm nicht ausgewichen, und die Kollision hatte sich ereignet, als der wachhabende Skipper in der Kajüte war. Muß Lothar Kleffel daher den eigenen Schaden tragen und auch noch für mögliche Schäden am Trawler und seinem Schleppnetzgeschirr aufkommen? Hatte er vielleicht auch gar keine Positionslichter geführt, als es zum Zusammenstoß kam, und damit noch gegen die entsprechende Regel 25 KVR verstoßen? Mit dem Nachweis ungenügenden Ausgucks und mangelhafter Lichterführung würde er zwar nicht noch mehr schuldig werden, aber den Schutz seiner Versicherung verlieren müssen, die sein nautisches Verhalten als grob fahrlässig behandeln müßte und dann leistungsfrei sein würde.

Aber andererseits hätte auch der Fischer sein Wegerecht gegenüber einer segelnden Yacht durch ordnungsgemäße Lichterführung nach Regel 26 KVR weithin sichtbar zeigen müssen. Er hätte nach Regel 7 KVR die Gefahr eines Zusammenstoßes in seinem Radargerät erkennen müssen. Und er hätte nach Regel 1 in den Minuten, als die Kollision der CORA mit der ANABELLA unausweichlich schien, ein Manöver des letzten Augenblicks zur Verhinderung des drohenden Zusammenstoßes einleiten müssen. Nach Angaben von Skipper Kleffel führte die CORA keine Fischerlichter. War sie also dazu noch ein französischer Schwarzfischer, der unerlaubt und daher unbeleuchtet seine Netze durch britische Seegewässer zog? Und war auch ihre Brücke unbesetzt, weil man ja (erfahrungsgemäß, wenn man mit Lichtern fischte) keinem anderen Fahrzeug ausweichen mußte, außer wenn es manövrierunfähig oder manövrierbehindert wäre, was man hier in der Küstenverkehrszone und ohne vorherige nautische Warnnachricht nicht erwarten mußte?
Um Licht in dieses (auch schiffahrtsrechtliche) Dunkel zu bringen und weil sich die Kollision in der Nähe der Radarstation Dungeness ereignete, wurde die Radar-Leitstelle Dover von einem Sachverständigen aufgesucht, weil hier (nicht nur für solche Kollisionsfälle) der gesamte Schiffsverkehr im Ärmelkanal rund um die Uhr aufgezeichnet und auf Kassetten gespeichert wird.
Auf den Radarbildern für die Nacht vom 12. auf den 13. Oktober war deutlich zu erkennen, daß die ANABELLA auf dem angegebenen rechtweisenden Kurs von 055° gesegelt war und sich ihr aus nördlicher Richtung ein Fahrzeug mit Südkurs näherte, das kurz vor der Kollision seinen Kurs nach Südwesten änderte. Um 0130 Uhr verschmelzen beide Echos auf dem Video zu einem Punkt – die Zeit des Zusammenstoßes. Dann lösen sich die Echos wieder voneinander.
Die Auswertung des Radar-Videos zeigt darüber hinaus, daß der Trawler sich vor der Abbildung seines Echos auf dem Radarschirm in unmittelbarer Landnähe von Kap Dungeness befunden haben muß, weil er aus dem Dunstnebel des abgedeckten Radarbereiches aufgetaucht ist und sein Blip vorher nicht auszumachen war.
Zusätzlich zu dem Augenblicksbild auf dem Radarschirm wird jedes Echo, sobald es stark genug ist, unter einer Nummer registriert und der gesteuerte Kurs des erfaßten Fahrzeugs von da an auf einem Plotting Sheet aufgezeichnet. Hier ist anfänglich zwar weder die ANABELLA noch die CORA auszumachen – aber dies bedeutet nur, daß die Echos für die automatische Aufzeichnung noch nicht stark genug oder durch Regenschauer und Seegangsreflexe zu weit unterdrückt waren. Erst nachdem der Trawler mit der Radarzentrale über UKW Kontakt aufgenommen hatte (offenbar, um sich zu vergewissern, ob man ihn bei seiner Schwarzfischerei geortet hatte), ist sein Echo eingepeilt und sein Kurs auf dem Plotting Sheet ab 0140 Uhr vom Computer mitgezeichnet worden. Hieraus läßt sich jedoch nur erkennen, daß die Kollision offenbar bereits stattgefunden hatte und der Trawler sich vom Unfallort in südlicher Richtung entfernte.

Zum Unfallhergang befragt, stellte der ANABELLA-Skipper noch einmal fest:

- Vor der Kollision war die Sicht gut, und es waren weder die Positionslichter noch die Lichter eines fischenden Trawlers oder eines anderweitig nach Regel 26 KVR bezeichneten Fischereifahrzeugs auszumachen gewesen.
- Da die Yacht unter Segeln gelaufen ist, war auch die Hörbereitschaft an Bord nicht durch störende Geräusche eingeschränkt oder vermindert. Vom ANABELLA-Skipper sind vor der Kollision auch keinerlei Licht- oder Schallsignale wahrgenommen worden.
- Der Seekreuzer segelte mit ordnungsgemäß brennenden Positionslaternen, die am Bugkorb, getrennt an Steuerbord- und Backbordseite, und am Heckkorb befestigt waren. Durch das nach Backbord geschotete Vorsegel spiegelte sich das rote Licht deutlich im Segel wider, so daß auch dieser Widerschein weithin sichtbar gewesen sein muß.
- Das Unterliek mit dem Schothorn der Rollgenua ist hochgeschnitten, und da das Segel weit aufgefiert war, wurde die Sicht nach Backbord voraus in keiner Weise behindert.

Rekonstruiert man den Unfallhergang, so muß man von folgenden Gegebenheiten bzw. Voraussetzungen ausgehen:

- Die ANABELLA ist nach Log 7 Knoten gelaufen, die Fahrt des schleppenden Trawlers kann mit 2 Knoten angenommen werden. (Wir kalkulieren grob mit der Geschwindigkeit durch das Wasser und vernachlässigen den möglichen kurzzeitigen Tideneinfluß.) In den 15 Minuten, die Skipper Kleffel unter Deck war, legten die beiden aufeinander zulaufenden Fahrzeuge rein rechnerisch eine Distanz von 2,25 Seemeilen zurück. Das ist ein Bereich, in dem ein Fahrzeug wie der Trawler, hätte er ordnungsgemäß seine Lichter mit einer nach Regel 22 KVR vorgeschriebenen Tragweite von 5 bzw. 3 Seemeilen geführt, auf jeden Fall vom Yachtskipper hätte gesehen werden müssen.
- Es liegt daher der Verdacht nahe, daß der französische Trawler CORA unberechtigterweise in britischen Hoheitsgewässern gefischt hat und aus diesem Grunde möglicherweise ohne Lichter durch die Nacht lief.
- Aus der Seekarte der Segelyacht und den Positionen ihres gekoppelten Kurses ist zu ersehen, daß sie ihren Kurs deutlich außerhalb der Verkehrswege gelegt und ihn ordnungsgemäß in Stundenabständen durch einen Satelliten-Standort kontrolliert hatte. Die Kollision auf der Position 50° 48,82' N und 000° 52,03' E hat sich außerhalb der Verkehrstrennungsgebiete ereignet. Auch ein Verstoß gegen die Fahrregeln in der Kanalenge durch die ANABELLA liegt somit nicht vor.

Um das Verschulden der Havarie zu klären, bleibt festzuhalten:

- Auf der ANABELLA war der Ausguck, wie in Regel 5 KVR gefordert, nicht besetzt. Der Skipper (auch in seiner Eigenschaft als Rudergänger) befand sich unter Deck. – Gegenüber einem fischenden Fahrzeug war die Segelyacht ausweichpflichtig.

- Die CORA war jedoch als fischendes Fahrzeug nicht erkennbar gewesen, weil sie vermutlich ihre Positionslichter und ihre Fischerlichter gelöscht hatte. – Wie die Radarbilder der Leitstelle Dover zeigen, hat sie auch ein Manöver des letzten Augenblicks nicht eingeleitet, um eine Kollison zu verhindern. – Daraus kann man folgern, daß der Trawler unter Autopilot und ohne Ausguck lief. – Aus diesem Grunde wurden auch keine akustischen Warnsignale gegeben, als feststand, daß sich die ANABELLA auf Kollisionskurs näherte. – Nach der Kollision hat die CORA darüber hinaus eine Hilfeleistung für die gerammte Yacht abgelehnt und den Unfallort von sich aus unverzüglich verlassen.

Als persönliches Fazit vielleicht noch dieses: Die ANABELLA hat Glück gehabt, daß sie – auch materiell – die Kollision so gut überstand; denn wäre sie nur ein paar Sekunden eher am Unglücksort gewesen, hätte der Trawler nahezu vierkant ihren Rumpf getroffen, oder sie selbst wäre mit dem Bug gegen den Trawler (und nicht nur gegen die Kurrleine) geprallt. Die Folgen wären – selbst für sie, mit 14 Tonnen Verdrängung ein bald ebenbürtiger Gegner für den Fischermann – katastrophal gewesen; wir müssen sie uns nicht ausmalen.

Auch wenn man der Meinung sein muß, daß dem französischen Trawler eine erhebliche Mitschuld an der Havarie zuzusprechen ist, bleibt der obengenannte Schuldvorwurf gegen die ANABELLA uneingeschränkt bestehen: Der Ausguck muß immer besetzt sein, erst recht bei Nacht und im verkehrsreichen Revier des Ärmelkanals – und auch bei einer Crew, die nur aus einem Ehepaar besteht.

Die unglaubliche Irrfahrt der VICTORIA nach einer Schleppzug-Kollision

Einen lebenslangen nachhaltigen Eindruck hat bei mir die Kollision eines Seglers mit einem Schleppzug hinterlassen, die ich im Januar 1943 als junger Schiffsoffizier auf der Brücke eines Frachters beim nächtlichen Einlaufen in Travemünde erleben mußte: Nur zu einem mehrstündigen Überliegen sollten wir am Leuchtenfeld festmachen, unmittelbar vor dem Haus des Yachtclubs, und dazu hatte uns ein Schlepper vor den Molenköpfen in Empfang genommen und zog uns an einer wohl 30 Meter langen Trosse in den Hafen. Wir hatten das Ladegeschirr schon klargemacht und warteten den Übergang zum Bugsieren an die Dalben nur ab, weil uns noch zwei Dreimaster auslaufend passieren wollten. Es waren die einst stolzen dänischen Segelschuner, die jetzt unter Motor in der Küstenfahrt eingesetzt waren und mit Brikettladungen auf dem Weg gen Norden waren. Es herrschte leichtes Schneetreiben bei dem miesesten nassen und unsichtigen Wetter, das man sich vorstellen kann.

Der erste Schuner lief auch gefahrlos an unserem Schleppzug vorbei. Er hatte die geführten Lichter unseres Schleppzuges wohl richtig erkannt. Der einige Minuten später nachfolgende zweite Schuner jedoch passierte nur den Schlepper,

sichtete dann den hohen Bug unseres Schiffes und wollte ihm durch eine seitliche Kursänderung ausweichen. Aber dabei lief er geradewegs in die Schlepptrosse hinein.
Was nun folgte, geschah schnell und tragisch: Der Schuner schlierte an der Schlepptrosse entlang. Die Trosse verfing sich zuerst an der Takelage, die zu brechen begann, dann an den Decksaufbauten, und das so gefesselte Fahrzeug landete vor dem Bug unseres Frachters, der zwar wenig Fahrt machte, aber doch den Rumpf unter Wasser zu drücken begann. Der Schuner rutschte noch, schon sinkend, am Vorschiff entlang, wo sich die Masten in den Ladebäumen verfingen und bis auf den mittleren Mast brachen, und ging dann in Sekundenschnelle auf Tiefe. Von den sieben Mann an Bord sprangen sechs, kopflos und in Panik, ins eiskalte Wasser, wohin wir ihnen Rettungsringe zuwarfen – mehr konnten wir so schnell und unerwartet auch nicht tun. Aber ehe sie diese packen konnten, waren schon vier von ihnen versunken.
Nur ein Seemann hatte die Nerven behalten. Er hatte den Festmacher des Beibootes in die Hand genommen und war damit über die Webeleinen in den Mast geklettert – vielleicht in der Gewißheit, daß die Wassertiefe im Hafen geringer als die Masthöhe war. Und hier saß er, dicht unter der immer noch brennenden Petroleum-Topplaterne, bis sich das Wrack auf den Grund gesetzt hatte. Dann stieg er in das Dingi und ruderte trockenen Fußes an Land. Bis zum Morgengrauen ragte noch der Topp mit seiner schwach brennenden Laterne wie eine Leuchttonne im Fahrwasser aus dem Wasser, ein Totenlicht für vier Seeleute und ein unübersehbares Zeichen zum Nachdenken über Leben und Tod.
Es begleitete mich als warnendes und mahnendes Zeichen durch ein lebenslanges Seemanns- und Seglerleben und war natürlich besonders dann gegenwärtig, wenn ich Schleppzügen begegnete und mich von ihnen freihalten wollte. Besonders nachhaltig sind mir dabei die Schleppzüge in Erinnerung, die ich am Rande der Karibik traf. Ungewohnt ist hier, daß sie auch auf hoher See verkehren, wo man sie, meilenweit vom Land entfernt, als Segler nicht erwartet. (Und auch die Schleppzugkapitäne wohl nicht mit anderen Fahrzeugen rechnen.) Und ungewöhnlich ist hier auch die für das Schleppen in der Atlantikdünung benutzte Trossenlänge von über 100 m, mit der ein großer Anhang von selten weniger als 3000 Registertonnen am Schlepphaken hängt. Als ich mit unserem kleinen 9-m-CORMORAN im Frühjahr 1979 von den Virgin Islands über Puerto Rico nach Haiti unterwegs war, sichteten wir mehrere dieser Schleppverbände, die die Inseln versorgen, und ich ging ihnen so weit wie möglich aus dem Wege – Travemünde eingedenk.
Aber was macht man auf einer Yacht bei einer Schleppzug-Begegnung, wenn wenig Wind weht, der Motor unklar ist und in dunkler Nacht ein Schlepperkapitän einfach seinen Kurs hält, ohne auf andere Fahrzeuge zu achten? Dann müßte es wohl zwangsläufig zu einer ähnlich folgenschweren Kollision wie der des Dreimastschuners in Travemünde kommen. Die VICTORIA, eine 1973 gebaute kräfti-

ge Stahlketsch von 19,82 m Länge, 4,27 m Breite und 2,70 m Tiefgang, erlebte sie im April 1990 im gleichen Seegebiet.

Sie hatte am 12.4. um 2200 Uhr die Reede von Charlotte Amalie auf St. Thomas verlassen und gegen Mitternacht die gut acht Seemeilen breite Virgin Passage, vor dem Wind kreuzend, mit Nordwestkurs passiert. Nordöstlich der Insel Culebra vor der Nordostküste von Puerto Rico ging sie bei sehr leichtem Wind um 0115 Uhr auf einen Westkurs (240°). Aber lassen wir die Crew die Ereignisse selbst erzählen:

„Wir verließen Charlotte Amalie am 12.4. um 2200 Uhr unter Motor, setzten unmittelbar vor dem Hafen Großsegel, Baumfock und Besan und stellten den Motor ab“, berichtet Skipper Bernd in seiner Verklarung. „Mit Richard und Michael übernahm ich die erste Wache, steuerte aber die meiste Zeit allein. Gegen Mitternacht gingen Richard und Michael zur Koje, und Robert übernahm mit Rolf die Wache. Da die Baumfock auf dem Vorwindkurs ständig überging, wählten wir einen Kreuzkurs vor dem Wind und steuerten zuerst 240° und später 340°. Ich legte mich gegen 0100 Uhr in die Plicht zum Schlafen.

Etwa gegen 0325 Uhr wachte ich durch eine panikartige Aktivität auf. Jemand versuchte die Maschine zu starten, die jedoch nicht ansprang, und rief meinen Namen. Auch hörte ich unser Nebelhorn laut tuten. Als ich mit einem Satz hoch war, sah ich, nur zehn bis fünfzehn Meter entfernt, die schwarze Bordwand eines Schleppers. Ich stürzte ans Ruder, während Rolf abermals erfolglos den Motor zu

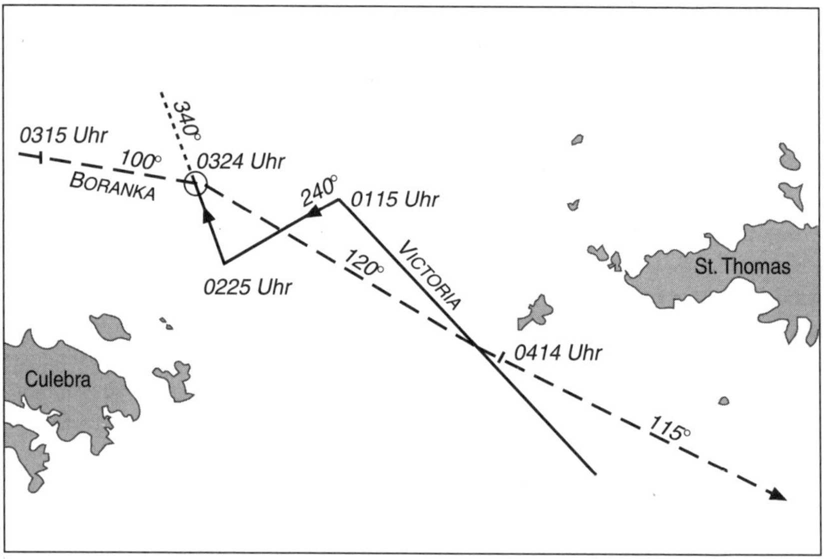

Der Kollisionsort der VICTORIA mit dem Schleppzug der BORANKA vor Culebra bei Puerto Rico. Kurse der VICTORIA vor und Kurse der BORANKA vor und nach dem Zusammenstoß.

starten versuchte, und legte zuerst etwas Backbord-Ruder, ehe ich das Rad mit aller Kraft schnell nach Steuerbord riß. Wir rutschten, jetzt mit unserem Bug in dessen Fahrtrichtung, an dem hell erleuchteten Schlepper vorbei und sahen dann, noch geblendet, den mächtigen Anhang an seiner langen Schlepptrosse auf uns zukommen.
Wir hingen mit der Yacht an der Schleppverbindung, und der Bug des Anhangs traf die VICTORIA vierkant am Heck. Da ich Angst hatte, wir könnten von dem massigen breiten Prahmbug untergepflügt werden, schrie ich: ‚Springen! Alle Mann von Bord!‘ und machte einen weiten Satz ins Wasser. Rolf sprang zur anderen Seite. Dann hörten wir Robert rufen. Er saß in unserem Dingi und holte uns aus dem Wasser. Die VICTORIA suchten wir in der Dunkelheit vergeblich. Wenige Minuten später, etwa gegen 0330 Uhr, kamen die Lichter des Schleppzuges außer Sicht. Ein Boot von der Insel Fajardo nahm uns gegen 0800 Uhr auf und brachte uns nach Puerto Rico.“
In der Verklarung, die der Wachführer Rolf Hagemann abgab, heißt es zu der Kollision: „Ich übernahm die Wache gegen 0015 Uhr von Skipper Bernd bei bewölktem Wetter mit gelegentlichen Regenschauern und einem in Richtung und Stärke wechselnden Wind. Den ab 0115 gesteuerten Kurs von 240° bis 250° änderte ich um 0225 Uhr auf 340°. Gegen 0030 legte sich Bernd zum Schlafen. Ich sollte ihn um 0530 Uhr wecken. Mit mir auf Wache war Robert.
Gegen 0255 Uhr sichtete ich die Lichter eines Schiffes. Nach zehn Minuten konnte ich sie als Topplichter eines Schleppers und die Lichter eines Anhangs indentifizieren. Da wir bei dem leichten Wind kaum Fahrt machten, hielt ich meinen Kurs durch und dachte, die Schiffe würden unsere Kurslinie sicher vor unserem Bug kreuzen. Um jedoch besser manövrierfähig zu sein, bat ich Robert, nach unten zu gehen und den Motor zu starten. Ich wollte ihn nur einige Minuten laufen lassen, aber der Motor sprang nicht an. Da der Schleppzug uns trotz der vorschriftsmäßigen Lichter, die wir führten, offenbar noch nicht gesichtet hatte, ließ ich Robert mit unserem Scheinwerfer in Richtung auf den Schlepper leuchten. Und da drehte er plötzlich auf uns zu. Ich versuchte, nach Steuerbord zu drehen, aber wir hatten nicht genug Fahrt für eine ausreichende Kursänderung.
Ich konnte die Brücke des Schleppers gut erkennen. Es war dort niemand zu sehen, und so konnte ich nichts tun, um einen Zusammenstoß zu vermeiden. Ich ließ Robert jetzt das Nebelhorn anstellen und lange Warntöne geben. Dazu rief ich den Skipper und die übrige Crew an Deck. Jetzt passierte uns der Schlepper kaum 20 Meter vor dem Bug. Deutlich konnte ich auf der hellerleuchteten Brücke einen Mann im Steuerhaus erkennen. Er drehte uns den Rücken zu und trug ein braunes Hemd. Wenige Sekunden später hing die VICTORIA in der Schlepptrosse. Als ich sah, daß sie von ihr nicht mehr loskam, warf ich das Seenotlicht ins Wasser und sprang hinterher. Wenig später traf der Bug des Anhangs die Yacht am Heck, während ich mit Bernd zu unserem Dingi schwamm, in dem die anderen bereits saßen.“

Es war, wie sich einige Tage später herausstellte, der 30 m lange Zweischrauben-Hochseeschlepper BORANKA, der mit dem Tanklastkahn CASELLO von 80 m Länge und 17 m Breite unterwegs war, seinen ganzen Schiffsraum von 2800 Registertonnen mit Kraftstoff vollgeladen. An seiner 350 m langen Nylon-Schlepptrosse von 22 mm Dicke fanden die Behörden einige Tage später eine 100 m lange blaue Farbspur, die vom Außenanstrich der VICTORIA herrührte, als die Yacht an der Schleppverbindung entlanggerutscht war. (Aber dieser Zusammenhang mußte später eindeutig bewiesen werden.) Da die Crew zum Verbleib der Yacht keine Angaben machte, ging die Küstenwache davon aus, daß die VICTORIA am Morgen des 13. April etwa vier Seemeilen nordöstlch von Culebra bei Puerto Rico gesunken war.

Die Schuldfrage der Kollision? Nach Regel 15 KVR mußte sich der Schlepper BORANKA mit seinem Anhang von der VICTORIA freihalten, weil er die Yacht an seiner Steuerbordseite hatte – vorausgesetzt, sie wäre unter Motor gelaufen und hätte als Maschinenfahrzeug gegolten. Nach Regel 18 (a)(iv) mußte die BORANKA aber in jedem Falle vor der VICTORIA ausweichen, weil sie ein Segelfahrzeug war und die entsprechenden Lichter führte.

Ob die BORANKA für sich die Regel 18 (b)(ii) als „manövrierbehindertes Fahrzeug" geltend machen könnte, von dem sich die VICTORIA hätte freihalten müssen, oder ob ihr Kapitän sich sogar auf die Regeln 7 und 8 berufen könnte, nach denen die VICTORIA zur Schadensbegrenzung ein Manöver des letzten Augenblicks hätte fahren müssen, würde strittig bleiben. Ein nicht einsatzklares UKW-Seefunkgerät, mit dem man die BORANKA vielleicht hätte anrufen können, würde man der Yacht nur bedingt zum Vorwurf machen können. Jedenfalls stand ein hoher Wert als Schadensersatzforderung nach dem Sinken der VICTORIA, das von den Schiffahrtsbehörden am 18.4.1990 bestätigt wurde, auf dem Spiel.

Aber die robuste Stahlketsch hatte die schwerwiegende Ramming überlebt! Sie driftete mit etwa zwei Knoten in den Atlantik hinaus. Sieben Tage später, am 20. April 1990, wurde sie von einem Frachter etwa 300 Seemeilen nordnordöstlich des Kollisionsortes auf 23° 07,5' N und 063° 34,2' W treibend gesichtet. Da er, wie sich später herausstellte, offenbar vergeblich versucht hatte, sie zu bergen, meldete er sie als Schiffahrtshindernis. Der russische Frachter MESHKOW ließ sich die fette Beute nicht entgehen, nahm sie am Abend desselben Tages, acht Seemeilen vom gemeldeten Schiffsort entfernt, auf den Haken und schleppte sie 900 Seemeilen weit nach Havanna auf Kuba, wo sie am 24. April eintraf.

Hier begann nun das Pokern mit der Versicherung um den Bergelohn, nachdem der MESHKOW-Kapitän an Hand der Yachtpapiere den Eigentümern seinen Fund gemeldet hatte: Schleppkosten für 900 sm machte der Kapitän geltend, dazu zwei Tage Verspätung am Ankunftsort wegen Herstellen der Schleppverbindung und einer notwendigen Fahrtminderung für den Anhang; täglich vom 20. bis 24.4. drei Seeleute je eine Stunde Lenzen der Yacht mit Pützen; nächtliche Bewachung der

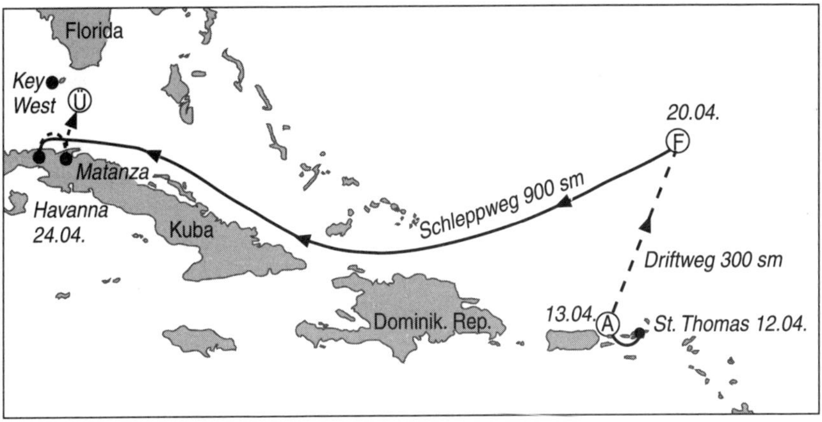

Die am 13.4. nach einer Schleppzug-Kollision vor Puerto Rico (A) aufgegebene VICTORIA driftete als Geisteryacht in sieben Tagen 300 sm weit und wurde am 20.4. aufgefunden (F). Nach langem Schleppweg erreichte sie Havanna auf Kuba. Die Rückgabe erfolgte in der Florida-Straße bei Key West (Ü).

Yacht im Hafen; Extrakosten für die durch die Yacht verursachte Schlepperhilfe beim Anlegen. Forderung: 15.000 US-Dollar in bar bei Übergabe der nach äußerem Anschein unversehrten Yacht.

Kuba war damals ein Land, das – obwohl geographisch so nah – sowohl politisch wie juristisch unendlich weit entfernt lag. Eigner und Versicherung der Yacht hatten keine Möglichkeit, in einer Stunde hinüberzufliegen, die Yacht zu übernehmen, den Bergelohn zu bezahlen und sie dann einfach wieder nach Hause zu segeln. Das Embargo der USA verbot auch bestimmte finanzielle Transaktionen, und vielleicht wollte der russische Kapitän den Bergelohn auch ohne Wissen seiner Reederei kassieren. Jedenfalls mußten alle entsprechenden Verhandlungen kompliziert und kostenträchtig per Fax und Telefon über Dritte abgewickelt werden, und als man sich hüben wie drüben endlich einig war, kaufte man die havarierte Yacht wie eine Katze im Sack zurück – ohne Wissen, ob sie reparaturfähig oder schon zum Wrack geworden war.

Zum Abschleppen müsse eine Vorrichtung zur Sicherung des Ruders mitgebracht werden, außerdem eine Handlenzpumpe, faxte der russische Kapitän an die Versicherung, die wiederum ihren Agenten in San Juan, Puerto Rico, mit der Abwicklung betraut hatte. Ansonsten sei es besser, wenn die Yacht möglichst bald wieder in die Hände ihrer Besatzung gelangen würde, um weitere Schäden an der Maschine und anderen Ausrüstungsteilen, die mehrere Tage unter Seewasser- und Brackwassereinfluß gestanden hätten, zu verhindern. Der Kapitän hatte es verständlicherweise eilig. Denn nach dem Löschen und Laden sollte er ja schon einige Tage später wieder aus Havanna auslaufen.

Für die Versicherung begannen jetzt hektische Tage, in denen mehrere Dutzend Faxbriefe sowohl über den Atlantik als auch von den USA nach Kuba und später sogar nach Rußland geschickt wurden, wo die Reederei der MESHKOW saß. Zugegeben, die Forderung des Kapitäns war nicht unbillig. Aber welchen Wert hatte die geborgene VICTORIA noch, und würde die Versicherungssumme überhaupt ausreichen, sie wieder instandzusetzen? Wie hoch mußten die Reparaturen angesetzt werden? Würde die Yacht eine neuerliche Schleppfahrt von Kuba nach Florida ohne Beschädigungen überstehen ? Oder könnte die Reparatur in Kuba selbst ausgeführt werden? Und wie sollte der Bergelohn übergeben werden, wenn alle Devisenbestimmungen sowohl von seiten der USA als auch von Kuba beachtet würden?
Es war unverkennbar: Die VICTORIA und alle Beteiligten steckten in einem politischen Teufelskreis, der besonders deutlich wurde, als die Eigner mit Crew selbst nach Havanna fliegen wollten: Die Segler besaßen ihre Pässe nicht – diese lagen an Bord. Aber ohne Pässe keine Visa, und ohne Visa keine Einreise. Und neue Pässe waren nicht über Nacht zu erhalten. So lief die Zeit davon. Aber als der Frachter MESHKOW Havanna planmäßig verlassen mußte, ließ die Reederei im fernen Murmansk die geborgene Yacht erst einmal in den Nachbarhafen Mantanza bringen und dort einem anderen russischen Kapitän übergeben, der mit dem Frachter WISSAR gerade eingelaufen war und mit dem Löschen begonnen hatte. So gewann man ein paar unbedingt notwendige Tage für die weitere Organisation der Übergabe, die weder in Kuba noch in den USA erfolgen durfte und daher auf hoher See, in internationalen Gewässern und somit in juristischem Niemandsland stattfinden mußte:
Der russische Frachter WISSAR stoppte auf seiner vorher angemeldeten Überfahrt von Mantanza nach New Orleans gut 12 Seemeilen südlich von Key West, der Südspitze Floridas, wo deutsche Versicherungsvertreter auf einem amerikanischen Schlepper warteten und die VICTORIA, zumindest von weitem, in Augenschein nahmen. Sie meldeten die Ankunft der Yacht in einem Seefunkgespräch nach Hamburg, wo sich jetzt ein Mann auf den Weg machte, um in der Agentur der russischen Reederei den Bergelohn in bar abzuliefern. In einem zweiten Seefunkgespräch, das wiederum beide Interessenten mithören konnten, meldete dann die russische Reederei-Agentur die ordnungsgemäße Bezahlung und autorisierte den WISSAR-Kapitän, die Schleppleine loszuwerfen. Der amerikanische Schlepper konnte sie zwar aufnehmen, aber bevor die VICTORIA endgültig ihren Liegeplatz in einer Marina einnehmen konnte, mußte sie noch von der Coast Guard nach Drogen durchsucht und natürlich offiziell einklariert werden.
Aber damit ist die mysteriöse Angelegenheit der VICTORIA noch nicht beendet – im Gegenteil, sie fängt erst an. Denn wenn die Versicherung nach der Einschätzung der russischen Kapitäne von „einer nur geringen Beschädigung“ ausging, stellten sich bei einer Besichtigung durch Gutachter in den USA doch gravierende Schäden heraus, durch die die Yacht zu einem konstruktiven Totalverlust wer-

den könnte. „Die meisten Schäden außen und innen entstanden durch die mehrtägige Schleppfahrt im Atlantik", heißt es im Schadensgutachten, „und in der Zeit, als sich die VICTORIA in fremdem Besitz befand. Der größte Schaden wurde jedoch offenbar durch den fruchtlosen Bergeversuch jenes Frachters angerichtet, der die Yacht im Atlantik zuerst sichtete." Und weiter: „ Bei der Kollision mit dem Schleppzug erlitt die Yacht nur Abschürfungen der Außenhaut am Heck und Wassereinbruch im Motorraum, als sie vom Schleppkahn auf die Seite gedrückt wurde."

Neben relativ geringen Kollisionsschäden entstanden also erhebliche Folgeschäden, und wenn auch das Verlassen des Seekreuzers durch die Crew zur Rettung ihres Lebens ohne jeden Zweifel richtig und notwendig war, mußte jetzt doch mit der gleichen Berechtigung geklärt werden, wie die aufgegebene Yacht der schiffbrüchigen Crew so einfach davonsegeln konnte. In ihren Verklarungen hatte bekanntlich keines der Besatzungsmitglieder auch nur ein einziges Sterbenswörtchen über den Verbleib der VICTORIA verloren, und es war die Coast Guard selbst, die das Sinken als selbstverständliche Folge aus der Kollision angenommen, festgehalten und verbreitet hatte. Die nicht gesunkene Yacht mußte sich also, nachdem der Anhang an den Männern im Schlauchboot vorbeigerauscht war, bei nachträglichen Überlegungen noch in deren Sichtweite befunden haben.

Und es stellte sich heraus, daß die Crew bei ihrer Vernehmung am 14.4., unmittelbar nach ihrer Rettung, angegeben hatte, die VICTORIA sei in sehr tiefem Wasser gesunken, und es sei nicht möglich, sie wieder zu heben. Dieser Wunsch mag der Vater des Gedankens gewesen sein, nach Auszahlung der Versicherungssumme eine neue Yacht zu erwerben. Im nachhinein war es eine bewußt falsche Darstellung, die hier von den Beteiligten in der jetzt unerfüllten Hoffnung gegeben wurde, die VICTORIA würde schon irgendwo dieses Schicksal erleiden.

Als die Yacht dann schwimmend gefunden worden war, änderten Skipper und Crew ihre Aussage und erklärten am 21.4. auf entsprechendes Befragen, sie hätten gesehen, wie die VICTORIA von ihnen wegsegelte, aber sie hätten in ihrem Dingi ja nichts tun können, um sie aufzuhalten oder wieder an Bord zu gehen. Hätten die schiffbrüchigen Segler diese Angaben sofort gemacht, als sie nach nur fünf Stunden Drift im Schlauchboot von einem anderen Schlepper aufgenommen und an Land gesetzt worden waren, hätte man unverzüglich Suchaktionen nach der driftenden Yacht in einem ja noch begrenzten Umkreis einleiten, vielleicht ein Flugzeug zur Suche chartern und dann einen Schlepper in Marsch setzen können, um die aufgegebene Yacht vielleicht nur 40 oder 50 sm weit nach St. Thomas einzuschleppen. Oder man hätte die Crew sogar mit einem Hubschrauber wieder an Bord setzen können, damit die VICTORIA auf eigenem Kiel einen Hafen hätte anlaufen können.

Alle Schäden also, die die VICTORIA bei ihrer Bergung durch den Frachter erlitt, entstanden nur, weil Skipper und Crew über den Verbleib der Yacht falsche Angaben gemacht hatten. Versicherungsrechtlich ist dies auch ein Verstoß gegen die

Vereinbarung, Vorsorge zur Schadensbegrenzung zu treffen. Wenn die Versicherung mit ihrem Versicherungsnehmer darüber in Streit gerät, ist es immer fraglich, wer später am längeren Hebel sitzt, und wenn Anwälte eingeschaltet werden, raten sie erst einmal zum Erhalt eines Status quo. Das bedeutete in diesem Falle: Die VICTORIA lag in einer Marina in Florida. Ihre Eigner verweigerten ihre Rücknahme, denn sie bestanden auf Auszahlung der vollen Versicherungssumme, und der Versicherer mußte für Liegegebühren und Betreuung aufkommen. Schließlich einigte man sich auf eine für die VICTORIA-Eigner ausgesprochen günstige finanzielle Regelung, bei der sie auch die weitgehend zum Wrack gewordene Yacht behielten – denn man mußte ja auch noch einvernehmlich gegen die Schlepper-Reederei vorgehen, die die Kollision herbeigeführt und den ersten Schaden verursacht hatte.
Auch dieser Prozeß, der von Deutschen im Ausland und gegen einen ausländischen Kontrahenten geführt werden mußte, könnte ein Lehrstück sein, auf das ich hier – schon seiner Länge wegen – aber nicht mehr eingehen kann. Als meine persönliche Erfahrung daraus nur dieses:
Obwohl der Schlepper nach den internationalen Kollisionsverhütungsregeln ausweichpflichtig war, mußte der Vertreter der VICTORIA in monatelangen Verhandlungen minuziös (und durch Zeugen oder Dokumente) nachweisen, daß überhaupt eine Kollision zwischen der VICTORIA und dem Schleppzug stattgefunden hatte, daß der Schlepper BORANKA tatsächlich zur Zeit des Unfalls an Ort und Stelle war, daß seine Brücke mangelhaft besetzt war, daß kein ordnungsgemäßer Ausguck gegangen wurde, daß das Radargerät nicht eingeschaltet war und so weiter und so fort.
Gleichzeitig mußte die VICTORIA-Crew beweisen, daß sie wegen Windmangels und Motorschadens kein Manöver des letzten Augenblicks machen konnte, daß die Yacht die vorschriftsmäßigen Lichter führte, daß der Schlepper zur angegebenen Zeit eine unerwartete, gefährliche Kursänderung machte und an welchen Stellen der Yacht es tatsächlich zu einer Berührung mit dem Schleppzug kam. Das Verfahren zog sich über mehrere Monate hin und bescherte mit seinem Ausgang der Versicherung auch nur eine teilweise Erstattung des hohen Gesamtschadens. Nach Zahlung aller Sachverständigen- und Anwaltsgebühren blieb sogar noch ein hoher Verlust.
Die Lehren aus diesem Fall? Zumindest diese: Eine gefährliche Kollision mit einem Großschiff – hier: einem Schleppverband –, bei der die Crew gerade noch mit dem Leben davongekommen ist, sollte nicht benutzt werden, um über eine (hohe) Versicherungssumme eine ältere Yacht gegen eine moderne neue einzutauschen. – Die Abgabe einer Verklarung ist die schriftliche Ausfertigung einer eidesstattlichen Erklärung. Man muß sie wahrheitsgemäß ausfertigen – auch ohne etwas Wichtiges (wie hier das Weitersegeln der Yacht) auszulassen. – Und da man nie weiß, wie die Untersuchung eines solchen Seeunfalls vor dem Seeamt und/oder einem Zivilgericht im In- und Ausland ausgeht, sollte man beim

(auch panikartigen) Verlassen nach Möglichkeit Bootspapiere, Pässe der Crew und das Logbuch mit in das Rettungsboot nehmen. Auch die VICTORIA-Crew hatte ja im Verlauf der Kollision noch ausreichend Zeit, das Schlauchboot zu Wasser zu lassen.

Zusammenstoß mit Treibgut und gesunken

Fremdkörper aller Art driften auf den Meeren, sichtbar über Wasser und halbgetaucht unter der Oberfläche schwimmend, groß wie Container und unscheinbar wie Ölfässer. Für den Rumpf einer Yacht sind sie alle lebensgefährlich. Und für die Besatzungen, die frohgemut in ihren dünnwandigen Rümpfen leben und im Seegang vor den Küsten segeln, liegen immer nur wenige Millimeter zwischen Glück und Ewigkeit. Viele Yachten können die Kollision mit Treibgut nicht mehr melden. Sie versinken durch entstandene Lecks, ehe ihre Crew das nackte Leben retten kann. Sie gelten dann als verschollen. Hier berichten andere Besatzungen, die eine Fremdkörper-Kollision überlebten.

Folgen von Treibgut-Kollisionen

Durch ein faustdickes Loch im Unterwasserschiff sank im November 1991 die 25 m lange Schuneryacht LYSTEIN, etwa 18 sm querab von Fuerteventura. Der für beabsichtigte Charterfahrten umgebaute Kümo mit 300 m^2 Segelfläche war mit einer Dreimann-Crew auf dem Wege nach Lanzarote, als er auf ein nicht sichtbares Unterwasserhindernis auflief. Nach Ansicht seines Skippers muß der Schuner entweder mit einem schwimmenden Wrack oder einem treibenden Container kollidiert sein. Die drei Segler retteten sich nach einem MAYDAY-Ruf ins Schlauchboot und wurden einige Stunden später von einem Frachter aufgenommen. Auch das Seeamt Bremerhaven konnte den Seeunfall nicht aufklären.

*

Beim Sydney-Hobart-Rennen sank im Dezember 1986 die teilnehmende 11,20-m-Yacht AMAROO II nach einer Kollision mit einem treibenden Container. Die Crew konnte unversehrt gerettet werden.

*

In der Straße von Dover ist im Oktober 1992 die neue 12,10 m lange Fahrtenyacht CONSTANCE vom Typ Jonmeri 40 bei Schwerwetter nach unerklärlichem Wassereinbruch im Vorschiff gesunken. Vermutlich lief sie unter Motor mit Stützsegel auf ein treibendes Unterwasserhindernis. Die vom Bodensee stammende Crew aus zwei Frauen und vier Männern wurde von einem englischen Seenotkreuzer geborgen.

*

Die 1937 gebaute Ketsch DOROTHY ANN war zwar schon ein betagtes Holzschiff, als der Engländer Joshua Jones mit seiner Familie 1985 zu einer Weltumseglung startete, aber sie brachte ihre Crew doch sicher über alle Meere, bis sie 1987 die mexikanische Pazifikküste erreichte. Von hier aus sollte es im März nach Balboa am Panamakanal gehen.
Etwa 40 Seemeilen vor Acapulco geriet die Ketsch in den erwarteten Nordsturm, zu dessen Abwettern Freunde geraten hatten: „Geht dicht unter die Küste, dort ist der Seegang ablandig und am geringsten." Jones folgte dieser Empfehlung, fand aber zum regelmäßigeren Seegang häufigere Brecher vor – und vielleicht auch mehr Treibgut in der See.
Denn nachdem die Yacht in dunkler Nacht schon einige Male unvorhersehbar von schweren Brechern nahezu gestoppt worden war, krachte es plötzlich. Nach einem Knall wie mit einem Vorschlaghammer brach Wasser in das Vorschiff. Während der Skipper fieberhaft nach dem Leck suchte, pützten und pumpten seine Frau und die drei Töchter, die jüngste war 11 Jahre alt, um ihr Leben. Vergeblich! Der Wassereinbruch ließ sich nicht stoppen, und als der Crew das Wasser in der Kajüte bis zu den Hüften stand, ging sie in die Gummiinsel. Die DOROTHY ANN sank vor ihren Augen, aber sie hatten Glück im Unglück: Das Kreuzfahrtschiff CANBERRA nahm sie nach 18 Stunden Drift über das Seefallreep an Bord. Ob die harte See oder ein treibender Gegenstand die Bordwand zertrümmerte, blieb ungeklärt.

War es ein U-Boot, das die HAPPY ARK rammte?

Geheimnisvoll und ungeklärt blieb die Ursache des Unfalls des Kunststoffseekreuzers HAPPY ARK, der am 14.10.1984 dem Hamburger Einhandsegler Hans-Uwe Spröde etwa 80 Seemeilen südwestlich vom Pointe du Raz auf der Höhe der Ile de Noirmoutier an der französischen Atlantikküste buchstäblich unter den Füßen versank: Spröde war mit seinem selbst ausgebauten 9,50-m-Kunststoffseekreuzer vom Typ Saphir mit Südkurs auf der ersten Etappe einer geplanten Weltumseglung unterwegs und hatte am Tage zuvor den Hafen Camaret-sur-Mer an der Westspitze der Bretagne verlassen.

Während der Skipper in der Kajüte seinen gerade ermittelten Standort in die Seekarte einträgt, erschüttert gegen 1415 Uhr plötzlich und unerwartet ein schwerer Schlag das Boot. Spröde stürzt an Deck, sieht aber nur Wasser und Himmel um sich herum. Aber dann bemerkt er das abgeknickte Ruder, und aus dem Niedergang hört er das häßliche Rauschen von eindringendem Wasser. Ein Blick in den vollaufenden Motorraum zeigt ihm ein riesiges Leck am Heck, verursacht offenbar durch das Abreißen des Skegs. Spröde betätigt alle verfügbaren Pumpen – aber das Wasser steigt, und die „Glückliche Arche" ist nicht zu retten.

So muß der UKW-Sender folgsam seinen MAYDAY-Ruf mit der Positionsangabe in den Äther pusten, während der Skipper gleichzeitig dle wichtigsten Habseligkeiten mit Trinkwasser, Notproviant und Geld zum Verstauen in der Rettungsinsel zusammenpackt. „Geld?" erzählt er später. „O je, daran hatte ich noch gar nicht gedacht. Es lag in einem sorgfältig einlaminierten Safe unter dem Cockpitfußboden versteckt. Man konnte es nur von der Hundekoje aus erreichen – doch die stand schon wie das gesamte Achterschiff unter Wasser. Einen großen Teil unseres Barvermögens führte ich in Dollarnoten mit. Nun trennte mich eine Tonne Wasser von meiner ‚Hausbank'. Tschüß, Mammon." Ein wirklich trauriger und schwerer Abschied vor dem Sprung in die Rettungsinsel. Eine halbe Stunde nach der Kollision mit dem unbekannten Objekt geht die HAPPY ARK auf Tiefe.

Gegen 1930 Uhr hört Spröde das Motorengebrumm eines Suchflugzeuges. Er zündet eine Fackel an, um seine Position zu markieren – und wenig später tasten die ersten Suchscheinwerfer von Kriegsschiffen die Wasserfläche ab: Der schiffbrüchige Skipper gerät in das Suchfeld und wird von Froschmännern des Zerstörers MAILLE BREZ geborgen.

Spröde weiß nicht, wer oder was dort am 14. Oktober unter der Wasseroberfläche schwamm, als es die HAPPY ARK rammte: War es ein Wal, wie es später (offenbar gelenkt) durch die Presse ging? „Ich hatte jedenfalls keinen Wal gesehen und auch nicht davon gesprochen", sagt der Skipper. „Die Marine wollte mir einreden, ich wäre auf einen Wal gelaufen – alle in der Nähe befindlichen Kriegsschiffe hätten einen Wal gesehen. Nur ich nicht? Weder vor noch nach der Ramming? Ich hielt das für unwahrscheinlich."

Oder war es der über Bord gewaschene Teil einer Decksladung? Oder ein treibender Container? Hier am Kanalausgang schwimmen unzählige, kleine wie große Fremdkörper im ewigen Wechsel der Gezeiten im Meer. Täglich nimmt ihre Zahl zu, und nur wenige werden von der Flut auf die Strände getrieben. Oder versetzte eines der vor Saint-Nazaire und La Rochelle operierenden Unterseeboote der HAPPY ARK auf Sehrohrfahrt mit seinen unhörbaren E-Maschinen oder beim versuchten Auftauchen den tödlichen Unterwasserstoß?

Die unerwartete Hilfsbereitschaft der französischen Marine wie die ständige

Bekundung aller maßgeblichen Offiziere an Land wie auf See, der kleine Seekreuzer wäre durch die Ramming mit einem Wal gesunken, macht „Jonny", wie ihn seine Freunde nennen, mißtrauisch. „Man tat alles, mich nach meiner Rettung so lange bei der Marine von der Umwelt abzukapseln, bis alle Küstenstationen, die internationalen Pressedienste sowie Radio und Fernsehen die Wal-Story verbreitet hatten", erzählt er. „Dabei ist es kein Geheimnis, daß in dem besagten Seeraum ständig U-Boot-Übungen stattfinden."
Aber dann ist er doch so klug, den Mund zu halten. Und er kehrt mit dem Vorsatz nach Hamburg zurück: „ Wenn ich noch einmal ein neues Schiff bauen kann, dann aus Stahl. Denn ich bin sicher, daß ein Stahlschiff einen solchen Rammstoß besser vertragen hätte als ein GFK-Bau."

Wie gefährlich sind Begegnungen mit Walen?

Greifen Wale Yachten an oder suchen sie nur deren Nähe, weil Bootsrümpfe von unten wie die Bäuche großer Meeressäuger wirken? Sinken Yachten, weil sie auf dem weiten Meer auf schlafende Wale treffen, die wie ein unerwartetes Riff auf der Oberfläche der Tiefsee treiben? Sind Wale, gleich welcher Art und Größe, für Yachten gefährlich? Bleiben sie friedlich, wenn man ihnen unerwartet begegnet? Was sollte man tun, um sich gefahrlos aus ihrer – gefährlichen? – Nähe zu entfernen? Viele Fragen, die unter Seglern immer wieder gestellt werden – und einige Antworten zum Risiko einer Walbegegnung.

Soll man es „Walattacke" oder „Walangriff" nennen?

In den letzten Jahren haben die Begegnungen von Yachten mit Walen auf den Weltmeeren zugenommen. Manche Chronisten führen dies in erster Linie auf den reduzierten Walfang zurück. Ich nehme jedoch an, daß es die zunehmend größere Zahl von Yachten ist, die heutzutage auch die entlegensten Seegebiete besegeln, so daß die Anzahl der Meldungen über Walbegegnungen oder Walkollisionen ganz selbstverständlich zunehmen muß. Haben früher die Wale in einem konventionellen S-Spanter und Langkieler auch deutlicher ein Schiff erkannt, von dem sie sich schon instinktiv freihielten, sehen die wannenähnlichen Rümpfe unserer heutigen Leichtdeplacementboote mit ihrer Flosse von unten selbst wie Walkörper aus, die natürlich das Interesse ihrer Artgenossen (für eine Berührung?) finden.

Bei der Begegnung mit Walen sind die Gefühle der Yachtbesatzungen zwiespältig. Ich selbst habe auf den Atlantikreisen mit meinem 9-m-Seekreuzer CORMORAN sowohl vor den karibischen Inseln wie vor Neufundland, Grönland, Island und Nordnorwegen zahlreiche Wale und Walschulen getroffen, inmitten derer ich – von Herzklopfen abgesehen – mich eigentlich nicht gefährdet fühlte. Im Kreise sich paarender Wale auf den Silver Banks vor der Küste Haitis gab es auch gar keine Möglichkeit, sich unter Segeln so einfach davonzuschleichen. Auch andere Segler berichten von friedlichen Begegnungen mit Walen.

Demgegenüber haben viele Yachtbesatzungen ganz andere Erfahrungen mit diesen riesigen Meeressäugern gemacht, und nicht wenige haben auf hoher See ihr Boot verloren und sind wochenlang in ihrer Rettungsinsel über den Ozean gedriftet. Auch der ungeklärte Verlust mancher verschollenen Yacht geht wohl auf eine unerwartetete und unausweichliche Walkollision zurück. Ich zögere, dafür auch „Walattacke“ oder „Walangriff“ zu schreiben. Aber auch hierfür gibt es Beispiele:

Am 25.12.1988 sank vor der Küste von Guadeloupe der Seekreuzer von Gerd Jarop (36) aus dem Saarland, der am 1.5.1988 zu einer Weltumseglung gestartet war. „Ich spürte beim Segeln einen starken Ruck und fand ein gefährliches Leck im Rumpf, dessen Wassereintritt ich nicht stoppen konnte“, berichtet er. „Dann sah ich einen etwa 20 m langen Wal. Ich muß ihn wohl gerammt haben. Als ich nach dem Untergang meines Bootes in der Rettungsinsel saß, umkreiste er mich noch mehrmals.“ Aus war der Traum einer Weltumseglung!

*

Am 9. Juli 1989 lief der 9-m-Katamaran GREENWICH PROPANE (ein modifizierter Typ Stiletto 30) beim Ozeanrennen Marblehead – Halifax vor der amerikanischen Nordostküste gegen 2100 Uhr in eine Gruppe zahlreicher großer Wale hinein. „Die riesigen, majestätisch wirkenden Tiere faszinierten uns“, berichtet Skipper John Barry, „obwohl wir den Geruch der ausgestoßenen Atemfontänen abscheulich fanden, und wir wähnten uns in keiner Gefahrensituation. Aber plötzlich hob sich das Achterschiff des Steuerbordrumpfes steil in die Luft. Wir fielen alle auf das Deck, und jeder versuchte, sich irgendwo festzuhalten, um nicht über Bord zu fallen. Als wir uns wieder hochgerappelt hatten und der Kat weitersegelte, sahen wir das Stb-Ruder mit allem Anhang im Wasser schwimmen und registrierten, daß ein Wal wohl beim Abtauchen mit seiner mächtigen Schwanzflosse dagegengeschlagen und es abgerissen hatte.“

Aus der Chance auf einen Sieg im Rennen war für die Crew ein Kampf ums Überleben auf dem havarierten Kat geworden. Es gelang ihr jedoch, eine Notsteuerung zu basteln, das Boot trotz des entstandenen Lecks schwimmfähig zu halten und das Ziel in Halifax ohne fremde Hilfe zu erreichen.

Sinken nach Walschlägen und 66 Tage in Seenot

Nicht nur den Verlust ihrer Yacht, sondern auch die Tortur einer anschließenden 66tägigen Drift in einer beschädigten Rettungsinsel mußten Simonne (52) und Bill Butler (60) nach einer Walkollision erleben: Ihr 11,60 m langer, kuttergetakelter Seekreuzer SIBONEY segelte am 15. Juni 1989 unter Selbststeueranlage mit fünf Knoten Fahrt im Ostpazifik, als gegen 0300 Uhr morgens eine Walschule das Boot passierte. Den ersten kleineren Tieren, die das Ehepaar für Delphine hielt, folgten jedoch immer größere, so daß die Butlers annehmen mußten, eine äußerst zahlreiche Familie dieser Meeresriesen mit Tieren jeden Alters und aller Größen vor sich zu haben.

Gegen 0400 Uhr schwammen schließlich die größten Wale dichtgedrängt an der Bordwand der SIBONEY. „Sie hielten sich hier genau in der Fahrt unseres Bootes“, berichtet Bill, „und pusteten ihre Atemfontänen wie Dampfmaschinen in die Luft. Plötzlich hörten wir einige Stöße gegen den Steuerbordbug, die mich veranlaßten, die Genua etwas einzurollen, um die Fahrt zu vermindern und die Wale vorbeizulassen. Dann versuchte ich, mit dem Boot in den Wind zu drehen – aber ein solches Manöver war mit 20–30 dichtgedrängten Walen an jeder Seite nahezu unmöglich. Ich wußte auch nicht, wie die Herde darauf reagieren würde. Die nächsten Stöße erhielten wir dann mittschiffs. Und nach einem besonders harten Schlag schrie Simonne aus der Kajüte: „Wir haben ein Leck!“ Ich stürzte nach unten und sah die Bescherung: „Wasser im Boot!“

Bill stellt die elektrische Bilgepumpe an, setzt den Motor in Gang, schließt das Seewassereintrittsventil der Zweikreiskühlung und nimmt den Filterdeckel ab. Er nimmt die Motorabdeckung hoch, dann die Bodenbretter der Kajüte und sucht fieberhaft nach der Leckstelle, mit einem zusammengerollten Hemd zum Abdichten in der Hand. Aber das Wasser steigt weiter, und auch mit Pützen kann das Ehepaar nicht über das Leck gewinnen. „Gib mir ein Messer, um die Rettungsinsel loszuschneiden“, kann Bill schließlich nur rufen, und während Simonne das Floß in die Plicht zerrt, beginnt Bill Notmeldungen abzusetzen:

„Zuerst versuchte ich es auf dem 20-Meter-Band der Schiffahrt – nichts! Dann ging ich auf 141200 – auch keine Verbindung! Dennoch sandte ich meinen MAYDAY-Ruf aus. Und schließlich funkte ich auch auf 13113,2 in der Hoffnung, daß hier vielleicht gerade jemand den Wetterbericht abhören würde – aber auch hier nichts.“ Niemand hört die Notrufe der SIBONEY hier draußen, auf 05° 30' N und 099° W, über tausend Seemeilen von der mittelamerikanischen Pazifikküste entfernt.

Die Butlers füllen das Rettungsfloß mit allem, was Simonne noch aus den Backskisten der Plicht entnehmen kann, während Bill, in der Kajüte bereits hüfthoch im Wasser, noch das Gerät zum Entsalzen von Seewasser, einen kleinen Trinkwasserbereiter, etwas Hartproviant, Bargeld, Kreditkarten und die Pässe mit den Bootspapieren bergen kann. In der Plicht werden noch Angelzeug, Nähzeug und die Plichtpolster in die Insel geworfen, ehe sie über Bord geht. Aber dabei passiert ein Mißgeschick: Der untere Schlauchkörper wird aufgeschlitzt. So ist das überdachte Floß mit seiner verminderten Tragfähigkeit nicht nur überladen, das Leben seiner Insassen hängt auch nur noch an der einen hauchdünnen Gummiwand des verbliebenen Schlauchrings. Um 0500 Uhr Ortszeit versinkt die SIBONEY in der See.

Die Butlers driften 66 Tage lang und 1100 Seemeilen weit in ihrem havarierten Rettungsfloß nach Osten und erleben dabei nicht nur die fast tödliche Bewegungslosigkeit in ihrem kleinen Gefängnis, sondern auch die kaum mehr erträglichen Schrecken bei den Angriffen der Meeresbewohner ringsum.

„Zuerst war unsere Reaktion, wenn Haie um uns herumschwammen, ganz ruhig zu liegen, sie zu ignorieren – und zu beten“, berichten die Butlers. „Aber dann lernten wir, sie mit Schlägen unserer Angel auf ihre Nasen zu vertreiben, wenn sie zu aufdringlich wurden. Wir erlebten die Hölle, wenn sie sich an der Unterseite des Floßes den Rücken scheuerten – bis ein fast zehn Zentimeter langer Riß im Boden entstand. Von da an mußten wir alle Viertelstunde unser nasses Gefängnis lenzen, Tag und Nacht.“

Nach fünf trostlosen Wochen nur gelegentlichen Verzehrs von rohem Fisch und dem glücklicherweise täglich mit Sonnenkraft aus Seewasser bereiteten Trinkwasser gegen das Verdursten treiben Delphine am Nachmittag des 35. Tages einen riesigen Fischschwarm auf die Schiffbrüchigen zu. Um sich vor den schwimmenden Säugetieren zu retten, suchen sie die Nähe neben und unter dem Floß aus – und können dort von den Butlers mit der Angel und sogar mit den Händen gefangen werden. Trotz dieses Vorrates für die folgenden Wochen hatten beide bei ihrer wundersamen Rettung am 19. August 1989 je 25 Kilogramm ihres Gewichtes eingebüßt.

„Die Rettung durch die aufmerksame Küstenwache von Costa Rica, etwa 13 Seemeilen vor der Küste bei Punta Burica, war ein unglaubliches Glück“, sagt Bill Butler. „Denn wir waren praktisch unsichtbar. Die Orange-Signalfarbe unseres Floßes war völlig verblaßt und die Dünung immer drei bis fünf Meter hoch, so daß man unser graues Fahrzeug mit seinem Verdeck, das nur einen guten Meter aus dem Wasser ragte, eigentlich gar nicht hätte ausmachen können.“

Der Grund für die Walschläge gegen den Yachtrumpf? Nun, vielleicht wollten die großen Nachzügler der von den Butlers auf etwa 200 Wale geschätzten Herde, die „Bahnfeger“, ein ihres Erachtens zurückgebliebenes Tier, als das sie die Yacht ansahen, zum schnelleren Weiterschwimmen anstupsen. Walforscher raten, das Unterwasserschiff nicht mit einer schwarzen Antifoulingfarbe zu streichen, weil mit ihr eine solche Verwechselungsgefahr größer ist, als wenn man mit einem roten oder weißen Bootsboden im Meer schwimmt. Nicht alle Rätsel der (Tier-)Welt sind schon gelöst.

*

Im Sommer 1988 rettete der Bremer Frachter BRIDGEWATER etwa 1000 Seemeilen westlich der Scilly-Inseln einen Einhandsegler, dessen Yacht nach seinen Angaben von Walen attackiert worden und wenige Minuten nach dem Angriff gesunken war. Nachdem die Seenotsignale aus seiner Rettungsinsel aufgefangen worden waren, entdeckte ihn ein Suchflugzeug der Marine, das den Frachter zur Aufnahme des Schiffbrüchigen herbeirief.

*

Noch unbeantwortet ist die Frage, ob sich schlafende Wale wecken oder heranschwimmende Wale verscheuchen lassen, wenn man das Echolot anstellt oder gar den Motor startet und den Propeller in langsamer Fahrt drehen läßt. Manche Segler meinen, sich durch solche Maßnahmen vorsorglich geschützt oder bei Begegnungen vor Angriffen gerettet zu haben. Andere wiederum – zu denen auch ich gehöre – glauben hingegen, durch solche die feinen Sinne der mächtigen Tiere belastende akustische Frequenzen ihre Aggressivität erst unnötigerweise herauszufordern. Die Kompromiß-Ansicht wäre: Durch den Motorlärm und die Schwingerfrequenz des angestellten Echolots gibt sich eine Yacht vor einer möglichen Begegnung als (für einen Wal uninteressantes oder gar gefährliches) Fahrzeug zu erkenen. Aber wer will, anstatt zu segeln, lange Distanzen unter Motor über die Meere schippern und seinem Echolot im Dauerbetrieb zumuten, nach einem 1000 m tiefen Meeresboden zu suchen, nur um damit die (ohnehin geringe) Walgefahr zu bannen? Sammeln wir Erfahrungen aus der Praxis!

Der Flossenschlag eines Wals schickte die TJISJE in die Tiefe

Die TJISJE war ein zwar kleiner, aber schneller und robuster Seekreuzer, der den Atlantik kannte: Eigner Henk van de Weg hatte mit ihm schon zweimal am Atlantik-Rennen der Einhandsegler von Plymouth nach Newport in der Klasse der Yachten von 25–30 Fuß (7,26–9,14 m) teilgenommen und war mit ihm anschließend wieder in seine holländische Heimat zurückgesegelt – in 25 Tagen. Dabei hatte die TJISJE auch viel schlechtes Wetter durchmachen müssen.
„Die schwersten Stunden erlebten wir vor Sable Island", erzählt Henk dazu, „als ein Sturmtief mit peitschendem Regen über uns hinwegzog. Nur unter einer zweieinhalb Meter großen Sturmfock kämpften wir uns gegen die Elemente voran, und ich war stolz auf mein Schiff, das ich in zweieinhalb Jahren selbst gebaut und

auch optimal ausgerüstet hatte. Ich hatte mich an Bord immer sicher gefühlt, gut geschützt gegen Kälte und Regen, und bei Flaute hatte ich stundenlang an Deck sitzen und dem Leben der Vögel und Meerestiere zuschauen können." Beim OSTAR 1984 ist er wieder dabei. Am 2. Juni ist die TJISJE in Plymouth gestartet, und am 29. Juni steht sie nahe vor dem Ziel.

Aber in der Nacht ist der schlafende Einhandsegler unruhig aufgewacht. Ein Fischerboot, das hier auf den Bänken mit seinem Schleppnetz unterwegs ist, hat sich – in der Dunkelheit nur durch die Schraubengeräusche hörbar – dicht an die einsam ihren Kurs segelnde Yacht angenähert. In die Plicht geklettert, sieht Henk die Lichter des Fischers im Seegang auftauchen und wieder verschwinden, ab und zu durch eine Wasserwand reflektiert. Auch unter Segeln müßte er ausweichen – aber welchen Kurs steuert das fischende Fahrzeug? Und ist es wirklich ein Fischerboot oder nur ein Frachter, bei dem er seinen Kurs durchhalten könnte? Er geht an das UKW-Sprechfunkgerät und ruft das fremde Schiff auf Kanal 16 an. Er weiß aus Erfahrung: Wenn es antwortet, ist es ein Großschiff. Wenn es sich nicht meldet, ist es ein Fischerboot.

Es meldet sich nicht.

So geht er, abwartend, zurück an die Karte, trägt nach einem Blick auf das Log den gegißten Schiffsort ein und versucht, eine Funkpeilung zur Küstenfunkstelle Nova Scotia zu erhalten. Aber es sind zu starke Störungen in der Atmosphäre. Die Peilung will nicht klappen. Dafür kann er ein deutliches Signal von Nantucket empfangen und für seinen Schiffsort benutzen: 41° 47' N und 065° 17' W trägt er in das Logbuch ein. Er freut sich, daß er richtig auf Kurs zur Ziellinie des OSTAR liegt, von der ihn nur noch ein Tagesetmal trennt. Er weiß nicht, daß es eine lebenswichtige Position ist, die er gerade vermerkt hat – und die letzte seiner TJISJE. In Erwartung seiner glücklichen Ankunft schreibt er auch noch andere wichtige Telefonnummern auf, die er nach dem Festmachen in Newport schnell zur Hand haben will – in einer unerklärlichen Vorahnung eines großen Verlustes? Dann macht sich Henk einen Tee, geht zurück in die Koje und will sich gerade genüßlich in seine Decke rollen, als er aus der Koje geschleudert wird und auf den Bodenbrettern landet.

„Während ich mich erschreckt hochrappelte, dachte ich zuerst, die TJISJE wäre auf einer Untiefe aufgebrummt", erzählt er, „aber ein schneller Blick auf die Seekarte zeigte mir, daß hier überall tiefstes Blauwasser war. Doch da hörte ich schon Wasser in das Boot rauschen. Mit einem Satz war ich an Deck und kappte mit dem Bordmesser die Zurring meiner Rettungsinsel. Die See um mich herum brodelte. Mit einem Blick ins Wasser sah ich einen mächtigen Wasserstrudel, wie mit einem riesigen Löffel geschlagen. Und dann wurde der Wasserspiegel plötzlich wieder glatt, und der Seegang war leicht wie zuvor."

Alles weitere geschieht – instinktiv – in wenigen Sekunden: Henk stürzt zurück in die Kajüte, wo das Wasser bereits 30–40 cm über den Bodenbrettern steht, und sucht das Leck, das im Vorschiff liegen muß. Aber beim Wegräumen des schon

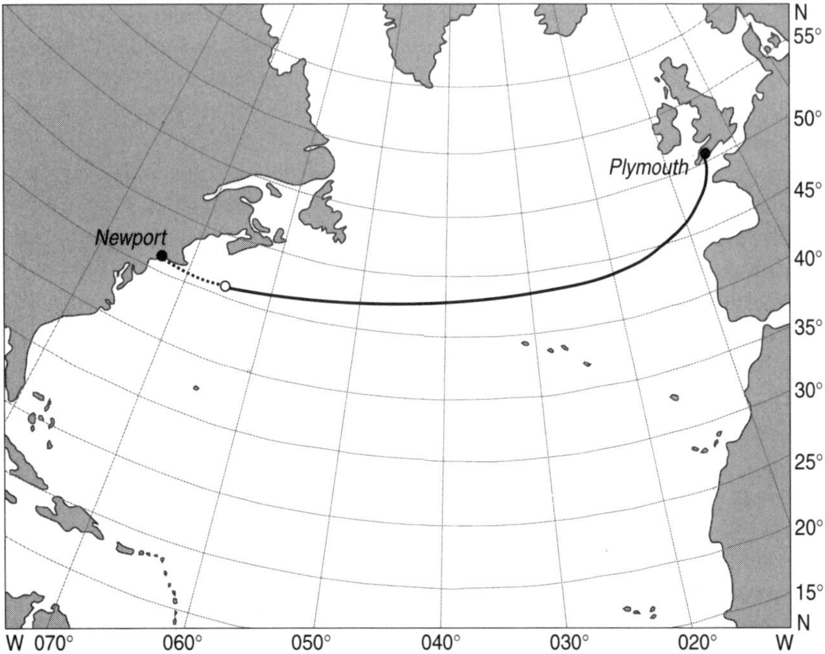

Der Weg der TJISJE von Plymouth bis zu ihrer Untergangsstelle auf 41°47' N 065° 17' W, noch eine Tagesreise vom Ziel Newport entfernt.

unter Wasser liegenden Proviants am Bug findet er es nicht. Doch dann schießt ihm das Wasser an der Backbordseite mit breitem Strahl wie aus einer gigantischen Quelle entgegen. Mit schnell hochgehobenen Fußbodenbrettern, zusammengerafften Kleidungsstücken und der hastig angerührten Masse eines chemischen Leckdichtungsmaterials versucht er, den Wassereinbruch zu stoppen. Der starke Wasserdruck von außen schiebt jedoch seinen mühsam zusammengehaltenen Leckstopfen immer wieder weg. Die Lage ist hoffnungslos. Niemand kann den Notfall auf der TJISJE meistern. Die TJISJE wird untergehen.

„Ich ging ans Sprechfunkgerät und rief MAYDAY mit der letzten aktuellen Position", berichtet Henk van de Weg weiter. „Glücklicherweise antwortete schon nach wenigen Sekunden ein Containerschiff, das auf dem Wege von Halifax nach New York war. Ich bat, die Wettfahrtleitung des OSTAR zu benachrichtigen und zu sagen, daß ich mir meiner Seenotposition nicht sicher sei, weil sie auf gestörten Funkpeilungen beruhte. Ich hörte jedoch nur noch eine schwache, unverständliche Antwort vom Containerschiff, dann brach die Funkverbindung ab. Die Batterien standen unter Wasser. Aber dann konnte ich doch noch den Knopf des Argos-Senders drücken, der meine Position über Satellit an die Seenot-Leitstelle nach Toulouse übermittelte."

Henk wirft die Rettungsinsel über Bord. Sie entfaltet sich schnell und zuverlässig und legt sich einladend wie ein rotes Nest neben die Bordwand. Doch mit dem beginnenden Tag, der im Osten heraufkommt, setzt sich auch das Sinken der TJISJE unaufhaltsam fort. Das Vorschiff ist schon hin und wieder von der See überspült.

„In der Kajüte schwamm schon alles durcheinander", erzählt Henk weiter, „alle jene kostbaren und wichtigen Teile. Ich grabschte nach einem Packen Papiere, nach Kamera und Logbuch. Sammelte Seenotraketen ein, warf ein paar Kleidungsstücke, meinen Schlafsack, ein paar Dosen Bier und ein Stück Käse in einen Seesack und hievte alles durch das Kajütluk in die Rettungsinsel. Auch ein kleiner Container mit Seenotsignalen und der Argos-Sender landeten im Rettungsboot. Ich merkte, wie der batteriegetriebene Seenotsender unablässig meine Position ausstrahlte, und war überzeugt, daß man wußte, wo ich war und daß man mich auffischen würde. Dann schob ich das Kajütschiebeluk zu und entfernte das Steckschott vom Eingang: Das Wasser sollte hereinkommen, aber keine Teile aus dem Schiff sollten herausschwimmen und sich auf der See verteilen können."

Jetzt ist es aber auch höchste Zeit, daß Henk selbst in die Rettungsinsel klettert und sich, noch festgemacht an der sinkenden Yacht, selbst in der Wuhling der hineingeworfenen Teile einen Sitzplatz schafft. Die letzten Minuten seiner schwim-

In seinem Rettungsfloß noch hinter der sinkenden TJISJE festgemacht, hält Henk das langsame Hinabgleiten seiner leckgeschlagenen Einhandyacht in die blauen Tiefen fest.

menden Yacht und ihren langsamen Weg in die Tiefe hat er – geistesgegenwärtig – in mehreren Fotos festgehalten, und es läßt wohl niemanden kalt, wenn er dazu sagt:
„Die TJISJE sank tiefer und tiefer. Die See überströmte das Vorschiff und drängte weiter bis zum Mast. Immer mehr nahm sie mir das, mit dem ich sie zu besiegen versucht hatte. In Gedanken versunken vergaß ich fast, die Verbindungsleine zum Rettungsfloß zu kappen. Und dann glitt sie hinein in das blaue Wasser, mit stehendem Mast, der als letzter die Stelle kennzeichnete, wo sie mich auf der weiten See allein ließ. Mein kleines Schiff, das kein Sturm besiegen konnte und das selbst stärker war als die gefährlichste See, mußte untergehen, weil es auf dem weiten Ozean ein mächtiges Meeres-Lebewesen rammte oder selbst von einem solchen Koloß überlaufen wurde, als es ihm zufällig im Wege lag."
Tausend Gedanken gehen dem schiffbrüchigen Einhandsegler durch den Kopf, als er fast mechanisch registriert, was denn alles zur Ausrüstung der Seenotinsel gehört, in die er so unerwartet hineingepackt ist: Trinkwasserrationen und Paddel, Pillen gegen Seekrankheit und Fackeln. Dann schießt die Rettungsboje aus der Tiefe empor, die an der Reling der TJISJE gehaltert war, und ein Flugzeug überfliegt das kleine Gummifloß, das in der glücklicherweise immer nur noch leicht bewegten See dümpelt. Henk schießt eine der Seenotraketen ab, mehr zur Probe im Umgang mit ihnen denn als eine Standortmeldung. Keine Reaktion bei den Leuten in der Luft. Aber dann naht ein zweites Flugzeug, kreist über ihm und geht langsam tiefer. Es wirft einen Container ab, der sich beim Aufprall auf das Wasser öffnet und eine Rauchboje mit einem Sender freigibt. Seine Antenne steht wie eine Spiere auf der See. Und jetzt weiß Henk, daß man dabei ist, ihn zu bergen.
„Ich war traurig über den Verlust, den ich noch nicht verkraftet hatte, aber glücklich über das gute Ende, das jetzt bevorstand", schließt er seinen Bericht vom Sinken der TJISJE durch eine Kollision mit einem Wal. „Eine halbe Stunde nach dem Abwurf der Seenotfunkboje erschien ein Hubschrauber über mir. Der Propellerlärm war schrecklich, und die Gischt um mich herum, die die mächtigen Propellerblätter verursachten, schien mir gefährlicher als alles Wasser, das je die See über mein Deck geschüttet hatte. Über mir hängend, ließ der lärmende Vogel einen Korb an einem Seil herab. Er war groß genug, zuerst alle meine Habseligkeiten einschließlich des Argos-Senders hineinzupacken und dann selbst hineinzuklettern. Mir nichts, dir nichts heißte er mich in meinem schwingenden Hängekorb empor, während er sich gleichzeitig weiter in die Höhe hob und in Richtung zur Küste brauste.
Ich konnte meine Rettungsinsel wie einen kleinen roten Punkt unter mir immer kleiner werden und dann in der Unendlichkeit der See verschwinden sehen, während ich so zwischen Himmel und Erde schwebte – und dann zogen sie mich in den Hubschrauber hinein, legten mich auf die Sitze, zogen mir eine Fliegerjacke über meine nasse Seglerkleidung und deckten meinen frierenden Körper mit einer Decke zu. Eine Stunde später landete der Hubschrauber der kanadischen

Küstenwache, und ich hatte nach 27 Tagen auf See wieder festen Boden unter den Füßen."

So endet Henk van de Wegs Atlantiküberquerung, die mit der TJISJE begann, aber trotz der für die Yacht tödlichen Begegnung mit einem Wal für ihn noch unerwartet glimpflich abschließt.

*

Umgekehrt stellen nicht nur Wale für Yachten eine Gefahr dar, sondern Yachten können auch Walen gefährlich werden:

So rammte zum Beispiel der 18,30-m-Katamaran JET SERVICES beim Transatlantik – Double Lorient – Bermuda – Lorient Race 1983 einen Wal und mußte auf Zickzackkursen nach Hause hinken, weil bei der Walramming ein Ruder abgerissen war. (Daß der Kat das Rennen trotz dieser Havarie mit einer Durchschnittsfahrt von 10,7 Knoten als Dritter beendete, steht auf einem anderen Blatt.)

Wenn Yachten schneller laufen als Wale schwimmen

„Der Wal wird entweder die Geschwindigkeit unseres Bootes unterschätzt oder die schnelle Annäherung gar nicht gehört haben", sagte Skipper Peter Hogg, als sein schwer beschädigter 12-m-Katamaran TAINUI nach einer Walkollision doch noch im Schlepp der Coast Guard den Hafen von Santa Cruz an der kalifornischen Küste erreicht hatte.

Auf der traditionellen Küstenregatta am Labor Day 1988 von San Franzisco aus, die Peter und seine Freundin Shama in der Spitzengruppe segelten, hatte die TAINUI gerade gehalst und brauste raumschots mit 18–20 Knoten über die bewegte See, als plötzlich, nur drei Meter entfernt, der etwa sechs Meter lange Buckel eines Blauwals aus dem Wasser auftauchte. Um eine Kollision mit dem Achterschiff des Backbordrumpfes zu verhindern, änderte Peter geistesgegenwärtig Kurs nach Backbord – und kam dadurch von der sichtbaren mächtigen Schwanzflosse klar. Gleichzeitig tauchte jedoch ein zweiter Wal auf, jetzt sogar zwischen den beiden Rümpfen und dem Mitteldeck. Der Kat wurde abrupt aus rasender Fahrt zum Stillstand gebracht, und in Sekundenschnelle kam nicht nur das Rigg von oben, der durch den Aufprall verletzte Wal hing plötzlich senkrecht zwischen den Schwimmern, zersplitterte dabei den Querverband, riß den Mast aus seiner Halterung und zerstörte Teile der Außenhaut, ehe er den Weg in die Tiefe fand. Peters erste Reaktion war, nach den Walen zu sehen, von denen er einen neuerlichen Angriff (wie er meinte) erwartete. Er erfolgte jedoch nicht. Doch dann blieb sein Blick an einem etwa einen Meter langen Stück blutigen Walfleisches hängen, das das stürzende Rigg dem Tier aus dem Körper geschnitten hatte und das jetzt unmittelbar neben dem havarierten Kat im Wasser schwamm.

„Wir hatten vorher weder Wale noch Delphine oder Haie in unserer Nähe gesehen“, berichtet Peter. „Aber in diesen wenigen Sekunden hatte sich die Meereswelt verändert: Mehrere Haie schlugen plötzlich ihre spitzen Zähne in den Fleischklumpen, der auf dem Wasser schwamm, und aus der sich schnell ausdehnenden Blutspur tauchten immer mehr dieser gefährlichen Raubfische auf, um an dem georteten Happen teilzuhaben – und nach mehr Beute Ausschau zu halten. Zitternd vor Angst sandte Shama ihren Seenotruf in den Äther, während ich eine rote Fallschirmrakete in den Himmel schoß. Meine Konkurrenten auf der Regattabahn hatten unsere Notsituation noch gar nicht erkannt. Sie segelten einfach vorbei.“
Schließlich ist es die PICK OFF, die der TAINUI eine Leine übergibt und sie zumindest erst einmal einige Bootslängen aus der blutbefleckten See schleppt, bis die Leine bei den immerhin zwei Meter hohen Wellen in einem 20-Knoten-Wind bricht. Die PICK OFF bleibt aber in der Nähe des irreparabel beschädigten Kats, bis ihn ein kräftigeres Schleppfahrzeug in den Hafen bringen kann.
„Hätte ich den ersten Wal nur wenige Sekunden früher entdeckt, ich glaube, ich hätte den Zusamenstoß mit beiden Tieren vermeiden können“, ist Peter Hoggs seemännisches Fazit dieser Kollisionen.

Friedliche Begegnungen mit Walen sind atemberaubend

Von einer friedlichen, aber dennoch atemberaubenden Begegnung mit einem Wal berichtet Heinz Roegener. Mit seiner Frau Miriam befindet er sich Ende Mai 1989 mit der SHENANDOAH, einer 10,65 m langen Vindö 50, auf der letzten Etappe seiner Weltumseglung. Am 24.5. liegt die Yacht in hellem Mondschein auf 033° 21' N und 037° 35' W in einer nächtlichen Flaute.
Plötzlich hört er ein ungewöhnliches Geräusch im Wasser. Als er in die Plicht kommt und über die Reling blickt, taucht ein riesiger schwarzer Körper neben der Bordwand auf, der wie ein Unterseeboot aussieht, an dessen Außenhaut noch das Wasser abläuft. Über einen Meter hoch ragt der Körper aus dem Wasser, und Heinz glaubt Muschelbewuchs und vernarbte Wunden auf seiner Haut zu erkennen. Er ruft seine Frau an Deck, die fasziniert wie ängstlich dem ab- und wieder auftauchenden Tier zusieht – bis der Skipper ihr zuraunt: „Ich werde den Motor starten, um ihn zu verscheuchen. Hol du derweil unsere Nottasche hoch, falls er uns doch angreift!“
Aber Miriam ist noch gegen diese Aktivität. „Laß den Motor in Ruhe, vielleicht erschrickst du ihn damit nur“, sagt sie. Und so beobachten beide den Fortgang des Schauspiels, bei dem der Wal einmal näher, einmal weiter entfernt auf- und abtaucht. Immer wieder greift dabei die Hand des Skippers zögernd an den Zündschlüssel, um ihn ebenso unentschlossen wieder loszulassen. Erst nach Mitternacht verschwindet der Wal, und der nächtliche Spuk ist vorbei.

Gefahren am Ankerplatz

Stranden durch Pech und Leichtsinn

Am Ankerplatz liegt eine Yacht nur so lange sicher, wie sie mit einem ausreichend kräftigen Geschirr gut verankert ist und eine vorgelagerte Küste oder Mole Wind und Seegang zuverlässig abwehrt. Ändern sich die Verhältnisse, ohne daß die Crew sie bemerkt, muß es zur Strandung oder zum Sinken am Ankerplatz kommen. Glücklicherweise lassen sich gut gebaute (Stahl-)Yachten wieder bergen. Aber wer trägt die Kosten, und wie wird die (Mit-)Schuld der Besatzungen an den Ursachen der Strandung bewertet?

Nicht nur „hohe Wellen aus heiterem Himmel"

Einen ungewollten Landfall machte der Trans-Ocean-Segler Walter Witte, 64, im Herbst 1995 vor der Küste von Gran Canaria: Sein Stahl-Seekreuzer LOKI wurde von „hohen Wellen aus heiterem Himmel" auf den Sandstrand von Maspalomas unweit der Marina Pasito Blanco geworfen, weil der Anker während der Nacht zu schlieren begonnen hatte und schließlich nicht mehr hielt. Nach der ersten Grundberührung warf die Brandung das für eine Atlantiküberquerung ausgerüstete Schiff immer höher auf den Strand, wo es – scheinbar verloren – als Touristenattraktion liegen blieb.

Witte hatte bei Tage relativ nahe vor der malerischen Kulisse der langen Strände bei leichtem Seewind geankert und erwartet, daß der nächtliche Landwind ihn entsprechend weiter als am Tage von der Küste freihalten würde. Aber aus dem Landwind wurde nichts, und wo es am Abend noch still wie auf einem Ententeich gewesen war, rollten bei Nacht immer stärkere Dünungswellen von See aus heran. Auf die Wellenkämme gehoben und mit dementsprechend größerer Wassertiefe am ursprünglichen Ankerplatz, ging die LOKI auf Drift.

Die stählerne 10-t-Yacht überstand die Strandung nicht nur als Wellenbrecher nahezu unbeschädigt, sie konnte sogar nach 24 Stunden von einem PS-starken Boot des Seenotrettungsdienstes – allerdings erst im zweiten Versuch – wieder freigeschleppt werden. Der Eigner, Stahlbau-Unternehmer von Beruf, reparierte die wenigen Schäden im Hafen und startete einige Tage später, wie geplant, mit zwei Mitseglern zu den Kapverdischen Inseln. Diese verließ er am 1. Dezember 1995 und traf nach 18 Tagen auf See in Virgin Gorda in der Karibik ein. Nimmt man alles zusammen, sind die Ereignisse zwar nicht unbedingt ein seemännisches Lehrstück, aber in jedem Falle eine Werbung für seetüchtige Stahlboote, wie sie aussagekräftiger nicht sein kann.

Denn ein solches Ankern an einer offenen Küste, bei auflandigem (täglichem See-)Wind und der ewigen Atlantikdünung, dem „Atmen des Meeres", ist gefährlich. Wenn bei Ankerplätzen vor den Kanarischen Inseln noch dazu vor starker Unterströmung gewarnt wird, muß man ja bedenken, daß es sich hier um täglich wechselnde Tidenströme handelt, mit denen man zwar nicht auf hoher See, aber an den Inselküsten rechnen muß.

Ein hier gestrandetes Boot hätte in dieser Situation auch wohl jeden Versicherungsschutz verloren, und auch eine solche – scheinbar simple und gefahrlose – Bergung durch Abschleppen nach See bleibt ja nicht für alle Yachten so folgenlos wie für die LOKI. Einige ähnliche Fälle erzähle ich daher etwas ausführlicher – zum Nachdenken.

Scheinbar rettungslos liegt der stählerne Seekreuzer LOKI einen Tag lang in den Brandungsseen am Strand – eine sensationelle Attraktion für die Urlauber auf Gran Canaria.

Strandung vor Anker durch Winddrehung auf einem Atoll

Eine folgenschwere Strandung auf dem Apataki-Atoll der Tuamotus oder Gesellschaftsinseln im Pazifik überstand 1994 die 23 m lange Stahlyacht RISARA nur durch ihren robusten Metallrumpf, der zwar durch mehrere bis 40 mm tiefe Beulen und Farbabschürfungen auf zwei Dritteln der Backbordseite beschädigt wurde, aber sonst nicht das kleinste Leck erhielt.

Die RISARA hatte mit zwei bezahlten Händen an Bord, Skipper und Köchin, sowie einigen Chartergästen auf 10 m Wassertiefe mit 40 m Kette in Lee eines Riffs geankert und hier zur Nacht übergelegen, wie es zum Charterprogramm gehörte. Erfahrungsgemäß herrscht zu dieser Jahreszeit handiges Wetter mit konstanter Windrichtung, für die seemännische Vorsorge getroffen worden war. Ein großes Sonnensegel über der Plicht hatte man zur Nacht nicht abgeschlagen.

Am Morgen des 6. Juni wachte die Besatzung jedoch durch das scharrende Geräusch des über den Korallengrund schlierenden Ankers auf und erlebte einen plötzlich von Bft 5 bis auf 50 Knoten zum Sturm aufgefrischten und um gut 90° rechtgedrehten Wind, in dessen begleitenden tropischen Regenschauern die Sicht kaum eine Bootslänge betrug. Der Skipper stürzte ans Ruder, startete den Motor, ließ alle Fenster und Luken schließen und versuchte, mit Hilfe des Bugstrahlruders den Bug im Wind zu halten. Die RISARA hatte sich mit ihrer Backbordseite parallel zum Riff gelegt und dadurch den Abstand von den Korallen um die ausgesteckte Kettenlänge verkürzt. Die Wassertiefe betrug hier nur noch etwa 5 m, bei 3 m Tiefgang der Yacht nur noch 2 m unter dem Kiel.

Derweil versuchte die Bordfrau, mit der elektrischen Ankerwinsch den Anker zu lichten, weil die RISARA durch ihn für alle möglichen weiteren Manöver an Ort und Stelle gefesselt war. Aber die Kette blockierte am Wasserstag, und die Zuglast am Grundgeschirr bei dem jetzt bis auf 60 Knoten angewachsenen Orkan wurde so groß, daß sie die Kraft des Winschenmotors zum Hieven übertraf und mehr Kettenlänge auslief, als eingeholt wurde. Als die Wassertiefe sich auf 3,20 m verminderte, setzte die RISARA in den Wellentälern bereits leicht auf die aus dem Grunde ragenden Korallenköpfe. Der Skipper gab Jenny an der Winsch jetzt den Auftrag – der im tosenden Wetter von den Chartergästen von Mund zu Mund nach vorn weitergegeben wurde –, die Kette zu slippen, damit die RISARA endlich auf die freie See hinaus motoren könne.

Aber als die Yacht endlich von ihrer Grundverbindung befreit war, bestand keine Möglichkeit mehr, den Bug in Richtung auf die freie See zu drehen. Denn auch das Sonnensegel mit seinem Windfang erwies sich jetzt als ein Hindernis, das mit Motorkraft nicht zu überwinden war. So fand sich die RISARA schon zehn Minuten nach dem Aufwachen der Crew mit 45° Schlagseite nach Backbord auf dem Korallenriff wieder, das ihr vordem als Schutz am Ankerplatz gedient hatte, und der Skipper konnte gar nicht schnell genug den Motor abstellen, um den Eintritt von Sand über das Kühlwasserventil in die Maschine zu verhindern.

Die gestrandete Yacht wurde in dem in den nächsten beiden Stunden auf 40 Knoten abgeflauten Wind allseitig mit Ankern gesichert. Ihre erste Besichtigung ergab, daß sie – außer ihren Beulen in der Außenhaut – segelklar geblieben war. Einige Tage später holte sie bei Hochwasser ein Schlepper aus Tahiti von ihrem unfreiwilligen Landliegeplatz. Sie versegelte dann nach Neuseeland, wo die Außenhaut-Reparaturen durchgeführt wurden. Auch bei der hohen Summe für die Schadensbeseitigung (prozentual zum Versicherungswert der Yacht) ein versöhnlicher Abschluß. Denn Verletzungen der Crew waren bei dieser Strandung nicht zu beklagen.

Lehren daraus? Vielleicht diese: Wenn schon keine „weiche" Strandung gelingt, dann bei einer „harten" mit Aussicht auf späteres Freischleppen frühzeitig den Motor abstellen und den Kühlwasserschieber schließen, bevor feiner Sand oder Schmutz in das Kühlsystem gelangen kann. Spätere Reparaturkosten werden dadurch in Grenzen gehalten (und fallen für den Motor nicht an). Und: Ein Sonnensegel kann in ähnlichen Fällen zu einem gefährlichen Windfang werden, der eine Strandung oft mitverursacht. Wenn man es (leider) in heißen Zonen nicht am Abend abschlägt, sollten alle freien Hände es spätestens während eines solchen Rettungsmanövers bergen helfen, falls andere Arbeiten dabei nicht behindert werden.

Totalverlust durch nachlässiges Belegen der Ankertrosse

Der Seekreuzer FREUND gehörte mit seiner Länge von 10,92 m zu den größten Booten, die bis zum Ende der siebziger Jahre aus Sperrholz gebaut wurden, und auch als Kielschwerter war er typisch für jene Zeit in Deutschland, in der man die Häfen an den flachen Küsten noch unter Segeln ankreuzte und das Schwert erst einmal aufholte, wenn man außerhalb des Tonnenstrichs aufgebrummt war, um anschließend ohne Mühe ins Fahrwasser zurückkehren zu können. Auch seinem Namen entsprechend war der Seekreuzer seinem Eigner Hinnerk Bostelmann vom Beginn seiner Studienzeit an ein Freund geworden und ein Gefährte geblieben, bis er nach seinem Diplom ein eigenes Unternehmen gegründet und es bis zur Gegenwart erfolgreich entwickelt hatte. Mehr als in den Jahren zuvor hatte er jetzt wieder Zeit zum Segeln, und so hatte er das 3,70 m breite Boot mit seinem Tiefgang von 0,95/1,95 m, das knapp 4 t verdrängte, 68 m^2 Segel führte und noch mit dem legendären Lloyd-Benzinmotor ausgestattet war, 1991 in Etappen von der Nordseeküste durch den Kanal an die französische Biskaya gebracht und in Arcachon überwintern lassen.

Ab Juni 1992 segelte Bostelmann seinen FREUND – teils einhand, teils mit Freunden oder Freundinnen als Gesellschaft – von dort rund um die Iberische Halbinsel bis zur Olympiastadt Barcelona. Den Plan zur dortigen Überwinterung ließ er jedoch fallen und kreuzte zu den Balearen hinüber, von wo er sich bessere Flug-

Der Hafen (1), in dem der FREUND *zuerst lag; die empfohlene Ankerbucht Cala Sabina (2); sein offener Ankerplatz (3) und die Strandungsstelle vor Formentera (4).*

verbindungen nach Bremen erhoffte. Als neuen Heimathafen erkor er sich jedoch Formentera, wo der FREUND am 15. September eintraf und zuerst einen Bojenliegeplatz im Hafen erhielt. Einige Tage später, am 21. September, legte er jedoch den kleinen Seekreuzer unweit der Hafeneinfahrt in der Bay von Sabina vor Anker – vielleicht, um noch einige Zeit die hohen Liegegebühren zu sparen.

Aber dieser Ankerplatz in der weiten Bucht vor dem Estanque Pudent ist ein offener Ankerplatz, der sich zum tagelangen Liegen ohne Crew an Bord eigentlich gar nicht oder, wenn überhaupt, nur bei überlandigen Winden aus Ost und Süd eignet. Bei Westwinden liegt ein Ankerlieger völlig ungeschützt auf Legerwall, und bei nördlichem wie südwestlichem Wind kann ebenfalls ungehinderter Seegang diesen Ankerplatz erreichen. Schutz zumindest für die Windrichtungen von

Ost über Süd nach West hätte allenfalls der Ankerplatz in der Cala Sabina westlich der Hafeneinfahrt geboten, der auch durch das Ankersymbol in der Seekarte dementsprechend gekennzeichnet war.
Bei der Platzwahl auf gut fünf Meter Wassertiefe vertraute Bostelmann aber wohl hauptsächlich seinem Bugankergeschirr, das für den Seekreuzer auch gut ausreichend war: Ein Pflugschar-Anker von 20 kg Gewicht mit 15 Meter Kette und 10 Meter Leine diente als Hauptanker, ein Danforth-Anker von 15 kg Gewicht mit 10 Meter Kette und 15 Meter Trosse als Zweitanker. Die Ankerleine des Hauptankers belegte er dabei an einer Klampe auf dem Vordeck, die Trosse des Zweitankers befestigte er mit einigen Törns um den Mastfuß.
In den ersten Tagen am Ankerplatz lag der FREUND nur vor dem Hauptanker, doch war Bostelmann nicht immer an Bord. Vor allem des Nachts zog er ein Quartier an Land vor, von dem aus er jedoch den Ankerlieger nicht sehen konnte. Er ging aber täglich zum Hafen, erkundigte sich nach dem Wetterbericht und prüfte dann bei einem Strandspaziergang, ob an Bord noch alles in Ordnung war – oder zumindest so aussah.
Der Wetterbericht des 29. September 1992 kündigte Südwestwind Stärke 3–4 an, der am Nachmittag auf Stärke 5–6 zunehmen sollte. Weil die Bucht aber nur gegen West und Nordwest offen ist, sah Bostelmann weder bei der Windrichtung noch der Windstärke eine Gefahr für seinen FREUND am Ankerplatz. Erst als der Südwestwind am Nachmittag des 30. Septembers auf Stärke 7–8 auffrischte, ging er wieder an Bord, brachte den zweiten Anker aus und belegte die Trosse um den Mast.
Sicherheitshalber wanderte Bostelmann gegen 1900 Uhr noch einmal an den Strand, um zu sehen, wie der kleine Seekreuzer die um die Punta Pedreras im Südwesten heranrollenden und landwärts umgelenkten Seen abritt. Er fand FREUND noch am gleichen Platz, an dem er ihn am Nachmittag verlassen hatte. Als der Wind gegen Mitternacht etwas abflaute, ging der Eigner noch einmal an den Strand und schaute von dort zu seiner Yacht herüber. Alles an Bord schien wie vorher zu sein.
Doch als er am 1. Oktober gegen 1030 Uhr zu seinem nächsten Kontrollgang ans Ufer kam, war FREUND verschwunden. Nach kurzem, aufgeregtem Suchen entdeckte Bostelmann einige hundert Meter weiter nördlich eine schräg gerichtete Mastspitze – und kurze Zeit später stand er hier vor seiner gestrandeten Yacht: Das Rigg war noch intakt, aber das Ruder war abgerissen, und das Seewasser stand halbhoch in der Kajüte.
Für die Ermittlung weiterer Schäden blieb Bostelmann jedoch keine Zeit. Zuerst holte er Freunde herbei und entnahm dem Wrack die wichtigsten und wertvollsten Ausrüstungsteile, die er anschließend in seine Wohnung fuhr. Auf dem Rückweg meldete er die Strandung den Hafenbehörden und bezog anschließend Wache bei dem gestrandeten FREUND, den man vom Ufer aus fast trockenen Fußes erreichen konnte. Bedauerlicherweise gab er seinen Posten am Abend auf – und

Bei vorsorglicher Kontrolle der beiden Ankerverbindungen zu seinem Deck hätte der FREUND nicht so stranden müssen – und er wäre dann auch nicht hier von Dieben ausgeplündert worden.

mußte anderntags erleben, daß Wrackdiebe in der Nacht alles vom FREUND abmontiert und weggeschleppt hatten, was man irgendwie tragen und lösen konnte, darunter auch Schoten, Fallen und Winschen.

Was den Fall für uns interessant macht, ist wohl die vermeintliche Strandungsursache, für die nur in zweiter Hinsicht Windrichtung und Seegang verantwortlich gewesen sind, obwohl durch deren Einwirkungen die Yacht erst einmal etwa tausend Meter längs des Strandes vertrieben wurde, ehe sie endgültig festkam, gekrängt wurde und liegenblieb. Denn als der Eigner am Morgen – unzweifelhaft als erster – seine gestrandete Yacht fand, fehlte jede Verbindung zu ihrem Ankergeschirr. Die um den Mast belegte Ankertrosse war nur noch mit einer Meterlänge vorhanden. Sie war offenbar durch Schamfiling an scharfkantigen Vordeckteilen gebrochen. Von der Ankertrosse des Hauptankers, die Bostelmann an einer Vorschiffsklampe belegt hatte, fand man nichts mehr. Sie war wohl schlecht festgemacht gewesen und hatte sich offenbar von selbst gelöst.

Daraus muß man folgern:

- Die Yacht ist nur gestrandet, weil die Verbindungen zu beiden Ankern während der zweiten Hälfte der Nacht durch simple seemännische Fehler unterbrochen wurden. Wäre Bostelmann am Abend, anstatt den scheinbar unverändert vor Anker liegenden FREUND nur vom Ufer aus zu kontrollieren, noch einmal an Bord gegangen, hätte er die auf der Klampe rutschende Leine des Hauptankers neu und besser belegen können, und er hätte die Schamfilstelle der Trosse zum Zweitanker entdecken und auch hier für ihre Sicherung durch Umwickeln bzw. Verkürzen der Verbindung um die Länge zwischen Scheuerstelle und Mast sorgen können.
- FREUND wäre nicht gestrandet, wenn Bostelmann auf diesem offenen Ankerplatz an Bord geblieben wäre. Denn dann hätte er den Abriß sowohl der einen wie der anderen Ankerverbindung unverzüglich bemerkt und Zeit wie Gelegenheit gehabt, den Seekreuzer unter Motor aus der Gefahrenzone zu entfernen. So hatte er den Totalverlust seiner Yacht selbst zu verantworten, und der Erlös aus dem Verkauf der geretteten Ausrüstungsteile reichte gerade für die durch die Wrackbeseitigung entstehenden Kosten aus.

Der Fehlgriff nach dem Ankergeschirr und seine spektakulären Folgen

Vielleicht hätte der Name der Insel Deception, vor der Heide und Erich Wilts in der Antarktis mit ihrem Seekreuzer FREYDIS überwintern wollten, das Seglerpaar warnen sollen: Denn er bedeutet Täuschung. Aber lassen wir es vorerst dahingestellt, ob sie sich nun selbst täuschten oder von der Umwelt, die sie erwarten wollten, getäuscht wurden, als sie in der Fumarol-Bucht dieser unwirtlichen hufeisenförmigen Insel ihren 34 kg schweren Bügelanker in die nur fünf Meter messende Tiefe fallen ließen.

Mit Erich Wilts, einem unserer erfahrensten Blauwassersegler, müssen wir wegen seines Ankergeschirrs nicht beckmessern. Aber das Gewicht seines Ankers für ein immerhin 15 m langes, zum mehrmonatigen Überwintern randvoll ausgerüstetes Stahlboot von erfahrungsgemäß mehr als 25 Tonnen Verdrängung war wohl doch (wenn wir den GL-Vorschriften Glauben schenken) etwas zu leicht – auch wenn er es durch eine überdimensionierte Ankerkette wieder ausglich.

Mitte Mai 1991 hat die FREYDIS ihren Ankerplatz am Südwestrand der Bucht eingenommen. Sie ist nur durch einen schmalen Eingang, „Neptuns Blasebalg“ genannt, zu erreichen und erinnert in ihren Umrissen an sichere Schlupflöcher in der Karibik und anderswo, die man wegen ihrer allseitigen Sturmsicherheit „hur-

Gestrandet, vom Eis umschlossen und durch Eismassen belastet liegt die FREYDIS in der so sicher geglaubten Vulkan-Bucht der Insel Deception vor der Küste der Antarktis.

ricane holes" nennt. Ihr Durchmesser beträgt jedoch gut drei Seemeilen, und wenn es aus Nord oder Ost stürmt, liegt die FREYDIS auf Legerwall vor einem hohen Stein- und Felsenstrand. Das Eignerpaar erprobt für einige Tage die von Forschern verlassene Hütte am Ufer, die als Notquartier für alle Fälle dienen könnte, und hat von hier aus auch seinen bewährten Salzbuckel vor Augen, der den ersten Wintersturm an seinem Ankergeschirr abreitet. „Wirkliche Sorgen machen wir uns nur um die FREYDIS, die jetzt allein und ungeschützt da draußen Sturm und Brechern ausgeliefert ist", berichtet Heide Wilts*. „Wir beten, daß ihr Anker hält. Sechzig Meter Kette haben wir gesteckt, das müßte reichen – theoretisch jedenfalls. Aber haben wir dabei auch alle Faktoren berücksichtigt? Ist der Ankergrund wirklich so gut, wie wir annehmen? Gibt es in der langen Kette auch tatsächlich kein schwaches Glied? Ist der Drahtvorläufer zwischen dem Poller auf dem Vorschiff und der Ankerkette selbst auch stark genug dimensioniert? Immer hat der Anker gehalten, aber nun kommen uns doch Zweifel. Wir nehmen uns vor, sofort nach dem Sturm die Kette auf neunzig Meter zu verlängern."

Die beste Seemannschaft ist zugleich die vorsichtigste, das weiß auch der Perfektionist Erich Wilts, der wie wohl kein anderer deutscher Hochseesegler viele schwierige Havarien gemeistert hat. Und auch hier, wo die FREYDIS jetzt im Sturm auf Legerwall liegt, hat er seemännisch wohl alles bedacht, als er andern-

* In ihrem Buch „Gestrandet in der Weißen Hölle", Delius Klasing Verlag, 1992

tags die Kette bei auflandigem Wind und fünf Meter Wassertiefe um dreißig Meter verlängert. Anschließend wird der Seekreuzer winterfest gemacht.
Aber wenige Tage später beschleichen Heide und Erich neue Zweifel: „Gegen Nachmittag geht der Tanz wieder los", schreibt Heide Wilts, „und deshalb nimmt auch wieder unsere Sorge um die FREYDIS zu, trotz der Neunzig-Meter-Kette. Unsere Furcht davor, daß die Verankerung nicht hält und die Vereisung das Schiff vielleicht sogar kentern läßt, ist zu groß. Die Verankerung ist optimal, sie wird halten – und doch überlegt Erich, daß wir noch einen zweiten Anker ausbringen sollten, und sei es nur, um wieder sorgenfrei schlafen zu können."
So geschieht es dann: Als der Wind abflaut, wird der zweite Anker mit 30 m Kette und 30 m Trosse fallen gelassen. Aber schon bald merken Heide und Erich, daß diese Entscheidung falsch war: Bei den häufig umspringenden Winden verheddern sich beide Ankergeschirre zu einer heillosen und gefährlichen Wuhling vor dem Bug, die schnellstens entwirrt werden muß, weil sie mit ihrem Gewicht das Vorschiff der FREYDIS tonnenschwer belastet. Also muß einen ganzen Tag lang das Kuddelmuddel entwirrt, das zweite Ankergeschirr geborgen und die Yacht wieder vor einen einzigen Anker gelegt werden. Und dann ist es doch das so gut bedachte Ankergeschirr, das der FREYDIS fast den Tod bringt – aber in einer ganz anderen, unbedachten Art der Handhabung:
Es ist Freitag, der 24. Mai, der klimatisch nicht nur mit dem entsprechenden November-Datum auf der Nordhalbkugel zu vergleichen ist, sondern den man sich dazu noch auf einer entsprechend hohen Breite, in der Grönlandsee beispielsweise, vorstellen muß. Und er fängt so harmlos an: klare Luft, eine horizontale Linie auf dem Barographen, leichter Westwind mit kleinen Schneeflocken, minus fünf Grad Celsius und damit eine überraschend milde Temperatur. Die Wilts wollen einen letzten kurzen Abstecher in die etwa fünf Seemeilen entfernte Walfängerbucht machen und dort Steinkohlenstücke als Heizmaterial sammeln. Nachdem sie in mehreren Fahrten mit dem Dingi hierzu fast dreißig leere Holzkisten auf die FREYDIS gebracht haben, soll es losgehen.
„Nachdem wir die Kisten zweilagig vorn und achtern gestapelt haben", erzählt Heide, „befreien wir unser Containerschiffchen von seinem schweren Ankergeschirr, wobei wir die Kette an einem leuchtend roten Ballonfender vertäuen, einer weithin sichtbaren Boje." Dann problemlose Fahrt zur Kohlenbucht, Ankern mit dem Zweitanker dicht am Strand, Sammeln der Kohlebrocken, Transport an Bord, Beladen des Decks der FREYDIS und des Schlauchbootes mit guter Walliser Kohle, Ankerlichten und Heimfahrt in der beginnenden Dämmerung.
Aber in der Zwischenzeit hat der Wind von Nord auf Ost gedreht, und es ist diesig geworden. Froh sind beide, daß alles bisher so gut geklappt hat. Und als sie plötzlich der Sturm wie die Druckwelle einer unerwarteten Explosion überfällt, scherzen sie noch: „Muß es uns denn gerade heute so schlimm erwischen, wo wir unser Arbeitspensum bereits übererfüllt haben?" Aber dann reißt das Schlauchboot ab, und in dem scheinbar so sicher abgeschirmten Vulkan-Krater steilt sich die See

Ist es nur eine unwirtliche, menschenleere Welt, oder ist es eine weiße Hölle, in der hier die FREYDIS schnee- und windverweht monatelang auf ein Wiedererwachen hofft?

zu hohen Brechern. Die Temperatur sinkt auf antarktische Tiefen, die Gischt weht waagerecht über die Kohlenkästen auf Deck. Die Sicht wird schlechter, aber der rote Muringfender, der zwischen den Schaumkronen hüpft, ist gut zu erkennen.
„In dem Sturm ist er unsere einzige Hoffnung", schreibt Heide. „An ihm hängt die schwere Ankerkette, die Sicherheit für das Schiff und auch für uns verspricht. Aber wie sollen wir ihn bloß zu fassen kriegen? Die FREYDIS hackt wild durch die Seen, und es scheint fast unmöglich, den Fender zu erwischen. Aber wir müssen es versuchen und nehmen Anlauf."
Und dies ist nun die Situation in einem Manöver und mit einer Deckslast als Windfang, die der vorsorgliche Skipper Erich so nicht geplant und bedacht hat: „Als wir den Fender dicht an der FREYDIS haben, drehen wir sie in den Wind", beschreibt Heide die kritischen Minuten, „aber sie wird immer wieder von den Böen abgetrieben. Erich angelt am Bug verzweifelt mit dem Pickhaken nach der Fenderleine. Beim dritten Anlauf bekommt er sie endlich zu fassen. Ich will schon aufatmen, da bäumt sich die FREYDIS auf und reißt sie ihm wieder vom Haken. Damit beginnt das Unheil erst richtig."
Der Fender rutscht an der Bordwand nach achtern, und ehe die FREYDIS aufstoppen kann, wird er schon vom Schraubenstrom unter das Heck gezogen. Wenig später treibt er ab. Der Propeller hat die Muringleine durchtrennt und das Ankergeschirr auf den Grund geschickt – nur auf fünf Meter Tiefe entfernt, aber unerreichbar auf dem schwarzen Grund.

Verzweifelt versucht Erich, die FREYDIS mit ihrem 62-PS-Mercedes-Diesel gegen den auflandigen Wind vor dem Strand zu halten. Aber gegen den übermächtigen Druck von Sturm und Wellen kann die beladene Yacht ihren Bug nicht zur freien See und in den Wind drehen. Immer weiter driftet der schwere Seekreuzer nach Lee und in die tosende Brandung hinein. Und dann die ersten Aufsetzer auf den felsigen Grund! Und die nächsten.

„Gib Gas!“ brüllt Erich zu Heide, die am Ruder steht. „Jetzt geht es um alles!“ Aber der Gashebel ist schon lange bis zum Anschlag vorgeschoben. Die Alarmsirene heult, weil der Motor heißgelaufen ist. Und schließlich wird die FREYDIS auf den Strand geknallt. „Alles ist vergebens“, sagt Heide in diesen wohl bittersten Minuten ihres gemeinsamen Seglerlebens. „Die FREYDIS wird durchgeschüttelt, über Steine geschoben, Brecher rollen über sie hinweg, überschwemmen das Cockpit. Eine solche Sintflut stürzt über uns herein, daß ich schon glaube, wir würden kentern und untergehen. Wir flüchten uns in die Messe und verrammeln den Niedergang. Ich zittere vor Kälte und Angst.“

„Es gibt Strandungen und Strandungen“, schrieb der befahrene Joseph Conrad, „aber ich kann ruhig sagen, daß ein Seemann in neunzig von hundert Fällen am liebsten auf der Stelle tot wäre.“

Heide und Erich Wilts sind noch am Leben, aber sie verbringen die nächsten Stunden in Ohnmacht und halber Totenstarre, eingemummelt in ihre Schlafsäcke und eingeklemmt in ihre Kojen. Derweil peitscht der anhaltende Orkan die Flut zur Sturmflut auf, und die FREYDIS wird höher und höher auf den Strand geschoben und geworfen. So vergeht die Zeit mit Hoffen und Harren.

Und dann, neun Stunden nach der Strandung und gegen Mitternacht, der erste Wassereinbruch: Überbrechende Seen dringen über die Zulüfter des Motorraumes in die Kajüte. Wo Luft zirkulieren sollte, strömt nun das Wasser ein. Die elektrische Bilgepumpe bewältigt diesen Wassereinbruch nicht mehr. Heide und Erich müssen sich zusätzlich an der Handlenzpumpe ablösen. Die Muskeln schmerzen bei der ununterbrochenen Tätigkeit in eisiger Kälte. Dennnoch ist es bewundernswert, wie der Stahlrumpf der FREYDIS dem Trommelfeuer der Brecher und Steine immer noch unversehrt standhält.

Aber dann reißen die Löcher auf, wo die in Kunststoff eingegossenen Geber von Log und Lot die Außenhaut durchbrechen, und eisiges Wasser sprudelt in die Kajüte. Heide und Erich versuchen, die tückischen kleinen Lecks mit Lappen und Tüchern zu stopfen, doch das Wasser gewinnt die Oberhand. Die Bodenbretter schwimmen auf, die unteren Schapps stehen schon unter Wasser. Es ist eine Frage der Zeit, wann beide die FREYDIS verlassen müssen. Aber wohin? Und wie? Bei tiefer Dunkelheit durch die aufgepeitschte Brandung? Und über Eis und Schnee an Land? Ein lebensgefährliches Unterfangen – aber die einzige Alternative zu einem nassen Kältetod an Bord.

Heide und Erich streifen ihre Naßtauchanzüge über die vor Kälte zitternden Körper, ziehen Pullover, Jacken, Ölzeug und Schwimmwesten an und bereiten sich nach fünfzehn Stunden Aufenthalt in ihrem eisigen Gefängnis auf den Ausstieg vor. Durch einen Eispanzer im Deckshaus müssen sie sich ihren Weg nach außen bahnen, und dann stehen sie an Deck in einem grauenhaften Durcheinander aus Eis, Gischt und Sturm. Mit einer zehn Meter langen Sorgleine haben sie ihre Körper verbunden, und als Erich als erster von der FREYDIS, die zum Wrack geworden ist, in das nasse weiße Chaos hineinspringt, um sich zum festen Ufer durchzukämpfen, ist es wohl der bitterste Augenblick seines Lebens.

Aber er schafft es, überwindet die Brandung, findet festen Boden unter den Füßen und zerrt an der Leine: Auch Heide springt: „Startbereit wie ich bin, lasse ich mich einfach hinunterfallen", beschreibt sie diese schlimmen Augenblicke. „Die eiskalten Brecher schlagen über mir zusammen. Während ich nach Luft ringe, spüre ich einen Ruck am Tau, das mich mit Erich verbindet. Ich strample um mein Leben durch die brodelnden Seen, bis ich Grund unter den Füßen finde. Dann ist Erich schon da. Er zieht mich an Land."

„Der Verlust eines Schiffes ist so, als wenn einem eine Person weggerissen wird", sagt Erich später, als beide sich wie Hunde in die eingeschneite verlassene Forschungsstation hineingewühlt haben, die ihnen für die nächsten Monate als Notunterkunft dienen wird. Und während die FREYDIS immer mehr von einem Eispanzer umschlossen und von Schneewehen zugedeckt wird, ist die geplante Überwinterung in der Antarktis für das schiffbrüchige Seglerpaar ein Kampf ums Überleben geworden.

Wie sie ihn gewannen, hat Heide Wilts in ihrem großartigen Segler-Epos „Gestrandet in der weißen Hölle" mit einer wirklich packenden Unmittelbarkeit beschrieben. Uns soll hier nur beschäftigen, wie es der FREYDIS nach der Strandung erging:

„Am 24. November ist es genau sechs Monate her, seit wir hier gestrandet sind", berichtet Heide. „Wie immer in den letzten Wochen sind wir um neun Uhr früh am Schiff, um zu arbeiten. Aber heute erwartet uns dort eine große Überraschung. In dem Eis, das die FREYDIS vorn, achtern und an Steuerbord noch umschließt, hat sich ein gut handbreiter Spalt gebildet, in dem Wasser steht, und das sogar recht hoch. Und das Schönste: In diesem Minifreiraum schwimmt unsere FREYDIS – sie schwimmt! Unsere fast totgesagte Wikingerin, die ein halbes Jahr regungslos in eisigem Schlaf lag, ist auferstanden! Schon gestern fiel uns auf, daß die Flut ungewöhnlich hoch stieg – aber gleich so hoch?"

Wie sieht es an ihrem Unterwasserschiff aus, an dem monatelang die kleinen Steine schrubbten? Mühsam werden Ruderblatt, Schwanzwelle und Propeller aus dem Eise befreit: Am Ruder ist äußerlich kein Schaden erkennbar; es ist nur schwergängig zur Steuerbordseite. Die Welle scheint in Ordnung zu sein. Nur die Propellerflügel sind am Rande etwas verbogen, aber das ist nicht schlimm. Der Rumpf sieht wie gesandstrahlt aus. Der harte Vulkansand hat alle Farbe abgeschmirgelt. Aber ein Antifouling-Anstrich ist bei diesen geringen Wassertemperaturen ohnehin nicht erforderlich.

„Nur dem aufholbaren Kiel, der 20 mm starken Bodenplatte aus Stahl und der Ruderhacke verdanken wir es, daß weder der Stahlrumpf noch Kiel, Ruder, Welle und Schraube größere Schäden aus der Strandung davontrugen", stellt Erich fest. „Wegen der waagerechten Bodenplatte betrug die Schlagseite nach der Strandung auch nur 15–20 Grad, so daß wir während des Winters Instandsetzungsarbeiten an Bord ausführen konnten." Das Rigg hatte glücklicherweise kaum Schaden genommen, und die Vereisung des Decks hatte die FREYDIS davor bewahrt, daß wichtige Teile ihrer Decksaurüstung zerschlagen und zerstört wurden.
Heide und Erich ebnen die breite Aschenwanne, die sich die Yacht in ihrer Strandungsnacht gegraben hat, so gut es geht ein. Dann bringen sie den zweiten Anker bis zur etwa hundert Meter entfernten Eiskante aus, verlängern die verbliebene Kette mit der Schlepptrosse und beginnen, den Seekreuzer langsam wieder in sein Element hineinzuwinden. Was ich hier mit wenigen Worten erzähle, ist natürlich ein tagelanger schwerer Arbeitsprozeß, bei dem später auch noch ein chilenischer Hochseeschlepper hilft.
Aber die FREYDIS wird hier, tief in antarktischen Gewässern, nicht nur wieder mit Bordmitteln so gut repariert und segelklar gemacht, daß sie mit Nordkurs nach Kap Hoorn segeln und dort die Gewässer von Feuerland erreichen kann. Sie nimmt schon wenige Wochen später ihre unterbrochene Abenteuerreise rund um den sechsten Kontinent wieder auf, besucht Südafrika, Australien, Neuseeland und die antarktischen Inselgruppen in den dortigen hohen Breiten und segelt unverdrossen und unentwegt bis zum heutigen Tag.
Was die Großen unter uns Seglern in Notsituationen seemännisch wie menschlich leisten oder geleistet haben, muß nicht unbedingt zum Maßstab für uns alle werden. Aber wer unvermutet in ähnliche Notlagen kommt, in denen er vielleicht vorzeitig aufgeben oder tatenlos verzagen möchte, tut gut deran, sich an solche Erlebnisse wie diese „Strandung in der weißen Hölle" zu erinnern.

Unerwartete Unfallursachen

Wenn ein Ankerplatz seemännisch richtig ausgewählt ist, sollte sich eine Crew an Bord gegen alle Einflüsse von Wind und Seegang immer sicher und geschützt fühlen dürfen. Einem noch so sorgsam verankerten Boot können jedoch ganz andere Gefahren drohen, die nicht von den Elementen, sondern von leichtsinnigen oder gar kriminellen Dritten erzeugt werden. Aber auch durch Ursachen, die man eigentlich nicht erwarten kann, entstehen tragische Ereignisse mit bösen Folgen.

Anker auf dem Grund gestohlen – Yacht zerschellt

Der große Trimaran WHITHER, mit dem Jim Staggs von 1973 bis 1983 mit seiner Crew durch den Pazifik kreuzte, wurde am 29.12.1990 am Ankerplatz in seinem Heimathafen Seattle zum Opfer eines schweren Sturmes: Sporttaucher hatten einen seiner beiden Anker, mit denen die Yacht sorgfältig und schon lange vermurt war, wenige Tage vor den einsetzenden Winterstürmen auf 15 m Wassertiefe abgehakt und entwendet. Mit einem Anker allein konnte sich der Trimaran zwar einige Zeit von der hinter ihm liegenden Felsenküste freihalten. Dann schamfilte jedoch die Ankertrosse auf dem unreinen Grund und brach. Der Trimaran zerschellte, und mit der Zerstörung seiner Yacht verlor Jim nicht nur seine Habe, sondern alle Erinnerungsstücke seiner bemerkenswerten Langfahrten.

Yacht durch eigenen Anker am Ankerplatz versenkt

Man könnte ihn als einen kuriosen Unfall bezeichnen, wenn er nicht durch fremde Leichtfertigkeit entstanden wäre und so tragisch geendet hätte – der Verlust des Seekreuzers OUR DREAM:
„Es war gegen 1830 Uhr am 6. August 1988“, berichten Warren und Nira Brown, die Eigner der Zwölf-Meter-Yacht, „und es war ein ruhiger Abend mit wenig Wind und klarer Sicht. Mit unserem Tiefgang von 1,80 m hatten wir am Rande einer Bucht in Florida geankert, wo die Wassertiefe 2,50 m betrug, und hatten gerade das Schiebeluk der Kajüte geschlossen, um ins Beiboot zu steigen und Freunde auf einem Nachbarboot zu besuchen. In diesem Augenblick näherte sich ein großes Sportfischerboot mit zwei hohen Angelsitzen in voller Fahrt und brauste mit mächtiger Bug- und Hecksee dicht an unserem Boot vorbei.
In der tiefen Wellenhöhlung verlor das Boot seinen seitlichen Halt und legte sich hart über, und gleichzeitig hob sich unser Heck, während der Bugspriet tief in das Wasser tauchte. Krängung und Tauchschwingung kombinierten sich dabei so unglücklich, daß der Rumpf seitlich bis auf den Grund stieß – und dabei traf er auf eine Flunke unseres eigenen Ankers, die sich tief in die Außenhaut eingrub. Als ich das Schiebeluk wieder zurückschob, sah ich schon Wasser in breitem Strahl in die Kajüte strömen, und wir setzten unverzüglich unsere Lenzpumpe in Betrieb, um das Sinken unseres schwimmenden Heims zu verhindern.“
Aber die Browns können nicht über das Leck gewinnen, der Wassereinbruch ist zu groß. So rufen sie über Funk die Coast Guard und bitten um Lenzhilfe. Ein Seenotkreuzer trifft jedoch erst 90 Minuten später am Unfallort ein, und die Küstenwächter zögern lange, ob sie die kleine Pumpe, die sie mitgebracht haben, überhaupt noch einsetzen sollen. Zu tief ist OUR DREAM bereits gesunken, zu gefährlich ist die erreichte Schlagseite. So lassen sie die Crew in ihrem Dingi neben der sinkenden Yacht allein und fahren („wegen eines anderen dringenden Unfalls“)

ohne Rettungseinsatz davon. Wenig später sinkt der Seekreuzer auf den Grund – doch das herausragende Kajütdach und natürlich das Rigg zeigen die Stelle, an der er auf die (flache) Tiefe gegangen ist. Warren hängt die Petroleumlampe eines Nachbarbootes an den Mast und bezeichnet die Unfallstelle – am Ankerplatz.
Als er am anderen Morgen – es ist ein Sonntag – zu seiner gesunkenen Yacht hinüberrudert und in die Kajüte taucht, um wenigstens erst einmal Geschirr, Kleidung und Decken zu bergen – der Verlust von Karten, Fotos und Büchern, die dabei im Boot schwimmen, kommt ihm schmerzlich zum Bewußtsein –, bleibt er nicht lange allein: Wrackplünderer gesellen sich zu ihm, tauchen ebenfalls und machen ihm ganz ungeniert das Eigentum streitig, das er retten will.
„Es ist unglaublich“, berichtet er. „Ich versuche mich handgreiflich gegen die Aasgeier und Plünderer zu wehren, aber ich kann so vielen Leuten nicht an allen Stellen Paroli bieten. Es kamen immer mehr, machten sich mit ihren Booten am Mast von Our Dream fest und montierten tauchend alles ab, was sie erreichen konnten: Wantenspanner und Wanten, Schoten und Blöcke, Segel und Winschen – und anderntags kamen sogar zehn Taucher im 15-Meter-Boot einer Tauchschule, um das ‚Bergen‘ zu lernen. In wenigen Tagen waren wir ruiniert, weil niemand dem ungesetzlichen Treiben ein Ende machte. Die Plünderer behaupteten, das Boot sei aufgegeben, abandonniert, und deshalb hätten sie ein Recht, es auszuschlachten. Ich teile ihre Meinung nicht. Für mich lag es immer noch ‚vor Anker‘, wenn auch auf Grund, und so war jegliche Fremdhandlung ungesetzlich und als Diebstahl zu betrachten.“
Auch ich glaube, daß schiffahrtsrechtlich „gesunken vor Anker“ nicht „aufgegeben“ ist; denn neben den Eigentumsrechten, die die Browns behielten, mußten sie ja auch die Verpflichtung der „Wrackbeseitigung“ erfüllen.
Hierzu trifft endlich ein kleines Taucherunternehmen ein, das die Browns herbeordert haben. Die Taucher setzen einen Flicken auf das große Leck, pumpen den Rumpf aus und schleppen die ausgeraubte Hulk, zu der die Our Dream inzwischen geworden ist, an die Küste einer kleinen Mangroven-Insel, wo sie festgemacht wird. Sie wieder in den ursprünglichen Zustand zu versetzen, würde ein kostspieliges und zeitraubendes Unternehmen werden.
„Wir haben nie den Namen des Mannes erfahren, der unser Sinken am Ankerplatz verursachte“, sagt Warren Brown resigniert, „und wir konnten auch den Namen seines Bootes nicht feststellen. So bleibt alles ein traumatisches Erlebnis, nach dem wir uns wie Schiffbrüchige fühlen. Ein so schmähliches Ende hatte unsere Our Dream nicht verdient.“

Ein Millimeter Kettendicke entscheidet die Schuldfrage

Die Ganto, einen seetüchtigen Seekreuzer mit starker Motorisierung, läßt sich Werner Brandenburg, Garantie-Ingenieur einer großen deutschen Maschinenfabrik in Hessen, im Jahre 1982 auf einer Werft am Oberrhein bauen. Die Bauweise des Rumpfes ist ungewöhnlich: Über Holzspanten sind hölzerne Leisten geplankt, die einen zehnlagigen GFK-Überzug erhalten haben, ehe die Gelcoat-Beschichtung erfolgte, auf die wiederum ein mehrlagiger Farbüberzug aufgebracht wurde. Ein Kompositbau also für die GANTO, die 15,70 m lang und 4,60 m breit ist und einen Tiefgang von 2,20 m hat. Mit ihren zwei Rollvorsegeln, Rollreffs an Großsegel und Besan sowie einem 120-PS-Motor soll die komfortabel ausgestattete 20-t-Yacht später einmal, nach Ende des Arbeitslebens, auch längere Transozeanreisen möglich machen. Doch erst einmal segelt Brandenburg die GANTO ins Mittelmeer, wo sie einige Jahre lang von Port Grimaud aus genutzt wird.

Im Herbst 1989 geht sie, wie für Brandenburgs Ende des Berufslebens geplant, über den Atlantik und in die Karibik. Ein Jahr später passiert sie den Panamakanal und steuert von hier aus die chilenische Küste an, wo die GANTO mit Heimathafen Mannheim am Heck im Marine-Yachthafen von Talcahuano einen neuen ständigen Liegeplatz an einem eigenen Bojengeschirr findet. Unweit davon leben Angehörige von Brandenburg, so daß der Eigner ab 1991 an dieser von Yachten noch kaum entdeckten unendlich langen chilenischen Küste an Land wie auf See gleichermaßen zu Hause ist.

Die GANTO liegt in dem durch Molen allseitig gut geschützten Hafen an einer ständigen Muring, die aus einem massigen Grundgewicht und einer Eisenkette besteht. Die Kettenglieder haben unterschiedliche Abmessungen zwischen 9 mm und 16 mm Dicke, bedingt durch die chilenische Fertigung und bereichweise unterschiedliche Abnutzung. Brandenburg nimmt die Kettenverbindung jedoch jährlich hoch, um sie zu konservieren. Letztmalig hat er das gesamte Grundgeschirr Anfang Mai 1995 mit Hilfe eines Krans aus dem Wasser gehievt, kontrolliert, für gut befunden und wieder zu Wasser gelassen. Sowohl bei dem örtlichen Tidenhub von etwa drei Metern als auch bei den üblichen höchsten Windstärken hat die GANTO bei etwa fünf Meter Niedrigwassertiefe auf ihrem Platz vor den angrenzenden Werftanlagen und neben den an ähnlichen Murings aufgelegten veralteten chilenischen Kriegsschiffen niemals Schwierigkeiten erlebt.

Als Brandenburg am Abend des 8. Juni 1995 von Bord gehen will, herrschen ruhige Wetterverhältnisse, und auch der Wetterbericht der chilenischen Marine von 1900 Uhr läßt keine Wetteränderung erkennen. Er kann also, wie an den Tagen vorher, ganz unbesorgt mit dem Beiboot an Land fahren. Das Unwetter naht dann auch unerwartet und sehr plötzlich: Zwischen 0400 und 0500 Uhr morgens zieht es mit Winden in Orkanstärke über das Küstengebiet, an dem der Hafen liegt, und baut eine schwere zerstörerische See auf, die die nördliche Schutzmole überspült und die Schiffe im Hafen von ihren Murings reißt.

Auch an der GANTO bricht die Ankerkette auf etwa halber Kettenlänge. Die Yacht driftet einige hundert Meter mit einem Kettenteil am Bug und strandet dann in der Brandung an dem steinigen Strand vor der Werft, wo sie bei abnehmendem See-

gang und Niedrigwasser hoch und trocken liegt. Ein Minensucher und eine Korvette werden unweit entfernt von ihr auf die Felsen geworfen. Erst bei Hellwerden am 9. Juni morgens melden die Werftleute das Geschehen an Werner Brandenburg. Der schwere Sturm mit Windgeschwindigkeiten über 50 Knoten (Bft 10) traf den Schadenort unvorbereitet, aber als der Eigner seine GANTO erreicht, liegt sie wie ein todwundes Schiff mit 60° Krängung zur Landseite, die Steuerbordseite über fast die gesamte Schiffslänge weit aufgerissen: Das größte Leck hat eine 6,50 x 3,00 m große Fläche, die teils durchbrochen, teils eingedrückt ist, während sich auf zwei weiteren, je 4 m^2 großen Flächen das beschädigte Laminat von der Bordwand gelöst hat. Ein Totalverlust?
Tatenlos muß Brandenburg mitansehen, wie die Flut das fast drei Meter ansteigende Wasser in das Innere der Yacht einlaufen und das landseitig geneigte Deck überspülen läßt – und wie das ablaufende Wasser wieder aus der Kajüte hinausströmt und dabei Polster, Holz und andere losgebrochene Teile des Innenausbaus mit hinaus in den Pazifik nimmt. Der Eigner hat seine GANTO gut versichert. Aber lohnt sich da noch eine Bergung und Instandsetzung?
Brandenburg will seine GANTO behalten. Schließlich ist sie vor den Toren einer Werft gestrandet, und die dortigen Holzbootsbauer müßten auch die Reparatur seines Kompositrumpfes schaffen. Schließlich muß sie „nur" eine neue Steuerbordseite erhalten. Was innen und an der Ausrüstung zerstört ist, läßt sich – wenn auch mit hohen Kosten – ersetzen. Aber das Rigg mit seinen teuren Rollreffanlagen, das gesamte Deck und die Backbordseite des Rumpfes sind nahezu unversehrt. Auch die Einrichtung, die bei Flut hoch über dem Wasser bleibt, ist noch

Die in einem Tidenhafen gestrandete G*ANTO*. *Sie wurde nicht nur mit jedem Hochwasser (links) im Innenraum neu geflutet, der Ebbstrom schwemmte das zerstörte Inventar auch in die See hinaus und vergrößerte die Lecks auf der Steuerbordseite.*

intakt – und auch der Motor scheint kaum Schaden genommen zu haben. Aber entscheiden muß die Versicherung.

Sie schickt auch prompt einen Sachverständigen, der jedoch erst einmal die Ursache der Strandung und dabei prüfen muß, ob die Versicherung den Schaden überhaupt zu regulieren hat. Und diese Entscheidung hängt dann tatsächlich von einem Millimeter ab – von einem Millimeter Kettendicke am Muringgeschirr: Denn auch wenn Brandenburg seine Muringkette noch wenige Tage vor der Strandung wie in jedem Jahr prüfte und konservierte, war die Kette an der Bruchstelle nur neun Millimeter dick. Reichte ihre Bruchfestigkeit für die sichere Verankerung einer 20-t-Yacht überhaupt aus?

„Gemäß Spezifikation des Germanischen Lloyd genügte die Ankerkette den Gewichtsanforderungen der Yacht", stellt der Sachverständige zum Glück für ihn fest. Eine sehr interessante Feststellung auch für mögliche ähnliche Strandungsfälle; denn der GL schreibt für Yachten von 17 t Verdrängung Ketten von 9 mm Durchmesser, von 23 t Verdrängung von 10 mm Durchmesser vor (wobei er offenläßt, ob es sich um „segelklare" oder „Konstruktions"-Verdrängung handelt). Weiter gibt der Sachverständige zu Protokoll: „Gegen die Auswahl des Liegeplatzes sowie die Art der Befestigung der Yacht ergaben sich aus seemannschaftlicher Sicht keine Beanstandungen."

So unterstützt er auch Brandenburgs Vorschlag einer Reparatur. Denn wenn man das Wrack hier in einem abgelegenen Hafen an der chilenischen Küste veräußern würde, ließen sich kaum mehr als 10 % der Versicherungssumme als „Restwert" erlösen – und die Versicherung müßte dann 90 % zahlen. Eine Reparatur würde zwar 50 % der Versicherungssumme kosten – aber dann hätte die Versicherung immerhin noch 40 % gespart. Bei einer versicherten „festen Taxe" in der Nähe einer halben Million D-Mark sind dies schon Differenzbeträge, die sorgfältig zu bedenken sind. Also soll die gestrandete GANTO abgeborgen werden – aber wie? Da für den Einsatz eines Mobilkrans die Entfernung zwischen einem sicheren Standplatz am Ufer und der havarierten Yacht auf den vorgelagerten Felsen zu groß ist, kommt nur eine Bergung von See aus in Frage. Aber dafür besteht die Schwierigkeit, daß selbst bei Hochwasser die Wassertiefe unmittelbar neben der GANTO nur etwa einen Meter beträgt.

Glücklicherweise besitzt jedoch die nahebei gelegene Marinewerft einen 1918 gebauten Schwimmkran, der noch von einer Dampfmaschine betrieben wird, aber nur einen guten halben Meter Tiefgang hat. Er wird am 13. Juni eingesetzt und mit Hilfe von Schleppern und Landleinen vorsichtig ganz dicht an die Yacht herangeholt. Mit Gurten umfaßt, läßt sich die um 60° gekrängte GANTO auch langsam anheben, und während noch mehrere tausend Liter Wasser aus dem überfluteten Innenraum strömen, kann sie der Kran langsam in Richtung Werft tragen. Nachdem die Bergung bis dahin sorgfältig und gut verlaufen ist, treffen die Werftleute jedoch eine unglückliche Fehlentscheidung: Um die GANTO nicht mit ihrer großen Schräglage an Land ablegen zu müssen und dabei vor allem nicht das Rigg zu gefährden, lassen sie den havarierten Rumpf trotz des deutlich sichtbaren Lecks von über 6 m^2 Fläche noch einmal zu Wasser, damit sich die Yacht in den Gurten drehen und von alleine aufrichten könne. Bei diesem Eintauchen bis nahezu in Deckshöhe für etwa eine Minute vermindert sich zwar die Krängung auf gefahrlose 15–20°, aber da das Tauchen der Yacht ohne ein vorher aufgebrachtes Lecksegel erfolgt, werden dabei auch die anderen, bisher unbeschädigten Innenräume überflutet. Eine Fehlentscheidung vergrößert den Schaden. Glücklicherweise dringt dabei Seewasser zwar in das Schwungradgehäuse des Motors, nicht aber in den Motorblock selbst ein.

Der Abschluß des Strandungsfalles ist versöhnlich: Die GANTO konnte in vier Monaten auf der chilenischen Werft wieder in ihren alten Zustand versetzt werden. Und Werner Brandenburg ist mit ihr weiterhin an der langen chilenischen Inselküste unterwegs.

Jedes Geschirr ist nur so stark wie sein schwächstes Teil

Wie in jedem Frühjahr, so waren Kay und Angelika Lührs auch 1993 Mitte April von Würzburg zu ihrem Seekreuzer AMICITIA in die Marina von Cogolin gereist, um die nach ihrer Meinung schönsten Tage des Jahres an der französischen Mittelmeerküste zum erholsamen Segeln auszunutzen. Bei gutem Wetter hatten sie mit nur einem Zwischenstopp in Le Lavandou die Insel Porquerolles erreicht und sich auf den verschiedenen Ankerplätzen, die sie je nach Windrichtung auswählen konnten, an den umliegenden Pinienwäldern und der erwachenden üppigen mediterranen Vegetation erfreut. Auf ihrer AMICITIA, einem Seekreuzer vom Typ Vindö 40, 9,40 m lang, 2,95 m breit, mit 1,40 m Tiefgang, 40 m^2 Segelfläche und 4,8 t Verdrängung, mit dem sie schon ein Jahrzehnt unterwegs waren, fühlten sie sich auf See wie am Ankerplatz zu Hause. Schließlich hatte sich seine Ausrüstung schon in vielen Situationen bewährt, und es beruhigte, wenn man sich auf alle Teile verlassen konnte.

Am 25. April aber hieß es heimwärts segeln. Zwar hatte der tagelang anhaltende Ostwind seine Richtung immer noch nicht geändert. Aber der Heimatkurs Ost ließ sich nicht mehr aufschieben. So ging Kay Lührs gegen 1000 Uhr in der Baie du Langoustier ankerauf und machte sich bei Ostwind Bft 4 unter Motor und Stützbesegelung auf den unerwartet rauhen Rückweg.

Gegen Mittag gab der Motor Kühlwasseralarm, und da Skipper Lührs im Seegang und bei inzwischen auf Bft 6 aufgefrischtem Wind nicht auf Fehlersuche gehen wollte, setzte er mit seiner Frau auch die gereffte Genua, stellte den Motor ab und begann, in kurzen Schlägen in die Bucht von Cavalaire hineinzukreuzen, die gegen den Ostwind und besonders den von ihm verursachten Seegang etwas Schutz bot. Es wurde ein hartes Knüppeln gegen die grobe See über dem hier einhundert Meter tiefen Wasser, und um den Kreuzkurs nicht noch durch die Nacht fortzusetzen, steuerte die AMICITIA die Küste an der Ostseite der großflächigen, nach See offenen Bucht an und legte sich hier, etwa 100 m vom Ufer entfernt, auf 4 m Wassertiefe in sicherem Lee vor Anker: mit 5 m Kettenvorlauf und 25 m Ankerleine an einem 10-kg-Danforth-Anker.

Korrekt wie Skipper Lührs war, entnahm er die Position des Ankerplatzes seinem GPS-Navigator und trug sie in das Logbuch ein: 43° 10,6' N und 006° 36,2' E. Dann öffnete er den verdreckten Kühlwasserfilter, reinigte ihn, ließ den Motor zur Kontrolle kurzzeitig probelaufen und vermerkte nach Anbruch der Dunkelheit um 2030 Uhr noch die Wetterlage, ehe er gegen 2100 Uhr zum Ausruhen in die Koje ging: „Ostnordost ablandig 4–5.“ In dieser Zeit ging Ehefrau Angelika Ankerwache.

Gegen 0000 Uhr übergab die Bordfrau die Wache an den Skipper, der die unveränderte Landwindrichtung feststellte und sich daher – für alle Fälle angezogen – wieder in die Koje legte. Trotz der meilenweit offenen See hinter dem Heck der AMICITIA sah er seinen bei Ost- und Landwind sicheren Ankerplatz nicht gefährdet. So machte auch er ein Nickerchen – aus dem er jedoch schon eine halbe Stunde später brutal geweckt wurde: Denn gegen 0030 Uhr war der Wind nicht nur auf West gedreht, er hatte auch auf Bft 6 zugenommen, und die AMICITIA lag jetzt auf Legerwall in einer hohen, brandenden See. Aus der sicheren Distanz von

100 m zwischen Bug und Ufer, die die AMICITIA vorher gehabt hatte, war eine Steinwurfweite von 40 m geworden.
Skipper Lührs startete natürlich sofort den Motor, dampfte mit noch ausgebrachtem Ankergeschirr gegen die See an und versuchte, das mit dem Heck zum Ufer gedrehte Boot von den nahen Felsen freizuhalten. Der Versuch scheiterte jedoch. Denn inzwischen hatte sich der im Steingrund verhakte Anker, dessen Schaft bei der 180°-Drehung verbogen worden war, aus seiner Umklammerung gelöst und zu schlieren begonnen, und da die AMICITIA schon vorher Grundberührung unter dem Heck gehabt hatte, war das endgültige Stranden bald unvermeidlich. Gegen 0230 Uhr verließen die Lührs ihre Yacht und retteten sich auf die nahen Felsen. Erst am 27. April konnte Kay Lührs mit einem Berger zu der gestrandeten Yacht zurückkehren. Aber die gut 30 Stunden seit der Aufgabe der AMICITIA hatten schon zum Ausschlachten durch Wrackräuber genügt: Vom GPS-Navigator über die Autohelm-Selbststeueranlage, das Seefunkgerät, den Mikrowellenherd und das Radio bis hin zum Schlauchboot mit Außenborder war alles abmontiert, was wertvoll, nützlich oder verkaufbar war – einschließlich der Schlechtwetter-Overalls. Nach Bewertung der verlorenen Ausrüstung und der notwendigen Reparaturkosten blieb der Versicherung, die den Totalschaden verbuchen mußte, nur ein bescheidener Restwert.
Der Gutachter stellte dabei zum Ankergeschirr fest: „Bei dem benutzten Anker handelte es sich um einen 10-kg-Danforth-Anker mit ca. 5 m Kettenvorlauf. Der

Die Schwachstelle des für die AMICITIA zu leicht bemessenen Ankergewichtes war der Ankerschaft, der sich bei hoher Belastung verbiegen konnte, so daß der Anker ausbrach.

Ankerschaft war um ca. 45° verbogen. Größe und Art von Anker und Kette waren für das Schiff nicht zu beanstanden." Mit dieser Feststellung kam Eigner Lührs gut weg; denn nach den Bestimmungen des Germanischen Lloyd (die zum Beispiel auch bei dem vorher geschilderten Strandungsfall der GANTO zur möglichen Verschuldensbewertung benutzt wurden) hätte die „4,8 t schwere Yacht" einen gleichen „Anker hoher Haltekraft", jedoch mit „15 kg Gewicht" haben müssen. Und neben dem um 50 % zu erhöhenden Ankergewicht hätte sie auch „mit 52 m Ankerkette (von 7 bzw. 8 mm Durchmesser)" ausgerüstet sein müssen – und nicht nur einem kurzen Kettenvorlauf.

- Fazit: Auch wenn das Nachdenken müßig ist, ob die AMICITIA mit dem „vorgeschriebenen" Ankergeschirr nicht ebenso gestrandet wäre, hätte der nachweislich benutzte zu leichte Anker und die zu kurze Kette Skipper Lührs den Versicherungsschutz kosten können. Die GL-Vorschriften sind in dieser Beziehung nicht nur wichtige seemännische Anhaltspunkte, sondern können im Streitfall auch als gewichtige juristische Aussagen bewertet werden.
- Weiteres Fazit: Die AMICITIA ist an einem „offenen Ankerplatz" gestrandet. Wer ihn wählt, muß ständige Ankerwache, nach Möglichkeit sogar in der windigen Plicht gehen, weil er nur dann eine veränderte und am Ankerplatz schlechtere Wetterlage so frühzeitig erkennen kann, daß ein notfalls schnelles Ankerlichten möglich ist.
- Und zum Schluß: Am Ankergeschirr sollte man nie sparen. Es kann immer nur so sicher sein wie das schwächste darin benutzte Teil. Hier war es offenbar der verbogene (zu) dünne Schaft eines (zu leichten) Plattenankers.

Vom Schleppzug am Ankerplatz überlaufen

Der kleine Seekreuzer hieß LE BON RISQUE, hatte eine Länge von 8,70 m, einen Tiefgang von 1,45 m und gehörte John W. Latimer, einem 59jährigen pensionierten Oberstleutnant der US Army, der mit ihm im Februar 1993 auf dem Intracoastal Waterway in Richtung Florida unterwegs war. Die kleine Yacht segelte bei Tage und suchte sich abends immer einen geschützten Ankerplatz in einer der zahlreichen Buchten, in die dieses idyllische Fahrtenrevier alle paar Meilen ausufert. Der Schiffsverkehr läuft weitgehend geradlinig durch dieses Gebiet und muß sich auf betonnte Fahrwasser beschränken.

Begleitet von seiner Ehefrau Cheri, ankerte die LE BON RISQUE, wie unzählige Tage vorher, auch am 10. Februar in einer der Buchten mit Namen Lower West Mobile Bay, und Latimer hatte, wie Freunde auf den benachbarten Ankerliegern bezeugten, wie jeden Abend sein Ankerlicht gesetzt – wie es sich gehörte. Daher ist die Tragödie, über die seine Tochter dem Seven Seas Cruising Club berichten mußte, besonders zu bedauern:

„Mein Vater und sein Erster Maat Cheri", schrieb Phyllis, „wurden am 10.2. in der Mobile Bay, Alabama, in ihrem Seekreuzer LE BON RISQUE von einem Schleppzug überlaufen und getötet. Nach Berichten der anderen Ankerlieger zog gegen 0600 Uhr morgens ein aus sechs Schuten und einem achteren Maschinenteil bestehender Schubverband über die vor Anker liegende Yacht und zertrümmerte sie bis in kleinste Teile. Ich kann nur hoffen, daß meine Eltern, die der Tod im Schlaf ereilte, nicht noch zuviel leiden mußten."

Auch wir ankerten mit unserem CORMORAN auf dem Wege von Florida in die Chesapeake Bay im Norden oft in solchen kleinen Buchten. Die Nähe zum Schiffsverkehr, den wir oft die ganze Nacht lang hören mußten, war uns auch gelegentlich nicht geheuer – aber wer rechnet mit einem solchen Unfall durch fahrlässiges und schuldhaftes Verhalten eines Schleppschiffers?

Natürlich niemand. Aber sogar in deutschen Gewässern besteht für einen Ankerlieger eine ähnliche Gefahr, wie ein Kollisionsfall zeigt, der sich im Frühjahr 1993 im Elbrevier ereignete – zwar nicht mit einer Yacht, aber einem ankernden Fischkutter: Weil der Kapitän des Frachters EINSTEIN kurz eingenickt war, scherte sein Schiff aus dem Fahrwasser aus und überlief den Fischkutter ERNA BECKER, der dort außerhalb des Fahrwassers geankert hatte und ordnungsgemäße Ankerlichter führte. Was half es dem Kutterschiffer Hans-Heinrich Becker, der mit seinem Fischkutter am Elbrand versank, daß der EINSTEIN-Kapitän für sein Verhalten vom Seeamt später schuldig gesprochen wurde? Wenn möglich, sollte man in Revieren mit Schiffsverkehr mit seiner Yacht wohl ausschließlich in Buchten und auf Wassertiefen ankern, auf denen Großschiffe vorher aufbrummen müssen, ehe sie auf dem Ankerplatz Schaden anrichten können.

Rettung aus Seenot

Schiffe und Rettungsdienste helfen

Vielerorts bleibt Rettung aus Seenot auch heutzutage noch Illusion, obwohl ein weltweites Seenot-Alarmsystem MAYDAY- und PAN-PAN-Meldungen von überall her empfangen kann und Seenotzentralen an allen Küsten Rettungseinsätze mit Flugzeugen, Rettungskreuzern oder Seeschiffen, die das Revier eines Havaristen durchfahren, einleiten können. Ich erwähne hier nur einige typische Beispiele für solche Rettungseinsätze: Einerseits, um den selbstlosen Einsatz dieser freiwilligen Helfer (der auch in vielen anderen Fällen dieses Buches dargestellt ist) noch einmal zu würdigen. Andererseits kann man aber auch nur mit Erinnerung an die Leistungen der Seenotdienste ermessen, welchen persönlichen Einsatz Segler in gleichartigen Fällen geleistet haben und wie wir ihnen dafür zu danken haben. Inwieweit es sich bei manchen Maßnahmen, die mit „Rettung“ bezeichnet werden, nur um „Hilfeleistung“ handelt, lasse ich bewußt offen. Denn für die Handlung der Helfer besteht dabei kein Unterschied.

Hamburger Schiff rettet verschollenen Weltumsegler

Dies ist eine der in abgewandelter Form häufig wiederkehrenden Meldungen, die von Presse und Rundfunk verbreitet werden und von Seglerunfällen auf See berichten. Wenig bekannt bleiben dabei die Hintergründe der Rettung selbst und die persönlichen Leistungen der Schiffsbesatzungen – aber auch die finanziellen Opfer, die dabei (von Schiffseignern, Reedern, Verfrachtern) durch Umwege, Verspätungen und Mehrverbrauch von Brennstoffen im Falle einer Seenotrettung erbracht werden.
Die nüchternen Fakten in diesem Falle: Die Besatzung des Hamburger Frachters HAGEN hatte den seit elf Tagen verschollenen amerikanischen Einhandsegler Robert Gainer etwa 550 Seemeilen östlich von Puerto Rico nach einer 27stündigen Suchaktion gerettet.
„Als wir den MAYDAY-Ruf des Amerikaners auffingen“, sagte der Kapitän in

einem Gespräch, „standen wir ungefähr 80 Seemeilen von ihm entfernt. Wir kamen von der Westküste Amerikas, hatten den Panamakanal passiert und steuerten mit Kaffee und Baumwolle als Ladung nach Europa. Nach Kursänderung brauchten wir allerdings 27 Stunden, bis wir 550 Seemeilen östlich von Puerto Rico die steuerlos treibende Yacht des Amerikaners sichten und den Einhandsegler mit seinem Boot an Bord nehmen konnten."

Robert Gainer war Anfang Oktober an der amerikanischen Ostküste zu einem Trip in die Karibik gestartet. In dem sogenannten Bermudadreieck hatte er schweres Wetter erwischt. Beim zweiten Sturm war der Mast gebrochen. Dann fiel der Motor aus, schließlich waren auch die Batterien leer, und ihre Kraft reichte gerade noch für einen schwachen Seenotruf, den der deutsche Frachter auffing. Gainer war nach seiner elftägigen Drift fast zu Tode erschöpft und sah es als ein Wunder an, als doch noch ein Schiff Kurs auf ihn nahm und ihn rettete.

Nach der Atlantiküberquerung setzte die HAGEN den amerikanischen Einhandsegler mit seinem Boot in Santa Cruz auf Teneriffa ab – auf einem nicht eingeplanten Zwischenstopp ihrer Reise von Amerika nach Hamburg. Summiert man die Zeit, die der Frachter für die Rettungsmaßnahmen aufwenden mußte, dann kostete der gesamte Einsatz gut eineinhalb Tagessätze eines Schiffsbetriebes – eine fünfstellige Summe.

*

Ähnlich müssen wir auch die vielen anderen Rettungseinsätze von Seeschiffen für Segler bewerten, von denen wir fast täglich hören, zum Beispiel diesem:

Als die auf einer Seenotfrequenz gesendeten Hilferufe einer südafrikanischen Segelyacht den deutschen Container-Frachter AMERICA im Südatlantik erreichten, nahm dieser sofort Kurs auf die Unfallstelle und versorgte die Segler-Besatzung, die bereits fünf Tage lang ohne Wasser und Lebensmitteln war, mit neuem Proviant und den notwendigen Ersatzteilen für die Beseitigung einer Havarie.

*

Als ein Segler auf der spanischen Yacht CAPELLA in Höhe der Kapverden schwer erkrankte, änderte ein Tanker seinen Kurs, übernahm den Erkrankten und sorgte an Bord für die notwendige schnelle ärztliche Hilfe.

*

Ein Fischer hat vor der kalifornischen Küste ein neunjähriges Mädchen aus dem Wasser gezogen, das nach dem Untergang einer Yacht zwölf Stunden lang neben der Leiche seiner Mutter im Wasser getrieben hatte. Es war leicht unterkühlt, aber sonst wohlauf.

*

Fünf Tage nach dem Untergang des amerikanischen Klippers PRIDE OF BALTIMORE hat ein amerikanischer Tanker auf der Höhe der Bahamas acht schiffbrüchige Segler aufgenommen. Die gleichzeitig alarmierte Küstenwache begann eine umfangreiche Suche nach den vier übrigen vermißten Besatzungsmitgliedern.

*

Ein Rettungsmann der Deutschen Gesellschaft zur Rettung Schiffbrüchiger wurde bei dem Versuch, die bereits 24 Stunden zwischen der Wesermündung und Helgoland treibende Segelyacht JOLA vor der Strandung zu bewahren und abzuschleppen, über Bord gespült. Bei Nordwestwind Bft 10 konnte der Skipper der Yacht den Rettungsmann zwar noch festhalten, aber nicht an Bord der Yacht zurückholen. Ein SAR-Hubschrauber rettete den abgetriebenen Rettungsmann aus dem Wasser. Der Yachtskipper wurde mit Rippenbrüchen ins Krankenhaus eingeliefert.

Segler verleihen Rettungsmedaille an Schiffskapitäne

Die internationale Slocum-Society, benannt nach dem Vater der Einhandsegler Joshua Slocum und für den Zusammenhalt der Einhandsegler aller Länder 1955 in den USA gegründet, stiftete 1987 einen Preis, der seither jährlich an einen derjenigen Handelsschiffskapitäne vergeben wird, die sich bei der Rettung von Yachtseglern aus Seenot besonders eingesetzt und ausgezeichnet haben. Der Preis mit dem Namen „Northern Light Award“ ist nach jenem Schiff benannt, das sich unter der Führung von Kapitän Joshua Slocum im Jahre 1870 bei der Hilfe für die Einwohner der Gilbertinseln besonders auszeichnete.
Erster Preisträger wurde der norwegische Tankerkapitän Arne Rostad: Er hatte mit der Besatzung seines 70 000-Tonnen-Tankers TORO HORTON am 19. Mai 1986 acht überlebende Segler des gesunkenen Schuners PRIDE OF BALTIMORE aus dem Atlantik gerettet. Ein Ausguck auf seiner Brücke hatte die schwachen Taschenlampensignale der schiffbrüchigen Segler entdeckt, die schon fünf Tag in ihrer Rettungsinsel trieben und die Hoffnung, gesichtet zu werden, bereits aufgegeben hatten.
Für die seemännische Leistung von Arne Rostad wertete die Jury insbesondere, daß der Kapitän trotz modernster Navigationstechnik in seinem Schiffsbetrieb dem sorgfältigen Ausguck auf seiner Brücke nach wie vor besondere Aufmerksamkeit schenkte.

*

Eine vergleichbare Ehrung wurde auch einem anderen Schiffsführer zuteil: Der Kapitän des südafrikanischen Fischdampfers AFRIKANER, Leonhard Geland, wurde mit einer internationalen Rettungsmedaille ausgezeichnet. Mit seiner Crew hatte er etwa 200 Seemeilen südöstlich des Kaps der Guten Hoffnung zwei kanadische Segler geborgen, die bereits neun Tage lang in ihrer manövrierunfähigen Yacht auf dem Ozean trieben.

Yachtsegler als Seenotretter

Wer Hilfeleistung auf See von anderen erwartet, muß natürlich auch selbst für die Seenotrettung mit seiner Yacht bereit sein. Die Verpflichtung hierzu kann sich im Segleralltag jederzeit ergeben, und die aus der Situation erforderlichen Maßnahmen müssen meistens spontan erfolgen. Dabei sind Umsicht und gute Seemannschaft gefordert, wenn Segler selbst ihre Yacht bei einem Rettungseinsatz auf See einsetzen müssen. Dies geschieht zwar nicht oft, aber doch häufiger, als man gemeinhin annimmt.

Die Bordfrau entdeckt mitten auf dem Atlantik eine Rettungsinsel

Für viele Segler, die jährlich auf der Passatroute über den Atlantik segeln, ist es ein eintöniger und ereignisloser Törn. Denn nach dem Erreichen der Passatzone schieben stetige raume Winde die Yacht über ein zwar zuerst ungewohnt rauhes, aber dann doch immer friedliches blaues Meer, und der stets gleiche Tageslauf wird eigentlich nur noch durch den regelmäßigen Wechsel von Tag und Nacht, vom Segeln in der Sonne zum Segeln im Mond- oder Sterndunkel und neuerlich zum Kurshalten von der aufgehenden Sonne im Kielwasser bis zum Sonnenuntergang vor dem Bug bestimmt.

Auch auf der TONGA, einem 10,64 m langen Seekreuzer von 3,20 m Breite und 1,65 m Tiefgang, war die Bordroutine nur wenig anders. Eigner Gerd Ludwig und seine Lebensgefährtin Marlies Seelos, begleitet von ihrem Landsmann Christian Leonhards und dem französischen Freund Gastal, hatten ihren Atlantiktrip jedoch nicht, wie sonst üblich, auf den Kanarischen Inseln begonnen, sondern waren am 11. Dezember 1987 von Fuerteventura aus erst einmal nach Dakar an der afrikanischen Senegalküste gesegelt. Ihre Atlantiküberquerung beginnt hier am 11. Januar 1988.

Aber das ferne Ziel im Westen ist nicht, wie sonst üblich, die Inselgruppe der Kleinen Antillen mit Barbados, St. Vincent oder Grenada an deren südlichstem Rand, sondern sie steuern die Insel Tobago vor der südamerikanischen Küste an. Navigatorisch ist es „Segeln auf dem Strich", dem 11. Breitengrad nämlich, und somit ist der Generalkurs eine Individualroute gegenüber den üblichen Globetrottern, die sich für ihre karibischen Ziele nie weiter als bis zur Breite von 13° Nord dem Äquator nähern müssen. Die TONGA segelt außerdem nur mit Sextant und Astronavigation, und sie verfügt nicht über eine Selbststeueranlage. So ist sowohl das Ruder wie der Ausguck ständig besetzt, tagsüber im Dreistunden-, nachts im Zweistundenrhythmus.
Der französische Segler Pierre Barberoux verdankt dem Törn der TONGA auf dieser persönlichen Atlantikroute und dieser heutzutage fast unüblichen Art der Ruderwache sein Leben. Aber ohne die Adleraugen von Marlies Seelos wäre er auch auf diesem abseitigen Kurs weiter in die Ewigkeit gedriftet. Aber lassen wir Skipper Gerd Ludwig selbst berichten:
„Am 27. Januar 1988 hatten wir auf meiner Yacht TONGA schon fast zwei Drittel unserer Atlantiküberquerung hinter uns gebracht. Unsere Position war 11° 15' Nord und 045° 38' West. Wir schätzten, bei den beständigen Passatwinden die Insel Tobago in acht bis zehn Tagen erreichen zu können. Marlies stand am Ruder und hielt Kurs. Schon öfter hatte sie auf diesem Törn bewiesen, daß sie Augen wie ein Seeadler hat. So auch an diesem Vormittag gegen 1100 Uhr. Am Horizont entdeckt sie einen winzigen roten Punkt, der ab und zu aus den Wellentälern steigt und wieder verschwindet. Sie alarmiert mich sofort und beharrt darauf, diesen winzigen roten Punkt in der unendlichen Weite klar erkannt zu haben."
Nicht umsonst sind Rettungsinseln aus rotem Stoff gefertigt. Denn Rot ist eine Signalfarbe, die in der blaugrauen Eintönigkeit von Meer und Himmel besonders auffällt. Und wenn sich ein farblich so auffälliger Punkt noch dazu im Seegang bewegt und an der Kimm mal untertaucht, mal deutlich gegen den Himmel absticht, wird niemand achtlos daran vorbeisegeln. Auch auf der TONGA werden die Segel geborgen, damit man unter Motor schneller gegen Wind und See zu dem gesichteten Punkt gelangen kann. Und je näher der Seekreuzer kommt, desto deutlicher wird daraus die Spitze einer treibenden Rettungsinsel. Erschreckt sehen sich die Bordfrau und der Skipper an: Was werden sie jetzt erleben müssen? Äußerlich scheint das Gummifloß mit seinem aufgerichteten Dach in Ordnung zu sein – aber was birgt es in seinem Inneren? Ist die Rettungsinsel verlassen? Sind noch Schiffbrüchige an Bord? Oder wird man nur noch Leichen entdecken?
Vorsichtig nähert sich die TONGA von Luv, doch auch als sie auf Rufweite an das winzige Schwimmzelt herangekommen ist, regt sich noch nichts in seinem Inneren. Mit gemischten Gefühlen tutet Ludwig in sein Nebelhorn – einmal, noch einmal. Und da erscheint ein bärtiger Mann im Einstieg, bedeckt die Augen vor der

grellen Sonne, winkt mit einem Topf in der Hand – und sinkt auf der Gummiwulst auf die Knie, um zu beten.
„Wir werfen ihm eine Rettungsleine zu“, berichtet Gerd Ludwig weiter. „Er klammert sich daran fest, umschlingt sie mit Händen und Armgelenken, läßt sie nicht mehr los. Ich spreche ein paar beruhigende Worte. Der Mann weint. Er kniet weiter in der Insel und betet mit gefalteten Händen. Mit vereinten Kräften ziehen wir ihn ins Cockpit, verstauen seine Rettungsinsel auf Deck, nehmen dann den alten Kurs wieder auf und setzen wenig später die Passatsegel.“
Im Logbuch erhält dieses bewegende Ereignis nur wenige, aber wichtige Zeilen. „Am Horizont wird Rettungsinsel gesichtet“, heißt es hier kurz und knapp. „Segel runter. Wir halten darauf zu. Wir bergen einen Mann. Nehmen dann den alten Kurs wieder auf.“ (Angaben der Position und der Uhrzeit.)
Der „Mann“ ist der französische Segler Pierre Barberoux, der bis auf 32 Kilogramm Körpergewicht ausgezehrt und abgemagert ist. Schon 57 Tage lang treibt er unentdeckt auf dem Atlantik, und er muß daher von der TONGA-Crew sowohl sehr einfühlsam menschlich betreut als auch äußerst vorsichtig medizinisch versorgt werden. Derweil segelt die TONGA mit dem geretteten Segler weiter westwärts, und erst nach Tagen erfahren Gerd und Marlies die fast unglaubliche Geschichte, die auf einer Yacht beginnt, die von den Kanarischen Inseln zu den Kapverden segeln wollte und deren Skipper nach Mastbruch zwischen den beiden Inselgruppen den tragischen nautischen Entschluß faßte, sich zur Rettung über den ganzen Atlantik und bis nach Amerika treiben zu lassen.
„Im Herbst 1987 flog ich auf die Kanaren“, erzählt Pierre Barberoux nach den Aufzeichnungen, die wir Gerd Ludwig verdanken, „um dort eine Gelegenheit zu finden, mit „Hand gegen Koje“ in den Senegal zu kommen, wo ich arbeiten wollte. Erfahrungen im Seesegeln hatte ich nicht, aber ich hatte auf Jollen gesegelt und sah in beiden Segelarten keinen großen Unterschied.“
In Las Palmas trifft Pierre seinen Landsmann Robert Scaint, 62 Jahre alt, der schon eine geraume Zeit einen Mitsegler zu den Kapverdischen Inseln sucht. Er kommt aus Marseille, ist Eigner der 13 Meter langen Amel-Ketsch LA GOULETTE und freut sich, für den höchstens zehntägigen Trip nach Süden einen Mitsegler zu erhalten. Der Seekreuzer ist seemännisch gut ausgerüstet, besitzt einen Satellitennavigator und wird vor dem Auslaufen noch mit Lebensmitteln für zwei Personen und zwölf Tage ausgestattet. Offenbar bunkerte die LA GOULETTE jedoch mehr Rotwein als Wasser; denn nur 50 Liter Trinkwasser in einem einzigen Plastiktank mit auf einen Seetörn von etwa 800 Seemeilen zu nehmen ist mehr als leichtfertig, es ist lebensgefährlich – wie die Ereignisse beweisen werden:
„Wie es um die Technik des Schiffes stand, wußte ich nicht“, sagt Pierre, „da vertraute ich dem Skipper. Trotz einer Wettervorhersage, die für die Kanaren den Durchzug eines dort seltenen Sturmtiefs ankündigte, liefen wir am Abend des 1. Dezember, wie vorgesehen, aus Las Palmas aus. Doch schon vor Erreichen der

äußeren Hafenmole setzte der Motor aus, scheinbar überhitzt. Skipper Robert befahl, die Segel zu setzen. Meinen Vorschlag, erst einmal zu ankern oder einen anderen Hafen anzulaufen, um den Motor zu reparieren, lehnte der Skipper ab. Ich mußte mich fügen."

Und so nimmt die LA GOULETTE ihren Kurs entlang der afrikanischen Küste auf. Pierre geht seine Wachen – mitgefangen, mitgehangen – bei viel Wind und Seegang, Windstärken bis Bft 8 und einer sechs Meter hohen Atlantikdünung zuerst ohne Angst, bis er im Radio hört, daß der Flughafen Las Palmas wegen schweren Wetters geschlossen werden muß. Um den stehengebliebenen Motor hat sich keiner der beiden Männer mehr gekümmert.

Am vierten Tag der Reise (5.12.), auf Parallelkurs zur weniger als 150 Seemeilen entfernten Küste Mauretaniens und schon halbwegs zwischen den beiden Inselgruppen, zerreißt die Genua. Die beiden Männer bergen auch die anderen Segel und lassen die LA GOULETTE vor Topp und Takel treiben. In den weicheren Bewegungen des Bootes im Seegang und auf einem Meer, das sich weiter beruhigt, verbringt die Crew die erste erholsame Nacht seit dem Auslaufen. Sie tut ihnen gut!

Denn am Morgen des 7. Dezember – nach einer Woche auf See und als man trotz des von Sandstürmen verursachten diesigen Wetters eigentlich schon die Wüsteninseln an der Kimm sichten wollte – beginnt die Panik: Windgeschwindigkeiten bis 35 Knoten kündigt der Rundfunk an. Der stürmische Wind kommt auch, wie vorhergesagt, und die LA GOULETTE bleibt auf Drift vor Topp und Takel, mit der unter Deck verkrochenen Crew. Aber hier wird nicht einmal die Genua repariert. Dafür gibt es neues Unheil:

„Der Sat-Nav und die anderen elektronischen Geräte funktionieren nicht mehr", erzählt Pierre. „Die 12-Volt-Bordbatterien sind völlig leer. Keiner von uns hat an das nötige Nachladen gedacht, denn die Maschine ist ja kaputt. Und nun wissen wir nicht mehr, wo wir eigentlich sind! Langsam gehen auch Verpflegung und Trinkwasservorräte zur Neige. Reis und Nudeln kochen wir mit Seewasser, dazu trinken wir Rotwein. Wir hoffen, daß uns die Strömung zu den Kapverden treibt. Eigentlich müßten wir ja schon dort sein."

Und dann versagt die Ruderanlage. Pierre taucht, inspiziert das Unterwasserschiff, sucht nach dem möglichen Fehler. Vergeblich. Der Skipper versucht endlich, den Motor wieder in Gang zu bringen. Auch ohne Erfolg. Die Stimmung an Bord wird schlechter – auch weil um Mitternacht des 10. Dezember ein Frachter an der Ketsch vorbeizieht, ohne sie zu sichten. Sie hat sich ja auch nicht bemerkbar gemacht. Fliegende Fische, die an Deck landen, werden noch als Nahrung verschmäht – aber dann bastelt sich Pierre doch eine Angelschnur, um Fische zu fangen. Und er schreibt jetzt Tagebuch; denn sein „Mitsegelabenteuer" wird ihm allmählich unheimlich.

„Siebzehn Tage auf See", vermerkt er darin, „endlich wieder etwas Wind. Wir setzen Segel und beschließen, Kurs nach Osten zu laufen, Richtung Küste. Wir

wechseln uns an der Notpinne ab, doch Hunger, Durst, Müdigkeit und Schwächegefühle machen uns die Wachen schwer."
Die La Goulette läuft unter Rollfock, Großsegel und Besan, einer Besegelung, die sie eigentlich schon Tage vorher hätte setzen können. Aber am Abend des 20. Dezember führt sie unter Vollzeug leichtfertig zu viel Tuch. Denn als in einem Gewitter, das sich vorher deutlich sichtbar zusammenbraute, schwere Böen über die Ketsch herfallen, bricht der Großmast und fällt krachend aufs Deck.
„Mühsam binden wir die Masthälften und den Baum fest", berichtet Pierre seinem Rettungsskipper Gerd Ludwig. „Auf dem Durcheinander an Deck können wir uns kaum bewegen. Als der nächste Morgen anbricht, versuchen wir eine Notbesegelung herzustellen. Aber wir schaffen es nicht. Der Skipper liegt apathisch in der Koje. Ich angle und habe Erfolg: Eine acht Kilo schwere Dorade hängt am Haken. Nur unter Besan segelt die La Goulette jetzt weiter."
Am 22. Dezember – drei Wochen auf See! – glaubt die Crew, daß sie die Kapverden nicht mehr erreichen wird. Doch obwohl weder ein Übersegler noch andere Seekarten als die der afrikanischen Seite des Atlantiks an Bord sind, beschließen die beiden Männer: Neuer Kurs Amerika! Direkt weiter nach Westen. Und dazu stellen sie für die Windfahnensteuerung den Kompaßkurs 270° ein. Nur unter Besan liegt die La Goulette sogar einigermaßen auf Kurs.
Ereignislos reihen sich die nächsten Tage aneinander. Skipper Robert liegt apathisch in seiner Koje. Er verweigert auch die von Pierre mit Salzwasser zubereiteten Gerichte, zu denen kaum noch Konserven, aber hauptsächlich gefangene Fische dienen. Am 4. Januar sichtet Pierre ein Schiff an der Kimm. Er feuert zwei

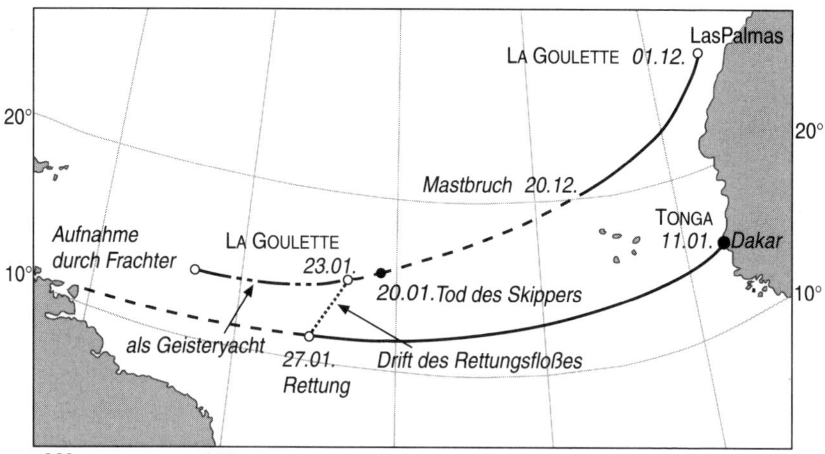

Der Kurs der Tonga bis zum Auffinden der Rettungsinsel, die Fahrt der La Goulette bis zum Mastbruch, die Drift der Yacht bis zur Aufgabe und die Drift der Rettungsinsel mit dem schiffbrüchigen Segler.

rote Notraketen ab – aber niemand reagiert dort drüben. Oder war es nur eine Halluzination, ein irreführender Spuk? Im Passat läuft die LA GOULETTE auch unter dem kleinen Segel stetig weiter – aber nicht schnell genug. Denn am 20. Januar 1988, 50 Tage nach dem Auslaufen aus Las Palmas und mehr als vier Wochen ohne ausreichende Nahrung, stirbt Skipper Robert Scaint an Hunger, Durst und Erschöpfung. Ein Toter an Bord!

Pierre bringt es nicht fertig, seine Leiche der See zu übergeben. Er kann es auch nicht aushalten, mit dem Leichnam an Bord, dessen Verwesung bei den heißen Temperaturen schnell eingesetzt hat, weitere Stunden auf der LA GOULETTE zu verbringen. Und so beschließt er, in die Rettungsinsel zu gehen, obwohl ihm der Skipper den Umgang mit ihr nicht erklärt hat. Als er an der Reißleine zieht, bläst sich die Gummiinsel noch in der Plicht auf und verklemmt sich dabei. Aber Pierre gelingt es, sie dort zu befreien und ins Wasser zu zerren. Und dort bemerkt er, daß das überdachte Rettungsfloß mit Überlebensrationen für sechs Personen und 14 Tage ausgestattet ist. Hätte er dies früher gewußt!

Instinktiv nimmt er neben persönlichen Dingen, seinem Tagebuch und Kleidungsstücken auch seine Harpune mit an Bord, als er von der unter Besan weitersegelnden LA GOULETTE ablegt. Aber diese muß er nicht mehr einsetzen. Denn nur vier weitere Tage muß er in dem ganz anders schwankenden Gummifloß mit dem pötzlich so eingeengten Lebensraum verbringen, bis ihn die Adleraugen von Marlies Seelos in der endlosen Weite des Atlantiks entdecken. Der deutschen Seglerin verdankt er sein Leben. Denn auch wenn er noch (theoretisch) Notrationen für 80 Tage gespeichert hatte – ausgedörrt, wie er war, trank er mehrere Rationen täglich, bis er gefunden wurde, und mit seinem verbliebenen Gewicht von 32 Kilogramm war Pierre nicht nur physisch, sondern für 800 Seemeilen weitere Drift auch psychisch am Ende. Denn die nächste amerikanische Küste war bei seiner Rettung viel weiter entfernt, als er annahm.

Am Morgen des 3. Februar 1988 macht die TONGA-Crew ihren Landfall an der Küste Tobagos, und dort wird der schiffbrüchige Franzose in ein Krankenhaus gebracht. Die LA GOULETTE trieb als schwimmender Sarg noch einige Wochen länger über den Atlantik. Dann entdeckte ein polnischer Frachter die Geisteryacht, nach der die eingeleiteten Suchaktionen bereits lange aufgegeben waren, bestattete ihren Skipper Robert Scaint auf See und brachte sie nach Curaçao.

Rettung in Gemeinschaft – mit unbegreiflichen Folgen

Die E PAOLO, ein 33-Fuß-Seekreuzer von Moody mit Allan und Caryl Duffy an Bord, traf im November 1985 am Ende einer dreijährigen Atlantik-Mittelmeer-Rundreise von Schottland nach Amerika die SULEIKA, einen schweren 13-m-Stahl-Verdränger mit einer anderen Ehepaar-Crew, Sally und Stuart Dodd, in der Marina Vilamoura an der Algarve-Küste, und da beide Yachten das gleiche Ziel, nämlich die Karibik, und den gleichen Weg dorthin, nämlich über Madeira und die Kanaren vor sich hatten, beschlossen sie, dorthin gemeinsam zu segeln, also zu „mackern“. Als sie am 13. November die Marina zu diesem 450-sm-Törn verließen, ahnten sie noch nicht, wie dramatisch er verlaufen würde.

Zuerst bekamen sie noch Gesellschaft durch eine dritte, größere Yacht, die ELEGANCE, eine 48-Fuß-Mayflower, die jedoch später auslief, ihre beiden Vorläuferinnen bald überholte und das erste Ziel, die Insel Porto Santo, dementsprechend auch sehr viel früher erreichte. E PAOLO und SULEIKA segelten nicht in Sicht voneinander, hielten aber über UKW Kontakt und lagen praktisch auf der gleichen Kurslinie, nur einige Meilen auseinander. Am dritten Tag liefen beide Yachten, jede nur unter einer kleinen Fock, bei Nordost Bft 7 – 8 schnelle Fahrt nach Süden, und in der beginnenden Nacht hatte es die Crew der SULEIKA leichter als die E PAOLO, mit dem weiter auffrischenden stürmischen Wind und seinen schweren Regenschauern fertig zu werden, weil sie von innen gesteuert werden konnte.

In dem matten Dunkel des Steuerhauses sichtete Stuart Dodd („gerade am Ende der ‚happy hour‘ “, wie er später sagte) mehr zufällig an Backbord den flüchtigen Schein eines roten Lichtes, das in den Horizont eintauchte. Da die SULEIKA unter kleinsten Segeln vor einer hohen See lenzte und ständig Gischt über das Achterschiff brach, waren seine ersten Gedanken: die armen Leute, die bei diesem Wetter auf Gegenkurs liegen und gegen die himmelhohe See anbolzen müssen. Aber dann sagte er sich: Rote Positionslichter fallen nicht vom Himmel und gehen dann unter. Und Rotlicht in diesem Wetter? Er stürzte an sein UKW-Gerät, schaltete Kanal 16 ein und hörte denn auch: „MAYDAY, MAYDAY. Yacht NERON, Position 34° 27,59' N 014° 09,43' W.“ Schnell bestätigte er den Empfang des Notrufes, legte dann das Ruder, bis das Gebiet des roten Lichtes voraus lag, notierte den Kurs und überließ Sally das Sprechfunkgerät. Sie ließ sich die Namen der dreiköpfigen Crew geben, nahm Verbindung mit der E PAOLO auf, gab auch ihr die satellitengestützte Position der NERON durch und führte den Funkverkehr zwischen den Yachten. (Natürlich lief das UKW-Gerät auf der SULEIKA mit Doppelkanalschaltung – der Seenotkanal 16 und der mit dem Macker vereinbarte Verkehrskanal –, aber die Doppelschaltung war, wie sich später im Hafen herausstellte, defekt, so daß die Dodds die Seenotmeldung nicht automatisch auffangen konnten.)

NERON war ein 30-Fuß-Iroquois-Katamaran mit drei jungen Fischern aus Penzance an Bord und ebenfalls auf dem Wege über die Kanaren nach Amerika. Bei NERON war zuerst eine Querverbindung zwischen den Rümpfen abgebrochen, dann hatte das im Schwertkasten durchgerutschte und von der See seitwärts gedrückte Schwert ein Loch in den Backbordrumpf geschlagen, durch das der Kat Wasser machte, und schließlich war ein Ruder abgerissen und die Steuerung beschädigt worden. Damit der Kat nicht seitlich auseinanderbrach, hatten die kräftigen jungen Männer, die ja auf der See zu Hause waren, zwei dicke Trossen in Masthöhe um beide Rümpfe geschoren.

Nur durch zwei Trossen, die querschiffs um Rümpfe und Mittelschiff geschoren sind, wird der leckgeschlagene Katamaran vor dem Auseinanderbrechen bewahrt.

Die NERON war noch nicht in unmittelbarer Sinkgefahr, aber es war allen klar, daß sie einen Hafen unter diesen Wetterbedingungen nicht erreichen würde. So hatte Skipper David Harvey um 1730 Uhr die Seenotfunkboje aktiviert und mit MAYDAY-Rufen über UKW begonnen. Als gegen 1810 Uhr ein Flugzeug offenbar tiefer als üblich den Katamaran überflog, hatte die Crew ihre letzten roten Raketen geschossen, um ihre Position anzuzeigen. Eine von ihnen sichtete zufällig die SULEIKA, während der havarierte Kat mit Wind und See driftete.

Zuerst aber kam es jetzt für die Crew der SULEIKA darauf an, die in Seenot befindliche NERON in dunkler Nacht und einer hohen See erst einmal zu finden.

Nach der vagen Peilung eines verlöschenden Rotlichtes ließ sich kein zuverlässiger Kurs zum Havaristen steuern. Über UKW bat Sally den Katamaran, eine weiße Leuchtkugel in den Himmel zu schießen, um seine Position deutlicher zu markieren. Aber plötzlich herrschte Funkstille; der Kat antwortete nicht mehr. Sollte sich sein Schicksal schon entschieden haben? Glücklicherweise meldete er sich jedoch wieder. Generator- und Batterie-Probleme hatten zum Ausfall der Sendeanlage geführt. Und dann vereinbarte SULEIKA über UKW, daß NERON exakt um 1845 Uhr Weiß schießen sollte, mehrere Male, bis die zur Hilfe anlaufenden Yachten die Sichtung bestätigten.
Als die vereinbarte Zeit herannahte, bohrten sich auf SULEIKA und E PAOLO vier Augenpaare in die Dunkelheit, und die Nerven der beiden Ehepaare waren zum Zerreißen gespannt. Nichts war zu sehen, immer noch nicht – aber dann fing die E PAOLO doch einen unscheinbaren Blink auf und las die Peilung ab: 160° mißweisend. Während SULEIKA durch eine weiße Leuchtkugel die Sichtung bestätigte, gingen beide Yachten auf den neuen Kurs, ungefähre Distanz acht Seemeilen bis zum Katamaran. Es wurde ein harter Ritt in einer dunklen Nacht unter kleinsten Segeln.
Als sie den Kat erreicht hatten, bezogen die E PAOLO und die SULEIKA Position in Sichtweite der havarierten Yacht. Wenn es schon schwer war, einen UKW-Kontakt zur NERON zu halten, weil deren Batterien im Achterschiff schon naß und ihre elektrische Energie somit knapp geworden war, so war es für die beiden Verdränger seemännisch schier unmöglich, in der schweren hohen See mit Windstärke 9, in den Böen 11, wie Lloyd's später ermittelte, die NERON nicht zu verlieren. Denn der leichte Kat trieb mit einer Geschwindigkeit vor dem Wind, die E PAOLO und SULEIKA nicht mithalten konnten.
Erst als die NERON-Crew einen Seeanker ausbringen konnte, hielt sich die Drift des Katamarans in Grenzen.
Die E PAOLO hielt sich mit einem ganz klein gerefften Großsegel und wenig Fahrt an Ort und Stelle, während die SULEIKA unter gerefftem Besan beigedreht lag, aber gelegentlich den Motor benötigte, wenn sie bei der Verfolgung der NERON über Stag gehen und vor dem Wind weiterlaufen mußte. Da in Sturm, Nacht und Regen sowie bei der hohen See die Sicht nur wenige Bootslängen betrug, bestand die größte Gefahr in diesen dunklen Stunden darin, daß sich die drei Yachten über den Haufen fahren könnten. Eine ständige Funkwache mußte den Ausguck begleiten, und für niemanden auf den drei Yachten gab es Schlaf.
In den frühen Morgenstunden schreckte plötzlich eine fremde, laute Stimme im UKW-Gerät die Segler auf. „This is MV BRABO, MAYDAY SILENCE on channel 16“, schallte es plötzlich aus den Lautsprechern. Ein Frachter hatte nach der Meldung der Seenotfunkboje Kurs auf die Unfallstelle genommen und wollte nun die Seenot-Leitung übernehmen. Aber vorher mußte er erst einmal an die genaue Position herangeführt werden. Diese Aufgabe übernahm die SULEIKA, ohne daß diesmal die E PAOLO den zweiseitigen Funkverkehr mitbekam. Allan und Caryl

Duffy wurden minutenlang von vielen Gesprächspassagen irritiert, weil sie immer nur Dodds Stimme und dazwischen lange Pausen vernahmen und sich daraus keinen Reim machen konnten.
Navigatorisch ergab sich die paradoxe Situation, daß die SULEIKA einen genauen GPS-Standort an die BRABO gab, auf dem 5000-BRZ-Frachter aber noch nicht mit Transit und Decca gearbeitet wurde, so daß die SULEIKA einen weißen Stern schießen mußte, um die BRABO von deren Koppelort an die Unfallstelle zu lotsen. Als der Kapitän dieses Signal gesichtet hatte, gab er als voraussichtliches Eintreffen etwa 0800 Uhr an, am beginnenden Morgen nach einer langen, gefährlichen Nacht. Auch hier war die Ankündigung des Lichtsignals über UKW und ein entsprechender Countdown vor der Abfeuerung ein bemerkenswert guter Gedanke. Bedenklich bleibt, daß die BRABO keinen der Radarreflektoren, den die drei Yachten in der korrekten Yacht-Stellung auf ihren Masten führten, bei der Ansteuerung auf ihren Radarschirmen als Ziele auffassen konnte.
Die drei Segler auf der NERON, die sich mit der Aufgabe ihres Kats abgefunden und zum Aussteigen bereitgemacht hatten, sahen dem Eintreffen des großen Schiffes mit gemischten Gefühlen entgegen. Als Fischerjungen kannten sie die Gefahren einer möglichen Übernahme an einer hohen Bordwand besser als andere Segler. So wollten sie lieber von einer der beiden Yachten aufgenommen werden. Der große Frachter würde dabei den hohen Seegang abschirmen und sicheres Lee geben können. Außerdem konnte er den Schiffahrtsbehörden in Funchal auf Madeira, mit denen er in Kurzwellenverbindung stand, die Position der Aufgabe des Katamarans melden – vorausgesetzt, er ließe sich nicht an Ort und Stelle als Schiffahrtshindernis versenken.
Und dann ging es an die schwerste Aufgabe, die Übernahme der Crew, die nur noch durch Handzeichen vereinbart werden konnte, weil die Funkverbindung zur NERON inzwischen erloschen war. Der erste Vorschlag, von dem sowohl durch den ausgebrachten Seeanker als auch seine mächtige Breite und trotz der sturmgepeitschten See ziemlich stabil im hohen Seegang liegenden Kat die Rettungsinsel an einer langen Schleppleine achteraus zur Rettungsyacht driften zu lassen, wurde verworfen. Denn dabei würde der Mann in der Insel an der Luvseite der rettenden Yacht aufgenommen werden müssen – ein lebensgefährliches Unterfangen sowohl für den Mann oben auf der Back wie unten in der tanzenden Gummiwanne.
So teilten sich die beiden Rettungsyachten schließlich die Aufgabe, die beide in halsbrecherischer und seemännisch kühner Weise erledigen mußten: Die leichtere E PAOLO, die Spritzkappe zur besseren Sicht heruntergeklappt und nur ein Fitzelchen Großsegel zum Stützen gesetzt, surfte mit ihrer Ehepaar-Crew von Luv an die NERON heran, drehte hinter ihrem Heck in den Wind, ging mit Motorhilfe so dicht wie möglich an einen Seitenschwimmer heran und fing dabei einen Sack mit Untensilien auf, um anschließend sofort, ehe die beiden

Masten sich einander nähern konnten, wieder abzufallen. Dann mußte sich die 33-Fuß-Moody mit ihrem Flossenkiel erneut motorsegelnd nach Luv kämpfen, abermals auf einen Vorwindkurs gehen und dasselbe Surfmanöver wiederum starten. Allan am Ruder und Caryl Duffy an Deck vollbrachten diese Leistung dreimal, ohne dabei den Rumpf der NERON zu berühren, und retteten somit kostbare Werte.

Und dann war die schwergewichtige SULEIKA an der Reihe: Sie barg jetzt auch den Besan, und Stuart ließ sich aus Luv so dicht wie möglich am Leeschwimmer des Kats vom Bug bis zum Heck entlangtreiben. Die Crew stand schon am Bug der NERON bereit, um zu einem günstigen Zeitpunkt irgendwo auf das 12 Meter lange Deck des Stahlbootes überzusteigen. Die Übernahme klappte, wie geplant, und die SULEIKA erhielt dabei nur eine zwanzig Zentimeter lange Schramme an der Außenhaut.

Natürlich ist eine solche Personenrettung nur möglich, wenn dabei Segler den Mut und die Kraft zum Überspringen haben. Ob sie auch zur Übernahme von Kindern oder Verletzten taugt, ist schwer abzuschätzen.

Aber diese Art des Abbergens hat den Vorteil, daß Havarist und Retter praktisch auf gleicher Ebene, wenn auch natürlich mit unterschiedlichen Bewegungen im Seegang, kurzzeitig nebeneinander liegen. Das Risiko für Verletzungen ist dabei erheblich geringer als beim Aufnehmen durch ein Schiff. Denn dann muß ja nach dem Längsseitsgehen noch die Höhe der (schwankenden) Bordwand überwunden werden. Ob mit Netz, mit Jakobsleiter oder im Heißstropp und dem schwankenden Mast in hautnaher Nachbarschaft – eine Schiffsbergung für Yachtsegler ist immer lebensgefährlich.

Nach der Übernahme der Crew passierte SULEIKA noch viermal den verlassenen Katamaran, und bei jedem Anlauf feuerte NERONS Skipper einige Male mit der Signalpistole in die geöffneten Fenster und Türen des Kats, um ihn in Brand zu setzen und als Schiffahrtshindernis – vor allem für Yachten, die auf der gleichen Route unterwegs sind – zu beseitigen. Nur eine Kugel fiel dabei in die Kajüte hinein. Aber auch sie entzündete das Holzschiff nicht. So mußte die BRABO die Existenz einer Geisteryacht an die Schiffahrt melden.

Um die NERON zuverlässiger in ihr nasses Grab zu schicken, hätte die Crew vielleicht die Seehähne öffnen können – aber vor der eigenen Rettung, deren Risiken und Dauer vorher nicht absehbar waren? Oder man empfahl ihr später, Benzin in der Kajüte auszuschütten, damit sich eine Leuchtkugel besser entzünden könne. Würde es ein Ratgeber selbst so machen? Aber auch ohne Hilfe ihrer Crew fand die NERON wohl den Weg in die Tiefe. Denn als ein Fahrzeug der portugiesischen Marine bei Wetterbesserung die NERON an ihrer gemeldeten Aufgabestelle suchte, fand es nur noch einen großen Ölfleck.

Über die ELEGANCE, die schon in Porto Santo lag, als Relais-Station meldete die SULEIKA ihre Ankunft mit den drei Geretteten nach Funchal. Dort wurde sie – mit der E PAOLO – auch gebührend empfangen und die Crew für ihre mutige see-

männische Leistung vom Hafenmeister und den Behörden beglückwünscht. Nur als die drei geretteten jungen Segler von der NERON von Bord gehen und die SULEIKA ihre Reise fortsetzen wollte, schalteten sich die Behörden wieder ein: Es sei Sache von Sally und Stuart Dodd, ordneten sie an, entweder die drei geretteten Engländer mitzunehmen – oder sie auf ihre Kosten in Funchal einzuquartieren und gleichzeitig den Betrag für ihren Rückflug nach England zu hinterlegen.
Das sei internationales Recht, das hier auch für aus Seenot gerettete Segler gelte. Glücklicherweise mußte die SULEIKA-Crew nicht in eine entsprechende finanzielle Vorlage treten. Denn David Harvey und seine Freunde verfügten selbst über ausreichende Mittel für Aufenthalt und Heimflug. Mit viel Geschick hatte Sally von der E PAOLO die Barschaft aufgefangen, als sie die Habe der Schiffbrüchigen in hoher See übernahm.

Ein Seglerpaar rettet ausgesetzte blinde Passagiere

Unvorbereitet zu Lebensrettern wurde auch das Segler-Ehepaar Cruz, als es mit dem kleinen 7,50 m langen Sunbeam-Seekreuzer MARITE am 7. August 1987 auf dem Wege von Valencia nach Mallorca war. Es sind denkwürdige und abenteuerliche Stunden, über die Felix Cruz berichtet:
„Um 0630 Uhr laufen wir aus der Bucht von Portinatx an der Nordküste von Ibiza in Richtung Mallorca aus. Am Abend wollen wir in Palma sein. Der Wind weht schwach, die See ist ruhig. Wir laufen mit Großsegel und Motor.
Etwa 20 sm von Punta Grosa entfernt bemerke ich an Backbord querab plötzlich etwas, das wir nicht identifizieren können Die Neugierde siegt, der Kurs wird geändert. Aber noch bevor wir feststellen können, um welches schwimmende Objekt es sich handelt, dringen verzweifelte ‚help me!'-Rufe an unser Ohr. Ich glaube im ersten Moment, an Halluzinationen zu leiden; denn immer wieder hören wir ‚help me!', aber weit und breit ist kein Mensch zu sehen."
Als der Skipper die MARITE weiter an die undefinierbaren Schwimmkörper heranführt, erkennt er, daß es zwei verrostete Stahlfässer von etwa 200 Liter Fassungsvermögen sind, die mit jeder Menge neuwertiger Leinen und vier Holzbalken zu einer Art Floß verzurrt sind. Und dann verstärken sich die Hilferufe – doch immer noch ist niemand zu sehen.
„Erst als wir auf 20 Meter Entfernung herankommen, sehen wir neben den Fässern einen schwarzen Kopf aus dem Wasser ragen", erzählt Felix Cruz weiter. „Sekundenlang wußte ich nicht, ob ich wachte oder träumte. Aber dann handeln wir schnell. ‚Just a moment, we are coming', rufe ich dem Menschen zu. Aber beim Bergen des Großsegels entdecken wir noch einen Leidensgefährten mit ebenfalls schwarzer Hautfarbe, der sich an der anderen Seite an die Leinen klammert. Er sagt jedoch weder ein Wort, noch sieht er zu uns her."

Die MARITE geht bis auf zwei Meter an die rostigen Fässer heran und fordert die beiden Männer auf, an die heruntergeklappte Badeleiter heranzuschwimmen. Aber sie rühren sich nicht. Mit dem Bootshaken holt sich die Seglercrew an die Fässer heran und macht ihren Seekreuzer daran fest. Und dann eine nochmalige Aufforderung zum Anbordkommen – aber wieder nur hilfloses Händeheben der beiden Schiffbrüchigen. Und da erkennt der MARITE-Skipper:
„Die Arme der beiden Männer sind mit einer Leine um die Brust an die Fässer gebunden, und der Knoten befindet sich auf dem Rücken! Kein Wunder, daß sie vorhin nicht zu uns gelangen konnten. Der erste Mann, vom Knoten befreit, steigt auch unverzüglich zu uns über. Beim zweiten gelingt es mir nicht, den Knoten von Hand zu lösen. Ich bitte meine Frau, die alles fassungslos mit ansieht, um ein Messer – aber sie reagiert nicht. Sie steht unter Schock und ist wie gelähmt. Dann schneide ich auch dem zweiten Mann die Brustfessel durch, aber er schafft es nicht, allein an Bord zu kommen. Erst mit vereinten Kräften gelingt es uns, seinen 80 kg schweren Körper in die Plicht zu ziehen."
Skipper Cruz versäumt nicht, die nasse Kleidung der beiden geborgenen Männer nach Waffen zu durchsuchen – sicher ist sicher! Aber außer Kamm und Zahnbürste sowie einem nassen Brustbeutel mit einem Bündel Geldscheine unbekannter Währung findet er bei dem ersten nichts – und der andere ist sogar ohne Habe. Die Männer sind völlig ausgedörrt, ihr Durst ist unstillbar. Sie werden ausgezogen, abfrottiert und mit neuer Kleidung versorgt. Dann klappt Felix die Badeleiter wieder hoch und nimmt das „Rettungsfloß" in Schlepp. Halbwegs zwischen Ibiza und Mallorca setzt die MARITE ihre unterbrochene Fahrt fort – doch bis Palma sind es noch etwa 40 Seemeilen, und mit seinem Anhang und seinem 7,5-PS-Motor macht der kleine Seekreuzer nur zwei Knoten Fahrt.
Bevor Skipper Cruz jedoch seinen Fund an die Küstenfunkstelle meldet, läßt er sich erst einmal von den Geretteten berichten – und diese Geschichte ist wirklich so abenteuerlich wie zuerst kaum glaubbar:
„Die beiden Afrikaner aus Ghana sind in Mauretanien – aus welchen Gründen auch immer – an Bord des Fischdampfers SOUTH ATLANTIC gegangen, der unter Panama-Flagge mit koreanischer Besatzung fuhr. Seinem Kapitän haben sie für das Versprechen, sie zu einem Arbeitsplatz nach Europa mitzunehmen, ‚viel Geld' gegeben. Aber schon im marokkanischen Hafen Tetouan hat man versucht, sie an Land zu schleusen – vergeblich. Denn da die beiden, wohl als ‚blinde Passagiere' bewerteten Männer keine Papiere besaßen, schickte man sie wieder zurück auf die SOUTH ATLANTIC. Im spanischen Cartagena wiederholte der Fischdampferkapitän den Versuch – mit dem gleichen Mißerfolg. Und in Alicante schloß er die beiden Afrikaner vorsichtshalber ein, so daß sie weder als Crew noch als Passagiere registriert wurden. So konnten sie am nächsten Tag gefahrlos aus ihrem Versteck geholt, an das primitive Floß gebunden und ohne Wasser und Lebensmittel irgendwo auf hoher See ausgesetzt werden – gefesselt zum Tod durch Hunger und Durst, Sonne und Kälte, Erschöpfung und Verletzungen."

Die beiden Geretteten können es immer noch nicht fassen, daß sie nach dieser viertägigen Tortur noch gefunden wurden, obwohl sie mit ihrem Leben bereits abgeschlossen hatten. Weinend und überglücklich lallen sie immerzu „God bless you", und das Seglerpaar blickt auf schlimme Wunden an Beinen und Hüften, die offenbar auch von Fischen angefressen sind.
Die Versuche von Skipper Cruz, die Bergung der beiden Schiffbrüchigen auf UKW an die Küstenfunkstelle zu melden, scheitert an den unentwegt aufeinanderfolgenden Gesprächen der Seglerwelt auf den Küstenklatschwellen, und erst ein PAN-PAN-Ruf um 1030 Uhr verschafft ihm schließlich Gehör. Palma Radio leitet die MARITE direkt an die Marine-Kommandantur durch, und diese setzt nach langer Wartezeit ein Schnellboot aus Ibiza in Marsch, um die Schiffbrüchigen abzuholen. Gegen 1300 Uhr sichtet die MARITE-Crew endlich einen Hubschrauber, der im Pulk der jetzt zahlreich in alle Richtungen segelnden Boote denjenigen Seekreuzer herauspicken soll, der ein Rettungsfloß im Schlepp hat.
Die Funk-Verständigung von Seglern und Fliegern ist bei dieser Suche schwierig. Denn da beide auf verschiedenen, nicht hörbaren Frequenzen senden, muß Palma Radio als vermittelnde Relais-Station dienen. Für die nächsten 45 Minuten bleibt daher der Kanal 16 UKW für diesen Seenot-Orientierungsverkehr gesperrt. Aber trotzdem kann der Hubschrauber die MARITE nicht entdecken. Denn es sind so viele Yachten mit ihrem Beiboot im Schlepp unterwegs, und vom Hubschrauber aus läßt sich der besondere Anhang der MARITE nicht identifizieren. Skipper Cruz wird aufgefordert, zweit rote Raketen abzufeuern, wenn er den Flieger sichtet – und so finden sie einander.
Der Versuch der Bergung aus der Luft ist ein wertvolles Lehrstück aus der Praxis: „Vorsichtig umkreist uns der Hubschrauber und beginnt, an Höhe zu verlieren, bis er 30 m über uns steht", erzählt Felix Cruz. „Man läßt einen Bergungskorb herab und versucht, diesen auf unserem kleinen Deck zu plazieren. Spinnerei! Erstens bleibt das Drahtgestell an allen Wanten und Stagen hängen (und zum Schluß am Anker, dessen Halterung aus dem Deck gerissen wird), und zweitens – obwohl in Büchern und Zeitschriften viel Theorie über Bergung geschrieben wird – verursacht ein Hubschrauber in dieser Situation eine Windstärke von Bft 7–8, bei der eine kleine Yacht ohne Segel und mit ausgeschaltetem Motor absolut manövrierunfähig ist und nicht ruhig gehalten werden kann. Selbst eine Verständigung über Funk ist durch den Lärm der Rotoren unmöglich."
Bei einem erneuten Versuch läßt der Pilot daher seinen Schwimmkorb etwa 20 Meter neben der MARITE ins Wasser fallen, damit die Schiffbrüchigen dorthin schwimmen und einsteigen können. Aber als der Skipper den beiden dies erklärt, geraten sie in Panik, bedecken das Gesicht mit den Händen und jammern: „Aber wir können nicht schwimmen!" So bleibt Palma Radio nichts anderes übrig,

als das zwischen den Inseln verkehrende Tragflächenboot zu einer Kursänderung zu veranlassen, damit die beiden Afrikaner trockenen Fußes von der MARITE übernommen werden können. Auch die beiden Fässer mit den anderen Bauteilen des Floßes können dabei, wie von der Staatsanwaltschaft gefordert, mit übergeben werden.

Gegen 2200 Uhr kann die MARITE mit ihrem durch die Ereignisse immer noch erschütterten, aber dennoch über das glückliche Ende dieser Seenotrettung zufriedenen Seglerpaar im Real Club Nautico von Palma festmachen.

Im Rettungsfall der MARITE wurde das Floß der Schiffbrüchigen – als wichtiges Beweismittel für eine Anklage gegen den Kapitän der SOUTH ATLANTIC – von Amts wegen eingezogen. Aber auch sonst gehört es zu den Gepflogenheiten der internationalen Schiffahrt, Rettungsflöße nach der Aufnahme ihrer Schiffbrüchigen entweder an Bord zu nehmen oder sie rigoros zu zerstören, damit beim abermaligen (leeren) Auffinden nicht noch einmal ein Seenotalarm ausgelöst wird. Aber auch ohne Verpflichtung hierzu kann der Fund einer leeren Rettungsinsel Rätsel aufgeben, die kaum zu lösen sind.

So machte zum Beispiel der brasilianische Skipper Ivan Müller-Botelho, der im Herbst 1990 mit seinem Seekreuzer im Mittelmeer unterwegs war, einen solchen rätselhaften Fund: „Im September segelte ich von Cannes nach Athen und passierte die Straße von Bonifacio zwischen Korsika und Sardinien“, schreibt er. „Zwischen Bonifacio und der Insel Lipari auf der Position 40° 27' Nord und 011° 46,39' Ost traf ich am 6.9.1990 um 1930 Uhr mit meiner Crew auf ein verlassenes Rettungsfloß. Im Innern lagen einige Beutel des Frankfurter Flughafens voller Bücher, Navigationsmaterial, Leuchten und Wasser, aber ohne Lebensmittel. Wir haben alles aufgefischt. Das Rettungsfloß habe ich einem australischen Schiff mitgegeben, die Bücher habe ich behalten.“

Der brasilianische Skipper übergibt sie einige Zeit später seinem deutschen Freund Reiner Daelen, der bei ihrer Durchsicht feststellt: Das „Stichwortverzeichnis zum Marine-Wörterbuch fünfsprachig (MWF)“ befindet sich darunter, das 1942 im Verlag Bernard und Graefe, Berlin SW 68 erschienen ist, und in ihm wie in anderen Werken (wie zum Beispiel „Astro-Navigation with Celestial Bodies“) steht ein und derselbe Name, nämlich Meltzow.

Daelens Recherchen nach dem Besitzer der Bücher, der ja auch identisch mit dem Besitzer der Rettungsinsel sein müßte und der irgendwann einmal sich und seine (für ihn) wertvolle Habe wohl nicht anders als in einem Seenotfall hier in Sicherheit gebracht haben müßte, verläuft ohne Ergebnis. Bei den Nachforschungen geht es ja auch nicht allein um die Erfüllung des Wunsches des Brasilianers, der am Schluß seines Briefes schreibt: „Ich möchte wissen, ob der Besitzer noch lebt und ob ich ihn treffen kann. Ich nehme an, daß es jemand war, der Angehöriger der Marine im Zweiten Weltkrieg war.“ Letztlich kann mit dieser rätselhaften Sichtung und Bergung mitten in einem vielbesegelten Revier ja auch nicht nur ein Seeunfall verbunden sein.

Eine Erwähnung im Seeamts-Spruch ist eine hohe Anerkennung

Umsicht und gute Seemannschaft wird gefordert, wenn Segler selbst ihre Yacht bei einem Rettungseinsatz auf See einsetzen müssen. Dies geschieht zwar nicht oft, aber doch häufiger, als man gemeinhin annimmt:
So wurde zum Beispiel die Crew der 13,53 Meter langen ROLAND VON BREMEN auf einer Ausbildungsfahrt nach Helgoland während der Pfingsttage des Jahres 1988 in Höhe der Tonne Hog Stean 4 unfreiwilliger Zeuge des Untergangs der ATLANTA, eines Segel-Oldtimers aus einem umgebauten Krabbenkutter. Er wurde in der schweren See leckgeschlagen und sank, ehe die fünf Besatzungsmitglieder Rettungsmaßnahmen ergreifen konnten. Da die Wassertemperatur nur acht Grad betrug, die fünf Männer keine Schwimmwesten angelegt hatten und sich die Rettungsinsel nicht öffnen wollte, mußte die Bergung der Schiffbrüchigen schnell und präzise erfolgen.
Die 12,78 Meter lange ATLANTA war ein echter Seelenverkäufer, den der Eigner für ein Butterbrot erworben hatte, und als er im Angesicht des Roten Felsens am 12. Mai 1988 bei Windstärke 6 auf Tiefe ging, waren zwar andere Yachten in der Nähe – aber die hatten genug mit sich selbst zu tun und kamen für einen Rettungseinsatz nicht in Frage.
„Wenn da nur ein Familienschiff mit zwei Personen zu Hilfe gekommen wäre, hätte es für die ATLANTA-Crew schlecht ausgesehen“, sagte der ROLAND-Skipper Hajo Helms vor dem Seeamt. „Auf dem einen bekamen sie die Segel nicht runter, auf dem anderen hatten sie eine Leine in der Schraube.“
Vier Mann der ATLANTA, die sich – ohne Schwimmwesten – an eine Tür geklammert hatten, bekamen die Bremer Segler im ersten Anlauf zu fassen. „Die haben Glück gehabt, daß wir so viele Hände an Deck hatten – und vor allem, daß unsere siebenköpfige Crew so jung war“, erklärt Skipper Helms den schnellen Rettungserfolg. Für die Bergung des fünften Schiffbrüchigen mußten die Bremer Jungs jedoch einen neuen Anlauf fahren und hart kämpfen, um ihn der See zu entreißen. Der 60jährige Schiffsführer der ATLANTA hatte schon das Bewußtsein verloren und war daher zu keiner aktiven Mitarbeit bei seiner Rettung mehr fähig. Auch er konnte jedoch überleben, weil die Bremer Segler unter ihrem Skipper Hajo Helms auch den Ohnmächtigen sachkundig bergen und medizinisch betreuen konnten, bis er in ein Krankenhaus transportiert wurde.
Obwohl die Crew der ROLAND VON BREMEN somit zum Lebensretter wurde, durfte ihnen das Seeamt die gerechtfertigte Belobigung nicht aussprechen – sie ist nicht mehr erlaubt, und der Vorsitzende des Seeamtes Kiel nannte diese durch das Seeunfall-Untersuchungsgesetz von 1986 eingetretene Änderung denn auch „eine unschöne Rechtslage“.
Um den rettenden Seglern dennoch die gebührende Anerkennung zu zollen, nahm das Seeamt den schlichten, aber wichtigen Satz „Die fünfköpfige Besatzung der

gesunkenen ATLANTA wurde von der Besatzung der Segelyacht ROLAND VON BREMEN gerettet" in den Spruch zum ungeklärten Untergang des Oldtimers auf.

Beispielhafte Rettungseinsätze von Seglern

Noch mehr persönlicher Rettungseinsatz wurde dem italienischen Surfer Tito Baldelli, 29, abverlangt, als er beim Surfen am Rande der windreichen Straße von Gibraltar den dort im Wasser treibenden britischen Segler Collin Othead, 31, fand. Aus unerklärlicher Ursache war das Boot des Einhandseglers in wenigen Minuten untergegangen, ohne daß Collin Zeit fand, die Rettungsinsel zu aktivieren. So war er nach einer langen Drift im Wasser schon sehr erschöpft, als ihn der Italiener fand, und dieser mußte alle Kraft aufbieten, um den Briten auf sein Surfbrett zu zerren und dort festzuhalten. Anschließend mußten beide Segler noch acht Stunden auf ihrem schmalen, zum Rettungsfloß gewordenen Brett ausharren, bis sie von Fischern entdeckt und gerettet wurden.

*

Als die ANTARES, ein Seekreuzer vom Typ Bavaria 430 einer deutschen Segelschule, im Herbst 1992 durch das Fahrwasser von Warnemünde in die Ostsee auslief, meinten Crewmitglieder, das Bellen von Seehunden zu hören. Sie wahrschauten den gerade unter Deck gegangenen Skipper, der sofort in die Plicht zurückkehrte, die angegebene Stelle sorgfältig mit dem Glas absuchte und dabei eine Frau und drei Männer entdeckte, die sich im Wasser an Polster klammerten und um Hilfe schrien. Ihr Motorboot war auseinandergebrochen und gesunken. Rettungsmittel waren nicht an Bord.
Die ANTARES-Crew rettete die Schiffbrüchigen und übergab sie anschließend dem herbeigerufenen Seenotrettungskreuzer. Lehrreiche Praxis für Segelschüler.

*

Daß auch die Karibik ein rauhes Segelrevier ist und die kleinen Inselstaaten weder eine aufmerksame Küstenwache noch zuverlässige Rettungsdienste besitzen, erfuhren die Norweger Marianne Palmborg und Peter Rosen sehr eindringlich: Sie waren im Frühjahr 1990 mit ihrer selbstgebauten 15-m-Colin-Archer-Ketsch FREYDAG von Venezuela mit Nordkurs zu den Kleinen Antillen ausgelaufen. Etwa 20 Seemeilen westlich von Grenada rissen im Starkwind ihre Segel, so daß sie nicht mehr zu den Inseln aufkreuzen konnten, und da auch der Motor ausfiel, fühlten sie sich manövrierunfähig. Während der Seekreuzer wieder zurück zur südamerikanischen Küste driftete, funkten sie MAYDAY, aber die Küstenfunkstellen gaben ihnen keine Antwort, und so blieb auch eine (hier in der segler-

freundlichen Passat-Region offenbar nicht erwartete) Seenotrettung aus. Angeblich konnte die genaue Position der FREYDAG nicht festgestellt werden.
Nach dreitägiger Drift kam unerwartet Hilfe von einer anderen Yacht: Chris Gomez, ein einheimischer Bootseigner, empfing die Hilferufe durch den Äther und lief sofort aus, um die Norweger mit seiner Yacht in die Admiralty Bay von Bequia in den Grenadines zu schleppen. Vorwurf an die Rettungsdienste? Ich glaube: besser an die Segler-Crew, künftig Vorsorge für Havariefälle zu treffen.

Einschleppen ist Hilfeleistung, keine Rettung

Sehr aufwendig veröffentlichte die YACHT in Heft 12/88 unter der Überschrift „Partner auf See – Chartercrew rettet griechischen Fischer" den Bericht eines Berliner Seglers, der in der Ägäis einen griechischen Fischer, auf dessen Boot offenbar der Motor stehengeblieben war, zwei Stunden lang in den Hafen schleppte. Ich zitiere ihn hier, weil eine solche Veröffentlichung überhaupt und dann noch die Art und Weise der Darstellung subjektiv erlebter Fakten in einem bemerkenswerten Kontrast zu den nachgewiesenen Geschehnissen in den bedauerlichen Unfällen stehen, die ich hier mit ihren nachprüfbaren Daten in nüchternen Tatsachenberichten zusammengestellt habe:
„Wir werden von heulenden Sturmböen geweckt. Das Anemometer zeigt Windstärken bis 8, mit Böen bis zu 9 an", schreibt der Charter-Skipper. „Wir beschließen auszulaufen. Der Entschluß wird von der Crew – drei Frauen und drei weitere Männer – ohne Widerspruch akzeptiert. Diese Entscheidung wird für manchen Außenstehenden sicher Anlaß zur Kritik sein, aber eine 13,25 Meter lange SUN KISS muß mit derartigem Wind fertig werden. Mit drei Reffs im Großsegel und nur wenig ausgefahrener Rollfock segelt das Boot bei halbem Wind mit 8–10 Knoten dahin. In dem kurzen Stück offener See zwischen Andros und Tinos treffen wir auf zwei bis drei Meter hohe Wellen, die aber mühelos von dem Schiff abgeritten werden können."
Vor Tinos sichtet man plötzlich „das rote Licht eines Seenotsignals", ändert den Kurs und macht die SUN KISS – mit vielerlei Action – „für einen Seenotfall klar": Der Skipper übernimmt das Ruder, ein anderer wird Seenotkoordinator, ein dritter kümmert sich um den heißen Tee, ein Arzt an Bord bereitet sich auf Verletzungen vor, man startet den Motor, legt Leinen bereit, knotet Fender an andere Leinen, holt Rettungsringe und Rettungswesten für ihren Einsatz hervor – und erreicht unter „voller Kraft" mit der Maschine – immer noch bei unverändert stürmischem Wind, dem gefürchteten Meltemi – nach etwa dreißig Minuten „das Fischerboot, ein kleines Fahrzeug, bei dem der Motor ausgefallen zu sein scheint. Es ist zum Spielball der Wellen geworden. Das Boot, mit nur einer Person besetzt, hat stark Wasser übergenommen. Der Fischer ist offenbar unverletzt."

Viele Angaben des „rettenden Skippers“ wirken auf mich überzogen – von den Wetterverhältnissen bis zur angeblichen Sichtung eines Seenotsignals (welche Arten führen kleine griechische Küstenfischer mit sich?) am hellichten Tage in nachweislich doch wohl über drei Seemeilen Entfernung. „Wir beschließen, das in der hochgehenden See stark krängende und daher gefährdete Boot in Schlepp zu nehmen und nach Tinos zu bringen“, berichtet der Charter-Skipper weiter. Es ist seine Entscheidung. Natürlich läßt der Fischer sich auf den Haken nehmen – aber hat er das Einschleppen wirklich gewünscht? Und daß der Motor ausgefallen ist, hat er nicht bestätigt. „Die Übergabe und die Befestigung der Leinen an dem Havaristen machen glücklicherweise keine Schwierigkeiten“, schreibt der Skipper weiter. „Wir nehmen Kurs auf Tinos. Das zweistündige Abschleppmanöver ist anstrengend, da die wild schlingernden Boote die Leinen stark beanspruchen. Außerdem machen wir uns Sorgen, daß das geschleppte Boot kentert. Alles geht jedoch gut, und wir erreichen mit Boot und Fischer wohlbehalten den Hafen.“

Auch von den weiteren Tatsachenschilderungen muß man wohl Abstriche machen: „Ein längeres Protokoll auf der Hafenpolizeistation ist das Ende dieser glücklichen, aufregenden Rettungsaktion“, schreibt der Skipper und schließt seinen Bericht: „Uns wird die griechische Rettungsmedaille in Aussicht gestellt.“

Ein Held wider Willen – oder nur die Selbstüberschätzung eines Freizeitskippers aus Berlin, der in der Ägäis einige Tage lang eine Segelyacht gechartert hatte?

Seglerbeistand im Havariefall

Im vorhergehenden Abschnitt habe ich bereits einen Fall geschildert, in dem Segler im Havariefall einer sinkenden Yacht Beistand leisteten und die Crew retteten. Getrennt davon will ich hier berichten, wie es durch den Einsatz einer rettenden Crew in sehr unterschiedlichen Fällen möglich war, auch die Yachten selbst schwimmfähig zu halten und zu retten. Die denkwürdige Schleppfahrt einer Yacht unter Segeln über tausend Meilen mit einer mastlosen Yacht im Schlepp stelle ich hier aus nachdenkenswerten Gründen dem vergeblichen Versuch einer anderen Yacht entgegen, eine mastlose Geisteryacht über eine ähnlich lange Distanz bis zur nächsten Küste zu schleppen.

Ein Einhandsegler rettet den anderen – und seine Yacht

Die Einhand-Rennen um die Welt, bei denen gesponserte und hauptsächlich französische Segler in Einrumpf- und/oder Mehrrumpfbooten über 120 Tage lang mit Konzentration und Selbstdisziplin unterwegs sind, um hohe Geldpreise zu gewinnen, können kaum von Rettungsdiensten überwacht werden: Die Regattabahn führt durch rauhe Seegebiete, die fernab üblicher Schiffahrtslinien liegen, und die Teilnehmer entfernen sich auf ihren gesegelten Kursen während der Regatta meistens Hunderte von Meilen voneinander. So hatte zum Beispiel bei der Vendee Globe Challenge 1989/90 von und nach Les Sables das Siegboot bereits den Zielhafen erreicht, als der siebente verbliebene Teilnehmer gerade Kap Hoorn rundete.

Die Sicherheitsüberwachung des Regattafeldes erfolgt mit Hilfe von Argos-Sendern, die auf jeder Yacht installiert sind und über Satelliten stündlich die Position vollautomatisch angeben und aussenden. So sind die einsamen Segler auf ihrer 30 000 sm langen Regattabahn zwar gut 3000 Stunden auf sich allein gestellt, aber bei unerwarteten Havarien oder schwereren Unfällen ständig über eine unsichtbare Nabelschnur mit ihrer Sicherheitszentrale verbunden. Wandert der übermittelte Standort in den üblichen Stunden- oder Tagesschritten über den Globus aus, ist alles an Bord in Ordnung. Bleibt die Position mehr als einen Tag unverändert, benötigt die betreffende Yacht Hilfe. Und diese kann dann nur von einer anderen Yacht im Rennen erbracht werden.

So war es auch, als am 34. Tag der am 26.11.1989 vor der französischen Küste gestarteten Wettfahrt die Position der FLEURY MICHON etwa 1100 sm südwestlich von Kapstadt immer gleich blieb. Aber niemand wußte, was geschehen war. So gab die Wettfahrtleitung an alle Yachten im Rennen eine entsprechende Seenotmeldung und beauftragte gleichzeitig die der offensichtlichen Notposition am nächsten stehende Yacht, die LADA PICH III mit Loick Peyron, ihren Kurs sofort zur Unglücksstelle abzusetzen. Gleichzeitig wurde von Kapstadt aus ein Aufklärungsflugzeug eingesetzt, das trotz schlechter Sicht, aber dank der präzisen Argos-Positionsangabe, die FLEURY MICHON gekentert entdeckte. Einhandskipper Philippe Poupon saß unverletzt auf dem umgeschlagenen Rumpf und signalisierte den Fliegern, daß er unverletzt sei.

Wenig später erreichte auch die LADA PICH die Unfallstelle. Peyron machte sie trotz der hohen See am Havaristen fest, ging an Bord und begann, mit Peyron das Ballastwasser umzupumpen. Aber erst nach Kappen des unter dem Rumpf hängenden Besanmastes richtete sich die FLEURY MICHON wieder auf. Poupon segelte mit ihr nach Kapstadt, um dort die Schäden zu reparieren. Für ihn war das Rennen gelaufen. Denn nach Inanspruchnahme fremder Hilfe mußte er disqualifiziert werden.

Loick Peyron setzte das Rennen fort, um den Rückstand zur führenden Yacht ECUREUIL D'AQUITAINE mit Skipper Lamazou aufzuholen. Es gelingt ihm jedoch nicht: Nach 109 Tagen, 8 Stunden und 45 Minuten erreicht Lamazou am 15. März 1990 um 2304 Uhr als erster das Ziel. Peyron folgt am 17. März gegen 0700 Uhr, zwanzig Stunden später und wohl ungefähr die Zeitspanne hinter dem Sieger, die er für das Ablaufen zu der gekenterten FLEURY MICHON und für die Arbeit beim Wiederaufrichten benötigte. Eine entsprechende Zeitgutschrift für seine Rettungsaktion wurde ihm offenbar nicht gewährt. So reicht seine Segelzeit zwar nur zum zweiten Platz. Für viele wurde er jedoch moralisch zum eigentlichen Sieger dieses Rennens um die Welt.

Das hohe Lied des Mackerns – 1000 Meilen Segelschlepp

Die überwiegende Mehrzahl aller Yachten segelt allein. Die Besatzungen wollen unumschränkte Herren über Ziele, Kurse und Distanzen ihrer Reisen sein und auch alle seemännischen Entscheidungen zu Wind und See ohne Rücksicht auf andere treffen können. Natürlich segelt dabei auch das Risiko mit – desto mehr, je weiter und länger der Weg über die See führt.
Wegen dieses Risikos, das auch bei der Benutzung noch so hochwertiger seemännischer und nautischer Hilfsmittel (von Autopiloten aller Art über Rollreffanlagen bis zu GPS-Geräten und einem weltweiten Seenot-Satelliten-System) beim Yachtsegeln immer noch nicht auszuschließen ist, fühlt sich auch heutzutage manche Crew nicht stark genug, eine so lange und ungewisse Distanz, wie sie nun einmal eine Atlantiküberquerung darstellt, ganz allein zu bewältigen. So entstand z. B. die seit einiger Zeit jährlich veranstaltete Atlantic Rallye for Cruisers von den Kanaren in die Karibik, bei der sich viele Besatzungen im Pulk von mehreren hundert gleichzeitig gestarteter Yachten mit annähernd gleichen Kursen zu ihrem fernen Ziel wohlfühlen. Auch wenn man sich optisch nur gelegentlich sieht, ist man doch im Umkreis der UKW-Reichweite ständig mit anderen Yachten verbunden. Eine neue Form des Massentourismus auf See.
Fast so alt wie das Alleinsegeln ist demgegenüber das sogenannte „Mackern“, das Fahrtensegeln zusammen mit einem anderen Boot auf annähernd gleichen Kursen zu demselben Ziel. „Macker“ ist ein altes Seemannswort für den Kameraden, den Freund, den Partner oder Gehilfen, mit dem man an Bord und auf See zusammenarbeitet. Auf Fahrzeuge bezogen ist der Macker das Boot, das ein anderes begleitet, ihm hilft oder eine Aufgabe mit ihm gemeinsam löst – in einer „Mackerschaft“. Ich persönlich liebe das Mackern und übe es aus, so oft und so lange sich dafür eine Gelegenheit bietet.
Das schönste Beispiel einer solchen Mackerschaft unter Transozeanseglern lieferten im Sommer 1994 die Ehepaar-Besatzungen der ALBATROS mit Hannelore und Hellmut Schmöe und die SUEVIA mit Ute und Horst Lachenmann an Bord. Beide trafen sich auf ihrer Weltumseglung, die sie getrennt angetreten hatten, im

australischen Hafen Darwin, und da sie das gleiche ferne Ziel, die deutsche Küste, hatten und sich auch persönlich gut verstanden, beschlossen sie, von da an zusammen zu segeln.

Beide Yachten liefen gemeinsam durch den Indischen Ozean, umrundeten das Kap der Guten Hoffnung, suchten zusammen verschiedene Ankerplätze an der afrikanischen Küste auf und bereiteten sich schließlich vor St. Helena auf den weiten Weg zu den Azoren vor.

Zum möglichen Mackern gehören nicht nur Besatzungen, die sich mögen und verstehen, sondern auch Yachten, die zueinander passen. Das heißt: Sie müssen annähernd gleich groß sein, nicht zu unterschiedliche Fahrt laufen und auch unter allen zu erwartenden See- und Wetterbedingungen in gleicher Weise seetüchtig und sicher sein. Denn auch wenn man nicht ständig in Sicht voneinander segeln kann, muß oder will man doch immer auf dem Funkwege miteinander eine ständige Verbindung halten.

Die beiden Seekreuzer erfüllten diese Bedingungen: Die ALBATROS, ein Kunststoff-Seekreuzer der englischen Rival-Werft, war 10,93 m lang und 3,35 m breit, hatte 1,82 m Tiefgang, 70 m^2 Segelfläche und 7,5 t Verdrängung. Ihr Motor war ein 17-kW-(23-PS-)Bukh-Diesel. Die SUEVIA war eine 25 Jahre alte, von Feltz aus Stahl gebaute Eigenkonstruktion von 9,00 m Länge und 3,00 m Breite, ein gemäßigter Kurzkieler mit angehängtem Ruder und Skeg. Tiefgang 1,55 m, Segelfläche 44 m^2, Verdrängung 6 t, Motor 17 kW (23 PS). Horst Lachenmann bezeichnet das Rigg als „Pseudo-Kutter", weil der Mast zwei Profilvorstagen mit Varioturn-Rollreffanlagen für Genua und Klüver hat, die am Topp zusammenlaufen.

Am 3.4.1994 verabschieden sich beide Besatzungen vor der Insel St. Helena in bester Stimmung voneinander und mit der Verabredung eines täglichen Funkkontaktes. „Wir wußten, daß diese lange Strecke mit Generalkurs Nord ein schwerer Gang werden würde", berichtet Horst, „hatten wir doch vor drei Jahren, am Beginn unserer Weltumseglung, im vor uns liegenden Revier einen stürmischen Passat erlebt. Daher hatte ich das gesamte Rigg sehr sorgfältig kontrolliert, und wegen der langen Amwindstrecken, die vor uns auf dem Wege zu den Azoren lagen, stauten wir schwere Ausrüstung wie z. B. das Schlauchboot nicht im Vorschiff, sondern unter dem Kajüttisch. Diese Maßnahme hat sich gut bewährt."

Nach 10 Segeltagen überqueren beide Yachten den Äquator. Der Motor hilft, die windstillen Zonen zu überwinden. Dann folgen unterschiedlich starke böige Winde aus wechselnden Richtungen mit oft ruppiger See, bis sich am 20. Seetag der NNE-Wind mit 3–4 Bft stabilisiert. Er frischt jedoch schon bald auf Bft 6–7 auf. „Wir refften stark ein und verhinderten dadurch, daß die SUEVIA mit zu hoher Geschwindigkeit über die Wellenkämme schießt, um dann mit mark- und riggerschütterndem Stoß ins Wellental zu fallen", sagt Horst Lachenmann. Das ist dann auch wohl die Wettersituation, in der der unerwartete Mastbruch auf 25° 31' N und 003° 01' W passiert. Und er fährt fort:

„Am Morgen des 30. April 1994, am 27. Tag auf See, laufen wir bei NE 20–28 Knoten (Bft 5–6) unter einmal gerefftem Groß und 70 % Genua. Wie üblich liegen wir in der Koje und lesen, während die Aries-Windfahne steuert. Alle 20 Minuten geht die Eieruhr, Zeit für einen Rundblick an die Kimm und einen prüfenden Blick ins Rigg. Seit 14 Tagen haben wir kein Schiff mehr gesehen. Alles ganz normal. Der Geräuschpegel von Wind und See ist hoch.
Um 1030 Uhr hat sich irgend etwas verändert. Einen Schlag haben wir nicht gehört – aber das Boot liegt plötzlich ganz anders in der See. Wir springen auf, stürzen raus und sehen: Der Mast ist weg! Vor Schreck bleibt uns buchstäblich die Spucke weg! Das gesamte Rigg hängt an der Backbordseite im Wasser, und das Boot schlingert unkontrolliert im Seegang. Der 11,20-m-Alu-Mast ist im Salingbereich gebrochen. Die Profilstagen sind verbogen. Großsegel und Genua machen das allgemeine Durcheinander von Rigg und Segel im Wasser noch unübersichtlicher.“ (Zum Mastbruch kam es, weil beide Unterwanten an einem gemeinsamen Beschlag und an einem einzigen Bolzen befestigt waren. Dieser Edelstahlbolzen brach infolge von Korrosion – und zu einem unerwarteten, gefährlichen Zeitpunkt. Die Lehre aus dieser Havarie? Befestige jedes Want und Stag am Mast – wie ja auch an Deck – einzeln für sich und völlig selbständig!)
In der fieberhaften Hektik, möglichst alles für ein unverzichtbares Notrigg zu bergen, was zu bergen ist, und auch kein mögliches Ersatzteil für spätere Reparaturen in einem Hafen dem Meer zu überlassen, können sich Ute und Horst kaum an Deck halten, geschweige die schweren Teile ohne den Schutz der abgerissenen Seereling an Bord nehmen. Zur Absicherung der gefährlichen Arbeit versucht der Skipper, einen schnell aus Kanistern und Ankerleine gebastelten Seeanker auszubringen, damit während der Bergung wenigstens der Bug im Wind gehalten wird. Aber der Widerstand, den das an der Bordwand hängende Rigg dem Seegang bietet, ist viel größer, als ihn ein Treibanker jemals erzeugen könnte. So wird er wieder eingeholt.
Zuerst gelingt es Ute und Horst, die untere Masthälfte mit dem anhängenden Großbaum an Deck zu holen und auf der Backbordseite am Heckkorb sowie einer Relingstütze sicher zu zurren. Bis zur Funkrunde mit der ALBATROS von 1200 bis 1230 Uhr mußte aber nun noch die UKW-Antenne geborgen werden. Sie hängt am Masttopp noch gut sechs Meter unter Wasser. Horst muß tauchen: „Nicht vor Haien hatte ich Manschetten, sondern vor den Portugiesischen Galeeren, die ausgerechnet hier sehr zahlreich um uns herumschwammen“, gesteht er.
Portugiesische Galeeren, das sind seltsame Meeresbewohner, die zu den Nesseltieren gehören und aus Polypen und Medusen bestehen. An einer Schwimmblase auf dem Wasser hängen meterlange Quallen-Fangarme in die Tiefe, bei deren Berührung ungemein schmerzliches Hautbrennen verursacht wird.
Glücklicherweise kann Horst die Antenne schon mit dem ersten Ruck abreißen. Sie wird provisorisch am Bootshaken hochgehalten, und auch über diese Notantenne kann Hellmut Schmöe auf der ALBATROS die Hiobsbotschaft über UKW

Fast 300 Stunden lang und genau 926 Seemeilen weit hing die entmastete SUEVIA an zwei 70 Meter langen Schleppleinen am Heck der segelnden ALBATROS auf dem Atlantik.

empfangen. Er liegt zu dieser Zeit auf 25° 23' N und 031° 25' W, etwa 22 Seemeilen in Lee, und steuert bei NNE 20–25 Knoten unter Großsegel, Fock und gereffter Genua einen (rechtweisenden) Kurs von 340°. Unverzüglich geht ALBATROS über Stag und läuft mit Kurs 84° und 4,3 Knoten in Richtung auf den havarierten Macker.

Hier ist derweil Horst noch einige Male ins Wasser gegangen, um das Rigg zu sichern und den Rumpf vor Schaden zu bewahren, und dann hat er es in vierstündiger Arbeit mit Ute endlich geschafft, alle Teile zu bergen und an Deck zu laschen. Die SUEVIA-Crew ist gerade dabei, ein Zweibein aus den beiden Teleskopbäumen nach achtern als Notmast aufzurichten und zum Bug zu sichern, als gegen 1800 Uhr ALBATROS in Sicht kommt.

Wir können mitfühlen, was in den beiden Menschen auf dem mit Riggtrümmern vollgepackten Deck vorging, wenn Horst schreibt: „Für uns wird immer in Erinnerung bleiben, wie die Segelsilhouette von ALBATROS, als die Sonne unterging, vor dem messinggelben, nichts Gutes verheißenden Abendhimmel auftauchte."

Nach weiteren fünf Meilen, die ALBATROS in der Dämmerung noch zu segeln hat, liegen die Freunde auf Rufweite nebeneinander, und um 1900 Uhr, nun schon in der begonnenen Tropennacht, hat ALBATROS die SUEVIA am Haken. Hellmut Schmöe hat ganz selbstverständlich eine Schleppleine übernommen, und nun hängt der Havarist erst einmal sicher an einer verbindenden Nabelschnur. Unter zu 50 % eingerollter Genua sowie mit Fock und Großsegel steuert ALBATROS den Segel-Schleppzug mit Kurs 310° durch die Dunkelheit – mit der Aries-Selbststeueranlage als Ruderwache.

„Wir hatten keine bestimmte Vorstellung, wie die Hilfe unseres Mackers aussehen sollte", berichtet Horst Lachenmann. „Vielleicht würden wir einige Blöcke und Bolzen oder ähnliche Teile aus der Reservelast erhalten können. Für uns war klar, daß hier draußen, über 850 sm südlich der Azoren und bei anhaltendem Wind aus Nordnordost, nur Trinidad im Westen unser Ziel unter Notrigg sein konnte. Die Karibik kam wegen der bevorstehenden Hurrikan-Saison nicht in Frage. Zunächst waren wir jedenfalls froh, unsere Freunde in der Nähe zu haben."

Trinidad liegt etwa 1500 sm im Westen, und auch mit Notrigg raumschots im Passat bedeutete die Bewältigung dieser Ozeanstrecke mit der havarierten Yacht noch mindestens 30 Tage Fahrt. Und wie stand es für diese (längere) Segelzeit mit dem Mehrproviant für die SUEVIA-Crew? Das mag auch dem ALBATROS-Skipper in dieser Nacht durch den Kopf gegangen sein. Denn nach dem nächtlichen und erfolgreichen Segelschlepp hatte er ganz andere Pläne: Er wollte seinen ja immerhin sechs Tonnen schweren Anhang mit dem nicht unbeträchtlichen Windfang bis zu den Azoren schleppen!

Den Einwand der Lachenmanns, daß der Treibstoff an Bord beider Boote nie bis zu den Azoren reichen würde, wischte Hellmut Schmöe mit den Worten vom Tisch: „Wenn es unter Maschine geht, dann muß es auch unter Segeln gehen, und wenn es fünf Meilen gut geht, muß es auch 1000 Seemeilen weit funktionieren."

An ihrem Notrigg zwischen den aufgerichteten Passatbäumen führte die geschleppte SUEVIA zuerst das Trysegel und dann die Fock. Die Bewegungen des kopflos schlingernden Bootes waren fürchterlich.

Und so lief dieser wohl längste und bemerkenswerteste Segel-Schleppzug auf einem Ozean in der deutschen Seglergeschichte nach der nächtlichen Trimmfahrt weiter gen Norden. Es lohnt schon, die dabei gesammelten Erfahrungen genau zu registrieren:

Am zweiten Schlepptag, dem 29. Tag auf See, wird eine zweite Schleppleine geschoren. Auch sie ist 70 m lang, und die Aries hat es mit dem Steuern leichter. Anstelle des Azoren-Kurses von 12° kann ALBATROS nur einen 330°-Schleppkurs steuern. Fahrt 3 Knoten, Etmal 48 Seemeilen,. Wind NNE 20–25 kn. Segelführung unverändert Großsegel, Fock und 50 % Genua.

So bleibt es auch in den nächsten Tagen: ein Kurs hoch am Wind von 315° bis 350° bei einem Sollkurs von zuerst 16°, dann 21° und bald schon 24°, auf dem die Azoren zunehmend mehr von einer nördlichen in eine nordöstliche Peilung auswandern und der dadurch bedingte Umwegkurs täglich länger wird. Die Segel stehen voll, der Seegang schwankt unverändert zwischen mäßig und rauh, die Fahrt des Schleppzuges von drei bis dreieinhalb Knoten ist respektabel.

Die SUEVIA hat bisher nur das Trysegel waagerecht zwischen den als Notmast geriggten Bäumen gefahren. Jetzt setzt sie statt dessen die etwas größere Fock. „Es war ein gutes Gefühl, wieder besegelt zu sein und im Falle eines Falles auch vor dem Passat ein Ziel im Westen erreichen zu können“, sagt Horst. „Auf die schlimmen Schiffsbewegungen hatte das Segel kaum Einfluß, und auch der Vortrieb am Wind war gering."

Die Bewegungen auf dem kopflos schlingernden Boot sind fürchterlich. Die Lachenmanns müssen sich in der Kajüte auf dem Fußboden festkeilen, wenn sie ruhen wollen, und alle Bordarbeiten einschließlich des Kochens sind lebensgefährlich. Es ist ein zermürbendes, Tag und Nacht andauerndes unkontrollierbares Schlingern zusätzlich zu den üblichen Bewegungen des Bootes im Seegang. Es ist ein permanenter Streß für Körper wie Nerven gleichermaßen.

Auch ist es schwierig, unter Segeln die Geschwindigkeit des Schleppers und des Anhangs richtig aufeinander abzustimmen. Eine Leinenlänge zwischen den Booten entsprechend der Wellenlänge, wie sie in Lehrbüchern empfohlen wird, erweist sich als untauglich. Dabei kommt es zu ständigem Einrucken des Anhangs, zum Beschleunigen bei steifer Trosse und einem unkontrollierbaren Weiterlaufen bis zum Schleppboot, wenn die Leine Lose hat, oder gar zum Überlaufen der Schlepptrosse mit Gefahr für den Propeller. Ein Autoreifen wäre ein idealer Ruckfender gewesen – wenn man ihn gehabt hätte.

Bei diesen Bewegungen ist auch das Schamfilen ein großes Problem: „Umgewickelte Zeugstreifen, mit Flaggenleine fixiert, rissen in Minuten wieder ab", berichtet Horst. „Zum Glück hatten wir genügend Gutasynschlauch an Bord, den wir über die gefährdeten Stellen der Schlepptrossen schieben konnten. Zum Fixieren der Schlauchteile schnitten wir an den Enden Fenster ein und banden die Schläuche mit strammen Taklingen an der Trosse fest."

Mit einer so vorsorglichen Seemannschaft hielten die Leinen dann während der gesamten immerhin 300stündigen Schleppfahrt durch – eine Zeit, die man (für Mensch und Material) gar nicht genug würdigen kann. Solche Vorsorgearbeiten bei (im wahrsten Sinne des Wortes) „laufendem Betrieb" waren auch nur durch die Entlastung jeweils einer der beiden Schleppleinen möglich.

Die Aries-Windfahnen-Selbststeueranlagen, die auf beiden Booten unverändert in Betrieb waren, konnten nur bis zwei Knoten Fahrt zuverlässig steuern. Bei zu langsamer Fahrt unter Segeln ließ die SUEVIA den Motor leicht mitlaufen, um das Einrucken der Schleppleine zu verhindern und ALBATROS mehr Kursstabilität zu geben. Als der Segelschlepper einmal so weit aus dem Kurs lief, daß er seinem Anhang plötzlich und unerwartet auf Kollisionskurs entgegenkam, setzte ALBATROS von da an das Dreifarbenlicht, und die SUEVIA führte ein schwaches, aus einer Kunststofflasche gebasteltes Schlepplicht, um ALBATROS nicht zu blenden. So ließen sich Kurse und Positionen beider Yachten auch bei Nacht besser erkennen. Immerhin segelte der Schleppzug ja über 150 Stunden lang im Atlantik-Seegang durch die dunkle Tropennacht!

Am 4. Mai, dem vierten Tag der Schleppfahrt und dem 31. Tag auf See, kommt um 1500 Uhr auf 30° 01' N und 033° 12' W ein Schiff in Sicht. Da es ein windstiller Tag ist und der schon im Äquatorgebiet fast verbrauchte Dieselkraftstoff immer mehr zur Neige geht, spricht es ALBATROS über UKW mit einem PAN-

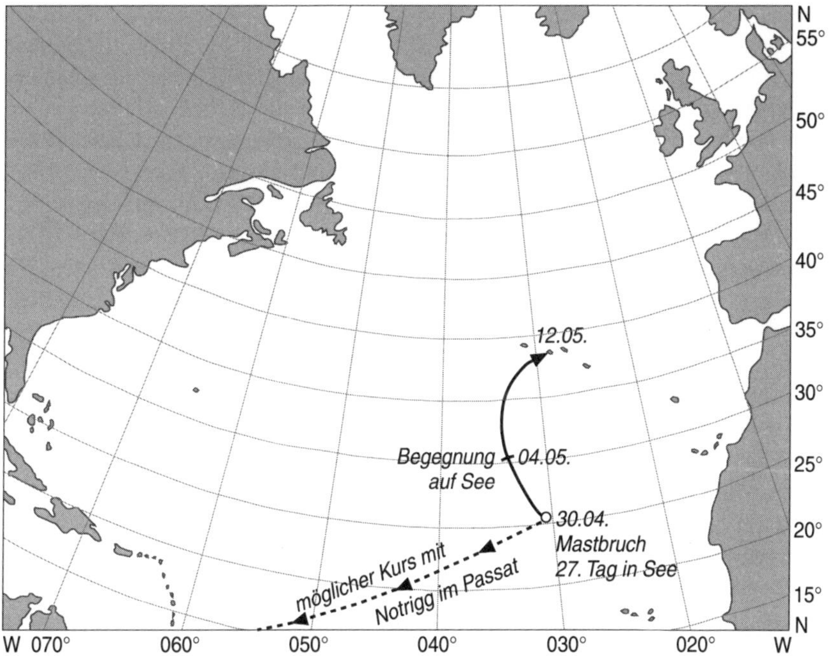

Der Kurs der ALBATROS mit der SUEVIA im Schlepp vom Mastbruch auf 25° 31' N und 031° 01' W bis zu den Azoren und die Position der Begegnung auf See mit HMS HERALD.

PAN-Ruf für eine Dringlichkeitsmeldung an. Es meldet sich die HMS HERALD, ein Vermessungsschiff der Royal Navy, das hier weitab der üblichen Schiffahrtslinien arbeitet. Als die Briten vom Mißgeschick der SUEVIA erfahren, ändern sie spontan ihren Kurs, laufen heran, machen gegen 1600 Uhr dem kleinen Schleppzug Lee und kommen mit einem Schlauchboot längsseits, um leere Treibstoffkanister einzusammeln und sie – zweimal – gefüllt zurückzubringen. Ungefragt schaffen sie auch einen Balken heran, damit die SUEVIA hiermit später auf den Azoren ihren Mast schäften könnte. (Tatsächlich wurde der Alu-Mast in Horta geschweißt und im Bereich der Bruchstelle mit einer inneren und äußeren Manschette verstärkt.)

Die angebotene Süßwasserdusche lehnen die Crews zwar ab, aber für Frischproviant sind sie dankbar. Bezahlung entfällt. „It's a gift of the Royal Navy!" Mit je 140 Litern Dieselkraftstoff und 50 Liter Frischwasser in den Tanks trennen sich ALBATROS und SUEVIA um 1700 Uhr von den Briten, die Richtung Kanaren laufen, während die beiden deutschen Ehepaare mit einem köstlichen Dinner aus frischem Brot, Speck und Obst ihren Nordkurs wieder aufnehmen.

Der harte Alltag auf der schleppenden Yacht und ihrem entmasteten Anhang geht zwar weiter, aber es beruhigt doch, die Dieseltanks wieder gefüllt zu haben. An einen Motorschlepp durch ALBATROS war mit dessen 17-kW- bzw. 23-PS-Motor zu keiner Zeit zu denken. Die schleppende Yacht segelt mit ihrem Anhang unverändert am Wind und kann den Kurs zu den Azoren nur halten, weil Wind und Seegang weiter auf Ost drehen und sich der in diesem Seegebiet sonst vorherrschende Nordwest erst sehr viel später einstellt. Dadurch kann sich der Verband auch ohne einen Umwegkurs direkt an die Azoren herankämpfen.

Am 10. Mai, dem 37. Tag auf See und noch 159 sm von Horta auf den Azoren entfernt, bricht auf ALBATROS die Steuerleine der Aries und anschließend die Schlepptrosse.

Es dauerte eine ganze Stunde, bis eine neue Verbindung zum Anhang hergestellt ist – aber mit ihr wird dann auch das letzte Stück harter Wegstrecke geschafft.

„Mittlerweile waren wir auf einer Position südwestlich von Faial angekommen", sagt Horst Lachenmann. „ Der Wind ging auf NNW und nahm weiter zu. Das Barometer fiel ständig. Wir bewunderten ALBATROS, wie sie uns unter Segeln kraftvoll durch die aufgewühlte See zog. Das letzte, was uns noch fehlte, wäre der abermalige Bruch der Schleppleine gewesen. Bei Bft 7 hätten wir sie nicht mehr ausbringen können. Um möglichst ohne Kursabweichung in Kiellinie zu laufen, steuerten wir mit der Hand."

Es ist eine mondlose, kalte Nacht, als die Mackerschaft endlich die Westhuk von Faial erreicht und in Lee der Insel segeln kann. Mit Jubel werden die ersten Lichter an Land begrüßt, und dann kann in der Abdeckung von Porto Pim, nach 300 Stunden Schleppfahrt, die so lange belastete Leinenverbindung losgeworfen werden. Welch ein Gefühl der Befreiung für beide Besatzungen!

Die SUEVIA läuft allein unter Motor, passiert mit der ALBATROS um 0500 Uhr die Molenköpfe, und am 12.5.1995 um 0630 Uhr machen beide Yachten am Steg in Horta fest. „Wir sind alle happy!" schreibt Hellmut Schmöe in sein Logbuch, und er vermerkt dann: „Seit St. Helena in 39 Tagen insgesamt 3915 Seemeilen versegelt, davon mit der SUEVIA 12 Tage im Schlepp 926 Seemeilen." Das bedeutet: Etmale eines Segelschleppzuges über den Atlantik von über 75 Seemeilen, mit denen eine kleine Yacht eine havarierte, gleich große andere Yacht unter Segeln fast zwei Wochen lang im Ozeanseegang schleppte.

Nicht nur unter dem Gesichtspunkt: „Unter Mackern ist auf jede mögliche Rettung immer Verlaß" ist es eine ganz außergewöhnliche seemännische Leistung, die von den deutschen Seglergremien, die jährlich entsprechende Preise vergeben, gar nicht erkannt und daher auch nicht – für beide Besatzungen – angemessen gewürdigt worden ist. Es ist beispielhafte Seemannschaft, auch wenn Hellmut Schmöe in seiner schwäbischen Bescheidenheit sagt: „Die Sache hat nur geklappt, weil wir kommodes Wetter hatten, Wind bis 25 Knoten. Außerdem waren es nur Kurse hart am Wind, die den Einsatz der Selbststeueranlagen über große Strecken mit bis zu 5,5 Knoten Fahrt sowie das Motorsegeln bei nachlassendem Wind ermöglicht haben." Wer hätte das gleiche Durchstehvermögen gehabt, über zwei Wochen lang und tausend Meilen weit?

Wie der Traum von der Bergung zu einem Alptraum wurde

Kein Segler wird sich an der Notlage eines anderen bereichern wollen, und wenn er im Falle einer Havarie zur Hilfe gerufen wird, ist eine freundschaftliche Hilfeleistung selbstverständlich kostenlos. Ich habe mich mein Seglerleben lang an die Lebensweisheit eines alten Fischers gehalten, der die Buddel, die ich ihm im Sommer 1949 nach dem Aufbrummen und Freikommen mit meinem ersten kleinen CORMORAN hinüberreichte, mit den Worten zurückwies: „Mein Junge, man trifft sich zweimal im Leben." Mit anderen Worten: Heute helfe ich dir, morgen hilfst du mir. So einfach und selbstverständlich geht das auf See.

Diese Lebenshaltung schließt jedoch nicht aus, daß man in einer nächtlichen Ruderwache oder auch beim Ausguck während sengender Sonnenstunden am Mittag davon träumt, auf See irgend etwas zu entdecken, was man gebrauchen kann – oder sogar etwas entdeckt, das man bergen, das heißt in Besitz nehmen und seinem Eigentümer gegen einen entsprechenden Bergelohn zurückgeben kann. Ein leerer Kanister, ein Fender oder sogar ein Schlauchboot, das zwanzig oder gar einhundert Seemeilen vor einer Küste treibt, kann dabei wohl als herrenloses Gut betrachtet werden, nach dessen Eigentümer man nicht forschen muß. Aber eine von der Besatzung aufgegebene Yacht zu bergen, wie es sonst nur Schiffsbesatzungen glückt, wie man immer hört? Das ist wirklich ein verlockender Gedanke. Leider liegen Theorie und Praxis einer solchen Bergung oft meilenweit auseinander, wie die mißglückte Bergung der kanadischen Zehn-Meter-Yacht SACI durch den deutschen Seekreuzer TONGA zeigt:

Die TONGA (von der wir schon an anderer Stelle hörten) war auf dem Wege über den Nordatlantik und segelte von Dakar in Westafrika nach Tobago vor Südamerika entlang des 11. Breitengrades eine unübliche Passatroute. Sie war auch nicht mit einer Selbststeueranlage ausgestattet, so daß die vierköpfige Crew mit Skipper Gerd Ludwig rund um die Uhr von Hand steuern mußte – tagsüber im Dreistunden-, nachts im Zweistundenrhythmus. Dadurch war aber nicht nur das Ruder ständig besetzt, der jeweilige Rudergänger hielt auch ganz selbstverständlich sorgfältigen Ausguck, obwohl auf einem Atlantiktörn meistens tage- oder sogar mehr als eine Woche lang kein auffälliges Zeichen an der Kimm erscheint.

Die TONGA, die am 11. Januar 1988 aus Dakar ausgelaufen war, hatte jedoch schon gelegentlich Schiffe auf dem Europa-Südamerika-Weg oder dem Nordamerika-Afrika-Weg gesichtet, die ihren Kurs kreuzten. Sie hatte sie angefunkt und über solche Relais-Stationen Standortmeldungen in die Heimat am Bodensee gegeben. Und da der Skipper solche Sichtungen angemessen belohnte, war das Ausgucken unter Marlies, Christian (alias Leo) und Gastal zu einem kurzweiligen Sport geworden. Denn außer Fliegenden Fischen, einigen Seeschwalben und dem quirlenden Kielwasser am Heck der 10,64 m langen und 3,20 m breiten Slup mit 1,65 m Tiefgang, deren 60 m^2 große Passatsegel sie zügig westwärts ziehen, gibt es nichts Außergewöhnliches zu sehen.

„Aber am 15. Tag, auf 11° 07' Nord und 039° 58' West, reißt uns plötzlich ein Aufschrei aus unserer Monotonie“, berichtet Gerd Ludwig. „Marlies ruft: ‚Schaut einmal nach Steuerbord, dort ist ein U-Boot!‘ Aufgeregt zeigt sie zur Seite. Tatsächlich! Da treibt etwas! Endlich eine Abwechslung! Wir bergen die Passatsegel und werfen die Maschine an. Dann nehmen wir Kurs auf das ‚U-Boot‘, das beharrlich auf der Kimm tanzt und absolut nicht wegtauchen will.“
Aber das vermeintliche Unterseeboot entpuppt sich beim Näherkommen als eine entmastete Yacht. Nur die Windfahnen-Selbststeueranlage ragt über den Rumpf nach oben und bleibt auch dann als kleines optisches Zeichen über der Kimm stehen, wenn der große Rumpf in der Atlantikdünung in den Wellentälern verschwindet – wie das ausgefahrene Sehrohr eines getauchten U-Bootes.
„Ein Wrack!“ schießt es dem Skipper durch den Kopf, und er überlegt fieberhaft, als er es ansteuert: „Ob wohl noch Personen an Bord sind? Oder vielleicht sogar Tote? Und wie kommt es hierher? Immer näher kommt das Gebilde. Erste Einzelheiten werden sichtbar: etwa so lang wie die TONGA. Der Bugkorb ist beschädigt. Am Heck hängen sehr dicke Tampen ins Wasser und an der Backbordseite mehrere Fender. Direkt über der Wasserlinie gibt es einen Riß. Wir umkreisen das Wrack. Groß und deutlich können wir am Heck den Schiffsnamen lesen: SACI IV, R.C.Y.C., Toronto.“
Auch das Windfahnenruder, übrigens aus deutscher Produktion, trägt das rote Ahornblatt, und als die Crew der TONGA noch über den eigenartigen Gabelbaum rätselt, der an Deck liegt, entdeckt sie auch den Typen-Schriftzug am Rumpf: Nonsuch 30 – das ist ein Yachttyp, der mit unverstagtem Holzmast und Spreizbaum für das Großsegel gebaut wird und den in Amerika Einhandsegler bevorzugen.
Und da ist auch der gesplitterte Maststummel erkennbar, der „wie ein Haifischmaul“ aus dem Vorschiffsdeck hervorlugt.
Die TONGA umkreist mit langsamer Fahrt den sonst unversehrt treibenden Rumpf. Immer wieder tutet Gerd Ludwig mit dem Nebelhorn. Aber an Bord regt sich nichts. Die Steckschotten am Kajütniedergang sind verschlossen. Der Eingang ist sogar mit Leinen verzurrt. Also ist die SACI wohl von ihrer Crew aufgegeben worden und auf ein Seeschiff übergestiegen. Und dieses (oder ein anderes) hat versucht, die kleine Yacht auf den Haken zu nehmen oder in einen Ladekran zu hängen.
„Leo, unser jüngstes Crewmitglied, erklärt sich bereit, hinüberzuspringen und nach dem rechten zu schauen“, berichtet Gerd Ludwig weiter. „Aber ich zögere zunächst noch. Denn ich kenne die Gefahr, in die meine TONGA geraten könnte, wenn sie dem schlingernden und stampfenden Wrack zu nahe kommt. Vorsichtshalber fahre ich noch einen Kreis, um das andere Schiff bei seinen Bewegungen im Seegang genau zu studieren. Dabei geht mir eine Flut von Gedanken durch den Kopf, und darin vor allem der eine: Wem gehört das Treibgut nach internationalem Seerecht?“

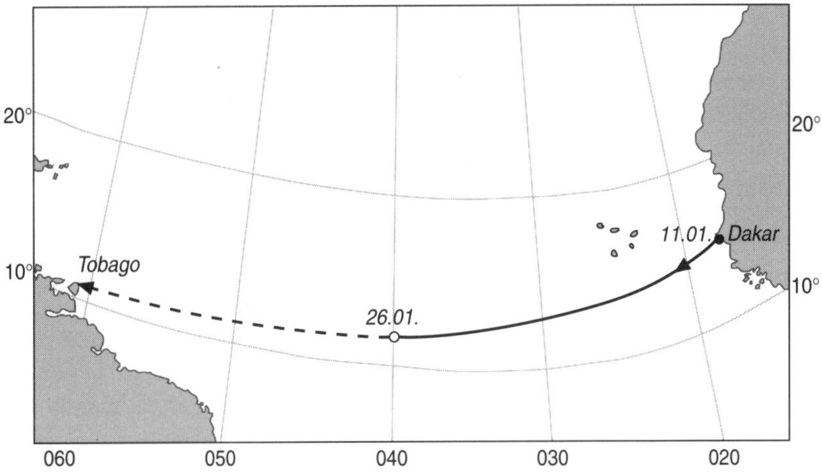

Auf ihrem Weg von Dakar nach Tobago sichtet die TONGA auf 11°07' N 39°58' W eine Geisteryacht, doch gelingt es ihr nicht, sie in Schlepp nach Amerika mitzunehmen.

In seiner Ehrlichkeit gesteht uns Skipper Ludwig, was ihm seine innere Stimme sagt: „Dieses Schiff gehört dir! Nimm es dir!" Aber dann überlegt er: „Ob es wohl möglich ist, den beschädigten Rumpf in Schlepp zu nehmen?" Das ist eine gewichtige seemännische Frage. Sie stellte sich auch, allerdings in einem anderen Zusammenhang, aber fast im gleichen Seegebiet dem ALBATROS-Skipper Hellmut Schmöe, als er die SUEVIA nach ihrem Mastbruch auf den Haken nahm und unter Segeln etwa eintausend Seemeilen weit nach Norden bis zu den Azoren schleppte. (Diese denkwürdige Schleppfahrt habe ich unter dem Titel „Das hohe Lied des Mackerns" ausführlich auf Seite 254 geschildert.)
„Ich sah mich schon stolz in den Hafen einlaufen", beschreibt Ludwig das in Gedanken vorweggenommene Erfolgserlebnis, „die SACI im Schlepp wie eine Trophäe. Sie gehört mir!" Er überlegt weiter: „Ob die Maschine wohl noch läuft? Was wohl noch so alles an Bord vorhanden ist? Vielleicht eine Nachricht? Eine Schilderung des Unglücks, das dieses Schiff betroffen hat?" Sein Entschluß bleibt: „Ja, ich will die Bergung wagen! Zuerst ein Crewmitglied übersetzen, selbst aber am Steuer der TONGA bleiben. Mein eigenes Schiff darf dabei nicht in Gefahr geraten." Und dann doch etwas Herzklopfen: „Hoffentlich geht das alles gut!"
Derweil steht Leo an Deck, einen Fuß schon sprungbereit auf das Schandeck gesetzt, während der Skipper die TONGA langsam anlaufen läßt. Aber der erste Versuch zum Übersteigen mißlingt. Gerd Ludwig muß einen Drehkreis fahren und das Manöver neu ansetzen. Aber der zweite Anlauf klappt: „Ich halte genau auf das Cockpit der SACI zu", erzählt er, „ganz dicht vorher wird gestoppt. Leo springt. Ich reiße das Steuerrad sofort hart herum. Vollgas rückwärts und schnell

wieder weg. Gott sei Dank ist Leo wohlbehalten auf dem fremden Deck gelandet."
Die Decksausrüstung ist fast unversehrt. Aber wie mag es in der Kajüte aussehen? „Schau doch mal rein!" ruft Gerd Ludwig ihm zu. Leo hat verstanden, aber er braucht lange, um den verzurrten Niedergang zu öffnen – und dann ist er unter Deck verschwunden. Was wird er finden? Tote hätte man so sorgfältig nicht eingeschlossen – und Verletzte hätten sich selbst nicht so verbarrikadiert. Also nur Chaos – oder Wasser im Schiff? Es scheint den Wartenden auf der TONGA wie eine Ewigkeit zu dauern, bis Leo wieder an Deck erscheint und signalisiert: „Alles in Ordnung! Niemand mehr an Bord!"
Dann sieht die Crew, wie Leo zum Vorschiff der verlassenen Yacht geht und die Reste der dicken Schlepptampen aus dem Wasser holt, die dort am Bug hängen und bei einem Schleppmanöver dem Propeller der TONGA gefährlich werden könnten. Eine als Wurfleine genommene Schot erreicht die Berger nicht. Leo steckt einen Fender an den Tampen und läßt das Ende zur TONGA hinübertreiben. Aber als Schlepptrosse ist die Schot zu schwach. Sie bricht sofort nach dem Belegen am Bug und dem ersten Anschleppen.
Also muß der Skipper die eigene, 25 Millimeter dicke und einhundert Meter lange geflochtene Schlepptrosse aus der Backskiste zerren, die dort – für alle Fälle, aber eigentlich nur für eine eigene Havarie – verstaut ist. Leo belegt sie mittig auf der Vorschiffsklampe der SACI, so daß man sie doppelt nehmen kann. Aber dadurch ergibt sie nur eine 50 Meter lange Schleppverbindung – zu kurz für einen Anhang in der langen Atlantikdünung, wie die Erfahrung lehrt. Und so bleibt nicht aus, was Gerd Ludwig weiter beschreibt:
„Ich kannte nicht die Unberechenbarkeit eines steuerlosen Schiffes, wenn es im Atlantik bei hoher Dünung durch die Wellen stampft. Jedesmal wenn die SACI in die Leinen einruckt, kommt die TONGA völlig zum Stehen. Und dann rauscht das Wrack von achtern auf uns zu! Der Schweiß rinnt mir den Nacken runter. Ständig muß ich konzentriert nach achtern blicken, um den unberechenbaren Bewegungen des Ungetüms mit Vollgasmanövern ausweichen zu können. Manchmal nimmt die SACI sogar so viel Fahrt auf, daß sie neben der TONGA bis auf Höhe unseres Bugs nach vorn surft, um dann kurz darauf wieder hart in die Trosse einzurucksen."
Enttäuschung macht sich breit: „So also kann man keine Yacht eintausend Seemeilen weit über den Atlantik schleppen", meint Skipper Gerd Ludwig. Aber wie anders? „Die Crew halbieren", meint er „zwei Mann drüben auf der SACI und der Rest hier? Ich verwerfe den Gedanken wieder, das wäre ja viel zu anstrengend, wie wollten wir dann abwechselnd Wache gehen." Und dann setzt Resignation ein: „So ein schöner Fang – und von Minute zu Minute sehe ich meine Chancen schwinden. Aber die Sicherheit meiner Crew muß vorgehen. Auch Leo, der immer noch an Deck der SACI steht, hat eingesehen, daß jeder Versuch zwecklos ist. Wir müssen aufgeben."

Nun, vielleicht hätte es Gerd Ludwig doch noch einmal versuchen sollen – mit der in voller Länge (und nicht halbiert) ausgesteckten Schlepptrosse und nicht unter Motor, sondern von dort aus und mit langsamer Fahrt wieder in die Passatbesegelung übergehend. Denn letztlich hätte es über diese Eintausend-Seemeilen-Distanz ja eine Segel-Schleppfahrt werden müssen. Doch jetzt gilt es erst einmal, noch vor der kurzen Tropendämmerung Leo wieder sicher an Bord der TONGA zu holen.

„Wir nehmen die Schlepptrosse über unsere Genuawinschen dichter und kommen langsam wieder näher an das Wrack heran“, beschreibt Ludwig sein Manöver, das schwieriger als erwartet abläuft. „Leo kann die Trossenverbindung auf dem Vorschiff der SACI nicht lösen, zu sehr hat sich die Leine auf der Klampe festgezogen. Er muß also die Trosse mit dem Messer kappen und im gleichen Zeitpunkt zu uns hinüberspringen. Als eine große Welle den Bug des Anhangs fast über unser Heck hinausheben will, handelt Leo – und als wir ihn wiederhaben, fällt alle Spannung von uns ab, und wir sehen die SACI letztlich doch erleichtert langsam in der Dunkelheit achteraus verschwinden.“

Was hätte es Gerd Ludwig eingebracht, wenn er die SACI bis nach Tobago mitgenommen hätte? Zuerst hätte man der TONGA den zusätzlichen Zeitaufwand (mit)vergüten müssen; denn sie wäre sicher mit ihrem Anhang zehn Tage später als sonst möglich in der Karibik angekommen. Und dann mußten ihr auch die Schleppgebühren für die 1000-sm-Distanz angemessen bezahlt werden. Diesbezüglich sind die den Seeschiffen bei der Bergung der VICTORIA oder der OTHELLO gezahlten Beträge (von etwa 20 000 Dollar) seemännisch vertretbar und versicherungsrechtlich auch durchsetzbar. Bei entsprechenden Verhandlungen hätte Gerd Ludwig die SACI als Faustfand in seinem Besitz gehabt, und er hätte sie nur Zug um Zug (Bargeld gegen Ware) freigeben müssen. Ob er sich bei einem Bergelohn entsprechend einem geforderten Drittel des geborgenen Wertes besser gestanden hätte oder was passiert wäre, wenn sich kein Eigentümer der SACI nach der Anlandung gemeldet hätte – darüber wollen wir hier nicht sprechen.

Die Tortur der Selbsthilfe nach zwei Havarien

Wenn eine havarierte Yacht den Beistand einer anderen erbittet, dann muß diese auch nach erfolgter aktueller Hilfeleistung so lange in nächster Nähe bleiben, wie es der Skipper der havarierten Yacht wünscht, bzw. der Helfer darf sich erst von ihrer Seite entfernen, wenn der Havarist ihn ausdrücklich aus seiner Beistandspflicht entlassen hat. In manchen Havariefällen kann es ganz selbstverständlich sein, daß die helfende Yacht den Havaristen bis in den nächsten Hafen oder an einen sicheren Ankerplatz begleitet und erst dann ihre Fahrt zum vorgesehenen Ziel fortsetzt. Die Crew auf einer havarierten Yacht sollte dabei in dem verständlichen Bestreben, die Zeit des Helfers nach seinem aktuellen Beistand nicht noch länger in Anspruch zu nehmen, die Entlassung nicht zu schnell vornehmen. Unter einer frühen Wegfahrt des Helfers – bei der ich nicht weiß, ob er nun vom Havaristen gutgläubig entlassen wurde oder sich ganz selbstverständlich entfernte, als das Gröbste geschafft war – hatten Gerd und Karin im Mai 1993 im östlichen Mittelmeer gräßlich zu leiden: Mit ihrer CINDERELLA, einem e+a-Kunststoff-Seekreuzer von 12,20 m Länge, nahmen sie an der gut gesicherten und von etwa 100 Yachten aus mehreren Ländern gesegelten Rallye von Antalya über Zypern nach Israel teil. Aber schon auf der ersten Etappe, unweit von Cap Anamur, brach der Mast aus unbekannter Ursache bei leichtem Wetter, und das gesamte Rigg mit Segeln stürzte ins Wasser. Mehrere Yachten bemerkten wohl den Unfall, aber nur ein englisches Boot, das am nächsten lag, half mit seiner Crew bei der Bergung der Takelage an Bord des Havaristen.

Als alle geborgenen Teile an Deck der CINDERELLA sicher verzurrt waren, setzten Gerd und Karin den Rückweg nach Antalya allein fort – im Vertrauen auf ihren Bootsmotor, mit dem sie die 100-sm-Distanz mit den üblichen sechs Knoten Fahrt in angemessener Zeit bis spätestens zum anderen Morgen zu schaffen hofften. Sie waren auch nicht besorgt darüber, daß sie ohne intakte UKW-Antenne keine Möglichkeiten mehr zur Kommunikation mit anderen Schiffen haben würden – und an einen neuerlichen Notfall dachten sie natürlich erst recht nicht. Aber dieser stellte sich, Tücke des Objekts, bereits ein, als die Masten des Engländers noch in der Kimm sichtbar waren: Die Kraftstoff-Förderpumpe des Dieselmotors fiel aus. Irreparabler Schaden.

Und nun? Die CINDERELLA lag ohne Antrieb in einem wenig befahrenen, windarmen Seegebiet und gut 100 sm von den nächsten Häfen und Ankerplätzen entfernt in einer langen Dünung auf hoher See. Ein Notrigg bauen? Ich weiß nicht, ob dieser Plan verworfen wurde, weil die Materialien dazu nicht ausreichten oder weil die Arbeiten dazu den Nutzen bei den herrschenden Windverhältnissen zweifelhaft erscheinen ließen. Also unter Motor weiter. Aber wie?

Zuerst zapfte die Crew den Dieseltank an und ließ Kraftstoff in eine Kanne, deren Inhalt anschließend durch ein Kaffeesieb in die geöffnete Kraftstoffleitung gegossen wurde. Bevor man den Motor jedoch starten konnte, mußte er entlüftet werden. Und nach einer Stunde Arbeit konnte der Motor wieder laufen – für etwa 6 Minuten, in denen er die CINDERELLA eine gute Meile voranbrachte. Dann dieselbe Prozedur abermals: Kraftstoffleitung öffnen, Kraftstoff nachfüllen, Kraftstoffleitung entlüften, Motor starten, einige Minuten laufen, eine gute Meile schaffen, nach dem Stehenbleiben der Maschine Kraftstoffleitung wieder öffnen – und so weiter, und so weiter, Tag und Nacht, so viele Stunden lang wie Meilen bis zum Ziel. Eine fast übermenschliche Leistung, in jedem Falle eine unmenschliche Arbeit.

Wie Karin und Gerd davon gezeichnet waren, als sie endlich die Marina in Antalya erreicht hatten, zeigt die überlieferte Äußerung des Bootsmanns bei der An-

meldung der CINDERELLA in der Rezeption: „Da ist gerade ein uraltes Ehepaar mit einer havarierten Yacht eingelaufen."
Vorsorge, damit uns nicht gleiches passiert? Vielleicht diese:

- Den Helfer nicht aus einem Stand-by-Zustand entlassen, wenn man sich nach Hilfe im Havariefall wieder sicher fühlt – auch wenn die andere Yacht vielleicht die Teilnahme an einem Rennen oder einer Rallye unterbrechen oder gar abbrechen muß. Ihr steht gegebenenfalls eine Entschädigung zu.
- Für einen solchen (und nicht nur einen doppelten) Notfall ein UKW-Handfunkgerät anschaffen. (In vielen küstennahen Revieren kann heutzutage ein Mobil-Telefon die gleichen Dienste leisten.)
- Eine Ersatzmembrane für die Förderpumpe an Bord nehmen (falls der Ausfall nur diese betrifft und man sich zutraut, sie selbst auszutauschen).
- Sich einen Hochbehälter aus einem Kunststoffkanister bauen (und diesen sicher befestigen), der über eine provisorische Schlauchleitung mit der Kraftstoffleitung verbunden wird und den Motor nach dem Schwerkraftprinzip „füttert". Wenn man gleichzeitig in der Lage ist, ihn mit immer neu aus dem Tank abgezapftem Kraftstoff fortlaufend nachzufüllen, muß man nur einmal, nämlich nach dem Installieren dieser Notanlage, den Motor entlüften. Man spart dann viel Zeit und Kraft.

Hafenunfälle

Beschädigungen durch Wind und Seegang

Der Begriff „Hafen“ und die seemännische wie schiffahrtsrechtliche Bezeichnung „festgemacht“, auf ein Schiff bezogen, geben eigentlich zu verstehen, daß es hierbei geschützt liegt und ihm eigentlich nichts passieren kann. Tatsächlich ist ein Fahrzeug auch im Hafen Gefahren ausgesetzt, die ihm nicht nur durch die Elemente, sondern auch von anderen Schiffen drohen. Denn jeder Liegeplatz hat neben der Landseite auch eine Wasserseite, und wo beide aneinanderstoßen, messen auch die Elemente ihre Kräfte – und ein Yachtrumpf liegt dann wie ihr Spielball dazwischen.

Die ATHENA versinkt festgemacht am Kai

Yachten sinken nicht nur auf hoher See, und zerstörender Seegang herrscht nicht nur außerhalb schützender Molen. Beim Durchzug eines Orkantiefs können auch in begrenzten Hafenbecken seemännische Situationen entstehen, die mit Bordmitteln nicht zu beherrschen sind und zum Totalverlust eines Schiffes führen, das eigentlich unbeweglich liegt und sicher festgemacht zu sein scheint. Der Untergang der ATHENA ist ein tragisches Beispiel dafür – und eine Warnung zugleich.

Sie war eine zwar ungewöhnliche, aber als Oldtimer unter den segelnden Fahrzeugen dennoch nicht seltene Yacht: Zu Beginn des Jahrhunderts in Dänemark von erfahrenen Bootsbauern aus Holz gebaut, hatte die mit Toppsegeln geriggte Gaffelketsch schon ein langes Berufsleben hinter sich, als Wolfgang Stephan sie kaufte und zur Edelcharter ins Mittelmeer überführte. Die 19 Meter lange und 4,50 Meter breite Yacht von 70 Tonnen Verdrängung war trotz ihrer modernen Ausstattung, zu der auch ein 120-PS-Dieselmotor gehörte, eine schwimmende Nautiqität geblieben, und Stephan nahm daher auch nur zahlende Gäste mit, die gute Segelerfahrung besaßen und mit denen er die betagte Göttin auch ohne bezahlte Hände zu den schönen Küsten des Mittelmeeres segeln konnte.

Ihr Heimathafen war Bari an der süditalienischen Adriaküste geworden, wo die

ATHENA auch vor der Saison 1995 ihren Liegeplatz hatte – mit Wolfgang Stephan allein an Bord. Der Skipper und Eigner hatte es gelernt, die Gaffelketsch beim Manövrieren im Hafen auch einhand zu bedienen. Zumindest bei gutem Wetter hatte es damit niemals Schwierigkeiten gegeben – aber in einer Unwettersituation mußte es zwangsläufig zur Not am Mann kommen. Und so ging die ATHENA letztlich wohl nur auf Tiefe, weil ihr in kritischen Minuten die zweite oder dritte Hand an Bord fehlte.

„Als ich am Morgen des 26. März 1995 den Wetterbericht erhielt, der stürmischen Nordwestwind der Stärke 8 Bft vorhersagte, wollte ich die ATHENA von ihrem Liegeplatz im Fischerhafen sicherheitshalber in den Haupthafen verlegen", erzählt Wolfgang Stephan. „Einige Fischer rieten mir auch, diesen ungeschützten Molenplatz zu verlassen, weil die Diebstahlsgefahr hier zu groß sei. Also verholte ich anderntags die Gaffelketsch, und da im Haupthafen bei der befürchteten Windrichtung die für die ATHENA geeigneten Liegeplätze durch alte albanische Fischerboote und ausgediente Schlepper belegt waren und sich freie Plätze am Kai durch vorspringende Kanten nicht zum Festmachen meines Bootes mit immerhin 2,80 m Tiefgang eigneten, ging ich an dem Schlepper CAPRI längsseits."

Die Leinen belegt beim Festmachen des auffälligen Oldtimers der Skipper des benachbarten Schleppers SONJA, der offenbar als Wachkapitän mehrerer Schlepper fungiert. So gibt es auch keine Einwände gegen das Liegen im Päckchen. Um die hölzerne Bordwand der ATHENA gegen Schamfiling an der stählernen Außenhaut der CAPRI und besonders an der vorspringenden Scheuerleiste zu sichern, bringt Stephan zusätzlich zu seinen Fendern vier Autoreifen aus, neben die er später noch drei weitere, von einem Freund herbeigeschaffte Autoreifen hängt. Genug Gummipuffer? Zumindest wohl bei dem befürchteten Wind parallel zum Kai und der auch hierbei zwangsläufig nahe der Bordwand entstehenden Kabbelsee.

Am Vormittag des 28. März tobt der Nordweststurm, wie vorhergewarnt, über der Straße von Otranto und den weitflächigen Anlagen des Großschiffahrtshafens Bari. Die ATHENA liegt jedoch mit zwei Vorleinen, einer Achterleine und einer Vorspring fast unbeweglich am Schlepper vertäut. „Wir hatten in den letzten fünf Jahren sowohl im Hafen als auch auf See mehrere Stürme bis Bft 9 abgewettert und schadlos überstanden", stellt Stephan fest, „und die von mir jetzt getroffenen Vorbereitungen hätten bei einem normalen Sturm auch ausgereicht."

Aber es ist kein „normaler Sturm" mehr, der sich über dem Revier austobt, es ist ein Orkan, der sich hier eingenistet hat und zu vertiefen beginnt. „Gegen Mittag nahm der Wind zu, drehte auf West und drückte ATHENA gegen den Schlepper", berichtet Stephan. „Ich kontrollierte ständig die Fender und Leinen. Auch in den Perioden wechselnder Windstärken von fünf bis sieben bewegte sich ATHENA nicht, das Abwettern war kein Problem. Alles hielt."

Doch gegen 1400 Uhr wurde der Sturm zum Inferno. Wolkenbruchartig entlud sich der Himmel über dem Hafen. Fliegendes Wasser peitschten die Böen über die Kämme, die sich auf den kurzen Windbahnen der Hafenbecken bildeten.

Der im Orkan an der Bordwand eines Schleppers im Hafen von Bari gesunkene Traditionssegler ATHENA *kommt in den Gurten eines Kranes wieder an die Wasseroberfläche.*

Hagelschauer deckten ihre weißen Köpfe zu, und die Augen schmerzten, wenn man sie einen Spaltbreit zu öffnen versuchte. Aus allen Richtungen brachen die Windstöße herein und drückten die ATHENA mit unbändiger Wucht gegen die Bordwand des Schleppers, um sie im nächsten Augenblick wieder freizugeben und an ihr entlang nach vorn oder achtern zu schieben. Mit zehn Windstärken rüttelte der Wind an der Takelage und versuchte vergeblich, die Yacht zu krängen. Hilflos klebte sie an der Seite des Schleppers wie ein geschlagener Boxer in den Seilen und unfähig, den Gewalten des Wetters auszuweichen. Auch das immer stärkere Stampfen half ihr nicht, sich zu befreien – im Gegenteil, bei diesen Bewegungen wurden die Fender immer wieder nach oben gedrückt und verloren ihre Schutzwirkung in dem verbliebenen schmalen Spalt zwischen den Bordwänden.

„Eine Stunde lang versuchte ich erfolgreich, die ständig nach oben rutschenden Fender wieder nach unten zu drücken", beschreibt Stephan diese Zeit zunehmender Hilflosigkeit, „doch als der erste Fender platzte, schrie ich um Hilfe. Vergeblich! Drei Polizisten, die aus einem Auto meinen verzweifelten Kampf verfolgten, blieben ungerührt im Trockenen sitzen und schauten mir nur interessiert zu. Die Hafenarbeiter, die sich in der Nähe untergestellt hatten, machten die typische Handbewegung des Südens: Ohne mich! Erst als ich nicht aufhörte zu rufen, kam schließlich doch einer von ihnen, um mir zu helfen. Er sollte wenigstens die großen Traktorreifen, die am Bug des Schleppers hingen, weiter nach achtern versetzen. Allein schaffte er es jedoch nicht, und als seine Kollegen endlich bereit waren, ebenfalls zu helfen, trauten sie sich nicht auf das Deck des Schleppers, weil dort der Bordhund bellte, der durch das Wetter und mein Schreien kopflos geworden war und wütend von vorn nach achtern stürmte."

Schließlich stehen die Männer jedoch hilfsbereit und mit Ratschlägen an der Bordwand der ATHENA. Abzulegen empfehlen sie – aber eher könnte man eine Briefmarke vom Umschlag ziehen, als die ATHENA mit eigener Kraft an der fremden Bordwand entlang nach Luv zu drücken. Schlepperhilfe anzufordern raten sie – die angesprochenen Bugsierer jedoch winken ab. Sie haben genug mit sich selbst zu tun. Aber die Männer schleppen wenigstens von irgendwoher zusätzliche Fender herbei und bringen neue Leinen vom Großmast zum Ufer aus. Der Sturm scheint jetzt auch abzunehmen, und die Italiener beruhigen den ATHENA-Skipper mit der Vermutung, daß das Unwetter wohl bald vorbei sei. Aber diese Annahme ist ein Trugschluß. Tatsächlich kommt es noch schlimmer:

„Plötzlich konnte man die gegenüberliegende Mole wegen der fliegenden Gischt nicht mehr erkennen", erzählt Wolfgang Stephan und stockt immer wieder. „Der Sturm nahm auf 11 Windstärken zu und entwickelte nach Aussagen des Hafenkapitäns eine tödliche Aktivität, wie sie in Bari noch nie erlebt wurde. Das Wasser stieg in kürzester Zeit bis über die Molenkanten und ließ den Seegang des freien Wassers ungehindert in die engen Becken hineinbranden, gut drei Meter hoch. Hinter unserem Päckchen wurde das Feuerlöschboot auf die Mole geworfen, und beide zerstörten sich gegenseitig. Nur mit Mühe können zwei noch aktive Schlepper die mit unzähligen Leinen festgemachte Korfu-Fähre mit voller Kraft gegen den Winddruck stützen. Aber auch sie können nicht verhindern, daß ihre Leinen brechen. Der Sturm, der in alle Windrichtungen rotiert, richtet überall Schaden an."

Die ATHENA kämpft in diesem Inferno verzweifelt, aber immer noch erfolgreich. Bis zur Großmastposition hebt sich ihr Vorschiff aus dem Wasser, um sofort mit dem Klüver tief in das aufgewühlte Meer einzutauchen. In diesen wilden Bewegungen eines Schaukelpferdes reißen die Fender einer nach dem anderen ab oder sie werden einfach zerdrückt. Und nun kommt die Deckskante des hölzernen Oldtimers in direkten Kontakt mit der Holzauflage der stählernen Scheuerleiste des Schleppers. Bei jeder Auf-und-ab-Bewegung reißt der robuste Rumpf der ATHENA zuerst die Holzauflage der Scheuerleiste ab – aber damit legt sie deren stählerne Stahlschienen und Bolzen frei, die sie gehalten hatten und die sich nun ungehindert in die hölzerne Außenhaut des stampfenden Oldtimers hineinfressen können.

„Das Schanzkleid fiel als erstes auf einer Länge von zwölf Metern", sagt Eigner Stephan zu dem nun beginnenden Todeskampf seines Schiffes, den er noch an Bord erlebt. „Dann wurden die Planken und Spanten zerstört. Das Krachen des splitternden Holzes werde ich wohl nie vergessen. Zweimal ging ich noch nach unten, um den Wassereinbruch zu kontrollieren, die Lenzpumpe anzustellen und mir etwas Trockenes anzuziehen. Als auf der Steuerbordseite jedoch immer mehr Wasser eindrang, nacheinander zwei Vorleinen, die Achterleine und eine Vorspring brachen, das massive Bergholz am Bug aus seiner Verankerung gerissen wurde und die ATHENA nur noch durch eine Leine um den Mast mit dem Schlepper verbunden war, verließ ich mein Boot."

Tatenlos muß Wolfgang Stephan von Bord des stukigen, kaum weniger stampfenden Schleppers mit ansehen, wie sein Schiff wenige Minuten später an dessen Bordwand auf den Grund des zehn Meter tiefen Hafenbeckens versinkt und ATHENAS verbliebene Masthöhe nur noch ihr vorläufiges nasses Grab anzeigt.

Aber ob sie tot ist oder nicht – als anderntags das Wetter verzogen ist und überall in Bari nur Wracks geräumt und Schäden beseitigt werden müssen, kommt es auf diese Entscheidung noch nicht an. Das Hafenamt stellt Stephan erst einmal die fast pietätlos anmutende schriftliche Forderung, „das Wrack innerhalb von vierzehn Tagen von den Hafengewässern zu entfernen". Auch für die Wrackbeseitigung wäre aber die Versicherung zuständig – jedoch vorausgesetzt, Eigner Stephan hätte sich in keiner Phase der Geschehnisse fahrlässig verhalten und keine entsprechenden falschen Entscheidungen getroffen. Aber was hätte er anders machen sollen und können?

Nach den veröffentlichten Angaben des Seewetterberichtes und der Warnung vor der entsprechenden Windrichtung und Windstärke war es ein „sicherer Liegeplatz". Auch als der Sturm eine unerwartete Stärke erreichte, konnte sich die ATHENA nicht ohne Schlepperhilfe aus dieser unsicher gewordenen Lage befreien. Es gab auch keinen anderen, sicheren Liegeplatz, den das Hafenamt ihr bei der eingetretenen Wetterverschlechterung anbieten konnte. Die Liegeplätze, die üblicherweise in Bari für Yachten vorgesehen sind, waren unter diesen Sturmbedingungen noch gefährlicher als der Schlepper-Platz. Und auch das Feuerwehrschiff hatte ja seinen Liegeplatz noch nicht geräumt, weil die Hafenbehörden die Lage ähnlich wie Stephan eingeschätzt hatten. Außerdem herrschte bei gemessenen 60 Knoten Wind mit sintflutartigem Regen im ganzen Hafen eine heillose Panik, in der jede Crew nur ihr eigenes Schiff zu retten versuchte.

So wurde im Auftrage der Versicherung die ATHENA in viertägiger Arbeit wieder gehoben. Zwei Tage lang arbeiteten drei Taucher unter dem Schiff, um die Tragebänder unter dem Rumpf durchzuziehen, und drei Männer erledigten die entsprechenden Tätigkeiten über Wasser. Am dritten Tag wurde das Schiff mit Hilfe eines 170-t-Kranes bis zur Wasseroberfläche gehoben und dann mit Hilfe einer Dieselpumpe von Schlamm und Wasser entleert, bis es wieder mit eigenem Auftrieb schwimmen konnte. Und am vierten Tag schleppte man es zur nahegelegenen Werft, wo die ATHENA zur Reparatur aufgeslippt wurde.

Alles in allem ein kostspieliges Unterfangen mit einem Aufwand, der einem konstruktiven Totalverlust gleichkommt. Aber zum guten Schluß kehrte die ATHENA doch nach Wochen harter handwerklicher Arbeit genauso restauriert in ihr Element zurück, wie sie in der Orkannacht an der Bordwand des Schleppers CAPRI versunken war.

Massenkarambolage am Kai wegen mangelnder Aufsicht

Der 11.11.1993 war für den Diplom-Kaufmann Willibald Uhlig kein so freudiger Tag wie für die Landsleute in seiner rheinischen Heimatstadt, die um 1111 Uhr dort den Karneval begannen. Denn Uhlig, der nach der Wende schnell in die neuen Bundesländer verzogen war und dort, gestützt auf seine verbrieften kaufmännischen Kenntnisse, ein Yachtcharter-Unternehmen mit dem optimistischen Namen „Sonnenschein-Yachtferien" aufgebaut hatte, stand um diese Zeit vor den Trümmern von acht seiner Seekreuzer am Kai des ehemaligen Militärhafens Dranske-Bug im Nordwesten der Insel Rügen. Und dennoch hatte er Glück im Unglück: Denn die acht zerstörten Yachten gehörten ihm juristisch gar nicht – er hatte sie vorher den jetzigen Eignern verkauft und für sie nur die Vercharterung übernommen, an deren Erlösen er sie beteiligte. Und im Rahmen dieser Betreuung waren die Yachten zu Schaden gekommen.

Aber beschäftigen wir uns vor der möglichen Erörterung juristischer Fragen mit dem Hergang unter seemännisch-nautischen Aspekten: Am 10.11. hatte Uhlig mit Hilfe von drei Jungfischern die Yachten SELLIN (11,48 m Länge), BAABE (9,10 m), BINZ (13,20 m) und GÖHREN (10,05 m), Boote eines französischen Serienherstellers, dessen Vertretung er für Vorpommern erhalten hatte, in etwa zweistündiger Fahrt unter Motor von der Charterbasis Schaprode nach Dranske überführt. Hier machten die Männer die Yachten an der hohen Spundwand unter dem Kran fest, damit sie anderntags auf den Kai gestellt und in einer verlassenen Lagerhalle eingewintert werden konnten. Mit einem begleitenden Fischerboot kehrten die Überführungscrews umgehend wieder nach Schaprode zurück und holten die Yachten TIESSOW (8,00 m), GAGERN (10,90 m), SASSNITZ (13,50 m) und PRORA (13,20 m) in gleicher Weise (zwei schleppende Yachten mit je einem Anhang) nach. Sie wurden, ebenfalls in Zweierpäckchen, neben den anderen Seekreuzern festgemacht. Gegen 1700 Uhr kehrte Uhlig mit seinen Jungfischern zurück.

Für eine Wache auf den acht Yachten in dem verlassenen Hafen, für dessen landseitig abgeschlossenes Areal von mehreren Quadratkilometern Fläche nur ein Rentner in einer etwa sechs Kilometer entfernten Kate den Schlüssel besaß, hatte Uhlig nicht gesorgt. Er schätzte auch die Wetterverhältnisse nicht als gefährlich ein, obwohl während der ersten Überführungsfahrt Südostwind Stärke 3 und bei der zweiten SSE 4 herrschte und die Yachten ja schon bei auflandigem Wind an ihren offenen Liegeplätzen festgemacht wurden. Die Wettervorhersage lautete sogar für die Nacht: SE 6–7, zunehmend 8 – eine Windrichtung, die bei einer etwa drei Seemeilen langen Windbahn über dem Bodden den aufgebauten Seegang ungehindert durch die 200 Meter breite Moleneinfahrt in den sechs Meter tiefen Hafen einlaufen ließ.

Auch die technische Beschaffenheit der Piers gestattete ein Anlegen der Yachten in Dranske auch nur unter günstigen Wetterbedingungen, bei Winden aus West über Nord bis Ost und bei ruhiger See im Hafen: Die großen Sicken in der stähler-

nen Spundwand der Kais, die für größere Schiffe angebrachten Gummifender und die hohe überstehende Stahlkante stellen für das Längsseitsliegen von Yachten überaus ernste Gefahren dar, die bei eintretendem Schlechtwetter durch nichts zu beseitigen sind. Der auf diese Liegeplätze zulaufende Seegang wird durch Reflexion der Wellen noch verstärkt, und wie eine offene Spundwand einem mächtigen Wellendruck ungehindert ausgesetzt ist, trifft nun die Wucht des Aufpralls nicht nur die verletzlichen Hohlräume der Yachten, sondern wirft die leichten Rümpfe auch gegen die harten Wände – in diesem Falle sogar: zuerst gegeneinander, und dann die innere Yacht gegen die Kaimauer.
Es war daher auch völlig unbedeutend, daß Uhlig die Yachten „seemännisch korrekt mit Vor- und Achterleinen sowie Vor- und Achterspring vertäut hatte“, wie er sagte, „und zum Abfendern Reifen, Holzpaletten, Brettfender, Kugelfender und die zu den Yachten gehörenden Langfender sachgerecht genutzt hatte.“ Die an Pollern auf der Fahrbahn der gut drei Meter hohen Kaimauer belegten Leinen mußten den Yachten ohnehin viel Bewegungsspielraum in Längsschiffsrichtung lassen, und bei steigendem Wasserstand war es unvermeidlich, daß sich die Bootsrümpfe nicht nur gegeneinander drückten, sondern auch an der Spundwand hin- und herschoben sowie im Wellengang anhoben und wieder in die Tiefe fielen, wo sie sich dann unter den Reibhölzern verfingen und auch lateral verkantet wurden.
Kurzum: Als sich Uhlig am Vormittag des 11.11.1993 ahnungslos-naiv mit vier weiteren Yachten und den drei Helfern des Vortages den Liegeplätzen zum Kranen näherte, bot sich ihm ein Bild, das man banal als „Yachtensalat“ bezeichnen könnte. Die SELLIN und BINZ hatten ihre Masten verloren. Sie waren durch das Schlagen gegen die Kaimauer abgebrochen und steckten mit ihren decksseitigen

Weitflächige Beschädigungen einer Außenhaut (links) sind oft schwieriger zu beseitigen als große Bordwanddurchbrüche (oben), die durch neue Bauteile ersetzt werden können.

Spitzen in der Außenhaut, wo weitflächige Lecks entstanden waren. Die GÖHREN und GAGERN hatten geknickte Mastspitzen, die sich mit den Salingen ihrer Nachbarboote verhakt hatten. Bei der THIESSOW war ein Teil des Vorschiffs abgerissen, die BAABE begann durch ein Leck im Achterschiff über das Heck zu sinken, auf der SASSNITZ hatte sich eine Relingstütze in den Sicken der Spundwand verhakt und für einen vom Deck zum Kiel durchlaufenden Riß im Bootsrumpf gesorgt, über den das Wasser eingedrungen war und schon den halben Rumpf gefüllt hatte, und die PRORA war gar nicht mehr zu sehen, sie war nach dem Köpfen ihres Riggs schon früher untergegangen.

Müßig zu ergänzen, daß Scheuerleisten in ganzer Länge abgerissen, alle Schandecks weitflächig zerstört, die Außenhaut allerorten abgerieben und angebrochen war und alles dies durch das stundenlange Gegeneinanderstauchen der Rümpfe im Seegang unzählige Bruchschäden am hölzernen Innenausbau verursacht hatte. Und von diesen Folgeschäden waren natürlich auch Motorwellen und nautische Geräte, Segel und Wohnausstattung betroffen.

Uhlig und seine Männer hatten mit dem zum Hochnehmen der Yachten bestellten Kranführer denn auch alle Hände voll zu tun, um während des Frontdurchzugs des gemeldeten Sturmtiefs bei Südsüdostwind Stärke 8 bis 9 die Trümmer der Yachten zu entwirren und sie erst einmal auf den Kai zu stellen, wo sie auf den Sachverständigen der Versicherung warten sollten. Denn eine Einwinterung in Dranske war jetzt überflüssig geworden. Und Uhlig hatte die delikate Aufgabe, den Eignern der ihm in Obhut übergebenen Yachten die Ereignisse zu melden

und einige schonend auf den konstruktiven Totalverlust ihrer Boote – am Kai des Schutzhafens Dranske! – vorzubereiten.
Glücklicherweise hatten die Eigner ihre Yachten individuell kaskoversichert, so daß die Versicherungen für den Schadenersatz geradestehen mußten – mit insgesamt über einer Million D-Mark für alle acht Yachten. Sie sollten „unter Tenderbedingungen" repariert werden. Das heißt: Die Versicherung bot alle acht Yachten quasi „im Paket" einigen interessierten Werften zur Instandsetzung an und splittete dann den Auftrag auf „zwei Tender", zum Beispiel „je vier Yachten" oder „zwei plus sechs". Die günstigsten Anbieter erhielten den Zuschlag für einen so geschaffenen Tender.
Aber was passierte dem eigentlichen Verschulder dieser Massenhavarie, Willibald Uhlig und seiner Firma „Sonnenschein-Yachtferien"? Denn ohne jeden Zweifel war die Entscheidung, die acht Yachten bei stürmischen Winden aus südlichen Richtungen in den ehemaligen Militärhafen zu verlegen und sie dort unbeaufsichtigt (ursprünglich noch für weitere Tage) liegen zu lassen, die Ursache für die entstandenen Schäden.
„Die folgenschwere Fehlentscheidung mußte unter den erkennbaren und im Seewetterbericht angekündigten Wetterbedingungen ganz zwangsläufig zu schweren Sturmschäden an den Yachten bis zur Zertrümmerung wesentlicher Bausubstanzen oder gar zum Totalverlust führen", stellt denn auch der Sachverständige fest. „Die Fehlentscheidung läßt auch ein beträchtliches Maß mangelnder seemännischer Sachkompetenz und mangelnder nautischer Sorgfalt seitens der Vercharterungsgesellschaft bei der Beachtung der hydro-meteorologischen Bedingungen während des gegebenen Zeitpunktes im Hafen von Dranske erkennen. Gerügt werden muß auch, daß die Firma Sonnenschein-Yachtferien keine wirksamen Maßnahmen eingeleitet hat, die schweren Beschädigungen der Yachten zu vermeiden."
Wie hätte dies geschehen können? Auf mehrfache Art und Weise, zum Beispiel diese:

- Man hätte die Yachten bei günstigen Wetterbedingungen und nur einer günstigen Wettervorhersage von Schaprode nach Dranske verlegen sollen.
- Man hätte sie beim Eintreffen unter der Kranpier sofort in den Kran hängen und auf den Kai setzen sollen, um sie anderntags dann nur über Land in den Lagerschuppen zu bringen.
- Mindestens zwei der zur Überführungscrew gehörenden Personen wären als Wachbesatzung an Bord geblieben, um entweder eine Yacht nach der anderen bei Wetterverschlechterung an einen Liegeplatz der besser geschützten Molen zu verlegen oder wenigstens das Charterbüro von den Gefahren zu verständigen und um Verstärkung zu ersuchen.
- Diese Wachcrew hätte auch die Anker der längsseits liegenden Yachten nach See zu und nach Luv ausfahren können, um sie bei Beginn des zerstörenden Seegangs von der Kaimauer freizuhalten.

- Man hätte die Yachten überhaupt nicht an der hohen Schiffspier längsseits festmachen, sondern den Buganker in Windrichtung und in ausreichendem Abstand von der Kaimauer (und in hier nahezu rechtem Winkel zu ihr) fallen lassen sollen, um anschließend diese Position mit Heckleinen zum Ufer und in ausreichendem Abstand davon zu fixieren – nicht anders, als es für Yachten und Schiffe in vielen Ländern ohnehin üblich ist.

Diese Unterlassungen wären neben den beklagenswerten Folgen auch Gründe genug gewesen, anschließend von seiten der Eigner-Versicherer Regreßansprüche gegen die Charterfirma geltend zu machen, um den Verursacher selbst zur Zahlung der eingeleiteten Reparaturen zu zwingen. Aber die Firma „Sonnenschein-Yachtferien GmbH und Co KG, eingetragen beim Amtsgericht in Bergen, persönlich haftender Gesellschafter Sport- und Freizeit-GmbH Schaprode, eingetragen beim Amtsgericht in Stralsund, Geschäftsführer Diplom-Kaufmann Willibald Uhlig, Gesellschafts-Kapital 50 000 DM“, entzog sich flugs allen möglichen Verpflichtungen und meldete wenige Tage nach dem Desaster Konkurs an.

Die möglichen Lehren daraus betreffen diesmal weniger den seemännischen als den juristischen Bereich: Die Firma betreute etwa fünfzig Eigner-Yachten und vercharterte diese. Alle Yachten gehörten zu den zwölf Serientypen einer französischen Werft in den Größen von acht bis vierzehn Metern, die Uhlig als Zwischenhändler den (fast ausnahmslos in den alten Bundesländern residierenden) Eignern verkauft hatte, damit diese über solche „Investitionen in den neuen Bundesländern“ erhebliche Steuern sparen konnten. Ein lukrativer Deal für Uhlig und ein in doppelter Hinsicht günstig erhoffter Gewinn für die Eigner, für die ihre (von Uhlig vercharterten) Yachten ja auch noch Geld einfahren sollten – wenn sie nicht selbst auf ihnen Urlaub machten.

Außer Willibald Uhlig verfügte die Firma jedoch über kein anderes ständig beschäftigtes Personal. Alle hier und dort anfallenden seemännischen Arbeiten wurden bei Bedarf von ortsansässigen Fischern vorgenommen. Aber auch die technische Instandhaltung, Pflege, Übernahme und Abgabe der Boote war natürlich insbesondere in den Stoßzeiten bei Besatzungswechsel von einer Person allein nicht zu bewältigen. Bei Charterwechsel nach einer Schlechtwetterperiode oder beim unbemannten Liegen der Yachten zwischen den Wechsel-Wochenenden entstanden hohe Risiken für die Eigner, die ihre Boote einem Vercharterer überlassen hatten, der nicht über ausreichendes und fachlich erfahrenes Yachtpersonal verfügte.

Schon aufgrund ihres Unternehmenszieles war die Firma Sonnenschein-Yachtferien GmbH und Co KG wohl ein schlecht geführtes Unternehmen, weil sie neben der Vercharterung auch am Yachtverkauf verdiente und den Käufern der Yachten, von denen viele vorher keine Segler waren, über ihr Chartermodell vorrangig erst einmal Steuervorteile verschaffen wollte.

Unübersehbar schien die Firma auch finanzielle Probleme zu haben, weil das Chartermodell, das sie den Eignern beim Verkauf der Boote offeriert hatte, nicht aufging: Wie „Sonnenschein“ hatten es auch viele andere Firmen gemacht, die nach der Wende gewinnhungrig aus der Erde schossen, und so war ein gewaltiges Überangebot an Charterbooten entstanden, für das es einserseits nicht genügend interessierte Segler, andererseits aber auch gar nicht genug Wasser gab. Denn die Gewässer um Rügen, die auf der Landkarte so frei und weitflächig aussehen, sind fast überall von Yachten schon ab einen Meter Tiefgang unbefahrbare Flachwassergebiete mit schmalen Fahrwassern und einer Vielzahl ungenügend betonnter Untiefen. Das Segeln erfordert hier eine ständige sorgfältige Navigation, die nicht jedermann in einem erholsamen Familienurlaub liebt.
Dazu kommt, daß die Charteryachten in diesem begrenzten Gebiet eingeschlossen sind, weil sie die deutschen Hoheitsgewässer im Verlaufe eines Jahres nur für einen gewissen Zeitraum (etwa die Dauer einer einzigen Urlaubsreise) verlassen dürfen, um beispielsweise auch nach Dänemark oder Schweden segeln zu können. Und schließlich ist die Infrastruktur des Yachtsportes in den neuen Bundesländern noch längst nicht so entwickelt, wie es verwöhnte Charterer nach vielen Auslandsbuchungen erwarten würden. Im Gegenteil, der Kontrast zwischen einigen wenigen Prachthäfen, die über den Solidaritätszuschlag viel zu luxuriös finanziert wurden, und den primitiven Anlegern in abgelegenen Gebieten ist groß. Es gibt also viele Gründe, warum Charterer abgeschreckt werden und die Charterflotten unbenutzt an ihren Stegen liegen, und es gibt auch Grund genug, die genannten juristischen Risiken und seemännischen Gefahren vorher sorgfältig in Betracht zu ziehen, wenn man seine Yacht einem Unternehmen wie der Sonnenschein-Gesellschaft anvertraut. Auch finanzielle Yachtunfälle können ja genauso schmerzlich sein wie der Verlust eines Bootes durch Sinken, Stranden oder Feuer.

Wenn Schiffe im Hafen mit Yachten kollidieren

Wenn Seeschiffe und Yachten einen Hafen mit seinen Kaianlagen oder Ankerplätzen gemeinsam benutzen, dann liegen sie dort in einer ungleichen Partnerschaft. Denn bei einer Kollision, die durch das Seeschiff – bedingt durch einen Manövrierfehler wie bei einem Leinenriß im Sturm – verursacht ist, werden Yachten meistens zweifach geschädigt: zum einen durch den materiellen Schaden, den die Yacht erleidet (oder auch die Verletzung einer Person an Bord), zum anderen durch den Haftungsausschluß, mit dem sich das Großschiff von einem angemessenen Schadenersatz freihalten kann. So sieht die rauhe Praxis aus:

Der Skipper fiel über Bord – und dann aus allen Wolken

Von einer folgenschweren Kollision in einem Südseehafen berichtet Torsten Hartmann, Skipper des deutschen, aus Stahl gebauten Seekreuzers SEETEUFEL: „Als wir im Mai 1988 in Apia, Samoa, ankerten, verlor der Erste Offizier der Tonga-Fähre OLOVAHA die Kontrolle über das Schiff. Bei dem chaotischen Versuch, im engen Hafen ein Ausweichmanöver zu fahren, traf er unser Boot so vehement hinter dem Mast, daß es sich hart überlegte und ich dabei über Bord fiel. Wir lagen zwischen zwei anderen Yachten, wurden anschließend noch ein zweites Mal gerammt und schließlich 150 m weit ‚abgeschleppt'.
Hätten wir ein Holz- oder Kunststoffboot gehabt, wäre der Rumpf dabei eingedrückt worden, und es wäre gesunken. So kamen wir mit dem Schrecken, einem geknickten Mast und einer Rumpfbeschädigung davon – und der Bestätigung eines Schadens von 33 000 DM durch einen Gutachter von Lloyd's. Wirklich gefährlich ist es nicht so sehr auf den Meeren, sondern viel eher in den abgelegenen Häfen."
Der Seekreuzer SEETEUFEL war glücklicherweise über eine deutsche Firma vollkaskoversichert. So konnte der Skipper mit dem eingetroffenen Geld die Reparaturen bezahlen. Denn der Kollisionsgegner, dem die Fähre gehörte (eine ortsansässige Firma, an der zu 40 % sogar die deutsche Reederei Hamburg Süd beteiligt ist, und ihre ebenfalls in Deutschland ansässige Versicherung), wollte trotz der verbrieften Schadenshöhe, eines dreiseitigen umfassenden Schuldanerkenntnisses des Ersten Offiziers und einer somit eigentlich eindeutigen Rechtslage nur den Teilbetrag von 9000 DM entrichten.
Und die Eigner der OLOVAHA waren mit dieser Haltung sogar noch im (auch in anderen Ländern ähnlich gültigen) Schiffahrtsrecht: Denn nach dem Recht des Landes Tonga, in dem der Verursacher der Kollision registriert war (und dessen Flagge er führte), haftet er nur mit wenigen Tonga-Dollars pro Registertonne für jede Art von Schaden, den er verursacht. Im Falle der SEETEUFEL waren dies 9000 DM. Auch bei einem Totalverlust seiner Yacht hätte Torsten Hartmann also keine größere Entschädigung erhalten. Der Fall zeigt, wie wichtig eine Kaskoversicherung für Yachten nicht nur bei weltweiter Fahrt ist. Trostpflaster für die deutschen Yachtversicherer: Zumindest den Anteil von 9000 DM können sie als Rückvergütung verbuchen.

Wer bezahlte, blieb im dunkeln

Weil er seinen aus der Adria zurückgekehrten 15-m-Seekreuzer CHRISTOFER COLUMBUS 2 nur einige Tage an der Schiffspier des Hafens Kolding liegen ließ, bis ein ausreichend großer Platz im nahe gelegenen Yachthafen frei wurde, verlor der dänische Segler Ingolf Laußen seine für eine Weltumseglung vorbereitete Yacht

durch eine unverschuldete Kollision: Ein Hamburger Kümo, von dem 2200 Tonnen Kohle gelöscht worden waren, schoß beim Ablegen plötzlich auf das Heck der CHRISTOFER COLUMBUS zu, bohrte sich mit dem Wulstbug in die Bordwand und preßte den zersplitterten Rumpf an die Kaimauer. Der Aufprall war so stark, daß er im Yachthafen noch wie eine Explosion zu hören war.
Die dänische Polizei verhaftete den Kapitän und stellte fest, daß er betrunken war. Er kam ins Gefängnis und wurde erst nach einer Kaution auf freien Fuß gesetzt. Der Schaden, den er angerichtet hatte, wurde mit 600 000 DM beziffert.

Wenn Yachten im Päckchen an Fischerbooten festmachen

Am Abend des 20. Juni 1987 hatten sich drei Segelyachten zur Übernachtung im Pellwormer Hafen längsseits eines Krabbenkutters gelegt und dort im Päckchen festgemacht. Als das Fischerboot gegen 0100 Uhr am 21.6. auslaufen wollte, bat der Kutterkapitän die Seglerbesatzungen, ihre Festmacher loszuwerfen, damit er ablegen und sein Boot aus dem Päckchen zurückziehen könnte. Beim Ablegemanöver stellte es sich jedoch heraus, daß die Crew des unmittelbar am Kutter festgemachten Seekreuzers in den dunklen Nachtstunden einen ihrer Festmacher übersehen hatte. Somit war das gesamte Päckchen noch über eine Leine fest mit dem Kutter verbunden, ohne daß der Kutterkapitän dies ahnen konnte. Das noch untereinander verbundene Segler-Päckchen wurde daher beim Ablegen mitgezogen und, ehe der Fischer die Rückwärtsfahrt durch einen Voll-voraus-Schub ganz aufstoppen konnte, beim Manövrieren gegen ein auf der gegenüberliegenden Hafenseite liegendes Fahrgastschiff gedrückt.
Offenbar bei dem Versuch, seine Yacht durch Absetzen vor der drohenden Kollision zu bewahren, brach sich einer der Yachtskipper den Arm und zog sich bei einem Sturz schmerzhafte Prellungen zu. Ein komplizierter Rechtsfall, der meines Erachtens den Skipper der am Fischerboot festgemachten Yacht als Schuldigen sehen mußte. Denn wer an einem (anderen und größeren) Schiff im Hafen längsseits geht und dort dazu noch in einem Dreierpäckchen festmacht, sollte sich wohl der Risiken bewußt sein, die mit diesem gefährlichen Liegeplatz verbunden sein könnten. Und wer beim Losmachen dieser Verbindung eine Leine übersieht, führt letztlich schuldhaft alle nachgeordneten Schäden herbei.
Das Seeamt bewertete die Rechtslage jedoch anders: Es stellte ein fehlerhaftes Verhalten des Krabbenkutters fest. Dessen Kapitän hätte gegen die Regeln der seemännischen Praxis (Regel 2 KVR) verstoßen, weil er sich vor dem Ablegen und Auslaufen nicht vergewissert habe, ob die – mit oder ohne seine Duldung – längsseits festgemachten Yachten wirklich alle Leinen gelöst hatten, und der Fischer hätte die drei Yachten daher nicht nur gegen ihren Willen mitgeschleppt, sondern auch ihre Gefährdung verursacht.

Können Yachten schuldlos kollidieren?

Ende September 1995 erlebte ich unmittelbar neben dem Liegeplatz meines Seekreuzers CORMORAN im Abstand weniger Tage zwei folgenschwere Kollisionen, die durch unsachgemäß betätigte Bowdenzüge verursacht wurden: Während eines Anlege- und eines Ablegemanövers in der Marina Kemer rissen den Charterskippern die Bowdenzüge in ihrer jeweiligen „Voll voraus"-Stellung – die Yachten rammten mit voller Kraft die neben mir bzw. mir gegenüber am Steg liegenden Nachbarboote. Es entstand jeweils Sachschaden in fünfstelliger Höhe.
Ich wollte an dieser Stelle die seemännischen Lehren aus diesen vermeidbaren Unfällen ziehen. Ein ähnliches Ereignis in einem deutschen Yachthafen zeigte jedoch, daß der versicherungsrechtliche Aspekt sehr viel interessanter und – für den Eigner des beschädigten Bootes – sehr viel unbefriedigender ist, wie der Zusammenstoß der manövrierenden FERNWIND mit der festgemachten DIVINA zeigt. Hierüber lesen Sie im Kapitel „Auf den Paragraphenklippen" in dem Bericht „...und ein unschuldiger Yachtkapitän muß draufzahlen" (Seite 306).

Kollision mit einem Steg. Wer reguliert die Schäden am Boot und an den Anlagen, wenn der Aufprall durch einen gerissenen Bowdenzug oder höhere Gewalt entstanden ist?

Vorsorge kommt vor Rettung

Unfälle am Seefunkgerät miterleben

Die Yachtwelt wird technisch immer perfekter – aber die menschliche Unzulänglichkeit bleibt, richtiger gesagt: Immer mehr Segler gehen – als Charterer – ungenügend vorbereitet für kurze Zeit mit einer unbekannten Yacht in einem fremden Revier auf Fahrt, und wenn das erwartete gute Wetter ausbleibt, erwachsen den Besatzungen physische wie psychische Probleme. Theoretisch wie praktisch gut gebildeten Seglerinnen und Seglern mangelt es dann oft an der nötigen Härte zum Durchhalten, und Seekrankheit wie Angst sind insbesondere bei einer – wenn auch nur kleinen – Havarie schlechte Ratgeber für seemännisch vernünftige Entscheidungen. Oft hilft schon eine aufmerksame Verfolgung des Seefunkverkehrs durch regelmäßige Hörwache, um mit dem Segelrevier und seinen gegenwärtigen Bedingungen oder Besonderheiten vertraut zu werden.

Aktuelle Unfall-Informationen unterwegs

Yachtunfälle sind heutzutage häufiger, als sowohl der (ständige) Eigner und Skipper einer Yacht als auch der (nur gelegentliche) Chartersegler annimmt. Denn auch die Yachtzeitschriften veröffentlichen ja nur einen (kleinen) Teil der häufigen Unfallmeldungen, und die Tagespresse registriert sie entweder nur regional oder wenn sie besonders tragisch sind.
Was um uns herum vorgeht, wenn wir mit unseren Booten unterwegs sind, erfahren wir über unser NAVTEX-Gerät, das uns nicht nur die Wetterberichte, sondern auch nautische Warnnachrichten für unser (räumlich begrenztes) Segelrevier täglich fortlaufend an den Kartentisch bringt.
So registrierte ich zum Beispiel nur an den wenigen Tagen zwischen dem 22.9. und 4.10.1995 im Seegebiet der Ägäis und des östlichen Mittelmeers auf dem Wege zum Einwintern unseres CORMORAN in Kemer:

Irakleion Radio, 22.9.1995, 1900 Uhr: „Yacht GARMPHI, Länge 9 m, weiße Farbe, von der Crew verlassen, auf Drift in Pos. 37° 24' N und 026° 43' E. Gefahr für die Schiffahrt!“ Der Ort der Aufgabe liegt dicht vor der NW-Küste der Insel Arki, etwa 12 sm südlich von Samos bzw. 6 sm nordöstlich der Insel Patmos in der Ägäis, ca. 25 sm vom türkischen Festland entfernt.

Irakleion Radio, 26.9.1995, 2312 Uhr: „Ein vier Meter langer Baumstamm wurde in der südwestlichen Ägäis zwischen den Inseln Kea und Makronisou gesichtet. Kollisionsgefahr für alle Schiffe.“

Irakleion Radio, 2.10.1995: „Ein langer Baumstamm wurde auf 37° 31' N und 025° 58' E treibend gesichtet. Gefahr für die Schiffahrt!“ Die Position liegt nahe der Insel Ikarion, etwa 30 sm vor Samos in der östlichen Ägäis.

Cyprus Radio, 4.10.1995, 0159 UTC: „MAYDAY aufgefangen über Satelliten, SAR, 406 MHz. Seenotposition 34° 12,3' N und 032° 24,3' E. Schiffe werden gebeten, im Seegebiet verstärkt Ausguck zu halten.“ Die Position liegt etwa 15 sm vor der Südwestküste Zyperns. Die Art der Meldung zeigt, daß Seenotmaßnahmen nicht überall sofort eingeleitet werden und ihr Beginn auch von den verfügbaren Seenotdiensten abhängt. Wie im Seegebiet vor Europas Küsten ist andernorts auf schnelle Rettung in einem Seenotfall nach dem Einsatz einer Seenotfunkboje kaum Verlaß.

Alle genannten Warnmeldungen wurden drei Tage lang wiederholt, soweit sich die Situation nicht verändert hatte.

Bei einem Frühjahrstörn im Jahre 1994 im gleichen Ägäis-Revier hatte ich mir folgende Navtex-Warnmeldungen für das östliche Mittelmeer notiert, die von den Küstenfunkstellen Cyprus Radio, Irakleion Radio und Limnos Radio verbreitet wurden, ohne jedoch die genauen Zeiten festzuhalten:

- Das Feuer auf Cap Greco ist verlöscht. (Dies ist das wichtigste Hauptfeuer auf Zypern, in der Nordsee dem von Elbe 1 vergleichbar, und es blieb länger als eine Woche erloschen – für sichere Navigation fast undenkbar, aber nicht nur in diesem Seegebiet eine häufige Erscheinung.)
- Schiff JASMIN auf Pos. 50° 00' N und 032° 42' E gesunken.
- Yacht MARILKA auf Pos. 50° 10' N und 023° 26' E gesunken.
- Schwimmender Container, sehr große Gefahr für die Schiffahrt, auf Pos. …
- Yacht meldet Mann über Bord nördlich von Zypern, Hilfeleistung erbeten.
- Schiff mit 29 Personen an Bord nördlich von Samos vermißt. Suche bisher erfolglos.
- Ein schwimmender Ölteppich wurde in Pos. … gesichtet, sehr gefährlich für die Fischerei und Yachten.

Auch aus dieser unvollständigen Sammlung mag man erkennen, daß nicht nur vorsichtige Seemannschaft unerläßlich ist, sondern eine Yachtbesatzung auf See viel mehr Gefahren erwarten, als man gemeinhin annimmt und über die Medien erfährt.

NAVTEX-Informationen für die Sicherheits-Vorsorge

Von bestimmten Küstenfunkstellen werden mittels automatischer Schmalband-Telegrafie auf der Frequenz 518 kHz in der Sendeart Frequenzmodulation (F 1 W) rund um die Uhr alle vier bis sechs Stunden aktualisierte Wind- und Wetterwarnungen sowie nautische Warnnachrichten gesendet, zu denen auch die Wiederholung von MAYDAY-Meldungen als Dringlichkeits- und Sicherheitsmeldungen der Schiffahrt gehören. Der weltweite Dienst heißt Navigational Warnings by Telex, abgekürzt NAVTEX, und kann auch von Yachten überall auf den Meeren mit sehr preiswerten Geräten über den Bildschirm oder mit Papierschreibern kostenlos empfangen werden.

Mit MAYDAY und PAN PAN eingeleitete Meldungen

Zu den wichtigsten nautischen Geräten an Bord gehört heutzutage auch auf Yachten ein NAVTEX-Empfänger. Er vermittelt neben Windwarnungen und Wetterberichten auch nautische Warnnachrichten und dringende Informationen, die für die Schiffahrt wichtig sind. Ausgestrahlt werden sie von bestimmten, in Abständen von etwa 200 Seemeilen voneinander entfernten und über die ganze Welt verteilten Küstenfunkstellen mittels automatischer Schmalband-Telegrafie auf der Frequenz 518 kHz in der Sendeart Frequenzmodulation bei Eingang bzw. in Wiederholungsprogrammen alle vier Stunden.

Yachten können die NAVTEX-Meldungen automatisch empfangen, wenn sie mit einem speziellen Funk-Fernschreibempfänger ausgerüstet sind, der sie entweder in gedruckter Form auf einem Papierstreifen vorlegt oder auf einem Bildschirm (ähnlich wie Bildschirmtext) mit 16 Seiten zum Umschlagen für mindestens 12 Stunden sichtbar macht.

Video-NAVTEX-Geräte mit Masttopp-Antenne kosten nur etwa 500 DM. Sie schalten sich automatisch auf den (bzw. die) nächstgelegenen NAVTEX-Sender ein und liefern die relevanten aktuellen Informationen des betreffenden 200-sm-Bereiches als Bildschirmtext.

In jedem der drei großen europäischen Bereiche (z. B. I: Nordeuropa vom Nordkap bis zum Ausgang des Ärmelkanals, oder II: Südwesteuropa vom Ärmelkanal über den Ostteil des Atlantiks und von Gibraltar bis Italien, oder III: Malta bis einschließlich Schwarzes Meer und östliches Mittelmeer bis Suezkanal) arbeiten je ca. 12 Sender. Für die deutschen Gewässer werden NAVTEX-Meldungen von Scheveningen Radio (für die Nordsee) und Stockholm Radio (für die Ostsee) verbreitet.

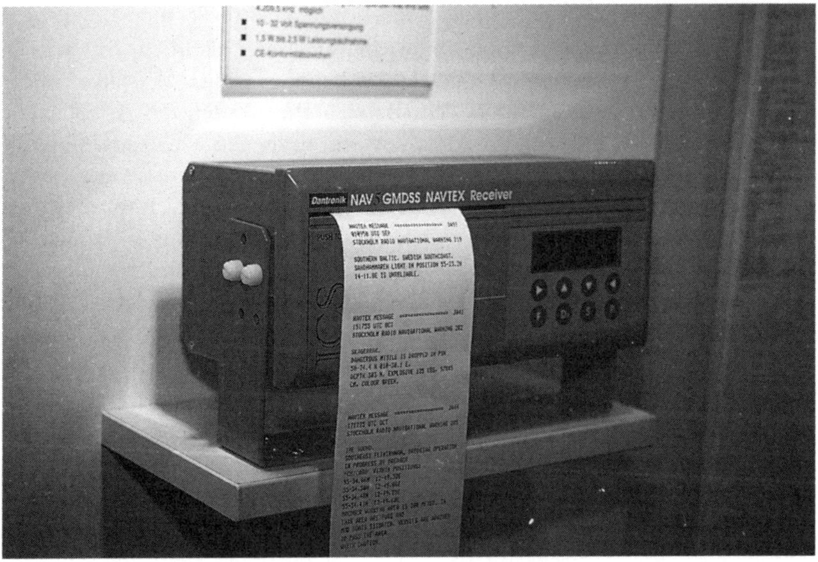

Beispiele für NAVTEX-Geräte. Oben: NAVTEX-Empfänger mit LCD-Anzeige und Papierdrucker. Die ankommenden Seenotmeldungen und Warnnachrichten können direkt gelesen und später ausgedruckt werden. Stromverbrauch 0,13/0,21 A. Preis (1996) 2350 DM. Unten: Video-NAVTEX-Empfänger, der die einkommenden Nachrichten auf 12 Seiten einen Tag lang speichert und sie jederzeit als Bildschirmtext ablesen läßt. Stromverbrauch 0,04 A. Preis (1996) 800 DM.

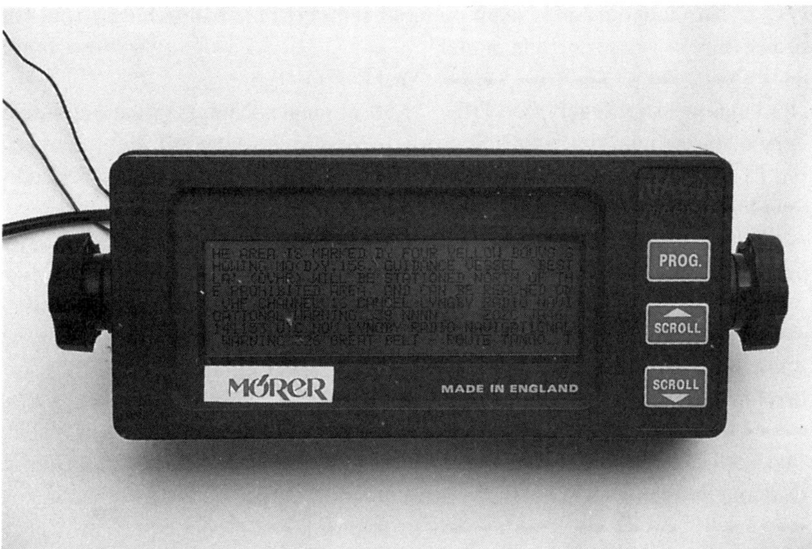

Über NAVTEX werden auch (aufgefangene) MAYDAY-Seenotmeldungen als PAN-PAN-Dringlichkeitsmeldungen wiederholt und natürlich SÉCURITÉ-Sicherheitsmeldungen ausgestrahlt. Ich gebe hier einige Beispiele solcher NAVTEX-Meldungen (auch aus dem Bereich IV: Westteil des Atlantiks einschließlich Karibik und Ostküste Amerikas), um zu zeigen: Wie viele Unfälle gibt es wirklich? Welcher Art sind sie? Und wie werden sie auf diesem Wege (in englischer Sprache) angezeigt? (Zum besseren Verständnis habe ich sehr viele von ihnen ins Deutsche übersetzt.)

— •• — — •• — — •• — unknown vessel

distress message north atlantic distress signal received on 243 MHz vicinity 17 degrees 48.2 n 39 degrees 012.5 w stop vessels in vicinity are requested to keep a sharp outlook assist if possible and report to Coast Guard New York.

— •• — — •• — — •• — Yacht in Seenot

Karibisches Meer: Ein sieben Meter langes Segelfahrzeug, weißer Rumpf, mit einer Person an Bord, das Notsignale gibt, treibt nach einer Meldung vom Flugzeug in 14° 27' Nord und 062° 48' West – MRCC Fort-de-France.

— •• — — •• — — •• — Mittelmeer

Die 10,40-m-Segelyacht Fromcais, Rufzeichen GEEF, weißer Rumpf mit blauen Streifen, verließ Corce mit Ziel Italien, Griechenland, Türkei und Zypern. Sie wird mit 5 Personen an Bord vermißt. Mitteilungen an Tunis Radio oder die nächstliegende Küstenfunkstelle.

— •• — — •• — — •• — overdue – unreported

west indies to france: seven metres sailing vessel wanda, two persons on board, overdue guadeloupe to la rochelle via the azores. vessels in vicinity requested to keep a sharp lookout and assist if possible. reports to marine rescue coordination center (mrcc) lisboa, delgada or etel.

— •• — — •• — — •• — Yacht vermißt

Nordatlantik: Die Segelyacht Titoi, 11,50 m langer Rumpf, grüne Farbe, eine Person an Bord, wird vermißt. Sie verließ Porto in Portugal mit Ziel Kanarische Inseln und lief vermutlich Madeira an – St. Lys Radio oder Monsanto Radio.

— •• — — •• — — •• — overdue

north carolina to virgin islands: 30 foot sailing vessel, white fiberglass hull, two persons on board, reported overdue from southport to st. john's. reports to coast guard san juan.

— •• — — •• — — •• — Geisteryacht gesichtet

Südteil des Nordatlantiks: Aufgegebene 15-m-Segelyacht Fou de Bassan treibend in der Nähe der Position 16° 06' N und 034° 22' W gesichtet.

— •• — — •• — — •• — Flugzeugmeldung

In der Adria treibt in der Nähe der Position 40° 16' N und 019° 05' E ein Gummi-Rettungsfloß mit wahrscheinlich einem Schiffbrüchigen an Bord.

— •• — — •• — — •• — overdue – unreported

martinique to mediterranean – sailing yacht aspirine II, length 12 metres, blue and white hull, unreported on voyage from fort-de-france to martigues. report to horta, monsanto radio ot any coastal station.

▬ • • ▬ ▬ • • ▬ ▬ • • ▬ Notsignale aufgefangen

Auf 406 MHz von Segelyacht KEJI, Länge 51 Fuß, weißer Rumpf, letzte bekannte Position Seegebiet von Antigua.

Auf 121,5 MHz (COSPAS/SARSAT) Signale von Seenotfunkboje empfangen, Position etwa 33° 53' N und 054° 35' W (Nordatlantik) – Coast Guard, New York.

Auf 243 MHz Notsignale aufgefangen nahe Position 35° 19' N und 043° 27' W (Nordatlantik). Meldung an die nächste Coast Guard Station.

Mit SÉCURITÉ eingeleitete NAVTEX-Meldungen

Die folgenden Sicherheitsmeldungen sind Beispiele für die Art und Weise, wie nautische Warnnachrichten auf dem Funk- und Fernschreibwege den Schiffen, die in dem betreffenden Revier unterwegs sind, mitgeteilt werden und welchen Inhalt diese mit dem Kennwort SÉCURITÉ eingeleiteten Meldungen haben.

Durch ihren unterschiedlichen Inhalt kennzeichnen sie auch die vielfältigen Gefahren, die Yachten auf See drohen – zum Beispiel durch treibende Fremdkörper und die dann bestehende Kollisionsgefahr, die zum Sinken eines Bootes führen kann. Ein zweiter Teil dieser Warnnachrichten wurde daher mit in den Abschnitt „Verschollen – überfällig – vermißt“ (Seite 291) aufgenommen:

▬ ▬ ▬ security message

north atlantic: twelve containers reported overboard by motorvessel nebrasca in position 40 degrees 36.3 n and 047 degrees 55.2 w at 081555z jun (diese Datums- und Zeitangabe bedeutet: 8. Juni 1555 Uhr).

▬ ▬ ▬ Warnmeldung

Alboransee, Mittelmeer: Das beschädigte Fischereifahrzeug JIHANE treibt halb untergetaucht in der Nähe der Position 35° 26,4' N und 003° 12,9' W westwärts und bildet eine Gefahr für die Schiffahrt.

▬ ▬ ▬ Baltic Sea

Ein Unterwasserkabel wurde von der Lübecker Bucht (53° 57' N 010° 54' E) nach Trelleborg (55° 23' N 013° 02' E) via Position 54° 20' N 012° 09' E verlegt. In seiner Nähe können Magnetkompasse bis zu 70 Grad abgelenkt werden.

▬ ▬ ▬ Tyrrhenisches Meer

Ein entmastetes und verlassenes Segelfahrzeug von etwa 16 m Länge treibt in Position 41° 39' N und 012° 16' E. Die Schiffahrt wird vor dem Hindernis gewarnt.

▬ ▬ ▬ Nordatlantik

Die entmastete und verlassene Segelyacht MIGRATOR treibt in der Nähe von 22° 35' N/ 071° 06' W. Nachrichten an Coast Guard San Juan.

▬ ▬ ▬ security message
western north atlantic: 40 feet partially submerged steel tank reported adrift vicinity 14 degrees 04 n and 053 degrees 50 w+

▬ ▬ ▬ Nordatlantik
Ein Container treibt auf 46° 56' N 019° 16' W.

▬ ▬ ▬ Karibisches Meer
Ein beschädigter und verlassener 60 m langer Frachter treibt in der Nähe der Position 14° 55' N und 076° 35' W. Die Schiffahrt wird aufgefordert, verstärkt Ausguck zu halten.

▬ ▬ ▬ Florida – Bahamas
Eine Großboje treibt in 29° 60' N und 078° 14' W. An ihr sind 200 Meter Ankertrosse befestigt. Gefahr auch für die Großschiffahrt.

▬ ▬ ▬ Golf von Biskaya
In Position 44° 52' N und 008° 40' W treibt ein roter Container, sechs Meter lang und zu zwei Dritteln untergetaucht. Die Schiffahrt wird vor dem Hindernis gewarnt.

▬ ▬ ▬ Nördlicher Nordatlantik
Ein entmastetes Fahrzeug von etwa 15 Meter Länge, weißer Rumpf, treibt kieloben in 43° 20' N und 035° 44' W. Die Schiffahrt wird gewarnt.

▬ ▬ ▬ Treibender Großcontainer
In der Nähe der Position 45° 18' N und 006° 01' W wurde ein treibender Container gesichtet. Die Schiffahrt wird gewarnt.

▬ ▬ ▬ containers adrift
reported in vicinity of malta in position 36° 45,1' N and 012° 07' E.

▬ ▬ ▬ center mediterranean
sailing boat 10,5 metres length white colour with no persons on board adrift in vicinity 32° 45,1' n – 017° 02,34' e.

▬ ▬ ▬ Nordatlantik
Zehn verlorene Container treiben in der Nähe der Position 29° 25' N und 034° 49' W.

▬ ▬ ▬ eastern mediterranean
heavily damaged lifeboat with a hole in the bottom drifting in vicinity of position 32° 19' n – 026° 05,9' e.

▬ ▬ ▬ Ostsee
Ein gefährliches Wrack befindet sich auf 54° 43,0' N und 012° 24,6' E (Nähe Botney Grund). Befeuertes Kardinalzeichen (Südquadrant) wurde 100 m südlich gesetzt.

▬ ▬ ▬ Ionisches Meer
In der Nähe des auf Position 36° 42' N und 017° 37' E untergegangenen Containerfrachters treiben zahlreiche Wrackteile und Container.

▬ ▬ ▬ Nordatlantik
Ein weißer Container treibt in der Nähe von 24° 35' N und 019° 46' W und bildet eine Gefahr auch für die Großschiffahrt.

▬ ▬ ▬ Old Bahama Channel
Die 40-Fuß-Segelyacht ALTAGARCIA treibt halb getaucht und offenbar von der Besatzung verlassen in Position 21° 17' N und 075° 13' W. Mitteilungen an nächste Coast Guard Station.
▬ ▬ ▬ Nordatlantik
Das verlassene Frachtschiff TABASCO treibt überflutet auf 29° 56,5' N und 034° 59,5' W. Wahrscheinlich treiben zahlreiche ihrer Container im Seegebiet.
▬ ▬ ▬ Treibende Container
Etwa zwölf über Bord gegangene Container treiben in der Nähe der Position 29° 25' N und 015° 26' W.
▬ ▬ ▬ Nordatlantik
Der 60-Fuß-Rumpf eines entmasteten Seekreuzers treibt in der Nähe der Position 31° 13' N und 043° 45' W als Hindernis für die Schiffahrt.

Die Reihe ließe sich fortsetzen – aber wir wollen ja nicht Segeln zum Abgewöhnen lernen, sondern unsere Sinne für die Gefahren schärfen, die Yachten nicht nur auf hoher See, sondern auch in Küstennähe und somit selbst in Ost- und Nordsee und im Mittelmeer drohen.

Verschollen – überfällig – vermißt

Unheil wird schonend beigebracht und einem Angehörigen abgestuft vermittelt: Wenn eine Yacht nicht zum geplanten Zeitpunkt im angesteuerten Hafen eintrifft, ist sie „überfällig“ („overdue“). Nach einer längeren Zeit ohne Nachricht wird sie als „vermißt“ („unreported“) bezeichnet. Besteht nach einem wochenlangen Schweigen wenig Hoffnung auf ein Lebenszeichen der Besatzung, gilt sie als „auf See verschollen“ („lost at sea“). Oft geht diesen Meldungen ein verstümmeltes Seenotsignal voraus. Und immer liegt nicht nur ein Seglerschicksal hinter jeder Not- und Dringlichkeitsmeldung.

Wie sich Verschollenheit auf See ankündigen kann

Verschollenheit auf See wird im Yachtsegeln im allgemeinen als etwas Seltenes angesehen – vielleicht, weil die Öffentlichkeit nur dann etwas davon erfährt, wenn prominente Segler auf den Ozeanen überfällig sind oder Seekreuzer mit mehrköpfiger Besatzung vermißt werden. Tatsächlich verlieren sich Monat für

Monat die Kielwasserspuren zahlreicher Seekreuzer zwischen dem Ausgangshafen und dem Zielort irgendwo auf blauen Tiefen, und von ihren Besatzungen hört und sieht man nichts mehr. Zuerst heißt es dann: „nicht mehr gemeldet – unreported", dann nach Wochen des Wartens: „überfällig – overdue" und schließlich: „vermißt" oder „verschollen auf See – missed at sea".
Es fällt schwer, sich in unserer von Nachrichtenmitteln bestimmten modernen Welt mit dem einfachen Verschwinden von Yachten auf den Weltmeeren zufriedenzugeben – sind doch fast alle Seekreuzer, die über die Ozeane segeln, mit mehr als einer Art von weitreichenden Funkanlagen oder Seenotfunkgeräten bis zum Satelliten-Empfänger und optischen wie akustischen Seenotsignalmitteln ausgerüstet. Und wenn sie von ihrem Unfall mit tödlichem Ausgang so überrascht wurden, daß sie ihn nicht mehr melden konnten oder niemand ihre Notmeldung hörte – welcher Lebensgefahr auf See fielen sie dann zum Opfer?
Über die Ursachen ihrer Seeverschollenheit kann dann nur spekuliert werden; denn sie können vielfältig sein: Mastbruch und dadurch verursachtes Leckschlagen des Rumpfes, das schließlich zum Sinken führte. Kollision mit treibenden Fremdkörpern und Sinken. Ramming durch einen Frachter und Zerschmettern der Yacht, ohne es zu bemerken. Gefährliche Begegnungen mit Walen. Das sind nur einige mögliche Ursachen für unerwartete Unfälle, für die ich Beispiele berichtet habe, wenn Segler sie überlebten, noch eine Notmeldung abgeben konnten und aus ihrer Gummiinsel gerettet wurden. Krankheit oder Verletzung, Fisch- oder Fleischvergiftung an Bord und Feuer dürfen ebenfalls nicht ausgeschlossen werden – auch wenn man dann von einem intakten Boot noch eine Meldung hätte erwarten können.
Aber vielleicht war es in den meisten Fällen ganz einfach allein die See, die Frauen und Männer von Bord geholt hat, nachdem sie ihre Boote mit der zerstörenden Kraft ihrer Brecher zerschlug oder mit der elementaren Bewegung ihres Seegangs umwarf – die See, die nur der nicht fürchtet, der sie nicht kennt. Auch wenn wir heutzutage mit unserer technischen Ausrüstung nahezu unbesiegbar auf die Weiten der Ozeane hinaussegeln und unsere Rettungsboot-großen Yachten wie verkorkte Flaschen nahezu unsinkbar auf dem Wasserspiegel schwimmen, bleibt zwar von den Risiken früherer Seefahrer-Jahrhunderte nur ein Fitzelchen übrig – aber auch das moderne perfektionierte Fahrtensegeln wird, wie die Erlebnisse in diesem Buch zeigen, niemals ganz ohne Risiko sein.
Um diese Tatsache in ihrer vielfältigen und vielschichtigen tragischen Konsequenz in unserem Gedächtnis zu verankern, einige aktuelle NAVTEX-Meldungen des Jahres. Jede für sich die Nachricht eines Seglerschicksals mit unbekannter Todesursache für Boot und Crew. Jede Zeile in jeder Meldung Stoff zum Nachdenken.

▬ • • ▬ ▬ • • ▬ ▬ • • ▬ overdue

51 foot sailing vessel pile ou face, 5 persons on board, unreported from new york 29 aug to la rochelle – mrcc delgada.

▬ • • ▬ ▬ • • ▬ ▬ • • ▬ Vermißt

Die 16-m-Segelyacht Bunkie Deagle, weißer Rumpf, zwei Personen an Bord, wird vermißt. Sie verließ die Chesapeake Bay mit Ziel Azoren – Horta Radio.

▬ • • ▬ ▬ • • ▬ ▬ • • ▬ sailing vessel

7 meter s/v wanda, 2 persons on board, overdue guadeloupe to la rochelle via the azores – mrcc lisboa.

▬ • • ▬ ▬ • • ▬ ▬ • • ▬ Antillen – Frankreich

Das 11 Meter lange Segelfahrzeug Le Graca, Rufzeichen FH 6600, Einmaster, weißer Rumpf, zwei Personen an Bord, wird vermißt. Es verließ Saint-Martin mit Ziel Hendaye – cross etel or le conquent radio.

▬ • • ▬ ▬ • • ▬ ▬ • • ▬ missing sailing vessel

bahamas to florida 40 ft sailing vessel frigate bird white hull four persons on board overdue man of war cay to west palm beach stop vessel in vicinity are requested to keep a sharp lookout and assist if possible stop reports to us coast guard.

▬ • • ▬ ▬ • • ▬ ▬ • • ▬ Yacht überfällig

Von Marokko zu den Kanarischen Inseln überfällig ist die 7 m lange Segelyacht Edelweiss, weißer Rumpf, drei Personen an Bord. Sie verließ am 4. Januar 1995 Tanger mit Ziel Kanarische Inseln und ist seitdem verschollen – MRCC (Maritime Rescue and Coordination Centre) Etel.

▬ • • ▬ ▬ • • ▬ ▬ • • ▬ Im Mittelmeer überfällig

Mittelmeer: Die französische Segelyacht Le Coute que Coute, weißer Rumpf, ist seit Verlassen des Hafens Algeciras überfällig – Tunis Radio oder jede andere Küstenfunkstelle.

▬ • • ▬ ▬ • • ▬ ▬ • • ▬ Überfällig oder vermißt

Von Spanien nach England: Die Segelyacht Gazelle, weißer Rumpf mit blauen Streifen (keine weiteren Angaben erhältlich) wird seit Verlassen des Hafens Monte Real mit dem Ziel Marina Brighton vermißt – Maritime Rescue and Coordination Centre (MRCC) Etel.

▬ • • ▬ ▬ • • ▬ ▬ • • ▬ sailing vessel unreported

bermuda to rhode island stop sailing vessel vailima blue hull unreported bermuda to newport stop vessels in vicinity requested to keep a sharp lookout and assist if possible stop reports to coast guard new york.

▬ • • ▬ ▬ • • ▬ ▬ • • ▬ In Seenot

Nordatlantik: Von der Segelyacht Zedenka wurde ein verstümmeltes Seenotsignal aufgefangen. Ungefähre Position 38° 30' Nord, 072° 30' West. Meldungen oder Sichtungen an die nächste Coast Guard Station weitergeben.

▬ • • ▬ ▬ • • ▬ ▬ • • ▬ Überfällig oder vermißt

North Carolina bis Florida: Die acht Meter lange Segelyacht Daisy, grüner

Rumpf, eine Person an Bord, verließ Cape Hatteras mit dem Ziel St. Augustine und wird vermißt. Meldung an nächste Coast Guard Station.

▬ • • ▬ ▬ • • ▬ ▬ • • ▬ Vermißt

Florida: Die Segelyacht HESTER, Länge 9,75 m, wird mit zwei Personen an Bord vermißt. Sie verließ die Florida Keys mit Ziel Tampa. Nächste Coast Guard Station.

▬ • • ▬ ▬ • • ▬ ▬ • • ▬ Überfällig

New York bis Bermuda. Der 7,80 m lange Seekreuzer DECISION, weißer Rumpf, zwei Personen an Bord, ist überfällig – Coast Guard New York.

▬ • • ▬ ▬ • • ▬ ▬ • • ▬ Vermißt

Portugal bis New York. Die 14,25 m lange Segelyacht GRAND JAQUES, roter Rumpf, wird ab den Azoren vermißt – Coast Guard New York.

▬ • • ▬ ▬ • • ▬ ▬ • • ▬ distress message

north atlantic: distress signal received on 243 MHz vicinity 17 degrees 48.2 n and 039 degrees 12.5 w stop vessels in vicinity are requested to keep a sharp lookout assist if possible and teport to Coast Guard New York.

▬ • • ▬ ▬ • • ▬ ▬ • • ▬ Vermißt

Florida bis Frankreich: Die Segelyacht MEMOIRE UDAX, 12 m lang, slupgetakelt, weißer Rumpf, wird mit zwei Personen an Bord vermißt. Sie verließ Fort Lauderdale mit Ziel Bretagne – Coast Guard New York.

▬ • • ▬ ▬ • • ▬ ▬ • • ▬ Vermißt

Nordatlantik: Die Segelyacht GIBRALTAR wird vermißt. Sie verließ die Azoren mit Ziel Bahamas – Navarea II Coordinator.

▬ • • ▬ ▬ • • ▬ ▬ • • ▬ Überfällig

Jamaica bis Bahamas: Die 10 m lange Segelyacht ROLLING ROCK, hellbrauner Rumpf, weiße Aufbauten, zwei Personen an Bord, ist überfällig – nächste US Coast Guard.

▬ • • ▬ ▬ • • ▬ ▬ • • ▬ Überfällig

Massachusetts bis Puerto Rico: Die 12-m-Segelyacht TAO, aus Holz gebaut, ist auf dem Wege von Boston nach San Juan überfällig – nächste US Coast Guard Station.

▬ • • ▬ ▬ • • ▬ ▬ • • ▬ Notsignale aufgefangen

- ❍ auf Frequenz 121,5 MHz, Nordatlantik
  von der Position 31° 46,4' N und 041° 38,1' W,
  von der Position 42° 06,8' N und 058° 03,1' W,
  von der Position 24° 27,0' N und 056° 39,0' W,
- ❍ auf Frequenz 243 MHz, Nordatlantik
  von der Position 30° 00' N und 060° 58' W,
- ❍ auf Frequenz 406 MHz, Nordatlantik
  von der Position 41° 35' N und 043° 17' W,
  von der Position 26° 52' N und 068° 37' W.

Wenn das Aufgebot bestellt ist, gibt es keine Hoffnung mehr

Wenn man von einer Seeverschollenheit hört, müssen sich die Gedanken dabei nicht ausschließlich mit der weiten Ferne entlegener Weltmeere verbinden. Auch in den gefährlichen Seegebieten, die in unserer allernächsten Nähe liegen, kann eine Yacht samt ihrer Besatzung verschwinden, ohne die geringste Spur zu hinterlassen. So passierte es im März 1985 dem mit 25 Meter Länge nicht gerade kleinen ketschgetakelten Motorsegler SILENCE, der sich am 13. März 1985 von seinem Heimathafen Hamburg aus auf eine Überführungsfahrt zu den Malediven machte, wo man die Yacht verchartern wollte.

„Das Auslaufen ist überstürzt gewesen", sagte später Miteigner Horst Backhaus, der daher lieber nicht mit an Bord gegangen war. „Wir hätten uns bei den schlechten Wetterverhältnissen mehr Zeit lassen sollen." Aber die Reue kam zu spät. Denn bereits auf der Etappe von Hamburg nach Brest war der Zweimaster mit seinem Miteigner Klaus Borgwardt, 43, als Skipper und drei Mitseglern in der noch winterlichen Jahreszeit in einen Sturm geraten und schwer beschädigt worden: Großmast geknickt und Deckshaus eingedrückt. Brest mußte angelaufen werden, aber nach einer nur notdürftigen Reparatur – der Rest sollte in Portugal erledigt werden – und trotz Sturmwarnung lief die SILENCE am 24. März in die Biskaya aus.

Nach Angaben der französischen Seenotdienste funkte die SILENCE bereits einen Tag später, am 25.3.1985 gegen 1500 Uhr, MAYDAY und gab dazu einen etwa 150 Seemeilen westlich der französischen Atlantikküste gelegenen Standort an. Das war ihr letztes Lebenszeichen in einem der schweren Frühjahrsstürme während der Äquinoktien. Eine mehrtägige Rettungsaktion französischer und spanischer Rettungsdienste blieb ohne Erfolg. Die SILENCE blieb spurlos verschwunden.

Einige Wochen später sah sich die Staatsanwaltschaft Lübeck gezwungen, ein Ermittlungsverfahren gegen den an Land gebliebenen Miteigner Horst Backhaus unter dem Gesichtspunkt fahrlässiger Tötung einzuleiten, weil der Verdacht bestand, daß die SILENCE beim Auslaufen nicht ausreichend seetüchtig war. Außerdem sollte geprüft werden, ob die Mitsegler vielleicht in einem Arbeitsverhältnis zu den Eignern gestanden haben könnten und der überlebende Miteigner somit für die Sicherheit von Schiff und Mannschaft verantwortlich und also haftbar sei. Erst ein ganzes Jahr nach dem Verlust der SILENCE, am 12. Mai 1986, wurde das Verfahren mit der Erkenntnis eingestellt, die vier verschollenen Segler hätten die Reise auf eigenes Risiko angetreten.

Nach dem Antrag der Ehefrau des SILENCE-Skippers, Irene Borgwardt aus dem Tesper Ortsteil Bütlingen, ihren seit dem 25. März 1985 auf See verschollenen Mann Klaus für tot zu erklären, wurde jedoch erst fast zwei Jahre nach dem mysteriösen Seeunfall der Schlußstrich unter diese Seeverschollenheit gezogen. Als die gesetzlichen Voraussetzungen für eine Todeserklärung erfüllt waren, erließ das zuständige Amtsgericht in Winsen ein „Aufgebot“, in dem es heißt: „Der Verschollene (Klaus Borgwardt) wird aufgefordert, sich bis zum 27.2.1987 bei dem Gericht zu melden, da er sonst für tot erklärt werden kann. Alle, die Auskunft über den Verschollenen geben können, werden aufgefordert, dies bis zum genannten Zeitpunkt dem Gericht anzuzeigen.“

Das Datum des Todes von Klaus Borgwardt wurde somit auf den 28.2.1987 festgelegt. Auch von da an konnten mögliche Renten- und Versicherungsansprüche geltend gemacht werden.

Auf den Paragraphenklippen

Kollisionen von Seglern mit Behörden

Beim Umgang mit Booten, ob in der Heimat oder im Ausland, ob in internationalen Gewässern oder auf den Seeschiffahrtsstraßen, kommt ein Yachtskipper auch zwangsläufig mit den Polizei- oder Schiffahrtsbehörden in Kontakt – insbesondere, wenn er entsprechende Bestimmungen verletzt hat. Gesetzesverstöße werden als „Ordnungswidrigkeiten" geahndet, wenn sie fahrlässig oder vorsätzlich begangen wurden. Zur Vorsorge vor unerwarteten Strandungen auf diesen Paragraphenklippen ist es ratsam, sich § 9 der Verordnung zu den Kollisionsverhütungsregeln von 1972 anzusehen, in dem 27 Ereignisse genannt sind, für die ein Verwarngeld droht, und § 61 der Seeschiffahrtsstraßen-Ordnung, der sogar 40 Ereignisse als Ordnungswidrigkeiten klassifiziert. Beispiele, wie es Seglern erging:

Wenn die Polizei Klage erhebt, entscheidet ein Gericht

Zum Geltungsbereich der Seeschiffahrtsstraßen-Ordnung (und der Kollisionsverhütungsregeln) gehört das Revier der Unterelbe zwischen Hamburg und Cuxhaven. Die Wasserschutzpolizei wacht hier besonders streng auf die Einhaltung der Fahrregeln und schaltet sich unweigerlich und unverzüglich ein, wenn gegen das „Rechtsfahrgebot" auf der entsprechenden Fahrwasserseite (die ja oft die Leeseite ist) und das „Queren des Fahrwassers" (nur senkrecht) verstoßen wurde.

Als die SWANTJE gegen 2200 Uhr bei weit fortgeschrittener Dunkelheit von Cuxhaven nach Wedel lief und kurz vor dem Yachthafen das Fahrwasser unter Motor querte, um auf die Leuchttonne 111 Lühesand zuzuhalten, wurde sie zwischen den (unbeleuchteten) Tonnen 108 und 110 von der WaSchPo gestoppt. Man hielt dem Skipper vor, er sei verbotenerweise auf der linken Fahrwasserseite gefahren,

und verlangte an Ort und Stelle ein Verwarngeld von 20 DM (Verstoß gegen § 26 SeeSchStrO).
Hätte der Skipper gezahlt, wäre der Fall erledigt gewesen. Er lehnte jedoch ab, verweigerte auch jede Aussage zu der Beschuldigung und ließ nur seine Personalien für ein förmliches Bußgeldverfahren aufnehmen. Der entsprechende Anhörungsbogen kam postwendend. Hier legte der Skipper der SWANTJE dar, daß es für ihn kein Fahren auf der linken Fahrwasserseite gewesen sei, sondern ein Queren des Fahrwassers von einer Leuchttonne der Stb-Fahrwasserseite zur nächsterreichbaren Leuchttonne auf der Bb-Fahrwasserseite. Gleichzeitig stellte er fest, daß nach üblicher Rechtsprechung das Queren des Fahrwassers auch in diagonaler Richtung erfolgen könne, wenn der durchgehende Verkehr nicht behindert wird. Andere Fahrzeuge waren nach seiner Feststellung nicht in Sicht.
Nach der Rücksendung des Fragebogens vergingen mehrere Wochen, bis eines Tages ein Bußgeldbescheid von nunmehr 50 DM ins Haus flatterte – ausgestellt von der für die Unterelbe zuständigen Wasser- und Schiffahrtsdirektion in Kiel. Der Skipper der SWANTJE legte auch gegen ihn Einspruch ein, formlos und ohne Begründung. Dadurch kam es zu einem Verfahren vor dem Amtsgericht in Kiel, weil sich die Wasser- und Schiffahrtsdirektion von sich aus nicht entschließen konnte, von einer weiteren Verfolgung abzusehen.
Der Richter mochte sich zwar nicht zum Begriff „Queren des Fahrwassers“ äußern, aber es leuchtete ihm ein, was der SWANTJE-Skipper vortrug: daß nämlich die sichere Führung einer Yacht in der Dunkelheit bei Beachtung aller Vorsichtsmaßnahmen das Queren des Fahrwassers von einer Leuchttonne zur anderen erforderlich mache, um einen Unfall zu vermeiden – und daß dazu auch das diagonale Queren zulässig sei. Er folgte seiner Argumentation und stellte das Verfahren ein. Der SWANTJE-Skipper hatte zwar für diese Entscheidung viel Zeit aufgewendet, aber er ging kostenfrei aus – und schenkte uns einen wertvollen Präzedensfall.

Auch für Behörden besteht Verkehrssicherungspflicht

Zugunsten einer Seglerin ging ein Gerichtsverfahren aus, das diese vor dem Landgericht in Itzehoe gegen die Bundesrepublik Deutschland führte: Die Klägerin hatte sich beim Festmachen ihres Bootes an den vorhandenen Anlagen in der Brunsbütteler Schleuse des Nord-Ostsee-Kanals schwer verletzt und vom Eigentümer der Anlagen, dem Bund, ein Schmerzensgeld verlangt. Das Landgericht billigte ihr einen Teil ihrer Forderung mit der Begründung zu, der Unfall sei auf fehlende Verkehrssicherheit der hölzernen Schwimmfender zurückzuführen. Bei der Verkehrssicherungspflicht für den Bund handele es sich um eine allgemeine Rechtspflicht.

Im Ausland lieber schweigen und zahlen

Wegen Lügens verurteilte 1987 ein australischer Richter den Hamburger Segler Dieter Brümmer zu einer Strafe von 450 Austral-Dollar und wegen unerlaubten Betretens einer Insel vor Australien zu weiteren 200 Dollar. Insgesamt mußte er somit umgerechnet etwa 850 D-Mark an die Staatskasse zahlen.
Brümmer hatte auf seiner Weltumseglung mit seinem Seekreuzer vor dem offiziellen Einklarieren in Australien bereits eine australische Insel in der Torres-Straße besucht und Kontakt mit den dortigen Eingeborenen aufgenommen. Als die Behörden davon erfuhren und ihn befragten, hatte er diese Tatsachen zuerst bestritten. Später mußte er jedoch seine Falschaussage zugeben. So wurden es zwei Delikte, für die er ein Bußgeld zahlen mußte.

*

Den Mund hätte 1990 auch der Skipper der Einhandyacht PROSPECTOR halten sollen, der bei Nacht in australischen Gewässern mit einem Trawler kollidierte. Er war unter Deck gegangen, bevor es zum Zusammenstoß kam, um sich einen Tee zu kochen.
Bei der späteren Seeamtsverhandlung wollte er den Seefahrt-Richtern weismachen, es genüge, wenn er unter Segeln ordentlich brennende Positionslaternen führe. Er mußte sich jedoch belehren lassen, daß die internationalen Kollisionsverhütungsregeln mit ihren detaillierten Bestimmungen gleichlautend wie in Europa auch in Australien gelten, und so gab ihm das Seeamt die gleiche Schuld am Zusammenstoß wie dem Trawler-Kapitän. Denn auch der Einhandskipper hätte die drohende Kollision durch ein Manöver des letzten Augenblicks verhindern können, wenn er ordentlich Ausguck gehalten hätte. So mußte der PROSPECTOR-Skipper den an seiner Yacht entstandenen Schaden selbst bezahlen.

Rettung kann Geld kosten

Die Lebensrettung ist kostenlos, auch wenn sie bei einem Seenoteinsatz mit Schiffen und Flugzeugen oder allein durch die Dauer der Suche hohe Kosten verursachen kann. Die Sachrettung ist jedoch kostenpflichtig. Zumindest der eingesetzte materielle und personelle Aufwand wird jedermann ersetzt, der ein Boot geborgen oder Ausrüstungsteile gefunden und abgeliefert hat. Sind dabei Personen an Bord der vom Strand heruntergezogenen oder von See eingeschleppten Boote, so liegt im allgemeinen für sie keine „Lebensret-

tung" vor – auch dann nicht, wenn die Boote havariert sind. Wenn in solchen Fällen dann die Besatzungen später – mit ordnungsgemäßen Rechnungen – den Fremdeinsatz bezahlen sollen, fallen sie meistens aus allen Wolken. Hier lauern für manchen verdeckte Paragraphenklippen.

Wer Rot schießt, muß (vielleicht) zahlen

Die Leistungen der Seenotdienste kosten Geld und werden sogar (oft) nach Tarif in Rechnung gestellt. In einem „echten" Notfall, bei dem Leben und/oder Güter der See entrissen werden, mag es für die gerettete Crew dahingestellt bleiben, ob sie selbst diese Kosten tragen muß, ob ihre Versicherung hierfür zur Kasse gebeten wird oder ob staatliche Stellen oder gemeinnützige Einrichtungen die Kosten niederschlagen, weil das Unglück vielleicht durch höhere Gewalt verursacht war und ein selbstverständliches öffentliches Interesse an der Rettung aus Seenot vorlag. In einem vermeintlichen Notfall oder bei ungerechtfertigtem Einsatz der Rettungsdienste muß der Skipper der betreffenden Yacht jedoch für alle entstandenen Kosten geradestehen. Das kann ein teurer Spaß werden, wenn man so einfach mal Rot schießt, wie es der Skipper der MARGA am 22. Juni 1984 in Dänemark tat:

Die Seeland-rund-Regatta war gestartet, und die ersten Ausläufer eines Sturmtiefs hatten die westliche Ostsee erreicht, wo die deutschen wie dänischen Rettungsdienste in Alarmbereitschaft lagen. Die deutsche MARGA, auf Urlaubstörn in den dänischen Gewässern, wollte zu gleicher Zeit in den Hafen von Juelsminde einlaufen und hatte, offenbar durch allzu kühnes Tonnenschnippeln, etwa 500 m vom Strand entfernt Grundberührung. Wahrscheinlich stand sie jedoch nur auf einem der großen Steine, als die See sie anhob und wieder auf das Hindernis zurückfallen ließ, einige Minuten lang. „Da bekam meine Frau einen Schock", sagte der Skipper später zu seiner Rechtfertigung, „und ich schoß Rot!" Der Seekreuzer machte jedoch weder zu dieser Zeit noch später Wasser und war somit in keiner Gefahr.

Eine andere Yacht bemerkte die roten Leuchtkugeln und meldete sie über UKW-Kanal 16 an die Küstenfunkstelle Lyngby Radio weiter, und von hier wurden natürlich unverzüglich die Seenotdienste alarmiert und in das betreffende Seegebiet entsandt: Ein SAR-Hubschrauber stieg auf, das Lotsenboot lief aus, der Hafenmeister machte seine Barkasse klar, Fischerboote änderten ihre Kurse, und Yachten begannen zu suchen. Wir lagen gerade selbst in Juelsminde und erlebten diesen Seenoteinsatz optisch und über Seefunk mit. Im gemeldeten Suchgebiet war jedoch keine Yacht zu entdecken – denn kurz nach dem Beginn der eingeleiteten Rettungsmaßnahmen war die MARGA bereits wieder freigekommen und in den Hafen von Juelsminde eingelaufen, wo sie sich still-heimlich an einen Liegeplatz verdrücken wollte.

Aber das gelang ihr nicht. Denn wir erlebten, wie sie hier schon erwartet wurde: Der Hafenmeister, zwei Polizisten, ein Zöllner und natürlich Zuschauer der im Hafen liegenden Yachten nahmen die MARGA und ihren Skipper in Empfang. Er war kein stolzer Yachtkapitän mehr, nur noch ein Häufchen Unglück, als er sein Boot festgemacht hatte, und bei seiner Vernehmung herrschte dicke Luft: „Warum hast du Rot geschossen?“ fragten die Uniformierten mehrmals und immer wieder. Dem MARGA-Skipper fiel keine Antwort ein, und als die Dänen ihm die Rechnung für die Rettungsmaßnahmen präsentierten, die seinetwegen – und bei Erkennen jedes roten Seenotsignals ganz selbstverständlich – eingeleitet werden mußten, war er erst recht sprachlos.
Vielleicht war seine Hilflosigkeit sein Glück: Denn die Kostenforderungen – gegen einen Gast des Landes – wurden einen Tag später niedergeschlagen. Aus dieser Tatsache sollte, wer in eine ähnliche Situation kommt, jedoch kein Kapital zu schlagen versuchen. Wie es bei anderen Gelegenheiten anders aussieht, zeigen die folgenden Berichte.

Die Leistung einer „gemeinnützigen Gesellschaft“ ist kein „kostenloser Dienst“

Die Bezeichnung „gemeinnützige Gesellschaft“ verbindet sich bei vielen Zeitgenossen mit dem Begriff „kostenloser Dienst“. Wer dieserhalb glaubt, in einer Art freundschaftlichem Begehren oder im Rahmen der sprichwörtlichen Hilfsbereitschaft auf See einmal ein Fahrzeug der DGzRS heranwinken zu können und um eine (wie man meint) „kleine Gefälligkeit“ zu bitten, möge sich vorher immer die Erfahrungen des kleinen Seekreuzers GOLDEN YEARS vor Augen führen:
Als die motorlose Yacht vom Typ Sprinta Sport mit den wirklich kleinen Maßen Lüa 7,00 m, Büa 2,40 m, Tiefgang 1,30 m, Segelfläche 29 m², Verdrängung 1100 kg am Nachmittag eines Frühsommertages 1990 bei Flaute und beginnender Ebbe auf dem Heimweg im Außenfahrwasser der Weser wieder in Richtung Nordsee trieb, bat sie ein unter Motor ebenfalls von See kommendes Kleinfahrzeug um Mitnahme im Schlepp bis nach Bremerhaven. Das Motorboot, das den gleichen Weg hatte, entpuppte sich anschließend als ein kleines Rettungsboot der DGzRS, und es zog den leichtgewichtigen Anhang auf dem glatten Wasser der windstillen Weser zuerst allein und gab ihn dann an einen größeren Rettungskreuzer ab, der sich offenbar auch auf Heimfahrt befand und die GOLDEN YEARS bis nach Bremerhaven brachte.
Händeschütteln. Danken, Loswerfen der Schleppleine – damit war für die Seglercrew die Sache erledigt. Aber nicht so für die Deutsche Gesellschaft zur Rettung Schiffbrüchiger. Sie hatte sich Heimathafen und Segelnummer notiert und schickte dem sprachlosen Hamburger Eigner der GOLDEN YEARS einige Tage später eine Rechnung über 1808 DM. Was die junge Crew als „Mitnehmen am Ha-

ken“ verstanden wissen wollte, war für die DGzRS in diesem Falle eine „Hilfeleistung“ gewesen und auch so fakturiert worden.
Der Eigner der GOLDEN YEARS (wie fast jeder Fahrtensegler an der Küste hatte auch er wohl jedes Jahr ganz selbstverständlich seine Spende in eines der kleinen blauen Schiffchen auf dem Club-Tresen gesteckt oder seine steuerlich abzugsfähige Überweisung an die Hausbank gegeben) verweigerte daher die Zahlung. Aber die Deutsche Gesellschaft zur Rettung Schiffbrüchiger ließ nicht mit sich spaßen und klagte diesen Betrag beim Amtsgericht in Hamburg-Blankenese ein. Nach Meinung der DGzRS waren „beide Fahrzeuge im Einsatz gewesen“, und sie hätten der GOLDEN YEARS „exakt 5,2 Stunden Hilfe geleistet“. Bei „einem Stundenlohn pro Rettungsfahrzeug von 325 DM ergäben sich somit 1690 DM, zu der die gesetzliche Mehrwertsteuer von 7 % zu rechnen sei, mithin also 1808 DM“. Auf die ca. 25 Seemeilen lange Distanz bezogen, die sich die beiden jungen Segler auf ihrer Sprinta-Sport mitnehmen ließen, um nicht bei Nacht im Schiffsverkehr auf der Außenweser auf das Kentern des Stromes und neuen Segelwind warten zu müssen, ergibt sich ein von der Deutschen Gesellschaft zur Rettung Schiffbrüchiger geforderter und durch Gerichtsurteil bestätigter Schlepplohn von ca. 65 DM pro Seemeile für einen 1,1-t-Anhang.
Bei dieser Forderung machte die vornehmlich aus Spenden finanzierte Gesellschaft noch geltend: „Wir legen ausschließlich den Treibstoffverbrauch zugrunde. Beim Abschleppen durch ein kommerzielles Unternehmen wären erheblich höhere Kosten entstanden. Aber wir dürfen den kommerziellen Bergern keine Konkurrenz machen.“
Nach der Satzung der Deutschen Gesellschaft zur Rettung Schiffbrüchiger ist die Rettung von Menschenleben kostenfrei. Solche „technischen Hilfeleistungen“ wie „Einschleppen = Schleppen oder Mitnehmen am Haken“ im Falle der GOLDEN YEARS und „Abschleppen = Abbringen vom Grunde oder Bergen von Sachen“, wie es offenbar für die AEOLUS galt, gehören nach Meinung der DGzRS aber nicht zu den eigentlichen satzungsgemäßen Aufträgen und können daher nicht „zu Lasten des zweckgebundenen Spendenaufkommens durchgeführt werden“. Nach der „Preisliste 1996“ der DGzRS kostet der Einsatz eines 8,50-m-Rettungsbootes 160 DM pro Stunde. Für einen 28-m-Seenotkreuzer werden 450 DM pro Stunde berechnet.

Die Rettung kommt prompt – das dicke Ende später

Von der Weser aus ist Jörg Löffler aus Osterholz-Scharmbeck mit Frau Monika, zwei Töchtern, seinem Schwiegervater und einer Freundin mit der AEOLUS auf dem Wege nach Helgoland. Vielleicht hätten sie bei diesem Wetter lieber zu Hause bleiben sollen. Denn ein Westnordwest mit 10 Windstärken, wie ihn die Retter registrieren, kommt nicht von ungefähr daher. Aber vielleicht vertraute der

Skipper auch zu blind seinem kräftigen 60-PS-Motor, als er gegen immer mehr Wind und zunehmende See die schon vor ihm fast handgreiflich in Sicht liegende Insel doch noch erreichen wollte.
Aber dann bleibt der überforderte Motor stehen. Er ist wohl überhitzt, und irgendetwas gerät in Brand, ohne offenbar jedoch ein gefährliches Feuer zu verursachen. Die verängstigte Crew sitzt in der Plicht, und dem Skipper allein gelingt es offenbar nicht, ein Segel zu setzen und in die Elbmündung abzulaufen. Beschläge am Großsegel und am Besan brechen, die anderen Segel werden unklar, und schließlich treibt die AEOLUS manövrierunfähig in Richtung Großer Vogelsand, wo die tückischen Mahlsände schon für größere Schiffe zu einer tödlichen, unentrinnbaren Falle geworden sind. In ihrer Not funkt AEOLUS MAYDAY – und die Retter kommen prompt.
Die Seenot-Zentrale der Deutschen Gesellschaft zur Rettung Schiffbrüchiger alarmiert den Rettungskreuzer WILHELM KAYSEN, der zur AEOLUS läuft und am Treffpunkt sein Tochterboot HELENE zu Wasser läßt. Es nimmt die havarierte Yacht auf den Haken und schleppt sie gegen die schwere See nach Helgoland. „Hätten wir nicht eingegriffen, wäre die Yacht mit Sicherheit auf dem Vogelsand oder dem Scharhörn Riff gestrandet", heißt es am Schluß des Einsatzberichtes, und so ist es für die DGzRS ganz selbstverständlich, dem AEOLUS-Eigner einige Tage später für die Rettung von Boot und Familie 1200 DM in Rechnung zu stellen – die Treibstoffkosten, sagt man. Auf die geretteten Personen bezogen sind es 200 DM für ein Menschenleben. Oder darf man so nicht rechnen?

Unerwartetes Glück für einen, der sich Pechvogel nennt

Bei solchen Preisen für den Einsatz unserer Rettungsdienste hat der Trans-Ocean-Segler Clemens wirklich ein unwahrscheinliches Glück gehabt: Er wollte mit seiner SHANTY einhand nach Brasilien segeln, wo seine Ehefrau schon Wohnung bezogen hatte. Unweit des stürmischen Kaps Finisterre wurde er in schwerer See bei Decksarbeiten über Bord gewaschen (wie er später angab) und erlebte fernab der abdriftenden Yacht schreckliche Stunden in der hohen See, bis ihn ein Frachter fand, aufnahm und an seinem fernen Bestimmungsort absetzte. (Böse Zungen behaupteten, er hätte sich – wie in anderen hier genannten Fällen auch – vom Frachter abbergen lassen und die Yacht aufgegeben.)
Die als Geisteryacht treibende SHANTY sichtete später ein Fahrzeug der portugiesischen Marine. Sie brachte es nach Leixoes, wo man nach den Bootspapieren die Berliner Adresse des (ausgewanderten) Eigners feststellte. Das Boot übergab man dem seit vielen Jahren in Leixoes ansässigen Trans-Ocean-Stützpunktleiter in dessen Obhut, während man gleichzeitig den Fund des Bootes nach Berlin drah-

tete. Als Clemens in Brasilien von Bord seines Rettungsschiffes gehen wollte, erreichte ihn die Nachricht der glücklichen Bergung. Mit dem nächsten erreichbaren Flugzeug flog er in die portugiesische Hafenstadt und ging wieder an Bord seiner unversehrten und segelklaren Yacht.
Juristisch war sie nach wie vor sein unbestrittenes Eigentum – aber was war mit den Bergekosten? Die portugiesische Marine verzichtete jedoch auf die Erstattung irgendwelcher Kosten. Für sie war das Anbordgehen auf der treibenden SHANTY und das Einschleppen in einen Hafen eine selbstverständliche Hilfeleistung unter Seefahrern. Und auch der Argumentation von Rudolfo Burmeister, dem schiffahrtserfahrenen Trans-Ocean-Stützpunktleiter, konnte man eigentlich nicht widersprechen: Schließlich hatte Clemens seine SHANTY nicht aufgegeben, sondern sie nur durch einen Mann-über-Bord-Unfall verloren, meinte er. So konnte Clemens nach einer nur kurzen Unterbrechung seiner Reise die Fahrt fortsetzen, als ob nichts gewesen wäre.

Wenn man den Rettern ein teures Schnippchen schlägt

Um kostspielige Bergungskosten zu sparen, machte zum Beispiel der Skipper der norwegischen Gaffelketsch JOHN BROWNE reinen Tisch, als sein Oldtimer im Sommer 1987 vor dem Weißenhäuser Strand bei Kiel gestrandet war: Er verschwand mitsamt seiner Crew und hinterließ – nach Abandon-Recht wohl ganz legal, wie er annahm – für die Kostendeckung sein Schiff mitsamt seiner Ausrüstung. Damit war er die Sache los. Denn nun mußte sich das Wasser- und Schifffahrtsamt als verantwortliche Behörde für das Strandamt überlegen, ob das Abbergen des Schiffes nach See oder das Abwracken im Flachwasser kostengünstiger sein würde.
Dabei hatte alles nautisch korrekt begonnen: Als sich die JOHN BROWNE der Kieler Förde näherte, setzte der Kapitän Lund, wie er sich nannte, einen PAN-PAN-Ruf ab und bat um Hilfe, weil der 23 Meter lange Oldtimer plötzlich Wasser machte. Daraus wurde dann MAYDAY, als der Wassereinbruch nicht zu stoppen war und das Schiff zu sinken drohte. Der Seenotrettungskreuzer BERLIN lief aus, um die aus vier Erwachsenen und einem 13jährigen Jungen bestehende Besatzung noch auf See zu übernehmen. Skipper Lund blieb an Bord und wagte mit der Gaffelketsch eine weiche Strandung. Dann ging auch er an Bord des Rettungskreuzers, der die Schiffbrüchigen an Land setzte. Hier besorgten ihnen die hilfsbereiten Retter noch eine Unterkunft. Als am nächsten Morgen Beamte im Quartier der Norweger erschienen, um den Schiffbruch und seine Folgen mit ihnen abzuklären, waren sie mit der wenigen geretteten Habe abgereist.
Ob man den Eigner, der ja anhand des Bootsnamens und des Heimathafens zu ermitteln war, nach der „Konvention von 1976 über Beschränkung der Haftung für

maritime Schadenersatzansprüche“ noch zur Wrackbeseitigung heranziehen konnte, vermag ich nicht zu entscheiden. Liegt für das Schiff eine Kaskoversicherung vor, sind hierin auch die Kosten für die Wrackbeseitigung eingeschlossen.

Kann der Hilfreiche der Dumme sein?

Viele Länder kann man heutzutage nur bereisen, wenn man beim Einklarieren ein Rückflug-Ticket vorweist. Der bekannte Grund: Besucher sollen nicht zu unliebsamen Bleibern werden, die dann von den Behörden ausgehalten werden müßten. Aus den gleichen Gründen wird ein Seeschiff einen unterwegs entdeckten blinden Passagier im nächsten Hafen nicht wieder los: Es muß ihn bis zur Rückkehr in den Ausgangshafen an Bord behalten (und wird ihn, wie ich auf Seite 245 beschrieben habe, sogar – kriminell – auf See aussetzen, um sich seiner vorher zu entledigen).
Auch Yachtsegler können mit ihren Geretteten sitzen bleiben – wenn diese ihre Barschaft nicht am Leibe tragen.

Der Retter muß für die Heimreise der Geretteten aufkommen

Auch Yachtsegler unterliegen Schiffahrtsgesetzen, die fast von den Schildbürgern stammen könnten. So verlangten zum Beispiel die Behörden in Funchal auf der portugiesischen Atlantikinsel Madeira von der Ehepaar-Crew Sally und Stuart Dodd auf dem Seekreuzer SULEIKA, daß sie für drei aus Seenot gerettete englische Segler für die Unterkunft an Land und die Kosten des Heimfluges geradestehen müßte – andernfalls müßten die Geretteten an Bord bleiben und die Reise weiter mitmachen. Für die Dodds war es ein Schreck.
Denn wenn sie auch nicht mit einer Anerkennung ihrer Lebensrettung gerechnet hatten, so hatten sie doch nicht mit einer Bestrafung gerechnet. Immerhin waren sie auf einer Weltumseglung. Und wo sollten sie, wenn diese Regelung internationales Schiffahrtsrecht darstellte, ihre ungebetenen Gäste absetzen?
Glücklicherweise hatten die Geretteten genügend Bargeld vorzuweisen, um ihren Aufenthalt auf Madeira und den Rückflug nach England selbst zu finanzieren – es steckte in dem Notgepäck, das die SULEIKA bei der Aufgabe der NERON mit den Geretteten übernommen hatte. (Die Einzelheiten dieses Seenotfalles mit Folgen lesen sie unter der Überschrift „Rettung in Gemeinschaft – mit unbegreiflichen Folgen“ auf Seite 239.)

Haftpflicht stößt an rechtliche Grenzen

Bei der Haftpflichtversicherung seines Autos ist der Bootseigner an die „Gefährdungshaftung" gewöhnt, die besagt: Alle Personen- und Sachschäden, die er mit dem Fahrzeug verursacht, werden von der Versicherung reguliert. Dementsprechend geht er auch bei der Haftpflichtversicherung, die er (und andere) für ein Boot abgeschlossen haben, davon aus, daß Schäden, die er anderen Booten zugefügt hat, oder umgekehrt Beschädigungen, die andere seinem Boot zugefügt haben, in gleicher, problemloser Selbstverständlichkeit von seiner (oder der anderen) Haftpflichtversicherung zufriedenstellend bezahlt werden. Dies ist jedoch ein Trugschluß. Denn in der Schiffahrt gilt die „Verschuldungshaftung", und nach ihr werden Leistungen nur unter bestimmten Bedingungen und dann auch nur in begrenzter Höhe fällig. Glück hat, wer dann seine „Kaskoversicherung" zur Schadensregulierung heranziehen kann – aber Pech hat er auch bei solchen Reparaturzahlungen für einen Fremdschaden: Er muß seine „Selbstbeteiligung" mit einbringen und verliert schuldlos seinen „Schadensfreiheitsrabatt". Je höher (und damit für die jährlichen Prämienzahlungen sparsamer) er diese Selbstbeteiligung ansetzte, desto teurer kommt ihn dann sein bewährtes Sparmodell zu stehen. Ein Teufelskreis?

Auch ein schuldiger Schiffskapitän kommt billig davon...

Zu Ungunsten von Yachtseglern gehen oft Haftpflichtverfahren aus, wenn Frachtschiffe, Tanker, Fähren oder große Kreuzfahrer einen kleinen Seekreuzer in fremden, ausländischen Gewässern schwer beschädigt oder gar versenkt haben. Denn nach dem bei solchen Unfällen geltenden internationalen oder Landes-Schifffahrtsrecht haften die Verursacher aus der Handelsschiffahrt meistens nur mit einer geringen Höchstsumme für den von ihnen angerichteten Schaden, der sich aus einem relativ kleinen Betrag pro Registertonne ihrer Größe ergibt. Er reicht bei einem Großschiff als haftendem Schadensgegner erfahrungsgemäß nie aus, um mögliche Reparatur- oder Ersatzkosten für den Yachtsegler zu decken, wie es zum Beispiel im Falle der Kollision der Fähre OLOVARA mit dem Seekreuzer SEETEUFEL in Samoa der Fall war (s. Seite 281). Eine Vollkaskoversicherung der Yacht ist gegen ein solches Risiko der einzige wirksame Schutz.
Die Haftung eines Kapitäns oder Reeders für Schäden, die er mit seinem Schiff zum Beispiel an Hafenanlagen angerichtet oder anderen Schiffen zugefügt hat, richtete sich früher nach dem *Abandon-Recht,* von englisch „to abandon" bzw. französisch „abandonner" = aufgeben: Konnte er einen Schaden nicht bezahlen,

durfte er sein Schiff samt Ladung als Schadenersatz übergeben und war von allen weiteren Verpflichtungen befreit – unabhängig davon, welche Schadenssumme danach noch ungedeckt blieb. Dieser Grundsatz, der auch Eingang in das englische Common Law fand, schützte den Schiffseigner vor weitergehenden Ansprüchen, zum Beispiel beim Untergang eines Kollisionsgegners, die ihn zusätzlich noch Haus und Hof gekostet hätten. Aber gleichzeitig konnte ein solcher Kollisionsgegner finanziell benachteiligt sein, weil er nur einen Teil des tatsächlich entstandenen Schadens ersetzt bekam.
In neuerer Zeit schränkte man das alte Abandon-Recht zugunsten der haftenden Schadensverursacher noch weiter ein und beschränkte zum Beispiel die Gesamthaftung eines Eigners durch die *Brüsseler Konvention vom 10. Oktober 1954* auf einen bestimmten Geldbetrag pro Vermessungstonne seines Schiffes. Für ein einzelnes Ereignis beträgt sie danach 1 000 Goldfranken je Tonne, das sind nach dem Stand von 1995 etwa 860 DM je Tonne. Diese Regelung gilt heutzutage noch in vielen Ländern als Schiffahrtsrecht, wenn sie nicht durch Landesgesetze – wie zum Beispiel wohl in Tonga – nicht noch mehr zugunsten der Schiffseigner eingeschränkt wird.
International ist sie jedoch mit einigen Unzulänglichkeiten behaftet. Daher wurde sie durch ein neues Übereinkommen der Internationalen Schiffahrts-Organisation IMO ersetzt: die *Konvention 1976 über Beschränkung der Haftung für maritime Schadenersatzansprüche.* Sie ist am 1. Dezember 1986 in Kraft getreten. Nach ihr wird die Haftung eines Eigners, Reeders, Charterers oder Bergeunternehmers mit einer nach der Größe des Schiffes abgestuften Summe begrenzt. Sie ist in Form der *Special Drawing Rights* (Sonderziehungsrechte) vereinbart und beträgt in der Kategorie bis 500 Bruttoregistertonnen (bzw. jetzt: Bruttoraumzahl), zu der auch alle Yachten gehören, im Falle von Tod und Körperverletzung 333 000 SDR, etwa 785 000 DM, und im Falle von Sachschaden 167 000 SDR, etwa 400 000 DM. Im Vergleich mit der Goldfranken-Regelung pro Registertonne werden in vielen Fällen höhere Beträge für den entsprechenden Schadenersatz ausbezahlt.
Wenn zum Beispiel im Falle einer Kollision ein Skipper oder Eigner als haftpflichtig angesehen wird, kann er sich von der Sicherstellung oder Beschlagnahme seines Schiffes befreien und seine Fahrt fortsetzen, wenn er selbst oder seine Versicherung die obengenannten Höchstbeträge bei dem zuständigen Gericht hinterlegt. Diese Haftungsgrenzen (in beiden Konventionen) gelten nur dann nicht, wenn der Schaden absichtlich herbeigeführt wurde.
Trotz dieser offenbar eindeutigen Abmachungen liegen noch Paragraphenklippen in der praktischen Anwendung: Generell kann ein Schadenersatz nach diesen Konventionen nur einem Schiffseigner zugebilligt werden, der einem Staat angehört, der diese internationalen Abmachungen unterschrieben hat. Und da gibt es in der internationalen Staatengemeinschaft drei Gruppen: Der *Konvention 1976* haben bisher nur wenige (europäische) Staaten zugestimmt.

Wichtige Schiffahrtsländer wie Holland, Portugal, Italien und andere sind nur Vertragspartner der Konvention 1957, die niedrigere Haftungsgrenzen kennt, und eine Vielzahl der neuen außereuropäischen Staaten regeln solche schiffahrtsrechtlichen Fragen nach eigenen Gesetzen – siehe den Fall der OLOVARA in Samoa.

Dort zahlte die (europäische) Reederei der Fähre nur 9000 DM für den verursachten Schaden von 33 000 DM, einen Betrag von weniger als 30 DM pro Registertonne. Würde mein Boot im Mittelmeer nach einer Kollision mit einem italienischen Fischkutter von 50 BRT bzw. BRZ sinken und der Fischer sein Verschulden eingestehen, müßte er nur 43 000 DM bei Gericht hinterlegen und wäre somit von allen Forderungen und Scherereien befreit – auch wenn der Wert meines Bootes mit seiner Ausrüstung und dem persönlichen Gepäck meiner Mitsegler das Zehnfache wert gewesen ist. Denn Schiffe unter italienischer Flagge unterliegen nur der Vereinbarung der *Konvention 1957.* Nur zum Beispiel in spanischen, britischen oder schwedischen Gewässern könnte ich in einem solchen Haftpflichtfall mit 400 000 DM Schadenersatz nach der *Konvention 1976* vielleicht meine 42-Fuß-Yacht ersetzen. Erst dann beginnt die Benachteiligung größerer Yachten.

Früher warb man Yachtsegler für den Abschluß einer Haftpflichtversicherung mit dem Slogan: „Wenn Sie einhundert Tanklastzüge bezahlen müssen", heraufbeschworen mit der Gefahr, einen vollbeladenen Tanker zum Beispiel auf der Elbe zum Ausweichen gezwungen und dabei sein Auflaufen bei einem Manöver des letzten Augenblicks verursacht zu haben. Dabei malte man das Gespenst an die Wand, nach der Verschuldenshaftung müsse der Eigner nicht nur mit dem Boot, sondern seinem gesamten Vermögen an Land bis zum Existenzminimum künftiger Einnahmen für einen solchen Schaden haften. Das war wohl nicht einmal durch das alte Abandon-Recht möglich und ist durch die genannten Konventionen in der Gegenwart völlig ausgeschlossen – außer wenn bewiesen werden sollte, der Haftpflichtige hätte den Schaden persönlich und absichtlich oder in der Kenntnis, daß der Schaden wahrscheinlich entstehen würde, herbeigeführt.

In jedem Falle sollte sich jeder Skipper und Eigner durch eine entsprechend hohe Versicherung schützen.

...und ein unschuldiger Yachtkapitän muß draufzahlen

Yachthafen Hamburg, Sommer 1995, ein stürmisches Wochenende. Mit seiner FERNWIND will Eigner Gustav Pagallies bei kräftigem Seitenwind von seinem Gastplatz am Schlengel E ablegen, um mit seiner Frau an Bord zurück nach Cuxhaven zu segeln. Der Platz nach achtern ist begrenzt, aber der querab einkommende Wind verlangt ein zügiges Manöver, bei dem der Bowdenzug den Motor nicht nur im üblichen unteren Drehzahlbereich von „zurück" auf „voraus" umsteuern muß, sondern von „zurück halbe Kraft“ auf „voll voraus“. Pagallies schaltet hastig, als der Bug vom Heck des Nachbarbootes frei ist, und legt das Ruder hart zum Andrehen – aber als er den Schalthebel ganz nach vorn drückt, merkt er, daß das Getriebe nicht mitschaltet: So rammt sein Heck die am gegenüberliegenden Schlengel festgemachte DIVINA, drückt deren Außenhaut ein, reißt die Festmacherklampen aus und kippt die Seerelingsstützen nach innen. Aus den Schrecksekunden erwacht er erst, als Segler von anderen Booten rufen: „Nun drück doch endlich den Stoppknopf, sonst richtest du noch mehr Schaden an!“

Auf der DIVINA ist niemand an Bord, und da die Tide für den zeitlich geplanten Elbabwärts-Trip mit Ebbstrom nicht warten wird, geht der hier im Hafen fremde FERNWIND-Eigner Gustav Pagallies in die Seglermesse und gibt dem Wirt einen Zettel mit seinem Namen, seiner Adresse und seinem Haftpflichtversicherer mit der Bitte, ihn dem DIVINA-Eigner auszuhändigen. Dann geht er reinen Gewissens zurück an Bord, macht den Bowdenzug in zehn Minuten wieder betriebsklar (wie er das machte, wird er später für sich behalten) und will gerade auslaufen, als er von dem herbeirennenden Heinz Knöpfel, dem die DIVINA gehört, gerade noch erwischt wird.

„Bleiben Sie hier“, sagt Knöpfel, „bis der Unfall aufgenommen ist. Wenn Sie jetzt verschwinden, ist dies unerlaubtes Verlassen vom Unfallort!“

„Papperlapapp“, entgegnet Pagallies. „Ich bin schon verspätet. Und im übrigen bin ich haftpflichtversichert – Sie haben alle nötigen Angaben. Meine Versicherung wird es richten! Sie wird sich bei Ihnen melden! Einen schönen Abend noch!“ Und weg ist er – Knöpfel kann sein Auslaufen nicht verhindern.

Aber die Haftpflichtversicherung meldet sich nicht, und als der geschädigte DIVINA-Eigner selbst bei ihr anruft, sagt man ihm: „Ja, Herr Pagallies von der FERNWIND hat uns den Vorgang gemeldet und um Regulierung gebeten. Aber wie die Dinge liegen, muß er für die Havarie nicht aufkommen. Die durch die Kollision mit Ihrem festgemachten Boot entstandenen Schäden müssen Sie selbst bezahlen. Wir können dafür nicht eintreten.“

„Im ersten Augenblick dachte ich, mich tritt ein Pferd“, erzählte Knöpfel später, „aber dann las ich den § 823 BGB, den mir die Versicherung zum Beweis ihrer Ablehnung genannt hatte, und da stand dann auch – für mich schien es günstig – zuerst: ‚Schadenersatzpflicht: Wer vorsätzlich oder fahrlässig das Leben, den Körper, die Gesundheit, die Freiheit, das Eigentum oder ein sonstiges Recht eines anderen widerrechtlich verletzt, ist dem anderen zum Ersatze des daraus entstehenden Schadens verpflichtet.‘ Diese gesetzliche Regelung entsprach auch meiner Lebenserfahrung. Also müßte Pagallies doch den Schaden bezahlen – auch wenn er ihn nicht gewollt hatte.

Aber dann las ich arglos weiter und mußte finden: ‚Die gleiche Verpflichtung trifft denjenigen, welcher gegen ein den Schutz eines anderen bezweckendes Gesetz verstößt.‘ Na, logisch, dachte ich. Doch dann kam es: ‚Ist nach dem Inhalte des Gesetzes ein Verstoß gegen dieses auch ohne Verschulden möglich, so tritt die Ersatzpflicht nur im Falle des Verschuldens ein.‘ “

Natürlich hatte Pagallies den Unfall „verursacht“, aber er hatte nur nach unserer landläufigen Meinung auch „Schuld“ gehabt; denn die DIVINA lag ja völlig unbeteiligt und friedlich an ihrem Platz. Juristisch wurde es jedoch als kein „Verschulden“ für ihn persönlich angesehen, sondern es war für ihn nur das, was man landläufig auch als „Pech gehabt“ bezeichnen könnte: Der von seiner Hand betätigte Bowdenzug war gerissen. Aber warum versagte er gerade in diesem kritischen Augenblick seinen Dienst?

Da ein „Vorsatz“ für das Abreißen des Bowdenzugs wohl auszuschließen war, könnte man der DIVINA also nur Schadenersatz durch die FERNWIND-Haftpflichtversicherung zubilligen, wenn eine „fahrlässige Schadensverursachung“ durch Gustav Pagallies vorliegen würde, meinte der inzwischen auch juristisch um seinen Schadenersatz kämpfende Heinz Knöpfel. Sie könnte zum Beispiel in einer „mangelhaften Wartung“ der Motorsteuerung liegen.

„Nein“, sagte die Versicherung, „der Motor ist erst vor zwei Jahren in einer Werft und damit fachmännisch installiert worden. Eigner Gustav Pagallies durfte davon ausgehen, daß die Einhebelschaltung in Ordnung war.“ Und dann machte die Haftpflichtversicherung den Vorschlag, Knöpfel solle doch den ihm zugefügten 15 000-DM-Schaden durch seine eigene, seine Kaskoversicherung regulieren lassen, siehe oben. Aber darüber wollte er nicht mit sich reden lassen: Denn dann hätte er nur 14 000 DM ersetzt erhalten und 1 000 DM durch seine Eigenbeteiligung tragen müssen, und er hätte durch den gleichzeitig verlorenen Schadenfreiheitsrabatt in den nächsten Jahren noch einmal etwa 5000 DM an künfigen Mehrzahlungen für die entsprechend gestiegenen Prämien ans Bein binden müssen. Schuldlos 6 000 DM zahlen – und dann noch den Ärger und die Unbilden dazu?

Knöpfel kämpfte weiter. „So geht es nicht“, dachte er. „Da hätte mir der Mann mit seinem gerissenen Bowdenzug das ganze Schiff versenkt, und die Haftpflicht des Rammbocks hätte sich nicht für zuständig erklären wollen. Das darf wohl nicht rechtens sein.“ Und er folgert weiter: Wenn der Eigner der FERNWIND längsseits an dem von ihm gerammten Boot in zehn Minuten den Schaden am Bowdenzug mit Bordmitteln reparieren kann, wird es sich ja weder um einen gravierenden technischen Fehler noch um einen Materialfehler gehandelt haben – und eine falsche Bedienung müßte man doch wohl als „Verschulden“ ansehen. Also forderte er die Unfall-Schilderung von Gustav Pagallies und den Bericht über die technische Überprüfung der Anlage von der gegnerischen Haftpflichtversicherung an.

(Die Achillesferse ihres Rechtstandpunktes war ja wohl auch das beschleunigte Auslaufen der FERNWIND aus dem Hafen ohne vorherige Prüfung der Unfallursachen und ohne eine Besichtigung des „gerissenen Bowdenzugs“ an Ort und Stelle. Sprachverständlich unerheblich bleibt dabei ohnehin erst einmal, ob der Bowdenzug nun – an der Fahrstand- bzw. Motorseite – „abgerissen“ oder „mitten durchgerissen“ oder dort nur „ausgehakt“ oder „abgeschert“ ist. Die eingetretene Wirkung bleibt die gleiche, und der Verursacher ist immer die Hand des Steuermanns, der – gefühlvoll und seemännisch oder grob unbedarft und damit fahrlässig – den Handhebel des Bowdenzugs bedient hat.)

Um diesen Umständen Rechnung zu tragen und sich bei der Regulierung nicht in die Karten gucken zu lassen, schickte die Haftpflichtversicherung dem DIVINA-Eigner nicht den erbetenen Bericht, sondern sie leistete eine Teilzahlung für die inzwischen beendete Reparatur, „ohne Präjudiz für die Eintrittspflicht und ohne Anerkennung einer Rechtspflicht“, wie es so schön heißt. Gleichzeitig schrieb sie jedoch berichtigend, es sei kein „gerissener Bowdenzug“ gewesen, sondern ein „herausgefallener Splint“ hätte den Schaden verursacht.

Ein herausgefallener Splint könnte natürlich wieder in die Kiste „kein Verschulden für Pagallies, weil keine fahrlässige Schadensverursachung“ gehören und nach wie vor „Pech gehabt“ für Knöpfel bedeuten, obwohl – siehe oben – ja auch hastiges und damit fahrlässiges Hantieren mit dem Schalthebel das Herausfallen eines Splints bewirken kann.

Jetzt half dem mutigen Streiter Knöpfel das Glück zum erfolgreichen Weitermachen. „Geehrte Herren“, schrieb er der Versicherung, „ ich habe in meinem Boot denselben Motortyp eingebaut, den auch Herr Pagallies in der FERNWIND benutzt – und an den von ihnen genannten Stellen gibt es gar keinen Splint, der herausfallen könnte, und auch keinen zu dünnen Bolzen, den die Werft angeblich falsch installiert haben will.“ Und er erinnerte noch einmal an den angeforderten Schadensbericht und bot den Haftpflichtversicherern an, sich gemeinsam bei dem betreffenden Motorenhändler das Modell anzusehen, um das es hier ging.

Der Schadensbericht kam nicht, aber die Restsumme für die Reparaturkosten ging ein paar Tage später ein – „ohne Präjudiz“, versteht sich.

Ein versöhnliches Ende? Ich glaube nicht. Denn solange es heißt: „Jeder Wassersportler haftet für Schäden, die er in Zusammenhang mit dem Besitz oder Gebrauch eines Sportbootes einem Dritten zufügt“, und ein Eigner zu deren Abwehr eine Haftpflichtversicherung abschließt, wird er wohl gutgläubig davon ausgehen, daß jeder von ihm verursachte Schaden gegenüber anderen Bootseignern von dieser seiner Haftpflichtversicherung gedeckt wird.

Die Einschränkung in dieser Versicherungsart, daß Dritte in dieser Beziehung einem geschädigten Eigner gegenüber nur schadenersatzpflichtig sind, wenn sie „schuldhaft“ (in der schillernden Vielfalt dieses Begriffs) gehandelt haben, bleibt unbefriedigend. Denn wenn „technische Fehler“, „Materialfehler“, „höhere Gewalt“ sowie „Wind und Seegang“ für „ohne Verschulden“ stehen – was bleibt dann im Umgang mit Yachten als „schuldhaft“ stehen?

Man sollte auch in den Haftpflicht-Yachtversicherungen wohl zur Absicherung einer „Gefährdungshaftung“ übergeben – wie in der Kraftfahrzeug-Versicherung an Land, und auch, wenn die Prämien dazu höher sind.

Feuer an Bord

Schadenfeuer: Ursache oft Kurzschluß

Die Stromversorgung ist heutzutage wichtig, weil an Bord immer mehr elektrische und elektronische Geräte benutzt werden, die viel Energie verbrauchen. Oft sind die Kabelquerschnitte nicht für einen gleichzeitigen Spitzenbetrieb mehrerer Großverbraucher ausgelegt, und wenn dann Kühlschrank und Tiefkühltruhe mit Ankerwinsch, Druckwasseranlage und Decksbeleuchtung gleichzeitig in Betrieb sind, kann das Durchschmoren von Leitungen oder ein simpler Kurzschluß die tragische Folge sein. Unbemerkt entsteht aus einer kleinen Flamme ein Brand, und wenn das Feuer erst um sich greift, kann auch geistesgegenwärtiges Löschen einen Großschaden nur einschränken. Auch der Umgang mit offenem Feuer in der Pantry bleibt gefährlich, und wenn man im Hafen noch – mit Hilfe der Feuerwehr – den Brand erfolgreich bekämpfen kann, führt ein Schadenfeuer auf See sehr viel öfter zum Totalverlust und damit zum Sinken des Bootes. Dann ist nur noch auf Rettung durch Seenotdienste zu hoffen. Ich zeige hier an einem Beispiel, wie man ein Schadenfeuer im Hafen erfolgreich bekämpfen und das Boot vor der völligen Zerstörung bewahren konnte. Ein anderer Fall zeigt hingegen, wie man bei Löscharbeiten auf See versagte und die Yacht zum Totalverlust wurde.

Die FREYDIS brennt – ist alles aus?

Einen langen Weg hat die FREYDIS schon hinter sich, als sie im Herbst 1991 im argentinischen Yachthafen Mar del Plata liegt: Die 15 Meter lange Stahlyacht ist – nicht zum ersten Mal – mit ihrem Eignerpaar Heide und Erich Wilts vom Heimathafen Leer in Ostfriesland in einem langen Seetörn zu den Antipoden gesegelt. Aber einen unglaublich abenteuerlichen Trip hat sie noch vor sich: Sie soll weiter in die Antarktis laufen, wo das Extremseglerpaar mit ihr auf der Vulkaninsel Deception überwintern will. Mar del Plata ist der Ausgangshafen dieser Segler-Expedition, an deren Anfang noch einige Mitsegler sowie ein Kamerateam

teilnehmen sollen, und hier liegt die FREYDIS, für mehrere Monate verproviantiert und zum Auslaufen bereit, als das Undenkbare passiert: Feuer an Bord!
„Es ist Nachmittag und sommerlich warm", erzählt Heide Wilts*, „der Generator läuft, um die frischgefüllte Kühltruhe zu versorgen. Wir haben gerade ausklariert und wollen bald auslaufen. Zum Abschied sitzen wir noch ein Weilchen in der Plicht und schauen über den friedlichen Hafen. Plötzlich dringen Rauchschwaden aus der Achterluke und dem Niedergang zur Kajüte. Feuer im Motorraum unter der Plicht!"
Mit einem Satz ist Erich in der Kajüte, greift sich geistesgegenwärtig den nächsten Feuerlöscher und spritzt das Löschmittel in den Rauch hinein, unter dem der Brandherd liegen muß. „Aber was er schafft, erweist sich im wahrsten Sinne des Wortes als Tropfen auf den heißen Stein", erzählt Heide, die sofort zu anderen greifbaren Feuerlöschern hastet. „Flammen hüllen ihn ein, seine Haare sind nur noch versengte Stummel und Fransen." Während ein Mitsegler nach der Feuerwehr rennt, bleiben die Löschversuche der Crew ohne merkbaren Erfolg. Aber dann sind auch die Besatzungen der Nachbarboote hilfsbereit zur Stelle – nicht nur, um beim Löschen der brennenden FREYDIS zu helfen, sondern auch, um ein Übergreifen des Brandes auf ihre eigenen Boote zu verhindern. Und natürlich kommen die Bootsleute der Marina zum Löschen.
„Aber selbst sechsundzwanzig Feuerlöscher bringen keinen Erfolg", sagt Heide resigniert. „Ungerührt von all dem weißen Kunstschaum, schlagen die Flammen weiter aus dem Motorraum und fressen sich bis in die Achterkammer und die Messe durch. Unglücklicherweise sind in den Backskisten über dem Motorraum unsere großen Gasflaschen verstaut und die Kiste mit den Notraketen. Hoffentlich geht nicht alles in die Luft!"
Ist dies das Ende der FREYDIS und damit auch das Ende der Reise, auf der das Überwintern in der Antarktis zum Höhepunkt im Leben des Eignerpaares werden sollte – für zwei Menschen, denen das Segeln als eine Berufung erscheint? Nur wenn sich wenige Sekunden lang die Blicke von Erich und Heide treffen, kann einer beim anderen den tiefen Schmerz erkennen, den sie bei der scheinbar hoffnungslosen Verteidigung ihres Bootes erleiden. Heide steht kurz vor einer Rauchvergiftung, weil nun auch die PVC-Decke des Motorraumes und die Kabel mit einem scheußlichen Gestank abbrennen. Und Erich versucht erfolglos, immer neue Brandnester bei den Seekarten, in Diesellachen und unter Plastikteilen zu löschen. Die FREYDIS, ihr von der See unbesiegtes schwimmendes Heim auf vielen Weltmeeren, ist nur noch ein rauchender Trümmerhaufen.
„Ich kann nicht fassen, daß das Unglück trotz allen Einsatzes so vieler Helfer seinen fatalen Lauf nimmt", sagt Heide verzweifelt. „Aber es schien nur noch eine Frage der Zeit zu sein, bis die gefräßigen Flammen auch Ventile und Dichtungen erreicht haben würden und die FREYDIS sinken müßte. Aber dann ist es schließlich

* In ihrem Buch „Gestrandet in der weißen Hölle", Delius Klasing Verlag 1992

die Feuerwehr, die uns letztlich rettet. Sie pumpt Tonnen von Wasser durch die Luken in den heißen Rumpf, bis die Flammen keinen Mucks mehr machen, bis nur noch schwarze Rauchschwaden als Zeichen der Verwüstung die Luft verpesten."
Am Ende eines unbegreiflichen Dramas stehen die Wilts nicht nur vor einer stinkenden schwarzen Brandhöhle, die vorher Salon, Motorraum und Achterkajüte der FREYDIS war. Sie müssen auch die Frage zu beantworten versuchen, wer oder was denn nun dieses deprimierende Zerstörungswerk verursacht hat. Klare Erkenntnisse gibt es dazu nicht, nur Mutmaßungen: Wahrscheinlich war es ein Kurzschluß im Bereich der vielfach verkabelten elektrischen Anlagen, deren zentrale Schalttafel im Motorraum lag. Wie Heide Wilts eingangs ja auch berichtete: Die frischgefüllte Gefriertruhe lief mit hoher elektrischer Leistung.
Drei Tage lang kratzen, schrubben und waschen viele Hände die verkohlten Wände und Streben, reißen die verbrannten Teile heraus, sortieren sie, besorgen neue – und dann geht es an die Reparatur, nicht nur der elektrischen Leitungen: Auch verkohlte Schoten müssen ersetzt, Polster neu bezogen, neue Isolation und Wegerung an den Innenwänden befestigt und verschraubt werden. Da die Zeit drängt, werden schwarze Stellen hier und dort einfach übermalt. Und so wird das scheinbar Unmögliche wahr: Die Versicherung hat schnell gezahlt, Ersatzteile aus Deutschland fliegen ein, nachdem sie bestellt sind, und schon nach fünf Tagen können drei argentinische Ingenieure prüfen, ob die Maschine und die Elektrik, die Elektronik und alle Sicherheitseinrichtungen an Bord der FREYDIS wieder voll funktionstüchtig sind: Der bewährte Salzbuckel ist wieder hochseetüchtig.
In welche Richtung wandern jetzt ihre Gedanken? Etwa in diese: Hätte ein Kunststoffboot das verheerende Feuer auch überlebt? Oder in jene: Nur ein geistesgegenwärtiger beherzter Soforteinsatz vieler Personen mit allen verfügbaren Löschgeräten hat ein noch größeres Unheil verhindert? Ich habe dabei auch an die möglichen Brandfolgen für die Nachbarboote gedacht – und meine eigene Vorsorge überdacht.

Auch durch anderer Leute Schaden wird man klug

Meine Gedanken wandern zu einem Erlebnis, das ich als quasi Nachbar eines brennenden Bootes im Sommer 1992 in der Marina Punat in Kroatien hatte: Gegen 0300 Uhr wurden meine Frau und ich an Bord unseres Seekreuzers CORMORAN durch erregte Schreie unmittelbar hinter unserem Heck wach, und als wir aus dem Luk sahen, stand am gegenüberliegenden Steg, nur eine gute Bootslänge von uns entfernt, eine große Motoryacht in hellen Flammen. Glücklicherweise herrschte wenig (Nacht-)Wind. Aber dennoch war das Feuer bereits auf die beiden Nachbarboote übergesprungen, richtiger gesagt: deren angrenzende Bootsseiten standen auch schon in Flammen. Die Brandbekämpfung der Freunde am

dortigen Steg konzentrierte sich daher darauf, die völlige Vernichtung der Nachbarboote zu verhindern.
Auch wir waren in Gefahr. Denn der Funkenflug überbrückte die Gasse zwischen den Stegen, und ein Regen unzähliger Fünkchen ging auf unserem CORMORAN und seinen Nachbarbooten nieder. Wir hielten mit dem Wasserschlauch, der am Steg angeschlossen war, unser Deck naß, während einige der Nachbarboote ablegten und durch die Brandgasse in freies Wasser zu gelangen suchten. Auch dieses Manöver war jedoch riskant, weil sie dabei nur etwa eine Bootsbreite weit an dem brennenden Boot vorbeilaufen mußten, und ich schob es zögernd auf.
Nun, nach einer knappen Stunde verfiel der Brandherd in den Freibordbereich des Hauptdecks, und die Flammen züngelten nicht mehr so gefährlich hoch. So schien mir die Entscheidung, im Flammenregen nicht auszulaufen, die richtige zu sein. Und nach einer weiteren halben Stunde versank der Rest der hohen Flybridge-Yacht, schwarz qualmend, im Wasser ihres Liegeplatzes, und die Flammen erloschen. Jetzt erst sah ich deutlich, welchen Schaden das verheerende Feuer an den beiden noch schwimmenden Nachbarbooten angerichtet hatte: Ihre dem Brandherd zugekehrten Seiten waren von der Wasserlinie bis zum Deck verkohlt, und die Brandhitze in den Innenräumen hatte auch sie zu Totalschäden werden lassen.
Wenn ein solcher unerwarteter Bootsbrand – offenbar war eine in einen Papierkorb gefallene Zigarette die Unglücksursache gewesen – unser Nachbarboot betroffen hätte, dachte ich, als ich meinen Wasserschlauch wieder zusammenrollte, dann hätten wir jetzt nur die Summe unserer Kaskoversicherung. Aber die feste Taxe, die wir dann zur Auszahlung erhalten hätten, würde für die Anschaffung eines gleichartigen neuen Bootes nicht ausreichen. Und so nahm ich mir vor, meine Versicherungssumme umgehend erhöhen zu lassen – auch wenn mich die höheren Prämien, die ich dann zu zahlen hätte, schmerzten. Aber Feuer (nicht nur auf dem eigenen, sondern sogar auf dem Nachbarboot) ist eine Gefahr, die jedermann an Bord ereilen kann – fahrlässig oder unbeabsichtigt verschuldet oder nur notgedrungen erduldet.

„An Löschen mit Wasser habe ich nicht gedacht“

Als wir Bootseigner – vor Jahr und Tag – noch arm und dumm waren, gab es zur Pütz voll Wasser gar keine Alternative, um Feuer an Bord zu löschen. Heutzutage sind wir gebildet; denn wir haben lernen müssen, daß man Brände in „Brandklassen“ unterteilt und man dementsprechend unterscheiden muß, ob sie durch feste, vielleicht organische Stoffe oder gar mit Glutbildung, ob sie durch flüssige Stoffe entstehen oder solche, die sich bei Feuer verflüssigen, ob Propan- oder andere Gase das Feuer verursachen oder gar Metalle zu verbrennen beginnen. Und dazu haben wir an Bord Löscher aller Art mit verschiedenen Löschmitteln in einer

empfohlenen Mindestausstattung mitzuführen – von vorsorglichen Schnüffeleinrichtungen mit automatischen Löschanlagen ganz zu schweigen.
Glücklicherweise kommt es für einen Skipper selten darauf an, dieses theoretische Wissen bei einem Bootsbrand verwerten zu müssen. Wie es aber tatsächlich aussieht, wenn man in seiner Not ein Feuer bekämpfen muß, haben wir im Falle „Die FREYDIS brennt" gesehen. Eine nicht minder lehrreiche Brandbekämpfung konnten Segler und Motorbootfahrer im Juli 1995 in der Lübecker Bucht miterleben – auch unter Mitwirkung der professionellen Brandbekämpfer der Wasserschutzpolizei und der Deutschen Gesellschaft zur Rettung Schiffbrüchiger, die dabei nicht minder hilflos waren als der Skipper einer brennenden Motoryacht. Aber urteilen Sie selbst:
Eigner und Skipper Thomas Schermer hatte seine WHITE LADY, eine schnelle und seetüchtige Motoryacht von 11,80 m Länge, 4,24 m Breite und 9 t Verdrängung, am Freitag noch einmal mit 500 Litern Dieselkraftstoff nachgetankt, um am Wochenende nur mit Ehefrau Gerlinde an Bord seine übliche „Fahrt ins Blaue" antreten zu können. Denn die beiden 300-PS-(220-kW-)Dieselmotoren waren schon schluckfreudig, wenn man mal richtig aufdrehte – und man wollte ja auch nicht ständig im Schongang fahren. Aber „schnell" bedeutete für die Schermers in erster Linie „ökonomisch", also erholsame Bewegung auf dem Wasser.
Am Sonnabend um 1300 Uhr legt die WHITE LADY in der Travemünder Marina ab. Der Skipper hat nach Betätigung der beiden Handschalter die Bilgenventilatoren in Betrieb gesetzt und kann problemlos starten. Nach dem Loswerfen der Festmacher laufen beide Motoren ruhig. Die WHITE LADY passiert, mit dem Eignerpaar auf der Flybridge, die Molenköpfe und steuert Richtung Fehmarn in die Lübecker Bucht hinaus. Die Motoren drehen ruhig im Bereich 1500–1800 Umdrehungen pro Minute. Die Motoryacht läuft dabei mit halber Kraft in Verdrängerfahrt etwa 11 Knoten. Der Generator und die Klimaanlage sind nicht in Betrieb, der Elektroherd ist ausgeschaltet.
Nach etwa einer Stunde Fahrt, gegen 1430 Uhr und in der Nähe der Ansteuerungstonne nach Neustadt, bemerkt Skipper Thomas Schermer plötzlich eine Erhöhung der Kühlwassertemperatur an der Steuerbord-Maschine um 10–20 °C. Er senkt sofort die Drehzahlen auf 1300 U/min, aber die Temperatur steigt weiter und in den roten (überhöhten) Bereich hinein. Jetzt geht er mit dem Stb-Motor auf Standgas, dreht mit dem weiterlaufenden Bb-Motor auf Südkurs, um gegebenenfalls in den Hafen zurücklaufen zu können, und gibt dem Stb-Motor im Leerlauf noch einmal Gas. Wieder steigt die Temperatur sofort weiter, der Zeiger des Thermometers klettert in den roten Bereich hinein, und es wird optischer und akustischer Kühlwasseralarm ausgelöst.
Jetzt zieht Schermer den Stoppknopf des Stb-Motors, aber dieser „dieselt" noch eine gute Minute nach, ehe er endgültig stehen bleibt. Anschließend schaltet er auch den Bb-Motor auf Leerlauf und stellt ihn ab. Er kommt ganz normal zum Stillstand. Natürlich will Schermer jetzt nachsehen, warum sich die Temperatur

erhöht hat, und dazu öffnet er den mittleren Motorraumdeckel im Salon, den Zugang des Motorraums – und dabei kommt ihm beißender schwarzer Qualm aus unbestimmbarer Richtung entgegen. Schnell verschließt der Skipper das Luk wieder und schaltet dann alle Schalter und Sicherungen im Bereich des Steuerstandes, im Salon und an der Hauptschalttafel auf „Aus".
Anschließend winkt er eine in der Nähe laufende Motoryacht heran. Sie stoppt nach einer Minute, und Schermer bittet sie, über ihr Mobilfunk-Telefon die nahe gelegene Ancona-Werft um Abschlepp- und Löschmittelhilfe zu bitten. Das Boot erledigt diesen Anruf (bei dem aber offenbar nur das Abschleppersuchen beim Empfänger ankommt) auch prompt und fährt dann weiter. (Warum es sich nicht in der Nähe hielt, obwohl ihm ja der Notfall bekanntgemacht worden war und eine „Beistandspflicht" bestanden hätte, ist unbegreiflich.)
Schermer weiß, daß im Motorraum eine sich bei einem Brand automatisch auslösende Feuerlöschanlage (mit Halonlöscher, 4 kg) eingebaut ist. Sie beginnt aber nicht zu wirken. Er ist gleichwohl von ihrer Funktionstüchtigkeit überzeugt. Da jedoch die zusätzliche Fernauslösung am unteren Steuerstand direkt über dem Brandherd liegt, kann sie nicht (mehr) betätigt werden. So versucht er, bei abermaligem Anheben der Motorklappe, das Feuer mit einem Handfeuerlöscher (Halon, 2 kg) zu bekämpfen. Er kann jedoch keine Flammen mehr erkennen und keine Hitze wahrnehmen und öffnet den Spritzverschluß daher nicht, weil er nicht weiß, wohin er den nur für einen Zehn-Sekunden-Stoß gefüllten Löscher dirigieren soll.

Durch einfaches Überkippen einer Pütz voll Seewasser hätte man einen im Motorraum der White Lady entstandenen Schwelbrand löschen und ein Großfeuer verhindern können.

Der Skipper geht davon aus, daß eine elektrische Kabelverschmorung vorliegt, die nach dem Abschalten der E-Anlage zum Erliegen gekommen ist. Die Rauchentwicklung aus den Luken und den Lüftungsöffnungen an Backbordseite besteht jedoch fort. Schermer läßt daher seine Frau auf eines der jetzt um die rauchende WHITE LADY herum liegenden Boote übersteigen. Um 1520 Uhr empfängt die Wasserschutzpolizei einen MAYDAY-Notruf über UKW-Kanal 16. Es läßt sich später nicht mehr feststellen, ob der Skipper der WHITE LADY eine andere Yacht veranlaßt hat, ihn abzusetzen, weil er selbst das Seefunkgerät nicht mehr erreichen konnte, oder ob eines der umliegenden Boote von sich aus aktiv wurde. Zu dieser Zeit herrscht Nordostwind Bft 2–4, der von Steuerbord auf die treibende havarierte Yacht weht, die ihren Steven nach Nordwest gedreht hat.
Bereits um 1523 Uhr ist die Wasserschutzpolizei am Ort und legt sich mit ihrem Boot FALKE neben die Motoryacht. Schermer bittet die Polizisten, ihm einen der dort an Bord befindlichen großen Feuerlöscher herüberzureichen, damit er mit diesem den Brand bekämpfen kann. Die Besatzung des Polizeibootes lehnt eine Übergabe jedoch mit dem Hinweis ab, es sei bereits ein Seenotrettungskreuzer zur Brandbekämpfung auf dem Weg.
(Die Verweigerung einer solchen Hilfe ist schwer zu begreifen. Denn man hätte ja wohl erwarten können, daß die beruflich auf solche Notfälle auf See vorbereiteten Polizisten nicht nur die Gerätschaften zur Brandbekämpfung zur Verfügung gestellt, sondern mit ihnen (und vielleicht sogar vorhandenen Atemschutzmasken) auch sofort dem Brandherd zu Leibe gerückt wären. Auf den Besatzungen der umliegenden Yachten ging denn auch das Wort der „unterlassenen Hilfeleistung“ um.)
So liegt die FALKE mit ihren Uniformierten fast zwanzig Minuten tatenlos neben der qualmenden WHITE LADY, und Thomas Schermer muß an Bord seiner brennenden Yacht weitere kostbare Zeit warten, ehe – jetzt eine gute Stunde nach Bemerken des Schwelbrandes – etwas gegen ihn unternommen wird. Endlich trifft um 1540 Uhr der Rettungskreuzer HANSESTADT am Unfallort ein. Er läßt sein Tochterboot HOLSTENTOR zu Wasser, legt sich dann am Havaristen längsseits und macht sich fest. Anschließend steigen mit Atemschutzgeräten ausgestattete Feuerwehrleute auf die WHITE LADY über und wollen gerade mit den Löscharbeiten beginnen, als eine plötzliche Durchzündung oder Verpuffung zum Salon sowohl die Feuerwehrleute als auch Schermer zum Verlassen der Motoryacht zwingt. Aus dem ursprünglichen Schwelbrand ist ein loderndes Schadenfeuer geworden. Die HANSESTADT wirft schnell die Leinen los und richtet aus sicherer Entfernung ihre Löschkanone auf das brennende Achterschiff der treibenden Yacht. Es wird mit Schaum gelöscht, aber wegen der Distanz zum Brandherd ist an der Kanone offenbar ein so hoher Löschdruck eingestellt, daß ein Löschschlauch platzt und einige Minuten vergehen, ehe das Löschgerät wieder einsatzfähig ist. In dieser Zeit hat das Feuer ausreichend Gelegenheit, den gesamten Aufbau der Motoryacht zu erfassen und zu zerstören. Aus dem Schwelbrand wird ein Totalschaden.

Brandzerstörungen bis zum Totalverlust überall an Bord, auch auf der Brücke hoch über dem Motorenraum, wo der entstandene Brandherd nicht rechtzeitig bekämpft wurde.

Nachdem der Brand offenbar gelöscht ist, stellt das Tochterboot HOLSTENTOR eine Leinenverbindung zum Bug der WHITE LADY her und nimmt sie in Richtung Küste in Schlepp. Aber nach wenigen Minuten bricht erneut Feuer aus, und es schlagen deutlich mehr und höhere Flammen aus dem Schiff als vorher. Kappen der Schleppverbindung und erneutes Löschen mit der Kanone sind eins. Als schließlich nur noch Reste qualmen, nimmt das Tochterboot das schwimmende Wrack abermals auf den Haken, bugsiert es zum Ufer und läßt es dort auf den Strand laufen.

Der Rest ist eine teure Entsorgung: vom Abpumpen des Löschwasser-Brandreste- und Kraftstoffgemisches und seinem Abtransport bis zum Bergen des havarierten Rumpfes, der Demontage seiner Metallteile und dem Zerschneiden der Kunststoffschale.

Und die Ursache dieses Brandschadens?

Ein Brandsachverständiger ermittelt sie als „einfachen elektrotechnischen Defekt an der Lichtmaschine des Steuerbord-Dieselmotors". Da die Kühlwasserleitung des Motors mit dem Temperaturmeßfühler unmittelbar oberhalb der in Brand geratenen Lichtmaschine verläuft, erhöhte sich die Kühlwassertemperatur des inneren Kreislaufes der Zweikreiskühlung, die der Skipper sofort an seinem Thermometer am Fahrstand bemerkte. Als später die Kühlwasserzufuhr ganz unterbrochen wurde, wird der entsprechende Alarm ausgelöst.

Als Thomas Schermer den Steuerbord-Diesel abstellen will, „dieselt" dieser noch mindestens eine Minute nach. Zu dieser Verzögerung des Abstellens kommt es,

weil die elektromagnetisch zu unterbrechende Kraftstoffzufuhr bereits von der Überhitzung erfaßt und somit gestört ist. Der entstehende Brand ist von elektrischer Energie entfacht worden und wird auch weiterhin von ihr getragen, und der Skipper verhindert durch das Abschalten der gesamten E-Anlage zwar eine weitere Ausdehnung, doch hat diese richtige Maßnahme keinen Einfluß auf den Brandherd, weil das Anlasserkabel des Motors weder abgesichert noch schaltbar ist.
Als Schermer den Motorraumdeckel öffnet und ihm schwarzer Rauch entgegenschlägt, ist dieser durch einen Schwelbrand an einer Verkleidung neben der defekten Lichtmaschine entstanden. Zwischen der Brandursache und der sichtbaren Auswirkung bestehen somit nur indirekte Zusammenhänge, die man natürlich nicht erkennen kann.
Die Auslösung der Halon-Löschanlage konnte daher keinen Erfolg zeigen, weil deren momentane chemische Wirkung nutzlos gegen schwelende und glimmende Feststoffe ist. Auch weitere Löschversuche von Schermer mit Feuerlöschern wären somit wirkungslos geblieben.
Die automatische Auslösung der Halonanlage könnte durch die damit verbundene Druckerhöhung im Motorraum sogar das auslösende Moment für den späteren Durchbruch des Feuers in den Salon gewesen sein, den die Rettungsleute als „Verpuffung“ empfanden. Dabei entwichen unverbrannte Schwelgase aus dem Motorraum und entzündeten sich nach Vermischung mit Luft in der Kajüte. Durch die reichhaltige Nahrung, die die Flammen dann dort fanden, wurde der gegen 1430 Uhr entdeckte kleine Schwelbrand also erst gegen 1550 Uhr zu einem Großfeuer.
Auch der Einsatz der Schaumlöschkanone mußte im Kampf gegen den eigentlichen Brandverursacher aus den gleichen Gründen, wie sie für Halon genannt wurden, keinen Erfolg haben. Auch die späteren mehrfachen Nachzündungen während der Bugsier- und Löscharbeiten weisen darauf hin, daß der eingesetzte Schaum das Brandgeschehen nicht wirksam genug unterbunden hatte.
Aber was hätte denn Skipper Thomas Schermer in seiner Situation tun können, als sich das Motorkühlwasser erhitzt hatte, anschließend Rauch aus dem Motorraum kam und an keiner Stelle offene Flammen zu sehen waren? Er hätte ganz einfach mit Wasser löschen müssen! Eine einfache Pütz hätte genügt, um Wasser über den Steuerbord-Motor zu schütten, den entstandenen Schwelbrand zum Verlöschen zu bringen und dadurch auch die Zuführung elektrischer Energie selbst zu unterbinden. Durch das Seewasser, auf dem die WHITE LADY schwamm, waren Löschmittel im Überfluß vorhanden, und da genügend Indizien für eine Brandentstehung auf der Steuerbordseite des Motorraumes vorlagen, hätte auch das ungezielte Löschen durch einfaches Überkippen des Wassers bereits zum Erliegen des Brandes führen können.
Man konnte Schermer zwar den Vorwurf machen, er hätte diese mögliche Löscharbeit nicht sofort begonnen, sondern praktisch eine Stunde der Brandentwick-

lung tatenlos zugeschaut. Aber auch den in Feuerwehrübungen zu Lösch-Profis herangebildeten Männern auf der FALKE und der HANSESTADT fielen ja wohl diese simplen und naheliegenden Löschmaßnahmen auch nicht ein.

So mußte man Thomas Schermer verzeihen, als er später während der Untersuchungen des Schadensfalles sagte: „An Löschen mit Wasser habe ich nicht gedacht." Aber fast hätte er sich dennoch um Kopf und Kragen geredet, als er auf die Frage „Warum haben Sie kein Wasser auf den Schwelbrand geschüttet?" antwortete: „Ich hatte keinen Eimer."

„Warum haben Sie dann keinen Kochtopf benutzt?"

„Wie sollte ich an einen Kochtopf kommen? Dieser stand in der Pantry, in die ich nicht gelangen konnte. Ich hätte also bei dem Wellengang, der um die WHITE LADY herum von anderen Booten verursacht wurde, auf eines der in der Nähe liegenden Boote steigen, mir dort einen Topf füllen lassen, wieder von diesem schwankenden Boot auf meines zurückklettern und dann vielleicht drei Liter Wasser irgendwo hineinkippen sollen?"

So kompliziert hätte das Löschen ja nicht sein müssen – aber mit einem Eimer Wasser, zur rechten Zeit eingesetzt, hätte man die WHITE LADY vor ihrem Totalverlust bewahren können. Heide und Erich Wilts (Foto) haben den unerwarteten Brand auf ihrer FREYDIS ja auch von Beginn an geistesgegenwärtig und erfolgreich mit allen verfügbaren Löschmitteln bekämpft – in erster Linie mit Wasser!

Auch Gasexplosionen können Feuer verursachen

Eine Gasexplosion riß im Oktober 1988 im Hafen von Palma de Mallorca auf dem zur Fahrtenyacht umgebauten früheren Eintonner HEATWAVE das Deck vom Rumpf, zerstörte den Innenausbau und zerbrach sämtliche Fenster. Wie durch ein Wunder wurde ein Besatzungsmitglied, das sich an Bord aufhielt, nur leicht verletzt.

Brandstiftung: Eine versicherte Yacht in Bargeld verwandeln

Versicherungsbetrug ist kein Kavaliersdelikt, wie jedermann weiß. Aber dennoch wird er immer wieder versucht. Versicherungsbetrug mit Yachtunfällen ist selten. Aber der Nachweis erfordert nicht geringeren kriminalistischen Spürsinn als die Aufklärung ähnlicher Straftaten im täglichen Leben. Bei einem verheerenden Feuer, das eine Yacht auf See zerstört und vor dem sich die Besatzung nur durch einen Sprung in das Beiboot retten kann, wird man weniger an Brandstiftung denken können als bei einem Brand am Ankerplatz, von dem sich die Crew auch schwimmend in Sicherheit bringen kann. Am Liegeplatz selbst wird wohl niemand seine Yacht anzünden, weil die Folgeschäden unabsehbar sind. Denn das Risiko für Brandstifter bleibt überall und immer. Hier nur ein Beispiel für einen offenbar unbelehrbaren Eigner:

Ein Seekreuzer muß verbrennen, um Schulden zu bezahlen

Die kleine Yacht hieß ENGELCHEN, aber ihr Eigner war, wie sich später immer deutlicher herausstellte, nicht nur ein kleiner Teufel. Dabei schien Willi Reichert, der sein Geld als Modefotograf verdiente, das Schicksal seines kleinen Kimmkielers von 6,25 m Länge und 2,10 m Breite besonders am Herzen zu liegen. Denn er versicherte das schon 1960 gebaute englische Serienboot im Sommer 1995 – nach Vorlage eines entsprechenden und wenige Tage vorher abgeschlossenen Kaufvertrages – für 45 000 DM, obwohl der 35 Jahre alte Seekreuzer kaum mehr als 10 000 DM wert war. Davon wußte natürlich keiner der Zeugen, die das kleine ENGELCHEN am 5. August in einem wahren Höllenfeuer am Elbufer vor den Toren Hamburgs verbrennen sahen:

„Am 3.8.1995 gegen 1615 Uhr meldete das Bunkerboot ‚28' über Seefunk, Kanal 68, eine brennende Segelyacht auf der Unterelbe, gegenüber dem Kraftwerk Wedel", heißt es im offiziellen Bericht des Wasserschutzpolizeibootes. „Nach Angaben des Schiffsführers der ‚28' brannte die Segelyacht in voller Ausdehnung. Menschenleben seien aber nicht in Gefahr, soweit sich feststellen ließ. Wir waren um 1650 Uhr vor Ort. Die Segelyacht lag unterhalb der Tonne 125 am Strand. Die Feuerwehren von Wedel und Finkenwerder hatten den Brand bereits mit Schaum gelöscht. Als mögliche Unfallursache nannten sie einen explodierten Gaskocher.

Der Eigner der Yacht, Herr Willi Reichert, wurde noch am Unfallort angetroffen. Er sagte, er stehe unter Schock und müsse ins Krankenhaus. Eine Befragung von

Wie eine weithin sichtbare lodernde Fackel verbrennt der am Elbufer trockengefallene Kimmkieler ENGELCHEN *mit gesetzten Segeln, während sein Eigner am Strand steht.*

Herrn Reichert ergab, daß *der Gaskocher* Unfallursache war. Der Gaskocher fing plötzlich an zu brennen, und dann erfolgte eine Explosion. Er selbst konnte sich in Sicherheit bringen. Um 1710 Uhr wurde Herr Reichert mit dem Rettungshubschrauber nach Hamburg ins Krankenhaus geflogen. Die Lage des Wracks wurde über Revierfunk bekanntgegeben und die Schiffahrt um Rücksichtnahme gebeten." Ein polizeiliches Dokument, dessen Einzelheiten noch von Bedeutung sein werden.
Trotz seines angeblichen Schocks ruft Reichert noch am gleichen Abend die Yacht-Versicherung der ENGELCHEN an, gibt den Totalverlust bekannt und bittet, „alles zu veranlassen, damit die vereinbarte Versicherungssumme umgehend ausgezahlt wird". Aber die Hanseaten schießen noch weniger schnell als die Preußen, und so besichtigen die aufgeforderten Zahl-Männer in den nächsten Tagen erst einmal die praktisch vor ihrer Tür liegenden Reste des Kimmkielers und lassen anschließend einen Sachverständigen die Umstände des Brandes klären.
Mehr als glücklich für sie, daß ein Fotoreporter, der mit einem schnellen Schlauchboot unweit der Brandstelle auf der Elbe unterwegs war, unverzüglich herangefahren ist und Aufnahmen geschossen hat, die – in Auswahl – einige Tage später in Hamburger Zeitungen erscheinen. Es sind vielsagende Dokumente, die Reichert – vorerst ohne Wissen der Versicherung – dem Fotografen für 1000 DM auf der Stelle abkaufen will. Was hat er zu verbergen? Und was lassen die Fotos erkennen? Nur der Eigner und der Zeuge scheinen es zu wissen.
Der Schadenshergang, den Reichert wenige Tage später dem Sachverständigen erzählt, weicht von den spontanen Angaben gegenüber der Wasserschutzpolizei am Unfallort in einigen wesentlichen Punkten ab: „ Am 3. August 1995 legte ich mich an der Elbinsel vor Anker und ließ mich mit der Ebbe trockenfallen", gibt er hier zu Protokoll. „Um 1440 Uhr setzte ich meinen *Petroleumkocher* in Gang, stellte einen Topf Suppe darauf und ging in die Plicht, um dort liegend auf das Kochen der Suppe zu warten. Plötzlich gab es eine Art Verpuffung, und eine enorme Hitzewelle kam mir aus dem Niedergang entgegen. Später kamen auch Flammen. Ich war nur mit einer Badehose bekleidet, *trug* aber eine *Schwimmweste,* an der Seenotraketen befestigt waren. Durch die starke Rauchentwicklung konnte ich den *Feuerlöscher* nicht benutzen. Ich feuerte also *sofort* fünf rote *Signalraketen* ab und *sprang anschließend* über Bord, um mein Leben zu retten. Am Strand brach ich zusammen und in Tränen aus. Dann habe ich ca. 30 Minuten am Ufer gesessen und zuschauen müssen, wie meine geliebte Yacht in Flammen aufging. Es gab auch mehrere kleine Explosionen."
Und er ergänzt noch einmal ausdrücklich: „An Bord befand sich zum Zeitpunkt des Brandes nur ein *Petroleumkocher,* kein *Gaskocher*" (weil, wie er erst nach der Brandmeldung an die Versicherung festgestellt hat, er einen Propankocher gemäß den Versicherungsbedingungen nicht an Bord haben durfte). „Aber dafür lagerten 40 Liter Benzin (für den 9,9-PS-Außenborder) an zwei Stellen an Bord."

Kaum zu glauben, daß der Eigner des Kimmkielers nach Beginn des Brandes die Seitenfenster von außen einschlug, um das Feuer in der Kajüte noch weiter zu entfachen.

Die Sichtung der unverbrannten Gegenstände fördert dann jedoch das Oberteil eines Propan-Gaskochers zutage sowie einen deformierten zweiflammigen Spiritus-Kocher, während nach einem Feuerlöscherbehälter vergeblich gesucht wird. Und auch die Überreste von unbrennbaren Gegenständen, die Reichert als „verbrannt" gemeldet hat – wie Fotoapparate mit Objektiven, Apple Power Book, Hewlett Packer Deskwriter, Video-Kamera, Mobiltelefon, Eßbestecke aus Silber, Hutschenreuther-Porzellan-Geschirrsatz – konnten an Bord nicht aufgefunden werden.
So formuliert der Sachverständige nach Angaben dieser wohl belastenden Einzelheiten noch sehr vorsichtig: „Anhand von Erfahrungen mit vergleichbaren Brandverläufen werfen die Schilderungen Reicherts zu diesem Brandverlauf unschlüssige Zusammenhänge auf." Mit anderen Worten: Es besteht der Verdacht auf Brandstiftung und damit Versicherungsbetrug. Dennoch beziffert er den Schaden auf 44 000 DM und bestätigt einen Totalverlust der ENGELCHEN aufgrund ihrer erlittenen Brandbeschädigungen.

Seine weiteren Ermittlungen erfolgen anhand der Fotos, die ein Zeuge gemacht hat und die Reichert unter allen Umständen mit einer Art „Schweigegeld“ für den Fotografen vor einer Auswertung bewahren wollte. Sie zeigen nämlich, daß Reichert bei Brandbeginn sofort in Badehose *ohne* Schwimmweste zum Ufer gewatet ist; daß er dabei einen gefüllten Sack über der Schulter trug, den er am Strand deponierte; daß er anschließend durch das Wasser zum Boot zurückging, eine Schwimmweste umlegte und die Fensterscheiben der Steuerbordseite zerschlug, die nachweislich nicht durch Hitzeeinwirkung gesprungen sind, und daß er schon am Flutsaum stand, als die Flammen nur am Kajüteingang und erst etwa zwei Meter über Deck loderten.

Zwei etwa 15jährige Jungen, die die Untersuchungen des Sachverständigen zuerst distanziert verfolgen, suchen dann jedoch seine Nähe und erzählen fast beiläufig, sie hätten auf der Elbe von ihrer Jolle aus das Feuer von Beginn an aus nächster Nähe beobachtet. „Und der Mann vom Kimmkieler ging von seinem Boot durch das Wasser an den Strand, als es zu brennen begonnen hatte, und feuerte dort dreimal ein Seenotsignal ab. Wir steuerten den Strand an, wurden aber wegen der Flaute von der Strömung abgetrieben und konnten erst etwa 200 m weiter ans Ufer gehen.“

So verhält sich die Versicherung erst einmal abwartend, obwohl Reichert sie mit wütenden Briefen und Telefonaten traktiert und die umgehende Ausschüttung der Versicherungssumme fordert. Über ihre „Eintrittspflicht“, wie es juristisch heißt,

Die verbrannten Reste der ENGELCHEN am Elbufer, die einige Tage später zur Feststellung der Brandursache von der Polizei und der Versicherung sorgfältig untersucht wurden.

Die angeblich mitverbrannten und versicherten Gegenstände fand man in diesen Trümmern nicht – dafür jedoch Propan- und Spiritus-Kocher, mit denen der Brand gelegt worden war.

kann ohnehin erst entschieden werden, wenn die polizeilichen Ermittlungen über den Brandschaden abgeschlossen sind – und auch diese sind im Fall der in der Elbe verbrannten ENGELCHEN vorgeschrieben.
Wenn der Verdacht eines Versicherungsbetruges besteht, sieht sich die Kriminalpolizei ihren Pappenheimer genauer an – und sie findet bei Willi Reichert heraus, daß er erst wenige Wochen vorher um 2345 Uhr einen Einbruchdiebstahl bei seiner zuständigen Polizeiwache gemeldet hat und bereits um 0030 Uhr, also kaum eine Nachtstunde später, dazu eine Reinschrift-Liste von (angeblich) gestohlenen etwa 100 Gegenständen im Wert von 100 000 DM auf den Tisch legte. Er war außerdem so dumm, einen Teil der als gestohlen gemeldeten Sachen in seinem Keller aufzubewahren, wo sie bei einer Hausdurchsuchung denn auch prompt gefunden wurden.
Aber auch die Yachtversicherer sind ja durch ein entsprechendes Informationsnetz untereinander verbunden. Und so stellen sie fest, daß der auf ENGELCHEN durch Feuer zerstörte Außenborder eigentlich gar nicht mehr existierte, weil er Reichert nach einem gemeldeten Diebstahl schon einmal ersetzt wurde, und daß Reichert eine Rechnung für das verbrannte Schlauchboot präsentiert hat, das ihm bereits ein Jahr vorher gestohlen und dementsprechend ersetzt wurde. In einem Einbruchdiebstahl 1994 wurden auch ausgerechnet aus ENGELCHEN viele jener Sachen gestohlen und ersetzt, die jetzt abermals auf der Verlustliste der Ausrüstungsteile erscheinen – aber damals wurde eine andere Versicherung geschröpft.

Und letztlich ist auch Reicherts Kaufvertrag über die ENGELCHEN mit seiner Freundin nur fingiert abgeschlossen – um letztlich einen neuen Vertrag bei einer anderen Versicherung für diesen seinen bisher letzten Coup abzuschließen.
Alle polizeilichen Ermittlungen ergaben schließlich, daß sich Reichert allein in den Jahren 1994 und 1995 durch Versicherungsbetrug in mindestens fünf Fällen fast 200 000 DM erschwindelte, weil, wie er angab, seine Ehefrau „mit dem Geld nicht umgehen kann und unter Kaufsucht leidet". In vier Fällen waren es Betrügereien an Yacht-Versicherungen. Und insbesondere beim Brand des kleinen Kimmkielers ENGELCHEN wurde es ein herbes Verlustgeschäft für ihn. Denn das Wasser- und Schiffahrtsamt mußte ihn schon zwei Tage später auffordern, „das Wrack des Bootes unmittelbar am Rand der Schiffahrtslinie Elbe aus Sicherheitsgründen zu bergen und aus dem Wasser zu entfernen".
Die Versicherung hatte guten Grund, dazu zu schreiben: „Bezüglich der Entsorgung und entstehender Bergungskosten wenden Sie sich bitte direkt an den Eigner. Wir übernehmen keine Haftung für entstehende Kosten."

Yachtpiraten sind unter uns

Yachtjäger retten gestohlene Yachten

Eine Yacht, die unbeaufsichtigt und unbenutzt in einer Marina liegt, ist nicht nur von ihrem Wert her eine fette Beute für Diebesbanden. Sie läßt sich auch aus gut bewachten Häfen ohne großes Risiko entführen, wenn man die Kontrollposten überlisten kann. Nach sprunghafter Zunahme der Yachtpiraterie in den achtziger Jahren haben die Entführungen von Yachten aus den großen Häfen glücklicherweise abgenommen. Die größere Sicherheit ihres Eigentums verdanken die Yachteigner dem verbesserten weltweiten Fahndungssystem, das die Yachtversicherer vieler Länder inzwischen aufgebaut haben. Sie haben auch eigene Gesellschaften gegründet, die sich ausschließlich mit der Jagd nach Yachtpiraten beschäftigen. Hier Beispiele für die Art und die Erfolge ihrer Fahndung.

Wer die Conny entdeckt, erhält 10% Finderlohn

Die Anzahl der jährlichen Yachtdiebstähle hat glücklicherweise abgenommen. Und auf Nimmerwiedersehen verschwinden nur noch wenige Seekreuzer von ihren Liegeplätzen in großen und unübersichtlichen Marinas. Die meisten der gestohlenen Yachten werden in relativ kurzer Zeit wiedergefunden, und auch die Diebe können immer häufiger dingfest gemacht und empfindlicher als früher bestraft werden. Diese erfreuliche Tatsache verdanken wir in erster Linie einem fast weltweiten Überwachungssystem, das die Yachtversicherer inzwischen aufgebaut haben und mit dem gesuchte und verdächtige Schiffe auch an den entlegensten Ankerplätzen sowie in den unbekanntesten Häfen aufgestöbert werden können.

Dem Problem des Yachtdiebstahls habe ich mich in meinem Buch „Yachtpiraten – Kriminalfälle auf See“ ausführlich gewidmet, und dort kann man auch zahlreiche trickreiche Diebstähle in allen Einzelheiten nachlesen. In dem gesamten

Spektrum des vorliegenden Buches, in dem es um alle möglichen Arten von Yachtunfällen geht, darf der Yachtdiebstahl jedoch nicht fehlen. Der Fall der CONNY, den ich als Beispiel ausgewählt habe, liefert uns dabei noch andere Einblicke in die moderne Fahndung nach einer als vermißt gemeldeten Yacht:

Otto Haendler wähnte seine CONNY, eine Najad 42, am späten Abend des 25. April 1990 so unversehrt an ihrem Liegeplatz, wie er sie bei seinem letzten Besuch Ende Februar in der Marina von Punta Ala an der italienischen Küste nahe Livorno verlassen hatte. Aber als er sein Auto abgestellt und zu Fuß den Platz Nummer 45 an der Mole Foranea erreichte, war er leer. „Ich machte daraufhin eine Runde im Hafen", erzählt er, „und als ich das Boot nicht auffinden konnte, dachte ich, daß die Werft es aufgeslippt haben könnte, um die vereinbarten Reparaturarbeiten auszuführen." Also nahm er sich ein Quartier an Land und suchte am anderen Morgen die Werft auf. Aber auch dort lag die CONNY nicht. Wo war sie?

Im Marinabüro schickt man ihn zuerst zum Kontrollturm an der Hafeneinfahrt, wo das Ein- und Auslaufen aller dort stationierten Yachten auf ihren Karteikarten mit einer Steckuhr festgehalten wird. Und hier ist eingedruckt: Die CONNY hat Punta Ala am 6. April um 1236 Uhr mittags verlassen. Sie ist gestohlen worden und schon fast drei Wochen mit ihren Dieben unterwegs! Eine lange Zeit und ein für die erst jetzt auszulösende Fahndung schon fast zu langer Vorsprung. Was tun?

Möglichst vieles gleichzeitig – aber dann doch das Wichtigste nacheinander:

Zuerst eine Bestätigung der Marina-Direktion – an Eigner Haendler: „Betreff CONNY, Seekreuzer vom Typ Najad 42. – Wir bestätigen, daß nach den Aufzeichnungen des betreffenden Personals das genannte Boot am Platz 45 der Mole Diga Foranea bis zum 6. April 1990 festgemacht war. An diesem Tage wurde das Auslaufen registriert. Nach diesem Datum ist das Boot nicht wieder in den Hafen zurückgekehrt. Als Beweis erhalten Sie das von uns geführte Anwesenheitsformular. 26.4.1990. Unterschrift."

Dann die Anzeige bei der örtlichen Seepolizei: „Der Unterzeichner, Herr Otto Haendler (mit den persönlichen Daten) aus Offenburg erstattet zum Zwecke der Nachforschungen *Anzeige* über das Verschwinden seines Bootes CONNY aus dem Anleger des Yachthafens Punta Ala. Das Boot hat den Hafen am 6. April 1990 verlassen, gesteuert wahrscheinlich von Unbekannten. Die Bootsdaten sind folgende. (Und dann folgen Typ, Abmessungen, Heimathafen, Schiffsregister-Nummer und andere.) 26.4.1990. Unterschriften Haendler und andere."

Und weiter eine ausführliche Diebstahlsmeldung bei der örtlichen Polizei – auch wegen Interpol-Fahndung: Haendler läßt zuerst die uns schon bekannten vorangegangenen Geschehnisse protokollieren und sagt dann aus: „Ich habe das ordnungsgemäß verschlossene Boot am 27. Februar 1990 an seinem Liegeplatz 45 verlassen, wo es sicher festgemacht war. Ein zweiter Schlüssel war dem Marinabüro, Herrn Valentino, gemäß Vertrag zur vierzehntäglichen Kontrolle von Boot und Motor übergeben worden. Dieser Schlüssel war an seinem üblichen Platz am Schlüsselbrett des Büros am 2. April letztmalig gesehen worden. Das Boot enthielt nachfolgend aufgeführte Gegenstände (gemäß einer langen Liste). Sein Wert beträgt 420 000 DM. Er ist durch die Versicherung gedeckt. Ich bin nicht in der Lage, weitere Einzelheiten zu nennen, die für ein Auffinden der Diebe nützlich sein können. 26.4.1990. Stempel der Polizeistation. Unterschriften."

Und jetzt endlich ein kurzes Fax mit der Diebstahls-Schadensmeldung an die Versicherung nach Deutschland und in Kopie die drei italienischen Papiere hinterher. Luftholen für Haendler – aber Nachtarbeit für den Versicherer. Denn nun wird hier eine Maschinerie in Gang gesetzt, die zwar auf Knopfdruck anläuft, aber doch viele helfende Hände benötigt: Fast 200 (fast hätte ich gesagt „verdeckt arbeitende") Ermittler erhalten die Diebstahlsmeldung (in Englisch oder Deutsch) mit den Daten sowohl der bekannten Ereignisse als auch des Bootes und insbesondere mit den typischen Merkmalen, durch die sich heutzutage glücklicherweise auch Serienyachten deutlich unterscheiden. Unverkennbar für die CONNY: Sie ist nicht slupgetakelt wie ihre Schwesterschiffe, sondern als Ketsch geriggt.

In den nächsten Tagen scheinen die beiden Interessenten an der möglichst schnellen Entdeckung der CONNY nicht mehr in einem Boot zu sitzen: Schon am 3. Mai wenden sich Rechtsanwälte aus Offenburg, die Haendler eingeschaltet hat, an den Versicherer und legen den Wartungsvertrag für die CONNY in Italien vor. Dann schreiben sie: „Unser Mandant hofft, daß seine gestohlene Yacht baldmöglichst wiedergefunden wird. Sollte allerdings die CONNY nicht bis zum 6. Juni wiederaufgefunden werden, bitten wir um unverzügliche Überweisung der Entschädigungssumme. Sollte die Yacht innerhalb der Zweimonatsfrist nicht wiedergefunden werden, wäre unser Mandant gehalten, sich baldmöglichst ein neues Boot zu kaufen, das er in diesem Sommer noch nutzen kann. Wir bitten um Verständnis etc. usw."

Kann man dafür Verständnis haben? Nach dem „Kleingedruckten" muß die Versicherung ein gestohlenes Boot „zwei Monate nach dem Verschwinden" wiederbeschaffen – andernfalls muß sie zahlen. Aber sie kann dann natürlich das später gefundene Boot behalten. Dieser Zeitraum, der wie ein Damoklesschwert über jeder Fahndung hängt, ist hier noch eingeengt, weil die CONNY ja nicht erst seit der Entdeckung durch den Eigner (am 25.4.), sondern gemäß Steckuhr der Marina bereits seit dem 6.4. gestohlen ist.

Aber ist sie überhaupt gestohlen? Oder handelt es sich nur um einen fingierten Diebstahl, weil der Eigner (durch das frühe Einschalten von Anwälten und die Fristsetzung etwas suspekt) sich aus finanziellen Gründen seiner Yacht schnell und bequem entledigen wollte?

Um eine solche Möglichkeit festzustellen, bittet die Versicherung eine große deutsche Finanz-Auskunftei um ein Gutachten über die Einkommens- und Eigentumsverhältnisse von Otto Haendler. Wie du mir, so ich dir? Oder gehört auch dies zur Regulierung eines möglichen Diebstahl-Schadens?

Um das fristgerecht eingegangene Ergebnis vorwegzunehmen: Der 50jährige

Eigner besitzt ein Reisebus-Unternehmen mit 60 Fahrzeugen und 80 Mitarbeitern, setzt jährlich etwa 10 Millionen D-Mark um und ist Eigentümer eines Grundstücks mit einem Verkehrswert von 2 Millionen D-Mark. „Die finanziellen Verhältnisse erwiesen sich bisher als geordnet", schreibt die Auskunftei. „Zahlungsverpflichtungen wurden ohne Versäumnisse erfüllt. Referenzen Bank usw." Also scheidet ein „Diebstahl auf Bestellung" und der Verdacht auf einen Versicherungsbetrug aus.
Inzwischen hat auch die Marina Punta Ala ihre Nachforschungen intensiviert. Denn ein solcher Diebstahl, den sie weder bemerkt noch verhindert hat, schädigt ja auch ihren Ruf. Schon am 30. April faxt sie ihren Bericht an den Versicherer: „Kapitän Fellini hatte an diesem 6. April 1990 Dienst und drückte um 1236 Uhr auf die Registriertaste, als die CONNY den Hafen verließ. Er erinnert sich, daß sehr schlechtes Wetter herrschte, und war überrascht, daß ein Boot unter diesen Wind- und Seebedingungen überhaupt auslief. Aber bei deutschen Booten mit deutscher Besatzung war er solche eigentlich nicht zu vertretenden Entscheidungen gewöhnt, so daß er keinen Verdacht schöpfte."
Auch über die Personen, die mit der CONNY abgehauen waren, wußte man jetzt ein wenig mehr: „Ingenieur Ogliari und Dr. Brusotti, die Eigner der Nachbarboote, waren am 6. April auf ihren Yachten, als drei Personen an Bord der CONNY gingen. Zwei von ihnen kamen mit dem Taxi an und schienen Deutsche zu sein. Ogliari fiel auf, daß sie nicht wie Segler aussahen, und an der Art, wie sie die CONNY von ihrem Liegeplatz ablegten, glaubte er zu erkennen, daß sie von Seemannschaft nicht viel verstanden", schrieb die Marina weiter. Entschuldigend fügte sie hinzu: „Man muß wissen, daß hier in Punta Ala viele deutsche Boote liegen, die von ihren Eignern verchartert werden. So wechseln die allein ankommenden Besatzungen häufig, und viele Chartersegler besitzen nicht die Fertigkeiten im Umgang mit ihren gemieteten Yachten."
Seit Anfang Mai gehen nun täglich als Telegramm, Telex oder Fax die Fehlmeldungen der Kundschafter in der Zentrale der Versicherung ein – mit den Kostenrechnungen für Fahrt und Zeit. Aber sie sind dennoch wertvoll, weil man jetzt wenigstens weiß, wo die CONNY nicht ist: zum Beispiel nicht auf den Kanarischen Inseln (wo man sie wohl zuerst vermuten würde), nicht an der spanischen Atlantikküste, nicht in afrikanischen Häfen und auch nicht in England, Holland oder Frankreich. Alle erfolglos abgesuchten Häfen erhalten weiße Fähnchen auf einer großen Europakarte, die in der Schadensabteilung hängt, und so verdichtet sich der Verdacht, daß die CONNY vielleicht gar nicht so weit entführt sein könnte. Die nächstgelegenen Kundschafter erhalten noch einmal ein Foto der CONNY und einen Hinweis, wo sie nicht gefunden wurde – als Anreiz gleichsam. Denn wie die Versicherung dem Nichtfinder dessen Aufwendungen prompt ersetzt, wird sie dem Finder 10 % des Wertes der wiederbeschafften Yacht gutschreiben. Ist die CONNY unversehrt, werden also bis 42 000 DM gezahlt werden.

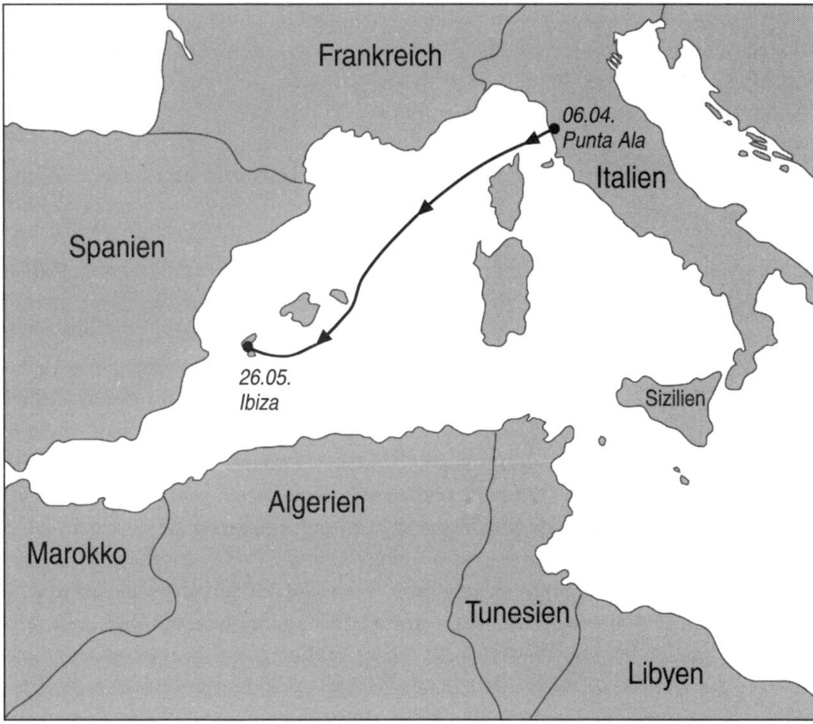

Der Weg der CONNY, die am 6.4. unbemerkt aus der Marina Punta Ala entführt und am 26.5. in Ibiza wieder entdeckt wurde.

Und diesem Anreiz ist es auch wohl (wie in vielen Fällen wiederbeschaffter gestohlener Yachten) zu verdanken, daß man sie doch aufstöbert: Am 26. Mai meldet sich gegen 1100 Uhr Werner Heitmann aus Ibiza am Hamburger Telefon der Versicherung und gibt an, die CONNY gefunden zu haben. Er vermietet Leihwagen auf der Insel, kennt daher alle Häfen und Ankerplätze und kommt viel herum. Viele Tage war er unterwegs, jetzt wurde er fündig: Die gesuchte Yacht liegt in einem noch unfertigen Yachthafen an einer Muring. Zwar heißt sie BERYL, trägt statt Hamburg den Heimathafen Essen am Heck, ist nicht ketsch-, sondern slupgetakelt und nicht mit einem breiten roten, sondern einem blauen Seitenstreifen gestrichen. Aber alle anderen Besonderheiten stimmen sonst mit den Merkmalen von Fahndungsblatt und Fahndungsfotos überein.

In der Hamburger Zentrale bleibt man zuerst skeptisch, und dreimal noch wird Heitmann mit dem Wagen in den Hafen geschickt, um Fragen nach weiteren Details zu beantworten. Dabei findet er den am Kai abgelegten Besanmast, ohne den die „Slup“ auch beträchtlich untertakelt wirkt, und die leeren blauen Farbdosen in der nächstgelegenen Müllkiste. Kein Zweifel also mehr: Die BERYL in Ibiza ist die CONNY aus Punta Ala.

Was folgt, ist eine Sache für Martin Lange, den sie im Hamburger Haus den „Kommissar" nennen, den Ermittler allerorts. Während er das nächste Flugzeug nach Palma besteigt, geht ein Fax an das Bundeskriminalamt. Nachdem darin noch einmal alle wichtigen Daten der CONNY wie Bau- und Motornummer und die äußeren charakteristischen Kennzeichen mit ihren Veränderungen übermittelt sind, faxt der Versicherer:

„Unser Mitarbeiter Martin Lange ist mit allen notwendigen Unterlagen auf dem Wege nach Ibiza, wo er heute abend eintreffen wird. Wir bitten Sie, über Interpol zumindest dafür zu sorgen, daß die Yacht durch die spanische Polizei überprüft oder zumindest so lange festgehalten wird, bis anhand der Unterlagen von Herrn Lange eine eindeutige Überprüfung vorgenommen werden kann." Denn das ist immer noch das größte Risiko für die Sicherung des Fahndungserfolges: daß die Diebe wieder mit ihrer Beute abhauen, die (hier: spanische) Landespolizei sie nicht festhalten kann und die Suche nach der geflüchteten Yacht (vielleicht in einem anderen Land) mit dem gleichen fragwürdigen Erfolg wieder von vorne beginnen muß.

Aber Lange hat Yachtklau-Erfahrung und Courage dazu: Gleich nach seiner Ankunft gegen 2230 Uhr in Ibiza fährt er mit Heitmann zur Najad 42, die wie eine 42er ihrer weltbekannten Konkurrenz-Werft Hallberg-Rassy wirken soll, und dringt in die verlassene Yacht ein. Mit dem Glück des Tüchtigen findet er die Personalausweise, Führerscheine und „Ersatz-Bootsführerscheine" des 38jährigen Willi Barton und des 46jährigen Egon Rentsch aus Orten des Hamburger Umlandes und steckt sie ein. Und dann läuft ihnen der dritte Dieb noch direkt in die Finger, der gegen 0130 Uhr morgens angetrunken und ahnungslos mit seiner amerikanischen Freundin die Kajüte betritt:

Es ist der 50jährige Harald Kley aus Berlin, der sich nicht nur willig verhören, sondern auch noch seine Papiere abnehmen läßt, ehe er das Weite sucht. Lange und Heitmann stören die Elektrik und machen Motor wie Ankerwinsch unbrauchbar, und zum Schluß versehen sie die BERYL ex CONNY noch mit zwei neuen Vorhängeschlössern.

Für Lange ist die Arbeit in den nächsten Tagen Routine: Zusammen mit Heitmann erstattet er Diebstahlsanzeige bei der örtlichen Polizei. Zwei Polizisten nehmen eine offizielle Identifizierung der Yacht vor und bestätigen: Die BERYL mit Heimathafen Essen am Heck ist die aus Punta Ala gestohlene CONNY mit Heimathafen Hamburg. Die Polizisten durchsuchen den Seekreuzer nach Rauschgift und Waffen, finden jedoch nichts und geben ihn frei. Anschließend Überführung der Yacht in den ca. 7 sm entfernten Stadthafen. Dort am Tage darauf mit dem angereisten Eigner eine Bestands- und Mängelliste aufgestellt. Anschließend – am 28. Mai, einige wichtige Tage vor Ablauf der „Wiederbring-Frist" – übergibt Lange die wiedergefundene CONNY

an ihren Eigner, der nun auch von sich aus Anzeige bei der spanischen Polizei erstattet.
Am nächsten Tag hat die Fahndung nach Kley Erfolg: Er wird verhaftet und dem Gericht in Ibiza vorgeführt. Jetzt sickert auch durch, wo die Diebe ihr Domizil haben: in einem abgelegenen Haus in den Bergen, das einem an Krebs erkrankten, mit dem Rettungsdienst nach Hause geflogenen Schweizer gehört und für das sie die Verwaltung übernommen haben. Es ist in völlig verlaustem Zustand und entpuppt sich als ein schon lange benutztes Diebesnest voller Yachtzubehör. Neben dem Außenborder und anderen beweglichen Teilen der CONNY finden Lange und Heitmann gestohlene UKW-Sprechfunkgeräte, Radaranlagen, Kurzwellensender, Radios, Ersatzpropeller, aber auch verschiedene Auto-Nummernschilder mit TÜV-Plaketten, eine Kopie des Schiffszertifikats der CONNY mit dem (leeren) Vordruck eines Schiffsmeßbriefes, in den deren Daten einzutragen begonnen wurden, mehrere Bootsbriefe und DSV-Zertifikate, deren Eintragungen mit Tipp-ex entfernt wurden, sowie andere Dokumente mehr. Den Polizisten fehlen die Worte, als ihnen das Diebeslager gezeigt und übergeben wird.
Der Abschluß hinterläßt zwiespältige Gefühle: Die Reparaturen vieler Kleinigkeiten, die an Ort und Stelle erfolgen konnten, kosteten die Versicherung gut 10 % der Versicherungssumme, und Otto Haendler konnte die Rückführung seiner CONNY nach Italien gleich als Urlaubstörn rund ums Mittelmeer nutzen – und sich dabei von den Schrecken und Anstrengungen ihrer Entführung erholen. Werner Heitmann kann sich über den Finderlohn von ebenfalls 10 % des Versicherungswertes freuen. Diese Tatsache wird die über hundert anderen „Netzfischer“ des Fahndungsapparates der Versicherung bei anderen Diebstahlsanzeigen zu ähnlich sorgfältiger Suche veranlassen. Für die Beteiligten wohl eine positive Bilanz. Alles andere bleibt jedoch unbefriedigend:
Die spanische Polizei hat die geflüchteten Yachtdiebe Willi Barton und Egon Rentsch auf der Insel Ibiza nicht festnehmen können und Harald Kley nach einigen Tagen Untersuchungshaft wieder entlassen. Auch er tauchte natürlich unter. Gegen alle drei, denen noch Autodiebstähle und andere Delikte zur Last gelegt werden, wurde daraufhin ein Strafverfahren vor dem Landgericht in Hamburg eröffnet, in dem am 28.7.1992 verhandelt werden sollte. Das Resümee der Staatsanwaltschaft in einem Vermerk an die Versicherung ist kurz: „Betreff Diebstahl CONNY, Eigner Haendler. Als Täter des Diebstahls sind die zu diesem Verfahren Beschuldigten Barton, Rentsch und Kley ermittelt worden. Das hiesige Verfahren wurde wegen Abwesenheit der Beschuldigten eingestellt. Es werden Haftbefehle gegen Barton, Rentsch und Kley erlassen. Hochachtungsvoll.“
Den ersten Erfolg durch Interpol gab es bei der Neuaufnahme des Verfahrens im Januar 1995 gegen den aufgestöberten und verhafteten Kley. Die Mühlen des Gerichtes mahlen langsam. Was sie in diesem Falle ausgemahlen haben, hat der Wind verweht.

Yachtjäger und Yachtfischer arbeiten jetzt weltweit

Die Schäden, die den Versicherungsgesellschaften aller Länder durch Yachtdiebstahl entstehen, sind hoch. So hätte zum Beispiel ein einziger großer deutscher Versicherungsmakler im ersten Halbjahr 1995 zweieinhalb Millionen D-Mark Entschädigung an die Eigner von gestohlenen Yachten auszahlen müssen – wenn man ihre Schiffe nicht rechtzeitig wiedergefunden hätte. Die schnellen Fahndungserfolge verdanken die Versicherer ihren Yachtjägern oder Yachtfischern, die zu einem weltweiten Ring von Informanten in Yacht- und Handelshäfen gehören und ganz routinemäßig auf Wache ziehen, wenn das Fahndungsnetz nach der gesuchten Yacht mit einem Knopfdruck in der Zentrale ausgeworfen wird.

Die Fahndungserfolge können sich dabei kurzfristig einstellen, wie zum Beispiel bei einem Seekreuzer vom Typ Nordsee 41, der am 12. Mai 1995 in Rostock gestohlen und schon am 15. Mai in Polen wiedergefunden wurde, oder einer Nauticat 44, die am 10. Mai 1995 in Spanien entführt und den Dieben schon drei Wochen später an der afrikanischen Küste wieder abgenommen wurde. Einen guten Einblick der Yachtjäger oder Yachtfischer gibt auch die Suche nach der CONNY, die ich vorher ausführlich schilderte.

Oft müssen die Fahnder auch längere Zeit auf ein Erfolgserlebnis warten – insbesondere dann, wenn die Yachtdiebe nicht den üblichen Routen der Fahrtensegler folgen, die über den Atlantik führen. So fanden die Yachtjäger im Mai 1995 unerwartet in Köln eine große Yacht wieder, die im Oktober 1994 auf Mallorca entwendet worden war – Lohn einer fast achtmonatigen Suche. (Zahlreiche Beispiele für Erfolg und leider auch Mißerfolg internationaler Yachtfahndung habe ich in meinem Buch „Yachtpiraten“ ausführlich geschildert.)

Um künftig diese Diebstahlskriminalität, die oft auch mit Versicherungsbetrug einhergeht, noch wirksamer zu bekämpfen, hat ein großer Hamburger Versicherer schon 1992 eine Tochterfirma gegründet, die MCS (Marine Claims Service), die Niederlassungen in England, Frankreich und Dänemark besitzt und mit Kooperationspartnern in vielen europäischen und überseeischen Ländern zusammenarbeitet. Sie widmet sich ausschließlich der Yachtfahndung und Diebstahls-Aufklärung, und ihr engmaschiges Kontaktnetz wird auch von ausländischen Gesellschaften in Anspruch genommen, wenn Fälle der Yachtkriminalität zu lösen sind.

Jeder Erfolg dieser internationalen Yachtfahndung kommt letztlich auch den versicherten Eignern zugute: Denn einerseits bedeutet bessere Aufklärung der Diebstähle weniger Schadenszahlungen und damit eine Stabilität bei den Versicherungsprämien, die alle Eigner zu entrichten haben. Und andererseits erfolgt eine Schadenseindämmung durch die abschreckende Wirkung auf Personen, die mögliche weitere Yachtdiebstähle planen könnten.

Als Geisel mit der eigenen Yacht entführt

Natürlich wußte Georg Reinke, der im November 1995 mit seiner HORNBLOWER vor der Insel Sal der Kapverden-Gruppe vor Anker lag, daß man seine Niedergänge und Decksluken besser abschließen müßte, wenn man als Einhandsegler die Nacht mutterseelenallein vor einem entlegenen Dorf in einem weltenfernen Revier verbringt. Und er hatte die Decksöffnungen auch dementsprechend mit Nirostangen versehen, um sie gegen mögliche nächtliche Überfälle sicher blockieren zu können. Aber was nützt alle Vorsorge, wenn man die vorhandenen Sicherungen nicht anbringt?

Es gibt zwar unsichere, aber auch freundliche Häfen, meinte er. Und so verzichtete er vor Sal darauf, die HORNBLOWER zur Nacht zu verschließen, weil er den Ort zu den „freundlichen" rechnete. Aber er hatte sich geirrt – oder einfach nur „Pech gehabt", wie er hinterher sagte.

„Was würden Sie denn machen ?" fragt er und erzählt: „Da stehen denn nächtens plötzlich zwei Kerle neben Ihrer Koje und halten Ihnen ein Messer an die Kehle. Keine Zeit mehr zum Überlegen und für eine theoretische Erörterung der Situation. Dazu war es Nacht, es war stockenduster, und die beiden unbekannten Männer waren Schwarze – keine Möglichkeit der Beschreibung für die Polizei. Ging auch alles viel zu schnell für einen Segler, der gerade dem Schlummer entrissen und im Nu geknebelt und gefesselt ist.

Mit Zeichensprache versuchen die beiden Einbrecher zu erklären, daß sie mein Boot haben und mit ihm wegfahren wollen. Und unter Androhung, mir meine männlichen Besonderheiten abzuschneiden, kann ich gar nicht umhin, mit Kopfbewegungen auf den Anlasser und den Hauptschalter hinzuweisen. Anschließend werfen mich die Männer wieder auf meine Koje im Achterschiff, und ich könnte alles Bisherige für einen wüsten Traum erklären und weiterschlafen."

Aber das Starten des Motors durch Fremde gehört nicht zu einem Traum, und das Rattern der Ankerkette, die aufgeholt und über den Bugkorb an Deck gezerrt wird, zeigt Georg Reinke mit erschreckender Deutlichkeit, was vorgeht: Er ist an Bord der HORNBLOWER gefangen, und die Piraten laufen mit seinem Boot auf die weite See hinaus. Das schnelle Erhöhen der Motordrehzahl zeigt ihm, daß sie es eilig haben. Was tun?

„Mit Handbewegungen gelingt es mir, die Fesseln zu lockern", sagt er, „und als ich mich befreit hatte, konnte ich mich vorsichtig aus dem Luk (das ich vorher nicht verschlossen und gesichert hatte!) ins Freie zwängen. Ohne mich zu besinnen, hechtete ich über Bord – und dann schwamm ich. Eine Seemeile weit schien die Küste zu liegen – kein Problem! Dort lag die ICENI QUEEN meiner Freunde vor Anker, und auf dem Weg zu ihnen hatte ich genügend Zeit, mir die nächsten Schritte zu überlegen: Mit dem Schlauchboot hinterher und dann schießen (mit Waffen, die wir nicht hatten)?"

Die tatsächlichen Aktionen nach seiner schwimmenden Rückkehr zum Ufer lassen sich kurz zusammenfassen: „Die Polizei ist verständnisvoll, aber sie hat kein eigenes Fahrzeug", berichtet Reinke weiter. „Einem Fischer biete ich fünftausend Dollar, wenn er mich hinterherfährt. Das ist für ihn ein Vermögen – aber er hat Angst, er will nicht. Also tatenlos warten – was sonst?"

Aber am nächsten Morgen, als er nach dieser unruhigen Nacht auf dem Boot der Feunde an Deck kommt, sieht Reinke seine HORNBLOWER draußen am Horizont treiben, und ein anderer Fischer nähert sich ihr schon, um sie auf den Haken zu nehmen. Er muß ihr nur noch entgegenfahren und wieder an Bord gehen – die Yachtpiraten sind verschwunden.

Aber der entführte Seekreuzer ist während der unfreiwilligen Nachtfahrt offenbar mit einem Felsen kollidiert, wo er festgemacht und leergeräumt wurde. Bugspriet und Seereling sind abgerissen, der Stahlrumpf ist an mehreren Stellen eingebeult, und in der Kajüte fehlt alles, was wertvoll ist. Am gleichen Tage noch werden die Täter auf einer Fähre entdeckt, klatschnaß und sandig.

„Dabei stellt sich heraus – was wegen der Freundlichkeit der Inselbewohner auch sofort vermutet worden war –, daß es Leute vom Festland waren, denen allein solcher Unfug zuzutrauen ist", schließt Georg Reinke seinen Bericht. „Es nützt in diesem Zusamenhang wenig, über die ungerechte Verteilung der lebensnotwendigen Güter in der Welt und damit über Politik zu streiten. Dagegen müssen wir uns als Segler überall die Frage stellen: Wie schützen wir uns im Einzelfall, und wie helfen wir uns am besten gegenseitig gegen solche unerwarteten Piratenüberfälle?"

Aussteigen auf See wird Mode

Seekreuzer werden zu Geisteryachten

Verlasse nie dein Schiff, ehe es dich verläßt – diese eherne Seemannsregel galt auf See wie das Elfte Gebot. Denn das Überleben in Seenot war auch auf einem zum Wrack gewordenen Schiff immer sicherer als auf einem kleinen Rettungsboot oder in einem kippeligen Gummifloß. Viele Yachtsegler halten sich heutzutage nicht mehr an dieses Gebot. Zum einen ist es das weltweite engmaschige Sicherheitsnetz, das fast jedermann garantiert, auch fernab der Küsten von Seeschiffen oder Flugzeugen geborgen zu werden, wenn man sich an Bord einer Yacht in tödlicher Gefahr fühlt. Zum anderen sind es viele Yachtsegler selbst, die diesen vermeintlichen Notstand, aus dem sie sich mit eigener Kraft nicht mehr glauben erretten zu können, bereits dort anzunehmen begonnen haben, wo eigentlich erst der Wille zum Durchhalten beginnt. Durch die einfache Tatsache, daß von ihrer Crew in scheinbar ausswegloser Situation und in offenbar sinkendem Zustand verlassene Yachten auch ohne helfende Hand weitersegelten, wird anschaulich bewiesen, wie unnötig ihre Aufgabe war – und wie wenig lebensgefährlich der behauptete Seenotfall war, als die Crew auf See ausstieg.

Geisteryachten und ihre Schicksale, die wir schon kennen

Ich habe bereits in den vorhergehenden Abschnitten über das Schicksal von Yachten berichtet, die von ihrer Crew aufgegeben und zu Geisteryachten wurden: Sie schwammen noch, als sich die Seglerbesatzungen von Schiffen aufnehmen ließen oder in ihre Gummiinsel gingen, in der sie sich vermeintlich sicherer fühlten. Einige wurden nur noch Tage später verlassen gemeldet, andere trieben wochenlang schwimmend einem ungewissen Schicksal entgegen, das ich nicht aufklären konnte, aber die Mehrzahl der aufgegebenen Yachten wurde doch von Schiffen an Bord oder auf den Haken genommen, in den nächsten Anlaufhafen gebracht und dort als fette Bergebeute den Versicherern der Eigner wieder angeboten. Bitte erinnern Sie sich hier an die

- SCREWDRIVER, die von ihrer Crew im Atlantik aufgegeben wurde, und an die
- MARIAN, die ein Einhandsegler im Skagerrak verließ (S. 43). Die
- ODYSSEUS überließ eine Crew im westlichen Mittelmeer ihrem Schicksal (S. 76). Die
- DROSSEL mußte allein südlich Sardinien weiterdriften, als sich die Crew vom Hubschrauber abholen ließ (S. 71). Auch die
- JUNO wurde wie die
- LADY TRAM im westlichen Mittelmeer aufgegeben und eingeschleppt (S. 77). Abenteuerlich war das Schicksal der
- VICTORIA, die mit vielen Komplikationen in Kuba ausgelöst werden mußte (S. 184), während wir von der
- GARMPHI und den Irrfahrten vieler anderer Geisteryachten nur von aktuellen NAVTEX-Meldungen wissen (S. 285). Das Schicksal der
- SACI, die eine Yacht im Atlantik abzuschleppen versuchte, bleibt im dunkeln (S. 263). Aber auch das Verbleiben der
- LA GOULETTE, die wegen eines Toten an Bord verlassen wurde, konnten wir ermitteln (S. 234). Die
- SHANTY traf es unter den Geisteryachten noch am besten: Die Marine gab sie ihrem Eigner zurück (S. 303).

Was einer vor der Aufgabe noch seeklaren Geisteryacht während ihrer einsamen Drift sonst noch passieren kann, lesen Sie hier.

Seeräuberei bei erfolglosem Versuch, eine Geisteryacht zu bergen

Werner Raabe hatte es sich erst im Spätherbst überlegt, seine OTHELLO noch in den Wintermonaten über den Atlantik zu segeln und für ein Jahr in die Karibik zu überführen. Aber er fand dennoch schnell Mitsegler, um den 12 Meter langen und 4 Meter breiten Seekreuzer von den Balearen, wo er stationiert war, erst einmal zu den Kanarischen Inseln zu bringen. Doch wer als Segler schnell zugreift, wenn ihm ein kostenloser winterlicher Törn durch das Mittelmeer in einer fast neuen Yacht vom Typ First 410 mit 90 m^2 Segelfläche und 9 Tonnen Verdrängung angeboten wird, muß sich auch des mit dieser Reise verbundenen Risikos bewußt sein. Raabes vierköpfige Crew war es offenbar nicht.

Doch nach dem Start am 2. Dezember 1991 in Puerto de Andraitx auf Mallorca herrschte einige Tage lang zwar kühles, aber handiges Wetter, und die Crew schaffte über Ibiza, Alicante und Cartagena die gesteckten Tagesziele mit ausreichender Ruhezeit in den Häfen. Aber Seebeine wachsen bekanntlich langsam, erst recht auf einem unbekannten Schiff und vor allem bei frischen Winden. So war die Seekrankheit auch bei keinem seiner Mitsegler überwunden, als Skipper Raabe am Morgen des 7. Dezember Cartagena verließ, um mehr zu schaffen als die bisherigen Tagesstrecken. Daß es die Nacht durchgehen sollte, sagte er der Crew erst, als sie unterwegs waren.

Es wurde eine harte Nacht bei auffrischendem Poniente, den die OTHELLO in der Alboran-See direkt von vorn nehmen mußte. Doch als die See steiler und der Seegang höher wurde, war es schon zu spät, nach Norden unter die Küste zu halten und Almeria als Ruhehafen anzulaufen. An Bord ging es drunter und drüber. Alle waren seekrank. Für Segelmanöver fand Skipper Raabe keine hilfreichenden Hände mehr. Er selbst war vom stundenlangen Rudergehen ebenfalls erschöpft, und einer nach dem anderen seiner angeheuerten Mitsegler machte ihn flehentlich darauf aufmerksam, ihr Leben nicht noch weiter aufs Spiel zu setzen. Mit Schwerwetter hatte Raabe gerechnet, und auch auf das Abwettern hatte er sich eingestellt – aber eine (man mußte es schon so nennen:) meuternde Crew an Bord machte auch ihn hilflos.

Die Segel zu bergen und unter Motor Richtung Küste zu laufen, war vielleicht eine psychologisch vertretbare Entscheidung. Seemännisch war sie jedoch nicht zu billigen. Denn auch halbwinds mit kleinen Segeln wäre man an ein dortiges Ziel gelangt, oder man hätte ein anderes ablaufend genauso sicher erreicht. Schwerwetter ist nun einmal keine Gelegenheit, die Nerven zu verlieren – und erst recht nicht, einer Segelyacht ihre natürlichen und sicheren Bewegungen im Seegang zu nehmen und ihr statt dessen die Fortbewegung als Motorboot aufzuzwingen.

Und als wenn sich die OTHELLO selbst gegen die unnötige Motorfahrt wehren wollte, rutschte beim hastigen Segelbergen in den noch dunklen Morgenstunden eine Schot unbemerkt ins Wasser, rollte sich während des Nachschleppens um den Propeller und stoppte den Motor so plötzlich und erschreckend, wie es in einer solchen Situation schlimmer nicht vorstellbar ist.

„Wir sind manövrierunfähig!" scholl es Skipper Raabe mehrstimmig entgegen, und ehe er es sich versah, standen auch die anderen, seekrank aus ihren Kojen hochgeschreckten Mitsegler um ihn in der Plicht und forderten nur eines: Aufgeben der auf den Wellen tanzenden OTHELLO und Übersteigen der Crew auf eines der am Horizont vom Wetter scheinbar so unbeeinflußt ihrer Wege ziehenden Schiffe.

Inwieweit der Skipper auch nach eigenem Ermessen so entschieden hätte, bleibt natürlich fraglich. Jedenfalls löste Raabe über den Seenot- und Sicherheitskanal 16 auf UKW entsprechende PAN-PAN-Meldungen aus. Und schon eine Stunde später war das Seeschiff TANGER zur Stelle und bereit, die Crew von der immer noch voll segelklaren, völlig unbeschädigten und nur durch den Tampen im Propeller unter Motor behinderten OTHELLO an Bord zu nehmen.

Was dann kam, war für die auf ihre persönliche Sicherheit so bedachten Segler ein gefährliches und für den Seekreuzer ein folgenschweres Unterfangen, das oft genug beschrieben wurde, aber in kopfloser Panik nicht bedacht wird: Anlaufen der Yacht an die TANGER, die hierzu Lee macht. Festhalten des auf und ab tanzenden Rumpfes an der hohen Bordwand. Sprung von der im Seegang rollenden Yacht an die Jakobsleiter und Aufentern mit dem wild pendelnden Rigg im Nacken.

Der jüngste Segler der OTHELLO, der zuerst gesprungen ist, erhält dabei eine schlimme Rückenverletzung durch die Saling. Der nächste wird noch am Kopf verletzt, als er schon das rettende Deck mit den Händen greifen will. Und dann bricht der Mast – glücklicherweise, müßte man fast sagen, wenn nicht das Rigg zwischen die Bordwände gefallen und den gefährlichen tosenden Wassergraben zwischen den Schiffen zum Überklettern noch lebensgefährlicher gemacht hätte. Werner Raabe ist der letzte, der seinen Seekreuzer verläßt. Nicht einmal Logbuch und die persönlichen Papiere nimmt er mit, die schon in einer Seenottasche an der Steuersäule hängen. So gräßlich hat er sich die Stunden des begonnenen Tages

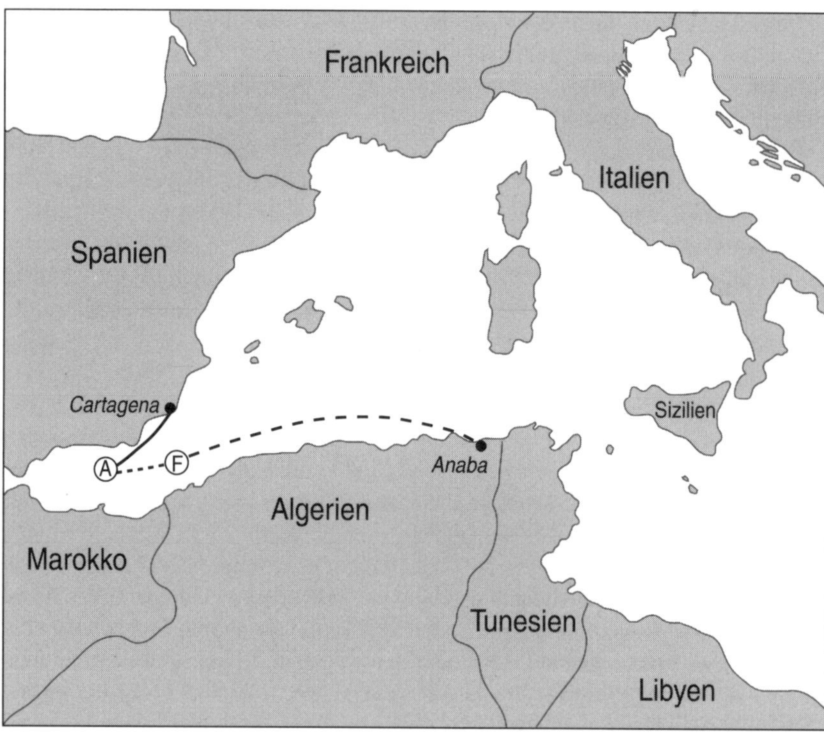

Die OTHELLO lief von Cartagena aus und wurde zwischen Almeria und der Insel Alboran aufgegeben (A). Beim Auffinden (F) war sie ausgeraubt. Ein Schiff schleppte die Geisteryacht nach Anaba und übergab sie – gegen entsprechenden Bergelohn – an die Eigner.

und seine letzten Minuten an Bord der OTHELLO, die ihn ja eigentlich in die warme und sonnige Karibik bringen sollte, nicht vorgestellt. So muß ihm schließlich der Schiffskapitän die Position auf der Karte zeigen, auf der sein vor einer Stunde noch voll segelklares und völlig unbeschädigtes Boot nun, zum Zeitpunkt der Aufgabe um 0930 Uhr, havariert und enthauptet als manövrierunfähiges Schifffahrtshindernis zurückbleibt. Anschließend geht eine SÉCURITÉ-Meldung in den Äther: „Seekreuzer OTHELLO auf der Position 36° 26' N und 003° 20' W aufgegeben. Der mastlose Rumpf der 14-Meter-Yacht ist eine Gefahr für die Schifffahrt." Aber er ist gleichfalls ein wertvoller Brocken zum Bergen.

Ich sagte bewußt, daß die Yacht *vor* ihrem Verlassen unbeschädigt war. Denn als man sie am 11. Dezember um 0700 Uhr auf der Position 36° 26' N 002° 34' W findet, weist sie schwere Schäden auf – wie immer in solchen Fällen, wenn eine Yacht zum Übersteigen der Crew auf einen Frachter an diesem längsseits gegangen war und hier kurzzeitig festgemacht hatte.

Eine vielleicht zur Schadensminderung nützliche Zwischenbemerkung: Da dieses Beispiel der Aufgabe jährlich vielfach Schule macht, besteht heutzutage für jede aufgegebene Yacht die Möglichkeit, sie an ihren Eigner zurückzugeben, nachdem sie von einem Berufsschiff gefunden, an Deck genommen oder in den nächsten bzw. seinen Bestimmungshafen eingeschleppt wird. Auch die dafür ausgehandelten Schleppgebühren oder Bergekosten haben sich – einvernehmlich zwischen Reedern und Versicherern – auf eine vertretbare Summe eingependelt. Zu einem Großschaden (auch zu Lasten des Eigners, wenn die Versicherung nicht herangezogen werden kann) wachsen solche Aufgaben von Yachten sich erst durch vermeidbare Folgeschäden aus.

Da nicht jeder Großschiffskapitän unbedingt wissen muß, wie man eine Besatzung von einer (havarierten) Yacht abbirgt, sollte ihm der Yachtskipper den bestmöglichen Ablauf eines solchen Bergemanövers vorher über Seefunk verklaren und trotz einer verständlichen Erregung selbst dazu beachten:

- Den Weg zur hohen Bordwand des Schiffes und an die ausgesteckte Jakobsleiter sollte die Crew im Schlauchboot oder in der (vorher aufgeblasenen) Rettungsinsel zurücklegen, in sicheren Kleinstfahrzeugen also, die gegebenenfalls vorher mit einer Wurfleine des Schiffes (sowohl mit diesem als auch mit einer Sorgleine zur Yacht) verbunden sind.
- Insbesondere verletzte Personen oder Kinder sollten nur über eine solche Zwischenstation zwischen Yacht und Seeschiff abgeborgen werden. Ihnen drohen auf diesem Weg keine zusätzlichen Gefahren.
- In jedem Falle sollte jeder Kontakt der Yacht (und zwar sowohl ihres Riggs als auch ihres Rumpfes) mit der Bordwand des Seeschiffes vermieden werden. Diese Vorsichtsmaßnahme verhindert nicht nur die Beschädigung der Yacht, sondern schützt auch die Personen vor möglichen Verletzungen, wenn sie sonst beim Aufentern zum Deck des Seeschiffes über die gesamte Höhe des Riggs mit diesem in gefährlichem Kontakt blieben.

Von weitem wirkt die Othello mit ihrem gebrochenen Rigg auf dem Steg fast unversehrt. Dennoch kostete die Instandsetzung nach Aufgabe und Geisterfahrt viel Geld.

Die schweren Beschädigungen, die die Othello an der Bordwand der Tanger erlitt, konnte Skipper und Eigner Raabe noch miterleben. Wie es seiner Yacht bei einem später eingestellten Bergeversuch durch ein unbekanntes Schiff am gleichen oder folgenden Tage erging, mußte er wohl oder übel hinnehmen. Denn dann wurde die Othello nicht nur weiter beschädigt, es wurden dabei (oder bei einer weiteren Gelegenheit) auch nautische Ausrüstungsteile abgebaut und entwendet. Schiffahrtsrechtlich: Seeräuberei.

Nehmen wir vorweg, was Sachverständige und Hafenbehörden einige Tage später bestätigen, als der 7000 BRZ große zypriotische Frachter Fidelitas den Seekreuzer in einen Hafen schleppt:

„Vor dem Auffinden und Abschleppen der Othello ist die Yacht von einem anderen Fahrzeug entdeckt und abzuschleppen versucht worden; denn an einem Vorschiffspoller war eine blaue, auf etwa fünf Meter Länge gebrochene, etwa 24 mm dicke Schlepptrosse angesteckt, die weder zur Ausrüstung der Yacht noch zu dem Bergefahrzeug Fidelitas gehörte."

Und noch eine andere Feststellung enthält das Bergeprotokoll, nachdem der Erste Offizier der Fidelitas die Othello betreten hatte: „In der Kajüte sind das Radio und das Sprechfunkgerät aus ihren Halterungen gebrochen und die Zuleitungskabel abgeschnitten worden. Eine leere Schublade lag auf dem Boden. Nach den darin erkennbaren leeren Halterungen enthielt sie wohl Fernglas oder ähnliche Geräte." Was an weiterer Ausrüstung noch unter dem Stichwort „Seeräube-

rei“ vermißt wird, läßt sich nicht feststellen, weil ja auch die See selbst sich ihren Anteil – vor allem vom Deck – geholt hat.
Als die FIDELITAS den Seekreuzer am 11. Dezember um 0700 Uhr im Seegebiet von Alboran findet, liegen etwa 65 Seemeilen zwischen Aufgabe- und Fundort. Da sich jedoch zwischenzeitlich noch andere Personen an der Bergung versuchten, kann man nicht sagen, daß die OTHELLO in den 45 Stunden ihrer Hilflosigkeit mit etwa 1,5 Knoten Richtung Osten gedriftet ist. Diese Driftgeschwindigkeit entspricht jedoch den herkömmlichen Erfahrungswerten.
Vielleicht ist es nützlich, die Bergung einer Yacht einmal aus dem Blickwinkel des Seeschiffes zu betrachten. Der Bergevorgang hat sich nach dem Logbuch des beladen und mit Bestimmungshafen Anaba in Algerien in Fahrt befindlichen Frachters FIDELITAS wie folgt abgespielt:
0700 Uhr: Sichtung der treibenden und entmasteten Yacht. Windstärke 4 aus West mit entsprechendem Seegang. Fahren einen halben Drehkreis und gehen näher heran.
0900 Uhr: FIDELITAS geht längsseits der OTHELLO.
1000 Uhr: Eine Leinenverbindung zwischen der Yacht und dem Seeschiff ist hergestellt. Die Schleppfahrt mit Kurs Ost beginnt.
1200 Uhr: Die Schleppverbindung bricht. Es wird eine neue Leine geschoren und eine dickere Schlepptrosse benutzt. Außerdem wird das über Bord hängende Rigg aus dem Wasser geborgen und an Deck der Yacht gelascht. Dabei gerät Tauwerk vom stehenden und laufenden Gut der OTHELLO in den Propeller der FIDELITAS. Vor dem Weiterlaufen muß dieser klariert werden.
1415 Uhr: Beginn des zweiten Schleppversuches. Fahrt mit der Yacht im Schlepp 10 Knoten. Können diese für den Anhang noch gerade erträgliche Fahrtstufe bis zum 450 sm entfernten Hafen Anaba halten. Geben über Funk unsere dadurch verursachte Verspätung zum Löschen durch.
13. Dezember 1991, 0630 Uhr: Einlaufen in Anaba. Einklarieren.
2000 Uhr: Übergabe der Yacht an die Coast Guard. In Übereinstimmung mit den algerischen Behörden werden sämtliche Ausrüstungsgegenstände von der Yacht genommen, einzeln aufgelistet und an Bord der FIDELITAS in einem Raum gelagert, der anschließend von der Coast Guard verschlossen und versiegelt wird.
14. Dezember: Die gesamte gerettete Ausrüstung wird der Coast Guard übergeben.
15. Dezember: Der in Tunis abgesetzte Skipper und Eigner der OTHELLO hat von der Bergung seiner Yacht gehört, ist nach Anaba gefahren und versucht, mit Angeboten von zuerst 1000 Dollar und dann 5000 Dollar Bergelohn seine havarierte Yacht zurückzuholen. Das würde etwa 10 Dollar Schlepplohn pro Meile ohne Berücksichtigung des geborgenen Wertes und eines angemessenen Bergelohns für die Besatzung bedeuten.
Die Reederei, die erst anschließend eingeschaltet wird, ist ungehalten. Der Versicherer der OTHELLO, der noch gar nicht vor Ort erscheinen konnte, ist ver-

stimmt. Denn die anschließenden Verhandlungen zwischen Reederei und Versicherer werden dadurch erschwert. Schließlich einigen sich beide Parteien auf 20 000 Dollar und legen dabei den Wert der havarierten Yacht und die Schleppkosten gleichermaßen einem Agreement zugrunde.
19. Dezember: Die Bergungskosten werden bezahlt, und die OTHELLO wird der Versicherung übergeben. Ein Sachverständiger listet alle Einzelposten der Havarie auf und kalkuliert die Schäden. Ergebnis: Nach Überführung der OTHELLO in eine spanische Werft werden die dortigen Reparaturkosten weitere 179 750 DM betragen.
Als kurzes Fazit: Die Entscheidung zur Aufgabe der OTHELLO auf See war einfach. Der Preis für die fünf Seglersprünge auf die TANGER jedoch hoch. Aber wenn man die mastlose OTHELLO im Hafen von Anaba so von weitem sieht, wirkt sie fast unversehrt. Die Reparaturkosten stecken jedoch immer im Detail.

Yacht gefunden – Crew vermißt

Im August 1987 wurde die große italienische Yacht BERLUCCHI nordöstlich der Azoren entmastet und teilweise überflutet von einem Frachter aufgefunden. Von den beiden Besatzungsmitgliedern Beppe Panada und Roberto Kramer fehlte jede Spur.
Der 18-m-Seekreuzer hatte am Two-Star-Carlsberg-Transatlantik-Rennen von England nach Newport an der Ostküste Amerikas teilgenommen, aber das Ziel nicht erreicht. Da der Veranstalter und der Sponsor aus (verständlichen) finanziellen Gründen darauf verzichtet hatten, alle teilnehmenden Yachten mit dem noch neuen Argos-Satellitensystem auszurüsten, mit dem die Position aller teilnehmenden Yachten ständig von der Wettfahrtleitung überwacht werden kann, blieb das Schicksal der BERLUCCHI viele Wochen ungewiß. Mögliche Hilfsmaßnahmen, die erst nach dem Auffinden der schon lange treibenden Geisteryacht in einem 9600 km^2 großen Seegebiet eingeleitet werden konnten, mußten denn auch erfolglos eingestellt werden.

Eine herrenlose Yacht strandet als Geisteryacht

Die Strandung einer Geisteryacht erlebten die Segler, die im Februar 1987 im Hafen von Pasito Blanco auf Gran Canaria lagen, wie im Parkett eines Zuschauerraumes. Nur dachte niemand daran, sie zu verhindern. Denn schon zwei Tage vorher wurde die ketschgetakelte Yacht LADY MALIBU kaum eine halbe Meile entfernt vor dem Hafen gesichtet. Sie trieb auf See vor Topp und Takel, ohne daß jemand im Yachthafen auf die Idee kam, sich das geheimnisvolle Boot dort draußen einmal etwas näher anzusehen. Er hätte dann ein 12 Meter langes Geisterschiff bergen und einen fetten Fang machen können. Denn die LADY MALIBU war von ihrer Besatzung aufgegeben worden. Ob sie einhand gesegelt wurde, ließ sich nicht feststellen. Die heruntergeklappte Sicherheitsleiter am Heck hätte auch auf ein (vielleicht abgebrochenes) Mann-über-Bord-Manöver hindeuten können. Aber warum fehlten die Schiffspapiere, jeder Hinweis auf die Nationalität und sogar der Name des Heimathafens am Heck? War es vielleicht eine gestohlene Yacht? Und war die Crew irgendwo auf See ausgestiegen, weil man auch den Steuerkompaß und die Rettungsinsel vermißte? Da niemand ein Eigentum an der gestrandeten Kunststoff-Ketsch, die vom weichen Sand immer tiefer eingespült wurde, in den nächsten Tagen geltend machte und auch der Strandhauptmann nicht dafür sorgte, daß sie vor fremdem Zugriff bewahrt blieb, machten sich Fischer und Segler aus der nahen Marina als Wrack- oder Strandräuber über die LADY MALIBU her und demontierten alles, was die See nicht schon zerstört hatte. Natürlich wollte niemand eine solche Gelegenheit auslassen. Aber dürfen wir da noch die Eingeborenen auf den Südseeinseln verurteilen, wenn sie gestrandete Yachten als kostenlosen Selbstbedienungsladen betrachten?

Geisteryacht mit Geist an Bord

Ein mysteriöser Seenotfall ereignete sich im Herbst 1995 im Skagerrak: Trotz Starkwindwarnung starteten ein norwegischer und ein dänischer Segler mit ihrem 10-m-Seekreuzer an der norwegischen Küste, um die Yacht vom Oslofjord nach Skagen zu überführen. Zur Gesellschaft nahmen sie einen 25jährigen Norweger mit, der jedoch wenig Segelerfahrungen besaß. Er wurde in dem harten Wetter denn auch bald seekrank und verholte sich in seine Koje, wo er so tief und lange schlief, daß er die Seenotlage an Bord, in der seine beiden Segelkameraden über Bord gingen, gar nicht bei Bewußtsein erlebte.
Denn als der Tanker GULLMARTANK den Seekreuzer einen Tag später etwa 16 Seemeilen westlich der schwedischen Insel Käringö sichtete, lief er führerlos mit zerrissenen Segeln unter Motor, und es schien niemand mehr an Bord zu sein. Die Seenot-Rettungszentrale in Göteborg, die alarmiert wurde, entsandte daraufhin ein Lotsenboot, um die Geisteryacht einzufangen und in den Hafen von Käringö zu bringen. Nur mit Mühe gelang einem Lotsen das lebensgefährliche Unterfangen, im hohen Seegang vom fahrenden Lotsenboot auf die unter Motor davontorkelnde Yacht überzusteigen und deren Ruder in die Hand zu nehmen. Als er sie nach dreistündiger Fahrt endlich an Land festgemacht und den Motor abgestellt hatte, erschien ein verschlafener Mann am Kajütluk, rieb sich die Augen und fragte nach seinen Mitseglern. Er erlitt einen Schock, als er von ihrem Verschwinden auf See hörte. Was sich in den zurückliegenden 30 Stunden ereignet hatte, in denen er im Tiefschlaf in der Kajüte lag, hatte er nicht mitbekommen.

Ohne Bergelohnzahlung keine Rückgabe

Der Bergelohn für eine abgelieferte Geisteryacht richtet sich nach dem sogenannten „Restwert“, das heißt der ungefähren Summe, die man beim Verkauf einer beispielsweise entmasteten, ausgeplünderten und noch anderweitig beschädigten Yacht erlösen würde. So kann vom Neuwert einer Yacht, sofern er 200 000 DM betragen hat, nur weit weniger als die Hälfte übrigbleiben, und wenn ein gerettetes und in Amerika angelandetes Wrack dann noch zur Reparatur nach Europa transportiert werden müßte, wären solche Aufwendungen ebenfalls in eine Schadensregulierung einzubeziehen. Kurz und gut: Um Bergekostenerstattung wird gefeilscht, und wenn der Kapitän für die Bergung (berechtigt) 20 000 Dollar verlangt und die Versicherung die Summe – als angemessenen Anteil am Restwert – nicht bezahlen will, behält er das Bergegut als Pfand. Ähnlich muß verfahren werden, wenn der Eigner einer Geisteryacht nicht ermittelt werden kann oder von sich aus das Eigentum an seiner Yacht abgibt, weil Bergegeldzahlung und Rückführungskosten den Restwert übersteigen. Aber was geschieht dann?

Ein Segelclub mit legal erstandenen Geisteryachten

Yachten, die auf hoher See von ihrer Besatzung verlassen und somit aufgegeben wurden, sind nicht herrenloses Gut, sondern bleiben Eigentum ihres verbrieften Eigners. Der „ehrliche Finder“ hat jedoch Anspruch auf Bergelohn und auf Erstattung der Kosten, die ihm bei der Bergung entstanden sind. Auch wenn man etwa ein Drittel des Wertes der geborgenen Yacht, das heißt: in dem gefundenen, oft schon ausgeschlachteten und meistens beschädigten Zustand, als Bergelohn annehmen kann, lohnt sich ein Bergeaufwand oft erst bei einer großen und weitgehend segelklaren Yacht mit sichtbar intaktem Rigg.

Weil für die im pünktlichen Liniendienst verkehrenden Frachter, Tanker und Containerschiffe unserer westlichen Welt die Zeit so kostbar wie Geld ist und die meisten von ihnen auch gar keine geeigneten Ladegeschirre mehr an Bord haben, müssen sie notgedrungen jede, auch die fetteste Beute, die sie auf ihren Kursen sichten, links liegen lassen. Für Schiffe anderer Länder ist hingegen jede gefundene, auch kleinere Geisteryacht bares Geld (in harter Währung), das auf der (Wasser-)Straße liegt und natürlich aufgelesen wird, selbst wenn man bei der Bergung (mit dem noch vorhandenen eigenen Geschirr) Arbeit leisten muß und Zeit verlieren wird.

Die aufgepickten Yachten werden entweder am Bestimmungsort oder erst im Heimathafen an Land gesetzt, und dort werden sie dem Eigner bzw. seiner Versi-

cherung, sofern sie ihm den (Total-)Verlust bereits ersetzt hat, gegen Bergelohn plus Kostenerstattung wieder angeboten. Die Zusatzkosten mit Transport, Abladen, Lagerung an Land sowie Telefon- und Büroaufwendungen können sich jedoch zu einem hohen Betrag summieren, und wenn eine Versicherung dann noch die mögliche Rückführung einer beschädigten Yacht in ihren Heimathafen einkalkulieren muß, wo noch kostenträchtige Reparaturen erforderlich sein können, wird die Rücknahme der geborgenen Yacht uninteressant.
Aus solchen Situationen haben zum Beispiel russische Segler in St. Petersburg ihre Vorteile gezogen: Als Mannschaften und Offiziere auf Schiffen der Baltic Shipping Company, die schon mehrere Geisteryachten auf den Meeren aufgefischt hatte, gründeten sie einen Reederei-Segelclub, zu dessen vereinseigenem Bootsbestand fast ausschließlich aufgegebene und geborgene Yachten aller Herren (West-)Länder gehören.
Natürlich benachrichtigt die Reederei Eigner oder Versicherer ordnungsgemäß über jeden Fund. Aber in fast allen Fällen haben diese bisher zugunsten der Finder auf ihr Eigentum verzichtet – bedingt durch die in Rechnung gestellten Berge- und Nachfolgekosten, die zu hoch geworden waren.
So wird, wer nach St. Petersburg kommt, vielleicht bekannte Seekreuzer unter dem Stander des St. Petersburger Clubs segeln sehen. Aber er darf sich nicht wundern, wenn ihm die dortigen Segler ihren größten Wunsch mitteilen: Schickt mehr Seekreuzer über die Ozeane – und gebt sie unterwegs auf. Hier können noch viele geborgene Geisteryachten eine neue Heimat finden.

In Seenot überlebt

Meldungen vom Überleben lesen sich leicht

In regelmäßigen Abständen verbreiten die Nachrichtenagenturen Meldungen vom wundersamen Überleben von Seeleuten, Fischern und Seglern nach tagelanger oder sogar wochenlanger lebensgefährlicher Drift auf hoher See. Wer die trostlose Weite der See oder die gewaltige Kraft ihrer Brecher kennt, wird dabei einige Minuten des Nachdenkens verbringen. Für die meisten (Segler) aber ist es eine Sensationsnachricht wie viele andere, die täglich in den Tageszeitungen erscheinen oder wöchentlich in den Wassersportmagazinen mit zusätzlichen Hintergrundinformationen nachgedruckt werden, zum Beispiel diese:

Vater überlebte 30 Tage lang mit seinen fünf Söhnen

Über 30 Tage lang trieben im Herbst 1988 sechs Segler auf ihrer havarierten Segelyacht im Pazifik: ein Vater und seine fünf Söhne im Alter von acht bis 17 Jahren. Als sie von einem Fahrzeug der US-Marine gerettet wurden, waren Wasser und Proviant verbraucht, und sie hatten schon in den letzten Tagen kaum Nahrung zu sich nehmen können. Es bleibt unerklärlich, warum die Crew nicht nach Verlust des Mastes, der im Sturm gebrochen und verlorengegangen war, mit Bordmitteln ein wenn auch noch so primitives Notrigg basteln konnte, um wenigstens langsam zu einer Küste weiterzusegeln.

Fischer ernährten sich 75 Tage lang von Fischblut

Zwei völlig erschöpfte Fischer aus Sri Lanka, die mit ihrem Boot 75 Tage lang orientierungslos im Indischen Ozean getrieben waren, wurden am 15. Januar 1989 vom Frachter VILLE DE TAMATAVE aufgenommen. Als sie Mitte Oktober des vorausgegangenen Jahres zu dritt auf ihrem üblichen Fangplatz vor der Küste der Insel Sri Lanka fischten, fiel plötzlich der Motor aus und konnte von ihnen nicht repariert werden. Sie trieben ab, und da der Proviant an Bord nur für zwei Tage reichte, mußten sie sich von Fischen ernähren und neben Regenwasser Fischblut trinken. Der dritte Fischer überlebte nicht und starb nach wenigen Tagen. Die beiden Überlebenden mußten zweieinhalb Monate lang auf ihre Rettung warten.

Vier totgeglaubte Segler überlebten 120 Tage lang

Mit ihrem Trimaran ROSE NOELLE waren vier Segler am 1. Juni 1989 vom neuseeländischen Hafen Picton mit Kurs nach Tonga ausgelaufen. Zuletzt hatten sie sich aus einer Position nahe der Kermadec-Inseln gemeldet, die etwa 1000 Seemeilen nordwestlich von Neuseeland liegt. Dann brach jeder Kontakt ab, und in Tonga war die Crew seit dem 24. Juni überfällig. Als sie sich vier Monate lang nicht mehr meldete, konnte man nur ihren Tod auf See annehmen.
Die vier Segler überstanden jedoch das Kentern des Trimarans in schwerem Wetter und auch eine 120tägige Drift auf dem umgedrehten Bootskörper und wurden am 11. Oktober auf einer kleinen Insel des Great Barrier Riffs etwa 50 Seemeilen nordöstlich von Auckland angetrieben. Die schiffbrüchigen Segler hatten sich vier Monate lang von Seetang, Fisch und Proviantresten an Bord des Tri-Bodens genährt und außer einem erheblichen Gewichtsverlust die lange Seenotzeit gesund überstanden.

Fünf Monate lang trieben fünf Fischer auf dem Ozean

Am 19. Januar 1989 waren fünf Fischer von Punta Arenas an der Küste von Costa Rica zu einer Fangreise vor der Küste des Pazifiks ausgelaufen, die eigentlich nur acht Tage dauern sollte. Sie gerieten mit ihrem Neunmeterboot jedoch in schweres Wetter und wurden von Wind und See nordwestwärts in den Pazifik hinausgetrieben. Als sie unter Motor an die Küste zurücklaufen wollten, reichte der Treibstoff jedoch nicht mehr für die durch den Sturm vergrößerte Distanz, und da das Ruder zerbrochen war, half auch eine Notbesegelung nicht mehr.
Im Laufe der nächsten Tage und Wochen verloren die Fischer zwar völlig die Orientierung über ihre Position, aber nicht ihren Lebensmut. Jeden Tag waren sie schon vor Sonnenaufgang auf den Beinen, um die günstigste Zeit für den Fischfang zu nutzen, und so konnten sie sich von rohem Fisch (hauptsächlich Thunfisch) ernähren. Für das lebensnotwendige Wasser sorgten Regenschauer, deren köstliches Naß einmal wöchentlich mit allen verfügbaren Behältern aufgefangen werden konnte.

Als sie am 17. Juni von einem japanischen Fischtrawler etwa 600 Seemeilen südöstlich von Hawaii entdeckt und anschließend nach Honolulu gebracht wurden, waren sie noch in einer einigermaßen guten Verfassung, so daß sie nach eingehender medizinischer Untersuchung zu ihren Familien in Costa Rica zurückkehren konnten.

Seenoterlebnisse selbst sind grausam

Vereine und Firmen nennen es „Überlebenstraining", was sie in der segellosen Winterzeit in geheizten Hallenbädern den Seglerfamilien anbieten: Schwimmen in der Badehose mit der Schwimmweste und Besteigen eines überdachten Gummifloßes, das man irreführend „Rettungsinsel" nennt, vom Wasser aus. Bei aller Anerkennung ehrenwerter Motive darf das erfolgreiche Bestehen solcher Übungen doch niemanden verleiten, im wirklichen Seenotfall die vermeintliche Sicherheit an Bord solcher Rettungsmittel dem Verbleiben auf einer havarierten Yacht vorzuziehen. Das Überlebenstraining im Schwimmbad ist lustig – der Überlebenskampf auf See ist grausam.

Gekentert ist nicht gesunken, aber auch nicht gerettet

Die VANESSA wurde das Traumschiff für Magnus Uecker, für das er lange gespart und dessen Bau er in allen erdenklichen Einzelteilen sorgfältig mitgestaltet hatte: ein Kreuzer-Katamaran von 12,20 m Länge und 6,50 m Breite, mit seinem Rumpftiefgang von 1,20 m sowohl in Massiv-Kunststoff als auch in Waben-Sandwich-Epoxy überall dort gebaut, wo sich jene Bauweise am besten eignete. Dazu ist er mit je einem 20-PS-Dieselmotor in den Rümpfen optimal manövrierfähig beim Einlaufen in Häfen und mit 100 m^2 Segelfläche am 17 m hohen Mast mit einer Sieben-Achtel-Takelung schnittig und schnell. Alle Fallen natürlich aus Spectra, Rollreffs für Genua und Großsegel, selbstholende Winschen, PC-Wetterfax mit Elektronikkarten, Warmwasserboiler, EPIRB-Locata-Rettungsboje, Seefunkgeräte, zwei Surfbretter mit vier Segeln – und so fort.
Aber als es, schon auf der Jungfernfahrt und in einer völlig unerwarteten Seenot-Situation, nur noch ums Überleben geht, werden ausnahmslos alle teuren Ausrüstungsteile nutzlos, und alle Perfektion beim Bau und der Ausrüstung der VANESSA erweist sich als trügerisch. Noch lange Zeit später erscheint es Magnus Uecker wie ein unfaßbares Wunder, daß ausgerechnet ein kleines Metallteil, das eigentlich Zeugnis einer aus Bequemlichkeit und vor dem Auslaufen leichtsinni-

gerweise aufgeschobenen Tätigkeit ist, ihm und seiner Crew als Werkzeug zur Rettung dient.

Aber gehen wir der Reihe nach: Nach der Indienststellung der VANESSA im Sommer 1993 und kurzen Erprobungsfahrten in der Ostsee läuft der Katamaran Mitte August zu seiner geplanten Weltumseglung aus, für die sich Uecker drei Jahre Urlaub leistet. Für die erste Etappe in den Süden, die in Cuxhaven beginnt, sind der junge, aber schon erfahrene Hochseesegler Konrad, die Studentin Eva und der Jollensegler Rasmus als Benjamin der Crew mit an Bord. Problemlos erreicht die VANESSA über Den Helder an der holländischen Küste die Marina Lymington am Solent und läuft hier am 5. September zum ersten Zwischenstop nach Lissabon aus.

Die Biskaya durchsegelt der Kreuzer-Katamaran bei leichtem Wetter mit geringen Windstärken, teilweise sogar Flaute. Die Bordroutine klappt. Uecker und Konrad teilen sich die Wachen, der Skipper mit Eva, der Maat mit Rasmus zur Unterstützung in der Plicht. Am 9. September um 0200 Uhr steht die VANESSA bei Ostnordost-Wind 3–4 Bft und ruhiger See 30 sm westnordwestlich von Cabo Villano und steuert unter Vollzeug Südwestkurs mit 8 Knoten Fahrt. Es ist herrliches Nachtsegeln mit unzähligen phosphoreszierenden Lichtpünktchen im schäumenden Kielwasser, und Eva sagt beim Wachwechsel zum Skipper: „Die unsympathischste Strecke haben wir nun hinter uns. Ich stelle den Sekt bereit. Zum Frühstück werden wir anstoßen können.“ Uecker will ihren Vorschlag mit einer Handbewegung abwehren – welcher Skipper ist nicht abergläubisch! Aber er läßt den Arm dann doch unten. Eigentlich hat sie ja recht. Die gefährliche Biskaya endet westlich von Kap Finisterre.

Hier steht der Katamaran um 0800 Uhr, 25 Seemeilen seewärts und auf einem sicheren Kurs außerhalb der Verkehrstrennungsgebiete, die den Verkehrsstrom der Seeschiffe auf zwei breiten Einbahnstraßen entlang der Nordwestecke Spaniens lenken. Wind unverändert Ostnordost 4 Bft, leicht bewegte See, aber gelegentliche Regenschauer. Doch ehe der Sekt entkorkt werden kann, schreckt eine SECURITE-Meldung aus dem UKW-Gerät die Crew um 0810 Uhr aus ihren euphorischen Sommergedanken: Finisterre Radio gibt eine Sturmwarnung: Bft 8–10 und hohe See für das Gebiet nördlich von Kap Finisterre und das Gebiet um Kap Villano. Und damit auch niemand sie überhört, wiederholt die Funkstelle die Warnung alle fünf Minuten.

Die Crew der VANESSA reagiert betroffen, doch Uecker hat sich schnell gefangen, ruft sofort über UKW-Kanal 16 die Küstenfunkstelle Finisterre an und erbittet dort einen ausführlichen Wetterbericht für das Gebiet des verbliebenen Reisewegs von Finisterre nach Lissabon – zum Mitschreiben. Man erfüllt seinen Wunsch prompt:

„Um das Kap Süd 8–10 Bft und hohe See, Gebiet vor spanischer und portugiesischer Westküste Südwind 5–6, später auf Südwest bis West drehend, mäßig bewegte See, mittlere Sicht, Regenschauer.“

Die Entscheidung der Crew ist einstimmig: Im sicheren Abstand zur Küste und in der Erwartung weiterlaufen, daß der Wind auf West dreht, und dann Lissabon auf einem Streckbug anliegen. Und da Uecker annimmt, daß die VANESSA am Südrand des Schlechtwettergebietes segelt, ändert er den Kurs von Südwest auf Süd. Doch auch der Wind macht den vor der Kaltfront erwarteten Ausschießer und dreht gegen 1200 Uhr über Ost auf Süd. Die VANESSA muß in weiten Schlägen gegenankreuzen, aber sie kann noch immer Vollzeug tragen. Als Sicherheitsabstand zur Küste gilt die 20-sm-Distanz.
Gegen 1430 Uhr bei Bft 5 werden die Segel zum ersten Mal um 10 % verkleinert, gegen 1530 Uhr bei Bft 6 wird die Genua kräftig und das Großsegel angemessen weiter eingerollt. Aber auch mit kleinster Besegelung kann der Katamaran bei ca. 70° am scheinbaren Wind noch gut Süd machen. Mit jeder gesegelten Meile wächst die Hoffnung der Crew, bald in den Bereich ruhigeren Wetters zu gelangen. Aber das Schlechtwettergebiet hält sich nicht an die ihm zugewiesenen Reviergrenzen. Der Wind nimmt weiter zu, und bei Bft 7–8 baut sich eine hohe, zwar nicht besonders steile, aber dafür gefährlich überbrechende See auf. Die Genua ist inzwischen zu einem Fitzelchen eingerollt, und vom Großsegel steht nur so viel, wie man zum Kurshalten und Manövrieren braucht. Inzwischen hat auch prasselnder Regen eingesetzt, den die jetzt vollzählig in der Plicht angeleinte Crew dankbar begrüßt: Er legt sich wie ein schützender Dämpfer auf die überbrechenden Kämme und glättet die See dabei zu einer zwar immer noch ruppigen, aber für den Kat befahrbaren Wasserstraße.
Die Besatzung diskutiert, ob man wegen des zunehmenden Seegangs von vorn nicht besser ablaufen solle, aber Konrad, der sich jetzt in kurzen Abständen mit dem Skipper am Ruder ablöst, zitiert stolz eine Passage aus einem Lehrbuch: „Die Fähigkeit, auch im Sturm noch am Wind segeln zu können, bleibt ein entscheidender Faktor der Seetüchtigkeit eines Katamarans.“ Und wie um sich selbst Mut in dieser indifferenten Situation zu machen, ergänzt der Moses: „ Die geringe statische Stabilität ist der Grund, warum man die Kats so breit wie möglich macht. Gleichzeitig erhöht man damit die Segeltragfähigkeit.“ Fragend blickt er zu seinem Skipper. „Richtig?“ Uecker sagt nach kurzem Überlegen: „VANESSAS Längen-Breiten-Verhältnis ist besser als 2 : 1, es ist 12,20 mal 6,50 Meter. Ich bin sicher, daß dieser Seegang für sie ungefährlich ist.“ Aber in seinem Innersten beginnt er zu zweifeln.
Die VANESSA läuft so unverändert weiter mit etwa 6 Knoten und nimmt die Wellen mit ca. 30° aus Luv. Mit aufmerksamer Ruderführung versuchen Konrad und Magnus abwechselnd, bei besonders hohen Wellen rechtzeitig anzuluven und dadurch die überbrechende Gewalt der Kämme zu entschärfen. Diese Segeltechnik gelingt ihnen von Stunde zu Stunde immer besser, und die in der Plicht in Ölzeug ausharrenden Freiwächter, mit Automatik-Westen gekleidet und den integrierten Sicherheitsgurt entweder in Augbolzen eingepickt oder um die unbenutzten

Schotwinden belegt, versuchen sich zum Mutmachen gelegentlich anzulächeln. Aber dann ereignet sich das befürchtete und aus den Gedanken verdrängte Ereignis doch noch – unerwartet, wie es Magnus Uecker beschreibt:
„Gegen 1700 Uhr segelten wir bei Bft 7–8 durch ein Regengebiet und hatten es gerade passiert, als eine unverhältnismäßig hohe und sich vor dem Bug brechende See den Katamaran in eine labile Lage brachte. Bei einer Krängung von 45 bis 50° hob sich der Luvschwimmer aus dem Wasser, und der Kat segelte eine ganze Weile – so hatten wir den Eindruck – auf dem Leeschwimmer weiter. Das Großsegel war ausgefiert, der Sturmfetzen der Genua dichtgeholt. Ich hatte das Ruder zuerst hart Backbord und dann hart Steuerbord gelegt – in der Hoffnung, den Luvschwimmer wieder auf das Wasser setzen zu können. Die Crew hatte das Gefühl, daß der Katamaran sich schon wieder stabilisiert hatte, als ein Rauschen und Heulen über uns kam, bei dem wir ganz instinktiv den Kopf zwischen die Schultern zogen. Und dann fiel eine verheerende Bö von gut 50 Knoten Windgeschwindigkeit vorlich in Luv ein, faßte unter das Trampolin und den Boden des Salons und brachte den Kat in Zeitlupe über den Steuerbord-Schwimmer zum Kentern."
Aber die VANESSA legt sich nicht nur auf die Seite, sie kentert weiter durch und bleibt über Kopf mit dem jetzt nach unten gestreckten Rigg, das wie ein stabilisierender Kiel wirkt, in der brodelnden See liegen. Und die Crew, die eben noch angeschnallt in der Plicht saß?
Konrad, der in Lee gehockt hatte, kann noch die Sicherheitsleine vom Kat lösen und stürzt außenbords, ehe ihn der breite Rumpf unter sich begraben kann. Die anderen drei, die über ihre Sorgleinen noch mit der Plicht verbunden sind, können sich bei dem chaotischen Überflug nur festzuklammern versuchen, wo Hände und Füße einen flüchtigen Halt finden. Sie werden ins Wasser geschleudert, und der Kat fällt über sie. Und dann schwimmen sie, jetzt gefährlich gefesselt und in ein Wirrwarr aus Schoten und Leinen verstrickt, unter dem durchgekenterten Rumpf. Ist dies das Ende?
Rasmus, der Jüngste, hat seine um die Winsch belegte Sicherheitsleine als erster gelöst. Doch als er auftauchen will, stößt sein Kopf gegen den Plichtboden – aber er hängt dabei unerwartet in einer Luftblase, die sich im Cockpit gebildet hat. Sie rettet nicht nur sein Leben. Skipper Magnus hat noch während des Umschlagens den Karabinerhaken an Evas Sorgleine lösen und sie aus ihrer tödlichen Fesselung befreien können. Auch sie kann jetzt den Kopf in die Luftblase stecken und kurz durchatmen. Aber Magnus Uecker selbst schwebt noch in Lebensgefahr. Er war sehr kurz eingepickt, als der Kat kenterte, und jetzt ist er bewegungslos in Leinen eingedreht, die er nicht abstreifen kann, und vermag kaum den Mund zum Luftschnappen in die Luftblase über den auch hier schwankenden Wasserspiegel zu heben.
Inzwischen hat Konrad über die achteraus treibende Leine des Großschot-Travellers wieder Verbindung zum Katamaran erhalten, und dann taucht er unter den umgestürzten Rumpf, um seine Mitsegler zu retten. Auf dem Weg, den er unter

Wasser gekommen ist, bringt er zuerst Rasmus und dann Eva sicher nach oben. Sich gegenseitig helfend, erklimmen sie den glitschigen Salonboden zwischen den Rümpfen, die jetzt wenigstens an beiden Seiten wie gegen den Seegang schützende Wälle wirken, und taucht dann abermals unter die Plicht, um auch den Skipper aus seinem dunklen Gefängnis zu befreien. Denn während man sich bisher hier unter dem Rumpf bei gespentischem Dämmerlicht nur tastend und suchend bewegen mußte, bricht auch draußen jetzt unaufhaltsam die nahende Nacht herein. Und in ihrer Dunkelheit ist bald nichts mehr zu erkennen.
„Da ich den Karabinerhaken meiner Sorgleine nicht zu fassen bekam", schildert der Skipper diese gefährlichsten Augenblicke seines Lebens unter dem durchgekenterten Katamaran, „er mußte sich am Auge, in das er eingepickt war, verklemmt haben, versuchte ich die Sorgleine am Leibgurt zu lösen. Dabei rutschte ich zwar mit dem rechten Arm aus der Schwimmweste, aber brachte wenigstens den Kopf wieder über das Wasser. Der zu mir abgetauchte Konrad wollte mir die Weste wieder anziehen, aber ihr starker Auftrieb verhinderte dies, so daß er sie mir ganz auszog. Auch Konrad streifte jetzt seine Schwimmweste ab, zog auch Regenjacke und Gummistiefel aus, öffnete eine über Kopf hängende Backskiste und nahm zwei Festmacher heraus. Den Tampen einer Leine steckte er am Schotbalken an, tauchte mit dem anderen auf, und ich konnte mich dann an dieser Verbindung sicher durch das dunkle Wasser zu ihm emporhangeln. Anschließend ging Konrad noch einmal unter das Boot, um die noch am Heckkorb gehalterte Feststoffweste abzumontieren. Sie sollte als Schwimmwesten-Ersatz für mich dienen."
Der Skipper ist unterkühlt und entkräftet, und es bedarf des Zupackens der ganzen Crew, um ihn aus dem Wasser und auf die Verbindung zwischen den beiden Rümpfen zu ziehen. Rasmus spannt jetzt den zweiten Festmacher, den Konrad ausgetaucht hat, längsschiffs mittig über die von Seen überspülte glitschige Fläche. (Bewundernswert, wie er noch im letzten Tageslicht geeignete unter Wasser liegende Beschläge vorn und achtern findet, um dieses lebenswichtige Haltetau zu belegen.) Und dann beginnt die Nacht auf dem durchgekenterten Katamaran. „Wie heißt es so schön in den Lehrbüchern?" geht es dem Skipper durch den Kopf: „Kentert ein Katamaran, kann er dennoch zu einem sicheren Fahrzeug für die Crew werden." Die VANESSA schwimmt – über Kopf. Aber wie weit ist sie ein sicherer Aufenthaltsort für die Crew?
Lassen wir zuerst Magnus Uecker über die Nacht nach der Kenterung berichten und urteilen dann selbst: „Da die Salontür auf der gekenterten VANESSA geschlossen war, die Rettungsinsel sich unerreichbar unter dem Salontisch befand, die Seenotsignale im Backbordschwimmer verstaut waren, die EPIRB-Seenotfunkboje im Steuerbordschwimmer lag und die Crew noch unter der Schockwirkung der Kenterung stand, wurde beschlossen, die Nacht stehend und so stabil wie möglich am Strecktau in Lee eines Schwimmers zu verbringen. Es war allen klar, daß wir bei mittlerweile wohl Windstärke 10 und einer gewaltig hohen See

Die durchgekenterte VANESSA nach ihrem Einschleppen. Auf der überspülten Bodenplatte zwischen den Rümpfen verbrachte die Crew in hoher See eine schreckliche Nacht.

von den Schiffen, die manchmal dicht an uns vorbeifuhren, nicht gesehen werden konnten. Ich suggerierte jedoch der Crew, daß Rettungsmaßnahmen wohl schon eingeleitet seien, weil die Seenotfunkboje bereits entsprechende Notsignale aussendete. Natürlich wußte ich nur allein, daß sie erst arbeiten konnte, wenn man sie aktiviert hatte – und dieses Einschalten war ja gar nicht mehr möglich gewesen."

Ein anerkennenswertes und beispielhaftes Verhalten des Skippers, der auch in dieser nassen und dunklen Nacht seine Autorität zum Überleben in vorbildlicher Weise einsetzt:

„Die Nacht verbrachten wir dicht aneinandergedrängt, um uns nicht nur gegenseitig zu wärmen, sondern auch so gut es ging zu halten und zu schützen. Konrad stand dicht am Schwimmer, auf den er seinen Oberkörper gelegt hatte. Rasmus stand vornübergebeugt hinter ihm, hielt sich an ihm fest und deckte gleichzeitig Konrads Körper gegen die überkommende Gischt ab, der er sonst schutzlos ausgeliefert gewesen wäre, weil er ja bei unserer Rettung aus der Luftblase Jacke und Schuhe ausziehen mußte. Eva stand neben ihm, die Wellen im Rücken, und ich umarmte unser nasses Knäuel von außen.

Mit Fingerübungen, Fußbewegungen, Singen von Liedern und Witzeerzählen hielten wir uns wach und verbrachten die dunklen Stunden der Nacht auf der unablässig und unkontrolliert schwankenden Plattform zwischen den Rümpfen, die nur dann Schutz im Seegang boten, wenn die See querschiffs einkam. Rollten die Brecher von vorn oder achtern dazwischen, hatten wir Mühe, uns dem Wasserschwall durch Festhalten an unserem Strecktau entgegenzustemmen. Ohne diese Möglichkeit des Anklammerns wären wir schnell außenbords gewaschen worden. Ein halbes Dutzend Schiffe passierte uns in Sichtweite, zwei hell erleuchtete Fahrzeuge ganz nahe. Offenbar drifteten wir schon in der Nähe der Verkehrstrennungsgebiete von Finisterre. Aber bedeutete diese Position wirklich Glück – oder mehr Gefahr?“

Als die Sonne am Morgen aufgeht und die vier Überlebenden ihre Blicke aus den von Wind und Salz geröteten Augen über die wilde See und das nahe Umfeld ihrer nassen Plattform schweifen lassen, entdecken sie das achteraus treibende Kabel mit der Erdungsplatte ihrer Funkgeräte. Da Magnus Uecker weder beim Start in Helgoland noch vor dem Auslaufen in Lymington Zeit finden wollte, die für den Funkempfang notwendige Erdungsplatte am Unterwasserschiff der Rümpfe anzubauen, entschloß er sich, sie einfach an einem Kabel hängend nachzuschleppen. Für den Seefunk in der Biskaya reichte diese Improvisation auch aus. Und diese Nachlässigkeit wird jetzt zur Lebensrettung: Mit Hilfe der scharfen Kanten der Metallplatte gelingt es, je ein Loch in den Steuerbord- wie Backbordrumpf an jenen Stellen zu schlagen, wo dahinter die Seenotmunition und das EPIRB-Funkgerät verstaut sind. Es wird trotzdem noch eine harte Arbeit, das Innen- und Außenlaminat dabei weitflächig zu zerstören und die abstandhaltenden Kunststoffwaben herauszubrechen. Und es ist eine gefährliche Tätigkeit bei den Rollbewegungen, die Hand in die ca. 60 x 60 cm großen Öffnungen mit ihren gefährlich eingerissenen Rändern zu stecken und die lebenswichtigen Geräte herauszuangeln.

Immerhin müssen die drei Männer über sechs Stunden arbeiten, bis Signalraketen und Funkgerät in ihren Händen liegen, und so dauert es bis gegen 1400 Uhr, ehe die Seenotfunkboje aktiviert wird und vorbeiziehende Schiffe durch rote Raketen und orangefarbene Rauchsignale auf die Crew des gekenterten Katamarans aufmerksam gemacht werden können. Über den Nutzen der optischen Notsignale urteilt Uecker:

„Wir mußten aber bald erkennen, daß die Raketen wirkungslos bleiben mußten, weil sie vom Wind waagerecht in die Wellen getrieben wurden. Auch war die Steighöhe der Raketen zu gering, und ihre Sinkgeschwindigkeit war zu groß. Als wir zu befürchten begannen, daß wir noch eine zweite, viel gefährlichere Nacht im Schiffahrtstrack verbringen müßten, nahte kurz nach 1800 Uhr doch noch die Rettung: Die spanischen Seenotdienste an der galizischen Küste hatten die EPIRB-Signale aufgefangen. Sie schickten einen Rettungshubschrauber, der einen nach dem anderen in die Höhe zog und uns gemeinsam in das Krankenhaus nach Vigo brachte, wo man unsere Unterkühlung behandelte.“

Am Abend des 10. September ein versöhnliches Ende.

Für die Bergung des jetzt herrenlos kieloben treibenden Kats, der vor Finisterre zu einem gefährlichen Schiffahrtshindernis geworden ist, beordern die Schiff-fahrtsbehörden den Bergungsschlepper HERCULES aus La Coruña an den Ort der Aufgabe durch die Crew. Er schleppt ihn – über Kopf, wie er ihn gefunden hat – an die Küste und macht ihn am 11. September in Mugia mit dem Heck an einer Großboje fest. Beim Erreichen der Reede, die hier nur gut 10 m Wassertiefe hat, verbiegt und bricht dann der bisher noch intakt unter dem Rumpf hängende 17 m hohe Mast der VANESSA.
Aber dies ist nicht der erste und einzige Folgeschaden: Beim Anlaufen an den Kat und Übergeben einer Schlepptrosse kollidiert der Schlepper notgedrungen mehrmals mit dem Rumpf und drückt die Außenhaut an mehreren Stellen ein. Durch die mit der Erdungsplatte gehämmerten Löcher ist während des Schleppens Wasser in die Rümpfe gelangt, und auch die Wabenschicht der Sandwich-Außenhaut ist weitflächig durch Feuchtigkeit zerstört. Auch am Steven scheint es eine Kollision mit einem Schiff während der zweiten Nacht des Treibens gegeben zu haben.
Schon am 13. September ist der Sachverständige der Versicherung zur Stelle, um die Schäden aufzulisten und die Kosten einer möglichen Reparatur zu kalkulieren. Konrad taucht (ohne Gerät) bei dieser ersten Besichtigung unter das Boot, um sich vom Zustand des Decks und des Riggs zu überzeugen. Nur der Mast erweist sich dabei als Totalverlust, sein Profil ist verbogen und der Fuß aus der Spur herausgerissen. Rigg und Segel sind aber sonst unversehrt, und die Decksausrüstung ist immer noch einsatzklar.
Aber als der Sachverständige und die Crew, die im Ort Quartier bezogen haben, sich anderntags mit Tauchgeräten an die Arbeit machen wollen, um das Rigg unter Wasser abzuschlagen, damit der Kat wiederaufgerichtet werden kann, erleben sie ihr blaues Wunder: Bei Nacht waren Wrackräuber unter Wasser am Werk. Sie haben die Segel abgeschlagen, die Wanten demontiert und sogar die elektrische Ankerwinsch aus ihrer Halterung gebrochen. Auch das Trampolin zwischen den Rümpfen, natürlich alles noch lose hängende Tauwerk und die Fender in den Backskisten haben die Diebe gebrauchen können.
Und so war es ein tragisches Ende der VANESSA, das mit einem kurzen Satz besiegelt wurde: „Nach Kalkulation der Reparaturkosten wurde der Katamaran abandonniert."
Für Eigner und Skipper Magnus Uecker war es ein doppelter Abschied: sowohl von der VANESSA speziell als von Katamaranen überhaupt. Denn schlaue Lehrbuchsätze über das Mehrrumpfsegeln wie diesen wollte er in Zukunft weder lesen noch beachten müssen: „Bei einem Überschlag reicht es, wenn das Boot hoch auf dem Wasser liegt, die Verbände entlastet werden und die Crew die Möglichkeit hat, in den umgedrehten Rümpfen zu leben."
Grau, lieber Freund, ist alle Theorie – das ging ihm lange nicht mehr aus dem Sinn.

Logbuch des Schreckens: Yacht gekentert, Skipper tot

Als Zahnarzt Dr. Schönrogge die BETTINA im März 1991 kaufte, hatte der seetüchtige Leichtdeplacement-Seekreuzer von 12,40 m Länge, 3,95 m Breite und 1,90 m Tiefgang ein halbes Jahr als Vorführboot des deutschen Importeurs gedient, der den in Osteuropa gebauten Typ auf dem europäischen Markt einführen wollte. Insoweit war es eine „neue Yacht", da er der Ersteigner war, und die 8,9 t schwere Yacht, im Schiffsregister eingetragen und mit 17,5 BRZ vermessen, war somit auch mit allen Kinderkrankheiten behaftet, die man allgemein bei neuen Booten erst feststellt, wenn sie den ersten harten, mehrtägigen Seetörn hinter sich haben.

Die BETTINA absolvierte ihn, hauptsächlich mit der Eignerfamilie als Crew, Ende März von der Elbe nach Oostende in Belgien, und bei viel Wind in dieser frühen, noch kalten Jahreszeit merkte Schönrogge, daß Vollzeug an dem 17 Meter hohen Mast wohl nur etwas für das Mittelmeer wäre. Dorthin sollte die BETTINA auch gebracht werden. Aber da Schönrogge seine Praxis zu dieser Zeit nicht schließen konnte, hatte er Freunden die Yacht zur Überführung bis zu den Balearen überlassen. Es waren erfahrene Segler, denen er die BETTINA anvertraute. Der Yachtkapitän hatte schon einmal im April einen Seekreuzer von Skandinavien ins Mittelmeer überführt. Mit zwei seiner Mitsegler hatte Eigner Schönrogge einige Jahre zuvor den Atlantik auf der Passatroute mit der Vorgängerin der neuen Yacht überquert, und die anderen hatten mit ihm zusammen auf der Nordsee gesegelt.

So stiegen am 1. April in Oostende ein: Skipper Günter Maier, 52; Anna Preuße, 32; Hans Oldenburg, 25; Theo Berning, 24, und Helmut Findeisen, 44, der als Navigator fungieren sollte. Alle Segler hatten den Sportbootführerschein See und dazu den BR- bzw. BK-Schein des Deutschen Segler-Verbandes. Aber lassen wir die Crew von Beginn an nüchtern und sachlich selbst berichten, mit eigenen Worten, wie Anna Preuße, Hans Oldenburg und Theo Berning es in ihrer gemeinsamen Verklarung und der polizeilichen Zeugenvernehmung festgehalten haben. Unmittelbarer können wir tragische Geschehnisse nicht miterleben:

„Bis zum 5. April haben wir an Bord gelebt und haben das Schiff inspiziert. Wegen Sturmwarnung für die südwestliche Nordsee (Ost 9–10) haben wir erst am Mittwoch, dem 5.4.1991 gegen 1100 Uhr den Hafen von Oostende verlassen und sind in Richtung England gefahren. Ein bestimmtes Ziel hatten wir nicht.

Wetter: Regen; Wind Ost abnehmend 6, motort. Dann Wind süddrehend und auf Südwest 6–7 gehend. Alles von vorn. Dadurch fünf von sechs Scharnierbolzen am Vorluk (Typ Lewmar) gebrochen. Überkommendes Wasser gelangt ins Schiffsinnere. Die losen Bodenbretter schwimmen leicht auf. Heizung ausgefallen. Druckwasserpumpe ausgefallen. Durch elektrischen Kurzschluß Bilgepumpe ausgefallen. Entschluß, einen englischen Yachthafen zur Reparatur anzulaufen.

7.4.1991. Vormittags Einlaufen in die Marina Camper & Nicholson in Gosport.

Lange Mängelliste an Eigner nach Deutschland gefaxt. Repariert werden: Lenzpumpe; untere Stufe vom beschädigten Niedergang; losen Tisch im Salon befestigt; Salzwasser aus dem Frischwassertank entfernt; Druckwasserpumpe repariert; die sechs Scharnierbolzen vom Vorluk ersetzt; durchgeschmorten Entlüftungsschlauch ersetzt. Wegen der vielen unerwarteten Schäden steigt Helmut Findeisen aus und fährt nach Deutschland zurück.
Am 10.4. erste (kostenpflichtige) Törnberatung vom Seewetteramt in Hamburg telefonisch angefordert. Ergebnis: Auf keinen Fall jetzt auslaufen. Nicht vor dem 14.4. in der Biskaya sein.
Am 12.4. um 1230 Uhr zweite Törnberatung. Ergebnis: In der Biskaya ist in den nächsten vier Tagen mit Nordwestwind Stärke 5–6 zu rechnen. Wellenhöhe um 6 m. Es wurde nicht empfohlen, wegen des Wetters nicht auszulaufen. Auf die Frage nach der Wetterlage selbst wurde keine präzise Auskunft erteilt. Das einzige, was sich über die Lage erfahren ließ, war (Törnberater wörtlich): ‚Ein junges Tief befindet sich nördlich der Azoren, doch hat dies mit dem Wetterablauf in der Biskaya nichts zu tun.'
Am 12.4. um 1700 Uhr Gosport ausgelaufen. Von der Isle of Wight wird ein Kurs parallel zur englischen Küste gesteuert. In der Nacht wird der Kanal im Verkehrstrennungsgebiet in Richtung Ile d'Ouessant überquert. Wachen: 0000 bis 0600 und 1200 bis 1800 Uhr Anna Preuße und Hans Oldenburg. 0600 bis 1200 und 1800 bis 1400 Uhr Günter Maier und Theo Berning.
13.4. in der Dämmerung: Feuer Ouessant gesichtet. Wind Westsüdwest 4. Groß am Unterliekstrecker ausgerissen. Besegelung daher Großsegel mit erstem Reff und Genua. Kurs Süd.
14.4., 1310 Uhr: Seewetterbericht meldet Südost 6–7, später auf West drehend. Daraufhin Vorsegelwechsel auf die Sturmfock und vor Beginn der Nacht drittes Reff in das Großsegel eingebunden. Weiter Kurs Süd. Bis zum Anbruch der Dunkelheit gute See. Während der Nacht Sturmfock geborgen und bei Südost 7 nur unter dreifach gerefftem Großsegel mit Westkurs abgelaufen.
15.4., morgens: Bei abnehmendem Wind Sturmfock wieder gesetzt. Wellenhöhe aus Südost ca. 5–6 Meter. Weiter abnehmender Wind. Mittags Flaute. Fock geborgen und unter Motor mit dreifach gerefftem Großsegel auf Kurs 210° weitergelaufen. 1300 Uhr Wetterbericht Norddeich Radio für Biskaya: Nordwest 8, abnehmend 5.
15.4. ab 1700 Uhr: Winddrehung auf Nordwest, Wind zunehmend, Windrichtung 315°. – 1800 Uhr: Wind gleichmäßig und schnell zunehmend. Barometerfall von 1012 hPa (1200 Uhr) auf 1000 hPa (1800 Uhr). Weiter fallend. – 1900 Uhr: Sturmfock bei Nordwest 7 weggenommen und unter dreifach gerefftem Großsegel weiterhin Kurs 210° gelaufen. – 2000 Uhr: Großsegel geborgen. Sturmfock bei auf Bft 8 zunehmendem Wind gesetzt. – 2200 Uhr: Bei weiter zunehmendem Wind Sturmfock bis auf kleinsten Rest eingerollt. Windzunahme pro Stunde um eine Windstärke. Ab 2300 Uhr Windgeschwindigkeit 70 Knoten aus 315°. Die

Bettina läuft jetzt vor der See und auf Anordnung des Skippers mit blanken Masten.“
Die vereinbarte Wacheinteilung ist aufgehoben. Hans Oldenburg ist Rudergänger bis 1900 Uhr und wird dann von Theo Berning abgelöst. Um 2300 Uhr übernimmt Oldenburg wieder das Ruder. Die übrige Crew ist unter Deck. Äußerst grobe, durcheinanderlaufende See, geschätzte Wellenhöhe etwa 13 Meter. Oldenburg sagt aus:
„Ich versuchte, das Heck zu den Seen zu halten. Dies war äußerst schwierig, weil es dunkel war und es Kreuzseen gab. Dadurch bedingt ist mir das Schiff einmal quergeschlagen, und es lief Wasser in das Innere. Das Schiff richtete sich aber wieder auf, und ich blieb an Bord. Ich hatte keine Zeitvorstellung mehr.
16.4., kurz nach Mitternacht: Zweites schweres Querschlagen. Dabei bin ich von Bord gespült worden. Ich war jedoch über den Sicherheitsgurt mit dem Schiff verbunden. So konnte ich mich ohne fremde Hilfe wieder an Bord ziehen; denn die übrige Crew war ja unter Deck. Sie hatte gar nicht mitbekommen, daß ich außenbords hing. Danach rief ich, man solle mich ablösen. So übernahm gegen 0030 Uhr Skipper Günter Maier das Ruder.
Schäden über Deck: Radarantenne von Masthalterung abgebrochen, hängt lose neben dem Mast. Rudergängerbank mit Gasflasche und Halterung über Bord. Steckschott vom Niedergang über Bord. Topplaterne abgebrochen. Sat-Nav-Antenne im Masttopp abgebrochen. Alle Schoten außenbords gewaschen. Ankerleine und Festmacher außenbords und hinter dem Heck nachgeschleppt.
Ich habe dann in der Plicht die Lenzpumpe bedient, weil ich merkte, daß viel Wasser im Schiff war. Als die Pumpe nicht mehr ansaugte, bin ich in die Kajüte gegangen. Da stellte ich fest, daß alles durcheinandergeworfen war und sich gewisse Teile wie Etiketten von Konserven und Spielkarten vor den Ansaugstutzen der Lenzpumpe gelegt hatten. Weil die Lenzpumpe nicht ausreichend arbeitete, habe ich zusammen mit Anna Preuße das Wasser mit Pützen geschöpft und durch das offene Kajütluk nach außen gebracht.“
16.4., gegen 0100 Uhr (dunkle Nacht in hoher See): Der Skipper entscheidet, MAYDAY-Rufe zu senden, denn er befürchtet, der Mast könne brechen und damit könnten die Sende- und Empfangsantennen für spätere Notrufe fehlen. Theo Berning geht ans Funkgerät. (Die Bettina ist mit UKW-, Grenzwellen- und Kurzwellen-Geräten ausgerüstet. Dadurch besitzt sie auch den roten Seenotknopf am Kurzwellen-Gerät, der Seenotalarm mit ihrem Rufzeichen automatisch auslöst – und durch diese Einrichtung wird sie letztlich in der Biskaya gefunden.)
16.4., 0127 Uhr: Falmouth Radio empfängt Notruf der Bettina, nachdem vorher bereits Verbindung zu Brest Radio und Valencia Radio aufgenommen wurde. Nochmaliges Querschlagen der Yacht. Skipper Maier kann die Yacht nicht mehr auf Kurs vor der See halten. Er bittet um Ablösung. Theo Berning geht gegen 0130 Uhr ans Ruder. Hans Oldenburg übernimmt von ihm den Funkverkehr. Maier und Preuße versuchen, durch provisorische Steckbretter das offene Kajütschott

zu verschließen und den Wasserschwall abzuwehren, den die Brecher immer von neuem in die Kajüte schlagen.

16.4., 0137 Uhr: Der Frachter AUSTRALIAN REEFER meldet sich und übernimmt die Funk-Relais-Station zu den Suchflugzeugen, die inzwischen gestartet sind.

16.4., ca. 0200 Uhr: Ein Hubschrauber-Überflug wird gehört, und der Hubschrauber wird gesichtet. Aus zwei Signalpistolen werden zweimal Rot und einmal Weiß abgeschossen, aber die Crew kann nicht erkennen, ob der über die Seenotdienste zum Abbergen der Crew angeforderte Hubschrauber die BETTINA entdeckt hat.

16.4., ca. 0215 Uhr: Spannungsabfall in der E-Anlage durch den andauernden Funkverkehr. Motor zu starten versucht, um Strom und Spannung zu erzeugen. Springt nach längerem Bemühen an. Danach Fortsetzung des Notverkehrs über den Frachter AUSTRALIAN REEFER als Relais-Station und vergeblicher Versuch, die BETTINA an ihrem Seenot-Standort einpeilen zu lassen.

Zustand im Schiff zu diesem Zeitpunkt: absolutes Chaos. Einrichtung in der Kajüte durch die Seegangsbewegungen völlig zertrümmert. Teile aller Art und Größe fliegen herum und werden bei fortwährenden schweren Brechern in alle Ecken verteilt. Der Aufenthalt der Crew unter Deck wird lebensgefährlich. Gemäß Funkanweisung wird der Rest der Signalmunition verschossen, es werden alle Lichter gesetzt, und das Deck wird mit dem Handscheinwerfer abgeleuchtet, damit der Rettungshubschrauber die BETTINA ausmachen kann. Kein Erfolg.

16.4., 0320 Uhr: Falmouth Radio hat letzten Funkkontakt mit der BETTINA. Zu dieser Zeit: nochmaliges Querschlagen mit Theo Berning am Ruder. Die BETTINA rollt durch und kentert nach Steuerbord. Die Elektrizität im Schiff fällt aus. Der Motor läuft ungerührt weiter. Kein Licht mehr im Boot. Das Decksluk über der Pantry ist eingeschlagen. Die Niedergangstreppe fehlt. Theo Berning ist außenbords gewaschen, kann sich aber an seiner Sorgleine allein wieder an Bord holen.

Crew klettert in die Plicht und erkennt Schäden an Deck: Der Mast ist ca. 1,50 m über Deck abgebrochen. Das Rigg hängt an der Backbordseite im Wasser. Ruderanlage blockiert, läßt sich nur eine Vierteldrehung bewegen. Aufgrund der umschlagenden losen Teile des Riggs ist erhebliche Gefahr vorhanden. Wieweit die Yacht noch beschädigt ist, läßt sich in der Dunkelheit nicht erkennen. Sicherheitshalber wird der Container der Rettungsinsel in die Plicht geholt. Es herrscht keine Panik, aber es bestehen Meinungsverschiedenheiten, ob man von Bord gehen oder auf dem Schiff bleiben solle. Entscheidung des Skippers Günter Maier: Rettungsinsel zu Wasser lassen, aufblasen und am Heck festmachen.

16.4., ca. 0350 Uhr morgens: Der Skipper steigt zuerst in die längsseits liegende Rettungsinsel, dann folgen zögernd seine Mitsegler vom Heck aus. Die Sorgleine zur verlassenen weitertreibenden BETTINA wird gekappt. Es dauert einige Zeit, bis das Rettungsfloß von der Yacht freikommt.

Nach etwa 30 Minuten kentert die Gummiinsel. Die vier Personen müssen unter Wasser austauchen, und es gelingt ihnen mit gegenseitiger Hilfe, die eigentliche Unterseite zu besteigen. Auf diesem offenen Rettungsfloß machen sie sich mit den Leinen ihres persönlichen Sicherheitsgeschirrs in den umlaufenden Halteseilen fest und hängen hier unter den Brechern, bis die Rettungsinsel in der Morgendämmerung abermals kentert. Diesmal wird sie zwar zur richtigen Seite wieder umgedreht, aber das Gummidach ist in der Mitte aufgerissen und bietet keinen Schutz mehr.
„Es dauerte sehr lange, ehe wir mit nasser Kleidung durch die Öffnung des Gummidachs wieder in die Insel gelangten", sagt Anna Preuße, „denn von der Einstiegsleiter war nur die oberste Sprosse greifbar." Und Hans Oldenburg ergänzt: „Wir haben dann die Rettungsinsel unter erheblicher körperlicher Anstrengung wieder bestiegen und haben uns dazu gegenseitig unterstützt. Das Wasser, das sich in der Rettungsinsel befand, haben wir mit einem Gummistiefel ausgeschöpft. Durch den Riß in der Plane gelangte aber weiterhin Wasser in die Rettungsinsel. Wie wir bei unserer späteren Rettung erfahren haben, betrug die Wassertemperatur 10 Grad."
Eine halbe Stunde später kentert die Insel abermals. Wieder werden die Schiffbrüchigen ins Wasser geschleudert, müssen schwimmend die federleichte Seenot-Plattform umdrehen und sich gegenseitig mühsam wieder über die Gummiwülste hineinziehen. Und während die Körperwärme gerade begonnen hat, die Unterwäsche ihres nassen Kleiderpakets zu trocknen, schlägt die Insel abermals um, und wieder liegen alle im Wasser, richten die Insel auf und kämpfen sich in die schwimmende Badewanne zurück.
Die nächste Kenterung erfolgt prompt einige Minuten später, und in der Kälte und bei nachlassenden Kräften dauert das Umdrehen und Anbordkriechen zunehmend länger. Aber die See hat mit der BETTINA-Crew kein Erbarmen. Sie läßt ihr nicht einmal diesen nur von der Gischt durchnäßten Trockenplatz auf ihrem Rundfloß, sondern taucht sie beim abermaligen Umwerfen wieder bis zum Kopf ins kalte Salzwasser, prüft die noch vorhandene Fähigkeit, das vom Wind hochgeschleuderte Gummifloß am Wegfliegen zu hindern, an den Halteleinen wieder auf die schäumende See herunterzuholen und sich abermals auf die Schwimmplattform heraufzuziehen.
„So sind wir während der Morgenstunden fünfmal oder sechsmal mit der Rettungsinsel gekentert und ins Wasser gefallen", heißt es nüchtern in Oldenburgs späterer Verklarung, „doch gelang es uns immer wieder, die Insel umzudrehen und in die richtige Schwimmlage zu bringen. Der Wetterschutz wurde dabei jedoch immer weiter beschädigt, so daß er seinen Zweck nicht mehr erfüllte."
In einer solchen Notsituation wachsen die Kräfte – aber in jedem Körper ist die Energie für einen solchen permanenten Höchsteinsatz irgendwann begrenzt, wie sich zeigen wird.
Im Verlauf des Vormittags sichtet die Crew mehrfach Suchflugzeuge. Um sie auf

sich aufmerksam zu machen, feuert sie zwei rote Seenot-Fallschirmraketen ab, jedoch ohne sichtbaren Erfolg. Beim Versuch, eine dicht vorbeifliegende Maschine durch das Abbrennen einer Handfackel auf sich aufmerksam zu machen, kentert die Insel wiederum, und da Theo Berning für das Anzünden seine Sorgleine von der Insel gelöst hatte, treibt er mit der noch brennenden Fackel in der Hand etwa 100 Meter weit von der Insel ab. Auch Anna Preuße verliert den Kontakt zum Rettungsfloß, kann sich aber in wenigen Minuten wieder heranarbeiten. Anschließend sichern sich Hans Oldenburg und Anna Preuße an der Insel und versuchen, mit der gekenterten Insel Theo Berning entgegenzuschwimmen oder wenigstens ihre Abdrift zu stoppen. Es dauert eine gute halbe Stunde, bis sie ihr Seenotfahrzeug, mit den Händen paddelnd, in Theos Nähe gebracht haben und er selbst die verbleibende Strecke heranschwimmen kann. Der Skipper Günter Maier ist am Ende seiner Kräfte. Er kann sich nur noch tatenlos an die Insel klammern. Anna, Hans und Theo gelingt es, das Gummifloß abermals umzudrehen und sich gegenseitig auf seine Oberfläche zu ziehen. Den unbeweglichen Körper des steifgefrorenen Skippers können sie nur mühsam hochholen.

16.4., etwa 1200 Uhr mittags. Hans Oldenburg in seiner späteren Vernehmung: „Nachdem wir nun alle wieder auf unseren Plätzen waren, sagte Günter Maier: ‚Ich kann nicht mehr!‘ Kurz danach entstand bei uns der Eindruck, daß Günter Maier einschlief. Da wir uns aber gegenseitig wachhalten mußten, hat Theo, der ihm gegenüber saß, seine Beine geschüttelt. Er reagierte aber nicht mehr darauf und war überhaupt nicht ansprechbar. Er hatte offenbar das Bewußtsein verloren. Aber Hilfsmöglichkeiten hatten wir an Bord des Rettungsfloßes nicht.

Eine Weile später hat Anna Preuße den Puls des Skippers gefühlt, der sehr schwach war. Durch die ständigen Wellenbewegungen bemerkte man schließlich, daß seine Arme nicht mehr reagierten, das heißt, sich nicht mehr den Bewegungen des Floßes im Seegang anpaßten. Seine Arme waren steifgefroren, und zwischenzeitlich war der Tod eingetreten.“

16.4., 1230 Uhr. Suchflugzeuge finden die entmastete BETTINA und geben den Standort an alle Fahrzeuge weiter, die sich in diesem Teil der Biskaya befinden. Er liegt etwa 200 Seemeilen südwestlich von Brest in der Nähe des Schiffahrtsweges Ärmelkanal – Kap Finisterre. Der dem Fundort am nächsten stehende 20 000-BRZ-Containerfrachter ERNA MAERSK wird von der Seenotleitstelle aufgefordert, zu der entmasteten Yacht zu laufen. Er trifft hier gegen 1330 Uhr ein, stoppt an der Fundstelle, untersucht die BETTINA nach verletzten oder überlebenden Besatzungsmitgliedern und gibt das Ergebnis an die Seenotzentrale weiter. Was tun? Weitersuchen nach Überlebenden, die offenbar die Yacht verlassen haben!

Der Containerfrachter beginnt seine Suchkurse nach Berechnung der möglichen Richtung und Geschwindigkeit der Drift einer Rettungsinsel seit Abbruch des Funkkontaktes um 0320 Uhr.

16.4., 1400 Uhr. Die Seenot-Crew sichtet auf ihrem Gummifloß ein Suchflug-

zeug, aber die Seenotsignale, um sich bemerkbar machen zu können, sind verbraucht. Der Wind hat inzwischen etwas nachgelassen. Dafür ist er böiger geworden, aber der Seegang ist unverändert.
16.4., 1530 Uhr. Die Überlebenden werden auf ein Schiff aufmerksam, das an der Kimm wechselnde Kurse steuert. Es ist die ERNA MAERSK, die sich suchend nähert. Sie beginnen zu hoffen. Aber außer mit Handzeichen können sie sich nicht bemerkbar machen – und dafür ist es noch zu früh.
16. 4., 1733 Uhr. Die ERNA MAERSK sichtet das treibende Rettungsfloß. Sie ändert ihren Kurs und bereitet sich auf das Aufnehmen der Schiffbrüchigen vor. Dazu vergeht viel Zeit.
16.4., 1900 Uhr. „Das Schiff hat uns nach etwa eineinhalbstündigem Manövrieren an Bord genommen", erklärt Hans Oldenburg. „Es legte sich dazu in Luv der Insel. Wir waren körperlich nicht mehr in der Lage, die Lotsentreppe allein zu besteigen. Wir wurden mit Leinen hochgezogen. Wie ich später erfahren habe, hat die Besatzung des Schiffes den verstorbenen Skipper mit der gesamten Rettungsinsel an Bord gehievt."
17.4., 1500 Uhr. Das Containerschiff legt in Vigo an der Nordwestküste Spaniens an und übergibt die geretteten Anna Preuße, Hans Oldenburg und Theo Berning sowie den Leichnam von Günter Maier dem deutschen Konsul. Von hier aus fliegen die Überlebenden nach Erledigung der nötigen Formalitäten am 19.4. nach Hamburg zurück.
Wie lange die entmastete und verlassene BETTINA noch in der Biskaya trieb und wo sie verblieb, konnte ich nicht feststellen.
Das erste, was Eigner Schönrogge den geretteten Mitgliedern seiner Crew bei ihrer Rückkehr in Hamburg sagte, war wenig schmeichelhaft für die Wetterexperten, die der BETTINA vor ihrem Auslaufen in Gosport eine (kostenpflichtige) Törnberatung gegeben hatten:
„Ich hatte gestern ein Gespräch mit dem Meteorologen Sandmann im Seewetteramt. Herr Sandmann hat mir dabei die Wetterlage und die Wetterentwicklung vom 13.4. bis 17.4. erläutert. Herr Sandmann machte dabei die wörtliche Aussage: ‚Ich muß zugeben, daß unsere Wetterprognose für die Biskaya, die wir der Segelyacht BETTINA telefonisch gegeben haben, in keinem Punkt eingetreten ist. Sie war falsch.'
Nach Herrn Sandmann hatte sich tatsächlich folgende Wetterlage eingestellt: ‚Aus einer Wellenbildung auf 48° Nord und 35° West mit 1005 hPa entwickelte sich im Verlaufe des 14. auf den 15. April ein sich auf 995 hPa vertiefendes Sturmtief, das kein Wetterdienst vor dem 13.4. morgens erkannt hatte. Angenommen haben wir Meteorologen eine Zugrichtung zu den Hebriden. Tatsächlich zog das Sturmtief ostwärts mitten über die Biskaya und vertiefte sich dabei noch. Die Zuggeschwindigkeit betrug 580 Seemeilen in 24 Stunden, also etwa 24 Knoten. So kam es, daß der Seewetterbericht von Norddeich Radio am 15.4. um 1300 Uhr keine Starkwindwarnung enthielt, sondern Nordwest 8, abnehmend 5 be-

kanntgab, und auch um 1810 Uhr eine handige Wetterentwicklung verbreitet wurde, ohne Warnung vor dem Geschehen, das dann eintrat.‘ Aber dieses Bedauern nützt unserem toten Skipper auch nichts mehr.“

Das Seeamt Hamburg verhandelte im März des darauffolgenden Jahres über den Seeunfall der BETTINA mit Todesfolge, wobei der verstorbene Skipper Günter Maier, der seerechtlich als „Beiligter“ gelten mußte, nicht gehört werden konnte. Auch Eigner Dr. Schönrogge war als „Beteiligter“ geladen, weil er als Verantwortlicher für die Seefähigkeit und die seetüchtige Ausrüstung der Yacht gelten mußte. Die Besatzungsmitglieder wurden als „Zeugen“ gehört.

Der Spruch des Seeamtes entlastete alle: „Der Seekreuzer BETTINA ist am 16. April 1991 in schwerer See gekentert. Die Besatzung trifft keine Schuld.“ So blieb der Crew nur die Erinnerung an die 14 grausigen Stunden, die sie in – und lange Zeit auch im Wasser neben – der zerstörten Rettungsinsel verbrachte.

Und uns das seemännische Nachdenken über das – nur für Seeleute gültige – Elfte Gebot: Verlasse nie deine Yacht, ehe sie dich verläßt. Denn muß jeder Segler, der überleben will, so leiden wie die BETTINA-Crew?

L'INCONSCIENT
DANS TOUS SES ETATS

POINT HORS LIGNE